[전정판]

가족법강의

[전정판]

가족법강의

윤대성 지음

머 리 말 [전정판]

우리는 '나'보다도 '가족'을 먼저 생각한다. '나'를 희생하여서라도 '가족'을 돌보던 '어머니'들의 마음이 우리의 피 속에 녹아 흐르기 때문인 것 같다. 누구나 세상에 태어나서 제일 처음 만나는 사람이 바로 '어머니'가 아니던가.

세월이 흘러서 내 나이 일흔이 되고 보니 가족이 얼마나 소중한가를 깨닫게 된다. 가족이 생활공동체를 이루고 사는 것이 가정이다. 모든 가정이 평안하면 사회가 평안하고, 사회가 평안하면 국가가 평안한 것을 알게 되었다.

새로운 2013년을 맞아 우리는 옛것을 다스려서 새로운 것을 품어야 한다는 시대적 소명을 받고 있다. 더욱이 전자소송절차가 2010년에 특허소송을 시작으로 2011년에 민사사건을, 2013년부터 가사사건에 대한 서비스를 시작하여 2015년까지 형사사건을 제외한 모든 소송사건 비송사건 집행사건 등까지 서비스가 시행된다. 이러한 변화 속에서 이 책은 2012년 12월 31일을 기준으로 새로운 법령과 판례를 모두 아울러서 새로운 세대를 열 수 있도록 2010년 초판 이후 전정판을 내게 되었다.

이 책에서 새로이 쓰여진 부분은 다음과 같다.

첫째로, 2013년 7월 1일부터 시행될 성년후견제도의 도입에 따른 후견법과 개정된 양자법, 친권법을 반영하였다. 이와 함께 입법예고된 후견등기에 관한 법률안, 가족관계등록 등에 관한 법률 개정안도 부록으로 붙였다.

둘째로, 2012년 12월 31일까지 새로운 주요 판례를 모두 소개하여 판례의 동향을 알 수 있도록 하였다.

셋째로, 법률문서(소장 등)를 대법원 법률종합정보에 올라 있는 양식 가운데 필요한 것을 추가하여 어떻게 작성되어야 하는가를 알 수 있도록 하였다. 변호사 시험에서 기록형 시험에 대비하는 것뿐만 아니라 실제 어떤 법문서를 어떻게 작성하여야 하는지를 쉽게 알도록 함으로써 가족법 실무에 대응할 수 있도록 한 것이다.

넷째로, 제54회까지의 사법시험, 제1회 변호사시험 1차 및 2차 시험에서 출제된 가족법의 기출문제와 부산대학교 법학전문대학원 및 법과대학에서 출제되었던 기출문제를 모두 소개함으로써 이에 대한 준비를 위한 학습방향을 설정할 수 있도록 하였다.

다섯째로, 초판에서 미흡하였던 점을 부산대학교 법학전문대학원에서 수강한 사람들의 모니터링을 통하여 모두 보완하였다.

강의는 수강자라는 상대가 있고, 책은 독자라는 상대가 있는 것이다. 책을 쓰면서 어떤 독자를 위한 것인가를 확정하여야 한다는 것을 느꼈다. 강의서는 연구서와 달리 강의를 듣는 사람이라는 상대가 한정되고 시간의 제한이 있다. 이 책은 가족법을 수강하는 사람을 위하여 체계적으로 이해하고 정리할 수 있도록 하고자 하였다. 따라서 법학전문대학원에서 가족법을 공부하는 사람을 그 상대로 하였지만, 학부에서 가족법을 공부하는 사람들에게도 활용될 수 있도록 하였다.

올해 초 우리 집안에 30여 년 만에 아기의 울음소리가 울렸다. 어느 집안이든 아기의 울음소리가 들리고, 책 읽는 소리가 끊이지 않으면 그 집안은 번창한다고 하였다. 세상이 아무리 바뀌더라도 이 이치는 변함이 없다고 생각한다. 사람은 태어나서 성장하여 혼인을 하고 가정을 이뤄 아이를 낳아 보육하여야 한다. 그것은 이제 개인의 문제가 아니라 사회의 문제가 되고 나아가 국가의 문제가 되었다. 국가가 번창하려면 인구가 늘어나고 그 국민들이 건강하고 행복한 생활을 할 수 있어야 한다. 우리나라가 당면한 문제로서 지난 대통령선거에서도 가장 관심을 끌었던 사안이 아니었던가. 그리고 나이 들어서도 할 일이 있어야 한다. 나는 지난해 내 인생의 삼모작을 위하여 경남문화콘텐츠진흥원과 경남전자출판협회가 창원대학교 미디어센터와 공동으로 개설한 전자출판 아카데미에서 공부하였다. 앞으로 출판과 독서 환경은 변할 것이고, 그 변화 속에 나의 쉼 없는 연구와 저술이 모두 전자출판이 될 날을 기대하고 있다. 그렇다면 이 책이 가족법을 공부하는 데 있어서 모든 것을 해결한 것은 아니다. 독자들이 만족할 때까지 앞으로 끊임없이 보완할 것을 약속한다. 더욱이 새로운 전자출판이 이뤄지면 평면적인 종이책에서 3D 디지털 법학서적도 나오게 될 것이다. 이 책을 활용함에 있어서 좋은 의견이 있으면 언제든지 바로 잡아주기 바란다. 그 의견을 소중히 반영토록 하겠다.

끝으로 이 책의 교정을 다 마칠 무렵에 高翔龍 교수님(대한민국학술원 회원)의 「韓國社會と法」(信山社, 2012.12.25.)을 받았다. 그 책의 제1장 '가족생활과 법'에서 우리나라와 일본의 가족법을 비교법적으로 비슷하면서도 다른 점을 밝혀 주고 있다. 가족생활과 법에 대하여 일본에서 한국을 이해하는 데 크게 기여할 것으로 보인다.

이 책이 새롭게 세상에 나오도록 정성을 다해준 한국학술정보(주) 채종준 대표이사 님을 비롯하여 출판사업부 권성용 대리와 편집과 교정에 헌신적으로 수고하여 준 디자인편집부 남미화 선생에게 깊은 감사를 드린다.

2013년 새해 아침에
서울 목동 집에서
지은이 씀

머 리 말

　내가 친족상속법을 강의한 것이 1980년 초부터이니 벌써 30년이 다 되었다. 나는 첫 강의부터 金疇洙 선생님의 교과서를 기본서로 지금까지 강의를 하여 왔다.

　나는 선생님으로부터 친족상속법을 강의 들으면서 배웠지만, 그 책으로 강의를 하면서도 강의를 듣는 학생들이 매우 힘들어하는 모습을 보았다. 왜 그런가 하고 생각해 보니 그 많은 판례를 한 권의 교과서 안에 해체하여 다시 결합하여 서술하고 보니 학생들은 친족상속법을 어렵게 느꼈던 것이다. 그러나 나는 이 책을 기본서로 택하여 강의를 하면서 학생들의 이해를 돕기 위해 교수계획서에 따라 강의노트를 써 왔다.

　이번에 「가족법강의」를 내놓게 된 것은 그동안 강의하면서 선생님의 교과서를 기본서로 하여 강의노트를 써 오던 것을 부산대학교 법학전문대학원에서의 강의를 계기로 손질하여 강의를 듣는 학생들에게 편의를 제공하고자 하는 것이다. 따라서 이 책의 기술순서뿐만 아니라 내용에 있어서 기본서인 선생님의 친족상속법(지금은 金相瑢 교수와 공저로 되었음)을 가지고 공부하면서 그 내용을 체계적으로 정리하는 데 활용토록 한 것이다.

　한동안 사법시험 출제범위에서 가족법[친족상속법]이 제2차 시험에서 제외되고 제1차 시험에만 포함되어 소홀히 하기도 하였다. 그러나 제2차 시험에서 민법이 150점으로 되고, 최근에 가족법[친족상속법]이 다시 출제되기 시작하였다. 더욱이 법학전문대학원에서 가족법을 기본민법과목으로 채택함에 따라 선생님의 교과서를 기본서로 강의하는 경우에 그 강의를 체계적으로 정리하는 데 도움이 될 것으로 기대한다.

　이 책은 친족법과 상속법으로 나누고 교수계획서에 따라 단원별로 편별을 다시 하였다. 친족법은 혼인법(이혼법을 포함)을 중심으로, 친자법, 후견법, 친족관계에서 부양법으로 나누고, 주요한 부분을 다시 본문 속에 목차로 정리하여 그 아래에 참조조문을 둠으로써 쉽게 실정법의 조문과 함께 이해토록 서술하였다. 상속법은 상속제도, 상속인, 상속분, 상속재산의 분할 등을 중심으로, 유언(유증)과 유류분을 친족법에서와 같이 서술하였다. 특히 기본서에서 사례를 앞에 제시하고 있으나 그 내용의 이해가 잘되지 않은 상태에서 사례를 학생들이 대하고 보니 당황하는 사람들이 있었다. 그래서 해당 부분을 먼저 서술하고 이어서 사례를 제시하고 그에 대한 요약을 서술함으로써 강의내용을 실제로 사례에서 활용하는 방법으로 하였다. 이에 붙여서 기출문제도 관련부분에 함께 다루었다.

그러므로 가족법의 강의를 듣거나 공부를 하는 사람은 이 책을 참고서로 활용하여 친족상속법을 체계적으로 정리하는 데 활용하기를 바란다.

그리고 이 책을 활용함에 있어서 좋은 의견이 있으면 언제든지 바로잡아 주면 그 의견을 소중히 반영토록 하겠다.

이 책이 세상에 나오도록 온 정성을 다해 준 한국학술정보(주) 채종준 대표이사 님을 비롯하여 출판사업부 김남동 대리와 편집과 교정에 수고를 하여 주신 디자인편집부 김매화 선생에게 깊이 감사를 드린다.

2010. 6. 10.
지은이 씀

목 차

상속법 / 355

일러두기

1. 법령인용에서 민법은 조문만을 인용함.
2. '등록법'은 가족관계등록 등에 관한 법률임. 그 밖의 법령은 가급적 법령명을 그대로 인용함.
3. 문헌을 중복하여 인용하는 경우에, 단행본은 '전게서'로, 연구논문은 '전게논문'으로 인용함.
4. 판례인용에서, '대판'은 대법원 판결이고, '대결'은 대법원 결정이며, '서울고판'은 서울고등법원 판결, '서울가판'은 서울가정법원 판결, '서울가심'은 서울가정법원 가사심판, '서울가결'은 서울가정법원 결정, '헌재결'은 헌법재판소 결정임.

[민법전과 이 책의 대조표]

민법전의 편별	이 책의 편별
제4편 친족	친족법
제1장 총칙(제767조~제777조)	제1강
제2장 가족의 범위와 자의 성과 본(제778조~제799조)	제1강 Ⅰ, 제11강 Ⅰ-4, 제16강 Ⅰ
제3장 혼인	제2강~제10강
제1절 약혼(제800조~제806조)	제2강 Ⅳ
제2절 혼인의 성립(제807조~제814조)	제3강 Ⅴ-1, 제10강
제3절 혼인의 무효와 취소(제815조~제825조)	제3강 Ⅴ-2
제4절 혼인의 효력	제4강~제5강
제1관 일반적 효력(제826조~제828조)	제4강 Ⅰ
제2관 재산상 효력(제829조~제833조)	제5강 Ⅱ
제5절 이혼	제6강~제9강
제1관 협의상 이혼(제834조~제839조의3)	제7강 Ⅰ-1, 제9강
제2관 재판상 이혼(제840조~제843조)	제8강 Ⅰ-2, 제9강
제4장 부모와 자	제11강

제2장 유언	제7강~제9강
제1절 총칙(제1060조~제1064조)	제7강 Ⅰ
제2절 유언의 방식(제1065조~제1072조)	제7강 Ⅱ
제3절 유언의 효력(제1073조~제1090조)	제7강 Ⅳ, 제8강 Ⅴ
제4절 유언의 집행(제1091조~제1107조)	제9강 Ⅵ
제5절 유언의 철회(제1108조~제1111조)	제7강 Ⅲ
제3장 유류분(제1112조~제1118조)	제10강

친족법

제**1**강　가족법이란 무엇인가

제779조(가족의 범위) ① 다음의 자는 가족으로 한다.
　1. 배우자, 직계혈족 및 형제자매
　2. 직계혈족의 배우자, 배우자의 직계혈족 및 배우자의 형제자매
② 제1항 제2호의 경우에는 생계를 같이하는 경우에 한한다.

Ⅰ. 가족의 규제에서 법률의 역할

1. 가족의 개념: 가족이란 무엇인가

1.1. 사전적 의미

국어사전에 의하면, 가족은 "부부를 기초로 하여 한 가정을 이루는 사람들"이라고 정의하고 있다. 그러나 독신모와 혼인외의 자가 함께 사는 경우에는 "부부를 기초로 한 가정"이라 할 수 없기 때문에 가족에 포함되지 않는다고 할 것인가?

1.2. 민법의 규정

민법 제779조(가족의 범위)는 가족의 범위에 관하여 다음과 같이 규정하고 있다.

　① 다음의 자는 가족으로 한다.
　1. 배우자, 직계혈족 및 형제자매
　2. 직계혈족의 배우자, 배우자의 직계혈족 및 배우자의 형제자매
　② 제1항 제2호의 경우에는 생계를 같이하는 경우에 한한다.

이 규정의 입법취지는, 호주를 중심으로 하여 구성된 관념적인 가(家)에 속하는 사람들을 의미하는 가족은 현실생활의 가족과는 무관한 개념이었으므로, 종래의 '호주와 가족'의 장을 삭제하였다. 민법 제779조는 개인을 기준으로 하여 그의 배우자, 직계혈족 및 형제자매는 항상 가족의 범위에 포함되고, 직계혈족의 배우자(예: 사위, 며느리, 계모, 계부), 배우자의 직계혈족(예: 장인, 장모 시부모, 배우

자의 자녀), 배우자의 형제자매도 생계를 같이하는 경우에만 가족의 범위에 포함하는 것[1]으로 하였다. 가족관계의 등록 등에 관한 법률의 시행에 따라서 이미 사망한 사람이 가족관계등록창설 허가신청을 할 수 있는가에 대하여, 판례는 가족관계등록창설 허가신청은 가족관계등록이 되어 있지 아니한 사람(이하 '무등록자'라 한다) 자신이 신청하는 것이고, 무등록자가 이미 사망하였다면 가족관계등록창설이 허용되지 아니한다고 하였다.[2] 그러나 민법 제779조가 가족의 범위를 규정하였다고 하여 가족의 범위에 속하는 사람들 사이에 새로운 권리의무가 발생하는 것은 아니다. 또한 이와 같은 가족의 개념은 다양한 형태의 가족을 모두 포함하지 못한다는 비판도 있다.

2. 사회의 변동과 가족의 변화

2.1. 우리나라 산업화의 진전은 우리 사회를 크게 변화시켰다.

2.1.1. 1960년대 이후 농업중심사회에서 산업사회로의 이행은 생산관계의 변화가 경제 분야뿐만 아니라 사회, 정치 등 모든 면에서 변화를 몰고 왔다. 이와 같은 사회구조의 변화[3]는 사람들의 의식에도 영향을 미쳐 개인주의의 발달과 자의식 성장의 토양을 마련하였다. 이와 같은 산업화의 진전과 그로 인한 직업구조의 변화는 필연적으로 도시인구의 증가와 농촌인구의 감소라는 결과로 이어졌다.

2.1.2. 산업화와 도시화의 물결 속에서 가족의 형태도 영향을 받지 않을 수 없었다. 농촌지역에서 대가족제도의 해체를 촉진하였고, 도시지역에서는 부모와 자녀 중심의 핵가족이 증가하는 계기가 되었다.[4]

---

1) 본래 가족의 범위에 관한 개정안 제779조는 "부부, 그와 생계를 같이하는 직계혈족 및 그 배우자, 부부와 생계를 같이하는 그 형제자매는 가족으로 한다"고 규정하였다. 이를 수정한 것이다.
2) 대결 2011.3.28, 2011스25; 대결 2006. 3. 31. 2006스23 참조
3) 산업화가 본격적으로 시작되기 이전인 1963년에 농·임·수산업 등 1차산업 종사자의 비율은 전체 취업인구의 63%이었는데, 약 42년이 흐른 2006년에는 6.4%로 줄어들었다. 이에 대하여 광·공·제조업 등 2차산업 종사자의 비율은 1963년에 8.7%에 불과하였으나, 2006년에는 26.4%로 증가하였으며, 사무·관리직 등 3차산업 종사자의 비율은 같은 기간 28.3%에서 67.2%로 증가하였다. 김주수/김상용, 친족상속법(2009), 7~8면.
4) 한 가구당 인원수는 1960년에 5.6명이었으나 2005년에는 2.96인으로 감소하였다. 또한 1~4인으로 구성된 가구의 비율은 1960년에 35.9%였으나, 2005년에는 90%로 증가하였다. 이에 대하여 7인 이상 가구의 비율은 같은 기간 32.9%에서 0.6%로 감소하였다. 김주수/김상용, 전게서, 8면.

2.2. 부계혈통중심의 가부장제 가족제도의 형성과 동요

2.2.1. 전통사회에서 조선왕조는 초기부터 성리학과 종법제의 보급에 노력하였으나 그 효과는 조선 중기를 지나 후기에 이르러 전국적으로 나타나게 되었다. 그 결과 조선 후기에는 부계혈통이 강조되고 아들만이 제사를 모실 수 있게 되었으며, 자녀균분상속제가 다소 흔들리게 되어 장남의 상속분이 늘어나는 현상이 나타나게 되었다.[5]

2.2.2. 이후 일제의 강점기에 장남이 재산을 단독으로 상속하는 제도가 도입된 것이다. 일제는 친족, 상속에 대하여 조선의 관습에 따른다고 하여 겉으로는 조선의 관습을 존중하는 듯한 태도를 보이면서,[6] 실제로는 일본의 명치민법이 규정한 가족제도를 조선의 관습이라고 왜곡하였던 것이다. 그리하여 일본의 명치민법에 규정되었던 호주제가 조선의 관습이라는 탈을 쓰고 조선의 '법'이 된 것이다. 이에 따라서 호주가 사망하면 장남 또는 장손이 호주권과 호주의 모든 재산을 상속하게 되었고, 딸은 상속에서 완전히 배제되었다. 이와 같이 일제에 의하여 호주권이라는 개념이 도입되었고, 호주권과 호주의 모든 재산이 부계혈통의 계승자인 장남에게 상속되었다. 그러므로 호주가 된 장남에게는 가(家)를 통솔할 수 있는 법적인 권한뿐만 아니라 실제로 가족구성원을 통제할 수 있는 물질적 기초가 마련된 것이었다.

2.2.3. 그러나 산업화 이후 가족원들은 가족 밖에서도 일자리를 찾을 수 있게 되었다. 스스로 경제력을 갖추게 된 가족원은 자신의 의사에 따라 가족을 떠나 독립된 생계를 영위할 수 있게 되었다. 이러한 현상은 농경사회에 기초한 대가족 제도의 해체와 가부장제의 동요로 이어졌다.

---

5) 그 이전에는 혼인 후 사위가 처가에서 거주하는 남귀여가혼이 널리 행하여지고 있었으므로, 부모가 딸과 사위, 외손들과 더불어 사는 경우가 흔히 있었다. 또한 딸과 아들이 돌아가며 제사를 모시는 윤회봉사의 관습이 보편화되어 있었으며, 딸과 아들의 상속분에도 차이가 없었다. 김주수/김상용, 전게서, 9면.

6) 1912년 3월 18일 조선총독부제령 제7호 조선민사령 제11조에 의하면, 친족, 상속에 관하여는 일본민법을 의용하지 않고 조선의 관습에 의하도록 되어 있었다.

2.3. 여성의 교육기회확대에 의한 여성들의 사회진출이 계속 활발하게 이뤄졌다.

2.3.1. 여성이 전체 취업인구에서 차지하는 비율은, 1960년에 28.8%에 지나지 않았으나, 2000년에는 41.4%로 증가하였다. 1960년 이전의 여성들은 직장생활을 일시적인 것으로 생각하고 혼인 또는 출산과 더불어 직업을 포기하는 경향을 보였다. 그러나 현대 여성들은 혼인 후에도 오직 가사와 육아를 전담하는 전업주부로 남기를 원하지 않게 되었다.

2.3.2. 특히 고학력 여성들은 1980년 이후 진행된 산업고도화와 사회민주화 과정 속에서 새로운 의식을 체득하게 되었다. 직업을 통하여 자아를 실현시키는 평생직장의 개념을 보편적인 가치로 받아들이고 있다.[7] 이와 같은 여성의 경제적 독립가능성 및 사회의식의 발달은 가부장적인 가족 내에서 여성의 역할과 권위주의적인 가족제도에 반기를 들 수 있는 중요한 계기가 되었다.

2.4. 사회구조의 변화와 의식의 진보가 가족법에 미친 영향[8]

2.4.1. 호주제도의 폐지

호주제도에 관한 민법의 개정은 여러 차례 있었으나, 1990년 민법개정에 의하여 호주의 권리가 상당 부분 삭제되었다. 그러나 호주승계제도와 호주를 중심으로 하는 추상적인 가(家) 제도는 여전히 존속하였다. 2005년 민법의 개정에 의하여 호주제도가 폐지되었다.

2.4.2. 성적 차별의 폐지

부계혈통을 계승하여 가(家)를 유지하기 위한 원칙인 부가입적의 원칙(夫家入籍의 원칙: 혼인하면 아내가 남편의 가(家)에 입적하는 원칙)과 부가입적의 원칙(父家入籍의 원칙: 자녀가 출생하면 부의 가(家)에 입적하는 원칙)은 여성차별의식을 조장하여 왔다. 따라서 2005년 민법의 개정에서 호주제의 폐지와 함께 폐지됨으로써 가족법 분야에서 양성평등이 실현된 것이다.

---

7) 이러한 변화는 여성취업인구 가운데 기혼여성이 차지하는 비율이 1980년에 14.5%에 지나지 않았으나, 2000년에는 65.5%(다만 배우자와 사별한 경우 9.3%와 이혼한 경우 3.0%를 포함한 수치는 77.8%에 이른다)로 증가하였다. 김주수/김상용, 전게서, 11면.
8) 우리나라 가족법의 개정에 관한 운동사적 상세한 자료에 대하여, 곽배희, 가족법개정운동 60년사, 한국가정법률상담소 출판부, 2009 참조.

3. 가족법의 의의

3.1. 민법 가운데 제2편 물권과 제3편 채권을 묶어서 재산법이라 하고, 이에 대하여 제4편 친족과 제5편 상속을 묶어서 신분법이라고 강학상 불렀던 것이다.

3.2. 신분법이라는 말은 일본학자 中川善之助[9)]가 재산법과 대립하는 의미에서 만들어 낸 것이라고 한다. 그러나 신분이라는 말은 봉건사회에서 사회적 지위를 의미하는 것으로도 쓰이기 때문에, 그 자체에 지배복종의 원리가 내포되고 있는 것으로 보여 그렇게 좋은 인상을 주는 말이 아니다.[10)]

3.3. 근래에 와서 새로 가족법이라는 말이 사용되고 있다. 이 말은 family law, Familienrecht라는 말의 번역어이다. 그러나 실제로 외국에서의 family law 또는 Familienrecht는 우리나라의 친족법에 해당하는 부분만을 의미한다. 이와 같은 가족법이라는 말이 재산법과 대립하는 의미에서 친족, 상속편을 모두 포괄할 수 있는가의 문제가 있다. 그러나 상속편도 가족적, 친족적 공동생활 속에서 일어나는 재산귀속관계를 규정하는 것이기 때문에, 가족법 속에 포함하는 것이 그다지 무리가 없을 것이다.[11)] 또한 민법 가운데 친족, 상속편은 가족생활을 넘은 영역까지 규정하고 있기 때문에 가족법이라는 말이 꼭 적합한 말은 아니라고도 할 수 있다.

3.4. 그러나 민법 가운데 친족·상속편은 가족생활관계의 영역을 중심으로 규정하고 있고, 친족·상속편의 규율대상인 가사상의 분쟁을 다루는 법원을 가정법원 family court이라고 부르는 것을 보면, '가족법'이라는 말은 적절한 것이라고도 볼 수 있다. 따라서 '가족법'이라는 말을 사용하여 친족, 상속편을 다루게 되는 것이 일반적이다. 따라서 이 책에서도 친족편과 상속편을 나누어서 서술하

---

9) 中川善之助, 身分法の總則的課題, 岩波書店, 1941.

10) 그렇다면 이를 '인격법'이라고 부르고, 그 법률효과를 '인격법적 효과'라고 하는 것이 바람직할 것이다. 星野英一, 家族法, 放送通信大學教育振興會, 1995, 13頁, 63頁 참조

11) 그러나 상속법은 "사람의 죽음을 계기로 하여 생기는 그의 재산의 승계에 관한 법, 즉 재산취득의 한 모습을 규율하는 재산법으로 파악하는 것이 타당하다"는 견해가 있다. 곽윤직, 상속법, 24면 이하. 프랑스법계의 민법전에서는 친족편에 있는 부분을 제1편 '인'(des personnes)에, 상속편에 있는 부분을 제3편 '소유권을 취득하는 여러 방법'(des différentes manières don't on aquiert la propiété)의 제1장 상속(des successions)에 두고 있다. 星野英一, 家族法, 放送大學教育振興會, 1995, 13~14頁.

되 이 모두를 가족법이라고 한다.

4. 가족법의 규율대상

4.1. 혼인

4.1.1. 친족법은 가족형성의 기초가 되는 혼인에 관하여 우선 규정한다(제3장 혼인: 여기에 해당하는 부분을 '혼인법'이라고 부른다).

4.1.2. 혼인법은 혼인의 전단계인 '약혼'에 대하여 규정하고, 이어서 '혼인의 성립요건'에 대하여 규정한다. 혼인의 성립요건을 갖추지 않은 상태에서 혼인이 성립한 경우에는 혼인무효 또는 취소의 사유가 되며, 이에 관한 내용이 혼인의 성립요건에 이어서 규정되어 있다. 그다음에 '혼인의 효력'이 규정되어 있다. 혼인의 효력은 인격법적 효력(부부간의 동거, 협조, 부양의무 등)과 재산법적 효력(부부 사이의 재산관계)으로 나누어진다.

4.1.3. 그리고 혼인이 성립된 뒤에 파탄되는 경우를 대비하여 혼인의 장에는 '이혼'에 관한 규정(제3장 혼인 제5절 이혼: 이에 해당하는 부분을 '이혼법'이라고 한다)도 포함되어 있다. 혼인법에는 이혼에 관하여 '협의이혼'과 '재판상 이혼'에 관한 규정이 있다. 또한 이혼의 결과와 관련하여 '재산분할', '자녀의 양육' 등에 관한 내용도 함께 다루어진다.

4.2. 친자관계

4.2.1. 친족법은 혼인에 이어서 친자관계에 관하여 규정하고 있다(제4장 부모와 자: 이 부분을 '친자법'이라고 한다). 여기에서는 주로 친자관계의 성립과 효과에 관하여 다루어진다. 친자관계는 친생친자관계와 양친자관계로 나누어진다.

4.2.2. 친생자관계는 부모와 혈연관계에 있는 자로서 부모의 혼인상태에 따라서 혼인중의 출생자와 혼인외의 출생자로 나누어진다.

4.2.3. 양친자관계는 혈연관계는 없지만 입양에 의하여 친자관계가 성립한 경우이다. 민법의 양자제도는 종래의 일반양자(보통양자)와 친양자로 나누어 규정하

고 있다. 이 두 제도는 입양의 성립과 효과에서 상당한 차이가 있다.

4.2.4. 친생친자관계이든 양친자관계이든 일단 친자관계가 성립되면 그에 따른 공통된 효과로서 친권, 부양, 상속 등이 인정된다. 사람은 태어날 때부터 일정한 연령(민법은 성년에 달하는 만 19세)에 이를 때까지 다른 사람의 보호와 양육을 받아 성장하게 된다. 민법은 이러한 책임을 일차적으로 부모에게 인정하고 있다. 이와 같은 부모의 책임을 '친권'이라고 한다. '친권'의 내용은 주로 자녀의 보호, 양육에 관한 것이다. 이와 함께 재산관리권, 재산상 법률행위의 대리권 및 동의권 등을 포함한다. 만약 부모가 친권을 남용하여 자녀의 복리를 위태롭게 하는 때에는 친권을 상실시킬 필요가 있다. 이런 경우를 위하여 '부모와 자'의 장에는 친권상실선고에 관한 규정을 두었다.

4.3. 후견

4.3.1. 미성년자를 보호, 양육할 책임이 있는 부모가 사망했거나 친권을 상실하여 더 이상 친권을 행사할 수 없게 된 때에는 친권자를 대신하여 미성년자녀를 보호할 사람이 필요하다. 친족편 제5장에 '후견'제도를 마련하였다(이 부분을 '후견법'이라고 한다). '후견'은 미성년후견과 성년후견으로 나뉜다.

4.3.2. 미성년후견인은 친권자의 역할을 대신하는 사람으로서 미성년자의 보호, 양육에 관한 임무를 수행하게 된다. 민법은 미성년후견인에 대하여 후견인이 될 사람, 후견인의 임무 등을 규정하고 있다. 미성년후견인은 친권자를 대신하여 피후견인인 미성년자를 보호, 양육할 의무를 지게 되지만, 부모인 친권자와는 다르게 취급되는 부분이 있다. 미성년후견인에 대해서는 특별한 견제와 감독의 필요성이 있다고 보고, 그 역할을 후견감독인에게 맡기고 있다. 이는 후견인이 자기의 이익을 위하여 피후견인에게 불리한 행위를 하는 것을 후견감독인이 피후견인을 대리함으로써 사전에 저지하겠다는 취지로 볼 수 있다.

4.3.3. 성년후견제도는, 기존의 금치산·한정치산 제도를 현재 정신적 제약이 있는 사람은 물론 미래에 정신적 능력이 약해질 상황에 대비하여 후견제도를 이용하려는 사람이 재산 행위뿐만 아니라 치료, 요양 등 복리에 관한 폭넓은 도움을 받을 수 있는 성년후견제로 확대·개편하였다. 이 새로운 제도는 ① 질병, 노

령 등의 사유로 인한 정신적 제약으로 사무를 처리할 능력이 결여된 사람(성년후견), 사무를 처리할 능력이 부족한 사람(한정후견), 일시적 또는 특정한 사무에 관한 후원이 필요한 사람(특정후견)으로 이용 대상을 넓히고, ② 가정법원이 이용자의 정신적 제약의 정도에 따라 후견인의 조력을 받아야 하는 행위 유형 등을 개별적으로 결정할 수 있도록 하며, ③ 심신상실자 등 특정 이용계층에 초점을 맞춘 '금치산·한정치산'이라는 제도 명칭 대신 '성년후견' 등 능동적이고 적극적인 사회복지시스템을 나타낼 수 있는 명칭을 사용하는 등 부드럽고 순화된 용어를 사용하였다. 그리고 성년후견 선고의 청구권자에 후견감독인과 지방자치단체의 장을 추가하여 후견을 내실화하였다. 성년후견 등을 요구하는 노인, 장애인 등에 대한 보호를 강화하고, 피성년후견인 등과 거래하는 상대방을 보호하기 위하여 성년후견 등에 관하여 등기로 공시하도록 하였다.[12)]

4.4. 친족 간의 부양

4.4.1. 민법 제7장에 친족 간의 부양에 관한 규정을 하고 있다. 친족 사이의 부양 가운데 부부 사이의 부양에 관해서는 '혼인'의 장에서 별도의 규정을 하고 있으므로, 여기에서는 그 외의 친족 사이의 부양관계에 관하여 다루는 것이다(이 부분을 '부양법'이라고 한다).

4.4.2. 부모의 미성년자녀에 대한 부양의무는 출생과 동시에 당연히 발생하는 것이다. 그러므로 친족 사이의 부양에 관한 제7장의 규정이 적용될 여지가 없다고 보는 견해가 유력하다.

4.4.3. 성년자인 자녀의 부모에 대한 부양의무는 제7장 부양의 규정이 적용된다. 주로 문제되는 것은 성년자인 자녀의 부모에 대한 부양의무의 수준에 관한 것이다. 성년자인 자녀의 부모에 대한 부양의무의 수준을 부모의 미성년자녀에 대한 부양의무의 수준과 같게 볼 것인가이다. 이는 국가가 노인부양의 문제에 대하여 어느 정도의 책임을 져야 할 것인가의 문제와 직접적인 관련이 있다.

---

12) 법무부, 성년후견제도의 도입에 관한 민법 중 일부개정법률안 제안이유, 2011.3.7. 참조

Ⅱ. 가족법의 특색과 그 이념

1. 가족법상의 법률행위의 요식성

1.1. 사람의 인격은 재산관계 전반의 기초도 되는 것이다. 그러므로 인격의 변동은 재산법에서도 매우 중대한 영향을 미친다. 따라서 인격의 변동, 특히 개인의 의사에 의한 변동(가족법상의 법률행위)에 관해서는 그것의 공시가 매우 중요한 의미를 갖는다. 이와 같이 가족법상의 법률행위는 일정한 법적 신고를 필요로 하는 일종의 요식행위이다.

1.2. 혼인, 입양, 이혼, 파양, 인지, 한정승인, 상속포기 등 가족법상의 법률행위에 관하여는 법률이 정하는 바에 따라서 신고하지 않으면 법률상의 효과를 발생시키지 않는다. 따라서 '가족관계의 등록 등에 관한 법률'(이하 '등록법'이라 함)에서 정하는 바에 따라 신고하여야 효과가 발생한다.

1.3. 그러나 가족법상의 법률행위의 요식성은 제3자를 위한 공시의 역할을 하는 것에 지나지 않는다. 따라서 혼인신고가 없다 하더라도 혼인의 실체가 불완전하다는 것은 아니고, 인지신고가 없다 하여 부와 자 사이에 생물학적인 혈연관계가 연결되지 않는 것은 아니다. 그렇다면 가족법상의 법률행위의 요식성도 제3자에 대하여 영향을 미치지 않는 한, 적당히 완화시켜서 해석하여야 할 면도 있다. 예컨대, 사실혼에 있어서 다른 사람에 대하여 법률상의 부부와 동일한 권리를 행사할 수 없지만, 그 부부 사이에 혼인공동생활의 실체가 있었던 것을 서로 주장하는 것은 가능하다.

1.4. 한편 가족법상의 법률행위 가운데 동의행위는 원칙적으로 불요식이다. 예컨대, 혼인은 요식행위이지만, 미성년자의 혼인에서 그 부모의 동의는 불요식이다.

2. 가족법과 민법총칙과의 관계

2.1. 민법 제1편 총칙은 형식적으로 민법 전체에 공통하는 통칙일 것이다. 그러나 그것은 재산법의 총칙이기는 하지만, 가족법의 총칙이 아닌 것을 알 수 있다.

2.1.1. 권리능력에 관한 규정(제3조)은 상속과 유증에서 태아의 권리능력을 인정함으로써 가족법에서 예외를 인정하고 있다.

2.1.2. 미성년자, 피성년후견인, 피한정후견인 및 피특정후견인 등 제한능력자에 관한 규정은 거의 재산법상의 행위능력에 관한 것이다. 가족법상 행위능력은 재산법의 경우와 같이 획일적인 행위능력을 요구하지 않고, 그 본질상 의사능력을 중심으로 하여 결정하는 것이다.

2.1.3. 주소, 실종, 물건에 관한 규정은 통칙성이 있지만, 법인의 규정은 전혀 관계가 없다.

2.1.4. 법률행위에 관한 규정도 가족법상의 법률행위에는 적용되지 않는다. 다만 민법 제103조의 규정은 가족법에도 적용된다.

2.1.5. 민법 제107조 이하의 의사표시에 관한 규정은 대부분 거래의 상대방 보호에 중점을 둔 것으로, 당사자의 의사를 최고로 하는 가족법상의 의사표시에는 적용될 여지가 없다.

2.1.6. 사기, 강박에 의한 가족법상 법률행위도 취소할 수 있지만, 민법 제110조에 의한 것이 아니다.

2.1.7. 가족법상 법률행위는 대리를 허용하지 않는 것이 원칙이기 때문에 대리의 규정은 거의 적용될 여지가 없다.

2.1.8. 조건, 기한에 관한 규정도 가족법상 법률행위에는 거의 허용되지 않는다.

2.1.9. 무효행위의 전환에 관한 규정은 가족법상 법률행위에도 적용된다고 보아야 한다. 예컨대 허위의 친생자출생신고에 대하여 입양신고로서의 효력을 인정한 것은 무효행위의 전환을 인정한 것이다.[13]

2.1.10. 기간의 규정은 어느 정도 통칙성이 있지만, 역시 예외가 있다. 그 기간의 기산점을 당일부터 계산하여야 한다.

---

13) 대판 1977.7.26, 77다492.

2.1.11. 소멸시효에 관한 규정도 가족법상 권리에 적용하는 것이 곤란하다. 다만 부부 사이의 권리와 상속재산에 관한 권리에 대하여 총칙편의 시효규정이 적용되지만, 이것은 원래 재산권의 소멸시효이지 가족법상 권리의 시효가 아니다.

2.2. 그러나 총칙편의 규정이 가족법에 적용되는 예외가 있다. 총칙편의 규정이 가족법에 완전히 적용되는 규정으로서, 민법 제2조 제1항 신의성실의 원칙에 관한 것과 민법 제2조 제2항 권리남용금지에 관한 규정이 그것이다.

3. 가족법의 이념

3.1. 가족법은 재산법에 비교하여 특색을 지니고 있기 때문에 그 이념도 재산법과 같이 단순하지 않다. 한편으로 근대 민법의 일부를 이루고 있는 것으로서 개인의 자유, 평등이라는 이념이 각 제도(혼인, 친자)에 따라 스며들어 있다. 그러나 재산관계와는 다른 특색을 갖는 사회관계이기 때문에 독자적인 이념이 있다. 가족관계 가운데 미성년인 자와 친(親)과의 관계는 간단하게 자유나 평등이 아니기 때문이다. 더욱이 혼인관계와 친자관계에서 서로 다른 이념이 지배한다. 따라서 각각에 대하여 자유, 평등의 이념과 복잡한 관계가 있어 그 관계의 해결은 두 가지가 서로 다르다. 여기에서는 가족법 일반과 재산법에 대하여 오늘날 그 이념이 흥미 있는 방향을 보여 주고 있는 것에 대하여 다루고자 한다.

3.2. 가족법에서 자유, 평등의 이념의 퇴화와 진전

3.2.1. 가족법의 이념을 재산법과 비교하면 매우 흥미롭다. 재산법에서는 근대(고전적) 민법의 이념인 자유·평등의 기본적 의의가 변화하지 않았지만, 그것들이 이른바 필연적으로 강자의 자유·지배, 약자의 사실상 부자유·불평등이라는 결과를 낳았다. 실질적인 자유, 결과의 평등을 실현할 필요성이 19세기 말부터 강조되어 강자의 자유를 어느 정도 제한하고 약자를 보다 우대하는(그 한도에서 양자를 평등하게 한다) 방향으로 나갔다. 인간의 실질적 자유, 평등을 실현하기 위하여 법률상 강자의 자유, 평등을 제한하는 것이다. 이것은 자유, 평등의 이념의

퇴화라고 할 수 있다.

3.2.2. 이에 대하여 가족법은 봉건제·신분제적 부자유·불평등이 철폐된 점에서 재산법과 같게 되었다는 것은 당연하다. 그러나 부부관계의 본질을 생각하면 부부의 불평등, 혼인의 본질에서 보면 부자유가 존재한다. 친자 사이에서 이러한 이념이 행하여지는가는 문제이다. 그러나 제2차 대전 이후, 특히 1960년대부터 가족법에서도 자유·평등의 이념을 관철하려는 사상이 강하였다. 좀 더 구체적으로 남녀(부부, 부모)평등의 이념, 부인의 지위 향상, 아동의 권리가 강하게 주장되기에 이르렀다. 각국에서 이러한 방향으로 민법전의 개정이 점차 이뤄지고 있다. 이것은 자유·평등의 이념의 진전을 보인 것이다.

3.2.3. 이와 같이 재산법과 가족법에서 반대의 방향으로 나가고 있다고 말할 수 있다.

3.3. 가족법에서의 인간상

3.3.1. 근대(고전적) 민법전인 재산법에서의 인간상은 "봉건제·신분제·직업단체에 의한 제약에서 해방되었다…… 그러한 의미에서 자유로운 인간이 혁명에 의하여 봉건적 부담이 없어진 토지의 소유권을 중심으로 한 권리를 계약에 의하여 자유롭게 교환하고 자유롭게 이익을 획득하는 기회를 인정받는 인간"이고, "이른바 경제인으로서 나타난", "이성적·의사적으로 강하고 현명한 인간"이다. 그 자유와 평등은 사실 그와 같은 것이 아니었다. 여러 제약이 없어졌다는 의미이다. 민법전도 사실 그대로 되는 것을 생각하지 않았다. 그 결과 실제에서 강자의 자유와 약자의 부자유, 이들의 불평등이라는 현상이 생겼다. 이를 시정하고자 약자의 실제상의 자유와 평등을 갖게 하기 위하여 강자의 자유와 평등을 어느 정도 제한하는 입법이 이뤄지고 증가하고 있다. 민법을 포함한 현대법에서 염두에 두고 있는 것은 "약하고 우매한 인간"이다.

3.3.2. 근대(고전적) 가족법에서의 인간도 여러 제약에서 해방된다는 의미에서 자유롭고 평등한 인간이라는 것은 모두 같다. 그러나 가족이라는 제도의 특질이라는 그것에 대한 생각의 전통에서 비롯되어 다른 제약을 강하게 받는 인간이었다. 사회·국가의 세포로서 강력하게 결합된 단체로서의 가족이라는 관념에서

제약이 있다. 여기에서 "가족의 통솔"(gouvernement)이 중요한 문제가 된다. 더욱이 가족의 통솔자로서, 부부에 있어서 부(夫, 약자에 대한 강자의 보호라는 이유도 있지만)나 부모에 있어서 부(父)는 여러 점에서 우위(결정권, 때로는 처의 재산관리권 등)를, 자에 대한 부의 권력으로 귀결된다. 인간(인격)으로서 남녀는 평등하지만, 가족이라는 사회의 일원으로서 남녀는 평등하지 않다. 또한 부에게 재산법에서와 같이 자유가 있지만, 처의 자유는 제한되고 있다. 자의 친에 대한 관계도 권력에 대한 복종이다("부친이라는 이름은 사랑이라는 이름으로서 위엄과 권력이라는 이름이 된다"). 자 가운데에서도 혼인에 의하여 출생한 자(친생친자)와 혼인외의 관계에서 출생된 자(혼인외의 출생자) 사이에 평등이 미치지 않는다(여기에는 여러 이유가 있고, 완전히 평등하게 다룰 수 있는가의 논의가 있지만). 더욱이 혼인의 요건, 이혼의 엄격한 제한 등 여러 점에서 자유가 과도하게 제한되고 있다.

3.3.3. 이러한 관념은 20세기 후반이 되어서 변화를 보였다. 그 첫째 이유는 사회학적인 것이다. 산업구조의 변화에 따라서 농어촌에서 도시로 인구의 이동에 의한 대가족의 붕괴("핵가족"화), 여자의 노동에 따른 여자의 경제적 자립 등이다. 둘째 이유는 사상적인 것이다. 인간의 평등사상이 사회의 여러 면에 철저하게 되었다. 특히 남녀평등의 이념이 침투되었다. 남녀평등의 이념은 가족법에도 침투되어 인간의 평등이념은 가능한 한 친자관계에도 적용되어졌다. 많은 점에서 친생친자와 혼인외의 출생자의 평등이 인정되었다. 혼인의 요건은 필요한 최소한으로 줄여서 혼인의 자유를 높이었다. 이혼도 여러 요청에 따른 제약(그것이 무엇인가는 큰 문제가 되지만)에서 자유가 늘어났다.

3.3.4. 가족법에서의 인간은 보호의 대상인 미성년자인 자 등 약자(종래 금치산자, 한정치산자를 제외한 심신장해자나 노인은 오늘날 민법상 보호의 대상이 되지 않는다. 현행 민법에서 성년후견제도를 도입함으로써 해결을 보았다)와 재산법에서와 같이 자유롭고 평등한 인간을 포함하는 것이다.

Ⅲ. 가족법의 역사와 가족법의 개혁

1. 우리나라 가족제도의 역사

1.1. 우리 민족의 친족제도는 중국과는 달리 부계혈통만을 일방적으로 중시하는 것이 아니라 부계와 모계를 동등하게 존중하는 고유의 특성[14]을 지니고 있었다. 이와 같은 친족제도가 형성된 것은 우리 민족의 고유한 혼인제도인 남귀여가혼(男歸女家婚: 처가살이혼을 말함)이었다.

1.2. 남귀여가혼은 부계와 모계를 동등하게 인정하는 양계적 친족관계의 형성에 기초가 되었을 뿐 아니라 자녀균분상속과 윤회봉사(輪回奉祀: 돌림제사를 말함)의 관습을 형성시켰다.

1.3. 우리 민족 고유의 친족체계는 17세기 무렵부터 변화를 겪게 되었다. 즉, 양계존중에서 부계 일방만의 존중으로 기울어져 가는 친족성격의 전환기를 맞았다. 이 변화의 중심에는 중국에서 도입된 종법제[15]가 전국에 확산되면서 철저히 남자중심의 가치관과 질서가 뿌리내리게 되었다.

1.4. 장자에 의한 가계계승관념이 양반지배층에서 일반화된 시대는 종법이 확산된 조선후기이며, 당시 가계계승은 제사승계를 통해서 이루어졌다. 그러나 일제의 강점기에 조선에는 제사상속, 호주상속, 재산상속 등 3 종류의 상속형태가 있다고 관습조사를 보고하기에 이르렀다.[16] 여기에서 호주상속[17]은 일본에서 무사계급의 상속제도이었던 것을 조선의 관습으로 왜곡하였던 것이다. 이와 함께 일제는 1922년 12월 18일 조선호적령(1923년 7월 1일부터 시행)을 공포함으로써,

---

14) 이와 같은 친족체계를 양측적 친속제도라고 한다. 노명호, 고려사회의 양측적 친속조직 연구, 박사학위논문, 서울대학교대학원, 1988.

15) 종법은 부와 장남을 중심으로 가계를 계승하고 제사를 지내도록 한 것이다. 이는 가부장적 가족질서로 구체화된 것이다. 이순구, 조선초기 주자학의 보급과 여성의 사회적 지위, 석사학위논문, 한국정신문화연구원, 1985, 4면 이하.

16) 이상욱, 한국상속법의 성문화과정, 박사학위논문, 경북대학교대학원, 1986, 24면 이하.

17) 이는 일본 명치민법의 가독상속제를 그대로 이식한 것이다. 김창록, '아시아적 가치'의 자리매김: 한국과 일본의 근현대사를 중심으로, 국제지역문제연구, 제19권 제1호(2001), 32면; 전봉덕, 호주제도의 역사와 전망, 대한변호사협회지, 제81호(1982.10.), 31면 이하.

1914년에 개정한 일본호적법을 그대로 모방하여, 호주상속이라는 용어를 명시적으로 사용하게 되었다. 이와 같은 호주제는 제정민법에도 상당 부분 그대로 유지되었으나, 1990년 개정에서 호주제를 약화시키고, 친족의 범위가 양성평등의 원칙에 맞추어 조정되면서 부계혈통위주와 남자중심의 가족제도에 상당한 변화를 가져왔다. 2005년 3월에 호주제를 폐지하는 민법개정안이 통과됨으로써, 2008년 1월 1일부터 시행된 개정민법에 의하여 호주제는 완전히 폐지되고 가족제도에서 양성평등이 실현되게 되었다.

2. 가족법의 개혁

2.1. 호주제도

2.1.1. 가 제도

우리나라 개정 전 민법상의 가는 함께 사는 가족공동체를 반영하는 것이 아니었다. 부계(남계)혈통의 계승자인 호주를 중심으로 하는 추상적인 친족집단을 의미하는 것이었다. 따라서 가는 부계혈통의 계승 자격이 없는 여자는 가에서 남자에 부수적인 지위를 가질 수밖에 없다는 특징을 지니고 있었다. 부계(남계)혈통주의에 기초한 가(家) 제도는 여러 가지 면에서 구체적으로 양성차별을 가져왔다. 혼인하는 경우에 여자인 처가 남자인 부의 가에 입적하여 남편(또는 시아버지)이 호주인 가에 속하게 되는 것(夫家入籍의 원칙)은 부계(남계)혈통중심으로 구성되는 가 제도에서 나오는 당연한 결과였다. 또한 자녀가 출생하는 경우 아버지의 가에 입적하는 것(父家入籍의 원칙)도 부계혈통주의에 기초한 가 제도에서 나오는 결과이었다. 부모가 이혼하여 자녀가 어머니와 함께 사는 경우에도 자녀는 부의 가에 남아 있을 수밖에 없었다. 또 혼인외의 자가 인지한 이상 부의 가에 입적하여야만 하였다. 그러나 가제도가 폐지됨으로써 가를 기준으로 하여 편제되었던 호적제도도 변화를 가져왔다. 등록법은 가를 기준으로 하지 않고, 개인별로 정보를 취합하며, 목적에 따라 그 개인에 필요한 증명서를 발급하도록 되어 있다.

2.1.2. 호주승계제도

우리나라 개정 전 민법에서 호주승계제도는 호주의 지위가 부계혈통에 따라

부에서 아들로 이어지게 하고 이러한 사항을 호적에 기록함으로써 부계혈통에 의한 가계계승을 법으로 보장하였던 것이다. 이와 같이 부에서 장남(嫡長子)으로 이어지는 부계혈통의 계승을 보장하는 호주승계제도는 유교윤리와도 조화되지 않는 것이었다. 그러나 호주승계제도는 일본 명치민법의 가독상속제를 일제 강점기에 도입하여 해방 후 제정된 민법에서도 그 골격을 그대로 유지하였던 것을 1990년 민법개정에 의하여 '호주상속'을 '호주승계'로 바꾸고 몇 가지 개정을 하였다. 그러나 여전히 남자에 의한 부계혈통의 계승이라는 본질에는 변함이 없었다. 그 후 2005년 민법개정에 의하여 호주승계제도는 영구히 사라지게 되었다.

2.1.3. 호주권

우리나라에서 호주제도는 일제에 의하여 전통적인 관습을 왜곡시켰고, 그 내용으로 조선에 존재하지 않았던 호주권을 관습에 포함시켰던 것이다. 그러나 1990년 민법개정에 의하여 호주권을 크게 약화시켰고, 2005년 민법개정에 의하여 완전히 폐지되고 말았다.

2.2. 혼인

2.2.1. 우리나라 민법은 종래 관습상 인정되어 온 약혼제도를 성문화하여 약혼을 보다 두텁게 보호하였다. 즉 약혼해제사유를 명문화하는 동시에 과실 있는 당사자의 손해배상책임을 규정하였다.

2.2.2. 혼인연령에 있어서 종래 남자 27세, 여자 23세 미만인 때에는 부모의 동의가 있어야 혼인을 할 수 있었으나 1977년 민법의 일부개정에 의하여 성년에 달한 자는 부모의 동의 없이 혼인할 수 있게 되었고, 2007년 민법의 일부개정에 의하여 종래 남자 18세, 여자 16세에 이른 때에 혼인할 수 있던 것을 모두 18세에 이른 때에 혼인할 수 있게 하였다. 또한 1977년 민법의 일부개정에 의하여 미성년자가 혼인을 하면 성년에 달한 것으로 보게 되었다. 그리고 부부의 누구에게 속하는 것인지 분명하지 않은 재산은 부의 특유재산으로 추정하였던 것을 1977년 민법의 일부개정에 의하여 부부공유로 추정하도록 하였다. 1990년 민법의 일부개정에 의하여 부부의 동거장소에 대하여 부부의 협의에 의하여 정하도록 하고, 협의가 성립되지 않을 때에는 가정법원이 정하도록 하였으며, 부부의

공동생활비용은 부부의 공동부담으로 하였다. 특히 민법은 남녀평등의 원칙 내지 민주주의원칙에 역행하여 동성동본불혼의 원칙과 남자 위주의 근친혼금지규정을 하였던 것이 헌법재판소의 헌법불합치 결정[18]으로 동성동본불혼의 규정은 그 효력이 상실되었다.

2.2.3. 그 후 2005년 민법개정에 의하여 양성평등의 원칙 내지 민주주의에 역행하는 것으로 비판되어 온 동성동본불혼의 원칙과 남자본위의 근친혼금지의 규정은 폐지되고, 근친혼금지규정으로 대체되었다. 또한 실효성이 없던 것으로 비판되어 온 재혼금지기간에 관한 규정도 삭제되었다.

2.2.4. 최근 2011년 8월 30일에 '남북 주민 사이의 가족관계와 상속 등에 관한 특례법'이 입법되어 2012년 2월 10일에 공포되어 동년 5월 11일부터 시행하게 되었다. 이 법에 따르면, 이산가족 중혼의 경우 후혼에 대한 취소를 제한하여 혼인관계의 안정을 기하고, 친자확인 및 인지 청구에서 제척기간의 예외를 인정함으로써 신분관계를 실제와 부합될 수 있도록 하였다. 따라서 남북으로 갈라진 부부가 각자 재혼한 경우에는 처음 혼인은 소멸한 것으로 보고, 각자의 재혼을 유효한 것으로 하고, 남북으로 갈라진 부부 중 한쪽만이 재혼한 경우 중혼이 성립하나 후혼의 취소를 할 수 없게 하였다.

2.3. 이혼

2.3.1. 우리나라 민법은 협의이혼제도를 인정하였으나, 1997년 민법의 일부개정에 의하여 협의이혼의사에 대한 가정법원의 확인제도를 마련하였고, 2007년 민법의 일부개정에 의하여 협의이혼에서 이혼에 관한 가정법원의 안내를 받도록 하고, 이 안내를 받은 뒤 일정한 기간이 경과한 후에 이혼의사확인을 받도록 하였다. 특히 가정법원에서 협의이혼의사의 확인을 받을 때에는 자녀의 양육에 관한 협의서와 친권자결정에 관한 협의서를 제출하도록 하였다.

2.3.2. 재판상 이혼원인에 대하여 열거주의에서 예시주의를 채용하고, 부부 평등하게 부정행위를 이혼원인으로 하였다.

2.3.3. 1990년 민법의 일부개정에 의하여 이혼 후의 자녀양육문제에 관하여 부

---

18) 헌재결 1997.7.16, 95헌가6~13.

부가 협의에 의하여 정할 수 없는 때에는 가정법원이 당사자의 청구에 의하여 관여할 수 있도록 하였고, 자를 직접 양육하지 않는 부 또는 모에게 면접교섭권을 인정하였다. 또한 재산분할청구권을 인정하였다. 2005년 민법개정에 의하여 이혼 후의 자의 양육문제와 면접교섭권에 관하여 가정법원이 직권으로 관여할 수 있게 하였다. 그 후 2007년 민법의 일부개정에 의하여 자녀양육문제, 친권자를 정하는 문제, 면접교섭권 등에 관하여 자녀중심으로 개정을 하여 가정법원이 개입하도록 하였다.

2.4. 부모와 자

2.4.1. 2005년 민법의 일부개정에 의하여 자의 성과 본에 대하여 부의 성과 본을 따르는 것을 원칙으로 하되, 부모가 혼인신고할 때에 모의 성과 본을 따르기로 협의한 경우에는 모의 성과 본을 따르도록 하였다.

2.4.2. 친생부인의 소의 당사자적격에 대하여 부에 한정하였던 것을 2005년 민법개정에 의하여 처(자의 모)도 당사자적격을 가지게 되었다. 또한 친생부인사유가 있음을 안 날로부터 2년 내에 제기할 수 있도록 하였다.

2.4.3. 우리나라 민법은 종래 '어버이를 위한 양자제도'와 '자녀를 위한 양자제도'를 도입하여 성년에 달하면 기혼, 미혼, 무자, 유자 또는 남녀를 불문하고 호주와 부모의 동의 없이 양자(남녀불문)를 입양할 수 있게 하였다. 그럼에도 불구하고 가부장제 가족제도를 완전히 지양하지 못한 결과, 양부와 동성동본이 아닌 자는 호주상속을 할 수 없었고, 사후양자와 유언양자 등의 제도를 두었으며, 호주가 된 양자는 파양을 할 수 없게 하였던 것이다. 그러나 1990년 민법의 일부개정에 의하여 가부장제적인 규정을 모두 삭제하였고, 부부가 자를 입양하는 경우에 부부 쌍방이 평등하게 입양당사자가 되도록 하였다. 2005년 민법의 일부개정에 의하여 양자될 자가 15세 미만인 경우에 후견인이 법정대리인으로서 승낙하는 때에는 가정법원의 허가를 받도록 하였고, 양자가 15세 미만인 때에는 입양을 대낙한 자가 그에 갈음하여 파양의 협의를 할 때에 후견인 또는 생가의 다른 직계존속이 협의할 때에는 가정법원의 허가를 받도록 하였다. 특히 일정한 요건을 갖춘 15세 미만인 자에 대하여 가정법원의 허가를 받으면, 친생부모와의

친족관계가 단절되고 가족관계증명서에 양부모의 친생자로 표시되는 친양자제도
를 신설하였다. 한편 민법의 일부 개정법률이 2012년 2월 10일에 입법되어 2013
년 7월 1일부터 시행하게 되었다. 미성년자의 입양과 파양이 시·읍·면의 장에
게의 신고만으로 손쉽게 이루어지는 이유로 아동학대 습벽이 있는 등 부적격자
가 미성년자를 입양하여 미성년자의 복리에 악영향을 끼치는 사례가 빈발하므로
이를 방지하기 위해 미성년자의 입양과 파양에 가정법원이 관여토록 하는 등 입
양제도를 개선하고, 헌법재판소에서 헌법불합치 결정을 한 조항을 정비하며 법
문장의 한자를 한글화하는 등 미비점을 개선·보완하려는 개정이었다. 즉, 미성
년자의 입양·파양에 있어 가정법원의 필수적 관여(제867조, 제906조), 부모의 동
의가 없더라도 양자가 될 수 있는 방안 마련(제869조부터 제871조까지, 제908조의2
제2항), 친양자의 성립요건 완화(제908조의2 제1항 제2호) 등이다.

2.4.4. 자녀에 대한 친권의 행사에 있어서, 우리나라 민법은 종래 모가 친권행
사를 할 때에는 친족회의 동의를 요하고, 자기의 출생자가 아닌 자에게 친권을
행사하는 모에 대하여서만 친족회의 동의를 요하고 친생모는 동의가 필요 없도
록 하였다. 1977년 민법의 일부개정에 의하여 부모가 공동으로 친권을 행사하도
록 하고, 부모의 의견이 일치하지 않는 경우에는 부가 친권을 행사하도록 하였다.
다시 1990년 민법의 일부개정에 의하여 부모의 의견이 일치하지 않는 경우에 부
가 단독으로 친권을 행사하도록 한 것을 당사자의 청구에 의하여 가정법원이 정
하도록 하였다. 또한 부모의 협의가 없거나 할 수 없는 경우에 당사자의 청구에
의하여 가정법원이 결정하도록 하였다. 2005년 민법의 일부개정에 의하여 친권에
관한 규정에 있어서 권위적 색채를 없애는 동시에 자의 복리를 최우선으로 고려
함과 동시에 부모의 자율적 합의에 대하여 국가의 감독권한을 강화하였다.

2.4.5. 혼인외의 출생자에 대하여 2007년 민법의 일부개정에 의하여 우선 부모
의 협의에 의하여 친권자를 정하고, 협의가 되지 않는 때에는 가정법원이 직권
또는 당사자의 청구에 의하여 친권자를 정하게 하였다.

2.4.6. 최근 2011년 8월 30일에 '남북 주민 사이의 가족관계와 상속 등에 관
한 특례법'이 입안되어 2012년 2월 10일에 공포되어 동년 5월 11일부터 시행하
게 되었다. 이에 따르면, 친생자관계존재확인청구, 인지청구에 관한 특례를 인정
함으로써, 부(모)의 사망사실을 안 날로부터 2년 내에 친생자관계존재확인청구 등

소송을 제기하지 못한 경우에도 분단의 특수성을 고려하여 자유왕래 등 소의 제기 가능일로부터 2년간 소의 제기가 가능토록 하였다.

2.5. 후견(성년후견제도)

2.5.1. 2011년 민법의 일부개정에 의하여, 성년후견의 확대 개편으로, 구민법에서는 행위무능력자인 미성년자에 대하여는 친권자가, 또한 한정치산자 및 금치산자에 대하여는 후견인으로 하여금 후견을 하도록 하였던 것이다. 그러나 우리나라가 복지국가, 고령화 사회로 접어들면서 장애인의 인권과 노인복지에 대한 국가의 책무와 사회적인 관심이 높아졌다. 이에 따라서 구민법은 정신적 제약을 가진 사람을 돕기 위하여 행위능력 및 후견제도를 두었던 것이다. 그러나 '금치산'이나 '한정치산' 등 부정적 용어를 사용하고 본인의 의사와 장애의 정도에 대한 고려 없이 행위능력을 획일적으로 제한하여 사회적 편견을 일으키게 하고, 보호의 대상을 재산적 법률행위로 제한함으로써 복리에 관한 다양하고 실질적인 도움을 제공할 수 없는 등 문제를 안고 있어서 이를 개선할 필요가 있었다. 이에 따라 사회복지적 관점에서 지금까지의 행위능력, 후견제도를 현재 정신적 제약을 가지고 있는 사람은 물론 미래에 정신적 능력이 약해질 상황에 대비하여 후견제도를 이용하고자 하는 사람이 재산행위뿐만 아니라 치료, 요양 등 복리에 관한 폭넓은 도움을 받을 수 있도록 성년후견제로 확대 개편하게 된 것이다. 이와 함께 청소년의 신체적, 정신적 성숙과 사회진출 시기가 앞당겨짐에 따라 성년연령을 하향하는 것이 세계적 추세이고, 이미 우리나라에서도 공직선거법, 청소년보호법, 소년법 등 여러 법령에서 선거권 부여 등의 연령 기준을 19세로 규정하고 있으므로 19세 이상인 사람을 성년으로 인지하는 사회, 경제적 현실을 감안하여 2011년 민법의 일부개정에 의하여 민법에서도 성년연령을 19세로 하향하였다.

2.5.2. 후견인은 자연인뿐만 아니라 법인도 될 수 있으며, 후견에는 미성년후견과 성년후견을 두고, 성년후견은 질병, 노령 등으로 정신적 제약으로 사무를 처리할 능력이 결여된 사람을 위한 후견으로, 한정후견은 사무를 처리할 능력이 부족한 사람을 위한 후견으로, 그리고 특정후견은 일시적 또는 특정한 사무에 관한 후원이 필요한 사람을 위한 후견을 할 수 있게 하였다. 이와 같이 성년후견을

확대 개편함으로써 다양하고 실질적인 도움을 받을 수 있게 하였다. 그 밖에 질병, 장애, 노령, 그 밖의 사유로 인한 정신적 제약으로 사무를 처리할 능력이 부족한 상황에 있거나 부족하게 될 상황에 대비하여 자신의 재산관리 및 신상보호에 관한 사무의 전부 또는 일부를 다른 자에게 위탁하고 그 위탁사무에 관하여 대리권을 수여하는 것을 내용으로 하는 후견계약을 할 수 있게 하였다.

2.5.3. 후견인과 피후견인과의 이해가 상반되는 경우에 대하여, 구민법은 후견인이 친족회의 동의를 얻어서 후견을 할 수 있었다. 그러나 2011년 민법의 일부개정에 의하여 후견감독인제도를 도입함으로써 구민법에서의 제7장 친족회에 관한 규정을 삭제, 이를 폐지하였다. 따라서 후견감독인은 후견인의 후견임무를 감독할 뿐만 아니라 후견인과 피후견인 사이에 이해가 상반되는 행위에 대하여 피후견인을 대리할 수 있다. 후견감독인은 피후견인의 신상이나 재산에 대하여 급박한 사정이 있는 경우 그의 보호를 위하여 필요한 행위 또는 처분을 할 수도 있다.

2.5.4. 이와 같이 2011년 민법의 일부개정에 의하여 만 19세로 성년연령을 하향함과 더불어 성년후견제를 확대 개편하고, 친족회를 폐지함으로써, 우리나라의 후견제도를 대폭적으로 개혁하였다.

2.6. 친족과 부양

2.6.1. 친족관계에 대하여 종래 부계혈족은 8촌 이내, 모계혈족은 4촌 이내로 하여 부계와 모계에 차별을 두고, 부족혈족은 부의 8촌 이내의 부계혈족과 부의 4촌 이내의 모계혈족으로 하였으나, 1990년 민법의 일부개정에 의하여 8촌 이내의 혈족, 4촌 이내의 인척 및 배우자를 친족으로 함으로써 남녀평등을 이루었다. 그러나 계모자관계와 적모서자관계를 폐지하고, 자매의 직계비속과 직계존속의 자매의 지계비속을 혈족에 포함시켰다. 인척의 계원 가운데 관습상 사돈에 해당하는 '혈족의 배우자의 혈족'을 삭제하였다.

2.6.2. 인척관계에 대하여 부부의 일방이 사망한 경우에는 생존배우자가 재혼한 때에만 소멸하도록 하였다.

2.6.3. 친족 간의 부양범위에 대하여 민법은 경제생활 개별화의 사회 추세에 따라서 생계를 같이하는 친족에 한정하였다. 다만 직계혈족 사이에서는 생계를

같이하지 않는 경우에도 부양의무가 인정된다.

2.7. 상속

2.7.1. 호주상속에 대하여, 구민법에서는 호주상속에 반드시 재산상속이 수반되는 것이었으나, 제정 민법에서는 이를 분리하여 호주상속에만 생전상속을 인정하고, 재산상속에는 사망상속만을 인정하였다. 따라서 호주상속은 매우 약화된 호주권과 분묘에 속한 1정보 이내의 금양임야와 600평 이내의 묘토인 농지, 족보와 제구의 소유권만을 승계하는 것에 한정되었다. 그 후 1990년 민법의 일부개정에 의하여 호주상속은 호주승계로 바뀌어 친족편으로 옮겨지고, 승계할 호주권도 대폭 약화되었을 뿐 아니라 분묘 등의 소유권도 호주에게 당연히 승계되는 것이 아니라 제사를 주재하는 자가 이를 승계하는 것으로 하였다. 이와 함께 호주상속권은 포기할 수 없게 되었던 것을 포기를 인정함으로써 강제상속에서 임의상속으로 바꾸었다. 2005년 민법의 일부개정에 의하여 호주제도가 폐지됨에 따라서 호주승계제도마저 폐지되었다.

2.7.2. 재산상속에 대하여, 구민법에서는 피상속인이 호주일 경우에는 그 직계비속 장남자가 일단 상속하였다가 중자(차남 이하의 아들)들에게 분가할 때에 분재하여 주고, 여자나 처는 상속의 여지가 없으며, 또 피상속인이 가족일 때에는 직계비속자녀가 제1순위 상속인이기 때문에 처는 자녀가 없는 경우에 한하여 상속하였다. 제정민법에서는 피상속인이 호주이거나 가족이거나 일원적으로 직계비속자녀와 처는 동순위로 공동상속인이 되도록 하고, 직계존속도 없을 때에는 단독으로 상속하도록 하였다. 이와 함께 가(家)를 같이하지 않는 직계비속 여자에게도 비록 상속분에 차이는 있지만 상속권을 인정하고, 처에게 부의 대습상속권을 인정하였다. 그러나 상속분에 있어서 여자는 남자의 2분의 1로 하고 호적을 같이하지 않는 여자는 남자의 4분의 1로 함으로써 남여 사이에 차별을 두었다. 그러나 1977년 민법의 일부개정에 의하여 피상속인과 동일 가적 내에 있는 여자의 상속분은 남자의 상속분과 동일하고 피상속인의 처는 직계비속과 공동으로 상속하는 때에는 동일 가적 내에 있는 직계비속의 상속분의 5할을 가산하도록 하였다. 그리고 1990년 민법의 일부개정에 의하여 상속인의 범위를 4촌 이내로 축소

하고, 배우자의 상속순위를 부부 평등하게 고쳤다. 따라서 피상속인의 배우자는 피상속인의 직계비속과 동순위로 공동상속인이 되고, 직계비속이 없는 때에는 피상속인의 직계존속과 동순위로 공동상속인이 되며, 직계비속도 직계존속도 없는 때에는 단독상속인이 되도록 하였다.

2.7.3. 대습상속에 대하여, 제정민법은 처에게만 대습상속권을 인정하였지만, 1990년 민법의 일부개정에 의하여 부와 처 모두에게 대습상속권이 인정되었다. 그리고 기여분제도와 특별연고자에 대한 분여제도를 신설하였다. 그 후 2005년 민법의 일부개정에 의하여 기여분권리자에 "상당한 기간 동안 동거, 간호 그 밖의 방법으로 피상속인을 특별히 부양한 자"가 추가되었다.

2.7.4. 상속분에 대하여, 제정민법은 법정상속분에 있어서 불균분주의를 채택하였으나, 1990년 민법의 일부개정에 의하여 완전균분상속제를 채택하여 동일가적 내에 있지 않은 여자에게도 다른 상속인과 동일한 상속분이 보장되었고, 부의 상속분도 처의 상속분과 동일하게 하였다.

2.7.5. 상속회복청구권에 대하여, 제정민법은 그 행사기간이 그 침해를 안 날로부터 3년, 상속이 개시된 날로부터 10년으로 하였으나, 2002년 민법의 일부개정에 의하여 "상속이 개시된 날로부터 10년"을 "상속권의 침해가 있는 날로부터 10년"으로 개정하여 진정상속인의 상속회복청구권을 보호하게 되었다.

2.7.6. 상속의 승인 및 포기에 대하여, 제정민법은 상속인이 승인 또는 포기하여야 할 기간에 한정승인 또는 포기를 하지 않을 때에는 법정단순승인이 되는 것으로 하였기 때문에 피상속인의 채무가 많을 경우에 상속인이 뜻하지 않은 피해를 입었다. 이에 대하여 1998년 8월 27일 헌법재판소에서 헌법불합치 결정[19]이 선고됨에 따라서 2002년 민법의 일부개정에 의하여 상속인이 상속채무가 상속재산을 초과하는 사실을 중대한 과실 없이 제1019조 제1항의 기간 내에 알지 못하고 단순승인한 경우에는 그 사실을 안 날로부터 3월 내에 한정승인을 할 수 있도록 하였다.

2.7.7. 유류분제도에 대하여, 1977년 민법의 일부개정에 의하여 유류분제도가 신설되었다.

---

19) 헌재결 1998.8.27, 96헌가22.

Ⅳ. 가족관계등록제도

1. 개요

지금까지 시행되던 호적제도에 대체하여 가족관계등록제도가 2008년 1월 1일부터 시행되고 있는 가족관계등록 등에 관한 법률(이하 '등록법'이라 한다)에 의하여 시행되고 있다.

2. 등록법의 특징

2.1. 관장자의 변경

2.1.1. 대법원이 등록사무의 관장자로 규정하였다(동법 제2조).

2.1.2. 대법원장은 등록사무의 처리에 관한 권한을 시·읍·면의 장에게 위임하였으므로(동법 제3조 제1항), 종전과 같이 시·읍·면의 사무소(가족관계등록관서)에서 등록사무를 볼 수 있다.

2.2. 등록사무처리방식의 변경

가족관계등록사무의 전산화에 따라 신고를 받은 시·읍·면의 장이 직접 전산으로 입력하여 처리하도록 하였다(동법 제4조).

2.3. 본적을 대체하는 개념으로서의 등록기준지

2.3.1. 호적법에서의 본적에 대체하는 등록기준지가 본적의 기능을 대체하는 개념으로 쓰이고 있다.

2.3.2. 등록기준지는 개인이 자유롭게 변경할 수 있고, 가족 사이에도 동일할 필요가 없다. 이 점이 종전의 본적과 본질적으로 다르다.

2.4. 개인별 작성

2.4.1. 가족관계등록부는 가족관계 등록사항에 관한 전산정보자료를 개인별로 구분하여 작성한다(동법 제9조).

2.4.2. 가족관계등록부는 등록사항에 관한 전산정보자료를 개인별로 구분·작성한 전산상의 자료일 뿐이므로, 별도의 원부가 존재하지 않는다. 따라서 가족관계등록부 자체의 열람은 인정되지 않는다.

2.5. 목적에 따른 증명서의 발급

2.5.1. 등록법은 증명의 목적에 따라서 5가지의 증명서를 발급할 수 있도록 규정하고 있다. 따라서 개인의 정보가 증명의 목적에 따라 필요한 범위 안에서 공시되도록 하고, 불필요한 개인정보의 공개를 방지하고자 하였다.

2.5.2. 가족관계증명서

2.5.2.1. 가족관계증명서는 (1) 본인의 등록기준지, 성명, 성별, 본, 출생연월일 및 주민등록번호, (2) 부모, 양부모, 배우자, 자녀의 성명, 성별, 본, 출생연월일 및 주민등록번호의 기록사항을 공시한다.

2.5.2.2. 가족관계증명서는 원칙적으로 증명서 교부 당시의 유효한 사항만을 모아서 발급하므로, 발급 당시의 상태만이 나타나며, 과거의 사항은 표시되지 않는다[가족관계의 등록 등에 관한 규칙(이하 '증명규칙'이라 한다) 제21조 제7항. 다만 사망 등의 경우는 예외이다(동규칙 제21조 제6항).].

2.5.3. 기본증명서

2.5.3.1. 기본증명서는 (1) 본인의 등록기준지, 성명, 성별, 본, 출생연월일 및 주민등록번호, (2) 본인의 출생, 사망, 국적상실·취득 및 회복 등에 관한 사항의 기록사항을 공시한다.

2.5.3.2. 기본증명서는 증명서 발급 당시의 유효한 사항만이 아니라, 과거의 사항도 함께 표시된다. 따라서 개명을 한 경우에는 현재의 이름뿐만 아니라 개정 전에 사용하던 이름이 표시되고, 성과 본을 변경한 때에도 종전의 성과 본이 표시된다. 성전환자의 경우에도 전환된 성(性)과 함께 종전의 성이 함께 표시된다. 이 점에서 개인의 사생활보호를 강화하는 등록법의 취지가 퇴색된다는 비판이 있다.

2.5.4. 혼인관계증명서

2.5.4.1. 혼인관계증명서는 (1) 본인의 등록기준지, 성명, 성별, 본, 출생연월일 및 주민등록번호, (2) 배우자의 성명, 성별, 본, 출생연월일 및 주민등록번호, (3) 혼인 및 이혼에 관한 사항의 기록사항을 공시한다.

2.5.4.2. 혼인관계증명서는 본인의 혼인, 이혼사실과 배우자가 표시된다. 과거의 이혼사실과 전배우자까지 함께 표시되므로, 개인의 사생활이 본인의 의사와 관계없이 드러난다는 문제점이 지적된다.

2.5.5. 입양관계증명서

2.5.5.1. 입양관계증명서는 (1) 본인의 등록기준지, 성명, 성별, 본, 출생연월일 및 주민등록번호, (2) 양부모 또는 양자의 성명, 성별, 본, 출생연월일 및 주민등록번호, (3) 입양 및 파양에 관한 사항의 기록사항을 공시한다.

2.5.5.2. 여기에서의 입양은 민법의 일반입양과 입양촉진 및 절차에 관한 특례법에 의한 입양을 말한다.

2.5.6. 친양자입양관계증명서

2.5.6.1. 친양자입양관계증명서는 (1) 본인의 등록기준지, 성명, 성별, 본, 출생연월일 및 주민등록번호, (2) 친생부모, 양부모 또는 친양자의 성명, 성별, 본, 출생연월일 및 주민등록번호, (3) 입양 및 파양에 관한 사항의 기록사항을 공시한다.

2.5.6.2. 친양자입양관계증명서는 2005년 민법의 일부개정에 의하여 새로 도입되어 2008년 1월 1일부터 시행되고 있는 친양자의 입양과 파양 등에 관한 사항의 증명을 목적으로 한다.

2.5.6.3. 친양자입양관계증명서는 다른 종류의 증명서와 달리 발급에 제한을 두고 있다. 즉, (1) 친양자가 성년이 되어 신청하는 경우, (2) 혼인당사자가 민법 제809조의 친족관계를 파악하고자 하는 경우, (3) 법원의 사실조회촉탁이 있거나 수사기관이 수사상 필요에 따라 문서로 신청하는 경우(이상은 동법 제14조 제2항), (4) 민법 제809조의4와 제908조의5에 따라 입양취소 또는 파양을 하는 경우, (5) 친양자의 복리를 위하여 필요함을 구체적으로 소명하여 신청하는 경우, (6) 그 밖의 대법원예규(가족관계예규 제12호 제3항)가 정하는 정당한 이유가 있는 경우(이상은 등록규칙 제23조 제3항)에 한하여 교부를 청구할 수 있다.

2.5.7. 증명서 교부 청구의 제한

2.5.7.1. 증명서 교부를 청구할 수 있는 사람은 원칙적으로 본인, 배우자, 직계혈족, 형제자매에 한정된다. 대리인에 의한 청구는 본인 등의 위임을 받아야 한다.

2.5.7.2. 본인의 위임이 없더라도 예외적으로 (1) 국가 또는 지방자치단체가 직무상 필요에 따라 문서로 신청하는 경우, (2) 소송, 비송, 민사집행의 각 절차에서 필요한 경우, (3) 다른 법령에서 본인 등에 관한 증명서를 제출하도록 요구하는 경우, (4) 그 밖에 대법원규칙으로 정하는 정당한 이해관계가 있는 사람(등록규칙 제19조 제2항)이 신청하는 경우(동규칙 제19조 제3항 제4호, 제22조 제2항)에는 교부를 청구할 수 있다.

2.5.7.3. 가족관계증명서의 발급에는 교부받고자 하는 사람 등은 가족관계증명서가 필요한 이유를 별도로 밝혀야 한다. 친양자입양관계증명서의 교부는 더욱 엄격한 제한을 하고 있다.

3. 등록법에 의한 신고

3.1. 신고의 종류

등록법에 의한 신고에는 전혀 성질이 다른 두 개의 신고가 있다.

3.1.1. 창설적 신고

3.1.1.1. 창설적 신고는 신고의 수리에 의하여 신분관계가 창설되는 것이다.

3.1.1.2. 창설적 신고에는 혼인신고(제812조, 제814조, 등록법 제71조, 제72조), 협의이혼신고(제836조, 등록법 제74조), 인지신고(제859조, 등록법 제55조 내지 제60조), 입양신고(제878조 내지 제880조, 제882조, 등록법 제61조, 제62조), 협의파양신고(제904조, 등록법 제63조 내지 제66조) 등이 있다.

3.1.2. 보고적 신고

3.1.2.1. 보고적 신고는 신고에 의하여 효과가 법률적으로 발생하는 것이 아니고 법적 효과는 사실이 발생하거나 판결이 확정되었을 때에 생기며, 오직 사실 또는 재판결과의 보고에 불과한 것이다.

3.1.2.2. 보고적 신고에는 출생신고(등록법 제44조 내지 제54조), 재판 또는 유언

에 의한 인지신고(등록법 제58조, 제59조), 인지된 태아의 사산신고(등록법 제60조), 입양취소신고(등록법 제65조 제2항), 재판에 의한 파양신고(등록법 제66조), 재판에 의한 혼인신고(등록법 제72조), 혼인취소신고(등록법 제73조), 재판에 의한 이혼신고(등록법 제78조), 친권(관리권)의 상실, 사퇴, 회복 신고(등록법 제79조), 친권자 지정 및 변경신고(등록법 제79조), 후견개시신고(등록법 제80조, 제82조), 후견인갱질신고(등록법 제81조), 후견종료신고(등록법 제83조), 사망신고(등록법 제84조 내지 제91조), 실종선고신고(등록법 제92조), 신종선고 취소신고(등록법 제95조 제3항), 국적의 상실신고(등록법 제97조), 개명신고(등록법 제99조), 가족관계등록 창설신고(등록법 제101조 내지 103조), 등록부의 정정신고(등록법 제104조 내지 제108조) 등이 있다.

3.1.3. 창설적 신고와 보고적 신고의 성질을 겸하는 신고

생부가 혼인외의 자에 대하여 친생자출생신고를 하면 인지의 효력이 생긴다(등록법 제57조). 이 경우에는 보고적 신고로서 출생신고와 창설적 신고로서의 인지신고를 겸하게 된다.

3.2. 신고와 그 수리

3.2.1. 신고

3.2.1.1. 신고는 원칙적으로 신고사건 본인의 등록기준지 또는 신고인의 주소지나 현재지에서 시·읍·면의 장에게 할 수 있다(등록법 제3조, 제20조). 그러나 출생신고는 그 자의 출생지에서 할 수 있고(등록법 제45조), 사망신고는 사망지, 매장지 또는 화장지에서도 할 수 있다(등록법 제86조).

3.2.1.2. 신고는 서면 또는 말로써 할 수 있다(등록법 제23조). 다른 사람에게 신고와 제출을 위탁하거나 우송할 수도 있다(등록법 제41조). 신고서에는 신고인의 성명 또는 기명날인을 하여야 한다. 그러나 다른 사람이 대서한 경우에도 일단 수리되면 유효하다고 본다.

3.2.2. 수리

3.2.2.1. 신고서가 시·읍·면의 사무소 창구에 제출되면, 가족관계등록공무원은 접수한 신고서에 연월일을 기재하고, 신고서가 적법한 것인지를 심사(형식적 심사)하여 수리 또는 불수리 중 어느 한쪽을 결정하여야 한다. 따라서 가족관계등

록공무원은 신고내용의 진실성이나 신고인의 진의에 대하여 심사(실질적 심사)를 할 권한이 없다.

3.2.2.2. 수리 여부가 결정될 때까지는 철회할 수 있다. 그러나 일단 수리되면 신고의 효력이 발생하므로,[20] 수리 후에는 철회할 수 없다.

4. 등록부의 정정

4.1. 직권에 의한 정정

4.1.1. 이것은 시·읍·면의 장이 단독으로 할 수 있는 것과 시·읍·면의 장이 감독법원의 허가를 받아서 할 수 있는 것이 있다.

4.1.1.1. 시·읍·면의 장이 단독으로 정정할 수 있는 경우

시·읍·면의 장의 단순한 잘못에 의한 것이 명백한 사항인 경우에는 시·읍·면의 장이 직권으로 정정하고 감독법원에 보고하여야 한다(등록법 제18조 제2항 단서).

4.1.2.2. 시·읍·면의 장이 감독법원의 허가를 받아 정정할 수 있는 경우

등록부의 기록이 법률상 무효인 것이거나 그 기록에 착오 또는 누락이 있음을 안 때에는 시·읍·면의 장은 지체 없이 신고인 또는 신고사건의 본인에게 그 사실을 통지하여야 한다(등록법 제18조 제1항 본문). 이와 같은 통지를 할 수 없을 때나 통지를 하였으나 정정신청을 하는 사람이 없는 때 또는 그 기록의 착오 또는 누락이 시·읍·면의 장의 잘못으로 생긴 때에는 시·읍·면의 장은 감독법원의 허가를 받아 직권으로 등록부를 정정할 수 있다(등록법 제18조 제2항 본문). 그리고 국가 또는 지방자치단체의 공무원이 그 직무상 등록부의 기록에 착오 또는 누락이 있음을 안 때에는 지체 없이 신고사건의 본인의 등록기준지의 시·읍·면의 장에게 이를 통지하여야 한다. 이 통지를 받았을 때에는 시·읍·면의 장은 앞의 규정들에 따라 이를 처리하여야 한다(등록법 제18조 제3항).

---

20) 대판 1991.12.10, 91므344.

4.2. 당사자의 신청에 의한 정정

4.2.1. 가정법원의 허가심판에 의한 정정

4.2.1.1. 등록법 제104조에 의한 정정

이 방법은 정정사항이 원칙적으로 경미하여 친족법, 상속법에서의 인격관계에 중대한 영향을 미치지 않는 경우에 이용된다(가사예규 제232호).[21] 즉, 등록부의 기재가 법률상 허용될 수 없는 경우,[22][23] 등록부의 기록에 착오가 있는 경우, 등록부의 기록에 누락이 있는 경우에는 이해관계인은 사건 본인의 등록기준지를 관할하는 가정법원의 허가를 받아 등록부의 정정을 신청할 수 있다(등록법 제104조).

4.2.1.2. 등록법 제105조에 의한 정정

창설적 신고에 의한 등록부의 기록이 무효임이 명백한 경우에는 신고인 또는 신고사건의 본인은 사건 본인의 등록기준지를 관할하는 가정법원의 허가를 받아 등록부의 정정을 신청할 수 있다.

4.2.2. 확정판결에 의한 정정

4.2.2.1. 등록부의 기록이 정정되면 친족법, 상속법에서 중요한 영향을 미치는 사항은 이에 의하여 정정되어야 한다.

4.2.2.2. 등록법 제107조는 "확정판결로 인하여 등록부를 정정하여야 할 때에는 소를 제기한 사람은 판결확정일로부터 1개월 이내에 판결의 등본 및 그 확정증명서를 첨부하여 등록부의 정정을 신청하여야 한다"고 규정할 뿐 어떤 경우가 이에 해당하는가에 대하여 명시하지 않고 있다.

4.2.2.3. 대법원의 기준[24]

정정하려고 하는 등록부의 기록사항과 관련된 신분관계의 존부에 관하여 직접적인 쟁송방법이 가사소송법 제2조에 규정되어 있는지의 여부를 기준으로 하여, 위 법조에 규정되어 있는 가사소송사건으로 판결을 받게 되어 있는 사항은 모두 친족법상 또는 상속법상 중대한 영향을 미치는 것으로 보아, 그와 같은 사항에 관하여는 등록법 제107조에 따라 확정판결에 의하여서만 등록부 정정의 신청을

---

21) 대결 1973.11.14, 73마872.
22) 대결 2006.6.22, 2004스42.
23) 대결 1978.3.7, 77스12.
24) 대결(전) 1993.5.22, 93스14, 15; 가사예규 제233호.

할 수 있고, 가사소송법 제2조에 의하여 판결을 받을 수 없는 사항에 관한 등록부 기록의 정정은 등록법 제104조에 따라 허가를 얻어 정정할 수 있다.[25]

따라서 사람이 사망하였는지의 여부나 사람의 사망한 일시를 확정하는 것에 관하여는 직접적인 쟁송방법이 가사소송법은 물론 다른 법률이나 대법원규칙에도 정하여진 바가 없다. 그러므로 이와 같은 사항에 관한 등록부 기록의 정정은 당연히 등록법 제104조에 따라서 처리되어야 한다.

---

25) 대결(전) 2011.9.2, 2009스117은, 성전환자가 혼인중에 있거나 미성년자인 자녀가 있는 경우 성별정정을 허가할 것인지 여부에 대하여, 갑이 을과 혼인을 하여 미성년자인 자녀 병을 두고 있었는데 성전환수술 등을 받고 가족관계등록부상의 성별란 정정을 신청한 사안에서, 현재 혼인중에 있거나 미성년자인 자녀를 둔 성전환자의 성별정정은 허용되지 않는다고 하며 갑의 성별정정을 불허한 원심판결을 수긍함으로써 부정하였다. 윤대성, "事實上 同性婚", 부산법학, 제6권(2012) 참조

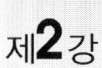

Ⅳ. 약혼

[참조조문]

제800조(약혼의 자유) 성년에 달한 자는 자유로 약혼할 수 있다.

제801조(약혼연령) 18세가 된 사람은 부모나 미성년후견인의 동의를 받아 약혼할 수 있다. 이 경우 제808조를 준용한다.

제802조(성년후견과 약혼) 피성년후견인은 부모나 성년후견인의 동의를 받아 약혼할 수 있다. 이 경우 제808조를 준용한다.

제803조(약혼의 강제이행금지) 약혼은 강제이행을 청구하지 못한다.

제804조(약혼해제의 사유) 당사자 한쪽에 다음 각 호의 어느 하나에 해당하는 사유가 있는 경우에는 상대방은 약혼을 해제할 수 있다.
  1. 약혼 후 자격정지 이상의 형을 선고받은 경우
  2. 약혼 후 성년후견개시나 한정후견개시의 심판을 받은 경우
  3. 성병, 불치의 정신병, 그 밖의 불치의 병질(病疾)이 있는 경우

4. 약혼 후 다른 사람과 약혼이나 혼인을 한 경우
5. 약혼 후 다른 사람과 간음(姦淫)한 경우
6. 약혼 후 1년 이상 생사(生死)가 불명한 경우
7. 정당한 이유 없이 혼인을 거절하거나 그 시기를 늦추는 경우
8. 그 밖에 중대한 사유가 있는 경우

제805조(약혼해제의 방법) 약혼의 해제는 상대방에 대한 의사표시로 한다. 그러나 상대방
에 대하여 의사표시를 할 수 없는 때에는 그 해제의 원인 있음을 안 때에 해제된 것으
로 본다.

제806조(약혼해제와 손해배상청구권) ① 약혼을 해제한 때에는 당사자일방은 과실 있는
상대방에 대하여 이로 인한 손해의 배상을 청구할 수 있다.

② 전항의 경우에는 재산상 손해 외에 정신상 고통에 대하여도 손해배상의 책임이 있다.

③ 정신상 고통에 대한 배상청구권은 양도 또는 승계하지 못한다. 그러나 당사자 간에
이미 그 배상에 관한 계약이 성립되거나 소를 제기한 후에는 그러하지 아니하다.

Ⅰ. 사회학자에 의한 혼인의 역사와 민법의 규정

1. 서설

혼인법에 어떠한 문제가 있는가를 알기 위하여 사회학자에 의한 혼인분석의
자료를 들어 민법이 어디까지 규정하고 있는가를 살피고자 한다. 관습에 맡겨진
것이 많다는 것이 밝혀질 것이다.[1]

2. 혼인의 형식

단혼(單婚; monogamy)인가 복혼(複婚)인가. 후자에는 일부다처(一夫多妻; polygamy)
와 일처다부(一妻多夫; polyandry)가 있다. 이것은 각 사회에서 혼인법의 근본제도
이므로, 민법을 포함한 법률에 규정되고 있다.

---

1) 이하는 星野英一, 家族法, 放送通信大學敎育振興會, 1995, 45~46頁

3. 혼인의 요건

3.1. 금지적 규제

이러한 경우에 혼인이 되지 않는다는 것이 많다. 첫째로, 근친혼의 금지가 있다. 이 규제는 어느 사회에도 존재하는 인류 보편이지만, 민법에 규정되고 있다. 둘째로, 외혼제(外婚制 exogamy; 일정한 집단 내의 사람과 결혼하지 않는 것), 내혼제(內婚制 endogamy; 일정한 집단 내의 사람과 결혼하는 것)가 있지만, 현재 관습에 맡기고 있다.

3.2. 우선적 규제

일정한 것을 좋은 것으로 하는 것에는, 첫째로, '종형제혼'[2]으로서, 부의 형제의 자 또는 모의 자매의 자와의 혼인(parallel cousin), 또는 부의 자매의 자 또는 모의 형제의 자와의 혼인(cross cousin)을 좋은 것으로 하고 있다. 둘째로, 부가 사망한 뒤 그 형제와의 혼인(逆緣婚; levirate) 또는 처가 사망한 뒤 그의 자매와의 혼인(順緣婚; sororate)을 좋은 것으로 하고 있다. 이것은 오늘날에도 일본에서 행하여지는 관습이지만, 법률이 정한 것은 아니다.

3.3. 거주

동거냐 별거냐, 그리고 동거인 경우에도 부 쪽의 가옥이냐 처 쪽의 가옥이냐 제3의 가옥에서 거주하는 경우가 있다. 그러나 이것도 오늘날에는 관습에 맡기고 있다.

3.4. 혼인 전의 급부

혼인 전에 가족원으로서 노동봉사를 하는 제도가 있었다. 지금도 성행하고 있는 것은 일본에서 결납(結納), 넓게는 혼자(婚資)라고 부르는 것으로 남성으로부터 여성에게 금전 등을 급부하는 것이다. 이것 자체도 법률상 규정은 없지만, 혼

---

2) 일본에서는 이를 'いとこ婚'(從兄弟婚)이라 한다. 星野英一, 家族法, 放送通信大學教育振興會, 1995, 46頁.

인이 성립되지 않는 경우에 반환청구권이 문제되고, 판결도 많다.

3.5. 혼인연령의 규제

상대적 연령, 즉 부와 처의 연령차나 역연혼에서 부의 형이라서 혼인할 수 없다는 제한이 있다. 그러나 민법전에는 없다. 이에 대하여 절대적 연령의 제한은 모든 민법에 규정되어 있다.

3.6. 내적 권력의 소재

내적인 권력은 부(父權制)에게, 처(母權制)에게, 또는 쌍방(협의에 의한 平等制)에게 있다. 이 점은 가족의 어느 쪽을 기본으로 일반적 또는 개별문제에 대하여 법률에서 규정하고 있다. 우리 민법은 호주제도에 의하여 부권제였던 것을 지금은 호주제도를 폐지함으로써 평등제로 되었다.

Ⅱ. 혼인법의 이념

1. 성, 생식, 사랑, 동거 - 혼인3)

1.1. 남녀 사이에는 성적인 관계가 생기고 그 결과로서 생식관계가 생긴다. 출생한 자를 양육하여 생활할 수 있도록 교육하여야 한다. 여기까지는 인간도 다른 동물과 다르지 않다. 그러나 인간의 사회는 그 모든 것을 혼인으로 취급하지 않는다. 특히 법률은 그 가운데 어느 것에 한정하여 혼인으로서 결합된 남녀 사이, 남녀(親)와 자 사이의 관계를 규제한다. 그 이유는 혼인은 남녀관계의 안정에 의한 사회의 안전을 위하여도, 자를 통하여 사회가 존속하기 위하여도, 사회·국가로서 중요한 관심사이기 때문이다. 그러나 근대에 이르러 혼인 및 성과 사랑과의 결합이 강조되고, 더욱이 사랑 없는 혼인의 부정(이혼의 자유가 강조됨)으로 나갔

---

3) 이하는 星野英一, 전게서, 47~48頁

다. 사랑을 하면 법률상 '혼인'이라는 형태를 필요하지 않는 것이 아닌가라는 의문이 생긴다. 즉 "사랑의 제도화는 사랑의 죽음이다"라는 말이 있다. 사랑이 있는 동거를 권장하고(동거하지 않는 경우도 있다), '혼인'부정론까지 나오고 있다. 또한 성과 사랑은 다른 것이라는 것은 사랑 없는 성(매춘), 성 없는 사랑·혼인(성관계를 하지 않는다는 뜻의 합의가 있는 혼인. 이와 같은 합의도 일응 유효하다고 해석되고 있다)이 있기 때문이다.

1.2. 이 문제는 두 단계로 나누어진다. 첫째로, 지금까지 말한 '사랑'이라고 말하는 의미이다. 우리나라에서는 사랑이라 말하는 것은 성적인 것, 감정적인 것만을 생각하고 있다. 그러나 앞에서 본 바와 같이 그 뉘앙스를 느끼지 않으면 안 됨을 주의하여야 한다. 즉, 오직 성적 욕망이나 감정적인 사랑은 때로 한 남자 또는 여자의 폭력적 행위를 낳게 되고, "질서의 파괴인 것을 멈추지 않는다"는 것이 바로 그것이다. 적어도 상당한 정도 계속하는 것이 전제되어야 하고, 이성에서 나온 의사적인 것이 사랑이 되어 원래 의미를 갖지 않으면 안 된다. 둘째로, 인간은 약한 존재이고, 사랑도 어떠한 사회적 도움이 필요한 것이 아닌가라는 문제이다. 그래서 학문이나 예술이 본질적으로 사회·국가로부터 독립된 가치를 갖는 것이라 할 수 없고, 육체를 가진 물질적 조건에 의하여 좌우되는 인간으로서는 여러 면에서 사회적·국가적 보호를 요하는 것이다. 마찬가지로 본래 개인적으로 하는 학문·예술과 달리(최소한 2인의 관계로서) 사회적인 것으로서 사랑은 사회·국가의 보호를 보다 필요한 것이 아닌가. 그렇기 때문에 '지켜지는 사랑만을 사랑이라고 생각하는 사람이 된다'는 것은 바람직하지 않고, 보통 인간으로서 사랑은 사회·국가에 의하여 지켜질 필요가 있는 것으로 생각한다. 더욱이 '(동물과 달리) 인간에 있어서 이성은 보통 많거나 적거나 그의 생활 모든 행위에 스며 있고, 욕망과 함께 감정이 있으며, 본능에는 법이 있어, 모든 것이 정화되고 있다는 것이 높아졌다'고 하는 말이 갖는 지혜를 이해하여야 한다. 물론 그와 같은 보호(그에 따른 규제)를 때로는 고통으로 거부하는 것은 자유이다.

1.3. 오늘날 의학에 의하여 여러 가지의 기술은 성과 생식과의 연관을 단절시키는 것이 가능하여졌다(예: 인공수정, 대리모 등). 이에 이르러, 윤리문제에 관계가 없을 수 없지만, 민법상으로는 친자관계의 성립 등에 어려움이 생긴다.

1.4. 더욱이 오늘날 성, 사랑, 생식, 동거는 나누어질 수 있다. 그렇다면 법률제도에서 혼인이란 이들을 통합하는 커다란 의미를 갖는 것이 분명하다.[4] 혼인에 대하여도 여러 가지의 의문이 있지만, 한마디로 앞에서 말한 바와 같다.

2. 우리나라에서 혼인법의 이념[5]

2.1. 일반적으로 혼인은 가족을 형성하는 기초가 되며, 가족은 사회와 국가를 구성하는 기본단위가 된다. 이런 의미에서 국가와 사회는 그 성립의 근간이 되는 혼인제도와 가족을 보호할 필요가 있다고 할 것이다.

2.2. 1960년대 이래 우리 사회의 혼인율[6]과 이혼율[7]에는 큰 변화가 있었다. 이와 같이 이혼율과 혼인율의 변화추이는 전체적으로 이혼율은 증가현상을 보이고 있는 반면, 혼인율은 감소하는 추세를 보이고 있다.

2.3. 혼인은 일반적으로 한 쌍의 남녀가 결합하여 하나의 가족공동체를 형성하는 것이라고 인식되어 왔다. 따라서 동성(同性) 사이의 결합은 혼인으로 인정되지 못하였으며, 오늘날까지 계속되고 있다.

2.4. 우리의 전통사회에서는 남자가 장가드는 것이 보편적인 풍속이었다. 즉 우리 민족의 고유한 혼인습속은 처가살이혼이었다. 그러나 조선왕조가 중국에서 도입한 종법제가 17세기를 맞아 양반 지배층에 실질적 영향을 갖게 되면서 처가살이혼은 감소하고 시집살이혼이 행하여지기 시작하였다.

2.5. 전통적으로 우리나라에서 혼인식을 거행하면 법률혼으로 인정하였고 또

---

4) 박병호, 가족법, 58면 참조.
5) 이하 김주수/김상용, 친족상속법, 법문사, 2009, 69~73면.
6) 혼인율의 변화추이를 보면, 1970년에 9.2, 1980년에 10.6에 이르렀고, 구체적인 혼인수를 보면 1970년 295,100건, 1980년 403,000건, 1990년 399,300건, 1995년 398,500건, 1998년 375,600건, 1999년 362,700건, 2000년 334,000건, 2006년 332,800건이었다. 김주수/김상용, 전게서, 70면.
7) 이혼율의 변화추이를 보면, 1970년대에 0.4이었던 것이 1980년에 0.6으로, 1990년에 1.1에 달하였고, 1995년에 1.5, 2000년에 2.5, 2006년에 2.6에 이르렀다. 구체적인 이혼수를 보면, 1960년 7,016건, 1970년 11,600건, 1980년 23,700건, 1990년 45,700건, 1995년 68,300건, 1998년 116,700건, 1999년 118,000건, 2000년 120,000건, 2006년 125,000건에 이르렀다. 김주수/김상용, 전게서, 69~70면.

혼인식이 없더라도 사실상의 부부에 대하여 유효한 혼인으로 인정하였다.[8] 그러나 일제지배기에 1922년 12월 7일 제령 제13호(조선민사령 중 개정의 건)에 의하여 1923년 7월 1일부터 형식혼주의(혼인신고에 의하여 법률상 혼인이 성립하는 것)로 전환되어 지금까지 이를 답습하고 있다.

Ⅲ. 법제도로서의 혼인

1. 왜 혼인에 대하여 규정하는가[9]

1.1. 사회현상으로서 혼인은 민법전이 있기 전부터 존재하였다. 명칭으로는 '혼인'보다 '결혼'이라는 표현을 쓰는 것이 많았다. 혼인식을 치르고 피로연을 갖는 등 관습에 의한 의식을 거치면 혼인이 성립한 것으로 생각하였다. 아무런 법률이 개입할 여지가 없는 것으로 보았다. 그러나 왜 민법은 구태여 '혼인'이라는 장을 두고 있는 것일까. 이 물음이 '법제도로서의 혼인'을 이해하는 출발점이 된다.

1.2. 민법 제4편 친족편은 제1장 총칙에 이어서 제3장이 '혼인'이라고 제목을 붙여서, 다음과 같은 절로 구성되어 있다.

> 제1절 약혼
> 제2절 혼인의 성립
> 제3절 혼인의 무효와 취소
> 제4절 혼인의 효력
> 제1관 일반적 효력
> 제2관 재산상 효력

제4절 '혼인의 효력'을 중심으로, 혼인의 효과를 정하는 규정을 두고 있다. 즉, 법률상의 혼인이 성립되는 것과 여러 가지 법적 효과가 발생하는 것이다. 그 가

---

8) 朝高判 1917.4.27, 민집 4권 348면; 朝高判 1932.12.16, 속결의회답집록, 74면.
9) 內田 貴, 民法Ⅳ[親族・相續], 東京大學出版會, 2008, 17頁 이하.

운데 부부의 '동거·협력·부양의무'와 같이 상식적으로 당연하다고 생각하는 것도 있지만, 반드시 상식에서 나온 것이 아닌 것도 있다. 그러나 어떠한 법적 효과를 권리·의무라는 형식으로 규정하고 있다. 여기에서 그와 같은 권리·의무를 발생하는 요건인 혼인이 어떻게 성립하는 것인가는 중요한 것이다.

2. 혼인과 민법에서의 단체

이와 같이 생각하면, 민법이 정하는 혼인이라는 제도는 민법총칙의 법인과 유사하다. 세상에서 구성원으로부터 독립성을 갖는 단체는 여러 가지 존재하지만, 그것이 법률에 의하여 법인으로서 인지되고 일정한 법적 효과가 인정된다. 여기에서 어떠한 단체에 어떠한 절차로 법인으로서의 자격을 주는가가 문제된다. 그와 마찬가지로 혼인이라는 하나의 공동체가 형성되고 일정한 법적 효과를 발생하는데 어떻게 하여 혼인이 성립하는가에 대한 규정이 필요한 것이다. 그러나 이와 같은 접근에서 생각하면, 법인의 경우에 법인이 되는 단체가 있음에도 어떠한 이유로 법인격을 갖지 않는 단체(이른바 '권리능력 없는 사단')가 존재하는 것과 같이 부부에 대하여도 법률상 혼인을 인정할 수 있는 부부의 실체가 있더라도 법적인 절차를 밟지 않음으로써 법률상 혼인으로 인정되지 않는 경우가 생기게 된다. 이것을 사실혼이라 한다.

3. 사실혼주의와 법률혼주의

이와 같이 혼인의 성립요건으로서 부부의 실체가 있는 것 이외에 아무런 법적 절차(예컨대, 신고)를 요구하지 않는다면 사실혼의 문제는 반드시 생기지 않는다. 이것을 피하려면 부부의 실체가 있으면 당연히 법률상 혼인으로 인정하는 제도를 채용하지 않을 수 없다. 이것이 사실혼주의이다(여기에서는 관습상·종교상 의식이 혼인성립의 기준이 된다). 이에 대하여 법적 절차를 요구하는 방식이 법률혼주의이다. 또한 혼인의 법적 효과가 '부부는 서로 너무 사랑하지 않으면 안 된다'는 정도이면 된다고 사실혼주의에서는 자주 말하고 있다. 그러나 민법이 관심을 갖고 있는 법적 효과는 동거, 협력, 부양의무와 같은 것이지만, 어떤 의미에서 재산상의 효과에 있는 것이다. 여기에서 제3자의 이해도 있다. 그렇다면 혼인이 성립하였는가 아닌가는 명확하게 판정하기 어렵다. 여기에서 민법은 신고라는 형식적 요건을 정하여, 법률혼주의를 채택한 것이다. 따라서 혼인에 의하여 어떠한 효과가 법률상 발생하는가. 성립요건을 설명하기 전에 우선 이 점을 검토하는 것이 논의를 이해하기 쉬울 것이다. 먼저 약혼에 관하여 살펴본다.

Ⅳ. 약혼

1. 서설

약혼이라 함은 장래에 혼인을 성립시키겠다는 당사자 사이의 계약이다. 약혼은 당사자 사이에 실질적인 부부공동체가 형성되어 있는 사실혼과 구별된다. 또한 약혼은 당사자의 실질적인 의사의 합치가 있어야 하는 점에서 제3자에 의한 대리가 허용되지 않는다(예컨대, 定婚).

2. 약혼의 성립

2.1. 약혼은 혼인하려는 양 당사자의 합의로 성립한다. 종래의 이른바 정혼은 무효이다.

판례에 의하면, 양 당사자의 합의는 명시적 의사표시에 의하지 않더라도 약혼의 성립을 인정하고 있다.[10] 한편 "남녀가 혼인을 전제로 하지 않고 정교관계를 갖다가 여자가 임신하게 되자 여자 측의 요구로 비로소 혼인 여부에 대한 논의가 시작되었고, 남자가 혼인의사를 표시하기도 하였으나 진실한 혼인의사 없이 오로지 낙태의 목적으로 그와 같은 의사를 표시한 것이고, 약혼식이나 양가부모의 상견례를 가진 일도 없으며, 남자는 낙태가 어렵다는 것을 알자 여자와 연락

---

10) 서울가판 1995.7.13, 94드37503.

을 끊은 경우, 장차 혼인을 하겠다는 진실한 합의가 있었다고 보기 어려워 약혼이 성립하지 않았다"고 함으로써,[11] 진실한 합의가 없다고 한 사례가 있다.

2.2. 남녀 모두 18세에 달하여야 한다(제801조 전단).

2.3. 미성년자가 약혼할 때에는 부모의 동의를 얻어야 한다(제801조 전단). 부모 가운데 일방이 동의권을 행사할 수 없을 때에는 다른 일방의 동의를 얻어야 하고(제801조 후단에 의하여 제808조 제1항 준용), 부모가 모두 동의권을 행사할 수 없을 때에는 미성년후견인의 동의를 얻어야 한다(제801조 후단에 의하여 제808조 제1항 준용). 피성년후견인은 성년후견인의 동의를 얻어 약혼할 수 있다(제802조). 부모의 동의를 얻지 않은 약혼은 혼인법의 규정(제816조)에 준하여 취소할 수 있다고 할 것이다.

2.4. 이미 약혼한 자의 이중약혼이나 법률상 또는 사실상 혼인상태에 있는 자의 약혼은 사회질서에 반하는 행위로서 원칙적으로 무효이다. 다만 현재의 법률혼 또는 사실혼 해소 이후에 혼인하겠다는 합의는 구체적으로 사회질서에 반하지 않는 경우에는 약혼으로서 효력이 인정될 수 있다. 그러나 판례에 의하면, 이제부터 처를 축출한 뒤에 혼인하겠다는 약속이나 병약한 처가 사망하면 혼인하겠다는 합의 같은 것은 선량한 풍속 기타 사회질서에 반하는 것으로서 약혼으로 인정될 수 없다.[12] 그리고 후자의 경우에는 상대방이 선의인 때에 대체로 불법행위가 성립하므로 손해배상을 청구할 수 있다.[13]

2.5. 약혼당사자들이 법률상 혼인이 금지되는 근친관계에 있고, 혼인하더라도 무효사유에 해당하는 경우에는 그 약혼은 불능을 목적으로 한 것이므로 무효가 된다. 다만 선의의 상대방은 손해배상을 청구할 수 있다.

2.6. 약혼에 조건이나 기한을 붙이는 것이 선량한 풍속 기타 사회질서에 반하지 않는 한 무방하다고 본다.

---

11) 서울가판 1998.2.26, 97드7305.
12) 대판 1955.7.14, 4288민상156; 대판 1965.7.6, 65므12.
13) 서울가심 1965.0.0, 64드00; 사법행정, 6권 3호, 96면 참조.

2.7. 약혼은 당사자의 명시 또는 묵시의 합의에 의하여 성립하고,[14] 의식이나 예물의 교환 등 어떠한 형식도 필요하지 않다.

3. 약혼의 효과

3.1. 당사자는 서로 성실하게 교제하고 가까운 시기에 부부공동체를 성립시킬 의무를 진다. 그러나 한쪽 당사자가 의무를 위반한 경우에 상대방은 손해배상을 청구할 수 있을 뿐이고, 강제이행을 청구할 수 없다(제803조). 이 점에서 일반 계약에서의 예약과 다르다.

3.2. 약혼상의 권리도 물론 하나의 권리로서 제3자가 이를 침해하였을 때에는 불법행위가 성립된다. 다만 어떠한 경우에 이 권리에 대하여 제3자가 침해하였는가는 문제이다. 판례는 A남이 B녀와 약혼을 하였는데, C남이 이 사실을 알면서 B녀와 사통하여 자를 낳게 한 경우에는, A남은 C남에게 그 약혼상의 권리를 침해한 불법행위를 이유로 손해배상을 청구할 수 있다고 하였다.[15]

3.3. 약혼자 사이에는 친족관계가 생기지 않는다.

3.4. 약혼 중에 출생한 자는 혼인 전의 자이므로, 혼인외의 출생자가 된다. 그러나 그 뒤에 약혼당사자가 혼인을 하면 그 자는 준정(準正)에 의하여 혼인중의 출생자가 된다(제855조 제2항).

4. 약혼의 해제

4.1. 약혼해제의 요건

민법은 약혼해제의 사유로서 독일, 스위스, 대만의 입법례에 따라서, 다음과 같이 규정하였다(제804조).

---

14) 서울가판 1995.7.13, 94드37503.
15) 대판 1961.10.19, 4293민상531.

4.1.1. 약혼 후 자격정지 이상의 형의 선고를 받은 경우

형의 '선고'를 형의 '확정'으로 축소해석하려는 견해[16]가 있지만, 약혼의 해제는 이혼의 경우와 다르기 때문에 구태여 그렇게 해석할 필요가 없다.[17]

4.1.2. 약혼 후 성년후견개시나 한정후견개시의 심판을 받은 경우

여기에서 2011년 민법의 일부개정에 의하여 '금치산 또는 한정치산의 선고'를 '성년후견개시나 한정후견개시의 심판'으로 대체되었다.

4.1.3. 성병, 불치의 정신병 기타 불치의 병질(病疾)이 있는 경우

여기에서 1990년 민법의 일부개정에 의하여 '폐병'을 삭제하고, '불치의 정신병'으로 대체하였다. 그러나 정신병과 기타의 질환은 불치임을 요하는 반면에 성병은 불치임을 요하지 않는다고 해석된다. 따라서 약혼 후 성병에 걸렸으나 현재는 치유된 상태라고 하여도 상대방은 이를 이유로 약혼을 해제할 수 있다고 보아야 한다. 그리고 2011년 민법의 일부개정에 의하여 기타의 '악질'을 '병질'로 대체하였다.

4.1.4. 약혼 후 타인과 약혼 또는 혼인을 한 경우

여기에서 '혼인'은 법률혼뿐만 아니라 사실혼도 포함된다. 판례는 약혼과 사실혼의 성립요건에 대하여 "일반적으로 약혼은 특별한 형식을 거칠 필요 없이 장차 혼인을 체결하려는 당사자 사이에 합의가 있으면 성립하는 데 비하여, 사실혼은 주관적으로는 혼인의 의사가 있고, 또 객관적으로는 사회통념상 가족질서의 면에서 부부공동생활을 인정할 만한 실체가 있는 경우에 성립한다"고 함으로써,[18] 양자를 구별하고 있다.

4.1.5. 약혼 후 타인과 간음한 경우

판례는 약혼기간에 다른 사람과 정교하여 임신한 경우에 "약혼기간 중 다른 남자와 정교하여 임신하고는 그 혼인 후 남편의 자인 양 속여 출생신고를 한 것이 그 혼인생활의 경과 등에 비추어 혼인을 계속할 수 없는 중대한 사유가 된다고 하기 어렵다"고 하여,[19] 그 뒤 혼인한 경우에 재판상 이혼사유가 되지 않는다고 판단하였다.

---

16) 이희봉, "신신분법 중의 해석상의 문제", 고시계, 1960.1, 51면.
17) 정광현, 신친족상속법요론, 1962. 508면 이하; 김주수/김상용, 전게서, 76면.
18) 대판 1998.12.8, 98므961.
19) 대판 1991.9.13, 91므85, 92.

4.1.6. 약혼 후 1년 이상 그 생사가 불명한 경우

'생사불명'이라 함은 생존도 사망도 증명할 수 없는 상태를 의미한다. 1년의 기산점은 상대방 약혼자에게 알려져 있는 본인의 최후의 생존일자이다.

4.1.7. 정당한 이유 없이 혼인을 거절하거나 그 시기를 늦추는 경우

여기에서 '정당한 이유'라 함은 학업을 마친 뒤에 혼인하겠다는 경우 등을 생각할 수 있다. 그러나 '혼인거절'이나 '혼인시기를 늦추는 경우'에 정당한 이유가 있는가는 사회통념과 구체적인 사정을 고려하여 판단하여야 한다. 예컨대, 혼인하기 전에 남자가 여자에게 직장을 그만두고 가사에만 전념할 것을 강요하는 경우에 여자가 혼인을 거절하는 것은 정당한 이유가 있다고 볼 것이다. 여기에서 '혼인'이라 함은 법률혼뿐만 아니라 사실혼도 포함한다. 만약 혼인거절이나 그 시기를 늦추는 것에 정당한 이유가 없는 경우에는 약혼 당사자의 일방은 약혼을 해제하고 상대방에게 손해배상을 청구할 수 있다.

4.1.8. 그 밖에 중대한 사유가 있는 경우

앞의 제1호 내지 제7호까지의 사유가 구체적인 약혼해제의 사유를 규정하고 있지만, 제8호는 추상적인 약혼해제의 사유를 규정하고 있다. 그러나 약혼은 다양한 원인에 의하여 파경에 이를 수 있기 때문에 구체적인 사유로 제한하여 열거하는 것만으로는 실제 사회생활관계에 적절히 대응하기 어렵다. 여기에서 사회통념에 비추어 볼 때에 당사자에게 약혼을 유지하여 혼인에 이르도록 요구하는 것이 무리라고 생각되는 정도라면 약혼해제의 중대한 사유가 있다고 보아야 할 것이다. 판례에 의하면, 약혼당시 당사자의 일방이 자신의 학력, 직업, 경력, 재산상태 등 혼인의사의 결정에 중요한 영향을 미칠 수 있는 사실을 속인 경우라든지 약혼 중의 폭행, 모욕 등도 약혼해제의 중대한 사유로 보아야 할 것이다.[20] 그러나 학력, 직업, 재산상태 등 주변상황을 확인하지 않고 약혼한 후 파기한 자는 손해배상책임이 있다.[21] 또한 약혼해제가 적법하게 이뤄지면, 상대방은 위자료를 지급하여야 할 것이다.

---

20) 대판 1995.12.8, 94므1976, 1983.
21) 대구고판 1978.6.16, 77르49, 50.

4.2. 약혼해제의 방법

4.2.1. 약혼 당사자의 일방은 상대방에 대하여 일방적 의사표시로서 약혼을 해제할 수 있다(제805조 본문). 이 의사표시에는 어떠한 형식이 필요 없고, 묵시의 의사표시에 의하여도 가능하다. 또한 약혼 당사자는 언제든지 약혼해제의 정당한 사유가 없더라도 일방적으로 약혼을 해제할 수 있다. 다만 이 경우에는 상대방에게 손해배상의 책임을 진다(제806조). 그리고 미성년자 또는 피성년후견인은 부모 또는 성년후견인의 동의를 얻어 약혼해제의 의사표시를 할 수 있다.

4.2.2. 상대방에 대하여 약혼해제의 의사표시를 할 수 없는 경우에는 그 해제의 사유(제804조에 의한 약혼해제사유)가 있음을 안 때에 약혼이 해제된 것으로 본다(제805조 단서). 예컨대, 약혼 당사자의 일방이 약혼 후 1년 이상 생사가 불명한 때에는 약혼은 해제된 것으로 본다(제805조).

4.3. 약혼해제의 효과: 손해배상청구권과 예물반환청구권

4.3.1. 약혼이 상대방의 과실로 인하여 해제된 경우에는 당사자의 일방은 상대방에 대하여 손해배상을 청구할 수 있다(제806조 제1항).

4.3.1.1. 약혼 당사자 쌍방에게 과실이 없음에도 일방이 약혼을 해제한 경우에는 정당한 사유가 없는 약혼해제가 되므로 상대방에 대하여 손해배상의 책임을 진다.

4.3.1.2. 당사자의 합의에 의하여 약혼을 해제한 경우에는 손해배상에 대하여 아무런 합의가 없었다면 손해배상청구권을 포기한 것으로 볼 수 있다.

4.3.1.3. 약혼해제로 인한 손해배상의 범위는 재산상의 손해[22]와 정신적인 고통에 대한 위자료를 포함한다. 재산상 손해배상의 범위는 혼인준비 비용과 혼인의 성립을 믿고 포기한 이익 등 신뢰이익이다. 그리고 정신적 고통에 대한 손해는 부당한 약혼해제로 인한 고통과 한 번 약혼하였다는 사실이 장래 혼인에 장애요소로 작용할 수 있다는 우려에서 나오는 정신적 고통을 포함한다. 다만 약혼 중 당사자가 합의에 의하여 성적 관계를 맺은 경우에 이러한 사실은 정신적인 고통에 대한 손해에 포함되지 않는다. 그러나 이에 대하여 여러 사정을 참작하여

---

22) 대판 2003.11.14, 2000므1257.

주된 책임이 있는 자는 손해배상책임을 저야 한다는 견해[23]가 있다.

한편 판례는 정신적 고통에 대한 위자료청구에 대하여, "갑이 을의 약혼불이행을 원인으로 한 손해배상(위자료)과 을이 갑을 혼인을 빙자하여 간음하였음을 원인으로 한 손해배상(위자료)을 선택적으로 청구하는 경우에 있어 전자는 가사심판법 제2조 제1항 제3호 '가'의 약혼해제로 인한 손해배상청구에 포함되므로 가정법원의 심판대상이 된다 할 것이나 후자는 정조권침해를 원인으로 한 손해배상청구사건임이 명백하고 이러한 사건은 법원조직법 중 가정법원의 심판권을 정한 제32조의5의 규정이나 가사심판법 중 동법의 적용범위를 정한 제2조 각 항에도 가정법원의 조정 및 심판의 대상으로 한다는 취지의 규정이 없으므로 가정법원은 이에 대한 심판권이 없다"고 판단하였다.[24]

4.3.1.4. 재산상의 손해배상청구권은 승계될 수 있으나, 위자료청구권은 원칙적으로 승계되지 않는다. 그러나 위자료청구권도 당사자 사이에 그 배상에 관하여 합의가 성립되거나 소가 제기된 경우에는 승계된다(제806조 제3항).

4.3.2. 약혼해제의 효과에 있어서 손해배상청구권과 함께 예물반환청구권이 문제된다.

4.3.2.1. 약혼예물의 법적 성질에 대하여, 판례는 '혼인의 불성립을 해제조건으로 하는 증여'라고 본다.[25] 따라서 약혼해제가 되면 약혼예물은 부당이득반환의 법리에 의하여 반환되어야 한다.

4.3.2.2. 약혼 당사자의 일방이 사망에 의하여 약혼이 해제된 경우에는 예물반환청구권이 발생한다. 그러나 일단 혼인이 성립한 경우에는 그 혼인이 해소되었다 하더라도 예물 등의 반환문제는 생기지 않는다.[26] 이 경우의 혼인에는 반드시 법률혼에 한정하지 않고 사실혼이라도 무방하다.[27]

4.3.2.3. 약혼이 해제된 경우에는 예물의 반환문제가 생기지만, 약혼의 해제에

23) 박병호, 가족법, 65면.
24) 대판 1987.11.10, 84므31.
25) 대판 1976.12.28, 76므41, 42; 대판 1996.5.14, 96다5506; 오종근, "약혼예물에 관한 일고찰", 판례월보, 232호, 1990.1, 15∼29면.
26) 대구지판 1971.6.18, 71므152; 서울민지판 1979.11.5, 79가합1733; 대판 1994.12.27, 94므895; 대판 1996.5.14, 96다5506.
27) 예물반환을 부정한 예: 대판 1996.5.14. 96다5506; 서울가판 1997.4.16, 97르141. 예물반환을 인정한 예: 대판 2003.11.14, 2000므1257.

대하여 과실이 있는 유책당사자는 신의칙상 자신이 제공한 예물의 반환을 청구할 수 없다.[28] 다만 쌍방에 과실이 있는 경우에는 쌍방에 과실이 없는 경우에 준하면서 과실상계의 법리를 가미하여 반환의 범위를 결정하여야 할 것이다.

[사례 1]

세종문화회관 소속 기능직 8등급 공무원으로 재직 중인 X가 간호보조원 자격을 취득한 후 방송통신대학 법학과에 재학 중인 여자 Y와 중매로 맞선을 본 후 약혼을 하였다. 그런데 그 후 X가 전주고등학교 부설 방송통신고등학교를 나왔음에도 불구하고 전주고등학교를 졸업하였다고 거짓말을 하고 또 세종문화회관 소속 기능직 8등급 공무원임에도 불구하고 서울시 일반행정직 7급 공무원으로 있는 것처럼 거짓말을 한 것을 알게 된 Y는 1991년 12월 11일경 이를 이유로 X에게 파혼통고를 하였다. 그러자 X는 이 파혼통고는 부당하다는 이유로 손해배상 및 위자료 지급 소송을 제기하였다. 이에 대하여 Y는 반소를 제기하여 위자료를 지급하라고 요구하였다. 이 경우에 어느 쪽의 청구가 받아들여질 것인가?[29]

(대판 1995.12.5, 94므1976, 1983)

◀요점▶

Y의 X에 대한 약혼의 해제는 적법하다. X는 Y에게 위자료를 지급하는 것이 타당하다.[30]

[문항]

약혼해제와 예물반환청구권	[부산대08]

---

28) 대판 1976.12.28, 76므41.
29) 김주수/김상용, 전게서, 76면.
30) 김주수/김상용, 전게서, 78면.

[참조조문]

제807조(혼인적령) 만 18세가 된 사람은 혼인할 수 있다.

제808조(동의가 필요한 혼인) ① 미성년자가 혼인을 하는 경우에는 부모의 동의를 받아야 하며, 부모 중 한쪽이 동의권을 행사할 수 없을 때에는 다른 한쪽의 동의를 받아야 하고, 부모가 모두 동의권을 행사할 수 없을 때에는 미성년후견인의 동의를 받아야 한다.

② 피성년후견인은 부모나 성년후견인의 동의를 받아 혼인할 수 있다.

제809조(근친혼 등의 금지) ① 8촌 이내의 혈족(친양자의 입양 전의 혈족을 포함한다) 사이에서는 혼인하지 못한다.

② 6촌 이내의 혈족의 배우자, 배우자의 6촌 이내의 혈족, 배우자의 4촌 이내의 혈족의

배우자인 인척이거나 이러한 인척이었던 자 사이에서는 혼인하지 못한다.

③ 6촌 이내의 양부모계(養父母系)의 혈족이었던 자와 4촌 이내의 양부모계의 인척이었던 자 사이에서는 혼인하지 못한다.

제810조(중혼의 금지) 배우자 있는 자는 다시 혼인하지 못한다.

제811조 삭제 <2005.3.31>

제812조(혼인의 성립) ① 혼인은 「가족관계의 등록 등에 관한 법률」에 정한 바에 의하여 신고함으로써 그 효력이 생긴다. <개정 2007.5.17>

② 전항의 신고는 당사자쌍방과 성년자인 증인 2인의 연서한 서면으로 하여야 한다.

제813조(혼인신고의 심사) 혼인의 신고는 그 혼인이 제807조 내지 제810조 및 제812조 제2항의 규정 기타 법령에 위반함이 없는 때에는 이를 수리하여야 한다. <개정 2005.3.31>

제814조(외국에서의 혼인신고) ① 외국에 있는 본국민사이의 혼인은 그 외국에 주재하는 대사, 공사 또는 영사에게 신고할 수 있다.

② 제1항의 신고를 수리한 대사, 공사 또는 영사는 지체 없이 그 신고서류를 본국의 등록기준지를 관할하는 가족관계등록관서에 송부하여야 한다. <개정 2005.3.31, 2007.5.17>

제815조(혼인의 무효) 혼인은 다음 각 호의 어느 하나의 경우에는 무효로 한다. <개정 2005.3.31>

1. 당사자 간에 혼인의 합의가 없는 때
2. 혼인이 제809조 제1항의 규정을 위반한 때
3. 당사자 간에 직계인척관계(直系姻戚關係)가 있거나 있었던 때
4. 당사자 간에 양부모계의 직계혈족관계가 있었던 때

제816조(혼인취소의 사유) 혼인은 다음 각 호의 어느 하나의 경우에는 법원에 그 취소를 청구할 수 있다. <개정 1990.1.13, 2005.3.31>

1. 혼인이 제807조 내지 제809조(제815조의 규정에 의하여 혼인의 무효사유에 해당하는 경우를 제외한다. 이하 제817조 및 제820조에서 같다) 또는 제810조의 규정에 위반한 때
2. 혼인당시 당사자일방에 부부생활을 계속할 수 없는 악질 기타 중대 사유 있음을 알지 못한 때
3. 사기 또는 강박으로 인하여 혼인의 의사표시를 한 때

제817조(연령위반혼인 등의 취소청구권자) 혼인이 제807조, 제808조의 규정에 위반한 때에는 당사자 또는 그 법정대리인이 그 취소를 청구할 수 있고 제809조의 규정에 위반한 때에는 당사자, 그 직계존속 또는 4촌 이내의 방계혈족이 그 취소를 청구할 수 있다. <개정 2005.3.31>

제818조(중혼의 취소청구권자) 혼인이 제810조의 규정을 위반한 때에는 당사자 및 그 배우자, 직계존속, 4촌 이내의 방계혈족 또는 검사가 그 취소를 청구할 수 있다.

제819조(동의 없는 혼인의 취소청구권의 소멸) 제808조를 위반한 혼인은 그 당사자가 19세가 된 후 또는 성년후견종료의 심판이 있은 후 3개월이 지나거나 혼인중에 임신한 경우에는 그 취소를 청구하지 못한다.

제820조(근친혼 등의 취소청구권의 소멸) 제809조의 규정에 위반한 혼인은 그 당사자 간에 혼인중 포태(胞胎)한 때에는 그 취소를 청구하지 못한다. <개정 2005.3.31>

제821조 삭제 <2005.3.31>

제822조(악질 등 사유에 의한 혼인취소청구권의 소멸) 제816조 제2호의 규정에 해당하는 사유 있는 혼인은 상대방이 그 사유 있음을 안 날로부터 6월을 경과한 때에는 그 취소를 청구하지 못한다.

제823조(사기, 강박으로 인한 혼인취소청구권의 소멸) 사기 또는 강박으로 인한 혼인은 사

기를 안 날 또는 강박을 면한 날로부터 3월을 경과한 때에는 그 취소를 청구하지 못한다.

제824조(혼인취소의 효력) 혼인의 취소의 효력은 기왕에 소급하지 아니한다.

제824조의2(혼인의 취소와 자의 양육 등) 제837조 및 제837조의2의 규정은 혼인의 취소의 경우에 자의 양육책임과 면접교섭권에 관하여 이를 준용한다.

제825조(혼인취소와 손해배상청구권) 제806조의 규정은 혼인의 무효 또는 취소의 경우에 준용한다.

V. 혼인의 요건

1. 기본적 요건: 실질적 요건과 형식적 요건

1.1. 서설

민법은 혼인의 성립요건을 실질적 요건과 형식적 요건으로 구별하고 있다.

1.1.1. 실질적 요건으로서는, 1) 혼인적령에 달하였을 것(제807조), 2) 부모 등의 동의를 얻을 것(제808조), 3) 일정한 근친자가 아닐 것(제809조), 4) 중혼이 아닐 것(제810조) 등이 있다.

1.1.2. 이에 대하여 형식적 요건으로서는 '가족관계의 등록 등에 관한 법률'(이하 '등록법'이라 한다)이 정하는 바에 따라 신고하는 것이다(제812조 내지 제814조). 민법은 "신고함으로써 그 효력이 생긴다"고 하였지만(제812조 제1항), 신고는 단순한 효력요건이 아니라 성립요건이다.[1]

1.1.3. 그러나 민법은 혼인의 성립요건으로 규정하고 있지 않지만 '당사자 간에 혼인의 합의가 없는 때'에는 혼인을 무효로 함으로써(제815조 제1호), 이를 당연한 것으로 하고 있다.

1.2. 실질적 요건

혼인이 유효하게 성립하기 위하여 당사자 쌍방에 다음의 실질적 요건을 갖추어야 한다.

---

1) 대판 1959.2.19, 4290민상749; 박병호, 가족법, 75면.

1.2.1. 당사자 사이에 혼인의사의 합치가 있을 것(제815조)

1.2.1.1. 혼인의사라 함은 일반적으로 부부로서 정신적·육체적으로 결합하여 생활공동체를 형성할 의사라고 정의되고 있다.[2]

1.2.1.1.1. 육체적 관계를 맺지 않겠다는 의사로 하는 혼인은 혼인의사가 없다고 할 것이다. 이렇게 볼 때에 동성혼(同性婚)은 혼인하겠다는 의사로서 인정할 수 없게 된다.[3]

1.2.1.1.2. 당사자 사이에 정신적·육체적 결합을 생기게 할 의사 없이 어떤 방편을 위하여 혼인신고를 하는 경우(가장혼인)에는 혼인의사가 결여된 것으로 무효이다.[4] 이와 관련하여, 실질적 의사설과 형식적 의사설이 나뉘고 있다. 실질적 의사설은 혼인의사에 관하여 사회통념에 따라 사회습속에서 부부관계를 형성하려는 의사로 보는 견해이고, 형식적 의사설은 신고에 의하여 법률상의 부부관계를 형성하려는 의사로 파악하는 견해이다.[5] 판례는 실질적 의사설을 따르고 있다.[6]

1.2.1.1.3. 혼인의사는 자유롭게 결정되어야 한다.

1.2.1.1.4. 혼인할 의사는 그 성질상 조건이나 기간을 붙일 수 없다.

1.2.1.1.5. 민법상 혼인의사의 합치는 혼인신고의 형식으로 표시되기 때문에 그 형식을 갖추지 않은 것은 혼인의사로 볼 수 없다(요식행위).

1.2.1.2. 혼인성립을 위하여 당사자 쌍방의 혼인의사가 합치되어야 함으로,[7] 당사자 일방이 일방적으로 혼인신고를 한 경우에는 무효이다. 다만 당사자 일방이 일방적인 혼인신고를 한 뒤 다른 일방이 이를 추인한 경우에는 무효인 혼인이 유효가 된다고 한다.[8]

1.2.1.3. 사실혼관계에 있는 경우에 당사자 일방이 일방적으로 혼인신고를 하는 경우에도 혼인은 유효하게 성립한다. 사실혼 성립 당시에 당사자 쌍방에게 있

---

2) 대판 1996.11.22, 96도2049; 대판 1985.9.10, 85도1481.

3) 인천지판 2004.7.23, 2003드합292(항소).

4) 대판 1996.11.22, 96도2049.

5) 박병호, 가족법, 68면 참조.

6) 대판 1980.1.29, 79므62, 63; 대판 1996.11.22, 96도2049. 유의할 점은, 판례가 혼인의사는 실질적 의사설에 따르면서 이혼의사는 형식적 의사설에 따르고 있는 것은 혼인의사는 이혼의사와 달리 법원의 확인절차가 없는 것에서 비롯한 것으로 보인다.

7) 혼인이 유효하기 위하여는 당사자 사이에 혼인의 합의가 있어야 하고, 이러한 혼인의 합의는 혼인신고를 할 당시에도 존재하여야 한다. 대판 1996.6.28, 94므1089.

8) 대판 1965.12.28, 65므61. 그러나 일방적인 혼인신고가 있은 뒤 부부공동생활의 실체가 없는 경우에는 단순한 출산이나 추인의 의사표가 있는 것만으로 무효인 혼인신고가 유효로 되지 않는다. 대판 1993.9.14, 93므430; 대판 1991.12.27, 91므30.

던 혼인의사가 그 이후에도 계속하여 존속하고 있다는 추정이 되기 때문이다. 그러나 당사자 일방이 명백히 혼인의사를 철회하였거나, 당사자 쌍방이 사실혼관계를 해소하기로 합의한 이후에 일방적인 혼인신고가 이뤄진 것은 당연히 무효가 된다. 혼인의사의 합치가 추정되지 않기 때문이다.[9] 이에 대하여 법적 의사설[10]은 당사자 사이에 부부관계로서 인정되는 정신적·육체적 결합을 생기게 할 의사가 있으면, 원칙적으로 '혼인의 합의'가 있는 것이며, 법률상 유효한 혼인을 성립시키는 합의는 '혼인의 합의' 속에 포함된다고 보아야 한다. 그러므로 정신적·육체적 결합의 의사 이외에 '법률상 유효한 혼인을 성립케 하는 합의'와 '신고의사'까지 필요한 것은 아니라는 주장이다.[11]

1.2.1.4. 혼인에 합의한 당사자가 혼인신고를 하였으나, 어떤 사람의 고의나 과실로 다른 사람과 혼인한 것으로 신고서가 작성되어 등록부에 기록된 경우에는 그 다른 사람과의 혼인이 성립되지 않는다.

1.2.1.5. 혼인할 의사는 신고서면을 작성할 때와 신고가 수리될 때에 모두 존재하여야 한다.[12]

1.2.1.6. 혼인의사의 성립에는 의사능력이 필요하다.

[사례 2]

(1) X와 Y는 남녀로서 같이 교제하면서 육체관계를 맺어 왔는데, 그 사이에 아들 A를 출산하였다. Y는 초등학교 교사로서 혼인을 하지 않고 혼인외의 자를 출산했다는 사실이 알려지자, 학교에서는 사직을 권고하기에 이르렀다. 다급해진 Y는 X에게 이 사실을 알려서 의논한 결과 실질적으로 부부가 될 의사는 전혀 없으면서 교사직에서 면직당하지 않기 위한 방편으로 혼인신고를 하고(X와 Y는 혼인식을 거행한 사실도 없거니와 부부로서 동거도 하지 않고 있다), A의 출생신고를 마치면 곧 이혼신고를 하기로 합의하였다. 그러나 그 후 Y는 약속을 어기고 이혼신고에 협력하지 않았다. X는 어떻게 할 것인가?

(대판 1980.1.29, 79므62, 63)

(2) X와 Y는 혼인식을 거행한 후 동거하면서 그들 사이에 딸 A를 출산하고 X가 태국으로 유학을 떠나면서 승려라는 신분상 혼인한 사실이 알려질 경우에 유학에 지장이 있다는 이유로 혼인신고는 X가 유학기간이 끝나는 8년 후에 하기로 합의하였다. 그러나 X가 유학을

---

9) 대판 1984.10.10, 84므71; 대판 2000.4.11, 99므1329.
10) 佐藤義彦, "身分行爲管見", 太田武男還曆記念 '現代家族法の課題と展望', 218頁.
11) 조미경, "혼인의사와 신고", 가족법연구, 제10호 참조; 대판 1983.9.27, 83므22.
12) 대판 1996.6.28, 94므1089.

떠난 후 8년이 지나도 돌아오지 않고 또 딸 A의 취학관계로 X·Y 사이의 혼인신고가 필요하므로 Y는 시어머니와 상의하여 X가 두고 간 인장을 이용하여 혼인신고를 하고, 이 사실을 시동생을 통하여 X에게 알렸다. X는 그 후 이에 대하여 아무런 이의가 없다가 그 혼인신고는 혼인의 합의가 없으므로 무효라고 주장하면서 혼인무효확인소송을 제기하였다. 이 청구는 인용될 수 있는가?[13]

(대판 1984.10.10, 84므71)

◀요점▶

(1) Y가 교사직에서 면직당하지 않게 할 수단으로 등록부상 부부가 되는 것을 가장하기 위하여 혼인신고를 한 것이다. 당사자 사이에 정신적, 육체적 결합을 생기게 할 의사, 즉 혼인의 합의 아래에 신고한 것이 아니므로 가장혼인이고, X, Y 사이의 혼인신고는 무효이다. 따라서 X는 Y를 상대로 혼인무효확인의 소를 제기할 수 있다.[14]

(2) X, Y 사이에는 혼인의사를 가지고 있음에도 불구하고 X가 유학하고 있는 관계로 혼인신고를 하지 않고 있다가 혼인한 지 8년이나 지나서 X, Y 사이에 출산한 자인 A의 취학의 필요성도 있고 하여 Y가 일방적으로 혼인신고를 하였지만, X는 그 후에도 아무런 이의를 제기하지 않았던 점에 비추어 볼 때에, 당사자 사이에 사실혼관계를 해소하기로 합의하였거나 X가 혼인의사를 철회한 사실이 인정되지 않으므로, X, Y 사이의 혼인의사는 존속하고 있다고 보아야 한다. 따라서 Y의 혼인신고는 유효하다. 그러므로 X의 혼인무효확인의 소는 인용될 수 없다.[15]

1.2.2. 당사자가 혼인적령에 달하였을 것(제807조)

1.2.2.1. 남녀 모두 만 18세에 이르면 부모 등의 동의를 얻어 혼인할 수 있다.

1.2.2.2. 혼인적령에 달하지 않은 자의 혼인신고는 수리가 거부된다(제813조). 그러나 등록부상의 연월일이 뒤에 정정되면 그러한 경우가 생길 수 있다.

1.2.2.3. 혼인적령 미달의 혼인은 각 당사자 또는 그 법정대리인이 취소할 수 있다(제816조 제1호, 제817조).

1.2.3. 부모 등의 동의를 얻을 것(제808조)

1.2.3.1. 미성년자도 만 18세에 이르면 부모 등의 동의를 얻어 혼인할 수 있다. 부모의 동의권은 친권의 일부분이다.

---

13) 이상에 대하여, 김주수/김상용, 전게서, 82~83면.
14) 김주수/김상용, 전게서, 84면.
15) 김주수/김상용, 전게서, 86~87면.

1.2.3.2. 민법은 단순히 부모라는 자격으로 동의권이 있다고 규정하였으므로, 부모인 이상 이혼한 뒤에도 부모는 동의권을 갖게 된다. 그러나 혼인동의권은 친권 또는 보호권을 가지는 부모에 한정하는 것이 타당할 것이다.[16]

1.2.3.3. 양자의 경우에는 친생부모와 양부모가 다 있는 경우에는 양부모의 동의만으로 충분하다(가사예규 제143호). 또한 양부모가 모두 사망한 경우에는 양자는 친생부모의 동의가 필요 없다.

1.2.3.4. 부모의 일방이 동의권을 행사할 수 없는 때에는 다른 일방의 동의만으로 충분하다(가사예규 제142호).

1.2.3.5. 만 18세 이상의 미성년자가 혼인한 경우에 부모가 모두 동의권을 행사할 수 없는 때에는 미성년후견인의 동의를 얻어야 한다. 미성년후견인이 없거나 동의할 수 없는 때에는 후견감독인의 동의를 얻어야 한다.

1.2.3.6. 피성년후견인은 부모 또는 성년후견인의 동의를 얻어 혼인할 수 있다. 부모 또는 성년후견인이 없거나 동의할 수 없는 때에는 후견감독인의 동의를 얻어야 한다. 그러나 피한정후견인은 성년자인 이상 누구의 동의도 필요 없다.

1.2.3.7. 부모의 혼인동의는 혼인신고 하는 때에 존재하여야 한다. 그러나 혼인신고 이전에 이미 혼인에 동의한 경우에는 혼인신고 당시에도 동의가 존속하는 것으로 본다.

1.2.3.8. 혼인동의는 요식행위가 아니다. 따라서 일정한 방식을 요하지 않는다.

1.2.3.9. 부모 등의 동의를 얻지 않으면 혼인신고는 수리되지 않는다. 그러나 동의권의 남용이 문제될 수 있다. 민법 제2조 제2항에 의하여 동의의 거부가 동의권의 남용이라는 것을 입증하여 동의에 갈음할 재판(조정, 소송)을 하여야 할 것이다.

1.2.3.10. 미성년자, 피성년후견인 등이 혼인신고를 할 때에 부모 등의 동의가 없으면 그 신고의 수리는 거부될 것이다(제813조). 그러나 만약 잘못 수리되었다면 당사자 또는 그 법정대리인이 취소할 수 있다(제816조 제1호, 제817조 전단). 다만 당사자가 만 19세에 달한 후 또는 성년후견종료의 심판이 있은 후 3개월이 경과하거나 혼인중에 임신한 때에는 취소권이 소멸한다(제819조).

---

16) 김주수, "가족법개정안", 민사법개정의견서, 1982, 128면.

1.2.4. 일정한 근친자간의 혼인이 아닐 것(제809조)

1.2.4.1. 동성동본인 혈족 사이의 혼인을 금지하고 있던 개정 전 민법 제809조 제1항은 1997년 7월 헌법재판소의 헌법불합치결정[17]으로 당시 이미 적용이 중지되었고, 1999년 1월 1일부터 효력을 상실하였다.

1.2.4.2. 민법은 가까운 혈족 및 인척 사이의 혼인을 금지하고 있다. 그 범위는 다음과 같다.

1.2.4.2.1. 8촌 이내의 혈족 사이의 혼인: 여기에서 '혈족'에는 자연혈족과 법정혈족이 모두 포함되고, 모계혈족에 대하여는 모계의 부계혈족만을 의미하는 것으로 보아야 한다. 또한 이성양자와 양가의 혈족 사이의 혼인, 인지되지 않은 혼인외의 출생자의 경우가 문제된다.

1.2.4.2.2. 친양자 입양 성립 전에 8촌 이내의 혈족이었던 자 사이의 혼인

1.2.4.2.3. 6촌 이내의 혈족의 배우자, 배우자의 6촌 이내의 혈족, 배우자의 4촌 이내의 혈족의 배우자인 인척이거나 이러한 인척이었던 자 사이의 혼인: 여기에서 혼인이 금지되는 범위는 인척의 계원에 따라서, a) 혈족의 배우자의 경우에는 6촌 이내에서 금지되고, b)배우자의 혈족의 경우에는 배우자의 6촌 이내의 혈족까지 혼인이 금지된다. c)배우자의 혈족의 배우자의 경우에는 배우자의 4촌 이내의 혈족의 배우자인 경우에만 혼인이 금지된다. 이에 대하여 인척의 계원에 따라 차이를 두어 혼인을 금지하는 것보다 민법이 규정하는 인척의 범위(제777조)에 맞추어서 모든 인척은 4촌 이내에서 혼인이 금지되는 것으로 하는 것이 타당하다는 견해[18]가 있다. 그리고 제809조 제2항에 의하여 금지되는 혼인은, a) 현재 인척관계에 있는 자 사이와 b) 현재는 그러한 인척관계가 종료되었지만, 과거에 인척관계가 있었던 자 사이이다.

1.2.4.2.4. 6촌 이내의 양부모계의 혈족이었던 자와 4촌 이내의 양부모계의 인척이었던 자 사이의 혼인

1.2.4.2.5. 제809조에 위반한 경우의 효과

민법 제809조에 위반되면 혼인신고가 수리되지 않지만, 혼인신고가 잘못 수리된 때에는 혼인이 무효가 되는 경우와 일단 유효하지만 취소될 수 있는 경우로 나누어진다.

---

17) 헌재결 1997.7.16, 95헌가6~13.
18) 김주수/김상용, 전게서, 97면.

1.2.4.2.5.1. 무효혼이 되는 경우: a) 당사자가 8촌 이내의 부계혈족 또는 모계혈족인 경우, 다만 자연혈족과 법정혈족을 구별하지 않고 친양자의 입양 전의 혈족도 포함(제815조 제2호), b) 당사자 사이에 직계인척관계가 있거나 있었던 때

1.2.4.2.5.2. 취소혼인 되는 경우: 제815조의 무효혼이 되는 경우를 제외하고, 제809조에 위반한 혼인은 당사자, 그 직계존속 또는 4촌 이내의 방계혈족이 그 취소를 청구할 수 있다(제816조, 제817조). 먼저 조정을 신청하여야 한다(가사소송법 제2조 제1항 나류사건 2호 50). 다만 당사자 사이에 혼인중 이미 포태(임신)한 때에는 그 취소를 청구하지 못한다(제820조).

1.2.5. 중혼이 아닐 것(제810조)

1.2.5.1. 민법은 일부일처제의 이상을 지키고 있으므로, 배우자 있는 자는 중복해서 혼인을 할 수 없다(제810조).

1.2.5.2. 실제로 중혼이 성립하는 경우로는, a) 이혼 후 재혼하였는데, 이혼이 무효가 되었거나 취소된 경우,[19] b) 국내와 국외에서 이중혼인을 한 경우,[20] c) 실종(또는 부재)선고 후 재혼하였는데 실종(또는 부재)선고가 취소된 경우 등이다.

1.2.5.3. 중혼이 성립한 경우에는 당사자, 그 배우자, 당사자의 직계존속, 4촌 이내의 방계혈족 또는 검사가 후혼을 취소할 수 있다(제816조 제1호, 제818조).[21]

여기에서 중혼당사자가 사망하여 전혼과 후혼이 모두 해소된 경우에도 후혼을 취소하는 것이 가능하지만(가사소송법 제24조 제2항, 제3항),[22] 이와 같은 경우에 제824조를 그대로 적용하여 중혼취소의 효력은 중혼자의 사망 시로 소급하여 발생하는 것이 아니라는 판례의 태도[23]에 따르면, 중혼자가 사망한 후에 전혼의 배우자가 후혼을 취소하는 이유가 중혼배우자의 상속권을 중혼자의 사망 시로 소급시켜 상실시키려는 데 있다. 전혼의 배우자는 후혼의 배우자에 대하여 상속회복청구권(제

---

19) 대판 1994.10.11, 94므932; 대판 1991.5.28, 89므211; 대판 1987.2.24, 86므125; 대판 1987.1.20, 86므74; 대판 1984.3.27, 84므9; 대판 1964.4.21, 63다770 등.
20) 대판 1991.12.10, 91므536.
21) 민법의 일부개정법률안에 의하여 헌법재판소(2010.7.29, 2009헌가8)에서 중혼 취소청구권자에 직계비속이 누락된 것은 헌법과 불합치한다고 결정함에 따라 중혼 취소청구권자에 직계비속을 추가하였다. 즉, 제818조에 직계비속을 포함시켰다.
22) 대판 1991.12.10, 91므535; 대판 1991.2.12, 90다10827.
23) 대판 1996.12.23, 95다48308; 남효순, "혼인(중혼)취소의 소급효와 재산상의 법률관계: 중혼배우자의 사망 후 취소판결에 의한 후혼생존배우자의 상속인자격 상실 여부", 인권과 정의, 제250호, 1997.6.

999조)을 행사하기 위한 전단계로서 중혼취소청구의 소를 제기하는 것이다. 또한 중혼도 판결에 의하여 취소되기 전까지는 유효한 혼인이므로 재판상 이혼원인이 있는 경우에 중혼의 일방당사자는 다른 일방을 상대로 이혼청구를 할 수 있다.[24]

1.2.5.4. 배우자의 일방이 실종선고를 받았기 때문에 혼인이 해소되어 다른 일방이 재혼한 후에, 실종선고를 받은 사람이 생존하고 있는 것이 판명됨으로써 실종선고가 취소된 경우에 전후 양 혼의 관계를 어떻게 해석할 것인가. 이에 대하여, [제1설] 민법 제29조 제1항 단서를 적용하여 후혼의 양당사자가 선의인 경우에는 전혼은 부활하지 않지만, 후혼의 일방 또는 쌍방의 당사자가 악의이면 전혼은 부활하여 중혼관계가 생긴다는 설과 [제2설] 악의의 재혼은 당연히 효력을 잃는다는 설, [제3설] 민법 제29조의 적용이 없고 언제나 중혼관계가 된다는 설이 있다. 그러나 실종선고를 신뢰한 자를 보호하기 위하여는 제1설이 타당하다.[25]

[사례 3]

A와 B는 혼인신고를 하고 그 사이에 딸 1명을 두었다. 그런데 A와 B는 사이가 원만하지 못하여 딸을 출산한 후부터 별거하여 사실상 이혼상태에 있었다. 그런 상태에서 A는 Y를 만나 혼인한 사실을 숨긴 채 결혼식을 올리고 동거하기 시작하였으며, 그 사이에 2남 2녀를 출산하였다. A는 중혼에 대한 Y의 항의를 받고 1975년 1월 30일 자신이 재외국민인 것처럼 가장하여 재외국민취적, 호적정정 및 호적정리에 관한 임시특례법에 의한 취적신고를 하여 새로운 호적에 등재하였다.
한편 X는 A의 이복동생으로서 A와 Y가 결혼식을 올린 직후부터 약 4년간 Y의 집에서 기거하면서 학교를 다닌 일이 있는 등으로 A·Y의 혼인경위 및 혼인신고경위 그리고 A와 B의 혼인파탄 등을 잘 알고 있으면서도 A와 Y의 혼인에 대하여 별다른 이의를 제기하지 않았다. 그런데 X는 A와 Y가 혼인신고한 후 10년이나 지난 후에 A와 B가 사망하였음에도 불구하고 A·B 사이의 혼인에 대하여 취소의 소를 제기하였다. 이 소는 받아들여질 수 있는가?[26]
(대판 1991. 12. 10. 91므344)

◀요점▶

X의 혼인취소청구는 권리본래의 사회적 목적을 벗어난 것으로서 권리의 남용에 해당한다 할 것이다. 따라서 X의 청구는 인용될 수 없다.[27]

---

24) 대판 1991.12.10, 91므344; 호적예규 제235호, 1965.3.17, 제정.
25) 김주수/김상용, 전게서, 101면.
26) 김주수/김상용, 전게서, 99면.
27) 김주수/김상용, 전게서, 101면.

1.3. 형식적 요건

1.3.1. 혼인신고

1.3.1.1. 신고혼주의

민법 제812조는 혼인은 등록법에 정한 바에 의하여 신고함으로써, '그 효력이 생긴다'고 하고 있다. 당사자가 신고하는 방식에 의하여 혼인의사를 표시하여 이를 합치시킴으로써 혼인이 성립한다고 해석하여야 한다. 따라서 신고는 혼인의 성립요건으로 본다[성립요건설]. 이에 대하여, 당사자의 혼인합의 내지 관습상의 의식에 의하여 혼인은 성립하고, 신고는 그 효력발생요건으로 보아야 한다는 견해[28]가 있다[효력요건설]. 그러나 어느 설이거나 혼인신고가 수리된 때에 신고의 효력이 생긴다는 것에 일치한다.

1.3.1.2. 신고의 절차

혼인신고는 당사자 쌍방과 성년자인 증인 2인이 연서하여, 등록법 제71조에 의한 기재사항을 기재한 혼인신고를 본인(당사자)의 등록기준지 또는 주소지나 현재지에서 신고하여야 한다(제812조 제2항, 등록법 제20조).

1.3.1.3. 신고의 수리

1.3.1.3.1. 신고는 시, 읍, 면의 장이 수리함으로써 완료된다.[29] 혼인신고를 접수한 가족관계등록공무원은 신고서류를 심사하여(형식적 심사권) 수리하기로 결정하면 바로 그 등록관서에서 가족관계등록부에 기록한다.

1.3.1.3.2. 가족관계등록공무원이 부당하게 수리를 거부하면 가정법원에 불복의 신청을 할 수 있다(등록법 제109조).

1.3.1.4. 신고의 효력

혼인신고가 법령에 위반되더라도 일단 수리되면 효력이 발생한다.[30] 다만 혼

---

28) 정광현 박사는 종전에 '혼인신고의 성립요건설'을 취하였다가(동, 신친족상속법요론, 510면), '혼인신고의 효력요건설'로 변경하였다. 동, "재판에 의한 혼인신고의 강제이행문제", 법정, 1963.6, 55면 이하 및 동, "재판에 의한 혼인신고와 협의혼인의사의 확인", 법정, 1963.10. 이와 같은 정 박사의 입장은 혼인의 성립은 혼인의사의 합치에 있고, 혼인신고는 보고적 신고에 불과하다고 한다.

29) 수리된 혼인신고가 가족관계등록부에 기록되는 것은 혼인의 성립요건이 아니다. 혼인신고가 수리되면 가족관계등록부에 기록되지 않아도 혼인은 이미 유효하게 성립된 것이다. 대결 1988.5.31, 88스6; 대판 1991.12.10, 91므344.

30) 당사자 일방 또는 동의권자의 기명날인이 결여되거나 권한 없이 작성된 혼인신고서가 수리된

인의 무효, 취소가 문제된다.

1.3.1.5. 재외한국인의 혼인신고

1.3.1.5.1. 영사혼

외국에 있는 본국민 사이의 혼인은 그 외국에 주재하는 대사, 공사 또는 영사에게 신고할 수 있다(제814조 제1항).

1.3.1.5.2. 직접신고

국내에서 하는 것과 마찬가지로 등록기준지인 시, 읍, 면의 장에게 신고서를 송부하여 신고할 수 있다.

1.3.1.5.3. 국제사법에 의한 방법

거주하는 외국의 법률이 정하는 방식으로써 혼인을 성립시킬 수 있다(국제사법 제36조). 이 경우에는 그 나라의 법이 정하는 방식에 따른 혼인신고를 마침으로써 혼인이 유효하게 성립한다.[31]

1.3.2. 조정, 재판에 의한 혼인신고

1.3.2.1. 조정에 의한 혼인신고

사실혼이 성립되었다고 볼 수 있는 경우에 당사자의 일방이 혼인신고에 협력하지 않을 때에는 다른 일방은 사실상 혼인관계존재확인청구를 하여 법률혼을 성립시킬 수 있다[재판에 의한 혼인신고]. 이 경우에 먼저 조정을 신청하여야 한다(가사소송법 제2조 제1항 나류사건). 조정이 성립하면 그 사항을 조서에 기재하고, 그 기재는 재판상 화해와 동일한 효력이 있기 때문에(가사소송법 제59조 제1항, 제2항 본문), 혼인이 성립한다.

1.3.2.2. 재판에 의한 혼인신고

조정이 성립하지 않은 경우에는 사실상혼인관계존재확인의 소를 제기할 수 있다(가사소송법 제2조 제1항 나류사건). 재판이 확정되면 사실혼관계는 법률혼이 된다. 그 효력은 판결의 선고에 의하여 생긴다(가사소송법 제12조, 민사소송법 제205조). 그러나 사실혼관계확인청구소송이 인용되어 확정되더라도 그에 기하여 혼인신고를 하지 않으면 혼인은 성립하지 않는다.[32] 소를 제기한 자는 재판확정일로

때에 당사자의 혼인신고의사 및 동의권자의 동의 있었음이 인정되는 경우는 혼인은 성립되는 것이다. 대판 1957.6.29, 4290민상233.
31) 대판 1994.6.28, 94므413.
32) 대판 1973.1.16, 72므25.

부터 1개월 이내에 재판서의 등본과 확정증명서를 첨부하여 혼인신고를 하여야 한다(등록법 제72조). 그렇지만 과거에 사실혼관계가 있었다고 하더라도 현재 당사자의 일방에게 혼인의사가 없다면, 재판에 의한 혼인신고[33]는 가능하지 않다.

2. 요건을 충족하지 않는 경우: 혼인의 무효와 취소

2.1. 서설

혼인의 무효와 취소는 혼인의 성립요건이 미비한 상태에서 혼인신고가 수리된 경우에 그 혼인관계를 종료시키는 방법이다. 혼인의 무효사유가 있는 경우에는 처음부터 당연히 무효이지만, 혼인에 취소사유가 있는 때에는 취소되기 전까지는 유효한 혼인으로 취급된다. 혼인이 무효 또는 취소되는 경우에는 재산상의 법률행위와 달리 원상회복이 불가능하다.

2.2. 혼인의 무효

2.2.1. 혼인이 무효가 되는 경우(제815조)

2.2.1.1. 당사자 사이에 혼인의 합의가 없는 때

2.2.1.1.1. 혼인신고가 되었다 하더라도 무효가 되는 경우

당사자 사이에 혼인할 의사가 없으면 설사 혼인신고가 되었다고 하더라도 무효이다. 무효가 되는 구체적인 경우로는, a) 합의된 내용이 사회통념으로 보아서 부부관계의 본질을 가지지 못하는 것(예: 동거하지 않겠다는 혼인, 동성혼(同性婚) 등), b) 어떠한 방편을 위하여 하는 것으로 정신적, 육체적 결합을 가질 의사가 없는 것(예: 가장혼인),[34] c) 당사자의 일방 또는 쌍방이 신고서에 기재된 자와 혼인의사가 없고 동거의 사실도 없는 때,[35] d) 당사자의 일방 또는 쌍방이 신고의

---

33) 판례는 혼인신고를 창설적 신고라고 한다. 대판 1973.1.16, 72므25.
34) 외국인 을이 갑과의 사이에 참다운 부부관계를 설정하려는 의사 없이 단지 한국에 입국하여 취업하기 위한 방편으로 혼인신고에 이르렀다고 봄이 상당한 사안에서, 설령 을이 한국에 입국한 후 한 달 동안 갑과 계속 혼인생활을 해 왔다고 하더라도 이는 을이 진정한 혼인의사 없이 위와 같은 다른 목적의 달성을 위해 일시적으로 혼인생활의 외관을 만들어 낸 것이라고 보일 뿐이므로, 갑과 을 사이에는 혼인의사의 합치가 없어 그 혼인은 민법 제815조 제1호에 따라 무효라고 판단한 사례. 대판 2010.6.10, 2010므574.

수리 이전에 혼인의사를 철회하였을 때, e) 당사자의 일방 또는 쌍방의 사망 후에 수리되었을 때, f) 심신상실자가 혼인신고 당시에 의사능력을 결여하였을 때, g) 당사자 일방에게만 참다운 부부관계의 설정을 바라는 효과의사가 있고 상대방에게는 그러한 의사가 결여된 경우[36] 등이다.

2.2.1.1.2. 혼인신고 없이 등록부에 혼인된 것으로 기재되어 있을 때, 혼인신고를 하지 않은 남녀가 가호적의 취적신고서에 이미 혼인하고 있는 부부인 것처럼 가장신고하여 가호적에 등재되어 있는 때, 법률혼이 성립하기 위하여 혼인신고를 하여야 하므로, 혼인신고를 하지 않은 상태에서 등록부에 부부로 등재 되어 있는 때 등은 당연히 무효이다.

2.2.1.2. 당사자 사이에 8촌 이내의 혈족(친양자의 입양 전의 혈족을 포함)관계가 있는 때, 당사자 사이에 직계인척관계가 있거나 있었던 때, 당사자 사이에 양부모계의 직계혈족관계가 있었던 때(제815조 제2항 내지 제4항)는 무효이다.

2.2.2. 혼인무효의 성질

2.2.2.1. 판례와 학설

2.2.2.1.1. 당연무효설은, 혼인무효사유가 있는 경우 혼인무효확인의 소를 제기할 수 있음은 물론 그러한 소가 제기되지 않은 상태에서도 이해관계인은 다른 소송(예: 상속회복청구의 소)에서 선결문제로서 혼인의 무효를 주장할 수 있다.[37]

2.2.2.1.2. 확정판결설(형성무효설)은, 혼인무효사유가 있어도 일정한 범위의 사람들이 혼인무효확인의 소를 제기하여 혼인무효확인의 판결이 확정되기 전까지는 일단 혼인을 유효한 것으로 다루어야 한다는 주장이다.[38]

2.2.2.2. 무효의 주장

민법은 혼인의 취소에 관하여는 소에 의할 것을 규정하면서, 무효에 관하여 아무런 규정이 없다. 따라서 가사소송법이 인정하는 무효의 소는 확인의 소이고,

---

35) 당사자 일방에 의한 일방적인 혼인신고 후 다른 일방이 이를 추인한 경우에는 무효인 혼인은 유효가 된다. 대판 1965.12.28, 65므61; 일방적인 혼인신고 후 부부공동생활의 실체 없이 몇 차례의 육체관계를 통하여 자녀를 출산하였다 하여도 무효인 혼인을 추인하였다고 볼 수 없다. 대판 1993.9.14, 93므430; 일방적인 혼인신고 후 부부공동생활의 실체가 형성되지 않았다면 설령 다른 일방이 추인의 의사표시를 하였다 해도 무효인 혼인신고가 유효로 된다고 볼 수 없다. 대판 1991.12.27, 91므30.

36) 대판 2010.6.10, 2010므574.

37) 대판 1956.12.22, 55다399; 다수설: 박병호, 가족법, 82면.

38) 정광현, 전게서, 517면; 이영섭, 신민사소송법(상), 282면; 이시윤, 민사소송법(전정판), 311면.

일정한 사람이 이 소를 제기하면 가사소송법의 절차에 따라 판결하여 대세적 효력을 주고 있지만, 이와 달리 일반법칙에 따라서 개개의 소송에서 선결문제로서 주장하는 것도 금하는 것은 아니라고 해석하는 것이 타당하다.[39)]

2.2.2.3. 혼인무효의 효과

2.2.2.3.1. 무효혼에서는 아무런 효과도 생기지 않는다. 따라서 무효혼에 의한 상속 등 권리변동은 무효가 되고, 무효인 혼인관계에서 태어난 자녀는 혼인외의 출생자가 된다(제855조 제1항 후단).

2.2.2.3.2. 혼인은 여러 재산관계의 기초가 되는 것이므로, 혼인의 무효에 절대적 효과를 주는 것은 당사자 사이와 당사자 대 제3자 사이에 권리관계의 안전을 해치게 된다.

2.2.2.3.3. 혼인이 무효가 된 경우에 당사자의 일방은 과실 있는 상대방에 대하여 이로 인한 손해배상을 청구할 수 있다.

2.2.2.3.4. 무효로 된 혼인에서 출생한 자의 친권자결정에 관하여 재판상 이혼의 경우와 마찬가지로 가정법원이 혼인무효의 청구를 인용하는 경우에 직권으로 친권자를 정하여야 한다(제909조 제5항).

---

39) 김주수/김상용, 전게서, 113면; 김용한, 친족상속법론, 170면; 이근식/한봉희, 신친족상속법, 102면; 권일, 한국친족상속법, 82면.

[소장 1]

혼 인 무 효 확 인

원 고　　　　　　　홍 길 동 (전화　　　　　　　　　　　)
　　　　　　　　　　주민등록번호　　　　　　　　 ─
　　　　　　　　　　주소
　　　　　　　　　　등록기준지

피 고　　　　　　　김 갑 순
　　　　　　　　　　주민등록번호　　　　　　　　 ─
　　　　　　　　　　주소
　　　　　　　　　　등록기준지
사건본인　　　　　　홍 나 라
　　　　　　　　　　주민등록번호　　　　　　 ─
　　　　　　　　　　주소
　　　　　　　　　　등록기준지

청 구 취 지

1. 원고와 피고의 혼인신고(20 ○○년 ○월 ○일 ○○시 ○○구청장 접수)는 무효임을
　 확인한다.
2. 사건본인의 친권자로 원고(피고)를 지정한다.
3. 소송비용은 피고의 부담으로 한다.
라는 판결을 구합니다.

청 구 원 인

혼인신고가 무효임을 주장하는 사유를 구체적으로 기재하십시오.

첨 부 서 류

1. 가족관계증명서　　　　　　　　1통
2. 혼인관계증명서　　　　　　　　1통
3. 주민등록등본　　　　　　　　　1통

　　　　　　　　20　　년　　　　월　　　　일

　　　　　　　위 원고　　　　홍 길 동 (인)

○○가정법원 귀중

○○지방법원(지원) 귀중

☞ 유의사항

소장에는 수입인지 20,000원을 붙여야 합니다.

송달료는 당사자수×3,190원(우편료)×12회분을 송달료취급은행에 납부하고 영수증을 첨부하여야 합니다.

혼인의 무효사유로는 민법 제815조에 다음과 같이 규정하고 있습니다.

- 당사자 간에 혼인의 합의가 없을 때
- 당사자 간에 직계혈족, 8촌 이내의 방계혈족 및 그 배우자인 친족관계가 있거나 또는 있었던 때
- 당사자 간에 직계인척, 부의 8촌 이내의 혈족인 인척관계가 있거나 또는 있었던 때

혼인관계소송의 관할(가사소송법 제22조)

혼인의 무효나 취소, 이혼의 무효나 취소 및 재판상 이혼의 소는 다음 각 호의 가정법원의 전속관할에 속합니다.

- 부부가 같은 가정법원의 관할구역 내에 보통재판적이 있을 때에는 그 가정법원
- 부부가 최후의 보통의 주소지를 가졌던 가정법원의 관할구역 내에 부부 중 일방의 보통재판적이 있을 때에는 그 가정법원
- 위에 해당되지 아니하는 경우로서 부부의 일방이 타방을 상대로 하는 때에는 상대방의 보통재판적소재지, 부부의 쌍방을 상대로 하는 때에는 부부 중 일방의 최후의 주소지의 가정법원
- 부부 중 일방이 사망한 경우에는 생존한 타방의 보통재판적소재지 가정법원
- 부부 쌍방이 사망한 경우에는 부부 중 일방의 최후의 주소지의 가정법원

혼인무효 및 이혼무효의 소의 제기권자(가사소송법 제23조)

당사자, 법정대리인 또는 4촌 이내의 친족은 언제든지 혼인무효나 이혼무효의 소를 제기할 수 있습니다.

2.3. 혼인의 취소

2.3.1. 혼인취소원인과 취소권자 및 상대방

2.3.1.1. 혼인적령에 이르지 않은 혼인

2.3.1.1.1. 민법의 규정: 혼인적령에 달하지 않은 혼인은 당사자 또는 그 법정대리인이 취소를 청구할 수 있다(제817조 전단, 제807조, 제816조 제1호).

2.3.1.1.2. 피고적격: 부부의 일방이 소를 제기하는 경우에는 다른 일방의 배우

자, 그가 사망하였을 때에는 검사이다. 그러나 혼인당사자의 연령이 혼인적령에 달하였을 때, 혼인중 임신한 때에는 취소청구권이 소멸한다.

2.3.1.2. 부모 등의 동의를 얻지 않은 혼인

2.3.1.2.1. 민법의 규정: 만 18세에 달한 사람은 혼인할 수 있지만, 반드시 부모, 후견인 등의 동의가 필요하다. 미성년자가 부모 등의 동의 없이 혼인한 경우에는 그 혼인은 취소할 수 있다. 피성년후견인도 스스로 혼인의 의사표시를 할 수 있지만, 부모 등의 동의가 필요하다(제817조 전단, 제808조, 제816조).

2.3.1.2.2. 피고적격: 3.1.1.2와 같다. 다만 당사자가 19세에 달한 후 또는 성년후견종료의 심판이 있은 후 3월이 경과하거나 혼인중에 임신한 때에는 그 취소를 청구하지 못한다(제819조).

2.3.1.3. 근친혼

2.3.1.3.1. 민법의 규정: 근친혼으로서 취소될 수 있는 혼인은 금혼범위(제809조)에서 무효혼이 되는 대상(제815조 제2항 내지 제4항)을 제외한 나머지이다.

2.3.1.3.2. 원고적격: 이와 같은 자 사이의 혼인의 취소를 청구할 수 있는 자는 당사자, 그 직계존속 또는 4촌 이내의 방계혈족이다(제817조 후단).

2.3.1.3.3. 피고적격: 부부 일방이 제기하는 경우에는 다른 일방의 배우자, 그가 사망한 경우에는 검사가 된다. 친족이 제기하는 경우에는 부부 쌍방, 부부의 일방이 사망한 때에는 생존배우자, 부부 쌍방이 모두 사망한 경우에는 검사가 된다(가사소송법 제24조).

2.3.1.3.4. 취소권의 소멸: 당사 사이에 혼인중 이미 임신한 경우에는 취소권이 소멸한다(제820조).

2.3.1.4. 중혼

2.3.1.4.1. 민법의 규정: 중혼인 경우에는 당사자 및 배우자, 직계존속, 4촌 이내의 방계혈족 또는 검사가 그 취소를 청구할 수 있다(제818조 전단). 헌법재판소는, 민법 제818조 위헌제청에 대하여 중혼의 취소청구권자를 규정한 민법 제818조는 그 취소청구권자로 직계존속과 4촌 이내의 방계혈족을 규정하면서도 직계비속을 제외하였는바, 직계비속을 제외하면서 직계존속만을 취소청구권자로 규정한 것은 가부장적·종법적인 사고에 바탕을 두고 있고, 직계비속이 상속권 등과 관련하여 중혼의 취소청구를 구할 법률적인 이해관계가 직계존속과 4촌 이내의

방계혈족 못지않게 크며, 그 취소청구권자의 하나로 규정된 검사에게 취소청구를 구한다고 하여도 검사로 하여금 직권발동을 촉구하는 것에 지나지 않은 점 등을 고려할 때, 합리적인 이유 없이 직계비속을 차별하고 있어, 평등원칙에 위배되는 것으로서 헌법에 위반된다고 헌법불합치 결정을 하였다.[40)

2.3.1.4.2. 피고적격: 2.3.1.3.3.과 같다.

2.3.1.4.3. 취소청구권의 소멸: 그 소멸기간에 대하여 규정하지 않았다. 따라서 중혼이 존재하는 한 취소청구권은 소멸하지 않는다. 그러나 판례는 중혼성립 후 10여 년 동안 취소권을 행사하지 않았을 때에는 권리남용이 되는 경우가 있다고 한다.[41)

2.3.1.5. 악질 등 중대한 사유가 있는 혼인

2.3.1.5.1. 민법의 규정: 부부생활의 지속을 불가능하게 할 정도의 중대한 사유가 당사자 일방에게 있는 사실을 알지 못하고 혼인한 때에는 상대방이 그 사유가 있음을 안 날로부터 6월 이내에 취소를 청구할 수 있다(제816조 제2호, 제822조).

2.3.1.5.2. 원고적격: 당사자에 한한다.

2.3.1.5.3. 피고적격: 2.3.1.1.2.와 같다.

2.3.1.6. 사기, 강박에 의한 혼인

2.3.1.6.1. 민법의 규정: 사기 또는 강박으로 인하여 혼인의 의사표시를 한 때에는 사기를 안 날 또는 강박을 면한 날로부터 3월 이내에 취소를 청구할 수 있다(제816조 제3호, 제823조).

2.3.1.6.2. 원고적격: 사기 또는 강박을 당한 혼인당사자이다. 따라서 당사자의 일방이 사기를 당한 때에는 그 일방이, 쌍방이 사기를 당한 때에는 쌍방이 모두 취소청구권자가 된다.

2.3.2. 취소의 방법

2.3.2.1. 혼인취소에 대하여는 조정전치주의가 적용된다.

2.3.2.2. 조정을 하지 않기로 하는 결정, 조정이 성립되지 않았는데 조정에 갈음하는 결정이 없는 경우에는 신청인은 조서등본이 송달된 날로부터 2주일 이내에 제소신청을 할 수 있다(가사소송법 제49조, 민사조정법 제36조).

2.3.2.3. 혼인취소는 다른 소송에서 선결문제로서 주장할 수 없다. 왜냐하면 취

---

40) 헌재결 2010.7.29, 2009헌가8.
41) 대판 1993.8.24, 92므907.

소될 수 있는 혼인도 확정판결 전까지는 유효한 혼인으로 취소판결의 확정에 의하여 비로소 장래에 향하여 소멸하기 때문이다. 또한 취소판결은 제3자에 대하여도 효력이 있다(가사소송법 제21조).

2.3.2.4. 혼인취소청구권의 불행사가 그 권리를 소멸시키지 않지만 권리남용이 된다. 판례는 중혼 성립 후 10여 년 동안 혼인취소청구권을 행사하지 아니하였다 하여 권리가 소멸되었다고 할 수 없으나 그 행사가 권리남용에 해당한다고 보았다.[42]

[소장 2]

혼 인 취 소 청 구

원 고　　　　　홍 길 동 (전화　　　　　　　　　　　)
　　　　　　　　주민등록번호　　　　－
　　　　　　　　주소
　　　　　　　　등록기준지

피 고　　　　　김 갑 순
　　　　　　　　주민등록번호　　　　－
　　　　　　　　주소
　　　　　　　　등록기준지

청 구 취 지

1. 원고와 피고사이의 20○○. ○. ○.자 ○○구청장에게 한 혼인신고는 이를 취소한다.
2. 소송비용은 피고의 부담으로 한다.
라는 판결을 구합니다.

청 구 원 인

혼인신고의 취소를 주장하는 사유를 구체적으로 기재하십시오.

---

42) 대판 1993.8.24, 92므907.

첨 부 서 류

1. 가족관계증명서   1통
2. 혼인관계증명서   1통
3. 주민등록등본   1통

20   년   월   일

위 원고   홍 길 동 (인)

○○가정법원 귀중
○○지방법원(지원) 귀중

☞ 유의사항

　소장에는 수입인지 20,000원을 붙여야 합니다.

　송달료는 당사자수×3,190원(우편료)×12회분을 송달료취급은행에 납부하고 영수증을 첨부하여야 합니다.

　혼인의 취소사유로는 민법 제816조에 다음과 같이 규정하고 있습니다.

　　- 혼인이 제807조(혼인적령) 내지 제809조(근친혼 등의 금지)(제815조의 규정에 의하여 혼인의 무효사유에 해당하는 경우를 제외한다. 이하 제817조 및 제820조에서 같다) 또는 제810조(중혼의 금지)의 규정에 위반한 때

　　- 혼인당시 당사자일방에 부부생활을 계속할 수 없는 악질 기타 중대 사유 있음을 알지 못한 때

　　- 사기 또는 강박으로 인하여 혼인의 의사표시를 한 때

　혼인관계소송의 관할(가사소송법 제22조)

　혼인의 무효나 취소, 이혼의 무효나 취소 및 재판상 이혼의 소는 다음 각 호의 가정법원의 전속관할에 속합니다.

　　- 부부가 같은 가정법원의 관할구역 내에 보통재판적이 있을 때에는 그 가정법원

　　- 부부가 최후의 보통의 주소지를 가졌던 가정법원의 관할구역 내에 부부 중 일방의 보통재판적이 있을 때에는 그 가정법원

　　- 위에 해당되지 아니하는 경우로서 부부의 일방이 타방을 상대로 하는 때에는 상대방의 보통재판적소재지, 부부의 쌍방을 상대로 하는 때에는 부부 중 일방의 최후의 주소지의 가정법원

　　- 부부 중 일방이 사망한 경우에는 생존한 타방의 보통재판적소재지 가정법원

　　- 부부 쌍방이 사망한 경우에는 부부중 일방의 최후의 주소지의 가정법원

　혼인취소의 소의 제기권자(민법 제817조)

　　- 혼인적령 위반 및 동의 없는 혼인의 경우: 당사자 또는 그 법정대리인

- 근친혼의 경우: 당사자, 그 직계존속 또는 4촌 이내의 방계혈족
- 중혼의 경우: 당사자 및 그 배우자, 직계존속, 4촌 이내의 방계혈족, 검사
- 그 밖에 당사자 한쪽에 혼인을 계속할 수 없는 악질, 그 밖의 중대한 사유가 있음을 알지 못한 때, 사기 또는 강박으로 인하여 혼인의 의사표시를 한 때의 혼인취소청구권자는 그 혼인의 의사표시를 한 자

2.3.3. 혼인취소의 효과

2.3.3.1. 혼인취소의 효력은 취소판결의 확정에 의하여 발생한다. 그 효력은 소급하지 않는다(제824조). 판례는 혼인당사자 일방의 사망 후 혼인이 취소된 경우에도 다른 일방은 이미 취득한 상속권을 잃지 않는다고 한다.[43]

2.3.3.2. 혼인취소의 구체적 효과

혼인이 취소되는 경우에는, a) 이혼의 경우와 같이 혼인관계 및 인척관계가 종료한다(제775조 제1항). b) 손해배상청구권에 관하여 민법 제806조가 준용된다(제825조). c) 재산분할청구권에 대하여는 준용규정이 없지만, 유추적용되어야 한다. d) 가정법원은 혼인취소청구를 인용할 때에 미성년자인 자가 있는 경우에 직권으로 친권자를 정한다(제909조 제5항). e) 혼인취소의 경우에 양육과 면접교섭에 관한 사항을 정할 수 있도록 하기 위하여 자의 양육책임에 관한 제837조와 면접교섭에 관한 제837조의2를 준용하고 있다(제824조의2). f) 민법은 혼인을 원인으로 하여 생긴 재산상 이익의 처분에 대하여 규정하지 않았지만, 혼인 당시 그 취소원인이 있는 것을 알고 있는 당사자는 혼인에 의하여 얻은 이익을 전부 반환하여야 한다고 본다.[44] 이에 대하여 제824조를 근거로 혼인취소의 효력은 소급하지 않으므로 혼인에 의하여 얻은 재산상 이익을 반환할 필요가 없다는 주장이 있다.

2.3.3.3. 입법론

혼인의 취소는 혼인의 성립을 부정하는 것이 아니라 혼인의 계속을 부정하는 것이라는 점에서 이혼과 같다. 그렇다면 입법론으로서 이혼으로 통일하는 것이 바람직하다 할 것이다.[45]

---

43) 대판 1996.12.23, 95다48308.
44) 김주수/김상용, 전게서, 123면.
45) 박병호, 가족법, 86면.

가족관계에 관한 설명 중 옳은 것(○)과 옳지 않은 것(×)을 바르게 표시한 것은?
(다툼이 있는 경우에는 판례에 의함)

ㄱ. 본인과 가족의 신분사항을 증명하기 위하여 종래 호적법상 가(家) 단위로 가족관계를 공시하였으나, 「가족관계의 등록 등에 관한 법률」에서는 부부를 기준으로 가족관계를 공시하고 있다.

ㄴ. 혼인할 의사가 없음에도 상대방에게 국적을 취득케 하기 위하여 혼인신고를 하여 공전자기록에 불실의 사실을 기재하였다는 것이 형사재판에서 유죄판결로 확정된 경우, 가정법원의 허가를 받아 가족관계등록부의 혼인 기재사항을 정정할 수 있다.

ㄷ. 성전환자에 해당함이 명백한 사람이라도 혼인중에 있는 경우에는 성별 정정이 허용되지 않는다.

ㄹ. 혼인무효 등 가사소송법상 가류 가사소송사건에 해당하는 청구는 성질상 당사자가 임의로 처분할 수 없는 사항에 관한 것이므로, 그에 대한 조정이나 재판상 화해가 성립되더라도 효력이 인정되지 않는다.

ㅁ. 가정법원에 이혼청구 및 재산분할청구를 병합한 소송을 제기한 후, 예비적 청구로 부부 사이의 명의신탁 해지를 원인으로 소유권이전등기절차의 이행을 구하는 경우, 법원은 이를 병합하여 심리하여야 한다.

ㅂ. 양친자 중 일방이 원고로 되어 양친자관계존재확인의 소를 제기하는 경우, 친생자관계존부확인의 소에 준하여 양친자 중 다른 일방을 피고로 하여야 하고, 다른 일방이 사망한 경우에는 검사를 상대로 소를 제기할 수 있다.

① ㄱ(○), ㄴ(×), ㄷ(×), ㄹ(×), ㅁ(○), ㅂ(×)
② ㄱ(○), ㄴ(○), ㄷ(○), ㄹ(×), ㅁ(×), ㅂ(○)
③ ㄱ(○), ㄴ(×), ㄷ(×), ㄹ(○), ㅁ(×), ㅂ(○)
④ ㄱ(×), ㄴ(○), ㄷ(○), ㄹ(○), ㅁ(×), ㅂ(○)
⑤ ㄱ(×), ㄴ(○), ㄷ(×), ㄹ(○), ㅁ(○), ㅂ(×)
⑥ ㄱ(×), ㄴ(×), ㄷ(○), ㄹ(×), ㅁ(○), ㅂ(○)

[사법시험54]

◀해답▶ ④

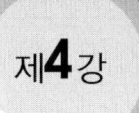

제4강 혼인법(3): 혼인의 효과 [Ⅰ. 인격법적 효과]

[참조조문]

제777조(친족의 범위) 친족관계로 인한 법률상 효력은 이 법 또는 다른 법률에 특별한 규정이 없는 한 다음 각 호에 해당하는 자에 미친다.
   1. 8촌 이내의 혈족
   2. 4촌 이내의 인척
   3. 배우자

제826조(부부간의 의무) ① 부부는 동거하며 서로 부양하고 협조하여야 한다. 그러나 정당한 이유로 일시적으로 동거하지 아니하는 경우에는 서로 인용하여야 한다.
② 부부의 동거장소는 부부의 협의에 따라 정한다. 그러나 협의가 이루어지지 아니하는 경우에는 당사자의 청구에 의하여 가정법원이 이를 정한다. <개정 1990.1.13>
③ 삭제 <2005.3.31>
④ 삭제 <2005.3.31>

제826조의2(성년의제) 미성년자가 혼인을 한 때에는 성년자로 본다.

제827조(부부간의 가사대리권) ① 부부는 일상의 가사에 관하여 서로 대리권이 있다.
② 전항의 대리권에 가한 제한은 선의의 제삼자에게 대항하지 못한다.

제828조 삭제 <2012.2.10>

제829조(부부재산의 약정과 그 변경) ① 부부가 혼인성립 전에 그 재산에 관하여 따로

약정을 하지 아니한 때에는 그 재산관계는 본관 중 다음 각 조에 정하는 바에 의한다.

② 부부가 혼인성립 전에 그 재산에 관하여 약정한 때에는 혼인중 이를 변경하지 못한다. 그러나 정당한 사유가 있는 때에는 법원의 허가를 얻어 변경할 수 있다.

③ 전항의 약정에 의하여 부부의 일방이 다른 일방의 재산을 관리하는 경우에 부적당한 관리로 인하여 그 재산을 위태하게 한 때에는 다른 일방은 자기가 관리할 것을 법원에 청구할 수 있고 그 재산이 부부의 공유인 때에는 그 분할을 청구할 수 있다.

④ 부부가 그 재산에 관하여 따로 약정을 한 때에는 혼인성립까지에 그 등기를 하지 아니하면 이로써 부부의 승계인 또는 제삼자에게 대항하지 못한다.

⑤ 제2항, 제3항의 규정이나 약정에 의하여 관리자를 변경하거나 공유재산을 분할하였을 때에는 그 등기를 하지 아니하면 이로써 부부의 승계인 또는 제삼자에게 대항하지 못한다.

제830조(특유재산과 귀속불명재산) ① 부부의 일방이 혼인 전부터 가진 고유재산과 혼인 중 자기의 명의로 취득한 재산은 그 특유재산으로 한다.

② 부부의 누구에게 속한 것인지 분명하지 아니한 재산은 부부의 공유로 추정한다. <개정 1977.12.31>

제831조(특유재산의 관리 등) 부부는 그 특유재산을 각자관리, 사용, 수익한다.

제832조(가사로 인한 채무의 연대책임) 부부의 일방이 일상의 가사에 관하여 제삼자와 법률행위를 한 때에는 다른 일방은 이로 인한 채무에 대하여 연대책임이 있다. 그러나 이미 제삼자에 대하여 다른 일방의 책임 없음을 명시한 때에는 그러하지 아니하다.

제833조(생활비용) 부부의 공동생활에 필요한 비용은 당사자 간에 특별한 약정이 없으면 부부가 공동으로 부담한다.

제840조(재판상 이혼원인) 부부의 일방은 다음 각 호의 사유가 있는 경우에는 가정법원에 이혼을 청구할 수 있다. <개정 1990.1.13>

1. 배우자에 부정한 행위가 있었을 때
2. 배우자가 악의로 다른 일방을 유기한 때

Ⅰ. 인격법적 효과

1. 서설

혼인의 효력은 크게 인격법적 효과와 재산법적 효과로 나누어진다. 혼인의 인격법적 효과는 부부 사이에 동거, 부양, 협조, 정조 의무 등이 발생하는 것이다. 그리고 혼인의 재산법적 효과는 부부 사이의 재산관계에 관한 것으로서 부부가 혼인 전부터 가지고 있던 재산, 혼인중에 취득한 재산을 누구의 소유로 볼 것인가를 정하는 것이다. 혼인의 인격법적 효과에 관하여는 부부평등의 원칙을 실현하기에 이르렀다. 혼인의 재산법적 효과에 관하여는 부부별산제를 채택하고 있다. 따라서 혼인 전부터 부부 각자에게 속한 재산과 혼인중에 자신의 명의로 취득한 재산은 부부 각자의 소유로 추정된다. 부부가 협력하여 형성한 재산은 실제로 부부의 공동재산이라고 보는 것이 타당하지만 민법은 누구의 명의로 재산을 취득하였는가에 따라서 재산의 귀속을 추정하는 태도를 취하고 있다.

2. 인격법적 효과

2.1. 친족관계의 발생

2.1.1. 부부는 서로 배우자인 인격을 가지고 친족이 된다(제777조 제3호).

2.1.2. 부부는 상대방의 4촌 이내의 혈족과 4촌 이내의 혈족의 배우자 사이에 서로 인척관계가 생긴다(제777조 제2호).

2.2. 가족관계등록부의 기록

2.2.1. 혼인이 성립하면 부부 각자의 가족관계등록부에 혼인사실이 기록된다. 따라서 가족관계증명서의 배우자란에 배우자의 성명, 출생연월일 등이 표시된다.

2.2.2. 혼인관계증명서에도 배우자의 성명 등과 혼인신고일이 표시된다.

2.3. 부부의 성

2.3.1. 민법은 부부의 성(姓)에 관하여 규정하고 있지 않다. 따라서 부부는 각자 혼인 전의 성을 그대로 유지한다(성불변의 원칙).

2.3.2. 서구사회에서도 부부는 혼인 전의 성을 각자 그대로 유지될 수 있고, 당사자가 원하는 경우에 부부의 성을 통일하여 '혼인성'(婚姻姓)을 쓸 수 있을 뿐이다.[1]

---

[1] 김상용, "자녀의 성과 본에 관한 민법개정안의 입법이유", 가족법연구II, 2006, 166면 이하.

2.4. 동거, 협조, 부양의 의무

2.4.1. 동거의무

2.4.1.1. 동거의무라 함은 동일한 거소에서 부부공동체를 형성하여 생활하는 의무를 말한다. 따라서 같은 집에서 살더라도 부부로서의 공동생활을 종료하고, 각자의 생활을 엄격히 분리하는 경우에는 동거가 아니다.

2.4.1.1.1. 부부에게는 동거의무가 있지만, 정당한 이유로 일시적으로 동거하지 않는 경우에는 서로 인용하여야 한다(제826조 제1항 단서). '정당한 이유'라 함은 처 또는 부의 직업상의 필요(예: 해외근무), 건강상의 이유(예: 요양을 위하여 별거하는 경우), 자녀의 교육상의 필요(예: 기러기 아빠), 그 밖의 사유로 일시적으로 별거하는 것이 합리적인 부부공동생활을 위하여 바람직한 경우(예: 부부 사이에 불화가 있는 경우 조정을 위한 냉각기) 등을 말한다.

2.4.1.1.2. 부부의 일방이 다른 일방이나 자녀를 폭행하거나 학대하는 경우, 징역형을 살고 있을 때, 이혼소송을 제기하였을 때, 부정한 행위를 하고 있을 때에는 다른 일방은 동거의무를 지지 않는다.

2.4.1.1.3. 동거의 장소는 부부의 협의에 의하여 정한다(제826조 제2항). 그러나 협의가 이뤄지지 않을 경우에는 당사자의 청구에 의하여 가정법원이 정하게 된다(제826조 제2항 단서).

2.4.1.2. 동거의무의 불이행

2.4.1.2.1. 부부의 일방이 정당한 이유 없이 동거에 응하지 않는 경우에는 다른 일방은 동거에 관한 심판을 청구할 수 있다. 이 경우에 먼저 조정을 신청하여야 한다(가사소송법 제2조 제1항 마류사건).

2.4.1.2.2. 동거의무에 위반하는 사실의 유무는 형식적으로 판단할 것이 아니라, 부부공동생활의 유지, 향상이라는 큰 목적에 비추어 탄력성 있는 판단을 하여야 한다.

2.4.1.2.3. 동거를 명하는 심판에 대하여, 직접강제는 물론 간접강제도 허용되지 않는다. 다만 부당한 동거의무의 위반은 악의의 유기로서 이혼원인이 되고(제840조 제2호), 부부의 일방이 정당한 이유 없이 동거청구를 거부하는 경우에는 상대방에 대하여 부양료의 지급을 청구할 수 없다.[2)]

2.4.2. 부양, 협조의무

2.4.2.1. 부양의무

2.4.2.1.1. 부부 사이의 부양은 부부공동생활의 유지에 필요한 것을 서로 제공하는 것으로서, 경제적 부양(예: 금전지급과 같은 물질의 제공)과 신체적, 정신적 부양(예: 식사준비, 세탁, 청소 등 가사, 육아, 병수발 등)을 모두 포함하는 개념이다. 부부 사이의 부양의무는 부모의 미성년 자녀에 대한 부양의무와 같이 배우자와 미성년 자녀의 부양을 위하여 필요한 경우에는 자신의 모든 재산을 처분하여 사용하여야 한다. 상대방의 생활을 자신과 같은 수준으로 보장하는 것이어야 한다. 즉, 부부 사이의 부양의무는 제1차적, 필연적 의무이다.[3]

2.4.2.1.2. 부부의 일방이 상대방에 대하여 부양료를 지급하지 않아서 상대방이 빈곤한 생활을 감수하였거나, 빚을 얻어 생활한 경우에는 상대방은 부양의무를 이행하지 않은 일방에 대하여 과거의 부양료를 청구할 수 있다.[4]

2.4.2.1.3. 부양의무의 불이행은 불법행위로서 손해배상청구권이 성립되고, 악의의 유기로서 이혼원인이 될 수 있다.

2.4.2.1.4. 민법 제833조는, 혼인의 재산법적 효과에서, "부부의 공동생활에 필요한 비용의 부담은 당사자 간에 특별한 약정이 없으면 부부가 공동으로 부담한다"고 규정하고 있다. 이 규정은 부부 사이의 부양의무를 이행하는 데 있어서의 기준을 밝힌 것에 지나지 않는다.

2.4.2.2. 협조의무

2.4.2.2.1. 부부는 가족생활공동체의 유지를 위하여 협력하여야 한다.

2.4.2.2.2. 부부의 일방이 정당한 이유 없이 협조의무를 이행하지 않는 경우 다른 일방은 조정 또는 심판에 의하여 그 이행을 청구할 수 있다. 그러나 강제집행은 허용되지 않는다.

2.4.2.3. 부양, 협조의무의 불이행

2.4.2.3.1. 부양, 동거, 협조의무는 그 성질상 서로 불가분의 관계에 있다. 그러므

---

2) 대판 1976.5.22, 75므17, 18; 대판 1991.12.10, 91므245.

3) 박병호, 가족법, 89면.

4) 대결(전) 1994.5.13, 92스21; 다만 대결 2008.6.12, 2005스50은 부양의무자가 부양의무를 이행하지 않음으로써 이행지체에 빠진 이후의 것에 대하여만 부양료의 지급을 청구할 수 있을 뿐 부양의무자가 부양의무의 이행을 청구받기 이전의 부양료의 지급은 청구할 수 없다고 하였다.

로 구체적으로 부양의무의 불이행이 있는가의 여부는 상대방의 태도를 함께 고려하여 판단하여야 한다. 따라서 부부의 일방이 정당한 이유 없이 동거, 협조의무의 이행을 거절하면서 부양료의 지급을 청구한다면, 다른 일방이 부양료를 지급하지 않아도 부양의무의 불이행이 성립하지 않는다.[5] 또한 혼인관계가 파탄된 경우이더라도 혼인파탄에 책임이 없는 배우자는 상대방에 대하여 부양청구를 할 수 있다.

2.4.2.3.2. 부양의 내용, 그 정도와 방법에 대하여는 당사자의 협의가 이루어지지 않으면, 가정법원의 조정 또는 심판에 의하여 정할 수밖에 없다(가사소송법 제2조 제1항 마류사건).

2.4.2.3.3. 부부 사이에 서로 부양의무를 면제하는 계약은 혼인의 본질에 반하여 무효이다.

2.4.2.4. 강제집행

동거의무와 협조의무는 그 성질상 법적인 강제를 할 수 없다. 그러나 부양의무 가운데 경제적 부양의무는 재산상의 급여를 내용으로 하는 것이므로 강제집행이 가능하다.

2.5. 정조의무

부부는 서로 정조를 지킬 의무가 있다(제840조 제1호 참조).

2.6. 성년의제

2.6.1. 성년의제제도의 의의

미성년자가 혼인하였을 때에는 성년에 달한 것으로 보아 행위능력이 인정된다.

2.6.2. 성년의제의 적용범위

2.6.2.1. 혼인을 한 미성년자는 성년자와 같은 행위능력을 가지게 되므로, 친권이 소멸하고 후견도 종료된다.

2.6.2.2. 성년의제는 주로 혼인과 가족생활의 독립을 위하여 도입된 것이다. 따라서 이와 관계없는 다른 법률(예: 공직선거법 제15조, 근로기준법 제64조)에서는 여

---

5) 대판 1976.6.22, 75므17, 18; 대판 1991.12.10, 91므245.

전히 미성년자로 다루어진다.

2.6.2.3. 이혼이나 사망 등으로 혼인이 해소되는 경우에 성년의제의 효력은 소멸하지 않는다.

[사례 4]

> X(夫)는 1928년 Y(처)와 혼인 후 1947년 2월 20일 A로부터 203평의 대지를 구입하여 그 위에 집을 지어 이를 소유하여 왔는데, 1952년경부터 B와 부첩관계를 맺고 동거하면서 Y와 별거하게 되자, 위 대지와 건물의 관리를 Y에게 맡기게 되었고, Y는 대지와 건물의 임대수입금으로 생계를 유지하여 왔다. 그러던 중 X와 B 사이에 자식이 늘어나자 Y는 1962년 5월 15일에 X의 의사에 반하여 위 대지와 건물을 자기 명의로 소유권이전등기를 마쳤다. 이 사실을 뒤늦게 알게 된 X는 같은 해 7월 15일 Y명의의 소유권이전등기를 유효한 것으로 추인하되 Y는 위 대지와 건물이 X의 소유임을 인정하고 선량한 관리자로서 관리만 하고 다른 사람에게 처분하지 않기로 Y와 약정을 하였다. X는 첩과의 생활이 곤란해지자, 수차에 걸쳐서 Y에게 생활비조로 돈을 요구하여 Y로부터 돈을 가져갔다. 1970년에 도시계획으로 집이 철거되고 203평의 대지가 3필지로 분할되자, Y는 82평의 대지 위에 Y명의로 건축허가를 얻어, 그의 자금으로 3층 건물을 신축하였다.
> X는 B와 계속해서 동거하고 있으면서 1962년 7월 15일자의 소유권이전등기의 추인사실은 Y에 대한 명의신탁이며, 1972년 4월 27일에 그것을 취소하였다고 주장하면서 명의신탁 해지를 원인으로 한 소유권이전등기 절차의 이행을 청구하였다. 이 청구는 받아들여질 수 있는가?[6]
>
> (대판 1979.10.30, 79다1344)

◀요점▶

대판 1979.10.30, 79다1344는 "여기에서 혼인중이라 함은 단지 형식적으로 혼인관계가 계속되고 있는 상태를 가리켜 뜻하는 것이 아니라 형식적으로는 물론 실질적으로 원만한 혼인관계가 계속되고 있는 상태를 가리켜 뜻한다고 풀이함이 상당하다고 할 것인바, 따라서 혼인관계가 비록 형식적으로는 계속되고 있다고 하더라도 실질적으로는 파탄에 이른 상태에 있는 경우라면, 위 규정(제828조)에 의한 부부간의 계약은 이를 취소할 수 없다고 해석함이 상당하다고 할 것이다"고 판시하였다. 따라서 이 청구는 인용될 수 없다.[7]

---

6) 김주수/김상용, 전게서, 130~131면.
7) 김주수/김상용, 전게서, 133~134면.

Ⅱ. 재산법적 효과: 부부재산제

[참조조문]

제829조(부부재산의 약정과 그 변경) ① 부부가 혼인성립 전에 그 재산에 관하여 따로 약정을 하지 아니한 때에는 그 재산관계는 본관 중 다음 각조에 정하는 바에 의한다.

② 부부가 혼인성립 전에 그 재산에 관하여 약정한 때에는 혼인중 이를 변경하지 못한다. 그러나 정당한 사유가 있는 때에는 법원의 허가를 얻어 변경할 수 있다.

③ 전항의 약정에 의하여 부부의 일방이 다른 일방의 재산을 관리하는 경우에 부적당한 관리로 인하여 그 재산을 위태하게 한 때에는 다른 일방은 자기가 관리할 것을 법원에 청구할 수 있고 그 재산이 부부의 공유인 때에는 그 분할을 청구할 수 있다.

④ 부부가 그 재산에 관하여 따로 약정을 한 때에는 혼인성립까지에 그 등기를 하지 아니하면 이로써 부부의 승계인 또는 제삼자에게 대항하지 못한다.

⑤ 제2항, 제3항의 규정이나 약정에 의하여 관리자를 변경하거나 공유재산을 분할하였을 때에는 그 등기를 하지 아니하면 이로써 부부의 승계인 또는 제삼자에게 대항하지 못한다.

제830조(특유재산과 귀속불명재산) ① 부부의 일방이 혼인 전부터 가진 고유재산과 혼인중 자기의 명의로 취득한 재산은 그 특유재산으로 한다.

② 부부의 누구에게 속한 것인지 분명하지 아니한 재산은 부부의 공유로 추정한다. <개정 1977.12.31>

제831조(특유재산의 관리 등) 부부는 그 특유재산을 각자관리, 사용, 수익한다.

제832조(가사로 인한 채무의 연대책임) 부부의 일방이 일상의 가사에 관하여 제삼자와 법률행위를 한 때에는 다른 일방은 이로 인한 채무에 대하여 연대책임이 있다. 그러나

이미 제삼자에 대하여 다른 일방의 책임 없음을 명시한 때에는 그러하지 아니하다.

제833조(생활비용) 부부의 공동생활에 필요한 비용은 당사자 간에 특별한 약정이 없으면 부부가 공동으로 부담한다.

제827조(부부간의 가사대리권) ① 부부는 일상의 가사에 관하여 서로 대리권이 있다.

② 전항의 대리권에 가한 제한은 선의의 제삼자에게 대항하지 못한다.

Ⅱ. 재산법적 효과: 부부재산제

1. 부부재산계약

1.1. 계약의 체결과 변경

1.1.1. 입법례

1.1.1.1. 한정적 선택주의: 당사자의 편의와 거래안전의 요청에 따라 법정재산제 이외에 부부재산계약에 의하여 임의로 선택할 수 있는 몇 가지의 전형적 재산제를 열거하고, 당사자는 이 가운데에서 하나를 선택하지 않으면 안 되는 법제이다. 스위스민법, 독일민법이 이에 속한다.

1.1.1.2. 자유선택주의: 당사자는 이 가운데에서 하나를 선택하든 또는 민법 소정 유형 이외의 협정을 하든 자유로이 하는 법제이다. 프랑스민법, 우리 민법이 이에 속한다.

1.1.2. 계약의 체결과 변경

1.1.2.1. 부부는 합의에 의하여 자유롭게 부부재산계약을 체결할 수 있다. 여기에서 말하는 부부는 '혼인하려는 남녀'를 의미한다. 부부재산계약을 체결하는 데 행위능력이 필요한가. 미성년자가 부모 등의 동의를 얻어 혼인하는 경우에는 부부재산계약을 체결할 수 있는 능력이 있다고 보아야 한다.

1.1.2.2. 부부재산계약은 혼인 전에 체결되어야 효력이 있다. 혼인중에는 정당한 사유가 있는 경우에 한하여 가정법원의 허가를 받아 변경할 수 있다(제829조 제2항 단서). 이외에 변경할 수 있는 경우로는, a) 부부재산계약에 의하여 부부의 일방이 다른 일방의 재산을 관리하고 있는데, 부적당한 관리로 인하여 그 재산을 위태롭게 한 때에는 다른 일방은 재산관리권을 자신에게 이전하라는 취지의 청

구를 법원에 할 수 있다(제829조 제3항 전단). 이 경우 공유재산에 대하여 분할을 함께 청구할 수 있다(동조 제3항 후단). b) 혼인 전에 체결한 부부재산계약에 의하여 혼인중에 재산관리자를 변경하거나 공유재산을 분할하는 것이 가능하다(제829조 제5항).

1.1.2.3. 민법은 부부재산계약의 방식에 대하여 규정하지 않았다. 따라서 오직 말로써 하더라도 유효하다. 그러나 부부가 부부재산계약을 가지고 부부의 승계인(예: 상속인 또는 포괄적 수증자)이나 제3자에게 대항할 수 있기 위하여는 혼인신고시까지 등기하여야 한다.

1.2. 계약의 내용

1.2.1. 부부재산계약의 내용에 대하여 민법은 아무런 규정도 없다. 따라서 부부는 자유롭게 부부재산에 관한 계약을 체결할 수 있다.

1.2.2. 부부재산계약은 혼인이 성립하였을 때 효력이 발생한다. 혼인이 종료되면 그때부터 효력을 잃는다. 따라서 부부재산계약은 혼인성립 전이나 혼인종료 후의 재산관계를 정할 수 없다. 또한 조건부 또는 기한부 계약은 허용되지 않는다.

1.3. 계약의 종료

1.3.1. 혼인중의 재산계약의 종료

법원의 허가를 받아 재산관리자를 변경하고 공유재산을 분할함으로써 부부재산계약이 종료되는 경우이다.

1.3.2. 혼인관계소멸로 인한 재산계약의 종료

이혼 또는 혼인의 취소에 의한 경우와 배우자 일방의 사망으로 인한 경우가 있다.

1.3.3. 종료의 효과

1.3.3.1. 사기 또는 강박에 의하여 계약을 체결하였을 때에는 취소할 수 있다(제816조 제3호의 유추해석).

1.3.3.2. 계약의 결과가 사해행위에 해당되는 경우에는 채권자취소권의 대상이 될 수 있다(제406조).

1.3.3.3. 이와 같은 경우에는 부부재산계약은 효력을 잃고, 법정재산제로 전환

한다.

[사례]

갑은 을과 혼인신고하기 전인 2007년 5월 중순경 을과 사이에 을이 가사를 전담하기로
하고 갑은 갑 단독소유 주택 중 1/2 지분을 을에게 넘겨줌과 아울러 혼인생활 중 가사와
관련하여 발생하는 을의 채무를 1억 원 범위 내에서 연대하여 책임지기로 약정하고, 위 약
정에 따라 을에게 1/2 지분에 관한 이전등기를 마쳐 주었다.

갑은 을과 혼인신고를 마친 후, A회사 해외 지사에 근무하면서 서울에 있는 을에게 위 주
택에 관한 일체의 서류를 맡겨두고 있었는데, 을이 사업을 운영하다가 많은 빚을 지게 되
어 친구인 병으로부터 2억 원을 빌리면서 위 주택 전부에 관하여 병 명의로 채무자 을, 채
권최고액 2억 5천만 원으로 된 근저당권설정등기를 마쳐 주었다.

* 위 사안을 토대로 다음 각 질문의 결론과 그 논거를 서술하시오.

1. 갑이 위와 같은 사정 등을 이유로 위 주택 중 1/2 지분에 관하여 을 명의로 된 이전등
   기의 말소를 청구하는 것은 정당한가?

2. 을이 갑과 위 근저당권 설정에 관하여 아무런 상의를 하지 않은 상태에서, 병은 을이
   갑과 관련된 모든 일처리를 하고 있다는 을의 말만 믿고 갑에게 그 사실을 확인하지
   않은 채 위 근저당권설정등기를 마친 경우, 병이 위 채권의 변제를 받지 못하자 위 근
   저당권에 기하여 임의경매를 신청하고, 정이 위 주택을 낙찰받아 매수대금을 완납하고
   소유권이전등기를 마쳤다면, 갑이 위 주택에 관하여 경료된 정 명의의 소유권이전등기
   의 말소를 청구하는 것은 정당한가?

3. 을이 갑과 상의하여 병 명의의 위 근저당권설정등기를 마쳐 준 경우, 병이 위 채권의
   변제를 받지 못하자 위 근저당권에 기하여 임의경매를 신청하고, 병이 그 매수대금을
   부담하면서 병의 동생 정으로 하여금 정 명의의 위 주택을 낙찰받아 보유하게 하였는
   데, 이후 정이 위 주택을 무에게 매도하여 무 명의로 소유권이전등기를 마쳐 주었다면,
   병이 무 명의의 소유권이전등기의 말소를 청구하는 것이 정당한가?

[사법시험51]

2. 법정재산제

2.1. 재산의 귀속과 관리

2.1.1. 민법은 부부별산제를 채택하였다. 따라서 부부의 일방이 혼인 전부터 가지고 있던 고유재산과 혼인중 자기의 명의로 취득한 재산은 그 특유재산으로 하고(제830조 제1항), 특유재산은 부부가 각자 관리, 사용, 수익, 처분하도록 하고 있다(제831조). 그리고 부부의 누구에게 속한 것인지 분명하지 않은 재산은 부부의 공유재산으로 추정한다(제830조 제2항).

2.1.2. 부부재산의 세 가지 유형

2.1.2.1. 명실공히 부부 각자의 소유로 되는 재산

혼인 전부터 각자가 소유하고 있던 고유재산, 혼인중에 부부의 일방이 상속한 재산이나 제3자로부터 증여받은 재산은 명의상으로나 실질에 있어서 부부 각자에게 속하는 재산이므로, 이혼 시에도 다른 일방은 이러한 재산에 대하여 분할을 청구할 수 없다. 다만 부부의 일방이 상속한 재산이나 증여받은 재산이라도 혼인중에 다른 일방이 그 재산의 유지, 증가에 기여하였다면 그 부분에 대하여 재산분할청구를 할 수 있다.

2.1.2.2. 명실공히 부부의 공유에 속하는 재산

가족공동생활에 필요한 가재도구 등은 부부의 공유에 속한다.[1] 이러한 공유재산에 대하여 이혼 시에 부부는 각자 자신의 지분에 따라 분할을 청구할 수 있다.

2.1.2.3. 명의상으로 부부 일방의 소유이지만, 실질적으로는 부부의 공동재산이라고 보아야 할 재산

혼인중에 부부가 협력하여 취득하였으나, 부부 일방의 명의로 되어 있는 재산(예: 주택 등 부동산, 예금, 주식 등)이 이에 속한다. 그러나 부부별산제의 원칙에 따라서 이러한 재산은 명의자의 특유재산으로 추정되고, 부부의 다른 일방은 혼인중 이러한 재산에 대하여 아무런 권리도 주장할 수 없다. 판례도 부부가 혼인중에 협력하여 마련한 재산이라도 원칙적으로 명의자로 되어 있는 부부 일방의 특유재산으로 본다는 태도를 취하고 있다.[2] 다만 재산을 취득할 때 다른 일방이

---

1) 대판 1997.11.11, 97다34273.

대가를 부담한 경우와 같이 구체적으로 기여를 하였다고 인정되는 경우에는 특유재산의 추정이 번복되어 부부 쌍방의 공유나 다른 일방의 소유로 볼 수 있을 것이라고 한다.[3]

2.1.3. 부부의 일방이 혼인 전부터 가진 고유재산은 원칙적으로 특유재산이 되지만, 혼인중 자기의 명의로 취득한 재산은 단순히 명의뿐만 아니라 그것을 얻기 위한 대가 등이 자기의 것으로서, 실질적으로도 자기의 것이라는 것이 증명되지 않으면 특유재산이 되지 않는다. 따라서 대외적으로 추정을 받는 데 불과하게 되고, 다른 일방의 반증으로 이 추정은 깨진다.

2.1.4. 이와 같이 부부별산제는 여러 가지 문제점을 갖고 있으므로, 공유제를 채택하는 것이 좋을 것으로 보인다. 그러나 공유제에도 문제점이 지적된다. 그 문제점으로는, 1) 공유제가 처의 경제적 지위를 향상, 안정시킨다고 보장할 수 없다. 2) 공유제를 채택할 때에 법적인 문제점으로, (a) 공유재산의 범위에 대하여 특유재산 특히 그 과실이나 대체물을 어떻게 하느냐, 그리고 중요한 것은 채무를 어떻게 하느냐 하는 것이다. (b) 공유재산의 공시, 성립요건에 대하여 공유의 표시를 강제하느냐, 그렇지 않으면 표시함이 없이 공유를 인정하느냐 하는 것이 문제이다. 표시하지 않으면 거래의 안전을 해하지 않는가의 문제가 있다. (c) 공유재산의 처분, 채무부담행위의 방법에 대하여 언제나 부부 쌍방의 공동행위가 요구되는가, 일방이 단독으로 행한 행위의 효력은 어떻게 되는가 등의 문제가 있다.

[사례 5]

> A와 Y는 30여 년간 결혼생활을 하여 온 부부인데, A는 X은행에 대하여 채무가 있어서 부동산을 다른 데 매도처분하면 무자력자가 되어 X은행에 대한 채무변제가 어려워진다는 것을 알면서 자기의 처인 Y에게 부동산을 매각처분하였다. 이를 알아차린 X은행은 A의 처를 피고로 하여 채권자취소 및 원상회복청구의 소를 제기하였다. 이에 대하여 Y는 30여 년간의 결혼생활을 통하여 내조한 공이 있으므로, 이는 문제의 부동산이 A의 특유재산이라는 추정을 번복할 사유가 되어 공유지분이 인정되어야 한다고 주장한다. 이 경우 어느 쪽의 주장이 타당한가?[4]
>
> (대판 1992.12.11, 92다21982; 대판 1995.2.3, 94다51338)

---

2) 대판 1992.12.11, 92다21982.
3) 대판 1990.10.23, 90다카5624; 대판 1995.10.12, 95다25695.

대판 1995.2.3, 94다51338은, A와 30여 년간 결혼생활을 하였고 부동산을 형성하는 데 내조의 공헌이 있었다는 사실만으로 그 부동산이 A의 특유재산이라는 추정을 번복할 사유가 되지 못한다고 하여, A와 Y 사이의 매매계약은 그 전부가 사해행위에 해당한다고 판시하였다. 따라서 Y의 주장은 이유 없고, X의 주장은 이유가 있다.[5]

[사례 5-1]

> 부 X는 처 Y와 혼인하여 30여 년을 부부로서 살아왔다. X와 Y는 혼인중에 취득한 모든 재산은 공동재산으로 할 것을 혼인 전에 약속하였다. 어느 날 X가 교통사고로 입원하여 수술을 하였으나 혼수상태에 있었다. Y는 X의 입원비, 가족의 생활비, 자녀양육비, 교육비를 마련하기 위하여 X의 명의로 된 주택을 정상가격으로 Z에게 매도하고 가족이 생활할 주택을 새로이 마련하게 되었다. 이 경우에 X, Y, Z의 법률관계는?
>
> [부산대08]

2.2. 공동생활비용의 부담

2.2.1. 민법은 부부의 공동생활에 필요한 비용의 부담은 당사자 간에 특별한 약정이 없으면 부부가 공동으로 부담한다고 규정하였다(제833조). 공동생활에 필요한 비용이라 함은 부부를 중심으로 하는 가족공동체의 유지에 필요한 비용을 말한다.

2.2.2. 부부가 별거하는 경우에도 부부 사이의 부양의무는 존속하는 것이 원칙이다. 그러므로 공동생활비용을 부담하고 있던 부부의 일방은 다른 일방에게 필요한 생활비를 지급하여야 한다. 그러나 부부의 일방이 자녀를 양육하고 있는 경우를 제외하고, 정당한 이유 없이 동거의무에 위반하여 별거를 하게 된 경우에는 다른 일방에게도 생활비용을 지급할 의무가 없다.

2.3. 일상가사대리권과 일상가사비용의 연대책임

2.3.1. 일상가사대리권은 원래 서구사회에서 "부는 가장이며, 처는 가사와 육

---

4) 김주수/김상용, 전게서, 137면.
5) 김주수/김상용, 전게서, 140면.

아를 전담한다"는 전통적인 가족관을 전제로 하여 발달한 제도이었다.[6]

2.3.2. 민법은 일상가사의 범위에 속하는 행위에 대하여 열거하지 않고 있다. 그러므로 어떠한 행위가 일상가사에 포함되는가는 해석에 의하여 결정할 수밖에 없다. 일상가사라 함은 부부의 공동생활에서 필요로 하는 통상의 사무를 말하고, 그 내용, 정도 및 범위는 그 부부공동체의 생활정도와 그 부부의 생활장소인 지역적 사회의 관습 내지 일반견해에 의하여 결정된다.[7]

2.3.2.1. 일상가사의 범위에 들어가는 것으로 볼 수 있는 경우

가족공동생활에 필요한 사무, 즉 가족의 부양과 관련된 사무는 원칙적으로 모두 일상가사의 범위에 포함된다고 보아야 한다. '가족의 부양과 관련된 사무'라 함은 기본적으로 가족의 의식주를 해결하기 위한 것을 말한다. 특히 금전차용행위가 일상가사에 속하는가의 여부는 그 목적에 따라 그 여부가 결정된다. 판례는 처가 남편명의로 분양받은 45평형 아파트의 분양금을 납입하기 위한 명목으로 금전을 차용하여 분양금을 납입하였고, 그 아파트가 남편의 유일한 부동산으로서 가족들이 거주하고 있는 경우, 그 금전차용행위는 일상가사에 해당한다고 보았다.[8]

2.3.2.2. 일상가사의 범위에 포함된다고 볼 수 없는 경우

금전차용행위는 그 목적에 따라 일상가사의 범위에 속하는가의 여부가 결정된다. 그러나 가족공동생활상의 필요와 관계없이 금전을 차용한 행위는 일상가사의 범위에 들어가지 않는다고 본다. 이와 관련한 판례의 동향을 보면, a) 당해 가족의 생활수준 및 경제상태에 비추어 볼 때 적절하지 않은 대규모 주택의 매입을 위한 금전차용, 고급승용차를 구입하기 위한 금전차용 등은 일상가사에 포함된다고 볼 수 없다. 즉, 부인이 교회에의 건축헌금, 가게의 인수대금, 장남의 교회 및 주택임대차 보증금의 보조금, 거액의 대출금에 대한 이자지급 등의 명목으로 금원을 차용한 행위는 일상가사에 속한다고 볼 수는 없으며, 주택 및 아파트 구입 비용 명목으로 차용한 경우 그와 같은 비용의 지출이 부부공동체를 유지하기 위하여 필수적인 주거공간을 마련하기 위한 것이라면 일상의 가사에 속한다고 볼 여지가 있을 수 있으나, 그 주택 및 아파트의 매매대금이 거액에 이르는 대규모

---

6) 김주수, "일상가사대리권과 가사로 인한 연대책임", 경희법학, 제9권 제2호.
7) 대판 1997.11.28, 97다31229; 대판 2000.4.25, 2000다8267.
8) 대판 1999.3.9, 98다46877.

의 주택이나 아파트라면 그 구입 또한 일상의 가사에 속하는 것이라고 보기는 어렵다고 할 것이다.9) b) 가옥의 임대, 순수한 직업상(사업상)의 사무10) 등도 일상가사에 포함되지 않는다. c) 부부의 일방이 다른 일방 명의의 재산(부동산)을 처분하거나 담보에 제공하는 행위는 그 목적과 관계없이 일상가사에 포함되지 않는다는 전제에 서 있다.11) 그러나 부부의 일방이 다른 일방으로부터 대리권을 수여받지 않고 다른 일방 명의의 부동산을 매도하거나 담보로 제공한 경우, 거래의 안전을 보호할 목적으로 판례는 처의 일상가사대리권을 기초로 하여 민법 제126조를 적용하는 해석론을 전개하였다.12) d) 남편이 자신의 사업상의 채무에 대하여 처 명의로 연대보증약정을 한 행위에 대하여 "부부간에 서로 일상가사대리권이 있다고 하더라도, 일반적으로 처가 남편이 부담하는 사업상의 채무를 남편과 연대하여 부담하기 위하여 남편에게 채권자와의 채무부담약정에 관한 대리권을 수여한다는 것은 극히 이례적인 것이라 할 것이고, 채무자가 남편으로서 처의 도장을 쉽사리 입수할 수 있었으며, 채권자도 이러한 사정을 쉽게 알 수 있었던 점에 비추어 보면, 채무자가 채권자를 자신의 집 부근으로 오게 한 후 처로부터 위임을 받았다고 하여 처 명의의 채무부담약정을 한 사실만으로는 채권자가 남편에게 처를 대리하여 채무부담약정을 할 대리권이 있다고 믿은 점을 정당화할 수 있는 객관적인 사정이 있었다고 할 수 없다고 할 것이다."고 판시하였다.13)

2.3.3. 예외적으로 가족공동체의 유지를 위하여 긴급한 사정이 있는 경우에는 처분의 목적을 고려하여 그러한 행위도 일상가사에 관한 법률행위로 보는 것이 타당할 것이다. 판례는, "원고는 정신이상으로 10개월 동안이나 입원하였고, 입원 중에는 아내와 면회가 금지되어 있음이 엿보이므로 만일 당시 원고가 사리를 판단할 능력이 없어서 가사담당에 응할 처지가 못 되었고 또는 그 입원 전후에 입원비나 가족들의 생활비, 교육비 등을 준비 내지 강구하여 둔 바가 없었다고 하면 그 아내가 원고 소유인 가옥과 대지를 권원 없이 매도하였다 하여도 이 경

---

9) 대판 1997.11.28, 97다31229.
10) 대판 2000.4.25, 2000다8267.
11) 대판 1966.7.19, 66다863; 대판 1985.3.26, 84다카1621; 대판 1993.9.28, 93다16369.
12) 대판 1967.8.29, 67다125; 대판 1968.8.30, 68다1051; 대판 1981.6.23, 80다609; 대판 1987.11.10, 87다카1325; 대판 1995.12.22, 94다45098.
13) 대판 1997.4.8. 96다54942,; 대판 1998.7.10. 98다18988.

우에 처에게 원고의 가사대리권이 있고 그 매도대금이 적정가격으로서 이로써 입원비, 생활비, 교육비 등에 충당하고 나머지로써 대신 들어가 살 집을 매수할 생각으로 이를 매도하고 그렇게 실지 지출하였다고 하면 이러한 사유는 매수인이 알았건 몰랐건 간에 객관적으로 보아서 처에게 원고의 대리권이 있다고 믿을 만한 정당한 사유가 된다고 할 것이다."고 판시하였다.[14] 이 판례에 대하여 비판이 있다. 이 사건에서 부가 정신이상으로 10달 이상 처와 면회가 금지되어 있는 상황에서 처에게 대리권을 수여한다는 것은 객관적으로 불가능한 일인데, 이런 경우에도 상대방의 입장에서 부가 처에게 대리권을 수여했다고 믿었음을 정당화할 만한 객관적인 사정이 존재했다고 볼 수는 없기 때문이라는 것이다. 따라서 대법원이 부 소유의 부동산처분에 대하여 일상가사의 범위가 확대된다고 보지 않고, 부가 처에게 대리권을 주었다고 믿을 만한 정당한 사유가 있다고 보는 것은 찬성할 수 없다고 한다.[15] 이와 같은 경우 뒷일을 부탁받은 처의 권한은 확대되어 비상가사처리권한이 주어졌다고 보아야 한다.[16]

2.3.4. 그러나 많은 학설과 판례는 부부간의 일상가사의 범위를 넘는 부 또는 처의 법률행위에 대하여 민법 제126조의 표현대리의 적용을 인정하여야 한다고 한다.[17]

2.3.5. 부부간에 서로 일상가사대리권을 인정하고, 일상가사로 인한 채무를 부부의 연대책임으로 구성한 것은 부부 일방의 가사처리행위는 부부를 중심으로 하는 가족공동체를 위하여 행하여지는 것이기 때문이다. 이는 일종의 법정대리라고 볼 수 있다. 그러나 그 행위의 효과가 귀속하는 효과면에서 볼 때, 단순히 법정대리로 보기 힘들며, 일종의 '대표'라고 보아야 할 것이다.[18]

2.3.6. 일상가사대리는, 그것에 의하여 권리의무의 귀속을 받는 자의 이름으로 하여야 하겠지만, 그 법률행위가 일상가사에 관한 것인 경우에는 부부가 연대책임을 지는 것이 민법상 명백하므로, 보통의 대리와 같이 현명주의는 엄격하게 요

---

14) 대판 1970.10.30, 70다1812.
15) 김주수/김상용, 전게서, 150~151면.
16) Egger, *Kommentar zum Schweizerischen ZGB*, II Band, S. 238.
17) 박병호, 가족법, 101면; 김용한, 전게서, 185면; 이근식/한봉희, 전게서, 116면; 곽윤직, 민법총칙, 440면 등.
18) 김주수/김상용, 전게서, 151~152면.

구되지 않는다고 본다. 따라서 행위의 상대방이 일상가사에 관한 것이라는 것을 알기만 하면 된다고 보아야 할 것이다.

2.3.7. 부부 가운데 일방이 무절제한 소비생활을 하는 경우에도 일상가사대리권이 그대로 인정된다면, 다른 일방은 그로 인하여 불이익을 입을 수 있다. 따라서 민법 제827조는 일상가사대리권을 제한할 수 있음을 규정하고 있다. 그러나 그 제한을 알지 못한 제3자에게 그 제한을 주장하고자 하면 일상가사대리권을 제한하고자 하는 배우자는 제3자에게 그 사실을 통지하여야 한다.

2.3.8. 부부의 일방이 일상가사에 관한 법률행위를 하여 채무가 발생한 경우에는 부부 쌍방이 상대방에 대하여 연대책임을 진다(제832조). 이 연대책임은 연대채무를 부담한다는 뜻이지만, 부부공동생활의 일체성에서 제413조 이하의 연대채무보다 더욱 밀접한 부담관계에 있다고 본다. 그리고 이 연대책임은 혼인해소후에도 존속하지만, 이 경우에는 혼인공동생활이 종료하므로 보통의 연대채무로 돌아간다고 본다. 일상가사에 관한 법률행위의 효과는 부부 쌍방에게 귀속하므로, 부부는 그 법률행위에서 발생한 채무에 대하여 연대책임을 질 뿐만 아니라, 권리도 취득한다고 보아야 한다.

2.3.9. 부부의 연대책임은 미리 제3자에 대하여 책임을 지지 않는다는 것을 명시한 경우에 한하여 생기지 않는다(제832조 단서).

2.3.10. 부부재산계약으로 일상가사대리권과 일상가사에 대한 연대책임을 일반적으로 배제할 수 있는가. 일상가사에 관한 부부의 연대책임은 혼인의 본질에서 나오는 것이므로, 부부재산계약에 의하여 완전히 배제할 수 없다고 본다. 일상가사대리권과 일상가사에 대한 연대책임은 그 성질상 사실혼의 부부에게도 적용된다.[19]

---

19) 대판 1980.12.23, 80다2077.

[사례 6]

X는 밤에 횡단보도를 건너던 중 교통신호를 어기고 달리던 A가 운행하던 차에 치여 입원하게 되었으나, A는 X를 구하지 않고 뺑소니를 쳤다. X는 뇌를 다쳤기 때문에 정신이상증이 생겨서 사리를 판단할 수 없는 상태에 빠졌다. X는 현재 실업자로서 생활비, 입원비, 자녀교육비 등을 준비해 둔 것이 없기 때문에 당장 필요한 입원비와 치료비, 생활비와 자녀교육비 등을 마련하는 것이 큰 문제였다. 뺑소니 친 가해자를 찾기가 어려워졌고, X의 정신이상증이 장기화되었는데, 입원 중에는 면회가 금지되어 있었기 때문에, X의 처 B는 X와 집안일에 대하여 의논할 수 있는 형편이 되지 못하였다. 그래서 B는 하는 수 없이 남편인 X가 소유하고 있는 집과 대지를 매각하여 그 매도대금으로 X의 입원비, 생활비, 자녀교육비 등에 충당하고 나머지로 대신 들어가 살 집을 매수할 생각으로 그 집과 대지를 Y에게 적정가격으로 매도한 다음 그 대금으로 위의 비용을 충당하고, 집을 줄여서 대신 들어가 살 집을 X의 명의로 구입하였다. 그런데 X는 입원한지 10개월 후 정신이상증이 치유되어 퇴원하였으며, X는 자기와 의논하지 않고 B가 아무 권한 없이 집과 대지를 처분하였다고 Y를 상대로 등기말소청구의 소를 제기하였다. 이 경우 X의 청구는 받아들여질 수 있는가?[20]

(대판 1970.10.30, 70다1812)

◀요약▶

대판 1970.10.30, 70다1812는 일상가사의 범위를 넘는다는 전제에 서서, 그와 같은 사정이 있다면 피고가 그러한 사유를 알았건 몰랐건 간에 객관적으로 보아서 아내인 B에게 남편의 대리권이 있다고 믿을 만한 정당한 사유가 된다고 판시하여 표현대리를 적용하여 그 성립을 인정하고 있다. 따라서 <u>남편 X가 교통사고로 정신이상증을 일으켜서 면회가 금지되어 있는 상황에서 아내의 권한은 확대되어 비상가사처리권한이 주어졌다고 보아서 남편 X의 부동산에 대한 아내 B의 처분행위는 일상가사의 범위 내라고 보는 것이 타당하다고 본다.</u> 그렇다면 남편 X의 등기말소청구는 받아들여질 수 없다고 보아야 한다.[21]

---

20) 김주수/김상용, 전게서, 143면.
21) 김주수/김상용, 전게서, 151면.

[사례 6-1]

'갑'남은 미성년자인 '을'녀와 혼인을 하였다. 어느 날 '갑'남이 뺑소니 교통사고로 입원을
하였으나 가해자를 찾지 못하여 장기간 입원에 따른 입원비, 생활비, 자녀교육비 등을 해결
하기 위하여 '을'녀는 '갑'의 명의로 된 주택을 '병'에게 처분하고 자기의 명의로 집을 줄
여서 취득하였다. 그 뒤에 '갑'이 퇴원을 하여 '을'과 이혼을 하고, '병'에게 '을'의 처분은
권한 없이 한 것이라고 주장하였다.

(1) 미성년자인 '을'녀는 '갑'의 명의인 재산을 처분하고 자기명의로 재산을 취득할 능력이
    있는가, 그리고 이혼하면 어떻게 되는가?
(2) '갑'의 '병'에 대한 주장은 받아들일 수 있는가?

[부산대09]

[문항]

부부재산제	[부산대12]

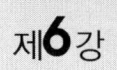

[참조조문]

제27조(실종의 선고) ① 부재자의 생사가 5년간 분명하지 아니한 때에는 법원은 이해관계인이나 검사의 청구에 의하여 실종선고를 하여야 한다.

② 전지에 임한 자, 침몰한 선박 중에 있던 자, 추락한 항공기 중에 있던 자 기타 사망의 원인이 될 위난을 당한 자의 생사가 전쟁종지 후 또는 선박의 침몰, 항공기의 추락 기타 위난이 종료한 후 1년간 분명하지 아니한 때에도 제1항과 같다. <개정 1984.4.10>

제28조(실종선고의 효과) 실종선고를 받은 자는 전조의 기간이 만료한 때에 사망한 것으로 본다.

제29조(실종선고의 취소) ① 실종자의 생존한 사실 또는 전조의 규정과 상이한 때에 사망한 사실의 증명이 있으면 법원은 본인, 이해관계인 또는 검사의 청구에 의하여 실종선고를 취소하여야 한다. 그러나 실종선고 후 그 취소 전에 선의로 한 행위의 효력에 영향을 미치지 아니한다.

② 실종선고의 취소가 있을 때에 실종의 선고를 직접원인으로 하여 재산을 취득한 자가 선의인 경우에는 그 받은 이익이 현존하는 한도에서 반환할 의무가 있고 악의인 경우에는 그 받은 이익에 이자를 붙여서 반환하고 손해가 있으면 이를 배상하여야 한다.

Ⅰ. 혼인의 해소

1. 서설

혼인은 배우자의 사망이나 이혼에 의하여 해소된다. 혼인의 해소라 함은 일단 완전히 유효하게 성립한 혼인이 종료되는 것을 말한다. 이혼과 사망은 혼인해소의 사유로서 혼인관계를 종료시키지만, 이혼은 인척관계까지 소멸시키는 데 대하여, 배우자의 사망은 인척관계가 당연히 소멸하지 않고, 생존배우자가 재혼한 때에 소멸하는 차이가 있다(제775조). 여기에서는 사망에 의한 혼인의 해소, 실종선고에 의한 혼인관계를 다루고, 이혼은 이혼법에서 다루고자 한다.

2. 사망에 의한 혼인의 해소

2.1. 혼인효력의 소멸과 생존배우자의 상속

2.1.1. 사망으로 인하여 혼인이 해소되면, 부부라는 인격법적 관계가 소멸함으로써 동거, 부양, 협조의 의무와 정조의무는 소멸하고, 재혼도 자유로이 할 수 있다. 부부재산제의 구속도 없어지고 부부재산계약도 효력을 잃는다. 그러나 소급적인 소멸의 효과는 없으므로, 이미 발생한 일상가사로 인한 연대책임에는 영향이 없다.

2.1.2. 생존배우자는 사망자의 재산상의 권리와 의무를 상속하게 된다(제1003조).

2.2. 친족관계

부부 일방의 사망에 의하여 혼인은 해소되지만, 혼인에 의하여 발생되었던 친족관계인 인척관계는 당연히 소멸하지 않는다. 다만 생존배우자가 재혼한 때에 한하여 소멸한다(제775조).

3. 실종선고와 혼인관계

3.1. 실종선고는 사망으로 의제하기 때문에(제28조), 혼인도 실종기간이 만료한 때에 해소된다. 그러나 그 실종선고가 취소되었을 때에 문제가 일어난다(제29조 제1항 본문).

[소장 3]

실 종 선 고 심 판 청 구

청구인(사건본인의   ) ○ ○ ○ (전화 :   —   —   )
주민등록번호   —
주 소
등록기준지

사건본인(부재자) □□□
주민등록번호   —
주 소
등록기준지

청 구 취 지

부재자 □□□의 실종을 선고한다.
라는 심판을 구함.

청 구 원 인

1. 청구인은 부재자 □□□의 ○○로서 청구인의 직업관계로 부재자인 □□□과 각각 다른 곳에서 거주하고 있었습니다. 그런데 부재자는 최후 주소지에서 살다가 20○○년 ○월 ○일 무단가출한 지 7년이 지난 오늘에 이르기까지 그 생사를 알 수 없습니다.

2. 청구인은 부재자가 가출한 후 친척 또는 친지를 통하여 그 생사를 찾아보았으나 전혀 알 길이 없어 청구취지와 같은 심판을 구하고자 이건 청구에 이르렀습니다.

첨 부 서 류

1. 가족관계증명서(사건본인)   1통

2. 주민등록등본(사건본인)　　　1통
3. 인우보증서　　　　　　　1통

　　　　　　　　　20　　　.　　　.　　　.

　　　　위　　　청 구 인　　○　○　○ (인)

○○가정법원(○○ 지방법원) 귀중

☞ 유의사항

　　청구서에는 수입인지 5,000원을 붙여야 합니다.

　　송달료는 당사자수×3,190원(우편료)×4회분을 송달료취급은행에 납부하고 영수증을 첨부하여야 합니다.

　　신문공고료는 33,000원, 관보게재료는 15,600원(인지)을 납부하셔야 합니다.

　　실종선고의 청구는 이해관계인(직접적으로 신분상 경제상 이해관계를 가지는 사람)이나 검사가 할 수 있습니다.

　　관할법원은 부재자의 최후 주소지의 가정법원입니다. 또 최후주소가 국내에 없거나 알 수 없을 때에는 대법원 소재지의 가정법원입니다.

【인우보증서 양식】

인 우 보 증 서

사건본인(실종자) :

생 년 월 일 :　　　　　년　　　　월　　　　일

주 소:

등록기준지 :

보 증 사 항(보증내용을 상세히 기재할 것)

위의 사실이 틀림이 없으며 만일 후일에 본건으로 인하여 문제가 있을 때에는 보증인 등이 법적 책임을 지겠기에 이에 보증함.

　　　　　　　　　20　　　.　　　.　　　.

주 소:

등록기준지 :

　　　　　　보증인　　○　○　○

```
                          19 ○○년 ○월 ○일생

주 소:
등록기준지 :
                          보증인    ○  ○  ○
                          19 ○○년 ○월 ○일생


☞ 유의사항
    위 보증인들의 인감증명을 첨부하십시오.
```

3.2. 민법 제29조 제1항 단서는, 실종선고의 취소에 관하여 "실종선고 후 그 취소 전에 선의로 한 행위의 효력에 영향을 미치지 아니한다"라고 규정하고 있다. 실종선고 후 그 취소 전에 재혼을 하였을 경우에 어떻게 되는가.

3.2.1. 양 당사자가 선의인 경우

재혼 시에 실종자의 생존을 모르고 있었다면 재혼은 실종선고의 취소에 의하여 영향을 받지 않고 유효한 혼인으로서 성립한다.

3.2.2. 재혼당사자의 쌍방 또는 일방이 악의인 경우

그 혼인을 당연히 무효인 것으로 할 수 없다. 다만 전혼이 부활하는 결과 후혼이 중혼이 되는 것은 면하지 못하므로, 전혼에는 이혼의 원인이 생기고(제840조), 후혼은 취소할 수 있는 것으로 되는 것뿐이다(제810조, 제816조 제1호, 제818조 전단).

3.2.3. 재혼당사자의 쌍방이 선의였던 경우에 전혼은 어떻게 되는가

이에 관하여, [제1설] 실종자가 사망하지 않았다고 하게 되면 전혼은 소멸하지 않았던 것이 되므로 실종선고의 취소 후에도 전혼은 당연히 존속하고, 후혼도 신고에 의하여 성립하고 있으므로 불가피 중혼이 발생하게 된다는 것이다(전혼부활설).[1] [제2설] 민법이 선의의 행위는 효력을 잃지 않는다고 규정하고 있는 이상 후혼은 완전히 유효한 것으로 보아야 하기 때문에 이는 유효하고, 중혼으로서 취소할 수 있는 혼인이라고 해석하는 것은 불합리하다는 것이다(전혼불부활설).[2]

---

1) 고상룡, 민법총칙, 1999, 115면.

3.3. 잔존배우자가 다른 일방의 배우자의 실종선고 후 그 취소 전에 다른 자와 선의의 사실혼관계에 들어갔을 경우에는 혼인은 부활한다고 볼 수밖에 없다. 또한 사실혼당사자가 악의인 경우에는 혼인부활은 선의의 경우와 같다. 그러나 사실혼당사자의 일방만이 악의인 경우에는 선의의 상대방에 대하여 사실혼 부당파기 혹은 사기에 의한 사실혼으로서 책임을 지지 않을 수 없다.

[소장 4]

실종선고 취소심판 청구서

청 구 인(사건본인의   ) ○ ○ ○   (전화 :   –   –   )
주민등록번호   –
주 소
등록기준지

사 건 본 인(부재자)
주민등록번호   –
최후주소
등록기준지

청 구 취 지

○ ○ ○ ○ 법원이 동법원 20○○느단○○○ 사건에 관하여 20○○년 ○월 ○일에 사건본인에 대하여 한 실종선고는 이를 취소한다.
라는 심판을 구합니다.

청 구 원 인

1. 청구인은 사건본인 ○○○의 ○○인데, 귀원은 20○○느단○○○ 사건에 관하여 20○○년 ○월 ○일 사건본인에 대하여 실종선고 심판을 하였습니다.
2. 그러나 현재 사건본인이 생존하여 ○○시 ○○구 ○○동 ○○–○○에 거주하고 있는 사실을 알게 되어 이 건 청구에 이르렀습니다.

---

2) 김주수/김상용, 전게서, 156면; 구 호적예규 제600호 참조.

첨 부 서 류

1. 가족관계증명서(사건본인)   1통
2. 실종선고 사실이 기재된 폐쇄가족관계등록부에 따른 가족관계증명서,
   기본증명서(2007. 12. 31. 이전 사망자는 제적등본)(사건본인)   1통
3. 실종선고심판등본   1통
4. 기타 생존을 증명하는 서류(인우보증서 2인의 인감증명서첨부)

                      20   .   .   .
              위   청 구 인   ○ ○ ○ (인)

          ○ ○ 가 정 법 원(○ ○ 지방법원) 귀 중

☞ 유의사항

   청구서에는 수입인지 5,000원을 붙여야 합니다.

   송달료는 당사자수×3,190원(우편료)×4회분을 송달료취급은행에 납부하고 영수증을
   첨부하여야 합니다.

   관보게재료는 7,800원(인지)을 납부하셔야 합니다.

   실종선고 취소심판의 청구는 이해관계인(직접적으로 신분상 경제상 이해관계를 가지는
   사람)이나 검사가 할 수 있습니다.

   관할법원은 사건본인의 주소지의 가정법원입니다. 사건본인의 생존을 이유로 하는 경
   우에는 그 자의 현재의 주소지를 관할하는 가정법원이고, 사건본인이 실종기간만료일
   자, 즉 사망간주일자와 다른 일자에 사망하였음을 이유로 하는 경우에는 그 사망당시
   의 최후주소지를 관할하는 가정법원이 관할 법원이 됩니다.

【인우보증서 양식】

                        인 우 보 증 서

사건본인(실종자) :
생 년 월 일 :   년   월   일
주   소 :
등록기준지 :

                보 증 사 항(보증내용을 상세히 기재할 것)

위의 사실이 틀림이 없으며 만일 후일에 본건으로 인하여 문제가 있을 때에는 보증인 등이

법적 책임을 지겠기에 이에 보증함.

                        20   .   .   .

주 소
등록기준지
                        보증인   ○   ○   ○
                        19 ○○년 ○월 ○일생

주 소
등록기준지
                        보증인   ○   ○   ○
                        19 ○○년 ○월 ○일생

☞ 유의사항
   위 보증인들의 인감증명을 첨부하십시오.

3.4. 실종선고에 의하지 않고 사망의 인정이 관청, 공서에 의하여 이루어지고, 이에 의하여 등록부에 사망의 기록이 된 경우(인정사망; 등록법 제87조)에도 혼인은 해소된다. 이 경우에 그 다른 일방의 배우자가 재혼을 하고 그 후에 사망이 인정된 배우자의 생존이 판명되었을 때에는 실종선고의 취소와 같이 취급하여야 할 것이다.

Ⅱ. 이혼

1. 서설

혼인은 배우자의 사망이나 이혼에 의하여 해소된다. 혼인의 해소라 함은 일단 완전히 유효하게 성립한 혼인이 종료되는 것을 말한다. 이혼과 사망은 다 같이 혼인해소의 원인으로서 혼인관계를 종료시키지만, 이혼은 인적관계까지 소멸시키는 데에 대하여, 배우자 사망의 경우에는 인척관계는 당연히 소멸하지 않고, 생존배우자가 재혼한 때에 소멸한다는 차이가 있다(제775조).

2. 이혼제도

2.1. 인간의 생활에 있어서 혼인관계의 파탄은 피할 수 없는 현상이다. 따라서 모든 나라는 이혼제도를 인정하고, 혼인의 자유와 관련하여 이혼의 자유를 보장하고 있다. 우리나라의 이혼법은 서양에서 발달한 이혼법의 영향을 받아서 제정되었다.

2.2. 서양에서의 이혼법은 어떻게 발달하였는가. 그 흐름은 크게 유책주의에서 파탄주의로 발전하여 왔다. 유책주의는 혼인파탄에 대하여 부부의 일방 또는 쌍방에게 책임이 있는 경우에만 이혼이 가능하다는 원칙이다. 이에 대하여 파탄주의는 혼인파탄에 대한 책임과 관계없이 혼인이 파탄되었다는 객관적인 사실만 있으면 이혼이 허용된다는 원칙이다.

2.3. 우리나라의 이혼제도는 서양의 이혼법이 발전한 경향을 일정 부분 반영하고 있다.

2.3.1. 협의이혼제도에 있어서, '숙려기간'을 도입하였다.[3] 협의이혼을 하려는 부부는 이혼과 자녀양육 문제에 대하여 다시 한번 고려할 수 있는 기회를 주고, 자녀의 양육사항에 대한 협의를 의무화하였다.

2.3.2. 재판상 이혼제도에 있어서, 재판상 이혼원인은 대체로 유책주의를 기조로 하고 있다. 특히 유책배우자의 이혼청구를 엄격하게 배척하는 판례의 태도를 볼 때에 현행법에서 재판상 이혼원인은 기본적으로 유책주의에 입각하고 있으면서 예외적으로 일정한 경우에 한하여 파탄주의가 인정되고 있는 것이라 할 것이다.

2.3.3. 우리 사회의 현실과 법 감정에서는 지금 당장 유책주의를 파탄주의로 하는 것은 기대하기 어렵겠지만, 앞으로 파탄주의가 점차 확산될 가능성은 높을 것으로 전망된다.

---

3) 민법의 일부개정법률 2007.12.21. 공포, 법률 제8720호.

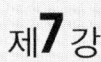

1. 협의상 이혼

[참조조문]

제834조(협의상 이혼) 부부는 협의에 의하여 이혼할 수 있다.

제835조(성년후견과 협의상 이혼) 피성년후견인의 협의상 이혼에 관하여는 제808조 제2항을 준용한다.

제836조(이혼의 성립과 신고방식) ① 협의상 이혼은 가정법원의 확인을 받아 「가족관계의 등록 등에 관한 법률」의 정한 바에 의하여 신고함으로써 그 효력이 생긴다. <개정 1977.12.31, 2007.5.17>

② 전항의 신고는 당사자쌍방과 성년자인 증인 2인의 연서한 서면으로 하여야 한다.

제836조의2(이혼의 절차) ① 협의상 이혼을 하려는 자는 가정법원이 제공하는 이혼에 관한 안내를 받아야 하고, 가정법원은 필요한 경우 당사자에게 상담에 관하여 전문적인 지식과 경험을 갖춘 전문상담인의 상담을 받을 것을 권고할 수 있다.

② 가정법원에 이혼의사의 확인을 신청한 당사자는 제1항의 안내를 받은 날부터 다음 각 호의 기간이 지난 후에 이혼의사의 확인을 받을 수 있다.

1. 양육하여야 할 자(포태 중인 자를 포함한다. 이하 이 조에서 같다)가 있는 경우에는 3개월
2. 제1호에 해당하지 아니하는 경우에는 1개월
③ 가정법원은 폭력으로 인하여 당사자 일방에게 참을 수 없는 고통이 예상되는 등 이혼을 하여야 할 급박한 사정이 있는 경우에는 제2항의 기간을 단축 또는 면제할 수 있다.
④ 양육하여야 할 자가 있는 경우 당사자는 제837조에 따른 자(子)의 양육과 제909조 제4항에 따른 자(子)의 친권자결정에 관한 협의서 또는 제837조 및 제909조 제4항에 따른 가정법원의 심판정본을 제출하여야 한다.
⑤ 가정법원은 당사자가 협의한 양육비부담에 관한 내용을 확인하는 양육비부담조서를 작성하여야 한다. 이 경우 양육비부담조서의 효력에 대하여는「가사소송법」제41조를 준용한다. <신설 2009.5.8>
제838조(사기, 강박으로 인한 이혼의 취소청구권) 사기 또는 강박으로 인하여 이혼의 의사표시를 한 자는 그 취소를 가정법원에 청구할 수 있다. <개정 1990.1.13>
제839조(준용규정) 제823조의 규정은 협의상 이혼에 준용한다.

I. 요건

1. 협의상 이혼

1.1. 실질적 요건

1.1.1. 당사자 사이에 이혼의사의 합치가 있을 것

이혼의사의 합치는 궁극적으로 이혼신고의 방식으로 표시된다. 그렇다면 이혼의사의 합치를 어떻게 해석할 것인가. [제1설]은, 당사자 사이에 혼인관계를 실제로 해소시키려는 의사가 있을 때에 이혼의사의 합치가 있다고 본다(실질적 의사설). 이에 대하여 [제2설]은, 혼인공동체를 해소할 의사는 없어도 오직 이혼신고를 하는 데 합의가 있으면 이혼의사의 합치를 인정하는 것이다(형식적 의사설). 이와 같은 견해의 대립은 가장이혼의 효력에서 중요한 의미를 갖는다. [제1설]에 의하면, 가장이혼은 무효가 되고, [제2설]에 의하면, 가장이혼도 유효하다고 보아야 하기 때문이다. 판례의 동향을 보면, 종전의 판례는 [제1설]에 따라서 가장이혼을 무효하고 판단하였으나,[1] 최근의 판례는 [제2설]에 따라서 가장이혼의 효력을 인정하고 있다.[2] 그 이유는 혼인의사와 달리 이혼의사를 확인하는 절차가 있

---

1) 대판 1961.4.27, 4293민상536; 대판 1967.2.7, 66다2542.

기 때문이다(제836조의2). 이혼의사는 신고서를 작성하는 때뿐만 아니라 신고서가 수리되는 때에도 존재하여야 한다.

1.1.2. 피성년후견인은 부모 또는 성년후견인의 동의를 얻을 것

이혼의사의 합치에는 의사능력이 필요하다. 피성년후견인도 의사능력이 회복된 때에는 부모 또는 성년후견인의 동의를 얻어서 협의이혼을 할 수 있다. 그렇지 않은 때에는 후견감독인의 동의를 받아 이혼할 수 있다(제835조, 제808조 제2항). 판례는 의식불명의 식물상태와 같은 의사무능력 상태에 빠져 금치산선고를 받은 자의 배우자에게 부정행위나 악의의 유기 등과 같이 민법 제840조 각 호가 정한 이혼사유가 존재하고 나아가 금치산자의 이혼의사를 객관적으로 추정할 수 있는 경우에는, 민법 제947조, 제949조에 의하여 금치산자의 요양·감호와 그의 재산 관리를 기본적 임무로 하는 후견인(민법 제940조에 의하여 배우자에서 변경된 후견인 이다)으로서는 의사무능력 상태에 있는 금치산자를 대리하여 그 배우자를 상대로 재판상 이혼을 청구할 수 있다. 다만, 위와 같은 금치산자의 이혼의사를 추정할 수 있는 것은, 당해 이혼사유의 성질과 정도를 중심으로 금치산자 본인의 결혼관 내지 평소 일상생활을 통하여 가족, 친구 등에게 한 이혼에 관련된 의사표현, 금치산자가 의사능력을 상실하기 전까지 혼인생활의 순탄 정도와 부부간의 갈등해소방식, 혼인생활의 기간, 금치산자의 나이·신체·건강상태와 간병의 필요성 및 그 정도, 이혼사유 발생 이후 배우자가 취한 반성적 태도나 가족관계의 유지를 위한 구체적 노력의 유무, 금치산자의 보유 재산에 관한 배우자의 부당한 관리·처분 여하, 자녀들의 이혼에 관한 의견 등의 제반 사정을 종합하여 혼인관계를 해소하는 것이 객관적으로 금치산자의 최선의 이익에 부합한다고 인정되고 금치산자에게 이혼청구권을 행사할 수 있는 기회가 주어지더라도 혼인관계의 해소를 선택하였을 것이라고 볼 수 있는 경우이어야 한다고 하였다.[3]

1.1.3. 이혼에 관한 안내를 받을 것

협의이혼을 신청한 부부는 가정법원이 제공하는 이혼에 관한 안내를 받을 의무가 있다(제836조의2 제1항). 이혼에 관한 안내는 이혼절차, 이혼의 결과(재산분할, 친권, 양육, 양육비, 면접교섭 등), 이혼이 자녀에게 미치는 영향 등 이혼에 관한 전

---

2) 대판 1993.5.11, 93므171; 대판 1996.11.22, 96도2049; 대판 1997.1.24, 95도448.
3) 대판 2010.4.29, 2009므639.

반적 설명을 포함한다. 안내를 받은 부부는 이 날로부터 일정한 기간이 경과한 후(양육하여야 할 자녀가 있는 경우는 3월, 그렇지 않은 경우는 1월)에 법원에서 이혼 의사의 확인을 받을 수 있다. 따라서 안내를 받은 날은 이른바 '이혼숙려기간'의 기산점이 된다.

1.1.4. 안내를 받은 날로부터 일정한 기간(숙려기간)이 경과한 후에 이혼의사의 확인을 받을 것

1.1.4.1. '양육하여야 할 자'가 있는 경우

법원에서 이혼에 관한 전반적인 안내를 받은 부부는 일정한 기간이 경과한 후에 법원으로부터 이혼의사의 확인을 받을 수 있다. 그 기간은 양육하여야 할 자녀가 있는가의 여부에 따라 다르다. 여기에서 '양육하여야 할 자'라 함은 일반적으로 미성년자녀를 의미하는 것이다. 그러나 '미성년의 자'라는 표현 대신 '양육하여야 할 자'라는 용어를 사용한 이유는 미성년의 자 가운데 부모에게 양육하여야 할 의무가 없는 경우가 있을 수 있는 것을 고려한 것이다. '양육하여야 할 자'가 있는 경우에는 안내를 받은 날로부터 3월이 지나야 이혼의사의 확인을 받을 수 있다. '양육하여야 할 자'에는 부부의 친생자, 양자가 모두 포함되는 것은 물론이고, 부부 일방의 자녀이지만 이제까지 부부가 공동으로 양육하여 온 자녀도 포함된다고 하여야 한다. 이 규정은 자녀의 복리를 위하여 신설된 것이다. 따라서 3월의 기간이 경과하여 법원에서 이혼의사확인을 받을 때에는 양육사항에 대한 협의서, 친권자결정에 대한 협의서 등을 반드시 함께 제출하여야 한다(제836조의1 제4항).

1.1.4.2. '양육하여야 할 자'가 없는 경우

양육하여야 할 자녀가 없는 부부는 안내를 받은 날로부터 1월이 경과하면 법원에서 이혼의사의 확인을 받을 수 있다. 이 기간은 이혼 자체에 대하여 재고하는 시간이라고 할 것이다.

1.1.4.3. 숙려기간에 대한 예외의 인정

부부 일방의 폭력 등으로 인하여 혼인의 지속이 다른 일방 배우자에게 참을 수 없는 고통이 된다고 판단되는 경우에는 법원은 재량에 의하여 숙려기간을 단축 또는 면제할 수 있다(제836조의2 제3항).

1.1.5. 양육사항 및 친권자 결정에 관한 협의서 등을 제출할 것

양육하여야 할 자녀가 있는 부부는 이혼의사확인신청과 동시 또는 이혼의사확

인기일까지 자녀의 양육사항(양육자, 양육비용, 면접교섭에 관한 사항; 제837조 제2항) 및 친권자결정에 관한 협의서를 제출하여야 한다(제836조의2 제4항). 당사자가 협의할 수 없는 경우에는 법원에 이에 대한 결정을 청구하여 법원의 결정을 받아 심판정본을 제출하여야 한다. 또한 당사자가 제출한 양육사항 및 친권자결정에 관한 협의서의 내용이 자녀의 복리에 반하는 경우에는 법원은 보정을 명하거나 직권으로 정할 수 있다(제837조 제3항, 제909조 제1항).

[소장 5][4]

(제1호 서식)

협의이혼의사확인 신청서

당사자부:　　　　　홍 길 동　(주민등록번호)
등록기준지:
주　　　소:
처:　　　　　　　　허 ○ 자　(주민등록번호)
등록기준지:
주　　　소:

신청의 취지

위 당사자는 진의에 따라 서로 이혼하기로 합의하였다.
위와 같이 이혼의사가 확인되었다.
라는 확인을 구함

첨부서류

1. 가족관계증명서 1통
2. 이혼신고서 1통
3. 주민등록표등본(*부부의 주소가 다른 경우 각각 1통) 1통
4. 진술요지서(*해외공관에 접수하는 경우) 1통

---

4) 박동섭, 친족상속법[3정판], 박영사, 2009, 864면.

확정기일			담 당 자
1회	200 년 월 일 시		법원주사
2회	200 년 월 일 시		(인)

200 년 월 일

확인서등본 교부	교부일
부 (인)	
처 (인)	

위 신청인 부 000 (인)

처 000 (인)

OO가정법원 귀중

1.2. 형식적 요건

1.2.1. 협의이혼은 혼인과 마찬가지로 신고에 의하여 성립한다(제836조 제1항). 따라서 당사자 간에 이혼의 합의가 있더라도 협의이혼신고서를 제출하여 수리되지 않는 한 혼인은 해소되지 않는다.[5] 이혼신고의 방식은 혼인신고에 준한다. 따라서 등록법에 의하여 당사자 쌍방과 성년자인 증인 2인이 연서하여 서면으로 하여야 한다(제836조 제2항). 다만 이혼신고는 혼인신고와 달리 가정법원의 확인을 받아야 한다. 한편 재외국민의 경우에는 그 거주지를 관할하는 재외공관의 장에게 이혼의사확인을 신청할 수 있다(등록법규칙 제75조).

1.2.2. 그러나 개정민법에 따른 협의이혼의사확인절차의 이행이라는 문제가 있다. 이혼신고는 가정법원의 확인을 받은 날로부터 3월 이내에 확인서의 등본을 첨부하여 등록기준지 또는 주소지 관할 시(구), 읍, 면사무소에서 하여야 한다. 이 기간을 경과한 때에는 가정법원의 확인은 그 효력을 잃는다(등록법규칙 제75조 제2항, 제3항).

---

5) 대판 1983.7.12, 83므11.

1.3. 협의이혼의 무효와 취소

1.3.1. 협의이혼의 무효

1.3.1.1. 민법에는 협의이혼의 무효에 관한 규정이 없고, 가사소송법 제2조 제1항 가류사건 제2호에 이혼무효의 소에 대하여 규정하고 있다. 협의이혼이 무효가 되는 경우는 이혼신고가 수리되었으나 당사자 사이에 이혼의사의 합치가 없는 때이다.[6] 심신상실자가 이혼신고 시에 의사능력을 결여한 경우이다. 특히 가장이혼에 대하여, 판례는 종전에 실질적 의사설에 따라 무효라고 하였으나, 최근에는 형식적 의사설에 따라 형식적인 이혼의사의 합치가 있으므로 무효가 아니라는 입장을 취하고 있다.[7]

1.3.1.2. 이혼무효를 주장하는 방법은, 가사소송법 제22조 내지 제25조에 규정하고 있다. 그것은 혼인무효의 경우와 같다(가사소송법 제21조 제1항).

1.3.1.3. 이혼무효가 판결로 확정되었을 때에는 소를 제기한 자가 판결의 확정일로부터 1월 이내에 판결의 등본 및 확정증명서를 첨부하여 등록부의 정정을 신청하여야 한다(등록법 제107조).

1.3.2. 협의이혼의 취소

1.3.2.1. 배우자나 제3자의 사기 또는 강박에 의하여 이혼의사를 표시한 자는 이혼취소청구의 소를 제기할 수 있다(제838조).[8]

1.3.2.2. 이 취소권은 당사자가 사기를 안 날 또는 강박을 면한 날로부터 3월을 경과하면 소멸한다(제839조에 의하여 제823조의 준용). 사기, 강박에 의한 이혼의 취소는 제3자에게 대항할 수 있고, 제3자의 사기, 강박에 의한 이혼의 경우 상대방 배우자가 선의라 하여도 이혼을 취소할 수 있다(제110조 제2항, 제3항).

1.3.2.3. 이혼을 취소하려면 먼저 가정법원에 조정을 신청하여야 한다(가사소송법 제2조 제1항 나류사건). 조정이 성립되지 않으면 조정신청을 한 때에 소가 제기된 것으로 본다(가사소송법 제49조, 민사조정법 제36조).

1.3.2.4. 이혼취소의 재판이 확정된 경우에는 소를 제기한 자는 재판의 확정일로부터 1월 이내에 재판의 등본 및 확정증명서를 첨부하여 그 취지를 신고하여

---

6) 대판 1994.2.8, 93도2869.
7) 대판 1961.4.27, 4293민상536 등; 대판 1975.8.19, 75도1712 등.
8) 대판 1987.1.20, 86므86.

야 한다(등록법 제78조에 의하여 제58조의 준용). 다만 조정의 성립만으로 확정판결로 볼 수 없다(가사소송법 제59조 제2항 단서).[9]

1.3.2.5. 이혼취소는 소급효가 인정된다. 혼인의 취소와 달리 제839조에서 소급효를 제한하는 제824조를 준용하지 않기 때문이다. 취소판결 전에 다른 일방이 재혼을 하였다면 중혼이 되어 그 후혼은 취소사유가 된다.[10]

1.3.2.6. 피성년후견인이 부모 또는 성년후견인의 동의를 얻지 않고 한 협의이혼에 대하여 취소규정이 없으므로, 이 이혼신고가 수리된 이상 이혼은 계속하여 유효하다 할 것이다.

[사례 7]

남편 Y는 채권자에 의해서 강제집행을 당할 위험성이 많기 때문에 채권자의 집행을 면하기 위해서 재산의 일부에 대하여 재산분할을 하여 아내인 X의 명의로 소유권을 이전하고, 협의이혼신고를 하였다. 그러나 그 이혼은 가장신고였으며, X · Y 모두가 신고당시에는 이혼을 진정으로 할 의사가 없었을 뿐만 아니라 별거도 하지 않았다. 얼마 후 X가 다시 Y에게 혼인신고를 하자고 하니까 Y는 이를 거절하였다. X는 Y에 대하여 이혼무효확인의 소를 제기하였다. 이 경우 X의 청구는 받아들여질 수 있는가?[11]

(대판 1975.8.19, 75도1712; 대판1993.6.11, 93므171)

◀요약▶

대판 1976.9.14, 76도107 등은, "이혼의 효력발생 여부에 관한 형식주의 아래에서의 이혼신고의 법률상 중대성에 비추어, 협의이혼에 있어서의 이혼의사는 법률상의 부부관계를 해소하려는 의사를 말한다 할 것이므로, 일시적으로나마 그 법률상의 부부관계를 해소하려는 당사자 간의 협의하에 협의이혼신고가 된 이상, 그 협의이혼에 다른 목적이 있다 하더라도 양자 간에 이혼의 의사가 없다고는 말할 수 없고, 따라서 그 협의이혼은 무효로 되지 아니한다 할 것이다"라고 판시하였다. 따라서 판례에 따르면, X의 이혼무효확인의 소는 받아들여지지 않는다. 그러나 실질적 의사설에 의하면, 가장이혼의 경우에 이혼신고가 있으면 그 이혼은 일단 유효한 것으로 추정되어야 하지만, 그 추정은 합리적이며 강력한 반증이 있으면 번복될 수 있다고 보아야 한다.[12]

---

9) 대판 1968.2.27, 67므34.
10) 대판 1984.3.27, 84므9; 대판 1994.10.11, 94므932.
11) 김주수/김상용, 전게서, 170면.
12) 김주수/김상용, 전게서, 173면.

> **협의이혼에 관한 설명 중 옳은 것(○)과 옳지 않은 것(×)을 바르게 표시한 것은?**
> **(다툼이 있는 경우에는 판례에 의함)**
>
> ---
> ㄱ. 협의이혼은 가정법원에서 이혼의사를 확인하고 이를 「가족관계의 등록 등에 관
>   한 법률」에 정한 바에 의하여 신고함으로써 그 효력이 발생한다.
> ㄴ. 가정법원은 협의이혼을 하려는 자에게 상담에 관하여 전문적인 지식과 경험을 갖
>   춘 전문상담인의 상담을 받도록 요구하여야 한다.
>
> ---
> ㄹ. 유효하게 작성된 협의이혼 신고서가 수리되기 전에 가족관계등록 공무원에게 협
>   의이혼의사의 철회신고서가 제출되었더라도, 그 후에 위 협의이혼신고서가 수리
>   된 경우 이혼은 유효하다.
> ㅁ. 법원에 의한 협의이혼의사 확인절차에서 협의이혼의사의 확인이 있었다는 것만으
>   로 재판상 이혼사유가 될 수 없으며, 그 의사확인 당시에 더 이상 혼인을 계속할
>   수 없는 중대한 사유가 있었다고 추정될 수도 없다.
>
> ---
> ① ㄱ(○), ㄴ(×), ㄷ(○), ㄹ(○), ㅁ(○)
> ② ㄱ(×), ㄴ(×), ㄷ(○), ㄹ(×), ㅁ(○)
> ③ ㄱ(○), ㄴ(×), ㄷ(○), ㄹ(×), ㅁ(○)
> ④ ㄱ(×), ㄴ(○), ㄷ(×), ㄹ(×), ㅁ(×)
> ⑤ ㄱ(○), ㄴ(○), ㄷ(×), ㄹ(○), ㅁ(○)
>
> [사법시험54]

◀해답▶ ③

1.4. 협의이혼의 예약

1.4.1. 혼인중인 당사자가 장래 협의이혼을 하기로 약정하는 것을 협의이혼의 예약이라고 한다. 이 예약은 가사조정의 조정사항에서 정하는 경우와 조정 외에서 당사자가 계약을 맺는 경우가 있다.

1.4.2. 당사자 사이에 이혼을 하기로 미리 약속을 하였다고 하더라도 그것만으로는 법적인 효력은 없다.[13] 다만 협의이혼을 하기로 약정하고, 이를 전제로 하여 재산분할에 대하여 협의하는 것은 선량한 풍속 기타 사회질서에 반하지 않으

---

13) 대판 1996.4.26, 96므226.

므로(제103조) 유효하다.[14]

1.5. 사실상의 이혼

1.5.1. 의의

형식적으로는 법률혼 상태가 유지되고 있지만, 부부가 이혼에 합의하고 별거하여 부부공동생활의 실체가 존재하지 않는 상태를 사실상의 이혼이라고 한다. 다만 유기에 의한 부부관계의 단절이나 부부간의 분쟁을 냉각시키기 위한 별거는 이에 포함되지 않는다. 오직 형식적으로만 혼인관계가 존속하고 있을 뿐, 당사자 사이에 이혼의 합의가 있고 부부공동생활이 존재하지 않는 사실상의 이혼 상태에 대하여 혼인의 효력에 관한 규정을 그대로 적용하는 것은 문제가 있다고 할 것이다.[15]

1.5.2. 효과

1.5.2.1. 부부 사이의 동거, 부양, 협조의무와 정조의무는 소멸하고,[16] 부부계약취소권[17]과 부부재산제도 소멸한다. 혼인생활비용의 부담문제, 일상가사채무에 대한 연대책임도 없어진다. 그러나 이를 알지 못하는 선의의 제3자에 대하여 대항할 수 없다.

1.5.2.2. 사실상의 이혼 상태에서도 가족관계등록부는 변동 없이 그대로 유지된다. 따라서 등록부에 기초한 혼인관계에는 사실상의 이혼에 의하여 영향을 받지 않는다.

1.5.2.3. 사실상의 이혼 후에 낳은 자는 일단 혼인중의 출생자로 취급된다. 그러나 사실상 이혼 후에 임신한 자는 부의 자로 추정되지 않고, 또 사실상 이혼 후 300일 이후에 낳은 자는 사실상 이혼 후에 임신된 것으로 추정되어야 할 것이다(제844조).[18]

1.5.2.4. 사실상 이혼에 의하여 등록부에 아무런 변화도 생기지 않으므로, 등록부상의 인격에 기초한 인격법적 관계에는 변동이 없다고 할 것이다.

---

14) 대판 2003.8.19, 2001다14061.
15) 서울가심 1965.5.30, 65드00.
16) 대판 1972.1.31, 71도2259; 대판 1977.10.11, 77도2701; 대판 1997.11.11, 97도2245; 대판 2000.7.7, 2000도868.
17) 대판 1979.10.30, 79다1344; 대판 1993.11.26, 93다40072.
18) 대판 1983.7.12, 82므59.

1.5.2.5. 사실상 이혼 중에 당사자 일방이 사망한 경우에는 다른 일방은 배우자로서 상속권을 갖는다.[19] 이것이 판례의 태도이다.

1.5.2.6. 사실상의 이혼상태를 해소하고 혼인상태로 복귀하는 것은 무방하다. 그러나 복귀를 원하지 않는 당사자에게는 사실상의 이혼상태가 이혼사유가 될 수 있다.[20]

---

19) 대판 1969.7.8, 69다427.
20) 서울가심 1965.5.30, 65도00.

2. 재판상 이혼

[참조조문]

제840조(재판상 이혼원인) 부부의 일방은 다음 각 호의 사유가 있는 경우에는 가정법원에 이혼을 청구할 수 있다. <개정 1990.1.13>

1. 배우자에 부정한 행위가 있었을 때
2. 배우자가 악의로 다른 일방을 유기한 때
3. 배우자 또는 그 직계존속으로부터 심히 부당한 대우를 받았을 때
4. 자기의 직계존속이 배우자로부터 심히 부당한 대우를 받았을 때
5. 배우자의 생사가 3년 이상 분명하지 아니한 때
6. 기타 혼인을 계속하기 어려운 중대한 사유가 있을 때

제841조(부정으로 인한 이혼청구권의 소멸) 전조 제1호의 사유는 다른 일방이 사전동의나 사후용서를 한 때 또는 이를 안 날로부터 6월, 그 사유 있은 날로부터 2년을 경과한 때에는 이혼을 청구하지 못한다.

제842조(기타 원인으로 인한 이혼청구권의 소멸) 제840조 제6호의 사유는 다른 일방이 이를 안 날로부터 6월, 그 사유 있은 날로부터 2년을 경과하면 이혼을 청구하지 못한다.

제843조(준용규정) 제806조, 제837조, 제837조의2 및 제839조의2의 규정은 재판상 이혼

의 경우에 준용한다. <개정 1990.1.13>

2. 재판상 이혼

2.1. 서설

2.1.1. 현행 협의이혼제도는 당사자에게 이혼의 자유를 거의 무제한으로 허용하고 있는 것과 대조적으로 재판상 이혼제도는 이혼의 가능성을 상당히 제한하고 있다. 민법 제840조 제1호에서 제5호까지의 이혼원인은 유책주의에 기초하고 있으며, 제6호 사유를 제외하고는 실질적으로 유책주의의 기초에 서 있기 때문이다. 따라서 재판상 이혼원인은 유책주의에 근거하고 있기 때문에 실제로 혼인관계가 완전히 파탄된 경우라 할지라도 당사자의 유책사유가 증명되지 않으면 이혼은 원칙적으로 허용되지 않는다.

2.1.2. 위 제1호 내지 제5호의 사유는 절대적 또는 구체적 이혼원인이라고 할 수 있지만, 제6호의 사유는 상대적 또는 추상적 이혼사유라고 할 수 있다. 따라서 제1호 내지 제5호의 이혼원인이 있으면 모두 혼인을 계속하기 어려운 중대한 사유라고 볼 수 있으므로, 그 가운데 어느 사유에 해당하는 것이 인정되면 이혼청구는 인용되어야 한다.[1]

2.1.3. 이혼청구권을 어떻게 보아야 하는가. 제840조 제1호 내지 제5호의 원인에 대하여 각각 이혼청구권이 성립하는가, 그렇지 않으면 제1호 내지 제6호를 포함하여 한 개의 청구권이 성립하는가.

이에 대하여 판례는 "민법 제840조의 이혼원인은 각각 독립된 이혼청구원인이므로, 법원은 원고가 주장한 이혼원인에 관해서만 판단하여야 하며, 원고가 주장하지 않은 이혼원인에 관하여는 판단을 할 필요가 없고, 그 원인에 의하여 이혼을 명하여서는 안 된다"는 태도이다.[2] 이와 같은 판례의 입장은 제840조가 규정하는 6개의 재판상 이혼원인이 각각 별개의 독립된 이혼사유를 구성한다는 입장

---

1) 이에 대하여 제1호 내지 제5호의 사유는 제6호를 전제로 하는 단순한 예시이므로 제1호 내지 제5호의 이혼사유가 있더라도 현실적 파탄의 유무를 제6호에 의하여 다시 비춰 보아야 한다는 입장이 있다. 이근식, "이혼원인에 있어서의 유책주의와 파탄주의", 사회과학논집, 제1권, 71면.
2) 대판 1963.1.31. 62다812.

이다(소위 독립설). 이에 대하여 제840조 제1호 내지 제5호의 구체적 사유는 '혼인을 계속하기 어려운 중대한 사유'를 예시한 것으로 보아야 한다는 입장이 있다(독립예시설). 여기에서 '예시'라는 의미는, a) 제1호 내지 제5호의 사유의 하나에 해당하는 사실이 있으면 그 자체로 '혼인을 계속하기 어려운 중대한 사유'가 있다고 할 것이고, b) 제1호 내지 제5호에 직접 해당하지 않는 사유라도 '혼인을 계속하기 어려운 중대한 사유'가 있으면 제6호에 규정한 상대적 이혼원인이 있는 것으로 판단할 수 있다는 것이다. 독립예시설에 의하면, 원고가 제6호를 원용하여 이혼을 청구한 경우, 법원은 제1호 내지 제5호에 해당하는 사유가 있는 것을 이유로 이혼을 명할 수 있다고 보아야 한다.[3]

2.2. 이혼원인

2.2.1. 배우자의 부정한 행위(제840조 제1호)

2.2.1.1. '부정한 행위'라 함은 배우자로서의 정조의무를 충실하지 않은 모든 행위를 포함하는 것이다. 간통보다 넓은 개념으로 이해되고 있다.[4]

2.2.1.2. 일반적으로 부정한 행위로 인정할 수 있기 위해서는 외형적으로 혼인의 순결에 반하는 사실이 있고, 내심으로 자유로운 의사에 기초하여야 한다.[5]

2.2.1.3. 부정한 행위는 부의 경우와 처의 경우에 차이가 있을 수 없다. 부정한 행위가 오직 1회뿐이든지 계속적인 것이든지 묻지 않는다.[6]

2.2.1.4. 부정한 행위로서 이혼원인이 되기 위하여는 혼인중의 행위이어야 한다. 따라서 혼인 전의 행위는 설령 약혼단계에서의 교제라고 하더라도 부정한 행위로서 이혼사유에 해당하지 않는다.[7]

2.2.1.5. 부정한 행위를 이유로 하는 이혼청구권은 다른 일방이 사전동의 또는

---

3) 그러나 대판 2000.9.5, 99므1886.은 "원고가 이혼청구를 구하면서 제840조 각 호 소정의 수 개의 사유를 주장하는 경우 법원은 그중 어느 하나를 받아들여 원고의 청구를 인용할 수 있는 것이다. 이와 달리 법원은 각 이혼원인을 판단함에 있어서 원고가 주장하는 이혼원인 중 제1호 내지 제5호 사유의 존부를 먼저 판단하고, 그것이 인정되지 않는 경우에 비로소 제6호의 원인을 최종적으로 판단할 수 있는 것이라는 주장은 독자적인 견해에 불과하여 받아들이지 않는다"고 판시하였다.
4) 긍정하는 입장: 대판 1993.4.9, 92므938; 대판 1992.11.10, 92므68; 대판 1963.3.14, 62마54; 1990.7.24, 89므1115. 부정하는 입장: 대판 1987.5.26, 87므5.
5) 대판 1976.12.14, 76므10.
6) 박병호, 가족법, 116면.
7) 대판 1976.12.14, 76므10.

사후용서를 한 때에는 소멸한다(제841조).

2.2.1.5.1. 사전동의: 배우자의 부정행위에 대하여 사전에 동의한 자는 이혼을 청구하지 못한다. 판례[8]는 "당사자가 더 이상 혼인관계를 지속할 의사가 없고 이혼의사의 명백한 합치가 있는 경우에는 비록 법률적으로는 혼인관계가 존속한다 하더라도 상대방의 간통에 대한 사전 동의라고 할 수 있는 종용에 관한 의사표시가 그 합의 속에 포함되어 있는 것으로 보아야 하고, 이혼의사의 명백한 합의가 있었는지 여부는 반드시 서면에 의한 합의서가 작성된 경우뿐만 아니라, 당사자의 언행 등 여러 가지 사정으로 보아 혼인당사자 쌍방이 더 이상 혼인관계를 유지할 의사 없었던 사정이 인정되고, 어느 일방의 이혼요구에 상대방이 진정으로 응낙하는 언행을 보이는 사정이 인정되는 경우에도 그와 같은 의사의 합치가 있었다고 인정할 수 있다 할 것이다"고 판시하였다. 부부 사이에 이혼의사의 합치가 있고 별거하여 사실상 이혼상태에 있었다면, 이는 부정행위에 대한 사전동의가 있었던 것으로 해석될 수 있다.[9]

2.2.1.5.2. 부정행위에 대한 사후용서: 배우자의 부정행위를 용서한 때에는 이혼청구권이 소멸한다. 여기에서 '용서'라 함은 배우자의 일방이 상대방의 부정행위를 알면서도 혼인관계를 지속시킬 의사로 악감정을 포기하고, 상대방에게 그 행위에 대한 책임을 묻지 않겠다는 뜻을 표시하는 일방행위라고 할 것이다. 이 용서는 부정행위가 완성된 후에 명시적 또는 묵시적으로 자발적인 것이어야 한다. 용서는 이혼이 청구된 후에 하더라도 제2심의 구두변론종결시 이전에 하면 이혼청구권은 소멸된다.

2.2.1.6. 배우자의 부정행위를 이유로 하는 이혼청구권은 다른 일방이 그 사실을 안 날로부터 6월이 경과하면 소멸한다. 부정행위가 있은 날로부터 2년이 경과한 때에는 다른 일방이 부정행위를 알았는지 여부와 관계없이 이혼청구권은 소멸한다(제841조).

2.2.1.6.1. 이혼청구권은 6월의 단기로 소멸하고, 이혼청구권자가 부정한 행위의 사실을 안 날로부터 기산한다.

---

8) 대판 1997.2.25, 95도2819.
9) 대판 2000.7.7, 2000도868. 그러나 대판 1972.1.31, 71도2259; 대판 1977.10.11, 77도2701; 대판 1989.9.12, 89도501 등은 사전동의를 부인한다.

2.2.1.6.2. 이혼청구권은 2년의 경과로 비로소 소멸하는 것이다. 이혼청구권자가 부정한 행위의 사실을 알았는지 여부에 관계없이 2년이 경과하면 소멸한다. 이 기간의 기산점은 부정행위의 사실이 있은 날이다.

2.2.1.6.3. 계속적인 간통행위의 경우에는 어떻게 되는가. 간통이 지속되는 한 부정한 행위를 이유로 하는 이혼청구권은 소멸하지 않는다.[10] 이 경우에는 계속적인 간통행위가 종료한 때부터 기간이 기산된다고 보아야 한다.

2.2.2. 배우자의 악의의 유기(제840조 제2호)

2.2.2.1. '악의의 유기'라 함은 정당한 이유 없이 동거, 부양, 협조의무를 이행하지 않는 것을 말한다.[11] 악의의 유기로 인정되기 위하여는 부부공동생활을 폐지할 의사를 가지고 배우자로서의 의무이행을 거부하여야 한다.[12]

2.2.2.2. 악의의 유기 상태가 이혼청구 시까지 계속되고 있는 한 이혼청구권은 소멸되지 않는다.[13]

2.2.2.3. 유기는 다른 입법례가 몇 년간의 계속을 필요로 하고 있다. 그러나 우리 민법은 이에 대하여 규정하지 않았지만, 상당한 기간의 계속이 없으면 유기라고 인정할 수 없을 것이다.

2.2.3. 배우자 또는 그 직계존속에 의한 심히 부당한 대우(제840조 제3호)

2.2.3.1. 부부의 일방이 배우자 또는 그 직계존속으로부터 육체적, 정신적 학대, 모욕을 받았고,[14] 이러한 상태에서 혼인생활을 계속하는 것이 당사자에게 심한 고통이 되는 경우에는 '부당한 대우'로서 이혼원인이 된다. 판례는 "배우자로부터 심히 부당한 대우를 받았을 때라 함은 혼인관계의 지속을 강요하는 것이 참으로 가혹하다고 여겨질 정도의 폭행이나 학대 또는 중대한 모욕을 받았을 경우를 말한다"고 정의하고 있다.[15] 따라서 어느 정도의 행위가 심히 부당한 대우에 해당하는가의 문제는 사회통념과 당사자 개인의 감정 및 의사를 고려하여 판단하여야 할 것이다.

---

10) 대판 1998.4.10, 96므1434.
11) 대판 1998.4.10, 96므1434.
12) 대판 1986.6.24, 85므6; 대판 1986.8.19, 86므75.
13) 대판 1998.4.10, 96므1434.
14) 대판 1971.7.6, 71므17.
15) 대판 1981.10.13, 80므9; 대판 1986.6.24, 85므6; 대판 1999.11.26, 99므180; 대판 1999.2.12, 97 므612; 대판 2004.2.27, 2003므1890.

2.2.3.2. 판례의 동향을 보면, 배우자에 의한 '심히 부당한 대우'로서, 배우자에 대한 학대와 모욕,[16] 배우자의 결백을 알면서도 간통죄로 고소하고 제3자에게 거짓진술을 부탁한 행위,[17] 지참금을 가져오지 않았다는 이유로 처를 구타한 행위,[18] 부의 직장생활을 심하게 방해한 경우,[19] 처의 부에 대한 폭행과 모욕,[20] 7년간 계속된 처에 대한 욕설과 폭행[21] 등이 있다. 그러나 배우자의 혼인의무위반 사실에 대한 반작용으로 약간의 부당한 행위(예: 구타 등)를 한 경우는 심히 부당한 대우에 해당하지 않는다고 보는 것이 일반적인 판례의 경향이다.[22]

2.2.3.3. 배우자의 직계존속으로부터의 심히 부당한 대우의 정도에 대하여 배우자의 정도 이외에 그 직계존속과 공동생활을 하고 있는가의 여부를 고려하여 판단하여야 할 것이다.

2.2.3.4. 이 이혼사유는 봉건적 가족제도의 유물로서 현대적 사회생활에서 환영할 것은 아니다.[23]

2.2.4. 자기의 직계존속에 대한 배우자의 심히 부당한 대우(제840조 제4호)

2.2.4.1. 직계존속에 대한 심히 부당한 대우로 이혼청구가 인용된 판례가 있다. 이 판례[24]는 "처가 지참금을 많이 가지고 오지 않았다는 이유로 처를 계속 구타, 폭행하였을 뿐 아니라, 이를 나무라는 장인을 한번 밟아 주겠다고 벼르다가 술을 먹고 손전등과 등산용 야전삽을 들고 장인 집에 들어가 잠자고 있던 장인에게 삽을 휘두르며 위협하고, 멱살을 잡아 흔드는 등 행패를 부린 경우"에 이를 인용하였다.

2.2.4.2. 직계존속에 대한 심히 부당한 대우에 해당되지 않는다고 본 판례도 있다. 이 판례[25]는 "처가 오랫동안 수모를 당하면서도 시어머니를 모시고 혼인관

---

16) 대판 1990.11.27, 90므484; 대판 1990.3.27, 89므808.

17) 대판 1990.2.13, 88므504.

18) 대판 1986.5.27, 86므14.

19) 대판 1986.3.25, 85므72.

20) 대판 1985.11.26, 85므51.

21) 대판 1983.10.25, 82므28.

22) '심히 부당한 대우'에 해당되지 않는다고 한 판례로는 대판 1999.11.26, 99므180; 대판 1989.10.13, 89므785; 대판 1986.9.9, 86므68; 대판 1982.11.23, 82므36; 대판 1981.10.13, 80므9 등이 있다.

23) 김주수/김상용, 전게서, 184∼185면. 한편 제3호와 제4호는 제6호에 해당하는 것으로서 이를 삭제하자는 입법의견이 있다. 박병호, 가족법, 116면.

24) 대판 1986.5.27, 86므14.

계의 회복을 위하여 노력해 왔는데, 부는 불륜관계를 계속하며 처에게 욕설과 폭행을 행하고, 시어머니 역시 며느리의 다리를 깨물고 치마를 당기는 상태에서 이를 벗어나려고 시어머니의 머리채를 잡아당긴 행위는 시어머니의 학대와 불법한 폭행을 모면하기 위한 행위라 할 것이므로, 배우자의 직계존속에 대한 심히 부당한 대우라고 볼 수 없다"고 기각하였다.

2.2.4.3. 직계존속에 대한 심히 부당한 대우에 해당하는가의 여부는 그 행위 자체만을 놓고 볼 것이 아니라, 그 행위에 이르게 된 과정과 동기 등을 종합적으로 고려하여 판단하여야 할 것이다.[26]

2.2.5. 배우자의 3년 이상의 생사불명(제840조 제5호)

2.2.5.1. 3년 이상 생사불명인 것과 현재에도 생사불명일 것을 필요로 한다. '생사불명'이라 함은 생존도 사망도 증명할 수 없는 경우를 말한다. 이 기간의 기산점은 남아 있는 배우자가 생사불명된 배우자의 생존을 확인할 수 있는 마지막 날이 된다.

2.2.5.2. 이 경우의 이혼방법은 재판이혼에 의하는 것 이외에 방법이 없다. 이혼판결은 공시송달과 결석재판에 의하여 행하여진다.

2.2.6. 기타 혼인을 계속하기 어려운 중대한 사유(제840조 제6호)

2.2.6.1. 이것은 이른바 상대적, 추상적 이혼원인이다. 따라서 무엇이 이에 해당하는가는 구체적인 경우에 법원이 판단하게 된다. 판례에 의하면, "혼인을 계속하기 어려운 중대한 사유"가 있다고 인정되기 위하여는 혼인관계가 심각하게 파탄되어 혼인공동체의 회복이 불가능할 정도에 이른 사실이 있어야 하고, 이 경우 혼인생활의 계속을 강제하는 것이 당사자 일방에게 참을 수 없는 고통이 되어야 한다.[27] 특히 대법원 판례[28]는, "혼인을 계속하기 어려운 중대한 사유라 함은 혼인의 본질에 상응하는 부부공동생활관계가 회복할 수 없을 정도로 파탄되고, 그 혼인생활의 계속을 강제하는 것이 일방 배우자에게 참을 수 없는 고통이

---

25) 대판 1986.2.11, 85므37.
26) 심히 부당한 대우가 된다는 판례로는 대판 1958.10.16, 4290민상828; 대판 1947.5.6, 4280민상 37 등. 심히 부당한 대우에 해당하지 않는다는 판례로는 대판 1962.10.4, 62나445; 1959.5.7, 4291민상350; 대판 1959.5.7, 4291민상350 등.
27) 대판 2002.3.29, 2002므74; 대판 1991.7.9, 90므1067.
28) 대판 1991.7.9, 90므1067.

되는 경우를 말하며, 이를 판단함에 있어서는 혼인계속의 의사유무, 파탄의 원인에 관한 당사자의 책임유무, 혼인 생활의 기간, 자녀의 유무, 당사자의 연령, 이혼 후의 생활보장 기타 혼인관계의 제반사정을 두루 고려하여야 한다"고 판시하였다.[29)]

2.2.6.1.1. 구체적으로 혼인을 계속하기 어려운 중대한 사유에 해당하는 사례는, 배우자의 범죄(예: 강간, 강제추행 등 파렴치범죄),[30)] 합리적 이유 없는 성관계 거부,[31)] 성적 불능,[32)] 부당한 피임, 성병의 감염, 불치의 정신병(장기간 지속된 회복불가능한 조울증),[33)] 신앙의 차이로 인한 갈등,[34)] 지나친 신앙생활,[35)] 알코올 중독,[36)] 도박,[37)] 장기간 지속된 사실상의 별거,[38)] 혼인 전 부정으로 인한 부부간의 갈등,[39)] 자녀에 대한 학대, 부의 가부장적 태도,[40)] 지나친 계(楔)로 인한 가사소

---

29) 동지; 대판 1999.2.12, 97므612; 대판 1999.11.26, 99므180; 대판 2000.9.5, 99므1886; 대판 2002.3.29, 2002므74; 대판 2005.12.23, 2005므1689; 대판 2010.7.15, 2010므1140은 나아가 이를 판단함에 있어서는 혼인계속의사의 유무, 파탄의 원인에 관한 당사자의 책임 유무, 혼인 생활의 기간, 자녀의 유무, 당사자의 연령, 이혼 후의 생활보장, 기타 혼인관계의 여러 사정을 두루 고려하여야 한다. 그리고 이와 같은 여러 사정을 고려하여 보아 부부의 혼인관계가 돌이킬 수 없을 정도로 파탄되었다고 인정된다면 그 파탄의 원인에 대한 원고의 책임이 피고의 책임보다 더 무겁다고 인정되지 않는 한 이혼청구는 인용되어야 한다고 하였다.; 부산가판 2012.2.8, 2010드단18986(이혼 등)은, 중화인민공화국 국적이었다가 귀화한 甲이 배우자 乙을 상대로 이혼을 청구한 사안에서, 甲과 乙이 서로 대등한 입장에서 상대방의 인품, 성격, 가치관 등을 진심으로 이해하려는 노력을 소홀히 한 채 각자가 중요하다고 생각하는 가치와 방식을 고집하여 왔고, 가정공동체의 유지 및 진로에 대한 진지한 고민도 결여되었고 서로를 믿지 못하는 마음도 매우 컸으며, 甲으로서는 귀화를 하였으면서도 한국인과 한국 사회, 심지어는 乙에게 진정으로 다가가려는 용기가 부족했고, 乙로서도 이러한 甲을 더욱 따뜻한 마음으로 감싸고 도와주려는 자세가 부족했다고 판단된다는 이유로, 甲과 乙의 혼인생활은 더 이상 회복할 수 없을 정도로 파탄되었고 이러한 파탄에 대하여 甲과 乙 모두 책임이 있다고 하여 甲의 청구를 인용하였다.
30) 대판 1974.10.22, 74므1; 대판 1983.11.22, 83므32.
31) 대판 2002.3.29, 2002므74.
32) 대판 1966.1.31, 65므65; 부부 중에 성기능의 장애가 있거나 부부간의 성적인 접촉이 부존재하더라도 부부가 합심하여 전문적인 치료와 조력을 받으면 정상적인 성생활로 돌아갈 가능성이 있는 경우에는 그러한 사정은 일시적이거나 단기간에 그치는 것이므로 그 정도의 성적 결함만으로는 '혼인을 계속하기 어려운 중대한 사유'가 될 수 없으나, 그러한 정도를 넘어서서 정당한 이유 없이 성교를 거부하거나 성적 기능의 불완전으로 정상적인 성생활이 불가능하거나 그 밖의 사정으로 부부 상호 간의 성적 욕구의 정상적인 충족을 저해하는 사실이 존재하고 있다면, 부부간의 성관계는 혼인의 본질적인 요소임을 감안할 때 이는 '혼인을 계속하기 어려운 중대한 사유'가 될 수 있다. 대판 2010.7.15, 선고 2010므1140.
33) 서울지판 1960.7.25, 4293민제555; 제주지판 1963.7.9, 63가합19; 서울가심 1965.3.9, 64드571 등.
34) 대판 1970.2.24, 69므13.
35) 서울가심 1965.7.13, 64드610; 대판 1989.9.12, 89므51; 대판 1996.11.15, 96므851.
36) 서울고판 1987.4.20, 87므559.
37) 대판 1991.11.26, 91므550.
38) 대판 1991.1.11, 90므552; 서울가심 1965.7.13, 65드335.
39) 대구고판 1978.5.19, 77르11.

홀과 채무부담,[41] 낭비[42]나 불성실[43] 또는 지나친 사치 등이 이에 해당할 것이다.

그 밖에 판례는, 법률상 부부인 甲과 乙이 별거하면서 甲이 丙과 사실혼관계를 형성하였고, 그 후 甲과 乙의 별거상태가 약 46년간 지속되어 혼인의 실체가 완전히 해소되고 각자 독립적인 생활관계가 고착화되기에 이르자 甲이 乙을 상대로 이혼을 청구한 사안에서, 甲과 乙의 혼인은 혼인의 본질에 상응하는 부부공동생활 관계가 회복할 수 없을 정도로 파탄되었고, 그 혼인생활의 계속을 강제하는 것이 일방 배우자에게 참을 수 없는 고통이 될 것이며, 혼인제도가 추구하는 목적과 민법의 지도이념인 신의성실의 원칙에 비추어 보더라도 혼인관계의 파탄에 대한 甲의 유책성이 반드시 甲의 이혼청구를 배척하지 않으면 아니 될 정도로 여전히 남아 있다고 단정할 수 없으므로, 甲과 乙의 혼인에는 민법 제840조 제6호에 정한 '혼인을 계속하기 어려운 중대한 사유가 있을 때'라는 이혼원인이 존재한다고 하였다.[44]

2.2.6.1.2. 혼인을 계속하기 어려운 중대한 사유에 해당하지 않는 사례는, 성기능불완전(예: 심인성 음경발기부전증, 무정자증으로 생식이 불능이고 성적 기능이 다소 원활하지 못한 경우),[45] 회복 가능한 정신질환,[46] 가정생활과 양립될 수 있는 신앙생활,[47] 교리에 따라 일요일 오후에 교회에 나가고 제사에 참여하지 않는 경우,[48] 임신 불능,[49] 단순히 부부간에 한 때 이혼하기로 합의한 사실이 있으나 그

---

40) 대판 2000.9.5, 99므1886.
41) 대판 1966.1.31, 65므50.
42) 서울지판 1962.1.16, 4294민제116; 서울가심 1965.2.9, 64드302.
43) 서울가심 1971.8.31, 71드208; 서울가심 1971.8.31, 71드2558.
44) 대판 2010.6.24, 2010므256.
45) 대판 1982.11.23, 82므36; 대한 1993.9.14, 93므621,638; 甲과 乙이 혼인한 이후 7년 이상의 기간 동안 한 차례도 성관계를 갖지 못하고 이러한 이유 등으로 불화를 겪다가 별거생활을 하게 된 사안에서, 정신과 전문의에 대한 감정 등 증거조사를 통하여 甲과 乙에게 어떠한 성적 결함이 있는지 여부, 그러한 결함이 아니더라도 甲과 乙 상호 간에 정상적인 성생활을 갖지 못하게 된 다른 원인이 있는지 여부, 또한 그러한 결함이나 그 밖에 정상적인 성생활을 저해하는 다른 원인 등이 당사자들의 노력에 의하여 용이하게 극복될 수 있는 것인지 등에 관하여 더 심리한 연후에, 甲과 乙의 혼인관계가 과연 회복할 수 없을 정도로 파탄에 이르렀는지, 파탄에 이르렀다면 그 귀책사유가 누구에게 어느 정도 있는지 여부를 가렸어야 한다고 하여, 甲과 乙의 혼인관계가 더 이상 회복할 수 없을 정도로 파탄되었다고 인정하기 어렵다고 본 원심판결을 파기한 사례. 대판 2010.7.15, 선고 2010므1140.
46) 대판 1995.12.22, 95므861; 대판 1993.9.14, 93므621,638.
47) 대판 1981.7.14, 81므26; 서울고판 1990.2.23, 89르3755.
48) 서울가심 1988.10.10, 87드6835.
49) 대판 1991.2.26, 89므365, 367.

밖에 특별한 사유가 없을 때에는 합의하였다는 사실만 가지고 혼인을 계속하기 어려운 중대한 사유에 해당한다고 할 수 없다.[50]

2.2.6.2. "기타 혼인을 계속하기 어려운 중대한 사유"는 다른 일방이 이를 안 날로부터 6월, 그 사유가 있은 날로부터 2년을 경과하면 이혼청구권이 소멸한다(제842조). 그러나 제840조 제6호가 정하는 이혼사유가 존속하는 한, 이혼청구권은 소멸되지 않는다고 하여야 할 것이다.[51]

2.2.7. 유책배우자의 이혼청구권

2.2.7.1. 혼인관계가 회복될 수 없을 정도로 파탄된 경우에 혼인파탄에 주된 책임이 있는 유책배우자가 제840조 제6호를 근거로 하여 이혼청구를 할 수 있는가.

2.2.7.1.1. 파탄주의에 충실한 태도를 취하면 이런 경우에도 이혼청구가 가능하다. 파탄주의는 혼인이 파탄된 경우 그 원인을 묻지 않고 이혼을 허용하는 것이기 때문이다[긍정설][52].

2.2.7.1.2. 그러나 현재의 학설과 판례는 유책배우자의 이혼청구를 원칙적으로 배척하는 입장이다[부정설][53].

2.2.7.2. 유책배우자의 이혼청구는 원칙적으로 인정되지 않는다. 대법원은 유책배우자의 이혼청구에 대하여 엄격히 이를 배척하는 태도를 유지하고 있다.

2.2.7.3. 유책배우자의 이혼청구는 원칙적으로 배척되지만, 상대방에게도 이혼의사가 있다고 인정되는 경우라든가 부부 쌍방에게 혼인파탄의 책임이 있는 경우 등에는 예외적으로 인정된다. 판례는 혼인생활의 파탄에 대하여 주된 책임이 있는 배우자는 원칙적으로 그 파탄을 사유로 하여 이혼을 청구할 수 없고, 다만 상대방도 그 파탄 이후 혼인을 계속할 의사가 없음이 객관적으로 명백한데도 오기나 보복적 감정에서 이혼에 응하지 아니하고 있을 뿐이라는 등 특별한 사정이 있는 경우에 한하여 예외적으로 유책배우자의 이혼청구가 허용되는 것이라고 하였다.[54]

2.2.7.2.1. 상대방에게도 이혼의사가 인정되는 경우: 상대방에게도 이혼의사가

---

50) 대판 1996.4.26, 96므226.
51) 서울고판 1972.9.5, 71르71는 제842조를 적용하였다. 그러나 대판 1987.12.22, 86므90은 제6호의 사유가 계속되는 한 제척기간은 적용되지 않는다고 하였다.
52) 박병호, 가족법, 121면.
53) 박병호, 가족법, 120~121면.
54) 대판 2010.12.9, 2009므844.

있다고 인정되지만, 오직 오기나 반감 등의 이유에서 표면적으로만 이혼을 거부하고 있을 뿐, 실제로는 혼인생활을 계속할 의사가 없다는 사실이 객관적으로 명백히 드러나는 경우에는 유책배우자의 이혼청구라고 하여도 이를 배척할 이유가 없다.[55] 그러나 상대방에게 혼인생활을 계속할 의사가 없음이 객관적으로 명백히 드러난 것으로 볼 수 없다고 한 판례도 있다.[56]

2.2.7.2.2. 부부 쌍방에게 혼인파탄의 책임이 있는 경우: 혼인파탄의 책임이 부부 쌍방에게 있는 경우 혼인파탄에 대한 원고의 책임이 피고의 책임보다 가볍다면 원고의 이혼청구를 인용해도 무방하다.[57] 그리고 쌍방의 책임이 비슷한 경우에도 이혼청구를 인정하여도 될 것이다.[58]

2.2.7.2.3. 다른 원인으로 혼인이 파탄된 후 원고에게 유책행위가 있었던 경우: 이미 다른 사유로 혼인이 파탄된 이후에 일방 배우자가 유책행위를 했다고 하여도, 이를 이유로 이혼청구를 배척하는 것은 타당하지 않다.[59] 부부가 이혼에 합의한 후 별거하다가 부가 다른 여자와 동거하게 된 경우에 부의 유책행위를 이유로 하여 부의 이혼청구를 기각하는 것은 타당하지 않다.[60]

---

55) 대판 1996.6.25, 94므741; 대판 2004.2.27, 2003므1890; 대판 2005.12.23. 2005므1689 등.
56) 대판 1999.10.8, 99므1213; 대판 2010.12.9. 2009므844.
57) 대판 1994.5.27, 94므130.
58) 대판 1986.3.25, 85므85; 대판 1998.7.14, 98므282.
59) 대판 2004.2.27, 2003므1890.
60) 대판 1964.4.28, 63다740; 대판 1987.12.22, 86므90.

[사례 8]

X(夫)와 Y(妻)는 1979년 11월경 결혼식을 올리고, 1980년 3월 7일 혼인신고를 마친 법률상 부부로서 1980년 10월 29일 둘 사이에서 딸이 태어났는데, X는 그 무렵부터 Y에 대하여 싫증을 느끼고 A와 깊은 관계를 맺으면서 가정생활에 소홀해지기 시작하였다. X는 이를 나무라는 Y에 대하여 폭언, 폭행을 하여 불화가 깊어지던 중, 1982년 2월 중순경 군의관으로 입대하였다. 그 후 X는 Y가 찾아올 때마다 여러 사람들 앞에서 폭언으로 모욕하면서 공공연히 이혼을 요구하고 생활비도 거의 주지 않으면서 부대에서 외출할 때에는 Y 대신에 A를 만나는 생활을 계속하였다. 같은 해 5월경 X는 근무지인 논산 연무대 근처에 방을 얻어 A와 동거를 시작하였고, 그곳에 찾아간 Y를 심하게 구타하였다. X는 1983년 4월경에는 Y와 같이 돈을 모아 사들인 아파트를 처분하여 그 대금 중 500만 원을 Y에게 주면서 협의이혼할 것을 요구하였다. 그러나 Y는 협의이혼을 거절하고 X를 상대로 이혼청구를 하는 한편 X와 A를 간통죄로 고소하였다. X는 그제야 그 잘못을 뉘우치고 Y와 혼인생활을 계속하겠다고 하면서 고소를 취소해 줄 것을 요구하였으나, Y는 X를 용서하지 않았으며 끝내 고소를 취소하지 않았다. 그 결과 X는 간통죄로 징역 1년 6월의 형을 선고받아 1984년 6월 1일 가석방으로 출소할 때까지 복역하였으며, 그로 인하여 의사자격까지 박탈되었다. 한편, 위 이혼청구는 X와 Y에 대한 송달이 되지 않아서 재판부에서 Y에 대하여 공시송달로 X의 주소를 보정할 것을 명하였으나, 그 주소가 보정되지 않음으로써 각하되었다. X는 가석방 이후에 Y를 찾아갔으나 Y와 그 가족들은 X를 냉대하여 집안에 들어오지도 못하게 함으로써 X와 Y는 지금까지 별거하고 있다. 이런 상태에서 마침내 X는 Y에 대하여 이혼청구를 하였다. 이 경우 X의 청구는 받아들여질 수 있는가?[61]

(대판 1987.4.14, 86므28)

◀요약▶

Y가 내심으로 남편 X와 혼인을 계속할 의사가 없으면서 오로지 오기나 보복적 감정에서 표면적으로 이혼에 불응하고 있을 뿐이고, 실제에 있어서는 혼인의 계속과는 도저히 양립할 수 없는 행위를 하는 등 이혼의 의사가 객관적으로 명백한 경우에는 비록 혼인의 파탄에 관하여 전적인 책임이 있는 배우자의 이혼청구라도 이를 인용하는 것이 판례의 태도이다.[62]

---

61) 김주수/김상용, 전게서, 190~191면.
62) 김주수/김상용, 전게서, 195면.

X여는 Y남과 사실혼 관계에 있으면서 혼인하기 전에 자 A를 출산하였고, 그 후 X여는 Y
남과 혼인신고를 하였다. 그러나 Y남은 혼인하기 전부터 사귀던 Z여와 계속 만나면서 X여
와 이혼하고 혼인하기로 약속하였다. X여에게는 친정어머니 B와 친정오빠 C가 있다. 그러
나 Y남에게는 아무 친척도 없다. 이를 토대로 하여 다음 각 문항에 답하시오[다음 각 문항
은 독립된 사안임].

(1) X여와 Y남이 혼인함으로써 X여가 혼인 전에 출생한 자 A는 어떠한 지위에 있는가?

(2) Y남은 X여에게 이혼을 요구하였으나 X여가 이에 불응하자 재판상 이혼청구를 하였다.
Y남의 X여에 대한 이혼청구는 받아들여질 수 있는가?

(3) X여는 Y남과 이혼하면서 자 A의 양육권과 친권을 단독으로 행사하기로 하였다. 그 후
X여는 Y남이 Z여와 재혼하여 행복하게 사는 것을 비관하여 자살하였다. 이 경우 자 A의
양육권과 친권은 누가 행사할 수 있는가?

(4) X여의 사망으로 인하여 X여의 재산인 6억 9,000만원과 채무 7억 원은 누가 어떻게
상속을 받게 되는가?

[부산대10]

[문항]

| 유책배우자의 이혼청구 | [사법시험37] |

[문항]

| 재판상 이혼원인 | [부산대12] |

2.3. 재판상 이혼의 절차

2.3.1. 조정에 의한 이혼

가사소송법은 재판상 이혼에서도 조정전치주의를 취하고 있다. 따라서 이혼을
하려고 하는 자는 먼저 가정법원에 조정을 신청하여야 한다(가사소송법 제2조 제1
항 나류사건). 조정을 신청한 자는 조정성립의 날로부터 1월 이내에 이혼신고를 하
여야 한다(등록법 제78조에 의하여 제58조의 준용). 이것은 보고적 신고이다.

[소장 6]

이 혼 조 정 신 청

신 청 인   홍 길 동 (전화   )
                      주민등록번호   –
                      주소
                      등록기준지

피신청인   김 이 자
                      주민등록번호   –
                      주소
                      등록기준지

신 청 취 지

신청인과 피신청인은 이혼한다.
라는 조정을 구합니다.

신 청 원 인

조정신청을 하게 된 구체적 사항을 기재하십시오.

첨 부 서 류

1. 혼인관계증명서   1통
2. 주민등록등본   1통

                    20   .   .   .
                청구인   홍 길 동 (인)

○○가정법원(○○ 지방법원) 귀중

☞ 유의사항
    청구서에는 수입인지 5,000원을 붙여야 합니다.
    송달료는 당사자수×3,190원(우편료)×5회분을 송달료취급은행에 납부하고 영수증 첨
    부하여야 합니다.
    관할법원은 당사자가 합의로 특정한 가정법원을 정하여 조정신청을 할 수 있습니다.

2.3.2. 재판에 의한 이혼

2.3.2.1. 조정신청에 의하여 조정절차가 개시된 경우에, 1) 조정을 하지 않기로 하는 결정이 있거나(민사조정법 제26조, 제40조 제2호), 조정이 성립하지 않은 경우, 2) 조정에 갈음하는 결정(가사소송법 제49조, 민사조정법 제32조, 제40조)에 대하여 이의신청기간(2주일) 내에 이의신청이 있으면 사건은 이혼소송으로 이행된다(가사소송법 제49조, 민사조정법 제36조 제1항).[63]

2.3.2.2. 소의 상대방(피고)은 다른 일방의 배우자이다.

2.3.2.3. 당사자가 제한능력자인 경우에 재판상 이혼청구를 할 수 있는가. 미성년자는 혼인에 의하여 행위능력을 가지게 되고(제826조의2), 피한정후견인은 가족법적 행위에 있어서 완전한 행위능력을 가지므로, 단독으로 이혼청구를 할 수 있다. 그러나 피성년후견인은 단독으로 소를 제기하지 못하고 법정대리인(부모 또는 성년후견인)이 대리하여야 한다(민사소송법 제56조).

2.3.2.4. 이 판결은 선고로 그 효력이 생긴다(가사소송법 제12조, 민사소송법 제205조). 이혼판결이 확정되면 혼인은 해소된다. 그 효력은 제3자에게도 미친다(가사소송법 제21조 제1항).

2.3.2.5. 소를 제기한 자는 판결이 확정된 날로부터 1월 이내에 재판의 등본과 그 확정증명서를 첨부하여 이혼신고를 하여야 한다(등록법 제78조, 제58조). 이것은 보고적 신고이다.

[소장 7][64]

소 장		
원 고 성춘향(成春香)	(1900. 00. 00.생) (주민등록번호: 720111-2047123)	
등록기준지	대구시 중앙동 123	
주소	서울 강남구 신사동 321	
소송대리인	변호사 ○○○	
피 고 이몽룡(李夢龍)	(1900. 00. 00.생) (주민등록번호: 700721-1332234)	
등록기준지	대구시 중앙동 123	

---

63) 대판 1969.8.19, 69므18.
64) 박동섭, 전게서, 861~863면.

주소　　　　　　　　대전시 중구 은행동 143

사건본인 이OO(1999. 5. 15.생)

　　　　　 이OO(2001. 6. 14.생)

청구취지

1. 원고와 피고는 이혼한다.
2. 피고는 원고에게
   가. 위자료로 돈 5,000만 원 및 이에 대한 소장 송달 다음 날부터 완제일까지 연
   　　20%의 비율에 의한 돈을 지급하고,
   나. 재산분할로 돈 1억 원을 지급하라.
3. 사건본인들에 대한 친권행사자와 양육자를 원고로 지정한다.
4. 피고는 원고에게 사건본인들의 양육비로 2000. 00. 00.부터 2019. 5. 14.까지는 월 금
   600,000원씩, 2019. 5. 15.부터 2021. 6. 13.까지는 월 금 300,000원씩을 매월 말
   일에 지급하라.
5. 소송비용은 피고가 부담하여야 한다.
6. 위 2항 가.부분은 가집행할 수 있다.
는 판결을 바랍니다.

청구원인

1. 원고와 피고는 1995. 1. 2. 결혼식을 올리고 동거하다가 그해 2. 1. 혼인신고를 마친
   법률상의 부부이고, 그들 사이에 1999. 5. 15. 아들 사건본인 이OO을, 2001. 6. 14.
   딸인 사건본인 이OO을 출산하였습니다.
2. 이혼원인
   가. 피고는 1997. 6. 10.경부터 소외 김요우라는 여자와 정교관계를 맺고 소외인과
   　　서울 강북구 OO동 123에서 살면서 원고에게 돌아오지 않고 있습니다.
   나. 피고는 가끔 집에 돌아오면, 원고와 말다툼이 벌어져서 원고를 때리고 아이까지 구
   　　타하여 도저히 이런 상태에서는 가정생활을 계속할 수 없게 되었습니다.
   다. 피고의 이런 행위는 민법 제840조 제1호의 부정행위에 해당하고, 또 동조 제6호
   　　의 혼인을 계속하기 어려운 중대한 사유에도 해당합니다. 따라서 원고는 피고를
   　　상대로 이혼을 청구하고, 원. 피고 사이의 아들 사건본인 이OO의 친권행사자와 양
   　　육자를 원고로 지정하여 줄 것을 바랍니다.
3. 위자료
   원. 피고 사이의 혼인은 피고의 위와 같은 부정행위로 인하여 파탄되었고, 원고는 이로
   인하여 커다란 정신적 고통을 입었습니다. 원고의 위 고통을 위자하기 위하여 피고는
   적어도 돈 5,000만 원을 원고에게 지급하여야 합니다.

4. 재산분할

　　피고는 결혼 후 별지목록 기재의 부동산을 취득하고, 피고가 경영하던 회사의 모든 주식을 소유하고 있는바, 이것은 원고가 결혼한 이래 ○○년간 피고의 일을 도와주고 또 아르바이트를 하여 가계를 유지하면서 협력하여 온 때문에 형성된 것이고, 동 재산의 취득, 유지에는 어느 것이나 원고가 기여한 바의 공헌이 컸습니다.

　　위 재산의 시가는 합계 약 2억 원 이상이고, 이러한 사정을 종합, 고려하면 피고는 원고에게 재산분할로 금 1억 원을 지급하여야 합니다.

이에 원고는 피고를 상대로 이 소장을 제출합니다.

첨부서류

갑제1호증: 혼인관계증명서 1통

갑제2호증: 주민등록등본 2통

2000. 0. 00.

원고의 소송대리인 변호사　○○○

○○가정(지방)법원　귀중

부동산목록

(1) 서울 강남구 삼성동 123 건물(*등기부상 기재와 일치되도록 자세히 기재할 것)

(2) 같은 곳

　　대지 ○○평방미터

Ⅱ. 효과

[참조조문]

제837조(이혼과 자의 양육책임) ① 당사자는 그 자의 양육에 관한 사항을 협의에 의하여 정한다. <개정 1990.1.13>

② 제1항의 협의는 다음의 사항을 포함하여야 한다. <개정 2007.12.21>

  1. 양육자의 결정

  2. 양육비용의 부담

  3. 면접교섭권의 행사 여부 및 그 방법

③ 제1항에 따른 협의가 자(子)의 복리에 반하는 경우에는 가정법원은 보정을 명하거나 직권으로 그 자(子)의 의사(意思)·연령과 부모의 재산상황, 그 밖의 사정을 참작하여 양육에 필요한 사항을 정한다. <개정 2007.12.21>

④ 양육에 관한 사항의 협의가 이루어지지 아니하거나 협의할 수 없는 때에는 가정법원은 직권으로 또는 당사자의 청구에 따라 이에 관하여 결정한다. 이 경우 가정법원은 제3항의 사정을 참작하여야 한다. <신설 2007.12.21>

⑤ 가정법원은 자(子)의 복리를 위하여 필요하다고 인정하는 경우에는 부·모·자(子) 및 검사의 청구 또는 직권으로 자(子)의 양육에 관한 사항을 변경하거나 다른 적당한 처분을 할 수 있다. <신설 2007.12.21>

⑥ 제3항부터 제5항까지의 규정은 양육에 관한 사항 외에는 부모의 권리의무에 변경을 가져오지 아니한다. <신설 2007.12.21>

제837조의2(면접교섭권) ① 자(子)를 직접 양육하지 아니하는 부모의 일방과 자(子)는 상호 면접교섭할 수 있는 권리를 가진다. <개정 2007.12.21>

② 가정법원은 자의 복리를 위하여 필요한 때에는 당사자의 청구 또는 직권에 의하여 면접교섭을 제한하거나 배제할 수 있다. <개정 2005.3.31>

제843조(준용규정) 제806조, 제837조, 제837조의2 및 제839조의2의 규정은 재판상 이혼의 경우에 준용한다. <개정 1990.1.13.>

제839조의2(재산분할청구권) ① 협의상 이혼한 자의 일방은 다른 일방에 대하여 재산분할을 청구할 수 있다.

② 제1항의 재산분할에 관하여 협의가 되지 아니하거나 협의할 수 없는 때에는 가정법원은 당사자의 청구에 의하여 당사자 쌍방의 협력으로 이룩한 재산의 액수 기타 사정을 참작하여 분할의 액수와 방법을 정한다.

③ 제1항의 재산분할청구권은 이혼한 날부터 2년을 경과한 때에는 소멸한다.

제839조의3(재산분할청구권 보전을 위한 사해행위취소권) ① 부부의 일방이 다른 일방의 재산분할청구권 행사를 해함을 알면서도 재산권을 목적으로 하는 법률행위를 한 때에는 다른 일방은 제406조 제1항을 준용하여 그 취소 및 원상회복을 가정법원에 청구할 수 있다.

② 제1항의 소는 제406조 제2항의 기간 내에 제기하여야 한다.

Ⅱ. 효과

1. 인격법적 효과

1.1. 이혼에 의하여 부부관계는 소멸한다. 따라서 부부 사이의 정조의무, 동거, 부양, 협조의 의무, 부부재산관계 등 혼인에 의하여 부부 사이에 생긴 모든 인격법적 권리의무는 소멸한다.

1.2. 이혼사실은 당사자의 가족관계등록부에 기록되지만, 가족관계증명서에는 오직 현재 배우자가 없는 것으로 표시될 뿐 이혼사실은 나타나지 않는다. 그러나 당사자의 혼인관계증명서에는 이혼과 전배우자의 이름이 기재된다.

1.3. 재혼이 가능하게 된다. 그러나 이혼에 의하여 인척관계가 소멸한 6촌 이내의 혈족의 배우자, 배우자의 6촌 이내의 혈족 및 배우자의 4촌 이내의 혈족의 배우자와는 재혼하지 못한다(제809조 제2항).

2. 자녀에 대한 효과

2.1. 자녀의 양육문제

2.1.1. 부모의 이혼으로 이제까지의 부모와 자녀의 공동생활은 더 이상 유지될 수 없으므로, 자녀의 복리에 직접 관계를 가지는 자녀의 양육을 어떻게 할 것인가는 매우 중요한 문제이다.[1]

2.1.1.1. 이혼을 하려는 부부는 미성년 자녀의 양육에 관한 사항을 먼저 협의에 의하여 정할 수 있다(제837조 제1항). 부모가 협의에 의하여 정하여야 할 사항은, a) 양육자의 결정, b) 양육비, c) 면접교섭의 행사 여부 및 그 방법 등이다(제837조 제2항). 이러한 사항에 대한 협의내용은 서면으로 작성하여 법원에 제출하여야 한다(제836조의2 제4항).

2.1.1.2. 자녀의 양육사항에 대한 부모의 협의가 자녀의 복리에 반한다고 판단되는 경우에는 법원은 부모에게 협의사항에 대한 보정을 명할 수 있다(제837조 제3항). 법원은 직권으로 자녀의 양육에 관한 사항을 정할 수 있고, 자녀의 정확한 의사를 알기 위하여 자녀의 의견을 들을 수 있다(가사소송규칙 제18조의2, 제100조).

2.1.1.3. 부모가 협의하여 양육에 관한 사항을 정할 수 없는 경우에는 어떻게 해결할 것인가.

2.1.1.3.1. 협의이혼의 경우: 부부가 협의이혼을 하려고 하는데 양육사항에 관하여 협의가 되지 않은 때에는 이혼의사의 확인 전에 먼저 법원에 양육에 관한 심판을 청구하여 이에 관한 결정을 받아야 한다. 그러나 당사자가 양육사항에 관한 협의서나 법원의 심판정본을 제출하지 않은 경우에 법원이 이혼의사의 확인 절차에서 직권으로 양육에 관한 사항을 결정할 수 있는가. 제837조 제4항의 법문만을 볼 때에는 법원이 직권으로 양육에 관한 사항을 정할 수 있다고 풀이하는 것이 가능한 것으로 보인다. 그러나 제837조 제4항에 의하여 법원이 "직권으로" 양육에 관한 사항을 결정할 수 있는 경우는 재판상 이혼을 하는 때에 한정된다고 보아야 할 것이다.[2]

---

1) 김상용, "이혼 후의 양육자 및 친권자 결정에 있어서의 민법이 갖는 몇 가지 문제점", 사법행정, 1966.8, 12면 이하.
2) 김주수/김상용, 전게서, 201면.

2.1.1.3.2. 재판상 이혼의 경우: 재판상 이혼의 경우에도 먼저 당사자가 협의하여 양육에 관한 사항을 정한다. 당사자가 협의하여 정할 수 없는 때에는 가정법원이 당사자의 청구 또는 직권에 의하여 양육에 관한 사항을 정하게 된다(제837조 제4항). 법원이 양육에 관한 사항을 정할 때에는 자녀의 의사 등 자녀의 복리에 관계되는 사항을 종합적으로 고려하여야 한다(제837조 제3항).

2.1.1.4. 자녀의 양육자와 관련하여, 부모 가운데 일방을 양육자로 정하는 것이 보통이지만, 부모가 공동양육을 원하고 그에 따르는 능력이 뒷받침된다면 공동양육도 이론상 가능하다(공동감호; joint custody). 그러나 형제자매를 부모가 나누어서 양육하는 것은 일반적으로 자녀복리에서 볼 때에 바람직하지 않다.3)

2.1.2. 자녀의 양육에 관한 사항은 부모의 협의나 법원의 심판에 의하여 정하여진 경우에도 자녀의 복리를 위하여 필요하다고 인정되는 때에는 언제든지 변경될 수 있다(제837조 제5항).4)

2.1.3. 양육은 자녀에 대한 사실상의 양육, 교육, 양육과 교육을 위한 거소지정, 징계, 부당하게 자를 억류하는 자에 대한 인도청구권, 방해배제청구권 등을 포함한다.5) 그러나 양육에 필요한 비용의 부담은 양육권의 개념에 포함되지 않으므로, 자녀를 양육하지 않는 부모는 자녀의 양육비를 지급할 의무가 있다.6) 다만 판례는 양육비청구권을 양육친이 비양육친에 대하여 갖는 권리로 보고, 당사자의 협의나 법원의 심판에 의하여 구체적인 청구권의 내용과 범위가 확정된 경우, 이행기에 도달한 양육비채권은 완전한 재산권으로서 권리자의 의사에 따라 포기, 양도 또는 상계의 자동채권으로 하는 것이 가능하다는 입장을 취하고 있다.7) 그러나 양육비청구권은 자녀가 자신을 직접 양육하지 않는 부모에 대하여 갖는 부양청구권에서 비롯되는 것이며, 그 본질은 자녀의 부모에 대한 부양청구권이라고 볼 것이다.8) 양육자가 제3자인 경우에는 부모 쌍방에 대하여 양육비를 청구할 수 있다.

2.1.4. 부모의 일방이 양육자로 정해진 경우 양육에 관한 권리는 그 일방이 행

---

3) 서울고판 1994.6.7, 93르1022,1039.
4) 대판 1985.2.26, 84므86.
5) 대판 1985.2.26, 84므86.
6) 대판 1986.6.10, 86므46.
7) 대판 2006.7.4, 2006므751. 이 판결의 연구는, 김형석, "양육비청구권을 자동채권으로 하는 상계", 가족법연구, 제21권 제3호, 2007.11, 237면 이하.
8) 김주수/김상용, 전게서, 206면.

사하게 되지만, 다른 일방이 부모로서 가지는 그 밖의 권리의무는 그대로 유지된다(제837조 제6항).

2.1.5. 민법은 이혼 후 양육에 관한 사항의 결정과 친권자 결정을 분리하여 각각 다른 조문에서 규정하고 있다. 이것은 현행법이 이혼 후 부모와 자녀의 관계를 정함에 있어서 친권과 양육권이 분리되어 각각 다른 부모의 일방에게 속할 수 있다는 것을 나타낸 것이다.

2.1.6. 가정법원이 양육자를 정하는 경우에는 부모의 양육적합성, 자녀의 의사, 자녀와의 유대관계, 양육의 계속성 등을 종합적으로 고려하여야 한다. 여기에서 '계속성의 원칙'은 하나의 부수적인 기준으로서 부부 쌍방이 다른 부분에서 비슷한 조건을 갖추고 있는 경우에 한하여 중요한 판단기준이 되어야 한다. 판례의 동향을 보면, 계속성의 원칙에 근거하여 양육자를 지정하는 경향이 있다.[9]

[소장 8]

양육자 지정 및 양육비 청구	
청구인	김 말 동 (金 末 童)
	주민등록번호 ―
	주소
	등록기준지
상대방	이 춘 향(李 春 香)
	주민등록번호 ―
	주소
	등록기준지
사건본인	김 도 령(金 道 領)
	주민등록번호 ―
	주소
	등록기준지

---

9) 서울고판 1994.6.7, 934르1022.

청 구 취 지

1. 사건본인의 양육자로 청구인을 지정한다.
2. 상대방은 사건본인의 양육비로 19○○년 ○월부터 19○○년 ○월 ○일까지 매월 금 500,000원의 돈을 지급하라.
3. 소송비용은 상대방의 부담으로 한다.
4. 제2항은 가집행할 수 있다.
라는 판결을 구합니다.

청 구 이 유

양육자지정 및 양육비 청구를 지정하는 사유를 자세히 기재하십시오.

첨 부 서 류

1. 가족관계증명서(청구인, 상대방, 사건본인) 각   1통
1. 주민등록등본(상대방)   1통
1. 확인서, 재직증명, 등기부등본 등

20   .   .   .

위   청구인   김 말 동   (인)

○○가정법원(○○ 지방법원) 귀중

☞ 유의사항
　　청구서에는 수입인지 10,000원을 붙여야 합니다.
　　송달료는 당사자수×3,190원(우편료)×12회분을 송달료취급은행에 납부하고 영수증을 첨부하여야 합니다.
　　관할법원은 상대방의 주소지 가정법원입니다.

2.2. 자의 친권자 결정

2.2.1. 협의이혼의 경우

2.2.1.1. 부모의 협의로 친권자를 정하지 못한 경우에는 가정법원이 "직권으로 또는 당사자의 청구에 따라" 친권자를 지정하도록 하고 있다(제909조 제4항). 그

러나 협의이혼을 하려는 당사자는 이혼의사 확인 시까지 친권자결정에 관한 협의서 또는 가정법원의 심판정본을 제출하여야 하므로, 가정법원이 "직권으로" 개입하여 친권자를 결정할 필요가 없다.

2.2.1.2. 부모의 협의로 친권자를 정할 경우 단독친권으로 하든 공동친권으로 하든 자유로이 결정할 수 있다고 보아야 할 것이다.

2.2.2. 재판상 이혼의 경우

2.2.2.1. 가정법원은 직권으로 친권자를 정한다(제909조 제5항). 친권자와 양육자를 각각 달리할 수 있다.

2.2.2.2. 가정법원은 자의 4촌 이내의 친족의 청구에 의하여 친권자를 다른 일방으로 변경할 수 있다(제909조 제6항).

2.2.3. 부모가 이혼하는 경우에 부모 중 누구를 미성년인 자의 친권을 행사할 자 및 양육자로 지정할 것인가를 정함에 있어서 고려하여야 할 요소

자의 양육을 포함한 친권은 부모의 권리이자 의무로서 미성년인 자의 복지에 직접적인 영향을 미치므로 부모가 이혼하는 경우에 부모 중 누구를 미성년인 자의 친권을 행사할 자 및 양육자로 지정할 것인가를 정함에 있어서는, 미성년인 자의 성별과 연령, 그에 대한 부모의 애정과 양육의사의 유무는 물론, 양육에 필요한 경제적 능력의 유무, 부 또는 모와 미성년인 자 사이의 친밀도, 미성년인 자의 의사 등의 모든 요소를 종합적으로 고려하여 미성년인 자의 성장과 복지에 가장 도움이 되고 적합한 방향으로 판단하여야 한다는 것이 판례의 태도이다.[10]

2.3. 면접교섭권

2.3.1. 의의와 입법취지

2.3.1.1. 입법취지

면접교섭권은 이혼 후에도 자녀와 부모(자녀를 양육하지 않는 부모의 일방)의 관계가 계속 유지될 수 있도록 뒷받침하는 제도로서 궁극적으로 자녀의 정서안정과 원만한 인격발달을 통한 복리실현을 목적으로 한다.

2.3.1.2. 면접교섭권은 "자를 직접 양육하지 아니하는 부모의 일방과 자는 상

---

10) 대판 2010.5.13, 선고 2009므1458, 1465.

호 면접교섭할 수 있는 권리를 가진다"고 규정을 개정하므로(제837조의2 제1항), 자녀를 면접교섭권의 주체로 하였다.

2.3.2. 면접교섭권의 성질

2.3.2.1. 면접교섭에 있어서 자녀의 복리가 강조되면서 면접교섭권을 자녀의 권리로 파악하려는 경향이다. 따라서 자녀는 이제 부모가 갖는 면접교섭권의 단순한 객체에 머물지 않고 스스로 권리의 주체로 떠올랐다.

2.3.2.2. 면접교섭권이 부모와 자녀 모두의 권리라고 하여도 부모의 이익과 자녀의 복리가 충돌하는 경우에는 친자법의 일반원칙에 따라 자녀의 복리가 우선하게 될 것이다. 그러나 면접교섭권이라는 권리의 구체적 실현방식은 여전히 문제로 남아 있다.

2.3.2.3. 면접교섭권을 자녀의 권리로 규정하였다고 하여도 자녀와 부모 이외의 제3자 사이에 면접교섭이 허용될 수 없는 것은 그대로이다. 이는 면접교섭권이 부모와 자녀 사이에서만 인정될 수 있는 권리라는 한계에서 벗어나지 못하고 있기 때문이다.

2.3.3. 면접교섭의 결정방식

2.3.3.1. 협의이혼을 하는 경우

당사자가 면접교섭권의 행사 여부 및 그 방법에 대하여 협의를 하여 이혼의사 확인 시까지 협의서를 가정법원에 제출하여야 한다(제836조의2 제4항, 제837조 제2항). 자녀를 양육하지 않게 될 부모의 일방(비양육친)과 자녀가 면접교섭권을 행사하지 않겠다는 의사를 표시하여, 그와 같은 내용으로 협의가 이루어진 경우에는 협의서에 면접교섭권을 행사하지 않는다는 취지를 기재하여야 할 것이다. 협의이혼을 하려는 부부가 면접교섭의 행사여부 및 그 방법에 대하여 협의를 하지 못한 때에는 가정법원에 청구하여 심판을 받은 다음 이혼의사 확인 시까지 법원에 그 심판정본을 제출하여야 한다(제836조의2 제4항).

2.3.3.2. 재판상 이혼의 경우

우선 당사자가 협의하여 면접교섭권의 행사 여부 및 그 방법을 정하고 협의된 내용이 자녀의 복리에 반하는 경우에 가정법원이 보정을 명하거나 직권으로 정할 수 있는 것은 협의이혼의 경우와 같다(제837조 제3항). 그러나 재판상 이혼의 경우에는 당사자가 면접교섭에 대하여 협의를 하지 못한 때에는 당사자의 청구가 없어도 가정법원이 직권으로 이에 관하여 결정할 수 있는 것이다(제837조 제4항). 면접교섭권에 대하여 법원의 결정과정에서 고려되어야 할 가장 중요한 기준은 자녀의 복리이다.

2.3.4. 면접교섭권의 구체적 실현형태

2.3.4.1. 당사자가 협의에 의하여 면접교섭권의 구체적 실행방법과 범위에 대하여 정하지 못한 경우에는 가정법원이 당사자의 청구 또는 직권에 의하여 이를 정한다. 이때 법원의 결정은 여러 가지 요소들 – 자녀의 연령, 자녀의 부모에 대한 관계, 이혼한 부모 상호 간의 관계, 자녀의 의사와 희망 및 그 밖의 외적인 요소 – 에 따라 매우 다양한 내용을 포함하게 될 것이다. 그러나 법원의 처분은 필요 이상으로 친권 및 양육권을 침해하는 것이 되어서는 안 된다.

2.3.4.2. 면접교섭권의 결정에 있어서 또 하나의 원칙은 부모 사이의 갈등이 심할수록 면접교섭의 구체적 실행에 관한 결정은 자세하고 명확하여야 한다는 것이다. 따라서 a) 면접교섭의 횟수와 지속시간, b) 면접교섭의 장소, c) 자녀를 데려오고 데려다 주는 문제, d) 면접교섭 시 양육자 또는 제3자의 참여 및 감독, e) 편지, 전화 또는 선물을 통한 면접교섭의 방법, f) 자녀의 신상에 대한 정보청구 등이 그것이다.

2.3.5. 면접교섭권의 제한과 배제

2.3.5.1. 기본원칙

면접교섭권에 대하여 민법 제837조의2 제2항에 따라, 가정법원은 자의 복리를 위하여 필요한 때에는 당사자의 청구 또는 직권에 의하여 면접교섭을 제한하거나 배제할 수 있다. 면접교섭의 제한 또는 배제를 결정하는 중요한 기준은 자녀의 복리이다. 자녀의 복리에 부합하는 판단을 내리기 위하여는, a) 자녀가 현재 가지고 있는 주관적 의사(단기적, 주관적 복리의 관점)와 b) 장기적으로 볼 때에 자녀를 위하여 객관적으로 필요하다고 생각되는 비양육친과의 관계지속(장기적, 객관적 복리의 관점)이라는 두 가지 요소가 균형 있게 고려되어야 한다.

[소장 9]

면접교섭허가 심판청구

청 구 인   성 명 :   (전화   )
              주민등록번호 :
              주 소 :
              등록기준지 :

상 대 방   성 명 :   (전화   )
              주 소 :
              등록기준지 :

사건본인   성 명 :   (전화   )
              주 소 :
              등록기준지 :

청 구 취 지

1. 청구인은 매월 째주   요일   :00부터   그다음 날   :00까지 청구인이 원하는 장소에서 사건본인들을 만나 함께 지낼 수 있다.
2. 상대방은 청구인과 사건본인들의 면접이 원만히 이루어지도록 협조하여야 하고 이를 방해해서는 아니 된다.
3. 심판비용은 상대방의 부담으로 한다.
라는 심판을 구합니다.

청 구 원 인

아이의 복리를 위하여 면접교섭이 허가되어야 하는 사유를 자세히 기재하십시오.

첨 부 서 류

1. 가족관계증명서(청구인)   1통
1. 주민등록등본(청구인)   1통

20   .   .   .

청구인   (인)

○○가정법원(○○ 지방법원)   귀중

2.3.5.2. 구체적 사례

여기에서 면접교섭이 배제될 수 있는 대표적인 사례를 보면, 1) 자녀가 면접교섭을 거부하는 경우, 2) 면접교섭권자의 자녀학대, 3) 자녀에 대하여 의도적으로 부당한 영향을 미치는 경우, 4) 면접교섭권자의 질병,[11] 5) 장기간의 관계단절,[12] 6) 기타 면접교섭의 배제가 가능한 경우[13]를 들 수 있다.

2.3.6. 면접교섭권의 이행확보문제

2.3.6.1. 이에 대하여 민법에는 규정이 없고, 가사소송법에 규정을 하고 있다. 가사소송법 제64조는, "판결, 심판, 조정조서 또는 조정에 갈음하는 결정에 의하여 금전의 지급 등 재산상의 의무, 유아의 인도의무 또는 자와의 면접교섭허용의무를 이행하여야 할 자가 정당한 이유 없이 그 의무를 이행하지 아니한 때에는" 가정법원은 당사자의 신청에 의하여 일정한 기간 내에 그 의무를 이행할 것을 명할 수 있다고 하였다. 이에 위반한 경우에는 직권 또는 권리자의 신청에 의하여 결정으로 1,000만 원 이하의 과태료에 처할 수 있다(가사소송법 제67조 제1항).

2.3.6.2. 가사소송법의 규정이 적용될 수 있는 경우는 면접교섭의 당사자 가운데 양육자가 면접교섭을 방해하는 때에 한정된다.

2.3.7. 재판상 이혼에의 준용과 사실혼에의 유추적용

면접교섭권에 관한 규정은 재판상 이혼에 준용되고(제843조), 사실혼해소의 경우와 별거의 경우에도 유추적용되어야 할 것이다.

---

11) 서울가심 2001.8.1, 2001느단3029.

12) 서울가판 1900드76647; 단절되었던 비양육친과 자녀 사이의 관계 회복을 위하여 마련된 '자녀사랑 가족캠프'에 참가할 것을 권유받은 뿌이 두 차례나 이를 거부하고, 子(乙)의 감정을 헤아리지 않고 일방적으로 자신만의 입장을 내세워 면접교섭을 요구하는 것은 허용할 수 없다고 판단한 사례, 서울가결 2010.11.15, 2009브12. 인정한 예는 서울가판 1999.12.2, 99드단40411.

13) 서울가결 1996.5.15, 95브107.

면접교섭권	[사법시험43]

3. 자의 인격법적 관계

부모의 이혼에 의하여 자의 인격법적 지위(신분)는 아무런 영향을 받지 않는다. 따라서 부모의 자에 대한 친족관계는 소멸하지 않으며, 혼인중에 처가 임신한 부의 자는 이혼 후에 출생하더라도 부모의 혼인중의 출생자로서 인격을 갖는다(제844조 제2항).

4. 재산법적 효과

4.1. 재산분할청구권

4.1.1. 의의와 근거

4.1.1.1. 의의

재산분할청구권이라 함은 이혼을 한 당사자의 일방이 다른 일방에 대하여 재산분할을 청구할 수 있는 권리를 말한다.

4.1.1.2. 근거

부부가 이혼하는 경우에는 혼인생활 중에 협력하여 이룬 재산에 대하여 적절한 청산이 필요하다. 부부가 혼인중에 공동의 노력으로 이룩한 재산은 실질적으로 부부의 공동재산이라고 볼 수 있기 때문이다. 또한 이혼 후 전배우자에 대한 부양적 요소를 포함하고 있다.[14]

4.1.1.3. 따라서 재산분할청구권은 자기가 재산형성에 협력한 몫을 되돌려 받는 것이고, 그 외에 이혼 후 부양료의 성격도 있기 때문에, 혼인관계의 파탄에 책임이 있는 유책배우자에 대한 손해배상청구권과는 법적으로 별개의 것이다.

---

14) 재산분할청구권의 법적 성질에 대하여, 일본에서 청산설, 부양설, 청산 및 이혼후부양설, 청산, 이혼후부양 및 손해배상설이 나뉘고 있지만, 우리나라에서는 청산 및 이혼후부양설이 유력하다. 박병호, 가족법, 133면 참조.

4.1.2. 이혼하기 전에 한 재산분할협의의 법적 성질과 그 효력

부부가 장차 협의이혼하기로 약정하면서 이를 전제로 하여 재산분할에 관한 협의를 하였다면, 협의이혼을 조건으로 하여 재산분할에 관한 의사표시를 한 것으로 볼 수 있다. 당사자의 일방이 재판상 이혼청구를 하여 재판상 이혼이 이루어졌다면 협의이혼을 조건으로 한 재산분할협의는 조건의 불성취로 인하여 효력이 발생하지 않는다.[15]

4.1.3. 재산분할계약의 해제와 취소

4.1.3.1. 협의이혼을 할 때에 한 서면에 의하지 않은 재산분할계약을 민법 제555조에 의하여 해제할 수 있는가. 이는 재산분할의 성질과 증여의 성질에 관한 문제이다. 증여와 재산분할과는 표면상으로는 비슷한 성질을 가진 것처럼 보이지만, 양자는 별개의 성질을 가지는 것이다. 따라서 재산분할계약에 증여의 규정을 적용할 수 없다고 보아야 한다.

4.1.3.2. 이혼신고 전에 부부관계가 이미 파탄되어 있는 경우에 한 증여계약이 구민법 제828조에 의하여 취소될 수 있는가. 부부 관계가 파탄상태에 있는 경우에는 부부간의 계약취소권의 행사가 인정되지 않는 것이 대법원 판례의 입장이다.[16]

4.1.4. 재산분할청구권의 행사

4.1.4.1. 재산분할을 할 것인가의 여부와 그 액수 및 방법은 먼저 당사자가 협의 또는 조정에 의하여 정하게 된다(가사소송법 제2조 제1항 마류사건). 이 경우 그 액수와 방법에 대하여는 기준이 없다.

4.1.4.2. 가정법원이 재산분할의 액수와 방법을 정하는 경우에는 확실한 기준이 없으며, 실제로 법관의 재량에 의하여 결정된다.

4.1.4.3. 판례는 이혼 확정 후 어느 일방이 사망하였더라도 다른 일방은 사망한 자의 상속인들을 상대로 재산분할을 청구할 수 있다고 봄이 상당하고, 이와 반대의 경우, 즉 사망한 일방의 상속인들은 피상속인이 재산분할청구권을 행사하지 않은 채 사망하였다면, 상속인들은 피상속인의 재산분할청구권을 행사할 수 없다고 봄이 타당하다고 한다.[17] 따라서 甲이 乙과 협의이혼한 후 제척기간이

---

15) 대판 2000.10.24, 99다33458; 대판 2001.5.8, 2000다58804; 대판 2003.8.19, 2001다14061.
16) 대판 1979.10.30, 79다1334. 따라서 제828조는 2012.2.10, 민법의 일부개정에 의하여 부부평등의 원칙에 반하므로 삭제되었다.
17) 서울가심 2010.7.13, 2009느합289.

도과되지 아니한 상태에서 乙이 사망하자 乙의 상속인들을 상대로 재산분할을 구한 사안에서, 甲은 乙의 사망에도 불구하고 여전히 재산분할청구권을 보유하고 있고 제척기간 내에 乙의 상속인들을 상대로 재산분할 심판청구를 하여 위 권한을 행사하였으므로, 심판청구가 적법하다고 하였다.

[소장 10]

재산분할 심판청구

청 구 인 성 명   주민등록번호:
           ☎
           등록기준지
           주 소

상 대 방 성 명   주민등록번호:
           ☎
           등록기준지
           주 소

청 구 취 지

※ 기재 방법을 잘 모르실 경우 뒷장 예시문을 참고하십시오.

청 구 원 인

※ 재산분할을 청구하는 사유를 자세히 기재하십시오.(뒷장 예시문 참고)

첨 부 서 류

1. 청구인의 가족관계증명서, 혼인관계증명서, 주민등록등본   각 1통
1. 상대방의 가족관계증명서, 주민등록등본   각 1통
1. 기 타(위자료 합의서, 전세계약서 등)

201   년   월   일
청구인   (인)

○○가정법원 귀중

☞ 유의사항

　1. **관할법원은 상대방의 주소지** 가정(지방, 지원)법원입니다.

　2. ☎ 란에는 언제든지 연락 가능한 **전화번호**나 **휴대전화번호**를 기재하시면 재판 진행이 원활하오니 꼭 기재하시기 바랍니다.

◎ 청구취지 작성 예시 1

　1. 상대방은 청구인에게 금　　　원 및 위 금원에 대하여 청구가 송달된 날부터 다 갚는 날까지 연　　%의 비율에 의한 금원을 지급하라.

　2. 심판비용은 상대방의 부담으로 한다.

　3. 위 1항에 한하여 가집행할 수 있다.

라는 심판을 구합니다.

◎ 청구취지 작성 예시 2

　1. 상대방은 청구인에게 재산분할로써 금　　　원 및 이에 대한 이 판결 확정일부터 다 갚는 날까지 연　　%의 비율에 의한 금원을 지급하라.

　2. 상대방은 청구인에게 별지목록기재 각 부동산 중 1/2지분에 관하여 이 심판확정일자 재산분할을 원인으로 한 소유권이전등기 절차를 이행하라.

　3. 심판비용은 상대방의 부담으로 한다.

　4. 위 제 1항은 가집행 할 수 있다.

라는 심판을 구합니다.

◎ 청구원인 작성 예시

　1. 협의 이혼 경위

　　　청구인과 상대방은 중매로 만나……

　2. 재산분할 청구

　가. 재산분할 대상

　　　청구인과 상대방의 혼인중 취득한 재산으로 상대방 명의로 된 ○○시 ○○구 ○○동 ○○ ◎◎아파트에 대한 전세보증금 ○○○원의 반환 채권이 있습니다.

　나. 재산형성경위 및 청구인의 기여도

　　(1)

　　(2)

　　　·

　　　·

　　(5) 위와 같은 사실을 종합해 보면 청구인의 재산형성에 대한 기여도는 상대방보다 높아 60% 정도로 봄이 상당하므로 청구인은 상대방에게 재산분할로서 ○○○원을 청구하고자 합니다.

☞ 유책배우자라도 재산분할을 청구할 수 있습니다. <u>이미 이루어진 재산분할에 관한 약정의 이행을 구하는 것은 민사사건입니다.</u> 혼인이 해소되기 전에 미리 재산분할청구권을 포기할 수는 없으며, 재산분할청구권은 이혼한 날로부터 **2년**이 경과하면 소멸합니다 (제척기간).

4.1.5. 재산분할청구에서 고려될 수 있는 기준

4.1.5.1. 부부재산관계의 청산

혼인중에 부부 공동의 협력에 의하여 취득한 재산은 부부 일방의 명의로 되어 있는 특유재산이라고 하여도 분할의 대상이 된다. 판례는 재판상 이혼을 전제로 한 재산분할에서 분할의 대상이 되는 재산과 그 액수는 이혼소송의 사실심 변론종결일을 기준으로 하여 정하여야 하는데, 이혼소송의 사실심 변론종결 당시에 부부 중 일방이 직장에서 일하다가 명예퇴직을 하고 통상의 퇴직금 이외에 별도로 명예퇴직금 명목의 돈을 이미 수령한 경우, 명예퇴직금이 정년까지 계속 근로로 받을 수 있는 수입의 상실이나 새로운 직업을 얻기 위한 비용지출 등에 대한 보상의 성격이 강하다고 하더라도 일정기간 근속을 요건으로 하고 상대방 배우자의 협력이 근속 요건에 기여하였다면, 명예퇴직금 전부를 재산분할의 대상으로 삼을 수 있다. 다만 법원은 상대방 배우자가 근속 요건에 기여한 정도, 이혼소송 사실심 변론종결일부터 정년까지의 잔여기간 등을 민법 제839조의2 제2항이 정한 재산분할의 액수와 방법을 정하는 데 필요한 기타 사정으로 참작할 수 있다고 한다.[18] 따라서 혼인관계가 종료될 때에 재산형성에 대한 기여도에 따라 분할되는 것이 타당하다.[19] 이와 같은 취지에서 재산분할 시에 고려되어야 할 기준을 제시해 보면, 1) 가사노동에 의한 협력,[20] 2) 혼인파탄의 책임,[21] 3) 퇴직금,[22] 4) 다른 일방의 특유재산,[23] 5) 채무,[24] 6) 기타 고려되어야 할 점으로, a) 장래의

---

18) 대판 2011.7.14, 2009므2628, 2635.

19) 대판 2006.9.14, 2005다74900.

20) 대결 1993.5.11, 93스6; 대판 1994.10.25, 94므734; 대판 1994.12.2, 94므1072; 서울고판 1999.8.25, 98르3832.

21) 대판 1993.5.11, 93스6.

22) 대판 1995.3.28, 94므584; 대판 1995.5.23, 94므713; 대판 1997.3.14, 96므533; 대판 1998.6.12, 98므213; 대결 2000.5.2, 2000스13; 대결 2002.8.28, 2002스36.

23) 대판 1999.6.11, 96므1397; 대결 2002.8.28, 2002스36; 대판 1998.2.13, 97므486; 대판 1993.6.11, 92므1054; 1993.5.13, 93므020; 대판 1994.10.25, 94므734; 대판 1994.12.13, 94므598; 대판 1996.2.9,

수입, 자격증 등,[25] b) 재산분할로 임대차의 목적물인 부동산의 소유권이 이전되는 경우,[26] c) 이혼과 혼인이 수차례 반복된 경우의 재산분할,[27] d) 재산분할 후 재산분할대상 재산이 새로이 발견된 경우,[28] e) 혼인파탄 후에 취득한 재산이 분할대상이 되는가의 여부[29] 등을 들 수 있다. 한편 부부 일방이 혼인중에 부담한 제3자에 대한 채무가 청산대상이 되는가. 이에 대하여 판례는 부부 일방이 혼인 중 제3자에게 부담한 채무는 일상가사에 관한 것 이외에는 원칙적으로 그 개인의 채무로서 청산의 대상이 되지 않으나 그것이 공동재산의 형성에 수반하여 부담한 채무인 경우에는 청산의 대상이 된다고 하였다. 따라서 재산분할의 대상이 되는 분양권 매도대금을 형성하는 데 필수적으로 지출되는 비용인 '양도소득세 및 주민세'가 청산의 대상이 된다고 하였다.[30]

4.1.5.2. 이혼 후의 부양

민법은 이혼 후의 부양에 대하여 아무런 규정이 없다. 혼인의 사후적 효과로서 이를 "기타 사정"으로서 고려할 수 있다고 보아야 할 것이다. 그러나 판례는 이혼 후 모가 성년자녀와 함께 사는 경우 자녀에 대한 부양의무는 재산분할에 있어서 고려의 대상이 되지 않는다는 태도이다.[31]

4.1.5.3. 이혼으로 인한 위자료

판례는 이혼 시의 재산분할은 부부가 혼인중에 가지고 있었던 실질상의 공동재산을 청산하여 분배함과 동시에 이혼 후에 상대방의 생활유지에 이바지하는 데 있지만, 분할자의 유책행위에 의하여 이혼하게 됨으로써 입게 되는 정신적 손해(위자료)를 배상하기 위한 급부로서의 성질도 가지고 있다고 하였다.[32]

94므635; 대판 1998.4.10, 96므434; 서울가판 2001.7.25, 2000드합6063; 부산가판 2011.6.23, 2008드합866.

24) 인정한 경우: 대판 1993.5.25, 92므501; 대판 1999.6.11, 96므1397; 대판 1995.10.12, 95므267; 대판 2006.9.14, 2005다74900, 대판 2011.3.10, 2010므4699, 4705, 4712; 부정한 경우: 대판 1997.9.26, 97므933; 대판 2002.9.4, 2001므718.

25) 대판 1998.6.12, 98므213.

26) 대판 1997.8.22, 96므912.

27) 대판 2000.8.18, 99므1855.

28) 대판 2003.2.28, 2000므582.

29) 서울가판 2000.7.6, 98드96753; 서울가판 2000.7.6, 98드96753.

30) 대판 2010.4.15, 선고 2009므4297.

31) 대판 2003.8.19, 2003므941.

32) 대판 2001.5.8, 2000다58804, 대판 2006.6.29. 2005다73105.

4.1.6. 재산분할청구권의 포기

4.1.6.1. 혼인해소 전에 재산분할청구권의 포기를 허용하면 사회적 약자인 배우자가 희생될 염려가 있으므로 이를 허용하지 않는 것이 타당하다.[33]

4.1.6.2. 판례는, 혼인이 파탄에 이른 당사자가 협의이혼을 할 것을 약정하면서 이를 전제로 하여 재산분할청구권을 포기하기로 합의하였다면, 이는 협의이혼절차가 유효하게 이루어질 것을 조건으로 하는 조건부 의사표시로서 유효하다는 것이다.[34]

4.1.7. 재산분할청구권과 채권자대위권

재산분할청구권에 대하여 채권자대위(제404조)가 인정될 수 있는가. 판례는, 재산분할청구권은 협의 또는 심판에 의하여 구체적 내용이 형성될 때까지는 그 범위와 내용이 명확하게 확정된 것이 아니므로, 협의 또는 심판에 의하여 구체적 내용이 형성되기 전에는 재산분할청구권을 보전하기 위하여 채권자대위권을 행사할 수 없다고 해석한다.[35]

4.1.8. 재산분할청구권과 채권자취소권

4.1.8.1. 채무초과 상태에 있는 채무자가 이혼 시 배우자에게 재산분할로 일정한 재산을 양도함으로써 결과적으로 일반 채권자에 대한 공동담보를 감소시키는 결과로 된다 하여도, 재산분할이 상당한 범위를 벗어나지 않으면, 사해행위로서 취소되지 않는다. 그러나 재산분할이 상당한 범위를 초과하는 경우 그 초과부분은 사해행위에 해당하여 취소의 대상이 될 수 있다. 이때 채무자의 재산분할이 상당한 범위를 초과하는지의 여부는 재산분할의 일반원칙에 따라 판단하되, 이혼한 당사자 일방의 이익과 채권자의 이익을 비교 형량하여 그 재산분할이 채권자에 대한 관계에서도 상당한 것인지를 함께 고려하여야 한다.[36] 재산분할이 상당한 정도를 초과한다는 사실은 채권자가 입증하여야 한다.[37]

4.1.8.2. 민법 제839조의3은,[38] 부부의 일방이 이혼 및 재산분할청구를 준비하

---

33) 대판 2003.3.25, 2002므1787(본소), 2002므1794(반소), 2002므1800(병합).

34) 서울가판 1996.3.22, 96느2350.

35) 대판 1999.4.9, 98다58016.

36) 대판 1984.7.24, 84다카68; 대판 2000.9.29, 2000다25569 등.

37) 대판 2001.5.8, 2000다58804; 대판 2001.2.9, 2000다63516; 대판 2000.9.29, 2000다25569; 대판 2000.7.28, 2000다1410; 대판 2006.6.29, 2005다73105.

38) 이 규정의 신설 배경과 의의에 대하여, 윤진수, 민법개정안 중 부부재산제에 관한 연구, 가족법연구,

는 단계에 있거나 또는 이미 이혼 및 재산분할청구를 하여 소송이 계속되어 있는 상태에서 부부의 다른 일방이 상대방 배우자의 재산분할청구권 행사를 해하기 위하여 자신의 재산을 처분한 경우에 그 상대방 배우자를 구제하기 위한 목적으로 도입된 것이다. 이 규정에 의하여 당사자의 협의나 법원의 심판에 의하여 재산분할청구권의 구체적 내용이 형성되기 전에도 재산분할청구권을 보전하기 위하여 채권자취소권의 행사가 가능하게 되었다.

4.1.8.3. 민법 제839조의3은, "부부의 일방이 다른 일방의 재산분할청구권 행사를 해함을 알면서도 재산권을 목적으로 하는 법률행위를 한 때"에 다른 일방이 채권자취소권을 행사할 수 있다고 규정하고 있으므로, 상대방 배우자가 채권자취소권을 행사하기 위한 요건으로서 사전에 이혼청구나 재산분할청구가 있을 것을 요하지 않는다.

4.1.8.4. 제839조의3에 의하면, 재산분할청구권의 보전을 위한 채권자취소청구의 소는 가정법원에 제기하도록 되어 있다. 이는 가정법원에서 재산분할청구의 소와 채권자취소청구의 소를 병합하여 심리할 필요성을 고려한 것이다.

4.1.9. 재산분할산정의 시기와 방법

4.1.9.1. 지급의 시기

판례는 재판상 이혼시의 재산분할의 대상이 되는 재산과 그 액수는 이혼소송의 사실심 변론종결일을 기준으로 하여 정한다는 태도이지만,[39] 사정에 따라서 별거시를 기준으로 할 수도 있을 것이다. 또한 협의이혼의 경우에는 협의이혼이 성립한 시점(이혼신고일)을 기준으로 하지만,[40] 사정에 따라서 별거일을 기준으로 할 필요가 있을 것이다.

4.1.9.2. 지급의 방법

지급방법은 금전지급이나 현물지급의 방식으로 한다.[41] 현물급부의 경우에는 물건의 특정으로써 족하고, 그 평가액까지 정할 필요는 없을 것이다. 금전지급의 경우는 일시급으로 할 것인지 분할급으로 할 것인지는 구체적 사정을 고려하여 정할 수 있다. 법원이 재산분할로서 금전의 지급을 명하는 판결을 할 경우 상대

제21권 제1호, 2007, 116면 이하.

39) 대판 2000.9.22, 99므906; 대결 2000.5.2, 2000스13; 대판 2010.4.15, 2009므4297.
40) 대판 2006.9.14, 2005다74900.
41) 서울가심 1993.4.15, 92느3175.

방은 금전지급채무에 관한 판결이 확정된 다음 날부터 이행지체책임을 지게 된다.[42) 그리고 재산분할을 정기급으로 하는 경우에 의무자가 이를 이행하지 않는 경우에는 민사집행법에 의한 강제집행 이외에 가사소송법이 정하는 이행명령의 방법을 사용할 수 있다.

[소장 11][43)

부동산강제경매신청서

채 권 자   000
               00시 00구 00동 00번지
채 무 자   000
               00시 00구 00동 00번지

청구채권의 표시

이혼위자료 및 재산분할금 0000원
위 금원에 대한 20 . . .부터 완제에 이르기까지 연 25%의 비율에 의한 지연이자

집행권원의 표시

채권자, 채무자 간 00법원 2002. . . 선고 200드단000호 이혼 및 위
자료 청구 등 사건 확정판결 정본

경매할 부동산의 표시

별지목록기재 부동산의 표시

신청취지

채무자 소유의 별지목록기재 부동산에 대하여 강제경매절차를 개시하고 채권자를 위하여
이를 압류한다.
라는 재판을 구합니다.

---

42) 대판 2001.9.25, 2001므725.
43) 박동섭, 전게서, 877~878면.

4.1.9.3. 재산분할청구권은 이혼이 성립한 때에 비로소 발생하는 것이므로, 당사자가 이혼소송과 병합하여 재산분할청구를 하여, 법원이 이혼과 동시에 재산분할을 명하는 판결을 한 경우에도 이혼판결이 확정되지 않은 상태에서는 가집행이 허용되지 않는다.[44]

4.1.10. 재산분할청구권과 재산분할의무의 상속성

재산분할청구권과 재산분할을 하여야 할 의무가 상속이 되는가?[45] 판례는, 이혼소송에 부대한 재산분할청구 역시 이혼소송의 종료와 동시에 종료된다는 입장이다.[46] 또한 재산분할청구권은 협의 또는 심판에 의하여 구체적 내용이 형성되기까지는 그 범위 및 내용이 불명확, 불확정하기 때문에 구체적인 권리로서 성립된 것이라고 볼 수 없다.[47]

---

44) 대판 1998.11.13, 98므1193.
45) 이에 대하여, 황경웅, "재산분할청구권의 상속성", 중앙법학, 제9집 제2호, 2007.8, 489면 이하.
46) 대판 1994.10.28, 94므246.
47) 대판 1999.4.9, 98다58016.

4.1.11. 재산분할로 인하여 취득한 재산에 대한 과세

4.1.11.1. 증여세: 이혼 시에 재산분할은 혼인중에 형성된 실질적인 공동재산에 대한 청산과 이혼 후의 부양이라는 측면에서 인정되는 것이므로, 무상의 재산증여와는 다르다. 따라서 재산분할로 취득한 재산에 대하여 증여세를 부과할 수 없다.[48]

4.1.11.2. 취득세: 재산분할에 따른 부동산 소유권의 이전은 지방세법 제110조 제4호의 "공유권의 분할로 인한 취득"에 해당하지 않고, 지방세법 제105조 제1항의 부동산 취득에 해당하므로, 취득세의 부과는 타당하다는 것이 판례의 입장이다.[49]

4.1.11.3. 등록세: 이혼에 따른 재산분할을 원인으로 한 부동산이전등기는 지방세법 제128조의 등록세 비과세대상에 포함되지 않고, 지방세법 제131조 제1항 제5호의 공유물 분할에도 해당하지 않으므로, 등록세를 부과하는 것이 타당하다.

4.1.11.4. 양도소득세: 판례는 이혼 시 재산분할은 실질적으로 공유물분할에 해당하는 것이므로, 재산분할의 방편으로 행하여진 자산의 이전에 대하여는 공유물분할에 관한 법리가 준용된다고 한다. 따라서 양도소득세의 과세대상이 되는 유상양도에 포함된다고 볼 수 없으므로, 양도소득세를 부과할 수 없다고 한다.[50]

4.1.12. 법원의 직권에 의한 조사

재산분할사건에 있어서 법원은 당사자의 주장에 구애받지 않고 재산분할의 대상이 무엇인지 직권으로 사실조사를 하여 포함시키거나 제외시킬 수 있다(직권탐지주의).[51] 따라서 원고가 특정의 재산을 분할대상으로 포함시켰다가 종전의 주장을 철회한 경우에도 법원은 원고의 주장에 구애받지 않고 재산분할의 대상이 무엇인지 직권으로 사실조사를 하여 포함시킬 수 있다.[52]

4.1.13. 재산분할청구권의 소멸

재산분할청구권은 2년의 제척기간으로 소멸한다(제839조의2 제3항).

4.1.14. 사실혼해소의 유추적용

재산분할청구권의 규정은 사실혼 해소의 경우에도 유추적용되어야 할 것이

---

48) 헌결 1997.10.30, 96헌바14; 대판 1997.11.28, 96누4725.
49) 대판 2003.8.19, 2003두4331.
50) 대판 1998.2.13, 96누14401; 대판 1994.12.2, 94므901; 대판 1996.12.23, 96므192; 대판 1997.12.26, 96므1076.
51) 대판 1996.12.23, 95므1192.
52) 대판 1995.3.28, 94므1584.

다.[53] 다만 중혼적 사실혼에는 적용되지 않는다.[54]

[사례 9]

> Y(夫)는 외과전문의로서 A대학병원에 근무하고 있으며, X(妻)는 전업 주부로서 집안일과
> 육아에 전념해 왔다. Y의 수입으로 아파트를 구입하여 Y명의로 소유권등기가 되어 있다.
> 그런데 Y는 주사가 심하여 술만 마시면 X를 마구 구타하여 상처가 아물 날이 없다. X·Y
> 는 결혼한 지 20년이 되었으며 그 사이에 딸 B가 있다. X는 Y의 폭력을 더 이상 참을 수
> 없어서 Y에게 협의이혼하고 재산을 분할해 줄 것을 요구하였으나, Y가 이에 응하지 않아
> 서, X는 가정법원에 이혼, 재산분할 및 위자료 청구를 하면서, Y명의의 아파트에 대해서 X
> 에게 적어도 2분의 1의 권리가 있다는 점, Y가 앞으로 받게 될 퇴직금에 대해서도 권리가
> 있다는 점, 그리고 X는 병약하여 이혼 후 돈을 벌기 위한 노동을 할 수 없으므로 이혼 후
> 의 부양청구권이 있다는 점이 고려되어야 한다고 주장한다. 이 경우 X의 청구에서 재산분
> 할을 함에 있어서 이러한 점들이 고려될 수 있는가?[55]
>
> (대판 2001.5.8, 2000다58804)

◀요약▶

X의 이혼청구는 인용될 수 있으며(제840조 제3호), 재산분할청구에서 고려되어야 할
기준으로서, 1) 부부재산관계의 청산에 있어서 부부의 일방이 소득활동을 하는 동안에는
다른 일방의 가사노동 등이 협력이 되고(대결 1993.5.11, 93스6), X의 가사노동이 평가되
어 Y의 특유재산에 대하여 X는 분할청구를 할 수 있다. 분할의 비율에 대하여 남편의 특
유재산의 2분의 1을 인정한 판결이 있다(대판 2001.5.8, 2000다58804). 2) Y의 장래의
퇴직금에 대하여 이를 가산하여 분할하는 것이 타당하다고 생각되지만, 판례는 이미 수령
한 퇴직금은 청산의 대상이 될 수 있지만, 장래의 퇴직금에 대하여는 '기타의 사정'으로
참작하면 족하다고 한다. 3) 이혼 후의 부양료에 대하여는 혼인의 사후적 효과로서 이를
'기타의 사정'으로서 고려할 수 있다고 보는데, 판례도 "이혼에 있어서 재산분할은 이혼 후
에 상대방의 생활유지에 이바지하는 데 있다"고 판시하였다(서울가판 1991.6.3.). 4) 재산
분할에 위자료의 성격도 있다는 것이 판례의 태도이므로, 재산분할의 액수를 정할 때에
X에 대한 위자료를 포함시킬 수 있다(대판 2001.5.8, 2000다58804).[56]

---

53) 대판 1995.3.10, 94므1379, 1386.
54) 대결 1995.7.3, 94스30.
55) 김주수/김상용, 전게서, 226면.
56) 김주수/김상용, 전게서, 236면.

[사례 9-1]

부 X는 처 Y와 혼인하여 사업을 하면서 재산을 증식하게 되었다. 그러나 X는 Y와 이혼하고 Z와 혼인할 것을 약속하고 처첩생활에 들어갔다. 한편 X는 S에 대한 사업상 부채를 면탈할 목적으로 Y에게 이혼을 요구하였다. 이에 대하여 Y는 X에게 재산분할청구를 하였다. 이 경우 X, Y, Z, S의 법률관계는?

[부산대08]

[문항]

이혼 시의 재산분할청구권

[사법시험33]

[사례]

갑과 을은 부부이다. 을은 건물의 소유를 목적으로 병 소유의 토지를 보증금 1억 원에 임차하여, 그 지상에 조립식 2층 건물을 신축하고 소유권보존등기를 경료하였다. 갑, 을은 함께 위 건물 1층에서 전자제품대리점을 운영하고 2층에 거주하였다. 그 후 병은 A에게서 1억 원을 차용하면서 위 토지에 관하여 A 명의 저당권을 설정하였다. 한편 을은 건물 신축 때문에 진 빚도 갚고 위 대리점 운영 자금으로 사용하기 위하여 정에게서 2억 원을 차용하였다.(아래 1문과 2문은 별개의 사안임)

1. 위 본문 사안에서, 사업 곤란 등으로 가정불화가 계속되자 을은 갑과 협의이혼을 하면서 재산분할로서 자신의 전 재산인 위 건물 소유권 등을 양도하기로 하고, 갑 명의로 건물의 소유권이전등기를 경료하여 주었다. 그 당시의
   (가) 갑과 병 사이의 법률관계를 논하시오.
   (나) 갑과 정 사이의 법률관계를 논하시오.

2. 위 본문 사안에서, 을이 정에게서 금전을 차용하면서 병에 대한 위 보증금반환채권에 질권을 설정하고 그 사실을 병에게 통지하였다.
   (가) 위 토지 임대차기간 만료 시 토지 소유자 병에 대하여 주장할 수 있는 을과 정 각각의 권리에 관하여 논하시오.
   (나) A가 위 저당권을 실행하여 경매절차에서 무가 토지를 매수하여 소유권을 취득하였다. 이 경우 보증금의 반환관계를 논하시오.

[사법시험50]

甲은 乙과 혼인하여 A를 출산하고, 그 후 乙이 사망하자 丙과 재혼하였다. 그런데
甲은 丙으로부터 상습적으로 폭행을 당하자 丙을 상대로 이혼소송을 제기하였다.
다음 설명 중 옳은 것은? (다툼이 있는 경우에는 판례에 의함)

① 이혼소송 계속 중 甲이 사망하였다면, 甲의 소송상 지위는 A가 승계한다.

② 甲이 이혼소송 과정에서 재산분할청구를 병합하였는데 위 소송 계속 중 甲이 사망하였
　다면, 甲의 소송상 지위는 A가 승계한다.

③ 甲이 이혼소송 과정에서 위자료청구를 병합하였는데 위 소송 계속 중 甲이 사망하였다
　면, 甲의 소송상 지위는 A가 승계한다.

④ 만약 甲과 丙이 사실혼관계였을 경우, 甲이 丙과의 사실혼관계가 해소되었다고 주장하면
　서 재산분할심판청구를 제기한 후 심판 계속 중 사망하였다면, 재산분할심판은 종료된다.

⑤ 만약 丙이 甲을 축출할 목적으로 허위의 주소를 기재하여 甲을 상대로 제기한 이혼소송에서
　승소의 확정판결을 받은 사실이 나중에 밝혀져 甲이 丙을 상대로 위 확정판결에 대한 재심소
　송을 제기하였으나 그 소송 계속 중 甲이 사망하였다면, 甲의 소송상 지위는 A가 승계한다.

[변호사 1]

◀해답▶ ③

재산분할청구권에 관한 설명 중 옳지 않은 것은? (다툼이 있는 경우에는 판례에 의함)

① 부부의 일방은 재산분할청구권 보전을 위한 사해행위 취소 및 원상회복을 가정법원에
　청구할 수 있고, 혼인관계를 파탄시킨 유책배우자도 재산분할청구권을 가진다.

② 특유재산이라 할지라도 부부의 일방이 적극적으로 그 특유재산의 유지에 협력하여 그
　감소를 방지하였거나 그 증식에 협력하였다고 인정되는 경우에는 재산분할의 대상이
　될 수 있고, 그러한 협력에 아내가 가사노동을 분담하는 등으로 내조를 함으로써 남편
　의 재산의 유지 또는 증가에 기여한 것도 포함된다.

③ 부부의 일방이 실질적으로 지배하고 있는 재산일지라도 부부 쌍방의 협력에 의하여 형
　성된 것이거나 부부 쌍방의 협력에 의하여 형성된 유형, 무형의 자원에 기한 것이라면
　재산분할의 대상이 된다.

④ 부부의 일방이 제3자와 합유하는 재산 또는 그 지분이 부부 쌍방의 협력에 의하여 형성된
　것이라면, 직접 당해 재산의 분할을 명하거나, 그 지분의 가액을 산정하여 이를 분할의 대
　상으로 삼거나 다른 재산의 분할에 참작하는 방법으로 재산분할의 대상에 포함해야 한다.

⑤ 재산분할로 취득한 재산에 대하여 증여세를 부과할 수 없고, 재산분할에 의한 자산의 이
　전은, 특별한 사정이 없는 한, 양도소득세 과세대상이 되는 유상양도에 포함되지 않는다.

[사법시험54]

◀해답▶ ④

4.2. 손해배상청구권

재판상 이혼의 경우에 이혼피해자가 과실 있는 상대방에 대하여 재산상의 손해와 정신상의 고통에 대한 손해배상청구권을 행사할 수 있는 것은 약혼해제의 경우와 같다(제843조에 의하여 제806조의 준용). 이때에 위자료청구에 대하여도 과실상계(제736조에 의하여 제396조의 준용)의 규정이 준용된다.[57]

4.3. 제3자의 불법행위책임

4.3.1. 기혼여성에 대한 강간 또는 강간미수는 동시에 부(夫)에 대하여도 독자적인 불법행위가 성립된다.[58]

4.3.2. 배우자의 일방과 간통한 자는 다른 일방의 배우자에 대하여 불법행위책임을 진다.[59] 다만 배우자의 자녀에 대한 관계에서는 원칙적으로 불법행위책임을 지지 않는다.[60] 그리고 처가 부의 첩 관계를 용서한 때에는 손해배상청구권의 포기라고 해석할 여지가 있다.[61]

4.3.3. 제3자가 배우자의 일방과 합세하여 혼인관계에 부당하게 개입함으로써 혼인을 파탄에 이르게 하였다면, 이러한 행위도 다른 일방의 배우자에 대하여 불법행위가 될 수 있다.[62]

[사례 9-2]

'갑'남은 '을'녀와의 혼인중에 많은 재산을 형성하였다. 그러나 '갑'남이 장기 해외출장 중에 '을'녀가 '병'남과의 불륜관계를 맺었고, 그 사실을 안 '갑'남이 '을'녀와 재판상 이혼을 하게 되었다.

(1) '을'녀는 '갑'남에 대하여 재산분할을 청구할 수 있는가, 그리고 재산분할을 하면 어떻게 하는가?

(2) '갑'남은 '을'녀와 '병'남에 대하여 어떠한 손해배상을 청구할 수 있는가?

[부산대09]

---

57) 대판 1968.3.5, 68므5.
58) 대판 1965.11.9, 65다1582, 1583.
59) 대판 1967.4.25, 67다99.
60) 대판 2005.5.13, 2004다1899.
61) 대판 1998.4.10, 96므1434.
62) 대판 1970.4.28, 69므37.

[사례 9-3]

다음 사실관계를 읽고 설문의 각 사항을 분석하고 검토하여 그 해결방안을 제시하시오 (각 설문은 독립된 문제임).

X녀는 Y남과 1990. 3. 1. 혼인식을 올리고 직장을 그만두고서 20여 년 동안 혼인 신고를 하지 않은 채 동거생활을 하며 가사를 전담하여 그 동안 많은 재산을 모았다. 그러나 아직 혼인신고를 하지 않은 X녀가 늦게 자 A를 임신하자 Y남은 동거생활에 실증을 느끼게 되어 2010. 8. 15.부터 별거하던 중 같은 회사에 근무하는 부하직원 Z녀와 2011. 4. 2.부터 X녀와 헤어지고 혼인하자면서 동거생활에 들어갔다. Y남은 2011. 5. 15.에 Z녀와의 혼인신고를 하였다. X녀가 Y남과 동거생활을 하는 동안 근 검절약하여 주거용 아파트(7억 원 상당), 동산 9천만 원, 예금 등 금융자산이 2억 원 에 이르는 재산을 형성하였다. 그러나 모든 재산을 Y남의 단독명의로 하였다. Y남이 Z녀와 혼인신고를 한 뒤 2011. 6. 6.에 X녀는 자 A를 출산하였다.

1. X녀는 Y남을 상대로 사실혼의 부당한 파기를 이유로 재산상 손해 및 위자료 등 손해배 상청구와 자 A의 양육자 및 친권자의 지정과 매월 100만 원의 양육비 청구, Y명의로 된 모든 재산의 지분 2분의 1 비율인 재산분할청구로서 동산의 인도, 금융자산의 명의변경, 부동산에 대한 소유권이전등기절차를 청구하였다. 이 경우에 X녀의 청구는 모두 받아들여 질 수 있는가?

2. Y남은 X녀가 양육하고 있는 자 A에 대한 양육자 및 친권자의 변경을 청구하거나 양육 자의 변경이 안 되면 자 A에 대한 면접교섭권을 행사할 수 있는가? 반대로 자 A가 Y남을 상대로 면접교섭을 거부할 수 있는가?

[부산대12]

제**10**강

사실혼

Ⅰ. 서설

1. 사실혼의 의의

사실혼이라 함은 사실상 부부로서 혼인생활을 하고 있으면서 오직 혼인신고를 하지 않았기 때문에 법률혼으로 인정되지 않는 부부관계를 말한다.[1] 민법은 사실혼에

---

[1] 김주수, 혼인법연구, 16면 이하; 동, "사실혼보호의 비교법적 고찰", 연세행정논총, 제12집, 1986, 211면 이하.

관하여 규정을 두고 있지 않다. 다만 학설과 판례에 의하여 사실혼에 대하여 일정한 법적 효과를 인정하여 왔다. 사실혼에 있어서 법이 어느 범위에서 사실혼관계를 인정하고, 사실상의 배우자를 보호할 것인가. 이 문제가 주로 다루어지고 있다.

2. 사실혼의 법적 구성

과거의 판례는 사실혼관계를 '혼인예약'이라고 하여, 이를 부당하게 파기한 자는 예약의무불이행으로 인한 손해배상의 책임을 지도록 하였다.[2] 그러나 이 판례의 입장은 비판을 면할 수 없었다. 근래의 학설은 사실혼을 준혼(準婚)관계로 보는 입장을 취하고 있다. 따라서 판례도 사실혼이 부당하게 파기된 경우에는 불법행위로 인한 손해배상을 청구할 수 있다는 태도를 취하게 되었다.[3]

Ⅱ. 사실혼의 성립요건

1. 주관적 요건

사실혼으로 인정되기 위하여 당사자 사이에 혼인의사가 있어야 한다.[4] 따라서 단순한 사통관계, 첩 관계 등은 사실혼으로 인정될 수 없다.[5] 그리고 비록 사실혼관계에 있는 당사자 일방이 혼인신고를 한 경우에도 상대방에게 혼인의사가 결여되었다고 인정되는 한 그 혼인은 무효라 할 것이나, 상대방의 혼인의사가 불분명한 경우에는 혼인의 관행과 신의성실의 원칙에 따라 사실혼관계를 형성시킨 상대방의 행위에 기초하여 그 혼인의사의 존재를 추정할 수 있으므로 이와 반대되는 사정, 즉 혼인의사를 명백히 철회하였다거나 당사자 사이에 사실혼관계를 해소하기로 합의하였다는 등의 사정이 인정되지 아니하는 경우에는 그 혼인을 무효라고 할 수 없다.[6]

---

2) 朝高判 昭和11(1936).2.26, 민집 22권 21면; 대판 1960.8.18, 4292민상995.
3) 대판 1994.11.4, 94므1133; 대판 1989.2.14, 88므146.
4) 대판 1983.9.27, 83므22; 대판 2000.4.11, 99므1329.
5) 대판 1986.3.11, 85므89; 대판 1984.8.21, 84므45.
6) 대판 2000.4.11, 99므1329.

2. 객관적 요건

당사자 사이에 부부공동생활의 실체가 존재하여야 한다.[7] 여기에서 법이 사실혼에 대하여 일정한 효과를 인정하는 주된 이유가 이와 같은 사실상 존재하는 부부관계를 보호할 필요가 있기 때문이다.

Ⅲ. 사실상혼인관계존부확인청구

1. 사실혼이 성립되었다고 볼 수 있는 경우에 당사자의 일방이 혼인신고에 협력하지 않을 때에는 다른 일방은 사실상 혼인관계존재확인청구를 하여 법률혼을 성립시킬 수 있다(재판에 의한 혼인신고). 이 제도는 1963년 가사심판법의 제정 당시 사실혼관계에 있는 배우자(특히 여성)를 보호할 목적으로 도입한 것이다.

2. 사실상혼인관계존재확인청구에 있어서, 과거에 사실혼관계가 존재하였으나, 현재는 파탄되어 존재하지 않는 경우에 청구를 인용할 것인가. 이에 대하여 판례는 부정하는 입장이다.[8]

2.1 판례의 태도에 따르면, 현재(사실심 변론종결 시)까지도 당사자 사이에 사실혼관계가 존속되고 있으나, 일방이 혼인신고에 협력하지 않는 경우에만 사실상혼인관계존재확인청구의 소를 제기할 실익이 있다. 사실상혼인관계존재확인청구가 활용될 수 있는 폭을 대폭 좁히는 결과로 이어지고 있다. 현재에도 사실혼관계가 존속되고 있는 경우라면 굳이 사실상혼인관계존재확인청구를 하지 않아도 일방적으로 혼인신고를 함으로써 유효하게 법률혼을 성립시킬 수 있는 방법이 있기 때문이다.[9]

2.2. 사실상혼인관계존재확인청구에 있어서 사실혼관계에 있었던 당사자의 일방이

---

7) 대판 2001.1.30, 2000도4942; 대판 1998.12.8, 98므961.
8) 대판 1977.3.22, 75므28; 대판 1998.7.24, 97므18; 서울고판 1985.12.2, 85르114.
9) 대판 2000.4.11, 99므1329.

사실혼관계존재확인청구의 소를 제기한 후 판결이 확정되기 전에 다른 일방이 타인과 혼인신고를 할 수 있다는 점[10]이 그 실효를 거두기 어려운 이유 가운데 하나이다.

3. 사실혼관계존재확인의 소가 제기되어 판결이 확정되기 이전에 피고가 타인과 혼인신고를 하는 경우가 있을 수 있는데, 이 경우 소를 제기한 원고는 확정판결에 기초하여 혼인신고를 할 수 있을 것인가. 여기에서 쟁점은 사실혼관계존재확인의 확정판결에 의하여 법률혼이 성립하는가, 아니면 사실혼관계존재확인의 확정판결이 있더라도 이에 기초하여 혼인신고를 하여야만 비로소 법률혼이 성립하는가이다. 전자의 경우에는 확정판결에 의한 혼인신고는 보고적 신고가 되고, 확정판결에 의하여 성립한 법률혼은 중혼이 된다. 후자의 경우에는 판결에 기한 혼인신고는 창설적 신고가 되고, 이미 피고가 다른 사람과 혼인신고를 마친 상태이므로 혼인신고 자체가 수리되지 않게 된다. 판례는 이 신고를 창설적 신고로 본다.[11]

4. 실제로 사실상혼인관계존재확인청구제도는 사실혼부부의 일방이 사망한 경우에 과거의 사실혼관계를 확인하기 위한 목적으로 이용되고 있다. 예컨대, 산업재해보상보험법 등 각종 연금관련법에서 사실상의 배우자를 수급권자로 규정하고 있는 경우가 많으므로, 사실혼부부의 일방이 사망하였을 때 다른 일방이 유족급여 등을 청구하는 경우에 수급권자라는 사실을 증명하기 위하여 이용되고 있다.[12]

Ⅳ. 사실혼의 효과

1. 인격법적 효과

1.1. 혼인의 인격법적 효과는 부부 사이의 실질적 공동생활을 전제로 하여 인정되는 것이므로, 사실혼관계에서도 동거, 부양, 협조의무가 있으며, 정조의무도

---

10) 서울가결 1964.5.24, 64즈98; 서울가결 1983.3.21, 83즈216.
11) 대판 1973.1.16, 72므25.
12) 대판 1995.3.28, 94므1447.

인정하는 것이 타당하다.[13)]

1.2. 사실혼부부의 관계는 제3자에 대하여도 보호된다. 제3자가 사실혼관계를 침해하였을 때에 불법행위책임으로 손해배상을 하여야 한다.

2. 재산법적 효과

2.1. 사실혼의 부부도 일상가사에 대하여 서로 대리권이 있고, 일상가사에 관한 법률행위로 인한 채무에 대하여 연대책임을 진다고 보아야 한다.[14)]

2.2. 사실혼부부가 혼인 전부터 가지고 있던 고유재산과 사실혼중 자신의 명의로 취득한 재산은 각자의 특유재산이 된다.[15)] 사실혼부부 중 누구에게 속한 것인지 분명하지 않은 재산은 공유로 추정된다.[16)]

2.3. 부부공동생활비용은 당사자 간에 특별한 약정이 없으면 사실혼부부가 공동으로 부담한다.

2.4. 부부재산계약을 체결할 수 있지만, 등기는 할 수 없기 때문에 제3자에게 대항할 수 없다.

3. 신고를 전제로 한 효과

혼인의 효과 가운데 혼인신고를 전제로 하는 것은 사실혼에 인정될 수 없다. 따라서 법률상 중혼이 되지 않고, 미성년자가 사실혼관계를 맺었다 하더라도 성년에 달한 것으로 볼 수 없고, 친족관계가 발생하지 않고, 서로 후견인이 될 수 없으며, 배우자의 상속권도 인정되지 않는다.

---

13) 대판 1961.10.19, 4293민상531. 사실혼의 처와 성관계를 가진 자에 대하여 사실혼의 부는 불법행위로 인한 손해배상청구를 할 수 있다고 판시함.
14) 대판 1980.12.23, 80다2077.
15) 대판 1994.12.22, 93다52068.
16) 대판 1997.11.11, 97다34273.

4. 사실혼부부 사이에 출생한 자의 법적 지위

4.1. 사실혼관계에서 임신하여 출생한 자는 혼인외의 출생자가 된다. 다만 모자 사이의 친자관계는 출생에 의하여 당연히 발생하므로, 별도의 인지를 필요로 하지 않는다.[17] 따라서 부의 인지가 없는 한, 사실혼부부 사이에 출생한 자는 모의 성과 본을 따르고(제781조 제3항), 모의 친권에 따르게 된다(제909조 제1항). 그러나 부가 인지를 하면, 부자간에 법적 친자관계가 발생하므로(제855조), 인지된 혼인외의 자는 원칙적으로 부의 성과 본을 따르게 된다(제781조 제1항 본문). 그러나 인지된 자는 부모의 협의 또는 법원의 심판에 의하여 인지 전에 사용하던 성과 본을 그대로 사용할 수 있다(제781조 제5항).

4.2. 자의 복리를 위하여 친권자를 변경할 필요가 있는 경우에는 자의 4촌 이내의 친족의 청구에 의하여 친권자를 다른 일방으로 변경할 수 있다(제909조 제5항).
4.2.1. 사실혼중에 임신하여 혼인이 성립한 날로부터 200일이 되기 전에 출생한 부의 자라도 사실혼성립의 날로부터 200일 후에 출생한 때에는 친생자의 추정을 받는다고 하여야 할 것이다.
4.2.2. 불법행위로 인한 손해배상청구에 관하여, 판례는 부에 의하여 인지가 되지 않은 사실혼의 자에 대하여도 제752조에 의하여 위자료청구권을 인정하고 있다.[18]

5. 민법 이외의 법률에서의 효과

5.1. 각종 연금(보험)관계 법령(공무원연금법, 군인연금법, 사립학교교직원연금법, 선원법시행령, 산업재해보상보험법 등)에서 사실혼의 배우자를 법률혼의 배우자와 같이 취급하여 제1순위 수급권자로 규정하고 있다.

5.2. 사실혼의 배우자와 법률혼의 배우자가 경합하는 경우에 누가 수급권자가 되는가. 이에 대하여 판례는, 법률혼이 사실상 이혼상태에 있는 경우와 같이 예

---

17) 대판 1967.10.4, 67다1791; 대판 1980.9.9, 80도1731.
18) 대판 1975.12.23, 75다413.

외적인 사정이 없는 한, 법률혼의 배우자가 유족으로서 연금수급권을 가진다는 태도를 취하고 있다.[19)]

Ⅴ. 사실혼의 해소

1. 일방 당사자의 사망에 의한 사실혼의 해소
2. 합의에 의한 사실혼의 해소

3. 사실혼의 일방적 해소

3.1. 사실혼은 당사자 일방의 의사에 의하여 일방적으로 해소될 수 있다. 다만 정당한 사유 없이 사실혼을 일방적으로 파기한 일방 당사자는 상대방에 대하여 불법행위로 인한 손해배상의 책임을 진다.[20)]

3.2. 사실혼해소의 정당한 사유가 있는가의 여부는 이혼원인에 준하여 판단할 수 있을 것이다. 판례는 甲의 부정행위로 사실혼관계가 파탄에 이르게 된 사안에서, 유책배우자 甲은 상대방에게 위자료를 지급할 책임이 있다고 하였다.[21)]

3.3. 사실혼의 부당파기로 인한 손해배상에는 재산상의 손해[22)]와 정신상 고통에 대한 위자료가 포함된다. 사실혼관계의 부당파기로 인한 위자료청구권의 소멸시효의 기산점에 대하여, 판례는 부의 부정행위로 사실혼관계가 파탄된 시점이 아니라, 처가 사실혼관계존재확인의 소를 제기하여 패소판결이 선고된 시점이라고 본다.[23)]

3.4. 사실혼관계가 일방적으로 파기된 경우에도 재산분할청구권에 관한 규정이 유추적용된다.[24)]

---

19) 대판 1993.7.27, 93누1497.
20) 대판 1994.11.4, 94므1133; 대판 1989.2.14, 88므146.
21) 서울가판 2011.4.20, 2009드합8574, 2010드합7553.
22) 대판 1989.2.14, 88므146; 대판 1984.9.25, 84므77.
23) 대판 1998.7.24, 97므18.
24) 대판 1995.3.10, 94므1379; 대판 1995.3.28, 94므1584.

VI. 자의 양육문제

사실혼이 해소되는 경우 자의 양육문제에 대하여 제837조가 유추적용되어야 할 것이다. 다만 법원이 직권으로 양육사항을 정하는 것은 불가능하다. 사실혼의 해소는 공시되지 않기 때문이다. 따라서 부모가 협의하여 양육자 및 양육비용의 부담 등 양육에 관련된 사항을 정할 수 있고, 협의가 되지 않는 경우에는 당사자의 청구에 의하여 가정법원이 정한다고 해석하여야 한다. 또한 면접교섭권의 규정(제837조의2)도 사실혼해소의 경우에 당연히 유추적용되어야 한다.

[사례 10]

A(남)와 B(여)는 결혼식을 올리고 동거생활을 하고 있으나, 혼인신고는 하지 않은 상태이다.
(1) B가 일용품을 외상으로 구입하였을 때, A는 그 채무에 대하여 책임을 져야 하는가?
(2) A・B 사이에 불화가 있어서 A가 집을 나가 버렸다. B는 A에 대하여 혼인신고의 제출을 청구할 수 있는가? 그것이 안 될 경우 위자료나 재산분할을 청구할 수 있는가? 이 경우 혼인예약불이행으로 인한 손해배상과 불법행위로 인한 손해배상 사이에 어떤 차이가 있는가? A는 B에 대하여 약혼예물의 반환을 청구할 수 있는가?
(3) 사실혼관계의 존속 중에 출생한 C에 대하여 A는 인지를 거부한다. C는 A에 대하여 어떻게 인지청구를 할 수 있는가?
(4) 공장에서 일하고 있던 A가 폭발사고로 사망하였다. B와 C는 A의 사용자인 D에 대하여 어떤 청구를 할 수 있는가?[25]
((1) 대판 1980.12.23, 80다2077; (2) 대판 2001.1.30, 2000도4942; 대판 1998.8.21, 97므544; 대판 1995.3.10, 94므1379; 대판 2003.11.14, 2000므1257; (3) 대판 1975.12.23, 75다413; (4) 대판 1977.7.12, 76다2608)

◀요약▶
(1) A와 B는 사실혼관계이지만, 법률상의 부부와 마찬가지로 일상가사대리권과 일상가사로 인한 채무에 대한 연대책임에 관한 규정(제832조)이 유추적용되므로(대판 1980.12.23, 80다2077), A는 연대채무를 부담하게 된다.[26]
(2) 판례의 태도에 따르면, B의 A에 대한 사실상혼인관계존재확인청구는 인용되지 않는다.[27]
(3) B는 C의 법정대리인으로서 A를 상대로 인지청구의 소를 제기할 수 있다. 그러나

---

25) 김주수/김상용, 전게서, 245면.
26) 김주수/김상용, 전게서, 252면.
27) 김주수/김상용, 전게서, 250면.

그 입증책임의 문제로서 제844조가 유추적용되어야 할 것이다. 따라서 B가 사실혼이 성립한 날로부터 200일 후, 해소의 날로부터 300일 내에 해산한 자는 사실혼의 부의 자로 추정된다. 그러므로 인지청구소송에서 A가 부가 아닌 것을 주장하기 위하여서는 그 추정을 번복할 수 있는 반증을 들어야 할 것이다.[28]

(4) B와 C는 A의 사고로 인한 사망으로 산업재해보상보험법에 의한 유족급여를 받을 수 있다(동법 제3조, 동법시행령 제2조). 그러나 B는 사실혼의 처로서 A에 대한 상속권이 없으므로 상속에 의한 손해배상청구권은 없고, 제752조에 의한 위자료청구와 부양료청구권 상실로 인한 손해배상청구권을 행사할 수 있을 뿐이다. 그리고 C는 제752조에 의하여 위자료청구를 할 수 있을 뿐만 아니라 인지판결이 확정되면 A의 상속인이 됨으로써 A의 사용자인 D에 대하여 위자료청구 및 손해배상청구를 할 수 있다는 것이 판례의 태도이다(대판 1977.7.12, 76다2608).[29]

[문항]

| 사실혼관계존부확인청구와 사실혼의 해소 | [부산대09] |

[문항]

| 사실혼의 법적 지위 | [사법시험36] |

---

28) 김주수/김상용, 전게서, 254면.
29) 김주수/김상용, 전게서, 255면.

제11강 친자법(1): 친자관계와 친생자

Ⅱ. 친생자

[참조조문]

제781조(자의 성과 본) ① 자는 부의 성과 본을 따른다. 다만, 부모가 혼인신고 시 모의 성과 본을 따르기로 협의한 경우에는 모의 성과 본을 따른다.
② 부가 외국인인 경우에는 자는 모의 성과 본을 따를 수 있다.
③ 부를 알 수 없는 자는 모의 성과 본을 따른다.
④ 부모를 알 수 없는 자는 법원의 허가를 받아 성과 본을 창설한다. 다만, 성과 본을 창설한 후 부 또는 모를 알게 된 때에는 부 또는 모의 성과 본을 따를 수 있다.

⑤ 혼인외의 출생자가 인지된 경우 자는 부모의 협의에 따라 종전의 성과 본을 계속 사용할 수 있다. 다만, 부모가 협의할 수 없거나 협의가 이루어지지 아니한 경우에는 자는 법원의 허가를 받아 종전의 성과 본을 계속 사용할 수 있다.

⑥ 자의 복리를 위하여 자의 성과 본을 변경할 필요가 있을 때에는 부, 모 또는 자의 청구에 의하여 법원의 허가를 받아 이를 변경할 수 있다. 다만, 자가 미성년자이고 법정대리인이 청구할 수 없는 경우에는 제777조의 규정에 따른 친족 또는 검사가 청구할 수 있다.

제844조(부의 친생자의 추정) ① 처가 혼인중에 포태한 자는 부의 자로 추정한다.

② 혼인성립의 날로부터 2백일 후 또는 혼인관계 종료의 날로부터 3백일 내에 출생한 자는 혼인중에 포태한 것으로 추정한다.

제845조(법원에 의한 부의 결정) 재혼한 여자가 해산한 경우에 제844조의 규정에 의하여 그 자의 부를 정할 수 없는 때에는 법원이 당사자의 청구에 의하여 이를 정한다. <개정 2005.3.31>

제846조(자의 친생부인) 부부의 일방은 제844조의 경우에 그 자가 친생자임을 부인하는 소를 제기할 수 있다. <개정 2005.3.31>

제847조(친생부인의 소) ① 친생부인(親生否認)의 소(訴)는 부(夫) 또는 처(妻)가 다른 일방 또는 자(子)를 상대로 하여 그 사유가 있음을 안 날부터 2년 내에 이를 제기하여야 한다.

② 제1항의 경우에 상대방이 될 자가 모두 사망한 때에는 그 사망을 안 날부터 2년 내에 검사를 상대로 하여 친생부인의 소를 제기할 수 있다.

제848조(성년후견과 친생부인의 소) ① 남편이나 아내가 피성년후견인인 경우에는 그의 성년후견인이 성년후견감독인의 동의를 받아 친생부인의 소를 제기할 수 있다. 성년후견감독인이 없거나 동의할 수 없을 때에는 가정법원에 그 동의를 갈음하는 허가를 청구할 수 있다.

② 제1항의 경우 성년후견인이 친생부인의 소를 제기하지 아니하는 경우에는 피성년후견인은 성년후견종료의 심판이 있은 날부터 2년 내에 친생부인의 소를 제기할 수 있다.

제849조(자 사망 후의 친생부인) 자가 사망한 후에도 그 직계비속이 있는 때에는 그 모를 상대로, 모가 없으면 검사를 상대로 하여 부인의 소를 제기할 수 있다.

제850조(유언에 의한 친생부인) 부(夫) 또는 처(妻)가 유언으로 부인의 의사를 표시한 때에는 유언집행자는 친생부인의 소를 제기하여야 한다. <개정 2005.3.31>

제851조(부의 자 출생 전 사망 등과 친생부인) 부(夫)가 자(子)의 출생 전에 사망하거나 부(夫) 또는 처(妻)가 제847조 제1항의 기간 내에 사망한 때에는 부(夫) 또는 처(妻)의 직계존속이나 직계비속에 한하여 그 사망을 안 날부터 2년 내에 친생부인의 소를 제기할 수 있다.

제852조(친생부인권의 소멸) 자의 출생 후에 친생자(親生子)임을 승인한 자는 다시 친생부인의 소를 제기하지 못한다.

제853조 삭제 <2005.3.31>

제854조(사기, 강박으로 인한 승인의 취소) 제852조의 승인이 사기 또는 강박으로 인한 때에는 이를 취소할 수 있다. <개정 2005.3.31>

제855조(인지) ① 혼인외의 출생자는 그 생부나 생모가 이를 인지할 수 있다. 부모의 혼인이 무효인 때에는 출생자는 혼인외의 출생자로 본다.

② 혼인외의 출생자는 그 부모가 혼인한 때에는 그때로부터 혼인중의 출생자로 본다.

제856조(피성년후견인의 인지) 아버지가 피성년후견인인 경우에는 성년후견인의 동의를 받아 인지할 수 있다.

제857조(사망자의 인지) 자가 사망한 후에도 그 직계비속이 있는 때에는 이를 인지할 수

있다.

제858조(포태 중인 자의 인지) 부는 포태 중에 있는 자에 대하여도 이를 인지할 수 있다.

제859조(인지의 효력발생) ① 인지는 「가족관계의 등록 등에 관한 법률」의 정하는 바에 의하여 신고함으로써 그 효력이 생긴다. <개정 2007.5.17>

② 인지는 유언으로도 이를 할 수 있다. 이 경우에는 유언집행자가 이를 신고하여야 한다.

제860조(인지의 소급효) 인지는 그 자의 출생 시에 소급하여 효력이 생긴다. 그러나 제삼 자의 취득한 권리를 해하지 못한다.

제861조(인지의 취소) 사기, 강박 또는 중대한 착오로 인하여 인지를 한 때에는 사기나 착오를 안 날 또는 강박을 면한 날로부터 6월 내에 가정법원에 그 취소를 청구할 수 있다. <개정 2005.3.31>

제862조(인지에 대한 이의의 소) 자 기타 이해관계인은 인지의 신고 있음을 안 날로부터 1년 내에 인지에 대한 이의의 소를 제기할 수 있다.

제863조(인지청구의 소) 자와 그 직계비속 또는 그 법정대리인은 부 또는 모를 상대로 하여 인지청구의 소를 제기할 수 있다.

제864조(부모의 사망과 인지청구의 소) 제862조 및 제863조의 경우에 부 또는 모가 사망한 때에는 그 사망을 안 날로부터 2년 내에 검사를 상대로 하여 인지에 대한 이의 또는 인지청구의 소를 제기할 수 있다. <개정 2005.3.31>

제864조의2(인지와 자의 양육책임 등) 제837조 및 제837조의2의 규정은 자가 인지된 경우에 자의 양육책임과 면접교섭권에 관하여 이를 준용한다.

제865조(다른 사유를 원인으로 하는 친생자관계존부확인의 소) ① 제845조, 제846조, 제848조, 제850조, 제851조, 제862조와 제863조의 규정에 의하여 소를 제기할 수 있는 자는 다른 사유를 원인으로 하여 친생자관계존부의 확인의 소를 제기할 수 있다.

② 제1항의 경우에 당사자일방이 사망한 때에는 그 사망을 안 날로부터 2년 내에 검사를 상대로 하여 소를 제기할 수 있다. <개정 2005.3.31>

Ⅰ. 서설: 친자관계

1. 제도적 의의

1.1. 친자관계는 혼인관계와 더불어 가족관계의 기초가 된다. 일반적으로 친자 관계라고 할 때 혈연에 의한 친자관계만을 생각하는 경우가 많으나(친생친자관계), 친자관계는 반드시 혈연에 기초하는 것만은 아니고, 당사자의 의사에 의하여 발생할 수도 있다(입양에 의한 친자관계; 법정친자관계). 이러한 의미에서 친자관계라함은 혈연적 관계만을 의미하는 것이 아니라, 사회적 관계, 사실적 관계까지 포함하는 것이다.

1.2. 친생자는 부모의 혼인중에 태어났는가의 여부에 따라 혼인중의 출생자와 혼인외의 출생자로 나누어진다. 종래에는 혼인외의 출생자가 사회적으로 큰 차별을 받았다. 그러나 오늘날에는 법의 영역에서 혼인중의 출생자와 혼인외의 출생자 사이의 차별은 사라졌다고 할 것이다.

1.3. 당사자의 의사에 의하여 친자관계가 성립하는 양친자관계도 역사적 변천을 겪어 왔다. 종래에는 가계계승을 목적으로 양자를 삼는 경우가 많았지만, 오늘날에는 입양의 목적이 보호를 필요로 하는 아동에게 건강하게 성장할 수 있는 가정환경을 제공한다는 점에 초점이 맞추어지고 있다.

2. 친자법의 이념

2.1. 민법상 친자관계의 중요한 효과는 친권, 부양, 상속 등이다. 이 가운데 친권은 친자관계에 대한 사회의 의식변화를 나타내는 하나의 지표가 된다. 오늘날에는 친자법의 영역에서 자녀의 복리가 우선되어야 한다는 의식이 확산되고, 부부평등 의식이 보편화되면서 친권법에도 많은 변화가 있다.

2.2. 따라서 친자법에서 친권행사에 있어서 부모의 의사가 동등한 비중을 차지하게 되었고, 자녀의 복리가 우선적으로 고려되어야 한다는 점이 부각되기 시작하였다. 이러한 변화는 아직 진행 중에 있다.

3. 민법과 친자관계

3.1. 민법은 친자관계의 성립(어떠한 사람들 사이에 친자관계가 존재하는가)과 그 효과(친자관계가 있는 사람들 사이에는 어떠한 법률적 효과가 생기는가)에 관하여 규정하고 있다.

3.2. 친자관계의 성립과 관련하여 보면, 민법상 친자관계에는 친생친자관계와 법정친자관계가 있다. 친생친자관계는 부모와 자녀의 관계가 혈연에 기초하고 있는 경우이고, 법정친자관계는 혈연에 의하지 않고 당사자의 의사에 기초한 경우,

즉 양친자관계인 경우이다.[1] 친생친자는 부모와 혈연관계에 있는 자로서 부모의 혼인상태에 따라서 혼인중의 출생자와 혼인외의 출생자로 나누어진다.

4. 친자의 성

4.1. 민법은 부부의 성에 관하여 아무런 규정도 두지 않았다. 혼인 후에도 부부는 각자 본래의 성을 그대로 유지한다(성불변의 원칙).

4.2. 자(子)는 부(父)의 성과 본을 따르는 것을 원칙으로 하고(부성본의 원칙), 부모가 혼인신고를 할 때에 모의 성과 본을 따르기로 협의한 경우에는 모의 성과 본을 따른다(모성본의 예외, 제781조 제1항).[2]

4.3. 부(父)가 외국인인 때에는 모의 성과 본을 따를 수 있다(제781조 제2항; 부모양계혈연주의).

4.4. 부(父)를 알 수 없는 자는 모의 성과 본을 따른다(제781조 제3항).

4.5. 혼인외의 출생자가 인지된 경우에는 민법 제781조 제1항 본문의 규정에 따라 원칙적으로 부의 성과 본을 따른다. 그러나 인지신고 시 부모가 협의하여 종전의 성과 본을 계속 사용하기로 하는 협의서를 제출한 경우에는 인지된 자는 종전의 성과 본을 계속 사용할 수 있다(제781조 제5항 본문). 다만 부모가 협의할 수 없거나 협의가 이루어지지 아니한 경우에는 자는 가정법원의 허가를 받아 종전의 성과 본을 계속 사용할 수 있다(제781조 제5항 단서).

---

1) 법정친자관계이었던 종래의 적모서자(嫡母庶子), 적자서모(嫡子庶母)의 관계는 삭제됨으로써 이들은 인척(姻戚)으로 되었다.
2) 헌재결 2005.12.22, 2003헌가5, 6(병합).

[서식]

[별지 2]

협 의 서

부의 성명
등록기준지
주민등록번호

모의 성명
등록기준지
주민등록번호

피인지자 성명
등록기준지
주민등록번호

위 혼인외 자(피인지자)의 성과 본을 인지 전의 성과 본으로 계속 사용할 것을 협의합니다.

20   .   .   .

부   ㉔ (서명)
모   ㉔ (서명)

덧붙임: 1. 제출인의 신분을 확인할 수 있는 주민등록증(운전면허증, 여권, 공무원증 등).
        사본 1부.
     2. 출석하지 않은 부모 일방 또는 쌍방의 인감증명서 또는 서명에 대한 공증서 1
        부. 끝.

☞ **유의사항**

1. 부모 중 일방 또는 쌍방이 불출석한 경우, 불출석한 당사자의 인감증명서 또는 서명에
   대한 공증서를 반드시 첨부하여야 합니다.
2. 타인의 서명 또는 인장의 도용 등으로 허위의 협의서를 작성하여 제출하는 경우에는 「
   형법」 제231조부터 제237조의2까지의 규정에 따라 5년 이하의 징역 또는 1천만 원
   이하의 벌금형에 처해집니다.

4.6. 자의 복리를 위하여 필요한 때에는 법원의 허가를 받아 자의 성과 본을

변경할 수 있다(제781조 제6항 본문)3). 이와 같은 자의 성과 본을 변경함에 있어서 "자의 복리를 위하여 자의 성과 본을 변경할 필요가 있을 때"라는 판단기준을 어떻게 해석할 것인가. 먼저 자녀와 부의 관계를 판단의 기준으로 삼는 방법으로, 자녀와 부의 관계가 안정적으로 유지되고 있는 경우에는 이와 같은 관계를 보호하는 것이 일반적으로 자녀의 복리에 적합할 것이다. 그러나 부가 자녀와의 교류를 단절시키고 양육비도 지급하지 않는 경우라면, 실제로 아버지의 역할을 하고 있는 계부의 성을 따를 수 있도록 허용하는 것이 자녀의 복리에 적합한 결정이 될 것이다. 다음으로 친양자제도의 도입에 따라 친양자 입양을 하는 경우에는 양자가 양친의 성과 본을 따르게 된다. 이와 함께 성 변경에 관한 입법적 보완이 필요하다고 할 것이다.4)

[소장 12]5)

성과 본의 변경허가청구

원　고　　이○○
(사건본인) 2004. 3. 3.생(주민등록번호:　　　　　　　　　)
　　　　　등록기준지　　　생략
　　　　　주소　　　　　　○○시　○○구　○○동　○○번지
　　　　　미성년자이므로 법정대리인　친권자 모　박○순

청구취지

사건본인의 성 이(李)를 김(金)으로, 본 전주(全州)를 김해(金海)로 변경할 것을 허가한다. 는 심판을 구함.

청구원인

1. 사건본인의 생모인 박○순은 1999. 6. 5. 청구 외 이○돌과 혼인하여 2004. 3. 3. 서울 ○○구 ○○동 250에서 사건본인을 출산하여 이○돌의 가족관계등록부에 출생신고를 하였습니다.

---

3) 개명허가의 기준에 대하여, 대결 2005.11.16, 2005스26.
4) 김주수/김상용, 전게서, 266~267면.
5) 박동섭, 전게서, 869면.

2. 그런데 이번에 박O순은 이O돌과 협의이혼하면서 사건본인의 친권자 겸 양육자로 지정되었고, 새로이 제3의 남자(홀아비)인 김O빈과 재혼하였습니다.

3. 그런데 김O빈에게는 이미 자녀가 2명 태어나 있어서, 사건본인의 성과 본도 김O빈의 자녀들과 동일하게 하는 것이 사건본인의 복지에 유리할 것으로 생각되어 민법 제781조 제6항에 의하여 이 사건 청구를 하게 되었습니다.

여러 가지 사정을 감안하여 이 청구를 허가하여 주시기 바랍니다.

첨부서류

1. 가족관계증명서　　　　　1통
2. 주민등록표등본　　　　　3통
기타

2000.　　　　　　3.　　　　　15.
청구인　　　　　이OO
법정대리인 친권자　　　　　박O순 (인)

서울가정법원 귀중

[소장 12-1]

자의 성과 본의 변경허가 심판청구

청 구 인　　　성명 :　　　　　　　(휴대전화 :　　　　　,집전화 :　　　　　)
　　　　　　　주민등록번호 :　　　　　　－
　　　　　　　주소 :
　　　　　　　등록기준지 :

사건본인　　　성명 :
　　　　　　　주민등록번호 :　　　　　　－
　　　　　　　주소 :
　　　　　　　등록기준지 :

청 구 취 지

'사건본인의 성을 "　　　　(한자:　　　)"로, 본을 "　　　　(한자:　　　)"로 변경할 것을 허가한다.'라는 심판을 구합니다.

청 구 원 인

1. <u>사건본인의 가족관계 등</u> (해당 □안에 √ 표시, 내용 추가)

   가. 사건본인은 (친부   )과(와) (친모   ) 사이에 출생한 자입니다.

   □ 친부의 주소는 (   )입니다.

   나. □ (친부   )과(와) (친모   )는(은) (

   년   월   일) 이혼하였습니다.

   □ (친부   )는(은) (년   월   일) 사망하였습니다.

   □ (   )는(은) (년   월   일) 사건본인을 입양하였습니다.

2. <u>성과 본의 변경을 청구하는 이유</u> (해당 □안에 √ 표시, 내용 추가)

   사건본인이 현재의 성과 본으로 인하여 학교나 사회생활 등에서 많은 어려움을 겪고 있으므로 사건본인의 복리를 위하여 다음과 같이 청구합니다.

   □ (친모   )과(와) (년   월   일) 혼인하여 사건본인의 <u>의붓아버지(계부)</u>가 된 (   )의 "성"과 "본"으로 바꾸고 싶습니다.

   □ <u>어머니</u>의 "성"과 "본"으로 바꾸고 싶습니다.

   □ <u>양부 또는 양모</u>의 "성"과 "본"으로 바꾸고 싶습니다.

   □ <u>위 각 경우에 해당하지 않는 경우의 이유</u>(서술식으로 기재)

   :

첨 부 서 류

1. 진술서(청구인)   1통
2. 가족관계증명서(청구인 및 사건본인)   각   1통
3. 기본증명서(사건본인)   1통
4. 혼인관계증명서(청구인)   1통
5. 주민등록등본(청구인 및 사건본인) 각 1통(청구인과 사건본인의 주소지가 같은 경우에는 1통만 제출하면 됩니다)
6. 기타(해당사항이 있는 경우에 □안에 √ 표시를 하고 해당 서류를 첨부해 주십시오)

   □ 입양관계증명서 1통(사건본인이 입양된 경우)

   □ 제적등본(친부) 1통(친부가 사망한 경우, 단 2008. 1. 1. 이후에 사망신고가 된 경우에는 폐쇄가족관계등록부에 따른 친부의 기본증명서)

20 .   .   .

청구인   (인)

가정법원{　　　　지방법원(지원)} 귀중

☞ 유의사항
  1. 청구서에는 사건본인 1명당 수입인지 5,000원을 붙여야 합니다.
  2. 송달료는 청구인수×3,190원(우편료)×8회분을 송달료취급은행에 납부하고 영수증을 첨부하여야 합니다.
  3. 관할법원은 사건본인의 주소지의 가정법원(가정법원 또는 가정지원이 설치되지 아니한 지역은 해당 지방법원 또는 지방법원 지원)입니다.
  4. 사건본인의 아버지에게 의견청취서를 보내어 의견을 들을 필요가 있을 수 있으므로 신속한 심리를 위하여, 사건본인의 아버지의 주소는 알고 있는 경우에 기재하되, 기재하지 아니한 경우 주소를 밝히라는 법원의 보정명령을 나중에 받을 수 있습니다.
  5. '성'과 '본'이 변경된다고 하여, 의붓아버지와 사이에 친자관계가 생기거나 종전 부모와의 친족관계가 소멸되는 것은 아니며 가족관계등록부에는 여전히 친아버지가 아버지로 기재됩니다. 또한 친권자가 변경되는 것도 아닙니다.

진 술 서

청구인은 다음과 같은 내용을 **사실대로** 진술합니다.

1. 청구인과 사건본인의 가족관계 등
가. 기본 사항(사건본인과 관계있는 해당 사항만 기재하시면 됩니다.)

구분	연월일	참고 사항
(　　　　)과(와) 혼인 신고일	년　월　일	동거 시작일　년　월　일
사건본인 (　)출생일자	년　월　일	
(　　　　)과(와) 이혼 신고일	년　월　일	□ 협의이혼, □ 재판상 이혼
(　　　　)과(와) 재혼 신고일	년　월　일	동거 시작일　년　월　일

나. 사건본인의 현재 생활, 친권자, 양육자 등

구분	내용
(1) 사건본인의 나이, 학교 등	만　　　세. □　　　유치원, □　　　학교　학년 재학 중
(2) 이혼 시 지정된 친권자	□ 사건본인의 아버지, □ 사건본인의 어머니
(3) 이혼 시 지정된 양육자	□ 사건본인의 아버지, □ 사건본인의 어머니

(4) 현재의 실제 양육자와 양육기간	☐ 사건본인의 아버지, ☐ 사건본인의 어머니 양육기간: 약 년 개월(년 월 무렵 → 현재)
(5) 양육비용을 부담하고 있는 사람	
(6) 친아버지가 사건본인 또는 사건본인의 어머니에게 양육비를 지급하고 있는지 여부	☐ 양육비를 지급하고 있음 ☐ 양육비를 지급하고 있지 아니함
	※ 양육비를 지급하고 있는 경우 그 액수 월 평균으로 따져보면 약 원
(7) 사건본인이 친아버지와 면접교섭하는지(정기적 또는 부정기적으로 만나는지) 여부	☐ 면접교섭함, ☐ 면접교섭하지 아니함
	면접교섭의 내용(면접교섭하는 경우에만 기재하여 주십시오.) ☐ 1년에 약 1~3회 ☐ 매월 약 1회, ☐ 매월 약 2회 이상 ☐ 기타( )

2. 사건본인이 현재의 성과 본으로 인하여 사회생활 등에서 어려움을 겪고 있는 구체적 사례

3. 사건본인의 성과 본의 변경이 필요한 이유(☐안에 √ 표시, 내용 기재)
   ☐ 의붓아버지(계부)의 성과 본으로 변경하려는 경우
   (1) 의붓아버지가 사건본인을 양육하고 있는지: ☐ 양육하고 있음, ☐ 양육하고 있지 아니함
   (2) 의붓아버지가 사건본인을 실제 양육한 기간
        약   년   개월 (년   월 무렵부터 →   년
        월 무렵까지)
   (3) 성과 본의 변경이 사건본인의 행복과 이익을 위하여 필요한 이유

   ☐ 어머니의 성과 본으로 변경하려는 경우
   (1) 어머니가 이혼 후 사건본인을 실제 양육한 기간
        약   년   개월 (년   월 무렵부터 →   년
        월 무렵까지)

(2) 성과 본의 변경이 사건본인의 행복과 이익을 위하여 필요한 이유

| |
| |

□ **양부 또는 양모의 성과 본으로 변경하려는 경우**

(1) 사건본인을 양육하고 있는지: □ 양육하고 있음. □ 양육하고 있지 아니함

(2) 양부 또는 양모가 사건본인을 실제 양육한 기간

　약　　　년　　　개월 (　　년　　　월 무렵부터 →　　　년

월 무렵까지)

(3) 성과 본의 변경이 사건본인의 행복과 이익을 위하여 필요한 이유

| |
| |

4. 그 밖에 법원에 진술하고 싶은 사정

　　　　　　　　　　20　　　년　　　월　　　일

　　　　　　　　　청구인　　　　　　　　　　(인)

○○가정법원{○○지방법원(지원)} 귀중

Ⅱ. 친생자

1. 서설

부모와 자녀의 관계는 친생친자관계와 법정친자관계로 나누어진다. 먼저 친생친자관계는 부모와 혈연에 기초하고 있는 경우로서, 혼인중의 출생자와 혼인외의 출생자로 나누어진다. 혼인중의 출생자는 다시 친생자의 추정을 받는 혼인중의 출생자와 친생자의 추정을 받지 않는 혼인중의 출생자로 나누어진다. 그리고 혼인외의 출생자는 부모가 혼인하지 않은 상태에서 출생한 자이다. 다음으로 법정친자관계는 혈연에 의하지 않고 당사자의 의사에 기초한 친자관계로서, 양친자관계가 이에 속한다.

2. 혼인중의 출생자

2.1. 혼인중의 출생자의 의의

혼인중의 출생자라 함은 법률혼관계에 있는 부부 사이에서 태어난 자를 말한다. 혼인중의 출생자에는 생래의 혼인중의 출생자(출생 시부터 혼인중의 출생자의 인격을 취득한 자)와 준정에 의한 혼인중의 출생자(제855조 제2항; 출생 시에는 혼인외의 출생자였으나, 부모의 혼인과 부의 인지에 의하여 혼인중의 출생자의 인격을 취득한 자)가 있다. 생래의 혼인중의 출생자에는 '친생자의 추정을 받는 혼인중의 출생자'와 '친생자의 추정을 받지 않는 혼인중의 출생자' 및 '친생자의 추정이 미치지 않는 자'가 있다. 혼인중의 출생자가 되기 위하여는 모가 혼인한 후에 출생하여야 한다.

2.2. 친생자의 추정을 받는 혼인중의 출생자

2.2.1. 친생자추정을 받기 위한 요건
2.2.1.1. 모가 혼인중에 임신한 자이어야 한다. 민법은 혼인성립의 날로부터

200일(최단 임신기간) 후 혼인관계종료의 날로부터 300일(최장 임신기간) 이내에 출생한 자는 모가 혼인중에 임신한 것으로 추정한다(제844조 제2항). 따라서 이 기간 중에 출생한 자는 '친생자의 추정을 받는 혼인중의 출생자'의 인격을 갖는다.

2.2.1.2. 혼인성립의 날이라 함은 혼인신고의 날을 의미한다고 해석할 수 있다. 그러나 사실혼 성립의 날도 포함한다고 넓게 해석하여야 할 것이다.[6]

2.2.1.3. 여기에서 200일 또는 300일의 기간은 날로써 계산하고, 그 당일부터 계산하여야 한다(제157조). 따라서 기간의 기산점은 초일을 산입한다.

2.2.2. 친생자추정의 효과

친생자의 추정을 받는 혼인중의 출생자는 그 인격이 확고하여, 요건이 엄격한 친생부인의 소에 의하여서만 다투어질 수 있다.[7]

2.3. 친생자의 추정을 받지 않는 혼인중의 출생자

2.3.1. 혼인이 성립한 날로부터 200일이 되기 전에 출생한 자는 친생자의 추정을 받지 못한다.[8]

2.3.2. 이 경우에는 친생자관계부존재확인의 소에 의하여 법률상의 부자관계를 소멸시킬 수 있다.

2.4. 친생자의 추정이 미치지 않는 자

2.4.1. 부부가 별거하여 처가 부의 자를 임신할 가능성이 전혀 없는 상황[9]에서 자를 출산한 경우에도 제844조에 의하면, 그 자는 부의 친생자로 추정이 된다.

---

6) 대판 1963.5.13, 63다228.
7) 대판 2000.8.22, 2000므292; 대판 1997.2.25, 96므1663.
8) 예컨대, 사실혼중에 포태하여 혼인성립 후 200일 이내에 출생한 자, 혼인외, 사실혼외에 포태하여 혼인성립 후 200일 이내에 출생한 자, 사실혼중 또는 혼인외, 사실혼외에 포태하여 혼인해소 후에 출생한 자, 혼인중에 포태하여 혼인성립 후 200일 이내에 출행한 자, 혼인중 포태하여 혼인해소 후 300일 후에 출생한 자 등이다. 박병호, 가족법, 159면.
9) 예컨대, 부가 행방불명 혹은 생사불명인 때, 부가 입대 중, 수감 중, 입원 중 또는 외국체재 등 부재중인 때, 혼인이 파탄하여 사실상 이혼상태로 별거중인 때, 부와 자 사이에 명백한 인종차가 있을 때 등이다. 다만 부가 생식불능인 때, 부와 자 사이에 혈액형이 배치됨이 인정된 때는 당사자나 이해관계인의 동의가 있는 경우에 한하여 추정이 미치지 않다고 하여야 할 것이다. 박병호, 가족법, 159~160면.

이에 대한 해석론은 처가 부의 자를 포태할 수 없는 것이 객관적으로 명백한 별거상태에서 포태하여 출산한 자는 부의 친생자로서 추정이 미치지 않는다고 하였다.[10] 이 해석론은 판례에도 반영되었다.[11] 그러나 부부가 1년에 한 번 정도 만나는 관계에서 자가 태어난 경우에 그 자는 부의 친생자로 추정된다고 본다.[12] 이와 같은 친생자의 추정이 미치지 않는 자에 대하여, 부(또는 모)가 친생부인의 소를 제기할 수 있고, 이해관계인은 친생자관계부존재확인의 소를 제기할 수 있다. 그리고 자는 진실의 부를 상대로 인지청구의 소를 제기할 수 있다.

2.4.2. 현재 판례의 동향은 부부가 별거하여 처가 부의 자를 임신하는 것이 객관적으로 불가능한 상황에서 임신한 자에 대하여만 친생추정이 미치지 않는 것으로 본다. 그러나 판례는 "호적상의 부모의 혼인중의 자로 등재되어 있는 자라 하더라도 그의 생부모가 호적상의 부모와 다른 사실이 객관적으로 명백한 경우에는 그 친생추정이 미치지 아니한다고 봄이 상당하고, 따라서 그와 같은 경우에는 곧바로 생부모를 상대로 인지청구를 할 수 있다"고 판시하였다.[13] 그러나 이 판례는 '친생자의 추정이 미치지 않는 자'의 법리를 오해한 것이라는 비판이 있다.[14]

[사례 11]

> X와 A는 1931년 5월 30일 혼인신고를 마친 법률상의 부부였는데, 1980년 2월 29일 법원에서 이혼판결을 받아 같은 해 3월 11일 이혼신고가 이루어졌다. 그런데 A는 1941년 10월경 가출하여 B와 동거를 시작하였으며, 그 이후로는 X와 별거 중이었는데, 1944년 1월 15일에 Y를 출산하였다. 이에 대하여 X는 Y를 상대로 친생자관계부존재확인의 소를 제기하였다. 그러나 Y는 자신이 A와 X의 법률상 부부관계가 계속 중에 포태한 자이니 제844조 제1항의 규정에 의하여 친생자로 추정되므로, 이러한 경우에는 제847조 제1항의 규정에 따라 친생부인의 소에 의하여야 한다고 다툰다. 이 경우에 어느 쪽의 주장이 타당한가?[15]
>
> (대판 1990.12.11, 90므637)

◀요약▶

X와 A의 사실상 이혼상태에서 A가 Y를 포태하여 출산하였으므로 친생자의 추정이 미

---

10) 정광현, 신친족상속법요론, 200면; 김용한, 친족상속법론, 212면; 이근식/한봉희, 신친족상속법, 136면.
11) 대판(전) 1983.7.12, 82므59.
12) 대판 1990.12.11, 90므637.
13) 대판 2000.1.28, 99므1817.
14) 김주수/김상용, 전게서, 273면.
15) 김주수/김상용, 전게서, 271면.

치지 않는다고 보아야 한다. 따라서 대판 1990.12.11, 90므637에 따르면, <u>친생부인의 소</u>에 의할 것이 아니라 친생자관계부존재확인의 소로써 다툴 수 있다. 따라서 Y가 친생자 추정을 받게 되어 친생부인의 소로써 다투어야 한다면 이미 제척기간이 경과되었기 때문에 X와 Y 사이의 친자관계가 영구화되어 진실에 반하는 결과를 가져오게 된다.[16]

[사례 11-1]

X와 Y에게 A가 있다.

(1) A가 부 X와 모 Y 사이에 혼인중의 출생자로서 추정을 받지 못하거나 친생자의 추정이 미치지 않는 경우에 A는 부 X에 대하여 어떻게 할 수 있는가?

(2) 부 X와 모 Y가 협의이혼을 하면서 모 Y가 A의 양육 및 친권을 행사하기로 한 경우에 모 Y가 사망하면 A의 친권은 누가 행사하여야 하는가. 만약 친권을 행사할 자가 없는 경우에는 누가 후견을 하여야 하는가?

(3) A가 부 X와 모 Y와의 혼인외 출생자인 경우에 부 X가 허위로 출생신고를 하였다면 어떻게 되는가?

[부산대09]

2.5. 부를 정하는 소

2.5.1. 민법 제844조는 혼인성립의 날로부터 200일 후 또는 혼인관계종료의 날로부터 300일 내에 출생한 자는 처가 혼인중에 임신한 것으로 추정하고, 따라서 부의 자로 추정된다고 규정하고 있다. 그러나 이 규정에 의하면 부성추정의 충돌이 생기는 경우가 있다. 이와 같은 경우에는 당사자의 청구에 의하여 가정법원이 자의 부를 결정한다(제845조).

2.5.2. 부를 정하는 소의 당사자는, a) 자가 제기하는 경우에는 모, 모의 배우자 및 전배우자를 상대방으로 하고, b) 모가 제기하는 경우에는 배우자 및 전배우자를 상대방으로 하고, c) 모의 배우자가 제기하는 경우에는 모 및 그 전배우자를 상대방으로 하며, d) 전배우자가 제기하는 경우에는 모 및 그 배우자를 상대방으로 한다. 만약 상대방으로 할 사람 가운데 생존자가 없는 때에는 그 사망을 안 날로부터 2년 내에 검사를 상대방으로 하여 소를 제기할 수 있다(가사소송법 제27조 제4항).

---

16) 김주수/김상용, 전게서, 272면.

2.5.3. 판결의 효력은 제3자에게도 미친다(가사소송법 제21조). 즉 대세적 효력이 있다.

2.5.4. 처가 중혼하여 중복하는 두 개의 혼인에 관하여 친생자추정을 받는 자를 낳으면, 그 자는 두 사람의 부의 자로서 추정될 수밖에 없다.

2.6. 친생부인의 소

2.6.1. 의의

2.6.1.1. 민법 제844조 제1항에 의하여 처가 혼인중에 포태한 자는 부의 자로 추정된다. 그러나 이와 같은 친생추정과 현실이 일치하지 않는 경우에는 부와 자 사이의 친자관계를 제거할 수 있는 제도를 마련하고 있다. 민법도 다른 입법례와 같은 취지로 진실의 혈연관계와 일치하지 않는 친자관계의 부인권을 부와 자의 모에게 인정하고 있다.

2.6.1.2. 먼저 소를 제기할 수 있는 사람의 범위를 제한한 이유는 가정의 평화를 지키기 위한 것이다. 그러나 부에게 한정하였던 것을 모에게도 인정한 것은 모 자신의 이익은 물론 자의 복리를 위하여 타당하다.

2.6.2. 절차와 부인권자

2.6.2.1. 절차는 먼저 가정법원에 조정을 신청하여야 하며(가사소송법 제2조 제1항 나류사건), 조정이 성립되지 않으면 판결로써 한다(가사소송법 제49조, 민사조정법 제36조).

2.6.2.2. 소의 원고(정당한 원고): 정당한 원고는 원칙적으로 부 또는 처만이 제기할 수 있다(제846조). 예외로서 부 또는 처가 피성년후견인인 경우에는 그의 성년후견인이 성년후견감독인의 동의를 받아 친생부인의 소를 제기할 수 있고, 성년후견감독인이 없거나 동의할 수 없을 때에는 가정법원에 그 동의를 갈음하는 허가를 청구할 수 있다(제848조 제1항). 성년후견인이 친생부인의 소를 제기하지 않은 때에는 피성년후견인인 부 또는 처가 성년후견종료의 심판이 있은 후에 친생부인의 소를 제기할 수 있다(제848조 제2항). 부 또는 처가 유언으로 친생부인의 의사를 표시한 때에는 유언집행자가 소를 제기하여야 한다(제850조). 부가 자의 출생 전에 사망하거나 부 또는 처가 친생부인의 사유가 있음을 안 날로부터

2년 내에 사망한 경우에는 부 또는 처의 직계존속이나 직계비속에 한하여 그 사망을 안 날로부터 2년 내에 소를 제기할 수 있다(제851조).

2.6.2.3. 소의 상대방(정당한 피고): 친생부인의 소의 피고는 부부 중 일방 또는 자이다. 그러나 상대방이 될 자가 모두 사망한 때에는 그 사망을 안 날로부터 2년 내에 검사를 상대로 하여 소를 제기할 수 있다(제847조 제2항). 자가 사망한 후에도 그 직계비속이 있는 때에는 그 모를 상대로, 그 모가 없으면 검사를 상대로 하여 소를 제기할 수 있다(제849조).

2.6.2.4. 출소기간(제소기간): 제847조 제1항에 따르면, "그 사유가 있음을 안 날로부터 2년 내에" 소를 제기할 수 있도록 하였다.

2.6.2.5. 승인에 의한 친생부인권의 상실: 자의 출생 후에 친생자임을 승인한 때에는 친생부인권은 소멸한다(제852조). 친생자의 승인이 사기 또는 강박으로 인하여 이루어진 경우에는 취소할 수 있다(제854조).

2.6.2.6. 재판: 원고는 친생자로 추정받는 자와 부 사이에 친자관계가 없다는 사실을 주장하고 입증하여야 한다. 증명방법으로 유전자감정결과 등이 이용된다.

2.6.2.7. 판결의 효력: 친생부인의 판결이 확정되면 자는 혼인외의 출생자가 된다. 그 효과는 형성적 효력으로, 제3자에 대하여도 효력이 있다(가사소송법 제21조). 그러나 조정의 성립만으로는 친생부인의 효력이 생기지 않는다(가사소송법 제59조 제2항 단서).[17]

2.6.2.8. 등록부의 정정절차: 판결이 확정되면 그 자는 모의 혼인외의 출생자가 된다. 따라서 등록부의 정정이 필요하다(등록법 제107조). 판결이 확정된 날로부터 1월 이내에 판결등본 및 확정증명서를 첨부하여 가족관계등록부의 정정신청을 하여야 한다.

---

17) 대판 1968.2.27, 67므34.

[소장 13]¹⁸⁾

친생부인청구

원　　고　　　　박OO(2000. 0. 00.생)
　　　　　　　　등록기준지
　　　　　　　　주소
피　　고　　　　김을숙(2000. 0. 00.생)
　　　　　　　　등록기준지
　　　　　　　　주소
사건본인　　　　박O식

청구취지

1. 사건본인은 원고의 친생자임을 부인한다.
2. 소송비용은 피고가 부담하여야 한다.
는 판결을 구합니다.

청구원인

원고와 사건본인의 생모인 피고 김을숙은 1994. 5. 5. 혼인하여 동거하다가 뜻이 맞지 아니하여 1995. 10.경부터 별거하기 시작하여 마침내 1996. 10. 20. 협의이혼하였습니다. 원고는 1997. 9. 11. 소외 김OO과 사실상 재혼하여 살고 있었는데, 1996. 11. 22. 사건본인이 태어났다고 하여 1998. 1. 5. 원고의 호적에 일단 출생신고를 하여 입적이 되었습니다. 그러나 원고는 1995. 10.경부터 사건본인의 생모와 별거 중에 있었던 관계로 사건본인의 출생사실도 모르고 있다가 위 출생신고 당시 비로소 알게 되었으므로 이 사건 청구를 하기에 이르렀습니다.

입증방법

갑제1호증: 가족관계증명서
갑제2호증: 주민등록등본
갑제3호증: 진술서(생모)

1998. 6. 7.
청구인　　박OO (인)

---

18) 박동섭, 전게서, 866면.

[문항]

'친생자관계존부확인의 소'와 '친생부인의 소'에 관한 설명 중 옳은 것을 모두 고른 것은? (다툼이 있는 경우에는 판례에 의함)

ㄱ. 친생자 추정을 받는 혼인중의 출생자에 대해 친생자관계부존재확인의 소로 친생자관계가 존재하지 않는다는 심판이 확정된 경우, 친생자로서의 추정의 효력은 상실된다.

ㄴ. 자(子)의 생부모가 가족관계등록상의 부모와 다른 사실이 객관적으로 명백한 경우, 자(子)는 가족관계등록상의 부모를 상대로 친생자관계부존재확인의 소를 제기함이 없이 곧바로 생부모를 상대로 인지청구를 할 수 있다.

ㄷ. 친생자 출생신고가 인지의 효력을 갖는 경우, 그로 인한 친자관계를 다투기 위하여는 친생자관계부존재확인의 소가 아니라 인지에 관련된 소송을 제기하여야 한다.

ㄹ. 친생자 출생신고가 입양의 효력을 갖는 경우, 파양에 의하여 그 양친자관계를 해소할 필요가 있는 등 특별한 사정이 없는 한, 친생자관계부존재확인청구는 허용되지 않는다.

ㅁ. 민법 제777조에서 규정한 친족은 이해관계인으로서 친생자관계존부의 확인이 필요한 당사자 쌍방을 상대로 친생자관계존부확인의 소를 제기할 수 있다.

① ㄱ, ㄴ, ㄷ   ② ㄴ, ㄷ, ㄹ
③ ㄱ, ㄷ, ㅁ   ④ ㄷ, ㅁ
⑤ ㄱ, ㄴ, ㄹ, ㅁ

[사법시험54]

◀해답▶ ⑤

3. 혼인외의 출생자

3.1. 인지

3.1.1. 인지의 의의

인지라 함은 혼인외의 출생자의 생부나 생모가 이를 자기의 자로 승인하고 법률상의 친자관계를 발생시키는 단독의 요식행위이다. 인지의 법적 성질에 관하여, 주관주의(의사주의)[19)와 객관주의(혈연주의)[20)가 있다. 그러나 오늘날 인지제도는 주관주의에서 객관주의로 변화하고 있다.[21) 인지에는 임의인지와 강제인지(재판상 인지)가 있다. 인지에 의하지 않으면 혼인외의 출생자와 생부 사이에는 법률상의 부자관계가 발생하지 않는다.[22) 혼인외의 출생자와 생모 사이의 친자관계는 해산에 의하여 당연히 발생하므로, 별도의 인지가 필요하지 않다.

3.1.2. 임의인지

3.1.2.1. 인지권자

인지는 부(또는 모)만이 할 수 있다(제855조 제1항). 인지는 사실의 승인이므로 의사능력을 필요로 한다. 다만 아버지가 피성년후견인인 경우에는 성년후견인의 동의를 받아 인지할 수 있다(제856조).

3.1.2.2. 피인지자(인지를 받을 자)

혼인외의 출생자이다. 인지될 자가 미성년자이든 성년자이든 본인의 의사를 묻지 않고 인지할 수 있다. 사망한 자를 인지하는 것은 원칙적으로 허용되지 않는다. 그러나 예외적으로 사망한 자에게 직계비속이 있는 경우에는 인지가 가능하다(제857조). 사망한 자를 인지한 경우에는 그 자의 출생 시부터 부와의 사이에 친자관계가 존재했던 것으로 되므로, 인지자와 사망한 자의 직계비속 사이에 혈

---

19) 주관주의에 의하면, 인지는 진실한 부가 혼인외의 자를 자기의 자라고 승인하고 그로써 법적 부자관계를 성립시킬 것을 목적으로 하는 의사표시이고, 부 또는 모가 자진해서 이 의사표시를 하는 것을 임의인지, 부 또는 모의 의사에 반하더라도 재판에 의하여 부자관계, 모자관계를 확정시키는 것을 강제인지라고 한다. 박병호, 가족법, 164면.
20) 객관주의에 의하면, 임의인지는 자연적 혈연에 의한 부자관계의 존재에 대한 관념의 통지로서 혼인외 부자관계의 추정방법에 불과하고, 강제인지는 자연적 혈연에 따른 혼인외 부자관계의 확정방법이라고 본다. 박병호, 가족법, 164면.
21) 박병호, 가족법, 164~165면.
22) 대판 1984.9.25, 84므73.

족관계가 인정되고, 그들 간에 상속, 부양 등의 법률효과가 발생한다. 포태 중인 자도 인지할 수 있다(제858조).

3.1.2.3. 인지의 방식

인지는 등록법상의 신고를 필요로 하는 요식행위이다. 인지는 유언에 의하여도 할 수 있다(제859조 제2항).[23) 이때 인지신고는 보고적 신고로서 창설적 효력을 갖는다.

3.1.2.4. 인지신고 이외의 신고와 인지의 효력

부가 혼인외의 출생자에 대하여 친생자출생신고를 한 때에는 그 신고는 인지 신고의 효력이 있다(등록법 제57조). 부가 처 이외의 다른 여자와의 관계에서 출생 한 자를 처와의 관계에서 태어난 친생자로 출생신고를 하였을 때에도 혼인중의 출생자는 되지 않지만, 인지의 효력은 발생한다. 부모의 혼인이 무효가 되면 그 혼인에서 태어난 자는 혼인외의 출생자가 되지만(제855조 제1항), 출생신고가 있 었을 때에는 인지의 효력이 있다.[24)

3.1.3. 인지의 무효와 취소

3.1.3.1. 인지의 무효

3.1.3.1.1. 먼저 이론상 인지가 무효가 될 수 있는 경우는, 1) 의사가 결여된 인지,[25) 2) 사실에 반하는 인지[26) 등이다.

3.1.3.1.2. 다음으로 인지무효의 소에 의한 무효이다. 인지의 무효는 당연무효 이므로 인지무효판결이 있기 전에도 다른 소에서 선결문제로서 주장할 수 있 다.[27) 인지무효의 소는 조정을 거치지 않고 가정법원에 제기하여야 하고, 확인소 송이지만 판결의 기판력은 제3자에게 미친다(가사소송법 제21조 제1항). 원고는 당 사자 및 그 법정대리인 또는 4촌 이내의 친족이다(가사소송법 제28조에 의하여 제 23조의 준용). 피고는 1) 인지자가 제기하는 경우에는 자, 2) 자가 제기하는 경우 에는 인지자, 3) 제3자가 제기하는 경우에는 인지자와 자이다. 상대방이 될 자가 모두 사망하였을 때에는 검사를 상대방으로 한다(가사소송법 제28조에 의하여 제24

---

23) 대판 1987.2.10. 86므49.
24) 대판 1971.11.15, 71다1983.
25) 대판 1999.10.8, 98므1698.
26) 대판 1976.4.13, 75다948; 대판 1992.10.23, 92다29399.
27) 대판 1976.4.13, 75다948; 대판 1992.10.23, 92다29399.

조의 준용).

3.1.3.2. 인지에 대한 이의

3.1.3.2.1. 혼인외의 자의 생부가 아닌 사람이 이를 인지한 경우에는 자 및 이해관계인이 인지에 대한 이의의 소를 제기하여 사실에 반하는 부자관계를 제거할 수 있다. 판례는 친생자가 아닌 자를 혼인외의 출생자로 오해하여 친생자로 출생신고한 경우 인지의 효력이 발생하지만(등록법 제57조), 이와 같은 친자관계를 제거하기 위하여 인지에 대한 이의의 소가 아니라, 친생자관계부존재확인의 소를 제기하여야 한다는 것이다.[28]

3.1.3.2.2. 제소권자는 자 및 이해관계인이다. 다만 인지자인 부가 이해관계인으로서 인지에 대한 이의의 소를 제기할 수 있는가. 가사소송법은 별도로 인지무효의 소를 규정하고, 인지자 자신도 무효의 소를 제기할 수 있도록 한 취지에 비추어 볼 때, 인지자인 부는 이해관계인에 포함되지 않는 것으로 해석된다.[29]

3.1.3.2.3. 소의 상대방은, 1) 자가 원고인 경우에는 인지자이고, 인지자가 사망한 경우에는 검사가 되고, 2) 이해관계인이 원고인 경우에는 인지자 및 자의 쌍방이 상대방이 되고, 일방이 사망한 경우에는 생존자, 쌍방이 모두 사망한 경우에는 검사가 상대방이 된다.

3.1.3.2.4. 인지에 대한 이의의 소는 임의인지에 대하여만 제기할 수 있다. 소를 제기할 때에는 사전에 가정법원에 조정신청을 하여야 하고(가사소송법 제2조 제1항 나류사건), 인지신고가 있음을 안 날로부터 1년 내에 제기하여야 하고, 검사를 상대로 하는 경우에는 사망을 안 날로부터 2년 내에 하여야 한다. 인지에 대한 이의의 판결이 확정되면 이에 의하여 등록부를 정정하여야 한다(등록법 제107조).

3.1.3.3. 인지무효의 소와 인지에 대한 이의의 소의 관계

민법은 인지에 대한 이의의 소를 규정하고 있지만, 가사소송법은 인지에 대한 이의의 소 이외에 인지무효의 소에 대하여 규정하고 있다. 양자의 차이는 무엇인가. 인지에 대한 이의의 소는 자 기타 이해관계인만이 제기할 수 있으므로 인지자 자신은 제기할 수 없는 데 반하여, 인지무효의 소에서는 인지자 자신도 제기할 수 있다고 규정한 것에 차이가 있다.

---

28) 대판 1993.7.27, 91므306.
29) 대판 1969.1.21, 68므41.

3.1.3.4. 인지의 취소

일단 인지를 한 경우에는 이를 취소할 수 없다. 그러나 사기, 강박 또는 중대한 착오로 인하여 인지한 경우에는 취소할 수 있다(제861조). 취소를 하려면 사기나 착오를 안 날 또는 강박을 면한 날로부터 6월 이내에 가정법원에 취소를 청구하여야 한다(제861조). 인지취소의 판결이 확정되면 인지는 처음부터 무효가 되고, 그 효력은 누구에게나 미친다(가사소송법 제21조).

[사례 12]

A는 외국에 거주하면서 X와 혼인하고 살아왔으나 자식이 없자 B와 한국에서 혼인신고를 하고 (중혼)관계를 맺었다. 그러나 B와의 관계에서도 역시 자식이 없어서 다시 C와 첩관계를 맺었다. C가 Y를 출산하였다는 소식을 들은 A는 C로 하여금 Y를 자신의 친생자로 출생신고하게 하였다. 그런데 Y가 출생한 지 약 1년이 지난 후 A는 Y가 자기를 전혀 닮지 않았다는 사실을 알게 되었다. 또한 A는 자신의 신체적 결함으로 인하여 자식을 낳기가 어렵다는 사실을 알고 있었기 때문에 Y가 자기의 자식이 아닐지도 모른다는 의심을 품게 되었다. A는 한국에 출장 나온 길에 Y와 C를 같이 데리고 병원에 가서 혈액검사를 받는데, A와 C는 모두 A형이고 Y는 AB형으로 판명되어 A와 Y 사이의 부자관계가 성립하지 않는다는 결론을 통보받았다. A는 그 후 X에게 모든 재산을 유증한다는 공정증서를 작성한 후 사망하였다. Y는 자신이 A의 아들로서 상속인임을 전제로 유류분반환청구를 하였다. 이에 대하여 X는 이해관계인으로서 Y를 상대로 친생자관계부존재확인의 소를 제기하였다. 이 경우 X의 청구는 받아들여질 수 있는가?[30]

(대판 1993.7.27, 91므306)

◀요약▶

대판 1993.7.27, 91므306은, X(A의 처)의 친생자관계부존재확인의 소를 인용하였다. 그러나 이에 대하여 현행법에 인지의 방식으로 인지신고에 의하는 방법과 생부의 친생자 출생신고의 방법이 있고, 어느 쪽으로 하든 인지의 효력이 발생한다(제859조 제1항, 등록법 제57조). 이와 같은 인지에 대하여 그 무효를 다투기 위하여는 인지에 대한 이의의 소를 제기하는 것이 순리이다. 친생자관계부존재확인의 소를 제기하는 경우에는 이미 제척기간이 경과되었으므로 X의 청구는 인용되어서는 안 될 것이다.[31]

---

30) 김주수/김상용, 전게서, 281면.
31) 김주수/김상용, 전게서, 286~287면.

3.1.4. 강제인지(재판상 인지)

3.1.4.1. 인지청구의 소의 성질

부(또는 모)가 임의로 인지하지 않을 때에는 혼인외의 출생자는 인지청구의 소를 제기할 수 있다(제863조). 판결이 확정되면 인지의 효력이 발생한다(재판에 의한 인지 또는 강제인지). 인지청구의 소는 형성의 소이지만, 모에 대한 인지청구의 소는 확인의 소이다.[32] 헌법재판소는, 민법 부칙 제2조 위헌소원에 대하여 민법 (2005. 3. 31. 법률 제7427호로 개정된 것) 부칙 제2조 중 "민법 제863조의 경우에 구민법(1958. 2. 22. 법률 제471호로 제정되고, 2005. 3. 31. 법률 제7427호로 개정되기 전의 것) 제864조에 의하여 생긴 효력"에 대한 부분이 헌법에 위반되지 아니한다는 결정을 선고하였다.[33]

부 또는 모가 사망한 경우에 인지청구의 제소기간은 혼인외 출생자의 법적 지위뿐만 아니라 사망자의 상속인의 법적 지위에도 영향을 미치는 것이므로, 혼인외 출생자에게 유리하게 개정되는 경우에 그러한 개정 법률을 소급하여 적용하게 되면 다른 상속인의 법적 지위에 불리한 영향을 미치게 되므로, 혼인외 출생자의 이익을 위하여 인지청구 제소기간을 늘리면서 사망자의 상속인의 법적 지위에 영향을 주지 않기 위하여 소급적용하지 못하게 하였다고 하여 혼인외 출생자의 인간으로서의 존엄과 가치 및 행복추구권을 침해하는 것이 아니라는 것이다.

3.1.4.2. 인지청구권의 포기

인지청구권은 일신전속권으로서 포기할 수 없다. 따라서 포기하더라도 그 효력이 인정되지 않는다.[34]

3.1.4.3. 인지청구절차와 당사자

3.1.4.3.1. 인지청구의 소는 우선 가정법원에 조정을 신청하고 조정이 성립되면 1월 내에 인지신고를 하여야 하며, 조정이 불성립하면 소를 제기하여야 한다.

3.1.4.3.2. 재판의 경우에, a) 인지청구의 소를 제기할 수 있는 자는 혼인외의 출생자, 그의 직계비속, 혼인외의 출생자 또는 그 직계비속의 법정대리인이다(제863조). 태아에게는 인지청구권이 없다. b) 피고는 부 또는 모이다.

---

32) 대판 1967.10.4, 67다1791.
33) 헌재결 2009.12.29, 2007헌바54.
34) 대판 2007.7.26, 2006므2757, 2764 등; 대판 1982.3.9, 81므10.

3.1.4.3.3. 자가 친생자의 추정을 받고 있는 때에는 자기의 생부를 알고 있는 경우에도 인지청구의 소를 제기할 수 없다.[35] 그러나 친생자의 추정을 받지 않는 혼인중의 출생자는 법률상의 부의 자로 등록부에 기록되어 있는 경우에도 사전에 친생자관계부존재확인의 소를 제기할 필요 없이 생부를 상대로 인지청구의 소를 제기할 수 있다.[36] 타인의 혼인외의 출생자에 대하여 허위의 친생자출생신고를 하여 입양의 효력이 발생한 경우, 그 자는 생부를 상대로 인지청구를 할 수 없다.[37] 친생자관계부존재확인의 판결이 확정된 경우에도 그 판결의 기판력은 인지청구에 미치지 않으므로, 혼인외의 출생자는 인지청구를 할 수 있다.[38]

3.1.4.4. 소의 제기기간

부가 생존하는 동안에는 기간의 제한 없이 인지청구를 할 수 있다. 그러나 부 (또는 모)가 사망하여 상대방이 없을 때에는 그 사망을 안 날로부터 2년 내에 한하여 검사를 상대로 인지청구의 소를 제기할 수 있다(제864조).[39]

3.1.4.5. 부자관계의 증명

친자관계의 존재를 증명하는 데 있어서 중요한 의미를 갖는 사실로써, 자를 포태할 무렵에 모와 부 사이에 정교관계가 있었는가,[40] 다른 남자와의 정교 가능성이 존재하는가, 부가 청구인을 자기의 자로 믿었음을 추측하게 하는 언동이 존재하는가,[41] 혈액형검사 또는 유전자검사의 결과 부와 자 사이에 친자관계를 배제하거나 긍정하는 요소가 있는가[42] 등이다. 오늘날 혈액형검사나 유전자검사 등과 같은 과학적 증명방법은 가장 유력한 간접증명의 방법이라 할 수 있다.[43]

---

35) 대판 1968.2.27, 67므34.
36) 대판 1981.12.22, 80므103.
37) 반대의 입장을 취하는 판례: 대판 2000.1.28, 99므1817.
38) 대판 1982.12.14, 82므46.
39) 대판 1977.3.22, 76므261.
40) 대판 1982.12.14, 82므46; 대판 1996.2.28, 94므475.
41) 대판 1986.7.22, 86므63; 대판 1999.10.8, 98므1698.
42) 대판 1985.11.26, 85므8.
43) 대판 2002.6.14, 2001므1537.

3.1.4.6. 모에 대한 인지청구

민법에 의하면 혼인외의 출생자는 모에 대하여도 인지청구를 할 수 있는 것으로 되어 있다. 그러나 이 경우에는 모자관계가 출생에 의하여 당연히 발생하는 것을 전제로 이해하여야 한다.[44] 따라서 이 소의 성질은 확인의 소이고, 이러한 의미에서 모에 대한 인지청구의 소를 제기하지 않고, 친생자관계존재확인의 소를 제기하는 것도 가능할 것이다.

[소장 14]

인지청구의 소

원　고　　　　　　홍 길 동 (전화　　　　　　　　　　　　　)
　　　　　　　　　주민등록번호　　　　　－
　　　　　　　　　주소
　　　　　　　　　등록기준지
　　　　　　　　　위 원고는 미성년자이므로 그 법정대리인
　　　　　　　　　친권자(모) ○ ○ ○
　　　　　　　　　주민등록번호　　　　　－
　　　　　　　　　주소 및 등록기준지 위와 같은 곳

피　고　　　　　　○○지방검찰청 검사

청구취지

원고는 소외 망 ○○○(본적　시　구　동　번지, 19　년　월　일생의 자임을 인지한다.
라는 판결을 구합니다.

청구원인

소외 망 ○○○(20 ○○년 ○월 ○일 사망는 19 ○○년 ○월 ○일경부터 19 ○○년 ○월 ○일까지 소외 ○○○와 동거하는 동안 19 ○○년 ○월 ○일 원고를 출산하였으나 인지를 하지 아니하고 사망하였으므로 검사를 상대로 하여 본건 청구를 하기에 이르렀습니다.

---

44) 대판 1992.2.25, 91다34103; 대판 1992.7.10, 92누3199.

3.1.4.7. 등록법에 의한 신고

재판의 확정일로부터 1월 이내에 재판등본 및 그 확정증명서를 첨부하여 신고하여야 한다. 이는 보고적 신고이다.

[사례 13]

> A(혼인외의 출생자의 생모)는 1969년 8월 10일경 Y(혼인외의 출생자의 생부)를 알게 되
> 어, 그 무렵부터 A의 숙소인 거창, 대구 등지에서 Y와 수시로 동침하다가, 1974년 11월
> 4일 그들 사이에서 X(혼인외의 출생자)를 출생하였다. 그 후 A는 1975년 10월 18일 Y
> 로부터 30만 원을 수령하면서 X가 Y의 자가 아님을 분명히 하고, 인지청구를 하지 않기로
> 약속하였다. 그 후 X가 자라서 성년이 되어 Y를 상대로 인지청구를 하였다. Y는 이에 대
> 하여 A가 법정대리인으로서 인지청구를 하지 않기로 하였으므로, 인지청구는 금반언의 원
> 칙에 반하고, 인지청구권 포기 후에 한 것이기 때문에 부당하다고 주장한다. 이 경우 어느
> 쪽의 주장이 타당한가?[45]
>
> (대판 1982.3.9, 81므10)

◀요약▶

대판 1982.3.9, 81므10은 <u>인지청구권과 관련하여 금반언의 원칙 및 권리포기 등의 법</u>
<u>리가 적용될 수 없고,</u> 법정대리인 A가 X의 일신전속권인 권리에 대하여 임의로 한 의사
표시의 효력이 X에 미칠 수도 없다는 이유로, Y의 주장을 인정하지 않았다.[46]

3.1.5. 인지의 효과

3.1.5.1. 효력발생시기

인지의 효력은 자의 출생 시로 소급하여 발생한다(제860조 본문). 사망한 자를
인지하는 경우(제857조)에도 그 효력은 출생 시부터 발생한다. 태아는 출생 전에
도 불법행위로 인한 손해배상청구(제762조), 유증(제1064조) 등에 있어서 부자관계
가 있는 것으로 인정된다.

3.1.5.2. 효력에 대한 제한

인지의 소급효는 제3자가 이미 취득한 권리를 해하지 못한다(제860조 단서). 여
기에서 제3자에 포함되지 않는 예외로서 피인지자의 공동상속인 등이 있다. 제
1014조는 "상속개시 후 인지에 의하여 공동상속인이 된 자가 상속재산의 분할을
청구한 경우에 다른 공동상속인이 이미 분할 기타 처분을 한 때에는 그 상속분
에 상당한 가액의 지급을 청구할 권리가 있다"고 규정하고 있다. 또 피인지자의
후순위 상속인도 제860조 단서가 규정하는 제3자에 포함되지 않는다.

---

45) 김주수/김상용, 전게서, 287~288면.
46) 김주수/김상용, 전게서, 288면.

3.1.5.3. 인지받은 자의 친권

임의인지인 경우에는 부모가 협의하여 친권자를 정하여야 하고, 협의할 수 없거나 협의가 이루어지지 않는 경우에는 가정법원이 직권 또는 당사자의 청구에 의하여 친권자를 지정하여야 한다. 재판상 인지의 경우에는 가정법원이 직권으로 친권자를 정한다(제909조 제5항).

3.1.5.4. 인지받은 자의 성과 본

혼인외의 자가 인지되면 부의 성을 따르는 것이 원칙이지만, 혼인외의 자의 부모가 협의하면 자는 인지되기 전에 사용하던 성을 그대로 유지할 수 있다. 부모 사이에 협의가 이루어지지 않았거나 협의할 수 없는 때에는 자는 법원에 종전의 성을 유지할 수 있도록 허가를 구하는 심판을 청구할 수 있다(제781조 제5항 단서).

3.1.5.5. 인지받은 자의 양육

인지된 혼인외의 자의 양육과 면접교섭에 관하여는 제837조 및 제837조의2가 준용된다(제864조의2).

3.1.5.6. 인지받은 자의 등록부

혼인외의 자가 인지되기 전에는 가족관계증명서의 '부모란'에 모만 기재되지만, 인지된 후에는 부가 함께 기재된다. 부모의 혼인여부는 표시되지 않는다. 다만 인지된 사실은 혼인외의 자의 기본증명서에 기재된다.

3.2. 준정

3.2.1. 의의

혼인외의 출생자의 부모가 자의 출생 후 혼인하면 그 자는 혼인중의 출생자의 인격을 가지게 된다. 이와 같이 혼인외의 자가 부모의 혼인에 의하여 혼인중의 출생자가 되는 것을 준정(準正)이라고 한다.

3.2.2. 준정의 종류

3.2.2.1. 혼인에 의한 준정: 혼인 전에 출생하여 부로부터 인지를 받은 자가 부모의 혼인에 의하여 준정이 되는 것이다(제855조 제2항).

3.2.2.2. 혼인중의 준정: 혼인외의 출생자가 부모의 혼인중에 부로부터 인지되어 준정이 되는 것이다.

3.2.2.3. 혼인해소 후의 준정: 혼인외의 출생자가 부모의 혼인 전이나 혼인중에 인지되지 않고 있다가 혼인해소 후에 인지됨으로써 준정되는 것이다.

3.2.3. 여기에서 '혼인중의 준정'이나 '혼인해소 후의 준정'인 경우에도 혼인외의 출생자는 부모가 혼인한 때로부터 혼인중의 출생자의 인격을 취득하게 된다.

3.2.4. 사망한 자도 준정에 의하여 혼인중의 출생자의 인격을 취득할 수 있다 (제857조 참조).

4. 친생자관계존부확인의 소

4.1. 의의

친생자관계존부확인의 소라 함은 특정인 사이에 친생자관계가 존재하는지의 여부에 대하여 확인을 구하는 소라고 할 것이다.[47]

4.2. 소의 제기절차

친생자관계존부확인의 소는 부를 정하는 소(제845조), 친생부인의 소(제846조, 제848조, 제850조, 제851조), 인지에 대한 이의의 소(제862조) 및 인지청구의 소(제863조)의 목적과 저촉되지 않는 다른 사유를 원인으로 하여 등록부상의 기록을 정정함으로써 인격관계를 명확히 할 필요가 있는 경우에 제기할 수 있다(제865조). 이 소는 가정법원에 제기하여야 한다(가사소송법 제2조 제1항 가류사건). 조정을 거치지 않고, 제소기간에 제한이 없다. 그리고 법원은 당사자의 입증이 충분하지 못할 때에는 가능한 한 직권으로라도 필요한 사실조사 및 증거조사를 하여야 한다.[48]

---

47) 이에 대하여, 김주수, "친생부인의 소와 친생자관계부존재확인의 소에 관한 일고찰", 법률연구, 제3집, 1983, 255면 이하.
48) 대판 2010.2.25, 2009므4198.

4.3. 친생자관계존부확인의 소를 제기할 수 있는 구체적인 경우

4.3.1. 허위의 친생자 출생신고에 의하여 등록부상 친자관계로 기재되어 있는 경우[49]

4.3.2. 제844조에 의하여 친생자의 추정을 받는 자는 친생부인의 소에 의하여만 친자관계가 부인될 수 있지만, 친생자의 추정을 받지 않는 혼인중의 출생자인 경우[50]

4.3.3. 친생자의 추정이 미치지 않는 자의 경우[51]

4.3.4. 갑 부부 사이에 출생한 혼인중의 출생자인데 을 부부 사이에서 태어난 자로 등록부상 기록이 되어 있는 경우[52]

4.3.5. 부가 자기의 혼인외의 출생자로 오해하여 인지의 의사로서 출생신고를 한 경우[53]

4.3.6. 양친자관계의 존부를 확인할 필요가 있는 경우[54]

4.3.7. 다만 혼인외의 출생자의 경우 부부관계를 창설하기 위하여는 인지청구의 소를 제기하여야 하고, 친생자관계존재확인의 소에 의할 수 없다.[55] 또한 부 乙이 丙을 입양의 의사로 친생자출생신고를 한 것이 아니라는 취지로 자 甲이 다툰 사안에서, 민법 제884조 제3호가 규정하는 '사기 또는 강박으로 인하여 입양의 의사표시를 한 때'의 입양취소는 그 성질상 그 입양의 의사를 표시한 자에 한하여 원고 적격이 있고, 사기를 안 날 또는 강박을 면한 날로부터 3월을 경과한 때에는 그 취소를 청구하지 못하며(제897조, 제823조), 입양의 취소의 효력은 기왕에 소급하지 않는바(제897조, 제824조), 그 원인 사유 및 효력 등에 있어서 친생자관계존부확인의 소와는 구별되는 것이므로, 甲이 입양의 취소를 구하는 의미에서 친생자관계부존재확인을 구할 수는 없다고 하였다.[56]

---

49) 대결 1967.7.18, 67마332; 대판 1984.9.25, 84므73; 대판 1984.5.15, 84므4.
50) 대판 1992.7.24, 91므566.
51) 대판 1983.7.12, 82므59; 대판 1988.5.10, 88므85; 대판 1988.5.10, 88므85.
52) 서울지판 1996.9.18, 94가합101443; 대판 1981.12.22, 80므103.
53) 이에 대하여, 김주수, "친생자출생신고에 의한 인지의 효력을 다투는 방법", 판례월보, 제286호.
54) 대판 1993.7.16, 92므372. 양친자관계존부확인의 소
55) 대판 1997.2.14, 96므738.
56) 대판 2010.3.11, 2009므4099.

4.4. 당사자 적격

4.4.1. 원고의 적격

친생자관계존부확인의 소는 부를 정하는 소, 친생부인의 소, 인지에 대한 이의의 소, 인지청구의 소에 의하여 원고적격이 인정되는 사람이 제기할 수 있다. 부모가 자를 상대로 소를 제기하는 경우에는 부모 쌍방이 공동원고가 되어야 한다.

4.4.2. 소의 상대방

자가 소를 제기하는 경우 부모가 생존해 있다면 부모 쌍방을 공동피고로 하여야 한다. 제3자가 이해관계인으로서 소를 제기하는 경우에는 부모와 자 모두를 피고로 한다.[57] 판례는 소를 제기할 수 있는 이해관계인의 범위와 관련하여, 제777조에 의한 친족이라면 누구나 원고로서 소를 제기할 수 있는 소송상의 이익이 있다고 한다.[58]

4.4.3. 소의 제기기간

소를 제기할 수 있는 기간에는 제한이 없다. 다만 당사자의 일방이 사망한 때에는 그 사망을 안 날로부터 2년 내에 검사를 상대로 하여 소를 제기할 수 있다(제865조 제2항). 검사를 상대로 소를 제기할 수 있는 것은 피고가 될 사람이 모두 사망한 경우에 한정된다.[59]

4.5. 판결의 효력과 등록부의 정정절차

4.5.1. 판결의 효력은 제3자에게도 미친다(가사소송법 제21조).

4.5.2. 판결이 확정되면 소를 제기한 자는 판결의 확정일로부터 1월 이내에 판결의 등본과 확정증명서를 첨부하여 등록부의 정정을 신청하여야 한다(등록법 제107조).

---

57) 대판 1987.5.12, 87므7; 대결 1983.9.15, 83즈2; 대판 1970.3.10, 70므1.
58) 대판 1981.10.13, 80므60; 대판 1983.3.8, 81므77; 대판 1967.9.19, 67므22.
59) 대판 1981.7.28, 80므19; 대판 1983.3.8, 81므77.

친생자관계부존재확인청구

원 고   이 갑 남(1900. 6. 10.생)

                등록기준지: 경남 00군 00면 00리 00번지

                주소: 서울 00구 00동 00번지

                소송대리인   변호사   000

피 고   서울중앙지방검찰청 검사

청구취지

1. 원고의 소외 망 이청춘과 사이에는 친생자관계가 없음을 확인한다.
2. 소송비용은 국고에서 부담한다.

는 판결을 바랍니다.

청구원인

1. 원고는 호적상으로는 망부 이청춘과 생모 김정숙(무적) 사이에서 1955. 6. 10. 출생한 것으로 되어 있으나 사실과는 다릅니다.
2. 원고의 생모는 1953년부터 1968년 사이에 소외 김태청과 불의의 남녀관계를 맺고 원고를 출산하였으나, 동인과 이별하고 1962년경부터 소외 망 이청춘과 동거하면서 2남까지 출산하였고, 그들의 출생신고 당시인 1971. 12. 4.경 원고까지 출생신고를 하면서 망부 이청춘의 자로 함께 출생신고를 하였던 것입니다.
3. 원고는 군복무를 마치고 2001. 5.경 집에 돌아와서 원고의 고종사촌 누님에게서 위 사실을 전해 듣고 호적을 바로 잡기 위하여 이 사건 청구를 하기에 이르렀습니다. 망부 이청춘은 1985. 7. 10. 사망하였고, 생모도 1990. 4. 사망하였으므로 검사를 피고로 삼았습니다(망부 이청춘은 서울에서 살다가 돌아가셔서 그 최후주소지의 가정법원인 귀원에 소를 제기하는 바입니다).

입증방법

갑제1호증: 가족관계증명서   1통

갑제2호증: 주민등록등본   1통

갑제3호증: 제적등본

갑제4호증: 입증서

---

60) 박동섭, 전게서, 865면.

5. 인공수정자, 체외수정자

5.1. 인공수정의 의의

인공수성이라 함은 남녀 간의 자연적 성 교섭에 의하지 않고, 인공적으로 기구를 사용하여 정액을 여성의 체내에 주입함으로써 정자와 난자를 결합(수정)시켜 임신을 하게 하는 것을 말한다.

5.2. 인공수정의 종류

5.2.1. 부의 정액을 사용하여 시술하는 인공수정(AIH)

이것은 부(夫)에게 불임원인이 있지만 수정능력이 있는 경우에 사용하는 방법이다.

5.2.2. 제3자의 정액을 사용하는 인공수정(AID)

이것은 부(夫)에게 불임원인이 있는 것이 분명할 때에 사용하는 방법이다. 사회적으로나 법률적으로 어려운 문제가 있다.

5.2.3. 독신여성이 정자를 제공받아 인공수정의 시술을 받는 경우

5.3. 인공수정의 법적 지위

5.3.1. AIH에 의한 인공수정자

5.3.1.1. 부의 정액에 의하여 처가 포태, 해산한 인공수정자는 통상의 경우의

자와 동일하게 다뤄야 할 것이다. 따라서 출생이 언제냐에 따라서 '친생자의 추정을 받는 혼인중의 출생자' 또는 '친생자의 추정을 받지 않는 혼인중의 출생자'가 된다.

5.3.1.2. 냉동보존된 정액에 의한 인공수정의 경우가 문제된다. 부가 사망한 후에 냉동보존되었던 부의 정액을 사용한 인공수정자의 법적 지위는 어떻게 되는가. 앞으로의 과제이다.

5.3.2. AID에 의한 인공수정자

5.3.2.1. 부의 동의가 있는 경우

부(夫)의 동의 아래에 제3자의 정액을 사용하여 인공수정을 한 때에는 부의 자로 추정받는 혼인중의 출생자가 된다고 해석하는 것이 타당하다.[61] 이 인공수정자에 대하여 부가 친생부인의 소를 제기할 수 있는가. 시술에 동의한 부가 나중에 변심하여 친생부인권을 행사한다는 것은 금반언의 원칙에 반하기 때문에 이는 부정하여야 한다.[62] 이 경우 부의 혼인중의 출생자로 추정되기 때문에 이해관계인은 친생자관계부존재확인의 소를 제기할 수 없다.[63]

5.3.2.2. 부의 동의가 없는 경우

인공수정의 시술을 할 때에 반드시 부의 동의서를 요구하므로 부의 동의 없이 시술이 행하여지는 경우는 거의 없다고 본다. 그러나 만약 자가 부의 동의 없이 인공수정으로 태어났다면, 그 자는 사정에 따라 친생자추정을 받는 혼인중의 출생자, 추정을 받지 않는 혼인중의 출생자, 추정이 미치지 않는 자가 될 것이다. 이 경우에 부는 친생부인의 소를 제기할 수 있고, 친생자추정을 받지 않거나 추정이 미치지 않는 자일 경우에는 이해관계인이 친생자관계부존재확인의 소를 제기할 수 있다고 하여야 할 것이다. 그러나 처의 이러한 행위는 이혼원인으로서의 부정행위가 되지 않는다.

5.3.3. 독신여성이 AID에 의하여 인공수정자를 출산한 경우

독신여성이 제3자의 정자를 제공받아 자를 낳은 경우에는 그 자는 그 여자의 혼인외의 출생자가 된다.[64]

---

61) 서울가판 2002.11.19, 200드단53028.
62) 서울가심 1983.7.15, 82드5110,1266; 서울가심 1983.7.15, 82드5134.
63) 서울고판 1986.6.9, 86르53.
64) 스웨덴인공수정법 제2조.

5.3.4. 인공수정에 의하여 출생한 자의 친자관계 판단기준

5.3.4.1. AIH의 경우

인공수정이란 남녀 사이의 자연적 성행위에 의하지 않고 인위적인 시술에 의하여 수태하게 하는 것으로, 배우자의 정액을 사용하는 경우(Artificial Insemination by Husband: 약칭 AIH, 이하 'AIH'라 한다)와 비배우자의 정액을 사용하는 AID의 경우가 있다. AIH에 의하여 출생한 자의 친자관계는 자연적인 성결합 대신에 인공적인 기술이 사용되었을 뿐이어서 통상의 자와 마찬가지로서 민법 제844조에 의해 부(父)의 친생자로 추정받는다고 할 것이고, 사실혼 부부 사이에 AIH에 의한 출생자가 있으면 그 출생자는 모의 혼인외의 자가 되나, 그 후 부부가 혼인신고를 하게 되면 민법 제855조 제2항에 기해 준정(準正)에 의한 혼인중의 자가 된다.[65]

5.3.4.2. AID의 경우

이와 달리 AID의 경우, 남편이 인공수정에 동의한 경우에 한하여 AID에 의하여 출생한 자는 친생추정을 받는 혼인중의 출생자가 되고 남편의 친생부인권이 부인되는 한편 AID에 의하여 출생한 자는 정자제공자가 불특정다수로서 그들이 정액을 제공한 후 정액의 행방을 구체적으로 알지 못할 것을 전제로 나중에 수정된 정자의 주인을 찾아 인지청구를 할 수 없다.[66]

5.4. 체외수정, 대리출산

5.4.1. 체외수정

체외수정이라 함은 처에게 불임원인이 있는 경우에 그 치료법으로서, 처의 난자와 부의 정자를 체외(시험관)에서 수정시켜 처의 자궁에 착상시킨 다음 성장, 출생하게 하는 것을 말한다. 이른바 '시험관아기'라는 것이다. 배우자 간의 체외수정은 AIH와 같으므로, 법률적인 문제가 없다. 그러나 체외수정상태에서 부가 사망하였을 경우에 이 수정란을 태아로 보아서 상속권을 인정할 것인가라는 문제가 있다.

5.4.2. 대리출산

부와 그의 처 사이의 체외수정란을 제3자인 여성의 자궁에 착상시켜서 출생시

---

65) 서울가판 2011.6.22, 2009드합13538
66) 서울가판 2011.6.22, 2009드합13538.

킬 경우에 법적인 문제가 있다. 이때 제3자인 여성을 '대리모'라고 한다. 문제점을 보면, 1) 모자관계로서, 대리모와 난자제공자 두 사람 가운데 누가 모인가. AID의 법리에 의하면, 해산한 모(대리모)가 체외수정자의 모가 될 수 있다. 그렇게 되면 난자제공자인 처와 부의 의사에 반하게 되는 결과가 된다. 2) 대리모가 임신 중에 모체의 건강상 이유로 임신중절을 하여야 할 경우에 그 결정권에 대하여 난자제공자와의 경합이 생기는가. 만약 대리모가 일방적으로 인공임신중절을 시킨 경우에 난자제공자는 대리모에 대하여 법적 책임을 물을 수 있는가. 또 출생한 체외수정자가 기형아일 경우에 자의 인도문제를 둘러싸고 분쟁이 발생할 수 있다는 것이다. 3) 수정란의 냉동보존이 가능하여짐에 따라서 냉동보존기간에 부부가 사망한다든가 이혼한 경우에 수정란의 지위는 어떻게 되는가. 4) 처의 난자에 부가 아닌 제3자의 정자를 체외에서 수정시킨 다음 그것을 처 또는 제3의 여성의 체내에 착상시켜 성장시키는 경우, 처가 아닌 제3의 여성의 난자가 부의 정자를 체외에서 수정시킨 후 그것을 처, 난자제공자인 여성, 전혀 다른 여성 등의 체내에 착상시켜 성장시키는 경우 또는 제3의 여성의 난자에 제3의 남성의 정자를 체외에서 수정시킨 후 그것을 처의 체내에 착상시키는 경우 등에 어떻게 할 것인가. 여러 가지 곤란한 문제가 있다.

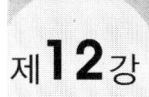

Ⅲ. 양자

[참조조문]

제866조(양자를 할 능력) 성년이 된 사람은 입양(入養)을 할 수 있다. [전문개정 2012.2.10]

제867조(미성년자의 입양에 대한 가정법원의 허가) ① 미성년자를 입양하려는 사람은 가정법원의 허가를 받아야 한다.

② 가정법원은 양자가 될 미성년자의 복리를 위하여 그 양육 상황, 입양의 동기, 양부모(養父母)의 양육능력, 그 밖의 사정을 고려하여 제1항에 따른 입양의 허가를 하지 아니할 수 있다. [전문개정 2012.2.10]

제868조 삭제 <1990.1.13>

제869조(입양의 의사표시) ① 양자가 될 사람이 13세 이상의 미성년자인 경우에는 법정대리인의 동의를 받아 입양을 승낙한다.

② 양자가 될 사람이 13세 미만인 경우에는 법정대리인이 그를 갈음하여 입양을 승낙한다.

③ 가정법원은 다음 각 호의 어느 하나에 해당하는 경우에는 제1항에 따른 동의 또는 제2항에 따른 승낙이 없더라도 제867조 제1항에 따른 입양의 허가를 할 수 있다.

  1. 법정대리인이 정당한 이유 없이 동의 또는 승낙을 거부하는 경우. 다만, 법정대리인이 친권자인 경우에는 제870조 제2항의 사유가 있어야 한다.

  2. 법정대리인의 소재를 알 수 없는 등의 사유로 동의 또는 승낙을 받을 수 없는 경우

④ 제3항 제1호의 경우 가정법원은 법정대리인을 심문하여야 한다.

⑤ 제1항에 따른 동의 또는 제2항에 따른 승낙은 제867조 제1항에 따른 입양의 허가가 있기 전까지 철회할 수 있다. [전문개정 2012.2.10]

제870조(미성년자 입양에 대한 부모의 동의) ① 양자가 될 미성년자는 부모의 동의를 받아야 한다. 다만, 다음 각 호의 어느 하나에 해당하는 경우에는 그러하지 아니하다.

1. 부모가 제869조 제1항에 따른 동의를 하거나 같은 조 제2항에 따른 승낙을 한 경우

2. 부모가 친권상실의 선고를 받은 경우

3. 부모의 소재를 알 수 없는 등의 사유로 동의를 받을 수 없는 경우

② 가정법원은 다음 각 호의 어느 하나에 해당하는 사유가 있는 경우에는 부모가 동의를 거부하더라도 제867조 제1항에 따른 입양의 허가를 할 수 있다. 이 경우 가정법원은 부모를 심문하여야 한다.

1. 부모가 3년 이상 자녀에 대한 부양의무를 이행하지 아니한 경우

2. 부모가 자녀를 학대 또는 유기(遺棄)하거나 그 밖에 자녀의 복리를 현저히 해친 경우

③ 제1항에 따른 동의는 제867조 제1항에 따른 입양의 허가가 있기 전까지 철회할 수 있다. [전문개정 2012.2.10]

제871조(성년자 입양에 대한 부모의 동의) ① 양자가 될 사람이 성년인 경우에는 부모의 동의를 받아야 한다. 다만, 부모의 소재를 알 수 없는 등의 사유로 동의를 받을 수 없는 경우에는 그러하지 아니하다.

② 가정법원은 부모가 정당한 이유 없이 동의를 거부하는 경우에 양부모가 될 사람이나 양자가 될 사람의 청구에 따라 부모의 동의를 갈음하는 심판을 할 수 있다. 이 경우 가정법원은 부모를 심문하여야 한다. [전문개정 2012.2.10]

제872조 삭제 <2012.2.10>

제873조(피성년후견인의 입양) ① 피성년후견인은 성년후견인의 동의를 받아 입양을 할 수 있고 양자가 될 수 있다.

② 피성년후견인이 입양을 하거나 양자가 되는 경우에는 제867조를 준용한다.

③ 가정법원은 성년후견인이 정당한 이유 없이 제1항에 따른 동의를 거부하거나 피성년후견인의 부모가 정당한 이유 없이 제871조 제1항에 따른 동의를 거부하는 경우에 그 동의가 없어도 입양을 허가할 수 있다. 이 경우 가정법원은 성년후견인 또는 부모를 심문하여야 한다.

제874조(부부의 공동 입양 등) ① 배우자가 있는 사람은 배우자와 공동으로 입양하여야 한다.

② 배우자가 있는 사람은 그 배우자의 동의를 받아야만 양자가 될 수 있다. [전문개정 2012.2.10]

제875조 삭제 <1990.1.13>

제876조 삭제 <1990.1.13>

제877조(입양의 금지) 존속이나 연장자를 입양할 수 없다. [전문개정 2012.2.10]

제878조(입양의 성립) 입양은 「가족관계의 등록 등에 관한 법률」에서 정한 바에 따라 신고함으로써 그 효력이 생긴다. [전문개정 2012.2.10]

제879조 삭제 <1990.1.13>

제880조 삭제 <1990.1.13>

제881조(입양 신고의 심사) 제866조, 제867조, 제869조부터 제871조까지, 제873조, 제874조, 제877조, 그 밖의 법령을 위반하지 아니한 입양 신고는 수리하여야 한다. [전문개정 2012.2.10]

제882조(외국에서의 입양 신고) 외국에서 입양 신고를 하는 경우에는 제814조를 준용한다. [전문개정 2012.2.10]

제882조의2(입양의 효력) ① 양자는 입양된 때부터 양부모의 친생자와 같은 지위를 가진다.
② 양자의 입양 전의 친족관계는 존속한다. [본조신설 2012.2.10]

제883조(입양 무효의 원인) 다음 각 호의 어느 하나에 해당하는 입양은 무효이다.
  1. 당사자 사이에 입양의 합의가 없는 경우
  2. 제867조 제1항(제873조 제2항에 따라 준용되는 경우를 포함한다), 제869조 제2항, 제877조를 위반한 경우 [전문개정 2012.2.10]

제884조(입양 취소의 원인) ① 입양이 다음 각 호의 어느 하나에 해당하는 경우에는 가정법원에 그 취소를 청구할 수 있다.
  1. 제866조, 제869조 제1항, 같은 조 제3항 제2호, 제870조 제1항, 제871조 제1항, 제873조 제1항, 제874조를 위반한 경우
  2. 입양 당시 양부모와 양자 중 어느 한쪽에게 악질(惡疾)이나 그 밖에 중대한 사유가 있음을 알지 못한 경우
  3. 사기 또는 강박으로 인하여 입양의 의사표시를 한 경우
② 입양 취소에 관하여는 제867조 제2항을 준용한다. [전문개정 2012.2.10]

제885조(입양 취소 청구권자) 양부모, 양자와 그 법정대리인 또는 직계혈족은 제866조를 위반한 입양의 취소를 청구할 수 있다. [전문개정 2012.2.10]

제886조(입양 취소 청구권자) 양자나 동의권자는 제869조 제1항, 같은 조 제3항 제2호, 제870조 제1항을 위반한 입양의 취소를 청구할 수 있고, 동의권자는 제871조 제1항을 위반한 입양의 취소를 청구할 수 있다. [전문개정 2012.2.10]

제887조(입양 취소 청구권자) 피성년후견인이나 성년후견인은 제873조 제1항을 위반한 입양의 취소를 청구할 수 있다. [전문개정 2012.2.10]

제888조(입양 취소 청구권자) 배우자는 제874조를 위반한 입양의 취소를 청구할 수 있다. [전문개정 2012.2.10]

제889조(입양 취소 청구권의 소멸) 양부모가 성년이 되면 제866조를 위반한 입양의 취소를 청구하지 못한다. [전문개정 2012.2.10]

제890조 삭제 <1990.1.13>

제891조(입양 취소 청구권의 소멸) ① 양자가 성년이 된 후 3개월이 지나거나 사망하면 제869조 제1항, 같은 조 제3항 제2호, 제870조 제1항을 위반한 입양의 취소를 청구하지 못한다.
② 양자가 사망하면 제871조 제1항을 위반한 입양의 취소를 청구하지 못한다. [전문개정 2012.2.10]

제892조 삭제 <2012.2.10>

제893조(입양 취소 청구권의 소멸) 성년후견개시의 심판이 취소된 후 3개월이 지나면 제873조 제1항을 위반한 입양의 취소를 청구하지 못한다. [전문개정 2012.2.10]

제894조(입양 취소 청구권의 소멸) 제869조 제1항, 같은 조 제3항 제2호, 제870조 제1항, 제871조 제1항, 제873조 제1항, 제874조를 위반한 입양은 그 사유가 있음을 안 날부터 6개월, 그 사유가 있었던 날부터 1년이 지나면 그 취소를 청구하지 못한다. [전문개정 2012.2.10]

제895조 삭제 <1990.1.13>

제896조(입양 취소 청구권의 소멸) 제884조 제1항 제2호에 해당하는 사유가 있는 입양은 양부모와 양자 중 어느 한쪽이 그 사유가 있음을 안 날부터 6개월이 지나면 그 취소를 청구하지 못한다. [전문개정 2012.2.10]

제897조(준용규정) 입양의 무효 또는 취소에 따른 손해배상책임에 관하여는 제806조를 준용하고, 사기 또는 강박으로 인한 입양 취소 청구권의 소멸에 관하여는 제823조를

준용하며, 입양 취소의 효력에 관하여는 제824조를 준용한다. [전문개정 2012.2.10]

제898조(협의상 파양) 양부모와 양자는 협의하여 파양(罷養)할 수 있다. 다만, 양자가 미성년자 또는 피성년후견인인 경우에는 그러하지 아니하다. [전문개정 2012.2.10]

제899조 삭제 <2012.2.10>

제900조 삭제 <2012.2.10>

제901조 삭제 <2012.2.10>

제902조(피성년후견인의 협의상 파양) 피성년후견인인 양부모는 성년후견인의 동의를 받아 파양을 협의할 수 있다. [전문개정 2012.2.10]

제903조(파양 신고의 심사) 제898조, 제902조, 그 밖의 법령을 위반하지 아니한 파양 신고는 수리하여야 한다. [전문개정 2012.2.10]

제904조(준용규정) 사기 또는 강박으로 인한 파양 취소 청구권의 소멸에 관하여는 제823조를 준용하고, 협의상 파양의 성립에 관하여는 제878조를 준용한다. [전문개정 2012.2.10]

제905조(재판상 파양의 원인) 양부모, 양자 또는 제906조에 따른 청구권자는 다음 각 호의 어느 하나에 해당하는 경우에는 가정법원에 파양을 청구할 수 있다.

1. 양부모가 양자를 학대 또는 유기하거나 그 밖에 양자의 복리를 현저히 해친 경우
2. 양부모가 양자로부터 심히 부당한 대우를 받은 경우
3. 양부모나 양자의 생사가 3년 이상 분명하지 아니한 경우
4. 그 밖에 양친자관계를 계속하기 어려운 중대한 사유가 있는 경우 [전문개정 2012.2.10]

제906조(파양 청구권자) ① 양자가 13세 미만인 경우에는 제869조 제2항에 따른 승낙을 한 사람이 양자를 갈음하여 파양을 청구할 수 있다. 다만, 파양을 청구할 수 있는 사람이 없는 경우에는 제777조에 따른 양자의 친족이나 이해관계인이 가정법원의 허가를 받아 파양을 청구할 수 있다.

② 양자가 13세 이상의 미성년자인 경우에는 제870조 제1항에 따른 동의를 한 부모의 동의를 받아 파양을 청구할 수 있다. 다만, 부모가 사망하거나 그 밖의 사유로 동의할 수 없는 경우에는 동의 없이 파양을 청구할 수 있다.

③ 양부모나 양자가 피성년후견인인 경우에는 성년후견인의 동의를 받아 파양을 청구할 수 있다.

④ 검사는 미성년자나 피성년후견인인 양자를 위하여 파양을 청구할 수 있다. [전문개정 2012.2.10]

제907조(파양 청구권의 소멸) 파양 청구권자는 제905조 제1호·제2호·제4호의 사유가 있음을 안 날부터 6개월, 그 사유가 있었던 날부터 3년이 지나면 파양을 청구할 수 없다. [전문개정 2012.2.10]

제908조(준용규정) 재판상 파양에 따른 손해배상책임에 관하여는 제806조를 준용한다. [전문개정 2012.2.10]

Ⅲ. 양자

1. 양자제도의 의의와 변천

1.1. 오늘날 입양제도의 목적은 보호가 필요한 아동에게 정신적, 육체적으로 건강하게 성장할 수 있는 가정을 마련해 주는 데 있다. 즉 입양제도는 보호필요 아동을 위한 사회정책적 수단으로 이해되고 있다. 이와 같은 입양제도의 목적이 달성되기 위해서는 그 전제로서, 1) 입양아동이 모든 면에서 친생자와 차별받지 않고 입양가정에서 성장할 수 있는 조건이 마련되어야 한다. 2) 입양을 희망하는 사람이 양육에 필요한 능력과 자질을 갖추고 있는지의 여부가 국가에 의하여 사전에 충분히 검증되는 것이 필요하다.

1.2. 우리나라의 입양제도에 관한 연혁을 보면 다음과 같이 변천되었다.

1.2.1. 고려시대에는 양자제도가 법으로 인정되었지만, 이것은 어디까지나 불우한 아동을 거두어 은혜를 베푸는 수단이었고, 가계계승을 목적으로 한 것은 아니었다. 따라서 양친과 성이 다른 이성양자를 들이는 것은 당연한 것으로 생각되었고, 양자는 양친의 성을 따를 수 있었으며, 양친의 사후에 제사를 주제하였다.

1.2.2. 조선시대에는 유교와 종법제를 중국에서 수용하여, 아들만이 제사를 주제할 수 있도록 하고, 제사의 승계를 통하여 가계가 계승되도록 함으로써 아들만이 대를 이을 수 있다는 관념을 도입하였다. 따라서 양자가 될 아이는 양부와 동성동본이어야 하고 양부의 자의 항렬에 해당되는 경우(昭穆之序)로 한정하게 되었다. 조선후기에는 적장자에 의하여 제사승계관행이 굳어지게 되고, 아들이 없는 경우 양자를 들여 대를 잇게 하는 관행이 자리 잡게 되었다.

1.2.3. 일제지배시대에는 초기에 이성불양의 원칙이 조선의 관습이라고 하였으나, 조선민사령 제4차 개정에 의하여 한국인의 성을 전부 일본식으로 바꾸게 함과 동시에 이성양자를 허용하였다.

1.2.4. 해방 후 민법전에 의하면 성이 다른 아이를 입양하는 것은 허용되었지만, 성이 다른 아이를 입양할 경우 양자는 양친의 성을 따를 수 없게 되었다. 그

후 2005년 민법일부개정에 의하여 친양자제도가 신설되어, 양자와 친생부모와의 관계가 완전히 단절되고, 입양아동이 법적으로 뿐만 아니라 실제생활에 있어서도 마치 '양친의 친생자와 같이' 완전히 입양가족의 구성원으로 흡수, 동화되는 제도를 받아들였다(완전양자). 따라서 민법상의 양자제도는 일반양자와 친양자로 이원화되었다.

1.2.5. 한편 2012년에 미성년자의 입양과 파양이 시·읍·면의 장에게의 신고만으로 손쉽게 이루어지는 이유로 아동학대 습벽이 있는 등 부적격자가 미성년자를 입양하여 미성년자의 복리에 악영향을 끼치는 사례가 빈발하므로 이를 방지하기 위해 미성년자의 입양과 파양에 가정법원이 관여토록 하는 등 입양제도를 개선하고, 헌법재판소에서 헌법불합치 결정을 한 조항을 정비하며 법 문장의 한자를 한글화하는 등 미비점을 개선·보완하려는 개정이 있었다.[1]

1.2.5.1. 미성년자의 입양·파양에 있어 가정법원의 필수적 관여(제867조, 제906조)로서, 1) 양부모가 보험금을 노려 입양아를 살해하거나 입양아를 성폭행하는 등 범죄가 연이어 발생하여 심각한 사회문제로 대두되고 있으므로, 2) 가정법원에서 양부모의 양육능력, 입양 동기 등을 심사하여 미성년자의 입양 여부를 허가하도록 하고, 미성년자는 재판으로만 파양할 수 있도록 하고자 한 것이다.

1.2.5.2. 부모의 동의가 없더라도 양자가 될 수 있는 방안 마련(제869조부터 제871조까지, 제908조의2 제2항)으로서, 1) 개정 전 법은 부모로부터 동의를 받아야만 양자가 될 수 있어, 부모의 소재를 알 수 없는 경우에는 동의를 받을 수 없고, 최근에는 부모가 양육의사와 능력이 없으면서 동의를 조건으로 금전적 대가를 요구하는 사례조차 있으므로, 2) 부모가 미성년자를 3년 이상 양육하지 아니하거나, 학대·유기 등을 한 경우에는 예외적으로 부모의 동의가 없더라도 양자가 될 수 있도록 하여 미성년자가 적정한 가정환경에서 양육될 수 있도록 하고자 한 것이다.

1.2.5.3. 친양자의 성립요건 완화(제908조의2 제1항 제2호)로서, 1) 친생부모와의 관계가 단절되는 친양자제도는 현행법상 양자될 사람이 15세 미만이어야만 입양가능하여 15세가 넘는 미성년자들의 복리 증진을 위해 연령 제한을 완화할 필요

---

1) 이에 따른 민법의 일부개정법률이 2012년 2월 10일에 입법되어 2013년 7월 1일부터 시행하게 되었다.

가 있다는 지적이 있었고, 2) 연령 제한을 완화하여 양자될 사람이 미성년자(법률 제10429호 개정 민법에 따라 19세 미만)이면 친양자 입양을 할 수 있도록 하고자 한 것이다.[2]

[문항]

양자법의 개정취지와 개정내용	[부산대12]

1.3. 현대 양자법의 경향

현대 양자법의 경향은 입양의 성립요건과 효과라는 두 가지 점에서 볼 수 있다.

1.3.1. 성립요건에 대하여 보면, 이른바 계약형 양자법에서 선고(허가)형 양자법으로 변하고 있다.

1.3.2. 효과에 대하여 보면, 이른바 불완전양자에서 완전양자로 변하고 있다.

2. 입양의 성립요건

2.1. 실질적 요건

2.1.1. 당사자 사이에 입양의 합의가 있을 것(제883조 제1호)

2.1.1.1. 입양이 성립하기 위하여 우선 당사자 사이에 입양의사의 합치가 있어야 한다. 입양의사라 함은 친자관계를 만들려는 의사를 말한다.

2.1.1.2. 입양의사는 자유롭게 결정되어야 한다.

2.1.1.3. 입양의사는 조건부 또는 기한부로 할 수 없다.

2.1.1.4. 입양당사자 자신의 독립의사에 의한 것이 원칙이다. 그러나 양자가 될 자가 13세 이상의 미성년자인 경우에는 법정대리인의 동의를 받아서만 입양이

---

[2] 그 밖에 헌법재판소의 헌법불합치 결정에 따른 규정 정비 등(제818조, 제828조 등)으로서, 1) 헌법재판소 결정에서 중혼 취소청구권자에 직계비속이 누락된 것은 헌법과 불합치한다고 결정함에 따라 중혼 취소청구권자에 직계비속을 추가하고, 2) 혼인과 가족생활에 있어 양성평등을 구현하기 위해 처의 무능력을 제도적 배경으로 하는 부부간의 계약 취소권 조항을 삭제하며, 3) 한자를 한글화하고 자연스럽지 아니한 법률 문장을 문맥에 따라 쉬운 표현으로 순화한 것을 내용으로 한 민법 중 일부개정이 2012년 2월 10일에 있었다.

성립될 수 있다(제869조)는 중대한 예외가 있다. 판례는 법률상 부부인 甲과 乙이 입양의 의사로 한 丙에 대한 친생자 출생신고에서 입양신고로서의 효력이 발생하기 위한 요건인 '대낙권자의 명시적 승낙'이 문제된 사안에서, 친생부모가 10여 년이 지난 현재까지도 나타나지 않고 있는 점, 대낙권자의 명시적 승낙이 없다는 사정을 들어 15세 미만자의 자에 대한 입양의 효력을 인정하지 않는다면 양육과 감호를 필요로 하는 이들을 법의 보호 밖에 방치하는 결과를 초래하게 되어 丙의 대낙권자가 이를 바라지는 않을 것으로 보이는 점 등 제반사정에 비추어, 丙의 입양에 대한 대낙권자의 승낙이 추정되고 그 밖에 양친자로서의 신분적 생활사실 등 입양의 실질적 요건도 모두 구비되어 있어 丙에 대한 출생신고가 입양신고로서의 기능을 발휘하므로, 甲·乙과 丙 사이에는 각 양친자관계가 존재한다고 하였다.[3]

2.1.1.5. 입양의사는 신고서면을 작성할 때와 신고가 수리될 때에 모두 존재하여야 한다.

2.1.2. 양친은 성년자일 것(제866조)

2.1.2.1. 성년자는 누구든지 입양할 수 있다. 그러나 혼인에 의하여 성년에 달한 것으로 보는 경우(미성년자의 성년의제, 제826조의2)에는 입양능력이 없다고 해석하여야 한다.

2.1.2.2. 이에 위반한 신고는 수리되지 않지만(제881조), 잘못 수리되면 취소할 수 있다(제884조 제1호).

2.1.3. 양자로 되는 자가 13세 이상의 미성년자인 경우에는 법정대리인의 동의를 받아 입양의 승낙을 할 것(제869조 제1항)

2.1.3.1. 입양의 대낙: 민법은 양자가 될 사람이 13세 미만인 경우에는 법정대리인이 그를 갈음하여 입양을 승낙한다(제869조 제2항).

2.1.3.2. 대낙권자: 대락권자는 입양될 아동의 법정대리인(친권자 또는 미성년후견인)이다. 부모의 일방이 어떤 사유로 친권을 행사할 수 없는 경우에는 다른 일방의 대낙만으로 입양이 가능하다. 또한 재산관리권을 상실한 친권자(제925조)는 대낙권이 있다. 그러나 재산관리권만을 가지는 후견인(제946조)은 대낙권이 없다. 한편 법정대리인이 정당한 이유 없이 동의 또는 승낙을 거부하는 경우(다만, 법정

---

[3] 서울가판 2010.3.16, 2009드단67484.

대리인이 친권자인 경우에는 제870조 제2항의 사유가 있어야 한다)와 법정대리인의 소재를 알 수 없는 등의 사유로 동의 또는 승낙을 받을 수 없는 경우에는 가정법원은 법정대리인을 심문하여 입양을 허가할 수 있다(제869조 제3항 제4항).

2.1.3.3. 위반의 효과: 이에 위반한 입양은 무효이다(제883조 제2호). 대낙은 일종의 대리이므로, 대낙권이 없는 자가 한 대낙은 일종의 무권대리라고 볼 수 있다.

2.1.4. 양자가 될 자는 부모의 동의를 얻을 것(제870조 제1항)

2.1.4.1. 여기서 '양자가 될 자'는 13세에 달한 자를 의미한다. 그리고 '양자가 될 자가 부모의 동의를 얻어야 한다'는 요건은 양자가 될 자가 13세에 이르러 스스로 입양의 의사표시를 할 수 있는 능력이 있음을 전제로 하는 것이다. 그러나 스스로 입양당사자가 될 수 있는 연령에 이른 후에도 양자가 되기 위해서는 항상 부모의 동의가 필요하다. '입양에 대한 동의'는 친권자의 지위에서 하는 것이 아니므로, 이혼 후에 친권자로 정해지지 않은 부모도 동의권이 있다고 하여야 한다.

2.1.4.2. 부모가 제869조 제1항에 따른 동의를 하거나 같은 조 제2항에 따른 승낙을 한 경우, 부모기 친권상실의 신고를 받은 경우와 부모의 소재를 알 수 없는 등의 사유로 동의를 받을 수 없는 경우에는 부모의 동의를 받지 않아도 된다(제870조 제1항).

2.1.4.3. 이에 위반한 신고는 수리가 거부되고(제881조), 잘못 수리되면 취소할 수 있다(제884조 제1호).

2.1.5. 양자가 될 자가 성년에 달하지 못한 경우에, 부모 또는 다른 직계존속이 없으면 후견인의 동의를 얻을 것(제871조)

2.1.5.1. 여기서 '양자가 될 자가 성년에 달하지 못한 경우'라 함은 13세 이상 19세 미만의 자를 말한다.

2.1.5.2. 13세 이상의 미성년자가 입양함에 있어서, 부모나 다른 직계존속이 없어서 후견인이 동의하는 경우에는 가정법원의 허가가 있어야 한다(제871조 단서).

2.1.5.3. 이에 위반한 입양신고는 수리되지 않고(제881조), 잘못 수리되면 취소할 수 있다(제884조 제1호).

2.1.6. 후견인이 피후견인을 양자로 하는 경우에는 가정법원의 허가를 얻을 것(제872조)

2.1.6.1. 이 규정의 취지는 후견인이 피후견인을 입양하여 재산관리에 관한 감

독에서 벗어나는 것을 방지하려는 것이다. 왜냐하면 피후견인의 재산관리를 하는 후견인을 견제하기 위한 여러 가지 감독장치를 두고 있기 때문이다.

2.1.6.2. 후견인의 임무가 종료한 후에도 아직 후견의 관리계산을 끝내지 않았을 때에는 역시 가정법원의 허가를 얻어야 한다고 보아야 한다.

2.1.6.3. 이에 위반한 입양은 수리되지 않고(제881조), 잘못 수리되면 취소할 수 있다(제884조 제1호).

2.1.7. 배우자 있는 자는 공동으로 양자를 하여야 하며, 양자가 될 때에는 다른 일방의 동의를 얻을 것(제874조)[4]

2.1.7.1. 배우자 있는 자가 입양을 할 때에는 배우자와 공동으로 하여야 하는데, 이것을 부부공동입양의 원칙이라고 한다. 부부의 일방이 양자가 될 때에는 다른 일방의 동의를 얻어야 한다.

2.1.7.2. 부부의 일방에게 공동입양을 할 수 없거나, 양자가 되는 데 동의를 할 수 없는 사정이 있는 경우에는 다른 일방이 단독으로 입양을 하거나, 양자가 될 수 있는가. 이에 대하여 부정설[5]이 있으나, 긍정하여도 좋을 것으로 본다.[6]

2.1.7.3. 상대방 배우자의 혼인중의 출생자를 양자로 하는 경우에도 부부가 공동으로 하여야 하는가. 이 경우에는 양자가 될 자와 부부의 일방 사이에는 이미 친생자관계가 있으므로, 다른 일방이 단독으로 입양할 수 있다고 보아야 한다. 그러나 부부 일방의 혼인외의 출생자를 입양하는 경우에는 부부가 공동으로 할 수 있다.

2.1.7.4. 배우자의 부모의 양자가 되는 경우에 다른 일방 배우자의 동의를 얻어야 할 것인가. 필요하다고 보아야 할 것이다.[7]

2.1.7.5. 이에 위반한 입양신고는 수리가 거부되지만(제881조), 잘못 수리되면 배우자가 취소를 청구할 수 있다(제884조 제1호, 제888조 전단).

2.1.8. 양자는 양친의 존속 또는 연장자가 아닐 것(제877조)

2.1.8.1. 자기의 존속은 양자로 하지 못한다. 따라서 존속만 아니면 되므로, 같은 항렬에 있거나 손자항렬에 있는 자도 연장자가 아니면 양자로 할 수 있다. 또

---

4) 이에 대한 상세한 것에 대하여, 김주수, "부부공동입양제도에 관하여", 사법행정, 1963.5.; 외국 입법례에 대하여는, 김주수, "부부공동입양의 성립과 해소", 경희대학교논문집, 제3집, 1964.
5) 박병호, "개정양자제도의 관견", 월간고시, 1990.3, 63면; 박병호, 가족법, 181면.
6) 김주수/김상용, 전게서, 319면; 동지 대판 1998.5.26, 97므25.
7) 김주수/김상용, 전게서, 320면.

한 동갑이라도 하루라도 빨리 출생한 자는 자신보다 늦게 태어난 자를 양자로 할 수 있고, 비속이라도 자신보다 나이가 많은 자는 양자로 할 수 없다. 그리고 입양당사자가 부부인 경우에는 부부 쌍방이 이 요건을 충족하여야 한다.

2.1.8.2. 이에 위반한 입양신고는 수리되지 않고(제881조), 잘못 수리되면 무효이다(제883조 제2호).

2.2. 형식적 요건

2.2.1. 입양신고

2.2.1.1. 입양도 등록법에 정한 바에 따라 당사자 쌍방과 성년자 증인 2인이 연서한 서면으로 신고함으로써 효력이 생긴다(제878조, 등록법 제61조).

2.2.1.2. 입양은 당사자의 합의와 신고에 의하여 성립한다. 혼인의 경우와 같다.

2.2.1.3. 신고서가 수리되기 전까지는 입양의사를 철회할 수 있다.

2.2.2. 허위의 출생신고에 의한 입양의 성립

2.2.2.1. 허위의 출생신고에 의하여 친생자관계는 생길 수 없지만, 양친자관계는 발생한다고 해석하는 것이 타당하다. 이에 대한 판례의 동향을 보면, 처음에는 허위의 친생자 출생신고에 대하여 입양의 효력방생을 인정하였으나,[8] 그 후 태도를 바꾸어 이를 부정하였다가,[9] 전원합의체판결에 의하여 다시 인정하게 되었다.[10] 그러나 입양의사 및 기타 입양의 실질적 요건을 갖추지 못한 경우에는 친생자 출생신고가 있었다고 하더라도 입양의 성립이 인정되지 않는다.[11] 당사자가 입양의 의사로 친생자 출생신고를 한 경우, 입양신고로서의 효력이 발생하기 위한 요건에 대하여, 당사자가 양친자관계를 창설할 의사로 친생자 출생신고를 하고 거기에 입양의 실질적 요건이 모두 구비되어 있다면 그 형식에 다소 잘못이 있더라도 입양의 효력이 발생하고, 양친자관계는 파양에 의하여 해소될 수 있는 점을 제외하고는 법률적으로 친생자관계와 똑같은 내용을 갖게 되므로 이 경우의 허위의 친생자 출생신고는 법률상의 친자관계인 양친자관계를 공시하는 입

---

8) 대판 1947.11.25, 4280민상126.
9) 대판 1967.7.18, 67다1004.
10) 대판(전) 1977.7.26, 77다492.
11) 대판 1984.5.15, 84므4.

양신고의 기능을 발휘하게 되는 것이지만, 여기서 입양의 실질적 요건이 구비되어 있다고 하기 위하여는 입양의 합의가 있을 것, 15세 미만자는 법정대리인의 대낙이 있을 것, 양자는 양부모의 존속 또는 연장자가 아닐 것 등 민법 제883조각 호 소정의 입양의 무효사유가 없어야 함은 물론 감호·양육 등 양친자로서의 신분적 생활사실이 반드시 수반되어야 하는 것으로서, 입양의 의사로 친생자 출생신고를 하였다 하더라도 위와 같은 요건을 갖추지 못한 경우에는 입양신고로서의 효력이 생기지 아니한다는 것이 판례의 태도이다.[12]

2.2.2.2. 허위의 친생자 출생신고에 의하여 양친자관계가 성립된 때에는 파양의 사유가 없는 한, 친생자관계부존재확인의 소를 제기하더라도 확인의 이익이 없다는 이유로 각하된다는 것이 판례의 태도이다.[13]

2.2.2.3. 친생자로 출생신고를 할 당시에 입양의 실질적 요건을 갖추지 못하였다면 입양의 효력이 발생하지 않지만, 그 후에 입양의 실질적 요건을 갖추게 된 때에는 출생신고를 한 때로 소급하여 입양의 효력이 인정된다.[14]

2.2.2.4. 허위의 친생자 출생신고에 의하여 입양의 효력이 발생한 경우에는 파양의 사유가 없는 한 친생자관계부존재확인청구는 허용되지 않는다.[15] 그렇다면 파양의 사유가 존재하는 경우에는 친생자관계부존재확인청구를 인용할 수 있을 것인가. 이에 대하여 판례는 부정적인 태도이다.[16]

2.2.2.5. 허위의 친생자 출생신고에 의하여 입양의 효력이 발생한 경우 파양의 사유가 있다면, 등록부상 친생자로 기록되어 있으나 사실은 양자라는 점과 파양의 원인이 있음을 주장하여 등록부를 입양으로 정정한 후에 파양의 기재를 하는 방법에 의하여 양친자관계를 해소하는 것이 원칙이라 할 것이다.[17]

---

12) 대판 2010.3.11, 2009므4099.
13) 대판 1994.5.24, 93므119.
14) 대판 1990.3.9, 80므389.
15) 대판 1988.2.23, 85므86; 대판 1990.7.27, 89므1108; 당사자가 입양 의사로 허위의 친생자 출생신고를 한 경우, 입양신고로서 효력이 발생하기 위한 요건에 대하여, 대구지판 2012.4.27, 2011르1534은 "당사자가 입양의 의사로 친생자 출생신고를 하고 거기에 입양의 실질적 요건이 구비되어 있다면 형식에 다소 잘못이 있더라도 입양의 효력이 발생하고, 이 경우 허위의 친생자 출생신고는 법률상 친자관계인 양친자관계를 공시하는 입양신고의 기능을 하는데, 여기서 입양의 실질적 요건이 구비되어 있다고 하기 위해서는 입양의 합의가 있을 것, 15세 미만자는 법정대리인의 대낙이 있을 것, 양자는 양부모의 존속 또는 연장자가 아닐 것 등 민법 제883조 각 호에서 정한 입양의 무효사유가 없어야 함은 물론 감호·양육 등 양친자로서 신분적 생활사실이 수반되어야 한다"고 하였다.
16) 대판 1989.10.27, 89므440.

[사례 14]

> A는 1967년 12월 5일에 X와 혼인신고를 마치고 부부가 되었으나 사이가 좋지 않아 별거하던 중 1992년 말경 B·C 사이에 태어난 당시 5개월 된 Y를 입양하기로 하고 B·C로부터 입양승낙을 받았다. A는 Y를 자신의 집에 데려와 양육하다가 1995년 7월 20일 자기와 X 사이에서 태어난 친생자로 출생신고를 하였다. 그 후 A는 1998년 2월 9일에 사망하였으며, X는 자기 호적에서 Y를 제적하고 A의 상속인으로서의 자격을 부인하기 위하여 Y를 상대로 친생자관계부존재확인의 소를 제기하였다. 이 경우 X의 청구는 받아들여질 수 있는가?[18]
>
> (대판 1998.5.26, 97므25)

◀요약▶

1) A가 Y를 입양신고 대신에 친생자로 출생신고를 한 것이 입양으로서의 효력이 인정되는가의 문제에 대하여, A는 배우자 X가 있으므로 X와 공동으로 하여야 하는데 X가 단독으로 Y에 대하여 출생신고를 하였으므로 배우자 공동입양에 관한 규정(제874조)에 위반하였다 할 것이다. 2) 제874조에 위반하였다면 X는 A와 Y 사이의 입양을 취소할 수 있지만(제888조 전단), 그 사유가 있는 것을 안 날로부터 6월, 그 사유가 있는 날로부터 1년을 경과하면 그 취소청구권은 소멸하므로(제894조), 이미 취소권이 소멸되었으므로 X는 A와 Y 사이의 입양을 취소할 수 없다. 3) 허위의 출생신고에 의하여 A와 Y 사이에 양친자관계가 성립되었으므로, X의 친생자관계부존재확인청구도 인용될 수 없다. 4) 양친자의 일방이 사망한 경우에는 파양도 불가능하므로, A가 사망한 경우에는 A와 Y 사이에의 파양도 할 수 없다. 다만 X가 모르는 사이에 A가 입양신고를 한 경우에 X와 Y 사이에는 입양의 합의가 없으므로 그 관계에서는 입양이 무효가 된다. 5) 따라서 X는 자기와 Y 사이에

---

17) 광주지법 목포지원 가사부심판 1989.6.2, 88드3307(확정); 대구지판 2012.4.27, 2011르1534은 "甲이 乙을 입양할 목적으로 허위로 친생자 출생신고를 한 후 양육하다가 乙을 상대로 친생자관계부존재확인소송을 제기하여 '甲과 乙은 파양한다'는 내용의 조정(이하 '파양조정'이라 한다)이 성립되었는데, 乙이 친생자관계를 양친자관계로 정정하기 위한 절차 없이 파양신고를 하여 가족관계등록부상 제적 당시의 주민등록정보가 여전히 남아 있는 사안에서, 제반 사정에 비추어 甲이 입양의 의사로 친생자 출생신고를 하고 입양의 실질적 요건이 구비되었으므로 甲과 乙 사이의 양친자관계가 성립되어 파양조정 시까지 계속되었고, 나아가 파양신고는 장래효만 있는 신고이고 양친자관계의 존부는 파양조정의 선결문제에 불과하므로 파양조정 자체만으로는 등록부정정신청을 할 수 없고 다시 친생자관계를 양친자관계로 정정하기 위한 절차가 필요한데, 양친자관계의 존부는 친족법상 또는 상속법상 중대한 영향을 미치는 사항으로서 친생자관계를 양친자관계로 정정하기 위해서는 양친자관계존재확인판결이 필요하므로, 甲과 乙 사이에 조정에 의한 파양이 이루어져 양친자관계가 종료하였다고 하더라도 乙로서는 가족관계 등록내용을 정정하기 위하여 甲과 乙 사이에 양친자관계가 존재하였다는 과거의 법률관계에 대한 확인을 구할 법률상 이익이 있다"고 하였다.

18) 김주수/김상용, 전게서, 320면.

친생자관계가 존재하지 않는다는 이유로 친생자관계부존재확인의 소를 제기할 수 있다.[19]

[사례 14-1]

A에게는 친부모 X1과 Y1, 양부모 X와 Y가 있다.

(1) A가 양부모 X와 Y의 양자가 되기 위하여 어떠한 요건을 갖춰야 하는가. 만약 양부모 X와 Y가 A를 입양하였으나 입양신고를 하지 않은 경우에는 어떻게 되는가?

(2) 양부모 X와 Y가 이혼한 경우에 양자인 A에 대한 친권은 누가 행사하게 되는가? 그리고 친권의 행사가 제한되거나 상실되는 것은 어느 경우이고, 또 친부모 X1과 Y1마저 친권을 행사할 수 없을 경우에 누가 후견을 하게 되는가?

(3) 미성년자인 A의 부양은 누가 하게 되고, 만약 A에 대한 부양의무자가 부양을 이행하지 않은 경우에 과거의 부양료 또는 채당부양료를 청구할 수 있는가?

[부산대09]

3. 입양의 무효와 취소

3.1. 입양의 무효

3.1.1. 입양무효의 원인

3.1.1.1. 당사자 간에 입양의 합의가 없는 때(제883조 제1호)

3.1.1.2. 가정법원의 허가가 없는 때[제883조 제2호, 제867조 제1항(제873조 제2항에 따라 준용되는 경우를 포함)]

3.1.1.3. 대낙권자의 승낙이 없는 때(제883조 제2호, 제869조 제2항)

3.1.1.4. 양자가 양친의 존속이거나 연장자인 때(제883조 제2호, 제877조)

3.1.2. 입양무효의 성질과 무효의 소

3.1.2.1. 입양무효의 성질은, 당연무효이다.

3.1.2.2. 판결이 확정되면 소를 제기한 자는 판결의 확정일자로부터 1월 이내에 판결의 등본 및 확정증명서를 첨부하여 그 취지를 신고하여야 한다(등록법 제107조).

---

19) 김주수/김상용, 전게서, 324면.

[소장 16]

입양무효확인청구

원 고 　 ○ ○ ○(양모) (전화 　　　　　　　)
　　　 주민등록번호 　　　　 ―
　　　 주소
　　　 등록기준지
피 고 　 김 갑 돌(양자)
　　　 주민등록번호 　　　　 ―
　　　 주소
　　　 등록기준지

청 구 취 지

원고와 피고 사이의 입양(19 ○○년 ○월 ○일 ○○시 ○○구청장 접수)은 무효임을 확인한다.
라는 판결을 구합니다.

청 구 원 인

1. 원고와 피고는 먼 친족 간으로 원고의 남편은 후손 없이 19 ○○년 ○월 ○일 사망
   하였으므로 피고를 데려다 기르고 있었습니다.
2. 그런데 얼마 전 입양관계증명서를 교부받아 본즉, 뜻밖에도 피고가 입양이 되어 있어
   피고에게 그 사유를 물어본바, 3대 독자의 입영특례를 받기 위하여 일방적으로 입양신
   고를 하였다는 것입니다.
3. 따라서 원고가 모르는 사이에 이루어진 입양신고는 당연무효이므로 이건 청구에 이르렀
   습니다.

첨 부 서 류

1. 입양관계증명서 　　　　　　　 1통
2. 주민등록등본 　　　　　　　　 1통
3. 피고의 진술서 　　　　　　　　 1통

　　　　　　 20 　　.　　　　.　　　　　.
　　　　　 위 원고 ○ ○ ○ 　　　 (인)

○○가정법원 귀중
○○지방법원(지원) 귀중

3.2. 입양의 취소

3.2.1. 입양요건을 결여한 경우

3.2.1.1. 미성년자가 입양을 하였을 때(제884조 제1호, 제866조)

3.2.1.2. 양자가 될 사람이 13세 이상의 미성년자인 경우에는 법정대리인의 동의를 받지 않고 입양을 승낙한 때 또는 제869조 제3항 제2호에 위반한 때(제884조 제1호, 제869조 제1항, 제869조 제3항 제2호)

3.2.1.3. 양자가 될 미성년자는 부모의 동의를 받지 않았을 때(제884조 제1호, 제870조 제1항)

3.2.1.4. 양자가 될 사람이 성년인 경우에는 부모의 동의를 받지 않았을 때(제884조 제1호, 제871조 제1항 본문)

3.2.1.5. 피성년후견인이 성년후견인의 동의 없이 양자를 하였거나 양자가 되었을 때(제884조 제1호, 제873조 제1항)

3.2.1.6. 배우자와 공동으로 하지 않고 양자를 한 때와 배우자가 있는 사람이 다른 일방의 동의를 얻지 않고 양자가 된 때(제884조 제1호, 제874조)

3.2.1.7. 양친이 되는 부부의 일방과 양자 사이에 취소사유가 있는 경우 입양 전체가 취소될 수 있는지 아니면 취소사유가 있는 입양당사자와의 관계에서만 취소될 수 있는지. 당사자의 의사와 양자의 복리라는 관점에서 볼 때에 취소사유가 있는 입양당사자와의 관계에서만 취소될 수 있다고 보아야 할 것이다.[20]

3.2.2. 입양 당시에 양친자의 일방에게 악질 기타 중대한 사유가 있음을 알지 못한 때에는 취소할 수 있다(제884조 제2호).

3.2.3. 사기 또는 강박으로 인하여 입양의 의사표시를 한 때에는 취소할 수 있

---

20) 김주수/김상용, 전게서, 328면.

다(제884조 제3호).

3.2.4. 재판이 확정되면 소를 제기한 자는 판결의 확정일로부터 1월 이내에 판결의
등본 및 확정증명서를 첨부하여 그 취지를 신고하여야 한다(등록법 제58조 제2항).

[소장 17]

입 양 취 소 청 구

원 고   ○ ○ ○ (전화   )
　　　　주민등록번호   —
　　　　주소
　　　　등록기준지
피 고   ○ ○ ○(양부)
　　　　주민등록번호   —
　　　　주소
　　　　등록기준지
피 고   ○ ○ ○(양모)
　　　　주민등록번호   —
　　　　주소
　　　　등록기준지

청 구 취 지

원고와 피고들 사이의 입양은 이를 취소한다.
라는 판결을 구합니다.

청 구 원 인

1. 원고는 부 ○○○, 모 ○○○ 사이에서 출생한 자인바, 원고의 종손이 되는 ○○○
   와 ○○○의 양자로 가족관계등록부에 등록된 자입니다.
2. 원고는 취업관계로 입양관계증명서를 발급받아 본즉, 원고가 피고 등의 양자로 등재되
   어 있는 것을 알게 되었습니다.
3. 알고 본즉, 피고 등은 종손으로 대를 잇기 위하여 19 ○○년 ○월 ○일 입양신고를 한
   것입니다.
4. 그러나 당시 원고의 후견인이었던 피고 ○○○는 입양신고를 하려면 당연히 법원의 허
   가를 얻어야 하는데도 이를 얻지 않고 한 입양이므로 이는 취소사유에 해당하므로 청구
   취지와 같은 판결을 얻고자 이건 청구에 이른 것입니다.

```
┌─────────────────────────────────────────────────────────────┐
│                      첨 부 서 류                              │
│                                                               │
│   1. 가족관계증명서(친생부모), 입양관계증명서(원고)    각 1통  │
│   2. 주민등록등본                             1통            │
│                                                               │
│                  20    .      .      .                       │
│                위 원고 ○  ○  ○          (인)               │
│                                                               │
│   ○○가정법원 귀중                                           │
│   ○○지방법원(지원) 귀중                                     │
│                                                               │
│   ☞ 유의사항                                                 │
│      소장에는 수입인지 20,000원을 붙여야 합니다.              │
│      송달료는 당사자수×3,190원(우편료)×12회분을 송달료취급은행에 납부하고 영수증을 │
│      첨부하여야 합니다.                                       │
│      관할법원은 양부모 중 1인의 주소지, 양부모가 모두 사망한 때에는 그 중 1인의 최후 │
│      주소지의 가정법원입니다.                                 │
└─────────────────────────────────────────────────────────────┘
```

3.3. 입양의 무효와 취소의 효과

3.3.1. 입양취소의 효력은 입양신고 시에 소급하지 않는다(제897조에 의하여 제824조의 준용). 입양으로 인하여 발생한 친족관계는 무효나 취소로 인하여 소멸한다(제776조).

3.3.2. 입양의 무효, 취소로 인한 손해배상청구권

입양이 무효, 취소가 된 경우에 당사자의 일방은 과실 있는 상대방에 대하여 이로 인한 손해배상을 청구할 수 있다. 손해배상의 범위는 재산상의 손해뿐만 아니라 정신상의 고통에 대한 배상도 포함된다.

3.3.3. 민법은 입양을 원인으로 하여 생긴 재산상의 이익의 처분에 대하여 규정하지 않았지만, 입양 당시 그 취소원인이 있는 것을 알고 있었던 당사자는 입양에 의하여 얻은 이익을 전부 반환하여야 한다고 보아야 한다.[21]

---

21) 김주수/김상용, 전게서, 329면.

4. 입양의 효과

4.1. 입양의 기본적 효과는 양자가 양친의 혼인중의 출생자의 인격을 취득하는 것이다.

4.1.1. 양자와 양부모 및 그 혈족, 인척 사이의 친계와 촌수는 입양한 때로부터 혼인중의 출생자와 동일한 것으로 본다(제772조 제1항).

4.1.2. 양자의 가족관계증명서 '부모란'에는 친생부모와 양부모가 함께 기재된다.

4.1.3. 양자는 친생부모의 친권을 벗어나서 양부모의 친권에 따른다(제909조 제1항 후단).

4.1.4. 양자와 양부모 사이에는 부양관계와 상속관계가 생긴다.

4.1.5. 양자와 양부모의 혈족 사이에도 서로 부양관계와 상속관계가 생긴다.

4.1.6. 입양은 양자의 종래의 친족관계에는 영향을 미치지 않는다.

4.2. 민법에 의한 일반양자로 입양하는 경우 양자의 성은 변경되지 않는다. 그러나 '입양촉진 및 절차에 관한 특례법'에 의한 입양의 경우에는 양친의 원에 따라 양자가 양친의 성을 따를 수 있다(입양특례법 제8조 제1항).

5. 사실상의 양자

5.1. 당사자 사이에 입양의사의 합치가 있고 실제로 양친자관계가 형성되어 있지만, 입양신고가 되지 않아서 법률상으로 입양이 성립하지 않은 경우를 '사실상의 양자'라고 한다.

5.2. 사실상의 양친자관계가 성립한 경우에 입양신고를 강제할 수 없지만, 부당한 파기자는 손해배상의 책임을 면하지 못한다.

5.3. 사실상의 양친자관계가 아무리 오랫동안 계속되어도 입양신고가 없는 한, 법률상의 양친자관계는 성립하지 않는다. 그러나 친권자는 보호, 교양의 의무를 위임하였다고 보아야 할 것이다.

5.4. 판례는, 사실상의 양자에 대하여도 민법 제752조에 의한 생명침해로 인한 위자료청구권을 인정하고 있다.[22] 그리고 사실상의 양친이 사망하였는데 상속인이 없는 경우에 사실상의 양자는 특별연고자로서 양친의 재산에 대하여 분여를 청구할 수 있다고 한다(제1057조의2).

6. 파양 : 양친자관계의 해소

6.1. 협의상 파양

6.1.1. 실질적 요건

6.1.1.1. 당사자 사이에 파양의사의 합치가 있어야 한다.

6.1.1.2. 피성년후견인은 성년후견인의 동의를 얻어야 한다.

6.1.1.3. 피성년후견인인 양부모는 성년후견인의 동의를 받아 파양을 협의할 수 있다(제902조).

6.1.1.4. 협의파양의 당사자인 양친이 부부인 경우에 입양의 경우와 마찬가지로 공동으로 하여야 할 것인가. 명문의 규정이 없으므로 반대해석으로서 각자가 단독으로 파양할 수 있다고 해석할 수 있지만, 입양의 중요한 목적이 양자에게 친생부모와 같은 애정을 주고 따뜻한 가정을 마련하여 주면서 양육을 보장하는 데 있다고 보면, 개별파양을 인정할 것이 아니라 원칙적으로 공동으로 하여야 한다고 해석하여야 할 것이다.[23] 또한 양자에게 배우자가 있는 경우에 협의파양을 할 때에 배우자의 동의가 필요한가. 이 경우에 제874조 제2항을 유추하여 배우자의 동의가 필요하다고 보아야 할 것이다.

6.1.2. 형식적 요건

6.1.2.1. 신고는 서면 또는 구술로 할 수 있다(등록법 제23조). 신고서에는 당사자 쌍방과 증인 2인의 연서를 필요로 한다(제904조에 의하여 제878조의 준용).

6.1.2.2. 가족관계등록공무원은 파양이 제878조 제2항과 파양의 실질적 요건 및 기타 법령에 위반하지 않는가를 확인한 후에 수리하여야 한다(제903조). 그러

---

22) 대판 1975.12.23, 75다413.
23) 대판 2001.8.21, 99므2230.

나 수리된 경우에는 파양의사의 합치가 존재하는 한, 계속하여 유효하다고 본다.

　6.1.3. 협의상 파양의 무효와 취소

　6.1.3.1. 무효가 되는 경우: 1) 의사무능력자의 파양행위, 2) 어떤 방편을 위한 가장파양, 3) 조건부 파양, 4) 당사자가 모르는 사이에 제3자가 한 파양, 5) 대리권이 없는 자가 협의한 파양, 6) 신고가 수리되기 전에 파양의사를 철회한 경우 등이다.

[소장 18]

파양무효확인청구

원　고　○　○　○(양자) (전화　　　　　　　　　　　　　)
　　　　주민등록번호　　　　　　　　─
　　　　주소
　　　　등록기준지
피　고　○　○　○(양부)
　　　　주민등록번호　　　　　　　　─
　　　　주소
　　　　등록기준지
피　고　○　○　○(양모)
　　　　주민등록번호　　　　　　　　─
　　　　주소
　　　　등록기준지

청 구 취 지

원고와 피고들 사이의 파양(19 ○○년 ○월 ○일 ○○시 ○○구청장 접수)은 무효임을 확인한다
라는 판결을 구합니다.

청 구 원 인

1. 원고는 원래 ○○시 ○○구 ○○동 ○○번지 ○○○(부)와 ○○○(모) 사이에서 출생한 자입니다.
2. 생가의 형편으로 19 ○○년 ○월경 양부모에게 인계되어 부양을 받아 오다가 19 ○○년 ○월 ○일 입양신고를 마치고 현재까지도 같이 살고 있습니다.
3. 그런데 원고 자신도 모르는 사이에 19 ○○년 ○월 ○일 협의파양된 것으로 가족관계등록부에 기재된 것을 알게 되었습니다.

---

4. 탐문한바, 피고 등이 이민을 가려면 양자가 있으면 장남을 데려갈 수 없다는 말을 듣고 편의상 그렇게 한 것이라고 합니다.

5. 따라서 원고는 피고 등과 하등의 협의 파양한 사실이 없으므로 이건 청구에 이른 것입니다.

첨 부 서 류

1. 입양관계증명서   1통
2. 주민등록등본   1통
3. 진술서(피고 등)   1통

20   .   .   .

위 원고 ○ ○ ○   (인)

○○가정법원 귀중
○○지방법원(지원) 귀중

☞ 유의사항
소장에는 수입인지 20,000원을 붙여야 합니다.
송달료는 당사자수×3,190원(우편료)×12회분을 송달료취급은행에 납부하고 영수증을 첨부하여야 합니다.
관할법원은 양부모 중 1인의 주소지, 양부모가 모두 사망한 때에는 그 중 1인의 최후 주소지의 가정법원입니다.

6.1.3.2. 취소할 수 있는 경우: 사기 또는 강박으로 인하여 파양의 의사표시를 한 경우에 사기 또는 강박을 당한 자가 파양의 취소를 청구할 수 있다. 3월 이내의 제척기간 내에 행사하여야 한다(제904조에 의하여 제823조의 준용). 취소의 방법은 이혼의 취소와 같다. 취소의 효과는 소급한다.

[소장 19]

파양취소청구

원 고   ○ ○ ○ (전화   )
         주민등록번호   ―
         주소
         등록기준지
피 고   ○ ○ ○(양부)
         주민등록번호   ―
         주소
         등록기준지
피 고   ○ ○ ○(양모)
         주민등록번호   ―
         주소
         등록기준지

청 구 취 지

원고와 피고들 사이의 파양은 이를 취소한다.
라는 판결을 구합니다.

청 구 원 인

1. 원고는 19 ○○년 ○월 ○일 피고들에게 입양되어 빈곤한 양부모를 모시고 가사를
   돌보아 오늘날 피고 등의 재산을 확보하는 데 많은 기여를 하여 왔습니다.
2. 원고는 어린 시절부터 몸을 돌보지 않고 노동에 종사한 나머지 지난 19 ○○년 ○월
   경부터 ○○병으로 눕게 되어 노동능력을 상실하게 되자 피고 등은 원고를 학대하고
   유기하였으며 파양을 제의하여 왔습니다.
3. 피고들은 원고에게 피고 등의 소유부동산 중 ○○시 ○○동 ○○번지 대○○○평을
   이전하여 주겠다고 하면서 파양을 제의하기에 그 말을 믿고 19 ○○년 ○월 ○일 협
   의로 파양신고를 필하였습니다.
4. 그 전에 피고들은 위 부동산을 이전해주기로 한 약속을 이행하지 않을 뿐 아니라 이행
   할 의사가 전혀 없으면서도 사술로 원고를 기망하여 파양에 동의하게 한 것이므로 청구
   취지와 같은 판결을 구하고자 이건 청구에 이른 것입니다.

```
┌─────────────────────────────────────────────────────────┐
│                    첨 부 서 류                            │
│                                                          │
│   1. 입양관계증명서          1통                          │
│   2. 주민등록등본            1통                          │
│   3. 상해진단서             1통                           │
│                                                          │
│                    20   .    .    .                     │
│                 위 원고  ○  ○  ○ (인)                   │
│                                                          │
│                                                          │
│   ○○가정법원 귀중                                        │
│   ○○지방법원(지원) 귀중                                  │
│                                                          │
│   ☞ 유의사항                                             │
│     소장에는 수입인지 20,000원을 붙여야 합니다.           │
│     송달료는 당사자수×3,190원(우편료)×12회분을 송달료취급은행에 납부하고 영수증을 │
│     첨부하여야 합니다.                                    │
│     관할법원은 양부모 중 1인의 주소지, 양부모가 모두 사망한 때에는 그 중 1인의 최후 │
│     주소지의 가정법원입니다.                              │
└─────────────────────────────────────────────────────────┘
```

6.2. 재판상 파양

6.2.1. 민법에 규정된 파양원인이 있는 경우에는 재판상 파양을 청구할 수 있다. 조정이 성립하면 파양의 효력이 생긴다(가사소송법 제50조 제2항 본문).

6.2.2. 파양원인

6.2.2.1. 양부모가 양자를 학대 또는 유기하거나 그 밖에 양자의 복리를 현저히 해친 경우(제905조 제1호)

6.2.2.2. 양부모가 양자로부터 심히 부당한 대우를 받은 경우(제905조 제2호)

6.2.2.3. 양부모나 양자의 생사가 3년 이상 분명하지 아니한 경우(제905조 제3호)

6.2.2.4. 그 밖에 양친자관계를 계속하기 어려운 중대한 사유가 있는 경우(제905조 제4호): 악의의 유기, 상습적인 범죄행위 등 일반적으로 사회생활관계에 비추어 양친자관계를 유지하기 어렵다고 판단되는 사유가 여기에 해당될 것이다.

6.2.2.5. 이혼의 경우와 같이 유책당사자가 파양청구를 할 수 있는가: 이혼의 경우와 같이 고의나 과실로 양친자관계를 스스로 파탄에 이르게 한 자의 파양청

구는 허용되지 않는다고 해석하여야 할 것이다.[24]

[소장 20][25]

파양청구

원 고 김갑식(金甲埴) (주민등록번호:)
　　　등록기준지 경기 OO군 OO면 OO리 209
　　　주소　　　서울 강남구 OO동 OO번지(13/1)
　　　소송대리인 변호사 OOO
피 고 김동숙(金東淑) (주민등록번호:)
　　　등록기준지 경기 OO군 OO면 OO리 209
　　　주소　　　서울 강남구 OO동 OO번지(13/1)

청구취지

1. 원고와 피고는 파양한다.
2. 소송비용은 피고가 부담한다.
라는 판결을 바랍니다.

청구원인

1. 원고(1900. 0. 0.생)는 1996. 10. 3. 노후의 여생을 함께 살아가기 위하여 질녀(누이 동생의 딸)인 피고(1900년 0월 0일생)를 양자로 삼는 입양신고를 하였다.
2. 입양 후 피고는 원고의 주소지에 있는 원고의 소유건물에 들어와서 원, 피고는 동거생활을 시작하였다. 그런데 피고는 입양 후 2년이 되자 원고의 생활을 도와주지 않고, 원고의 신변의 일에 대하여 일체 돌보지 않고 원고가 고용하고 있던 파출부에게 거의 모든 일을 맡겨 버리고 있었고, 또 피고는 그때쯤부터 원고와 함께 생활하기를 거부하고 피고는 2층에서 살고 원고는 1층에서 생활하여 음식도 따로따로 만들어서 먹게 되고 말도 거의 하지 않게 되었습니다.
3. 피고는 원고에 대하여 2000년 7월경부터 "이제 오래 살지는 못해", "빨리 죽어" 따위의 폭언을 한다든지, 심한 경우는 폭행을 가하기도 하였다. 그 후 피고는 2000년 말경 갑자기 집을 나가 버리고, 현재 어느 식당에서 알게 된 남자와 동거하고 있다.
4. 따라서 원고는 민법 제905조 제5호에 따라 이 사건 소를 제기하기에 이르렀습니다.

---

24) 대판 2002.12.26, 2002므852.
25) 박동섭, 전게서, 868면.

```
┌─────────────────────────────────────────────────┐
│              증거방법과 첨부서류                  │
│                                                 │
│ (생략)                                           │
│                                                 │
│                  2001.  0.  0.                   │
│            원고의 소송대리인   000 (인)           │
│                                                 │
│ 00가정(지방)법원 귀중                            │
└─────────────────────────────────────────────────┘
```

6.3. 파양의 효과

6.3.1. 파양에 의하여 입양으로 인한 친족관계는 소멸한다(제776조).

6.3.2. 파양된 경우 양자의 가족관계증명서 '부모란'에는 더 이상 양부모는 기재되지 않으며, 친생부모만이 기재된다. 다만 가족관계증명서에는 파양사실이 기재되지 않으므로 과거의 파양사실을 알 수 없다. 파양에 관한 사항은 입양관계증명서에 기재된다.

6.3.3. 입양으로 인하여 양친과의 사이에서 발생한 법률효과, 즉 부양, 상속, 친권관계 등은 소멸한다.

6.3.4. 양자가 미성년자인 경우에는 친생부모의 친권이 부활한다.

6.3.5. 재판상 파양을 한 때에는 당사자의 일방은 과실 있는 상대방에 대하여 이로 인하여 발생한 손해배상을 청구할 수 있다(제908조에 의하여 제806조의 준용).

제**13**강 　친자법(3): [Ⅲ. 양자 7. 친양자]

7. 친양자

[참조조문]

제908조의2(친양자 입양의 요건 등) ① 친양자(親養子)를 입양하려는 사람은 다음 각 호의 요건을 갖추어 가정법원에 친양자 입양을 청구하여야 한다.

　1. 3년 이상 혼인중인 부부로서 공동으로 입양할 것. 다만, 1년 이상 혼인중인 부부의 한쪽이 그 배우자의 친생자를 친양자로 하는 경우에는 그러하지 아니하다.

　2. 친양자가 될 사람이 미성년자일 것

　3. 친양자가 될 사람의 친생부모가 친양자 입양에 동의할 것. 다만, 부모가 친권상실의 선고를 받거나 소재를 알 수 없거나 그 밖의 사유로 동의할 수 없는 경우에는 그러하지 아니하다.

　4. 친양자가 될 사람이 13세 이상인 경우에는 법정대리인의 동의를 받아 입양을 승낙할 것

　5. 친양자가 될 사람이 13세 미만인 경우에는 법정대리인이 그를 갈음하여 입양을 승낙할 것

② 가정법원은 다음 각 호의 어느 하나에 해당하는 경우에는 제1항 제3호·제4호에 따른 동의 또는 같은 항 제5호에 따른 승낙이 없어도 제1항의 청구를 인용할 수 있다. 이 경우 가정법원은 동의권자 또는 승낙권자를 심문하여야 한다.

　1. 법정대리인이 정당한 이유 없이 동의 또는 승낙을 거부하는 경우. 다만, 법정대리인이 친권자인 경우에는 제2호 또는 제3호의 사유가 있어야 한다.

　2. 친생부모가 자신에게 책임이 있는 사유로 3년 이상 자녀에 대한 부양의무를 이행하지 아니하고 면접교섭을 하지 아니한 경우

　3. 친생부모가 자녀를 학대 또는 유기하거나 그 밖에 자녀의 복리를 현저히 해친 경우

③ 가정법원은 친양자가 될 사람의 복리를 위하여 그 양육상황, 친양자 입양의 동기, 양부모의 양육능력, 그 밖의 사정을 고려하여 친양자 입양이 적당하지 아니하다고 인정하는 경우에는 제1항의 청구를 기각할 수 있다. [전문개정 2012.2.10]

제908조의3(친양자 입양의 효력) ① 친양자는 부부의 혼인중 출생자로 본다.

② 친양자의 입양 전의 친족관계는 제908조의2 제1항의 청구에 의한 친양자 입양이 확정된 때에 종료한다. 다만, 부부의 일방이 그 배우자의 친생자를 단독으로 입양한 경우에 있어서의 배우자 및 그 친족과 친생자 간의 친족관계는 그러하지 아니하다.

제908조의4(친양자 입양의 취소 등) ① 친양자로 될 사람의 친생(親生)의 아버지 또는 어머니는 자신에게 책임이 없는 사유로 인하여 제908조의2 제1항 제3호 단서에 따른 동의를 할 수 없었던 경우에 친양자 입양의 사실을 안 날부터 6개월 안에 가정법원에 친양자 입양의 취소를 청구할 수 있다.

② 친양자 입양에 관하여는 제883조, 제884조를 적용하지 아니한다. [전문개정 2012.2.10]

제908조의5(친양자의 파양) ① 양친, 친양자, 친생의 부 또는 모나 검사는 다음 각 호의 어느 하나의 사유가 있는 경우에는 가정법원에 친양자의 파양(罷養)을 청구할 수 있다.

　1. 양친이 친양자를 학대 또는 유기(遺棄)하거나 그 밖에 친양자의 복리를 현저히 해하는 때

　2. 친양자의 양친에 대한 패륜(悖倫)행위로 인하여 친양자관계를 유지시킬 수 없게 된 때

② 제898조 및 제905조의 규정은 친양자의 파양에 관하여 이를 적용하지 아니한다.

제908조의6(준용규정) 제908조의2 제3항은 친양자 입양의 취소 또는 제908조의5 제1항 제2호에 따른 파양의 청구에 관하여 이를 준용한다. <개정 2012.2.10>[본조신설 2005.3.31]

제908조의7(친양자 입양의 취소·파양의 효력) ① 친양자 입양이 취소되거나 파양된 때에는 친양자관계는 소멸하고 입양 전의 친족관계는 부활한다.

② 제1항의 경우에 친양자 입양의 취소의 효력은 소급하지 아니한다.

제908조의8(준용규정) 친양자에 관하여 이 관에 특별한 규정이 있는 경우를 제외하고는 그 성질에 반하지 아니하는 범위 안에서 양자에 관한 규정을 준용한다.

7. 친양자

7.1. 입법취지

7.1.1. 보호필요아동을 위한 입양제도의 개선

우리나라는 부계혈통주의가 국내입양의 활성화를 가로막고 있다. 따라서 민법이나 입양특례법에 의하여 입양신고를 하는 대신, 허위로 출생신고를 하는 관행이 보편화되었던 것이다. 이 문제에 대하여 법원은 처음에 입양의 효력을 인정하였으나,[1] 후에 이를 부정하는 쪽으로 태도를 바꾸었고,[2] 1977년에 이르러 전원합의체판결을 통하여 다시 입양의 효력발생을 긍정하는 쪽으로 태도를 전환하였다.[3] 혈연에 의하여 형성된 관계는 아니라 할지라도 사실상의 가족관계가 성립, 유지된 경우에 이러한 실질적인 관계는 법의 보호를 받을 만한 가치가 있다는 가치판단이 자리 잡고 있는 것이다. 그러나 양자제도에는 여전히 문제가 있었다. 이른바 '비밀입양'이 오랜 관행으로 행하여져 왔다. 그러나 건전한 입양풍토를 조성하고 입양아동의 복리를 실현하기 위하여 입양의 양성화가 절실히 요청되었고, 이에 친양자제도는 지금까지 관행화된 비밀입양의 폐해를 바로잡는 계기를 마련할 수 있을 것으로 기대된다.

7.1.2. 재혼가정의 화합과 안정

우리 사회에서 친양자제도의 도입은 재혼가정의 화합을 위하여도 필요하다. 우리 사회에서는 입양의 경우에 민법상 '성불변의 원칙'이 가로막고 있기 때문이다. 재혼가정에서 아버지와 자녀, 형제자매가 같은 성을 갖는 것은 너무나 당연하게 생각하기 때문에 아버지와 자녀의 성이 다르다는 것은 부정적 의미에서 '특별한 관심의 대상'이 되기 때문이다. 우리나라에서도 이혼과 재혼이 증가함에 따라서 재혼가정에서 자라고 있는 자녀의 복리와 재혼가정의 안정을 위하여 친양자제도가 도입된 것이다.

---

1) 대판 1947.11.25, 4280민상126.
2) 대판 1969.7.18, 67다1004.
3) 대판(전) 1977.7.26, 77다492.

7.2. 진양자제도의 특싱

7.2.1. 효과상의 특징: 완전양자(Full Adoption)

친양자제도는 그 효과면에서 입양아동이 법적으로뿐만 아니라 실제생활에 있어서도 마치 '양친의 친생자와 같이' 입양가족의 구성원으로 완전히 편입, 동화되는 제도이다. 그러므로 양자와 친생부모 및 그 혈족의 친족관계는 친양자 입양이 법원에 의하여 선고된 때로부터 종료되고(제908조의3), 양자는 마치 양친의 친생자인 것처럼 양친의 성과 본을 따를 뿐 아니라, 가족관계증명서에도 양친의 친생자로 기재된다.

7.2.2. 절차상의 특징: 계약형 양자제도에서 선고(허가)형 양자제도로의 전환

친양자는 민법상의 일반양자와 달리 법원의 선고(허가)에 의하여서만 성립한다. 따라서 친양자 입양을 당사자의 사적인 계약으로 하지 않고, 자녀의 복리를 위하여 반드시 법원의 선고(허가)에 의하여 성립하도록 하였다(제908조의2).

[소장 21]

친양자 입양의 심판청구

청 구 인   1. 박○○ (전화   )
　　　　　　　　　주민등록번호 　　　　　－
　　　　　　　　　주소
　　　　　　　　　등록기준지
　　　　　　　　　2. 이○○ (전화 　　　　　　　)
　　　　　　　　　주민등록번호 　　　　　－
　　　　　　　　　주소 및 등록기준지 위와 같음

사 건 본 인 　　　김○○
　　　　　　　　　주민등록번호 　　　　　－
　　　　　　　　　주소
　　　　　　　　　등록기준지

청 구 취 지

사건본인을 청구인들의 친양자로 한다.
라는 심판을 구합니다.

청 구 원 인

1. 청구인들은 3년 이상 혼인중인 부부로서 공동으로 사건본인 친양자로 입양하고자 합니다.
2. 청구인 박○○와 사건본인은 먼 친족 사이로서 사건본인의 부모가 20○○년 ○월 ○일 사고로 모두 사망한 이후 현재까지 청구인들이 사건본인을 잘 양육하고 있습니다.
3. 청구인들은, 사건본인이 더 행복하고 구김살 없게 자랄 수 있도록 하기 위하여, 사건본인을 친양자로 입양하는 것이 좋겠다고 생각하여 이 사건 청구를 하게 되었습니다.
4. 이 사건 청구와 관련된 사항(가사소송규칙 제62조의2 규정 사항)은 별지 목록 기재와 같습니다.

첨 부 서 류

1. 청구 관련 사항 목록   1통
2. 가족관계증명서(사건본인)   1통
3. 기본증명서(사건본인)   1통
4. 혼인관계증명서(청구인들)   1통
5. 주민등록등본(청구인들 및 사건본인) 각   1통
   (다만 청구인들과 사건본인이 함께 주민등록이 되어 있는 경우는 1통만 제출하면 됩니다)
6. 친양자 입양 동의서(친생부모) 및 인감증명서(단 인감증명서는 작성자가 직접 제출하지 않는 경우에만 필요합니다)   각 1통
7. 법정대리인의 입양승낙서 및 인감증명서(단 인감증명서는 작성자가 직접 제출하지 않는 경우에만 필요합니다)   각 1통
8. 법정대리인(후견인이 법정대리인인 경우)의 입양승낙에 대한 가정법원의 허가서 1통

                    20   .   .   .

               위 청구인   ○   ○   ○   (인)

○○가정법원{○○지방법원(지원)} 귀중

☞ 유의사항
1. 청구서에는 사건본인 1명당 수입인지 5,000원을 붙여야 합니다.
2. 송달료는 청구인수×3,190원(우편료)×8회분을 송달료취급은행에 납부하고 영수증을 첨부하여야 합니다.
3. 관할법원은 친양자로 될 자의 주소지의 가정법원(가정법원 또는 가정지원이 설치되지 아니한 지역은 해당 지방법원 또는 지방법원 지원)입니다.

```
┌─────────────────────────────────────────────────────────────┐
│                  〈청구 관련 사항 목록〉                       │
│                                                               │
│                         생략                                  │
│                                                               │
│  ☞  유의사항                                                  │
│  1.  '친생부모가 동의를 할 수 없는 사정' 은 「민법」 제908조의2 제1항 제3호 단서의  │
│      '부모의 친권이 상실되거나 사망 그 밖의 사유로 동의할 수 없는 경우' 입니다.   │
│  2. '친양자로 될 자에 대하여 친권을 행사하는 자로서 부모 이외의 자'는, 사건본인의 부  │
│      또는 모가 결혼하지 아니한 미성년자인 경우(즉 혼인하지 않은 미성년자가 자를 출산한  │
│      경우)에 이에 대신하여 친권을 대행하는 그 미성년자의 친권자(민법 제910조) 또는 후  │
│      견인(민법 제948조) 등입니다.                              │
└─────────────────────────────────────────────────────────────┘
```

7.3. 친양자 입양의 요건(제908조의2)

7.3.1. 3년 이상 혼인중인 부부로서 공동으로 입양할 것(제908조의2 제1항 제1호 본문)

친양자를 하기 위하여는 부부가 혼인한 지 3년이 넘어야 한다. 이는 그 가정이 비교적 안정되어 있을 것으로 보기 때문이다. 부부 중의 일방이 의사표시를 할 수 없는 상태에 있는 경우에는 다른 일방의 의사만으로 친양자 입양을 청구할 수 있는가. 친양자제도의 취지에서 보면 부정적으로 해석되지만, 구체적인 경우에 따라서 입양을 허용하는 편이 자녀의 복리에 기여할 가능성이 있으므로 법원은 구체적인 사정을 고려하여 결정하는 것이 합리적일 것이다. 외조부모가 외손녀를 친양자로 입양하고자 한 사안에서, 비록 친양자 입양의 형식적 요건은 모두 갖추고 있지만 가족질서의 혼란이 초래될 것이 분명하고, 친양자 입양의 동기가 사건본인의 복리보다는 생모의 복리를 실현하기 위한 것이라는 등 양육상황·친양자 입양의 동기 그 밖의 모든 사정을 고려하여 볼 때 친양자로 될 자의 복리를 위하여 친양자 입양이 적당하지 아니하다고 한 사례가 있다.[4]

7.3.2. 부부의 일방이 배우자의 친생자를 친양자로 하는 경우의 예외(제908조의2 제1항 제1호 단서)

7.3.2.1. 부부의 일방이 배우자의 친생자를 친양자로 입양하는 경우에는 1년 이상의

---

4) 울산지결 2010.9.16, 2010브21.

혼인지속기간이 요구된다. 다만 이 경우에는 부부공동입양의 원칙이 적용되지 않는다.

7.3.2.2. 부부의 일방이 배우자의 친생자를 입양하는 경우는 배우자에게 전혼에서 출생한 자 또는 혼인외의 자가 있는 때이다.

7.3.2.3. 부부의 일방이 배우자의 친생자를 친양자로 입양할 때에는 단독으로 할 수 있다. 이 경우 "친양자는 부부의 혼인중 출생자로 본다"고 하여 혼인중의 출생자로서 인격을 가지게 된다.

7.3.3. 친양자로 될 자가 미성년자일 것(제908조의2 제1항 제2호)

친양자로 될 자는 친양자 입양을 허가하는 재판의 확정일을 기준으로 하여 19세 미만이어야 한다.

7.3.4. 친양자가 될 사람이 13세 이상인 경우에는 법정대리인의 동의를 받아 입양을 승낙할 것(제980조의2 제1항 제4호)

7.3.5. 친양자로 될 자의 친생부모가 친양자 입양에 동의할 것(제908조의2 제1항 제3호 본문)

[서식]

친양자 입양 동의서

1. 친양자 입양 청구 관계인

1. 구분		2. 성명	3. 주민등록번호
친양자 입양 청구인	양부로 될 자	박○○	-
	양모로 될 자	이○○	-
친양자로 될 자		김○○	-
친양자로 될 자의 친생부모	친생부	김△△	-
	친생모	윤□□	-

2. 친양자 입양에 대한 동의

위 친양자로 될 자 김○○의 친생부(親生父) 김○○와 친생모(親生母) 윤□□는, 친양자 입양의 심판이 확정된 때에 **친생부모와 친양자의 친족관계는 종료한다**는 것을 잘 알면서, 민법 제908조의2 제1항 제3호에 따라 친양자 입양 청구인들이 김○○를 **친양자로 입양함에 동의합니다.**

20 . . .			
구분	동의인 성명	친양자 입양에 대한 동의 여부	서명 또는 날인
친생부	김○○	동의함	
친생모	윤□□	동의함	

☞ 유의사항

○ 이 서류의 제출자가 작성명의인이 아닌 경우에는 작성명의인의 인감도장을 날인하고 작성명의인의 인감증명서를 첨부하여야 합니다.

7.3.5.1. 친양자로 될 자의 친생부모가 공동친권자인 경우에는 법정대리인으로서 입양승낙을 하게 될 것이므로, 이와 별도의 동의는 필요하지 않는다.

7.3.5.2. 인지되지 않은 혼인외의 자와 생부 사이에는 법률상 친족관계가 없으므로, 이 경우의 생부는 '친양자로 될 자의 친생부모'에 포함되지 않는다(제908조의2 제1항 제3호). 따라서 모의 승낙만 있으면 된다.

7.3.5.3. 친양자 입양 당시 부모가 이미 사망했거나 친권상실선고를 받은 경우 또는 그 밖의 사정으로 동의할 수 없는 때에는 부모의 동의 없이 법정대리인의 대낙만으로 친양자 입양이 가능하다(제908조의2 제1항 제3호 단서). 여기에서 '그 밖의 사유로 동의할 수 없는 경우'라 함은 부모가 장기간 의사표시를 할 수 없는 상태에 있는 경우, 장기간 행방불명인 경우 등이다.

7.3.5.4. 친양자 입양 당시 부모의 일방이 사망하여 다른 일방의 대낙만으로 친양자 입양이 가능한 경우에는 사망한 부모 일방의 직계존속에게 친양자 입양에 관한 재판과정에서 의견을 진술할 수 있는 기회를 제공할 필요가 있을 것이다.

7.3.6. 친양자가 될 사람이 13세 이상인 경우에는 법정대리인의 동의를 받아 입양을 승낙할 것(제908조의2 제1항 제4호).

7.3.7. 친양자가 될 사람이 13세 미만인 경우에는 법정대리인이 그를 갈음하여 입양을 승낙할 것(제908조의2 제1항 제5호).

[서식]

친양자 입양 승낙서

1. 친양자 입양 청구 관계인

1. 구분		2. 성명	3. 주민등록번호
친양자 입양 청구인	양부로 될 자	박○○	−
	양모로 될 자	이○○	−
친양자로 될 자		김○○	−
친양자로 될 자의 친생부모	친생부	김△△	−
	친생모	윤□□	−

2. 친양자 입양에 대한 승낙

위 친양자로 될 자 김○○의 법정대리인인 친권자 부 김○○, 친권자 모 이□□는, 친양자로 될 자가 15세 미만이므로 민법 제908조의2 제1항 제4호에 따라 친양자로 될 자에 갈음하여 친양자 입양 청구인들이 친양자로 될 자를 친양자로 입양하는 것을 승낙합니다.

20   .   .   .

구분	입양승낙인 성명	친양자 입양에 대한 승낙 여부	서명 또는 날인
법정대리인 친권자 부	김○○	승낙함	
법정대리인 친권자 모	이□□	승낙함	

☞ 유의사항
○ 이 서류의 제출자가 작성명의인이 아닌 경우에는 작성명의인의 인감도장을 날인하고 작성명의인의 인감증명서를 첨부하여야 합니다(단, 친양자 입양 동의서에 작성명의인의 인감증명서가 이미 첨부된 경우에는 인감증명서를 첨부할 필요가 없습니다).
○ 법정대리인인 친권자가 부 또는 모 1명인 경우, 법정대리인이 후견인인 경우에는 위 내용을 적절하게 수정하여 사용하시기 바랍니다.

7.3.8. 가정법원의 허가(제908조의2)

7.3.8.1. 친양자를 하려는 자는 위의 요건을 갖추어 가정법원에 친양자 입양을 청구하여야 한다(제908조의2 제1항, 가사소송법 제2조 제1항 라류사건). 가정법원은 이러한 요건을 갖추었는가의 여부를 심사하고, 친양자로 될 자의 복리를 위하여 양육상황, 친양자 입양의 동기, 양친의 양육능력 등 입양가정의 환경을 심사한다(제908조의2 제2항).

7.3.8.2. 이 규정에서 '양육상황'이라 함은 친양자로 될 자의 현재의 양육상황과 입양 후에 예상되는 양육상황을 다 같이 의미하는 것으로 볼 수 있다. 그리고 '양친의 양육능력'은 포괄적인 의미를 갖는 것으로 이해된다.

7.3.9. 가정법원은 다음의 어느 하나에 해당하는 경우에는 제1항 제3호·제4호에 따른 동의 또는 같은 항 제5호에 따른 승낙이 없어도 제1항의 청구를 인용할 수 있다. 이 경우 가정법원은 동의권자 또는 승낙권자를 심문하여야 한다(제908조의2 제2항).

7.3.9.1. 법정대리인이 정당한 이유 없이 동의 또는 승낙을 거부하는 경우. 다만, 법정대리인이 친권자인 경우에는 제2호 또는 제3호의 사유가 있어야 한다(동조 동항 제1호).

7.3.9.2. 친생부모가 자신에게 책임이 있는 사유로 3년 이상 자녀에 대한 부양의무를 이행하지 아니하고 면접교섭을 하지 아니한 경우(동조 동항 제2호)

7.3.9.3. 친생부모가 자녀를 학대 또는 유기하거나 그 밖에 자녀의 복리를 현저히 해친 경우(동조 동항 제3호)

7.3.10. 친양자 입양신고

친양자 재판이 확정된 경우에 친양자 입양을 청구한 자는 재판의 확정일로부터 1월 이내에 재판서의 등본 및 확정증명서를 첨부하여 입양신고를 하여야 한다(등록법 제67조).

7.4. 친양자 입양의 효력(제908조의3)

7.4.1. 친양자 제도의 근본 목적은 양자와 친생자 사이에 존재할 수 있는 모든 차별을 없애고 양자에게 친생자와 같은 양육환경을 만들어 주는 데 있다. 따라서

'제2의 출생'이라 부르는 것이다.

7.4.2. 친양자와 양부모의 친족 사이에도 당연히 친족관계가 발생하고, 부양, 상속 등의 효과가 생긴다.

7.4.3. 친양자는 가족관계증명서에 양친의 친생자로 기재되고, 입양관계증명서에도 양자라는 사실이 나타나지 않는다. 다만 등록법상 친양자입양관계증명서의 교부를 청구할 수 있는 경우로는, 1) 친양자가 성년이 되어 신청하는 경우, 2) 혼인당사자가 민법 제809조의 친족관계를 파악하고자 하는 경우, 3) 법원의 사실조회촉탁이 있거나 수사기관이 수사상 필요에 따라 문서로 신청하는 경우(등록법 제14조 제2항), 4) 민법 제908조의4와 제908조의5에 따라 입양취소 또는 파양을 할 경우, 5) 친양자의 복리를 위하여 필요함을 구체적으로 소명하여 신청하는 경우, 6) 그 밖의 대법원예규가 정하는 정당한 이유가 있는 경우이다.

7.4.4. 친양자는 마치 양부모의 가정에서 출생한 친생자와 같은 인격을 가지게 되므로, 입양 전의 친족관계는 종료하는 것이 원칙이다(제908조의3 제2항 본문). 다만 부부의 일방이 배우자의 친생자를 단독으로 입양한 경우에는 예외가 인정된다(제908조의2 제2항 단서). 이 경우에는 배우자 및 그 친족과 친생자 사이의 친족관계가 소멸하지 않는다.

7.5. 친양자 입양의 취소(제908조의4 제1항)

7.5.1. 친양자로 입양된 자의 친생부모가 자신에게 책임이 없는 사유로 인하여 친양자 입양에 동의할 수 없었던 경우에는 친양자 입양의 사실을 안 날로부터 6월 내에 친양자 입양의 취소를 청구할 수 있다(제908조의4 제1항). 다만 이 경우에 제883조(입양무효의 원인) 및 제884조(입양취소의 원인)는 친양자 입양에 관하여 이를 적용하지 아니한다. 그러나 가정법원은 취소사유가 있다고 인정되더라도, 친양자로 된 자의 복리를 위하여 '그 양육상황, 친양자 입양의 동기, 양친의 양육능력, 그 밖의 사정을 고려하여' 친양자 입양의 취소가 적당하지 않다고 인정되는 경우에는 취소청구를 기각할 수 있다(제908조의6에 의하여 제908조의2 제2항의 준용).

7.5.2. 일반양자의 취소에 관한 규정은 친양자에 대하여 적용되지 않는다(제908조의4 제2항).

7.5.3. 친양자 입양의 취소의 효력은 소급하지 않는다(제908조의7 제2항). 취소의 결과 친양자 입양에 의하여 발생한 친족관계는 소멸하고, 입양 전의 친족관계가 부활한다(제908조의7 제1항).

7.5.4. 친양자 입양취소의 재판이 확정된 경우 소를 제기한 자는 재판의 확정일로부터 1월 이내에 재판서의 등본과 확정증명서를 첨부하여 입양취소의 신고를 하여야 한다(등록법 제70조).

[소장 22]

친양자 입양 취소 청구의 소

원 고   ○ ○ ○ (전화   )
　　　　주민등록번호　　　　　－
　　　　주소
　　　　등록기준지
피 고   1. ○ ○ ○(양부)
　　　　주민등록번호　　　　　－
　　　　주소
　　　　등록기준지
피 고   2. △ △ △ (양모)
　　　　주민등록번호　　　　　－
　　　　주소 및 등록기준지 위와 같음
피 고   3. ◎ ◎ ◎ (친양자)
　　　　주민등록번호　　　　　－
　　　　주소 및 등록기준지 위와 같음

청 구 취 지

○○법원 20 느 호 사건에 관하여 위 법원이 20 . . . 한 심판에 의하여 피고 1. ○ ○ ○, 피고 2. △ △ △와 피고 3. ◎ ◎ ◎ 사이에 성립한 친양자 입양은 이를 취소한다. 라는 판결을 구합니다.

청 구 원 인

1. 원고는 피고 3. ◎◎◎의 친생의 부로서 최근 피고 3. ◎◎◎가 피고 1. ○○○와 피고 2. △△△의 친양자로 입양되어 있는 것을 알게 되었습니다.

2. 원고는 20○○. . . 피고 3. ◎◎◎를 △△에 있는 □□ 해수욕장 인근에서 잃어버렸는데 그 후 피고 3. ◎◎◎가 아동보호시설에 보호되고 있다가 친양자로 입양되었다고 합니다.

3. 원고는 자신에게 책임이 없는 사유로 인하여 민법 제908조의2 제1항 제3호 단서의 규정에 의한 동의를 할 수 없었으므로, 민법 제908조의4에 따라 친양자 입양의 취소를 구하기 위하여 이 사건 소에 이른 것입니다.

첨 부 서 류

1. 가족관계증명서(원고)　　　　　1통
2. 친양자입양관계증명서(피고 3.)　　1통
3. 주민등록등본(피고 1. 또는 2.)　　1통

20 . . .

위 원고 ○　○　○　　　(인)

○○가정법원{○○지방법원(지원)} 귀중

☞ 유의사항
1. 소장에는 수입인지 20,000원을 붙여야 합니다.
2. 송달료는 당사자수×3,190원(우편료)×12회분을 송달료취급은행에 납부하고 영수증을 첨부하여야 합니다.
3. 관할법원은 양부모 중 1인의 주소지, 양부모가 모두 사망한 때에는 그 중 1인의 최후 주소지의 가정법원(가정법원 및 가정지원이 설치되지 아니한 지역은 해당 지방법원 및 지방법원 지원)입니다.

7.6. 친양자의 파양(제908조의5, 가사소송법 제2조 제1항 나류사건)

7.6.1. 친양자는 양부모의 친생자로 출생한 것과 마찬가지로 취급되므로, 친양자제도의 본질에 비추어 보면 파양은 친양자제도와 모순되는 것이라고 할 수 있다. 따라서 자녀의 복리를 위하여 매우 예외적인 경우(예: 양부가 양자를 성추행한 경우)에만 제한적으로 인정된다. 특히 양친의 이익을 위한 파양사유는 인정되지

않으며, 양자가 패륜행위를 하더라도 양친은 이를 이유로 하여 파양청구를 할 수 없다.

7.6.2. 파양사유

7.6.2.1. 먼저 민법은 친양자를 위한 파양사유를 규정하고 있다. 즉, "양친이 친양자를 학대 또는 유기하거나 그 밖에 친양자의 복리를 현저히 해하는 때"(제908조의5 제1항 제1호)에는 파양을 청구할 수 있다.

7.6.2.2. 다음으로 외국의 입법례와 달리, 민법은 양친의 이익을 위한 파양 가능성(제908조의5 제1항 제2호: 양자가 패륜행위를 한 경우)을 규정하고 있다. 즉, 친양자의 양친에 대한 패륜(悖倫)행위로 인하여 친양자관계를 유지시킬 수 없게 된 때에 파양청구를 할 수 있다(제908조 제1항 제2호).

7.6.3. 양부모 가운데 일방에게만 파양사유가 있는 경우에 그 일방에 대하여만 파양을 청구할 수 있는가. 파양사유가 있는 양부모의 일방에 대하여만 파양청구를 하는 것도 가능하다고 할 것이다.

7.6.4. 파양청구권자는 양친, 친양자, 친생의 부 또는 모 및 검사이다(제908조의5 제1항). 입양대낙을 한 법정대리인도 파양청구권이 인정되어야 할 것이다.

7.6.5. 가정법원은 위에서 본 두 가지 파양사유 가운데 하나가 있다고 판단되는 경우에는 파양청구를 인용한다. 그러나 파양사유가 인정되는 경우에도 친양자의 복리를 위하여 파양청구를 기각할 수 있다(제908조의6에 의하여 제908조의2 제2항의 준용).

7.6.6. 친양자의 본질에 비추어 협의파양은 인정될 수 없다.

7.6.7. 친양자관계가 파양된 때에는 친양자 입양으로 인하여 발생한 친족관계는 소멸하고 입양 전의 친족관계가 부활한다(제908조의7 제1항).

7.6.8. 한편 친양자관계가 해소되는 경우 그 효력으로서 자녀는 자신의 의사와 관계없이 자동적으로 친생부모의 성과 본을 따르게 되어 결과적으로 성의 변경을 겪게 된다(성불변의 예외).

7.6.9. 친양자 파양의 재판이 확정된 경우 소를 제기한 자는 재판의 확정일로부터 1월 이내에 재판서의 등본 및 확정증명서를 첨부하여 파양신고를 하여야 한다(등록법 제69조).

친양자 파양 청구의 소

원 고   ○ ○ ○ (전화   )
      주민등록번호   –
      주소
      등록기준지

피 고   1. ○ ○ ○(양부)
      주민등록번호   –
      주소
      등록기준지

피 고   2. ○ ○ ○ (양모)
      주민등록번호   –
      주소 및 등록기준지 위와 같음

피 고   3. ◎ ◎ ◎ (친양자)
      주민등록번호   –
      주소 및 등록기준지 위와 같음

청 구 취 지

피고 1. ○ ○ ○, 피고 2. ○ ○ ○와 피고 3. ◎ ◎ ◎은 친양자를 파양한다.
라는 판결을 구합니다.

청 구 원 인

1. 피고 3. ◎◎◎은 20○○년 ○월 ○일 친양자 입양 허가 심판에 따라 피고 1. ○○○과 피고 2. △△△의 친양자로 되었습니다.

2. 그런데 피고 1. ○○○(양부)은 매일같이 폭음을 한 후 집에 들어와 행패를 일삼고 피고 3. ◎◎◎를 때리는 등 친양자를 학대하므로 친양자의 파양을 구하기 위하여 이 사건 소에 이르렀습니다.

첨 부 서 류

1. 친양자입양관계증명서   1통
2. 주민등록등본(피고 1. 또는 2)   1통
3. 진단서   1통

7.7. 준용규정과 부칙

7.7.1. 민법 제908조의8은 "친양자에 관하여 이 관에 특별한 규정이 있는 경우를 제외하고는 그 성질에 반하지 아니하는 범위 안에서 양자에 관한 규정을 준용한다"고 규정하였다.

7.7.2. 민법 부칙 제5조는 "종전의 규정에 의하여 입양된 자를 친양자로 하려는 자는 제908조의2 제1항 제1호 내지 제4호의 요건을 갖춘 경우에는 가정법원에 친양자 입양을 청구할 수 있다"고 규정하여, 일반양자로 입양된 경우에도 친양자제도가 시행됨과 함께 다시 친양자로 입양할 수 있는 길을 열어 두었다.

[문항]

친양자제도의 특징과 입양의 요건	[부산대09]

제14강   친자법(4): 친권

[참조조문]

제909조(친권자) ① 부모는 미성년자인 자의 친권자가 된다. 양자의 경우에는 양부모(養父母)가 친권자가 된다. <개정 2005.3.31>

② 친권은 부모가 혼인중인 때에는 부모가 공동으로 이를 행사한다. 그러나 부모의 의견이 일치하지 아니하는 경우에는 당사자의 청구에 의하여 가정법원이 이를 정한다.

③ 부모의 일방이 친권을 행사할 수 없을 때에는 다른 일방이 이를 행사한다.

④ 혼인외의 자가 인지된 경우와 부모가 이혼하는 경우에는 부모의 협의로 친권자를 정하여야 하고, 협의할 수 없거나 협의가 이루어지지 아니하는 경우에는 가정법원은 직권으로 또는 당사자의 청구에 따라 친권자를 지정하여야 한다. 다만, 부모의 협의가 자(子)의 복리에 반하는 경우에는 가정법원은 보정을 명하거나 직권으로 친권자를 정한다. <개정 2005.3.31, 2007.12.21>

⑤ 가정법원은 혼인의 취소, 재판상 이혼 또는 인지청구의 소의 경우에는 직권으로 친권자를 정한다. <개정 2005.3.31>

⑥ 가정법원은 자의 복리를 위하여 필요하다고 인정되는 경우에는 자의 4촌 이내의 친족의 청구에 의하여 정하여진 친권자를 다른 일방으로 변경할 수 있다. <신설 2005.3.31>

제909조의2(친권자의 지정 등) ① 제909조 제4항부터 제6항까지의 규정에 따라 단독 친권자로 정하여진 부모의 일방이 사망한 경우 생존하는 부 또는 모, 미성년자, 미성년자의 친족은 그 사실을 안 날부터 1개월, 사망한 날부터 6개월 내에 가정법원에 생존하는 부 또는 모를 친권자로 지정할 것을 청구할 수 있다.

② 입양이 취소되거나 파양된 경우 또는 양부모가 모두 사망한 경우 친생부모 일방 또는 쌍방, 미성년자, 미성년자의 친족은 그 사실을 안 날부터 1개월, 입양이 취소되거나 파양된 날 또는 양부모가 모두 사망한 날부터 6개월 내에 가정법원에 친생부모 일방 또는 쌍방을 친권자로 지정할 것을 청구할 수 있다. 다만, 친양자의 양부모가 사망한 경우에는 그러하지 아니하다.

③ 제1항 또는 제2항의 기간 내에 친권자 지정의 청구가 없을 때에는 가정법원은 직권으로 또는 미성년자, 미성년자의 친족, 이해관계인, 검사, 지방자치단체의 장의 청구에 의하여 미성년후견인을 선임할 수 있다. 이 경우 생존하는 부 또는 모, 친생부모 일방 또는 쌍방의 소재를 모르거나 그가 정당한 사유 없이 소환에 응하지 아니하는 경우를 제외하고 그에게 의견을 진술할 기회를 주어야 한다.

④ 가정법원은 제1항 또는 제2항에 따른 친권자 지정 청구나 제3항에 따른 후견인 선임 청구가 생존하는 부 또는 모, 친생부모 일방 또는 쌍방의 양육의사 및 양육능력, 청구 동기, 미성년자의 의사, 그 밖의 사정을 고려하여 미성년자의 복리를 위하여 적절하지 아니하다고 인정하면 청구를 기각할 수 있다. 이 경우 가정법원은 직권으로 미성년후견인을 선임하거나 생존하는 부 또는 모, 친생부모 일방 또는 쌍방을 친권자로 지정하여야 한다.

⑤ 가정법원은 다음 각 호의 어느 하나에 해당하는 경우에 직권으로 또는 미성년자, 미성년자의 친족, 이해관계인, 검사, 지방자치단체의 장의 청구에 의하여 제1항부터 제4항까지의 규정에 따라 친권자가 지정되거나 미성년후견인이 선임될 때까지 그 임무를 대행할 사람을 선임할 수 있다. 이 경우 그 임무를 대행할 사람에 대하여는 제25조 및 제954조를 준용한다.

1. 단독 친권자가 사망한 경우

2. 입양이 취소되거나 파양된 경우

3. 양부모가 모두 사망한 경우

⑥ 가정법원은 제3항 또는 제4항에 따라 미성년후견인이 선임된 경우라도 미성년후견인

선임 후 양육상황이나 양육능력의 변동, 미성년자의 의사, 그 밖의 사정을 고려하여 미성년자의 복리를 위하여 필요하면 생존하는 부 또는 모, 친생부모 일방 또는 쌍방, 미성년자의 청구에 의하여 후견을 종료하고 생존하는 부 또는 모, 친생부모 일방 또는 쌍방을 친권자로 지정할 수 있다.

제910조(자의 친권의 대행) 친권자는 그 친권에 따르는 자에 갈음하여 그 자에 대한 친권을 행사한다. <개정 2005.3.31>

제911조(미성년자인 자의 법정대리인) 친권을 행사하는 부 또는 모는 미성년자인 자의 법정대리인이 된다.

제912조(친권 행사와 친권자 지정의 기준) ① 친권을 행사함에 있어서는 자의 복리를 우선적으로 고려하여야 한다. <개정 2011.5.19>

② 가정법원이 친권자를 지정함에 있어서는 자(子)의 복리를 우선적으로 고려하여야 한다. 이를 위하여 가정법원은 관련 분야의 전문가나 사회복지기관으로부터 자문을 받을 수 있다. <신설 2011.5.19>

제913조(보호, 교양의 권리의무) 친권자는 자를 보호하고 교양할 권리의무가 있다.

제914조(거소지정권) 자는 친권자의 지정한 장소에 거주하여야 한다.

제915조(징계권) 친권자는 그 자를 보호 또는 교양하기 위하여 필요한 징계를 할 수 있고 법원의 허가를 얻어 감화 또는 교정기관에 위탁할 수 있다.

제916조(자의 특유재산과 그 관리) 자가 자기의 명의로 취득한 재산은 그 특유재산으로 하고 법정대리인인 친권자가 이를 관리한다.

제917조 삭제 <1990.1.13>

제918조(제삼자가 무상으로 자에게 수여한 재산의 관리) ① 무상으로 자에게 재산을 수여한 제삼자가 친권자의 관리에 반대하는 의사를 표시한 때에는 친권자는 그 재산을 관리하지 못한다.

② 전항의 경우에 제삼자가 그 재산관리인을 지정하지 아니한 때에는 법원은 재산의 수여를 받은 자 또는 제777조의 규정에 의한 친족의 청구에 의하여 관리인을 선임한다.

③ 제삼자의 지정한 관리인의 권한이 소멸하거나 관리인을 개임할 필요 있는 경우에 제삼자가 다시 관리인을 지정하지 아니한 때에도 전항과 같다.

④ 제24조 제1항, 제2항, 제4항, 제25조 전단 및 제26조 제1항, 제2항의 규정은 전2항의 경우에 준용한다.

제919조(위임에 관한 규정의 준용) 제691조, 제692조의 규정은 전3조의 재산관리에 준용한다.

제920조(자의 재산에 관한 친권자의 대리권) 법정대리인인 친권자는 자의 재산에 관한 법률행위에 대하여 그 자를 대리한다. 그러나 그 자의 행위를 목적으로 하는 채무를 부담할 경우에는 본인의 동의를 얻어야 한다.

제920조의2(공동친권자의 일방이 공동명의로 한 행위의 효력) 부모가 공동으로 친권을 행사하는 경우 부모의 일방이 공동명의로 자를 대리하거나 자의 법률행위에 동의한 때에는 다른 일방의 의사에 반하는 때에도 그 효력이 있다. 그러나 상대방이 악의인 때에는 그러하지 아니한다.

제921조(친권자와 그 자간 또는 수인의 자간의 이해상반행위) ① 법정대리인인 친권자와 그 자 사이에 이해상반되는 행위를 함에는 친권자는 법원에 그 자의 특별대리인의 선임을 청구하여야 한다.

② 법정대리인인 친권자가 그 친권에 따르는 수인의 자 사이에 이해상반되는 행위를 함에는 법원에 그 자 일방의 특별대리인의 선임을 청구하여야 한다. <개정 2005.3.31>

제922조(친권자의 주의의무) 친권자가 그 자에 대한 법률행위의 대리권 또는 재산관리권

을 행사함에는 자기의 재산에 관한 행위와 동일한 주의를 하여야 한다.

제923조(재산관리의 계산) ① 법정대리인인 친권자의 권한이 소멸한 때에는 그 자의 재산에 대한 관리의 계산을 하여야 한다.

② 전항의 경우에 그 자의 재산으로부터 수취한 과실은 그 자의 양육, 재산관리의 비용과 상계한 것으로 본다. 그러나 무상으로 자에게 재산을 수여한 제삼자가 반대의 의사를 표시한 때에는 그 재산에 관하여는 그러하지 아니하다.

제924조(친권상실의 선고) 부 또는 모가 친권을 남용하거나 현저한 비행 기타 친권을 행사시킬 수 없는 중대한 사유가 있는 때에는 법원은 제777조의 규정에 의한 자의 친족 또는 검사의 청구에 의하여 그 친권의 상실을 선고할 수 있다.

제925조(대리권, 관리권상실의 선고) 법정대리인인 친권자가 부적당한 관리로 인하여 자의 재산을 위태하게 한 때에는 법원은 제777조의 규정에 의한 자의 친족의 청구에 의하여 그 법률행위의 대리권과 재산관리권의 상실을 선고할 수 있다.

제926조(실권회복의 선고) 전2조의 원인이 소멸한 때에는 법원은 본인 또는 제777조의 규정에 의한 친족의 청구에 의하여 실권의 회복을 선고할 수 있다.

제927조(대리권, 관리권의 사퇴와 회복) ① 법정대리인인 친권자는 정당한 사유가 있는 때에는 법원의 허가를 얻어 그 법률행위의 대리권과 재산관리권을 사퇴할 수 있다.

② 전항의 사유가 소멸한 때에는 그 친권자는 법원의 허가를 얻어 사퇴한 권리를 회복할 수 있다.

제927조의2(친권 상실과 친권자의 지정 등) ① 제909조 제4항부터 제6항까지의 규정에 따라 단독 친권자가 된 부 또는 모, 양부모(친양자의 양부모를 제외한다) 쌍방에게 다음 각 호의 어느 하나에 해당하는 사유가 있는 경우에는 제909조의2 제1항 및 제3항부터 제5항까지의 규정을 준용한다. 다만, 제2호와 제3호의 경우 새로 정하여진 친권자 또는 미성년후견인의 임무는 미성년자의 재산에 관한 행위에 한정된다.

1. 제924조에 따른 친권상실의 선고가 있는 경우
2. 제925조에 따른 대리권과 재산관리권 상실의 선고가 있는 경우
3. 제927조 제1항에 따라 대리권과 재산관리권을 사퇴한 경우
4. 소재불명 등 친권을 행사할 수 없는 중대한 사유가 있는 경우

② 가정법원은 제1항에 따라 친권자가 지정되거나 미성년후견인이 선임된 후 단독 친권자이었던 부 또는 모, 양부모 일방 또는 쌍방에게 다음 각 호의 어느 하나에 해당하는 사유가 있는 경우에는 그 부모 일방 또는 쌍방, 미성년자, 미성년자의 친족의 청구에 의하여 친권자를 새로 지정할 수 있다.

1. 제926조에 따라 실권의 회복이 선고된 경우
2. 제927조 제2항에 따라 사퇴한 권리를 회복한 경우
3. 소재불명이던 부 또는 모가 발견되는 등 친권을 행사할 수 있게 된 경우

Ⅰ. 서설: 친권제도

우리나라의 친권제도는 가족관계의 변천과 함께 변천하여 왔다. 1960년 민법에 의하면 아버지만이 미성년자인 자녀의 친권자가 되고, 아버지가 없거나 친권을 행사할 수 없는 경우에만 어머니가 친권자가 될 수 있었다. 즉 친권이란 아버

지의 자녀에 대한 지배권을 의미하였던 것이다. 그 후 1977년 개정에 의하여 혼인중에는 부모는 공동으로 친권을 행사하도록 하여 친권이 가부장권의 일부라는 생각을 부분적으로 수정하게 되었다. 다시 1990년 개정에 의하여 친권행사에 관하여 부모의 의견이 일치하지 않는 경우에는 당사자의 청구에 의하여 가정법원이 결정한다고 하였다. 이에 의하여 자녀의 보호와 교양을 위한 부모 모두의 의무인 동시에 권리라는 생각이 자리 잡는 계기가 되었다. 나아가 2005년 민법의 일부개정에 의하여, 제912조는 "친권을 행사함에 있어서 자의 복리를 우선적으로 고려해야 한다"고 규정함으로써, 친권이 더 이상 부모의 자녀에 대한 지배권이 아니라 자녀의 복리실현을 위하여 부모에게 인정된 부모의 의무인 동시에 권리라는 점을 분명히 하였다.

II. 친권관계

1. 친권자

1.1. 친권공동행사의 원칙

1.1.1. 부모가 혼인중인 때에는 공동으로 친권을 행사해야 하며, 어느 일방이 단독으로 친권을 행사하여서는 안 된다(제909조 제2항). 부모의 의견이 일치하지 않는 경우에는 당사자의 청구에 의하여 가정법원이 결정한다(제909조 제4항). 부모의 일방이 친권을 행사할 수 없을 때에는 다른 일방이 단독으로 친권을 행사한다(제909조 제2항).

1.1.2. 부모가 친권을 공동으로 행사하여야 한다는 것은 친권의 행사는 부모공동의 의사에 기인하여야 한다는 뜻이고, 행위 자체가 반드시 부모 쌍방의 명의로 되어야 한다는 의미는 아니다. 부모의 일방이 단독명의나 쌍방명의로 친권을 행사한 경우에 그것이 대리행위이면 무권대리행위로서 적법한 추인이 없는 이상 효력이 생기지 않는다. 다만 제920조의2는 거래의 상대방을 보호하기 위하여 이에 대한 예외를 인정하고 있다.

1.1.3. 여기에서 "부모의 일방이 친권을 행사할 수 없을 때"라 함은 사실상 행사할 수 없는 경우와 법률상 행사할 수 없는 경우를 모두 포함하는 의미로 이해된다. 사실상 친권을 행사할 수 없는 경우로서 장기부재, 심신상실, 중병에 걸린 때 등이다. 법률상 행사할 수 없는 경우로서는 친권상실선고를 받은 경우(제924조), 친권행사금지가처분결정을 받은 경우와 성년후견개시심판을 받은 경우를 포함한다.

1.2. 부모가 이혼하였을 때의 친권자

1.2.1. 친권자의 결정

1.2.1.1. 협의이혼의 경우

부모가 협의로 친권자를 정하지 못한 때에는 가정법원이 "직권으로 또는 당사자의 청구에 따라" 친권자를 지정한다(제909조 제4항). 그러나 가정법원이 "직권으로" 친권자를 정할 수 있다는 부분은 조문의 체계상 불필요할 뿐만 아니라 협의이혼절차와 조화가 되지 않는다는 것은 앞에서 본 바와 같다.

1.2.1.2. 재판상 이혼의 경우

가정법원이 직권으로 친권자를 정한다(제909조 제5항).

1.2.1.3. 당사자의 협의나 법원의 심판에 의하여 친권자가 정해지는 경우, 부모의 일방이 단독친권자로 정해지는 것이 일반적이지만, 이론상 공동친권도 금지되는 것은 아니다.[1]

1.2.1.4. 친권자와 양육자를 각각 달리할 수 있다. 자의 복리를 위하여 친권자를 변경할 수 있다(제909조 제6항).

1.2.2. 이혼 후 단독친권자로 되어 있던 부모의 일방이 사망한 때에 생존하고 있는 다른 일방이 자동으로 친권자가 되는가.

1.2.2.1. 친권행사자론: 판례의 입장[2]

이 경우에 생존하고 있는 다른 일방이 자동으로 친권자가 된다는 것이다. 그 근거는, 친권자의 개념에서 '친권보유자'와 '친권행사자'라는 서로 구별되는 개념

---

1) 김상용, "이혼 후의 공동친권", 가족법연구(2002) 참조.
2) 대판 1994.4.29, 94다1302.

을 추출하여, 이혼 시에 '친권행사자'로 지정되지 않은 부모의 일방은 친권 그 자체를 잃는 것이 아니라, 여전히 친권을 보유하면서 오직 그 행사가 정지된다고 보는 이론([친권행사자론][3])에서 출발한 것이다. 따라서 이혼 후 '친권행사자'로 지정된 부모의 일방이 사망한 경우에 생존친의 '정지'되었던 친권이 부활되어 생존친이 자동적으로 친권행사자로 된다는 것이다.

1.2.2.2. 친권행사자론의 대체론[4]

이혼 후 친권자로 지정된 부모의 일방이 사망한 경우 생존친이 자동적으로 친권자가 되는 것이 아니라, 일단 후견이 개시된다고 해석하는 것이다(제928조). 일단 생존친이 후견인이 되는데(제931조), 그 생존친이 친권자가 되기를 원한다면 민법 제909조 제6항의 친권자변경에 관한 규정을 준용하여 가정법원에 친권자변경을 청구할 수 있다고 보는 것이 자녀의 복리실현에 충실한 해석이 된다는 것이다.[5]

1.2.2.3. 민법 제909조 제4항은 '친권을 행사할 자'라는 용어를 삭제하고 그 대신 '친권자'라는 용어를 채택함으로써 '친권행사자론'의 핵심적인 이론적 근거를 제거하였다. 그리고 제909조의2 제1항 및 제5항에 단독 친권자로 정하여진 부모의 일방이 사망한 경우 생존하는 부 또는 모, 미성년자, 미성년자의 친족은 그 사실을 안 날부터 1개월, 사망한 날부터 6개월 내에 가정법원에 생존하는 부 또는 모를 친권자로 지정할 것을 청구할 수 있다고 규정함으로써 입법적으로 해결되었다. 따라서 친권행사자론은 유지하기 어렵게 되었다.[6]

---

3) 양수산, "친권자와 친권행사자", 가족법연구, 제10호(1996), 331면 이하; 조대현, "개정민법상의 친권자-새로운 이론정립 시급하다-", 법률신문, 1991.1.28.; 반대의견, 김상용, "소위 '친권행사자론'에 대한 비판적 고찰", 가족법연구II(1997), 253면 이하.

4) 김주수/김상용, 전게서, 368~369면.

5) 金疇洙, "韓國家族法とその改正について", 比較法學, (早稻田大學比較法研究所, 1992), 57頁 이하.

6) 그러나 이에 대한 입법적 해결을 위한 '민법 일부개정법률안'(손숙미 의원 대표발의)이 2009. 3. 31.에 발의되었다. 그 제안이유는 "부모의 이혼, 혼인의 취소, 인지 후 단독 친권자로 정해진 부모의 일방이 사망한 경우 생존하는 부 또는 모가 친권자로서 권리와 의무를 행하기에 부적격함에도 불구하고 당연히 친권자가 되도록 하는 것은 미성년 자녀의 복리에 바람직하지 않으므로 가정법원의 심리를 거쳐 생존하는 부 또는 모를 친권자로 변경하거나 따로 후견인을 선임하도록 하고, 입양이 취소, 파양되거나 양부모가 모두 사망한 경우에도 같은 절차를 거쳐 친권자와 후견인을 정하도록 하는 민법 일부개정법률안이 이미 1건(김상희의원 대표발의, 2009.1.22.)이 발의되어 있고 정부에서도 개정안 제출을 준비하고 있음"으로, "다만, 현행 민법에서 별도의 가정법원의 선임절차 없이 후견인이 정해지는 것과 달리 위 민법 일부개정법률안에서는 친족 등의 청구에 의하여 가정법원이 후견인이나 그 대행자를 선임하도록 함으로써, 그 선임 전에는 미성년자의 법정대리인이 없는 공백기간이 생기게 됨"으로써, "이에, 미성년자의 복리를 위하여 가정법원이 친권자나 후견인 선임에 관여하도록 하는 것이 바람직하나 단기간이라도 미성년자에게 법정대리인이 없는 공백

1.3. 혼인외의 출생자의 친권자

1.3.1. 친권자의 결정

1.3.1.1. 임의인지의 경우

이 경우 부모의 협의로 친권자를 정하는데, 단독친권으로 하든 공동친권으로 하든 자유로이 정할 수 있다고 할 것이다. 그러나 부모가 협의할 수 없거나 협의가 이루어지지 않은 경우에는 가정법원은 직권 또는 당사자의 청구에 의하여 친권자를 지정하여야 한다(제909조 제4항).

1.3.1.2. 재판상 인지의 경우

가정법원이 직권으로 친권자를 정한다(제909조 제5항). 판례는, 갑과 을 사이에 혼인외의 자로 출생한 병의 친권자 지정이 문제된 사안에서, 병에 대한 양육 상황, 갑과 을의 병에 대한 태도, 병의 나이, 현재 丙의 양육에만 전념하고 있는 조카 정과 병 사이에 형성된 애착관계, 비록 현재 친모인 을이 구치소에 수감 중이라 직접 병을 양육하고 있지는 못하지만, 형 잔여기간 동안 조카들에 의한 양육이 가능하고 그 후에는 을에 의한 양육이 가능한 점 등 여러 사정을 종합하면, 병에 대한 친권자는 을로 지정하는 것이 병의 원만한 성장과 복지를 위하여 타당하다고 한 사례가 있다.[7]

1.3.2. 생부의 인지 후 단독친권자로 정해진 부모의 일방이 사망한 경우

이 경우에 이혼 후 친권자가 사망한 경우와 같이 생존친이 당연히 친권자가 된다고 해석하는 것이 실무의 태도이다.[8]

1.4. 혼인이 무효, 취소된 경우

혼인이 취소된 경우에 재판상의 이혼과 마찬가지로 가정법원이 직권으로 친권

기간이 생기지 않도록 하기 위하여, 가정법원의 심리를 거쳐 친권자가 지정되거나 후견인 또는 후견인 임무 대행자를 선임될 때까지는 생존부모나 친생부모를 제외한 최근친의 혈족이 후견인이 되도록 하려는 갓"이었다. 제909조의3(친권자 변경 전 후견인) 이혼, 혼인의 취소, 인지 후 단독친권자로 정하여진 부모의 일방이 사망한 경우나 입양이 취소, 파양되었거나 양부모가 사망한 경우에 제909조의2에 따라 미성년자에 대한 친권자가 지정되거나 후견인 또는 그 대행자가 선임되기 전에는 생존하는 부 또는 모나 친생부모를 제외한 최근친의 지계혈족이나 3촌 이내의 방계혈족이 후견인이 된다. 이 경우 동순위자가 여러 명일 때에는 연장자가 선순위로 후견인이 된다. <신설>

7) 서울가결 2011.7.27, 2011브24.
8) 대판 1994.4.19, 94다1302.

자를 정한다(제909조 제5항). 혼인이 무효가 된 경우에도 가사소송법 제25조에 의하여 이혼의 경우와 동일하게 다루어진다.

1.5. 조정 또는 심판에 의한 친권자의 변경

1.5.1. 친권자의 변경이라 함은 제909조 제4항에 의하여 일단 정해진 친권자를 조정 또는 심판에 의하여 다른 일방으로 변경하는 것을 말한다. 가정법원은 자의 4촌 이내의 친족의 청구에 의하여 친권자를 다른 일방으로 변경할 수 있다(제909조 제6항).

1.5.2. 친권자의 변경을 청구할 수 있는 자는 자의 4촌 이내의 친족이다.

1.5.3. 친권자의 변경은 그 횟수에 제한이 없다. 그러나 친권자변경의 청구를 하지 않는다는 합의는 강행법규에 반하기 때문에 무효이다.

1.6. 양자의 친권자

1.6.1. 양자는 양부모가 혼인중에 양부모의 공동친권에 따른다(제909조 제1항 후단). 양친의 일방이 법률상, 사실상 친권을 행사할 수 없는 경우나 양친의 일방이 사망한 경우에는 다른 일방이 단독친권자가 된다. 그리고 양부모가 이혼한 경우, 혼인이 무효가 되거나 취소되는 경우에는 양자의 친권자를 정하는 방법은 혼인중의 출생자와 같다. 양부모가 모두 사망한 경우에는 친생부모의 친권이 부활하지 않고, 후견이 개시된다. 양부모 쌍방과 파양하였을 경우에는 친생부모의 친권이 부활한다.

1.6.2. 부부의 일방이 배우자의 자를 입양한 경우와 같이 부모의 일방은 양친이고 다른 일방은 친생친인 경우에 누가 친권자가 되는가. 이 경우 양친과 친생친이 공동친권자가 된다. 양친과 친생친이 공동친권자가 된 후에 양친과 친생친이 이혼하였을 경우에 친권자는 누가 될 것인가. 이 경우에 양친과 친생친이 공동으로 친권을 행사한 것은 두 사람이 혼인하고 있었기 때문이며, 혼인이 해소되면 양친의 친권이 친생친의 친권에 우선한다는 제909조 제1항 후단의 원칙에 의하여 당연히 양친이 단독친권자가 된다. 양친과 친생친이 공동친권자가 된 후에 일방이 사망한 때에는 다른 일방이 단독친권자가 된다(제909조 제3항). 양자와 양친이 파양하면 친생친이 단독친권자가 된다.

1.7. 친권자 아닌 부모의 면접교섭권

친권자가 아닌 부모도 자의 보호, 교양에 지장이 없는 한 자와의 면접교섭권을 가진다(제837조의2).

1.8. 친권행사능력

친권의 내용은 인격과 재산에 걸치는 광범위한 것이므로 친권을 행사하려면 재산상의 행위능력이 있어야 한다.

2. 친권에 따르는 자

2.1. 친권에 따르는 자는 미성년자인 자 - 친생자와 양자 - 이다(제909조 제1항).

2.2. 미성년자도 혼인하면 성년에 달한 것으로 보므로(제826조의2), 친권에 따르지 않는다. 일단 성립한 혼인이 취소, 이혼, 일방의 사망 등으로 해소되어도 다시 친권에 따르지 않는다고 해석되어야 할 것이다.

Ⅲ. 친권의 효력

1. 친권행사의 기준

1.1. 자의 복리를 위한 친권행사

제912조는 "친권을 행사함에 있어서는 자의 복리를 우선적으로 고려하여야 한다"고 규정함으로써, '친권행사의 유일한 기준은 자의 복리'라는 원칙을 제도적으로 뒷받침하고 있다.

1.2. 자의 복리를 위한 법원의 결정(제912조)

제912조에 "가정법원이 친권자를 지정함에 있어서는 자(子)의 복리를 우선적으로 고려하여야 한다"는 내용에 따라서 친권자의 지정 등을 결정함에 있어서 자의 복리를 우선하여 고려하여야 한다. 판례는 자의 양육을 포함한 친권은 부모의 권리이자 의무로서 미성년인 자의 복지에 직접적인 영향을 미치는 것이다. 그러므로 부모가 이혼하는 경우에 부모 중 누구를 미성년인 자의 친권을 행사할 자 및 양육자로 지정할 것인가를 정함에 있어서는, 미성년인 자의 성별과 연령, 그에 대한 부모의 애정과 양육의사의 유무는 물론, 양육에 필요한 경제적 능력의 유무, 부 또는 모와 미성년인 자 사이의 친밀도, 미성년인 자의 의사 등의 모든 요소를 종합적으로 고려하여 미성년인 자의 성장과 복지에 가장 도움이 되고 적합한 방향으로 판단하여야 한다는 것이다.[9]

2. 자의 인격에 관한 권리·의무

2.1. 보호, 교양

친권자는 자를 보호하고 교양할 권리, 의무가 있다(제913조). 만약 자가 제3자에게 불법행위를 하였는데 책임능력이 없다면 친권자는 감독의무자로서 손해배상의 책임을 진다(제755조, 제753조). 종래의 판례는 제755조를 근거로 책임능력 있는 미성년자의 가해행위에 대한 감독의무자의 책임도 인정할 수 있다고 하였으나, 이는 폐기되었다.[10]

2.2. 거소지정

2.2.1. 친권자는 자에게 적당한 거소를 지정, 제공할 필요가 있다(제914조).

2.2.2. 자가 친권자의 거소지정에 따르지 않는 경우 친권자는 친권의 남용이 되지 않는 범위 내에서 적당한 강제와 징계수단 등을 사용하여 자를 거소에 데

---

9) 대판 2008.5.8, 2008므380; 대판 2009.4.9, 2008므3105, 3112; 대판 2010.5.13, 2009므1458, 1465.
10) 대판(전) 1994.2.8, 93다13605.

려올 수 있다. 그러나 지정한 장소에 거주를 명하는 판결을 구하는 소를 제기하는 것은 허용되지 않는다.

2.3. 징계

친권자는 필요한 경우 친권의 남용이 되지 않는 범위 내에서[11] 자를 스스로 징계할 수 있다.

2.4. 영업허락

친권자는 법정대리인으로서 미성년자에게 특정한 영업을 허락할 수 있다(제8조 제1항). 친권자는 영업의 허락을 취소 또는 제한할 수 있으나, 이로써 선의의 제3자에게 대항하지 못한다(제8조 제2항).

2.5. 자의 인도청구권

2.5.1. 친권자는 일정한 거소를 지정하여 자를 보호, 교양해야 할 의무와 권리가 있으므로, 제3자가 부당하게 자를 억류하여 친권행사를 방해하는 경우에는 자의 인도를 청구할 수 있다. 그러나 부의 이혼심판청구가 이유 없는 경우에는 민법 제843조, 제837조를 근거삼아 처가 데리고 있는 자의 인도를 청구할 수 없다. 따라서 처가 자를 보호, 교양하고 있고 그것이 자의 의사에 반하지 아니한다면 부로서 자에 대하여 갖는 친권 특히 보호, 교양의 권리가 침해되었다거나 그 행사가 방해되었다고 볼 수 없고, 부모의 의견이 일치하지 않는 경우의 부의 친권행사로서 거소를 지정한다 하여 모에게 그 자의 인도를 청구할 수 없다.[12]

2.5.2. 제3자가 정당한 권한에 의하여 자를 보호하고 있는 때에는 친권자는 자의 인도를 청구할 수 없다.

2.5.3. 자가 자신의 자유로운 의사에 따라 제3자의 거주지에 머물고 있는 경우에는 자의 복리를 기준으로 하여 인도청구의 허용 여부를 결정하여야 할 것이다.[13]

---

11) 대판 2002.2.8, 2001도6468.
12) 부산고판 1989.2.24, 88르474.
13) 대판 1979.7.10, 10므5.

2.5.4. 유아인도의 조정이 성립되거나 심판이 확정된 경우 어떤 방법으로 이행을 확보할 수 있을 것인가.

인도의무자가 정당한 이유 없이 인도의무를 이행하지 않는 경우에는 가정법원이 당사자의 신청에 의하여 그 의무를 이행할 것을 명할 수 있고(가사소송법 제64조), 이에 위반한 때에는 직권 또는 권리자의 신청에 의하여 결정으로 1,000만원 이하의 과태료에 처할 수 있다(가사소송법 제67조). 한편 의사능력이 없는 유아의 경우에는 직접강제도 가능하다. 유체동산인도청구권의 집행절차(민사집행법 제242조)에 준하여 집행관이 이를 강제집행 할 수 있다. 그러나 유아가 의사능력이 있는 경우에 유아 자신이 인도를 거부하는 때에는 집행을 할 수 없다(재판예규 제206호).

2.6. 보호, 교양에 필요한 비용부담

자의 보호, 교양은 친권자의 의무이자 권리이다. 그러나 보호, 교양에 필요한 비용의 부담은 친권의 귀속과 관계없이 부모의 몫이다. 부모에게 자력이 없는 경우에는 다른 부양의무자가 보호, 교양에 필요한 비용을 부담하여야 한다(제974조 참조).

2.7. 인격상의 행위에 대한 대리권과 동의권

2.7.1. 인격상의 행위에 대하여 법률에 특별한 규정이 있는 경우를 제외하고, 친권자도 이를 대리할 권능이 없다. 법률이 정하는 예외로는, 1) 인지청구의 소(제863조), 2) 미성년자가 양친이 되는 입양의 취소(제885조), 3) 미성년자가 동의권자의 동의를 얻지 않고 양자가 되었을 때의 취소(제866조), 4) 13세 미만자의 입양대낙(제869조), 파양대낙(제899조) 및 파양청구의 소의 제기(제906조), 5) 상속의 승인, 포기(제1019조, 제1020조) 등이다. 그 밖에 가사소송법의 규정에 의하여 친권자가 법정대리인으로서, 1) 혼인무효 및 이혼무효의 소(가사소송법 제23조), 2) 인지무효의 소(가사소송법 제28조에 의하여 제23조의 준용), 3) 입양무효 및 파양무효의 소(가사소송법 제31조에 의하여 제23조의 준용)를 제기할 수 있다.

2.7.2. 인격상의 행위에 대한 동의는 친권자의 자격으로 하기보다는 부모의 인격으로서 하는 경우가 대부분이다.

3. 사의 새산에 대한 권리 · 의무

3.1. 재산관리

3.1.1. 미성년의 자도 상속, 유증, 증여 등에 의하여 재산을 취득하는 경우가 있고, 자신이 제공한 근로의 대가로 재산을 취득하는 경우도 있다. 이와 같이 미성년의 자가 자기의 명의로 취득한 특유재산은 친권자가 관리한다(제916조). 재산의 관리라 함은 재산의 보존, 이용, 개량을 목적으로 하는 행위이지만, 관리의 목적을 달성하기 위한 범위 내에서는 처분행위도 할 수 있다. 재산관리는 '자기의 재산에 관한 행위와 동일한 주의'로써 하여야 한다(제922조). 친권자는 자에게 불법행위에 의한 손해배상책임을 질 뿐만 아니라 대리권과 재산관리권의 상실원인이 된다(제925조).

3.1.2. 재산관리권이 제3자에 의하여 침해되었을 때에는 친권의 침해가 있는 것이 되므로, 친권자는 침해자에 대하여 방해배제청구를 할 수 있다.

3.2. 친권자의 재산수익권

3.2.1. 친권자의 재산관리권에 수익권이 포함되는가. [제1설] "자의 재산으로부터 수취한 과실은 그 자의 양육, 재산관리의 비용과 상계한 것으로 본다"(제923조 제2항 본문)는 규정에 비추어 수익의 잉여는 친권자의 소득으로 된다고 해석하는 견해[14]이다. [제2설] 오늘날의 친권의 이론으로 보아서 그 의미를 제한하여 해석할 필요가 있다. 즉 수익과 관리비용, 양육비용이 계산상 명백히 되어서 수익의 잉여가 있을 때에는 반환되어야 한다. 그러나 이러한 비용을 명확하게 계산하는 것은 실제로 불가능에 가까운 일이므로, 수익과 비용의 불균형이 현저하지 않는 한, 상계한 것으로 보아도 무방할 것이라는 견해[15]이다.

3.2.2. 미성년자의 재산 자체로써 양육, 관리비용에 충당할 수 있는가. 보통의 양육비용은 친권자의 자력으로 하는 것이 원칙이다. 그러나 특별한 양육, 양육비를 위하여 자의 재산 자체를 처분하여도 무방하다고 보아야 할 것이다. 그리고

---

14) 정광현, 신친족상속법요론, 257면.
15) 김주수/김상용, 전게서, 380면.

친권자가 곤궁하여 자기 자력이 없는 경우에는 다른 사정이 없더라도 자의 재산을 처분할 수 있다고 보아야 할 것이다.

3.3. 자에 대한 대리권과 동의권

3.3.1. 친권자는 미성년의 자의 재산에 관한 법률행위에 대하여 그 자를 대리한다(제920조 본문). '재산에 관한 법률행위'라 함은 자에게 속한 재산에 대한 법률행위뿐만 아니라 상속의 승인, 포기 등 널리 자의 재산에 영향을 미치는 법률행위를 포함한다고 해석된다. 재산행위라 하더라도 친권자가 관리권을 갖지 않는 재산[예: 친권자가 자에게 처분을 허락한 재산(제6조), 영업을 허락한 경우의 영업재산(제8조), 제3자가 무상으로 자에게 수여하여 친권자의 관리를 배제한 재산(제918조 제1항) 등]에 대하여는 친권자의 대리권이 인정되지 않는다. 그러나 친권자가 자를 대리하여 행한 자 소유의 재산에 대한 처분행위에 대해서는 그것이 사실상 자의 이익을 무시하고 친권자 본인 혹은 제3자의 이익을 도모하는 것만을 목적으로 하여 이루어졌다고 하는 등 친권자에게 자를 대리할 권한을 수여한 법의 취지에 현저히 반한다고 인정되는 사정이 존재하지 않는 한 친권자에 의한 대리권의 남용에 해당한다고 쉽게 단정할 수 없다.[16]

3.3.2. 친권자의 대리행위가 자의 행위를 목적으로 하는 채무를 부담할 경우에는 자의 동의를 얻어야 한다(제920조 단서).

3.3.3. 자의 행위를 목적으로 하는 채무에 대하여 친권자의 대리권 등이 제한된다.

3.3.4. 미성년자인 자가 의사능력이 있으면 친권자의 동의를 얻어서 스스로 재산행위를 할 수 있다(제5조 내지 제8조, 제141조). 그러나 권리만을 얻거나 의무만을 면하는 행위는 단독으로 할 수 있다(제5조 제1항 단서).

3.3.5. 친권자가 자신의 이익을 위하여 대리권을 남용한 경우에도 그 대리행위의 효력에는 영향이 없으므로, 자는 큰 손해를 입을 수 있다. 따라서 제3자가 그러한 사정을 알았거나 알 수 있었을 경우에는 제107조 제1항 단서의 취지를 유추하여 대리행위의 효력을 부인하는 것이 타당하다.[17]

---

16) 대판 2009.1.30, 2008다73731.
17) 대판 1997.1.24, 96다43928; 대판 2011.12.22, 2011다64669.

3.4. 친권대행

3.4.1. 친권자는 그 친권에 따르는 자에 갈음하여 그 자에 대한 친권을 행사한다(제910조). 이 규정이 적용될 수 있는 경우는 미성년자가 혼인하지 않은 상태에서 혼인외의 출생자를 낳은 때이다.

3.4.2. 미성년인 자가 스스로 자신의 혼인외의 출생자의 대리행위를 한 경우에는 무권대리가 되며, 경우에 따라서 표현대리가 될 것이다.

3.4.3. 친권대행자가 친권을 남용하거나 현저한 비행이 있을 때 또는 부적당한 관리로 인하여 자의 재산을 위태롭게 한 때에는 친권상실에 관한 규정(제924조, 제925조)을 준용한다고 보아야 한다.

3.5. 제3자에 의한 관리권의 배제

3.5.1. 제3자가 무상으로 자에게 재산을 수여하고 친권자의 관리에 반대하는 의사를 표시한 때에는 친권자는 그 재산을 관리하지 못한다(제918조 제1항). 여기에서 '제3자'라 함은 친권자와 미성년인 자 이외의 사람을 말하고, '무상의 수여'는 증여(제554조)와 유증(제1074조)을 의미한다.

3.5.2. 제3자가 자에게 재산을 증여하겠다는 의사표시를 할 때 그 재산에 대하여 친권자의 관리를 배제한다는 의사를 표시하여야 한다. 반드시 친권자에 대하여 표시할 필요는 없다.

3.5.3. 자에게 재산을 증여하면서 친권자의 관리를 배제하는 의사를 표시한 제3자는 그 재산을 관리할 관리인을 지정할 수 있다. 자기 자신을 관리인으로 지정하는 것도 가능하다.

3.5.4. 제3자가 친권자의 관리권을 배제하면서 관리인을 지정하지 않은 경우, 제3자가 지정한 관리인의 권한이 소멸하였거나 관리인을 개임할 필요가 있는데 제3자가 다시 관리인을 지정하지 않은 경우에는, 재산의 수여를 받은 자 또는 제777조 규정에 의한 친족의 청구에 의하여 가정법원이 관리인을 선임한다(제918조 제2항, 제3항, 가사소송법 제2조 제1항 라류사건).

3.5.5. 무상으로 자에게 재산을 수여한 제3자가 친권자의 관리에 반대하는 의사표시를 하지 않을 때에는 친권자는 그 재산을 관리할 수 있다. 다만 친권자는

그 재산으로부터 수취한 과실을 자의 양육, 재산관리비용과 상계할 수 없다(제923조 제2항 단서).

3.6. 재산관리권의 종료

3.6.1. 친권자의 권한이 소멸한 때에는 그동안 자의 재산을 관리하면서 생긴 수입과 지출 등을 정확하게 계산하고, 현재의 재산상황을 확정하여 보고하여야 한다(제923조 제1항).

3.6.2. 관리권이 종료하였을 때의 처리의무와 관리권종료의 대항요건은 위임종료 시의 처리의무(제691조)와 대항요건(제692조)의 규정이 준용된다(제919조).

3.7. 친권의 제한

3.7.1. 입법취지

친권자와 친권에 따르는 자 사이에 이해가 충돌하는 경우에는 친권자에게 공정한 친권행사를 기대하기 어렵다. 친권자가 자기의 이익을 위하여 자의 이익을 희생시킬 가능성이 있기 때문이다. 따라서 민법은 자의 이익을 보호하기 위하여 친권자의 법정대리권을 제한하고, 친권자가 가정법원에 특별대리인의 선임을 청구하도록 하였다(제921조, 가사소송법 제1항 라류사건).

3.7.2. 이해상반행위

3.7.2.1. 친권자와 친권에 따르는 자 사이에 이해가 충돌하는 경우[18]

3.7.2.2. 친권에 따르는 자 상호 간에 이해가 충돌하는 경우[19]

---

18) 대판 1971.7.27, 71다113. A는 B와 혼인하여 원고들을 출산한 후 1998년 이혼하였는데, 이혼 당시 아버지인 B가 친권행사자로 지정되어 원고들을 양육하였으나, A는 C와 재혼해서 살다가 2007년 B가 사고로 사망하자, 그 상속재산인 이 사건 토지에 대하여 친권자의 자격으로 원고들 앞으로 상속등기한 후 피고에게 매도하고, 그 매각대금을 재혼한 남편인 C의 사업자금과 자신의 생활비 및 빚을 갚는 데에 소비하였다. 원고들의 할머니가 원고들의 특별대리인으로 피고를 상대로 이 사건 토지에 대한 소유권이전등기의 말소를 청구하였다. 이에 대하여 제1심과 제2심 법원은 매매의 효과가 원고들에게 미치지 않는다고 보아 원고들의 청구를 인용하였다. 대법원은 이 사건 매매계약 당시 A가 임의로 원고들의 이익이나 의사에 반하여 이 사건 토지를 매각하려 한다는 배임적인 사정을 알고 있었거나 알 수 있었다고 보아, 이 사건 매매계약은 본인인 원고들에게 그 효력이 미치지 않는다고 한 원심의 판단이 정당하다고 하였다. 대판 2011.12.22, 2011다64669.
19) 대판 1976.3.9, 75다2340.

3.7.2.3. 이해상반행위는 계약뿐만 아니라 단독행위일 수도 있고,[20] 가족법상의 행위나 소송행위도 포함된다.

3.7.2.4. 이해상반되는 행위인가의 여부는 어떻게 판단하는가. [제1설]은 그 행위 자체를 객관적으로 관찰하여 판단하여야 하며, 그 행위를 한 친권자의 의도, 동기나 연유 등을 고려하여서는 안 된다는 견해이다(형식적 판단설, 외형적 판단설, 객관적 판단설 내지 추상적 판단설).[21] 형식적 판단설은 실질적으로 이해가 상반되는가를 묻지 않고, 오직 행위의 객관적 성질에 따라 이해상반 여부를 판단하는 이유는, 사정을 알지 못하는 상대방이 예측하지 못한 손해를 입지 않도록 하기 위한 것이다(거래의 안전). [제2설]은 행위의 형식 여하를 불문하고 친권자가 그 행위를 한 의도, 동기, 결과 등을 고려하여 실질적으로 이해상반행위를 판단하여야 한다는 견해[22]이다(실질적 판단설, 구체적 판단설). 이 견해는 미성년자의 이익을 보호하는 데 중점을 둔 것이다. [제3설]은 기본적으로 형식적 판단설의 입장에 서면서도 실질관계를 어느 정도 고려하여 이해상반 여부를 판단해야 한다는 견해[23]이다(실질관계 고려한 형식적 판단설, 실질관계 객관적 고려설).[24]

3.7.2.4.1. 이해가 상반되는 것으로 인정되는 사례는, 1) 친권자가 자기의 채무를 위하여 미성년자인 자의 부동산을 담보로 제공하는 행위,[25] 2) 친권자가 미성년자를 대리하여 한 상속재산분할협의,[26] 3) 친권자인 모가 자신이 연대보증한 채무의 담보로 자신과 자의 공유인 토지 중 자신의 공유지분에 관하여 공유지분권자로서, 자의 공유지분에 관하여는 그 법정대리인의 자격으로 각각 근저당권설정계약을 체결한 경우,[27] 4) 양모가 미성년의 양자를 상대로 한 소유권이전등기청구소송을 제기하는 행위,[28] 5) 친권자가 자기의 채무에 관하여 미성년자인 자

---

20) 대판 1989.9.12, 88다카28044는 이해상반행위를 부인하였다.
21) 대판 2002.1.11, 2001다65960; 대판 1994.9.9, 94다6680.
22) 김유미, "민법 제921조의 이해상반행위에 관한 몇 가지 문제", 가족법논총(박병호 교수 환갑기념 논문집), 1991, 517면 이하.
23) 이균룡, "제3의 채무를 담보하기 위한 물상보증행위와 이해상반행위 등", 민사판례연구XVI(1994), 278면 이하; 윤용섭, "친권과 후견", 민사판례연구XVII(1996), 576면 이하.
24) 대판 2002.1.11, 2002다65960.
25) 대판 1971.7.27, 71다1113.
26) 대판 1993.4.13, 92다54524.
27) 대판 2002.1.11, 2001다65960.
28) 대판 1991.4.12, 90다17491.

를 대리하여 중첩적(병존적) 인수계약을 한 행위, 6) 친권자의 채무에 관하여 미성년자인 자를 연대채무자로 한 행위, 7) 친권자가 자기의 채무를 자에게 전가하기 위하여 자를 대리하여 한 갱개계약, 8) 합명회사사원이 자기의 친권에 따르는 미성년자를 그 회사에 새로 입사시키는 행위에 대하여 동의를 한 행위, 9) 자를 대리하여 자의 대금채권을 포기하고 그 채무자의 친권자에 대한 채권을 면제시킨 행위 등이다.

3.7.2.4.2. 이해가 상반되지 않은 것으로 인정된 사례는, 1) 친권자인 모가 자기 오빠의 제3자에 대한 채무의 담보로 미성년자인 자의 부동산에 근저당권을 설정한 행위,[29] 2) 친권자인 모가 자신이 대표이사로 있는 주식회사의 채무보증을 위하여 자신과 미성년자인 자의 공유재산을 담보로 제공한 행위,[30] 3) 친권자가 성년자인 자의 채무를 담보하기 위하여 미성년자인 자의 부동산에 근저당권을 설정한 행위,[31] 4) 부가 사망하여 친권자인 모가 미성년자인 자 및 성년자인 자를 대리하여 상속을 포기함으로써 성년자인 자가 단독으로 상속을 받게 한 행위,[32] 5) 법정대리인인 친권자가 부동산을 미성년자인 자에게 명의신탁하는 행위[33] 등이다.

3.7.2.5. 친권자의 일방만이 이해가 상반되는 경우에는 특별대리인을 선임하여 다른 일방의 친권자와 특별대리인이 공동으로 자를 대리하는 것이 타당할 것이다.

3.7.3. 이해상반행위의 효력

3.7.3.1. 친권자와 자 사이에 이해가 상반되는 행위를 특별대리인에 의하지 않고 친권자가 스스로 대리한 경우에는 무권대리행위로서 무효가 된다.[34]

3.7.3.2. 미성년자인 자가 이해상반되는 친권자의 동의를 얻어서 스스로 행한 법률행위는 동의를 얻지 않은 행위와 동일하게 취소할 수 있다.

3.7.4. 특별대리인의 선임

3.7.4.1. 친권자와 미성년자의 자 사이 또는 친권에 따르는 미성년자인 자녀들

---

29) 대판 1991.11.26, 91다32466; 대판 2002.1.11, 2001다65960.
30) 대판 1996.11.22, 96다10270; 윤진수, "친권자와 자녀 사이의 이해상반행위 및 친권자의 대리권 남용", 민사재판의 제문제, 제11권(2002.12.), 733면 이하.
31) 대판 1976.3.9, 75다2340.
32) 대판 1989.9.12, 88다카28044.
33) 대판 1998.4.10, 97다4005.
34) 대판 1964.8.31, 63다547. 이에 대하여, 전부무효설, 취소설, 무권대리행위설이 나뉘고 있다. 판례와 학설은 무권대리행위설을 취하고 있다. 박병호, 가족법, 208~209면.

사이에 이해가 상반되는 경우에는 친권자의 청구에 의하여 가정법원이 특별대리인을 선임한다(가사소송법 제2조 제1항 라류사건).

3.7.4.2. 특별대리인은 처리하여야 할 특정의 법률행위에 대하여 개별적으로 선임되어야 한다.[35)

3.7.4.3. 자의 보호를 위하여 친권자와 자의 이해가 상반되는 경우뿐만 아니라 친권자의 근친과 자 사이에 이해가 상반되는 때에도 친권을 제한할 필요가 있다.

[사례 15]

> (1) A · B 부부에게는 18세의 자 C가 있다. C는 조부 D로부터 부동산을 증여받아 C 앞으로 소유권이전등기가 되어 있다. A는 중소기업을 경영하고 있는데, 자금이 부족하여 C의 부동산에 근저당권을 설정하여 은행으로부터 돈을 융자받으려 한다. 이러한 경우 이해상반행위로서 특별대리인의 선임이 필요한가? 그리고 B와 특별대리인과는 어떤 관계에 있는가?
>
> (2) C의 부 A는 C의 대학입학에 필요한 비용으로 쓰기 위하여 C의 부동산에 가등기담보를 설정하여 돈을 빌렸다. 이러한 경우에도 이해상반행위가 되는가?
>
> (3) C의 부 A는 자기가 경영하는 기업의 자금에 충당하기 위하여 A · B가 대리하여 C 소유의 부동산을 매각처분하였다. 이것은 이해상반행위가 되는가? 이 경우 A만이 대리하고, B는 전혀 관여하지 않았다면 그 매매는 유효한가?[36)
>
> (대판 1971.7.27, 71다1113; 대판 1964.8.31, 63다547)

◀요약▶

(1) 대판 1971.7.27, 71다1113은 친권자가 자기의 채무를 위하여 미성년자인 자의 부동산을 담보로 제공한 행위는 이해상반행위로 보고 있다. 따라서 이와 같은 경우에는 친권자가 가정법원에 특별대리인의 선임을 청구하여야 한다. 대판 1964.8.31, 63다547에 의하면, 만약 A가 특별대리인을 선임하지 않고 이와 같은 행위를 하였을 경우에 무권대리가 되며, 본인인 C가 성년자가 되어 추인하면 유효가 된다. 그리고 선임된 특별대리인은 공동친권자의 한 사람인 B와 공동하여 대리하게 된다. (2) 이해가 상반되는가의 여부는 친권자가 금전을 차용하는 동기나 연유 등을 고려하지 않고 당해 행위 자체에 대하여 판단하여야 하므로, C의 대학 입학비용에 쓰기 위하여 가등기담보를 설정하는 것도 역시 이해상반행위가 된다. (3) 자의 재산을 매각하여 그 대금을 부모의 채무변제에 충당하는 등 부모의 이익을 위하여 사용할 목적으로 그 재산을 처분하였더라도 이해상반행위가 되

---

35) 대판 1996.4.9, 96다1139.
36) 김주수/김상용, 전게서, 384면.

지 않는다. 다만 친권남용으로서 친권상실의 원인이 될 수 있는 경우가 있을 것이다. 그렇다면 A가 단독행위로 대리행위를 하였다면, 그것은 무권대리로서 B의 추인이 없는 이상 효력이 생기지 않는다. 다만 상대방이 선의, 무과실이면 표현대리로서 보호를 받을 수 있는 경우가 있을 것이다(제126조).[37]

[사례 15-1]

> 모 X는 부 Y와 혼인을 하기 전에 혼인외 출생자 A를 출생하였고, Y와의 혼인중 B를 출생하였으나 B는 뇌성마비로 심신이 박약한 상태였다. 그러나 X와 Y는 협의이혼을 하면서 미성년자인 자 A와 B의 양육 및 친권을 X가 행사하기로 합의를 하였다. 그 후 X가 혼자 아이들을 양육하면서 사는 것을 비관하여 자살을 하였다.
> (1) X가 Y와 혼인하면서 혼인외 출생자 A를 Y의 친생자와 같이할 수 있는가? 이 경우 준정과 인지를 나누어서 검토하시오.
> (2) 친권과 양육권을 행사하던 X가 자살함으로써 A와 B에 대한 친권은 누가 행사하게 되는가? 이 경우에 제3자에 의하여 친권자의 대리권과 재산관리권을 배제할 수 있는가?
> (3) 미성년자인 A와 B에 대하여 친권을 행사할 자가 없을 경우에 어떻게 하여야 하는가? 또 이 경우에 미성년자인 심신박약자인 B에 대하여 미리 한정치산선고를 받은 경우는 어떻게 되는가?
>
> [부산대08]

[문항]

> 민법 제921조의 이해상반행위   [부산대08]

4. 친권의 소멸

4.1. 친권의 소멸

4.1.1. 친권이 절대적으로 소멸하는 경우

이에는 1) 자가 사망(실종선고 포함)한 때, 2) 자가 성년자가 된 때, 3) 자가 혼인한 때(제826조의2) 등이 있다.

4.1.2. 친권이 상대적으로 소멸하는 경우

---

37) 이상에 대하여, 김주수/김상용, 전게서, 391면.

이에는 1) 친권자가 사망(실종선고 포함)한 때, 2) 자가 다른 사람의 양자가 되었을 때(제909조 제1항), 3) 부모의 이혼 후 부모 중 일방만이 친권자가 된 때(제909조 제4항, 제5항), 4) 생모의 친권에 따르고 있던 혼인외의 출생자가 생부의 인지를 받은 후 생부가 친권자가 된 때(제909조 제4항), 5) 입양이 무효 또는 취소되거나 또는 양자가 파양되었을 때, 6) 친권자가 심판으로 변경된 때(제909조 제6항), 7) 친권자가 친권을 행사할 수 없게 된 때, 8) 친권자가 친권을 행사할 수 없게 된 때[a) 법률상의 불능의 경우로서 친권자가 성년후견개시심판을 받은 때, b) 사실상의 불능으로서 중증의 정신질환을 앓고 있거나 행방불명된 때 등[38]], 9) 친권자가 대리권 또는 관리권을 사퇴하였을 때(제927조 제1항), 10) 친권자가 친권상실의 선고를 받았을 때(제924조) 등이 있다.

4.2. 친권의 상실

4.2.1. 의의

민법에서 친권은 자녀의 복리실현을 위하여 법률에 의하여 부모에게 인정된 실정법상의 의무인 동시에 권리이다. 이러한 의무를 위반하여 자녀의 복리를 위태롭게 할 때에는 아동의 보호의무를 지고 있는 국가가 개입하여 필요한 조치를 취하여야 한다. 그 가운데 친권상실선고가 가장 강력한 조치이다(제924조).

4.2.2. 친권상실의 원인

4.2.2.1. 친권의 남용

친권의 남용이라 함은 친권 본래의 목적인 자의 복리실현에 현저히 반하는 방식으로 친권을 행사하는 것을 말한다.[39] 친권의 남용으로 인정되기 위하여는 친권자의 고의 또는 과실이 요구된다.[40]

4.2.2.2. 현저한 비행

친권자의 품행에 심각한 문제가 있어서 그와 같은 친권자에게 자의 보호와 교양을 맡기는 것이 자의 복리를 현저히 침해할 우려가 있는 때에는 친권을 상실시킬 수 있다. 그러나 과거에 현저한 비행에 해당하는 사실이 있었다고 하더라도

---

38) 대판 1956.8.11, 56다289.
39) 대판 1997.1.24, 96다43928.
40) 이에 반대하는 견해: 최진섭, "친권상실에 관한 비교법적 연구", 가족법연구, 제10호(1996).

이미 그와 같은 사유가 소멸하여 현재에는 친권상실의 원인이 존재하지 않고 자의 보호, 교양에 힘쓰고 있다면 과거의 사정을 이유로 하여 친권을 상실시킬 수 없다.[41] 또한 민법 제924조에 의한 친권상실선고사유의 해당 여부를 판단함에 있어서도 친권의 목적이 자녀의 복리보호에 있다는 점이 판단의 기초가 되어야 하고, 설사 친권자에게 간통 등의 비행이 있어 자녀들의 정서나 교육 등에 악영향을 줄 여지가 있다 하더라도 친권의 대상인 자녀의 나이나 건강상태를 비롯하여 관계인들이 처해 있는 여러 구체적 사정을 고려하여 비행을 저지른 친권자를 대신하여 다른 사람으로 하여금 친권을 행사하거나 후견을 하게 하는 것이 자녀의 복리를 위하여 보다 낫다고 인정되는 경우가 아니라면 섣불리 친권상실을 인정하여서는 안 된다.[42]

4.2.2.3. 기타 친권을 행사시킬 수 없는 중대한 사유

객관적인 사정에 비추어 볼 때에 친권자에게 자의 적절한 보호와 교양을 기대할 수 없는 경우에는 "친권을 행사시킬 수 없는 중대한 사유"가 있는 것으로 보아서 친권을 상실시킬 수 있다. 이 경우에 친권자의 고의나 과실 유무는 묻지 않는다.

4.2.3. 친권상실선고의 청구

4.2.3.1. 청구권자 및 상대방: 친권상실선고는 제777조에 의한 친족 또는 검사의 청구에 의하여 가정법원이 한다(제924조). 아동복지법 제12조 제1항에 의하여 시, 도지사, 시장, 군수, 구청장도 청구할 수 있다.

4.2.3.2. 사전처분: 가정법원, 조정위원회 또는 조정담당판사는 사건의 해결을 위하여 특히 필요하다고 인정한 때에는 직권 또는 당사자의 신청에 의하여 상대방 기타 관계인에 대하여 현상을 변경하거나 물건을 처분하는 행위의 금지를 명할 수 있고, 사건에 관련된 재산의 보존을 위한 처분, 관계인의 감호와 양육을 위한 처분 등 적당하다고 인정되는 처분을 할 수 있다(가사소송법 제62조 제1항).

4.2.3.3. 친권상실선고의 심판: 친권상실선고의 심판은 형성적이고, 이 심판의 확정에 의하여 친권박탈의 효과가 생긴다.

4.2.3.4. 친권상실선고심판의 효과: 친권상실을 선고한 심판이 확정되면 당해 친권자의 친권은 소멸한다. 공동친권자인 부모의 일방이 친권상실선고를 받은 때

---

41) 대판 1967.2.21, 4289민상645; 대판 1959.4.16, 4291민상659; 대판 1959.4.16, 4291민상81.
42) 대결 1993.3.4, 93스3.

에는 다른 일방이 단독친권자가 되고, 공동친권자인 부모 쌍방이 모두 친권상실선고를 받거나 단독친권자가 친권상실선고를 받은 경우에는 미성년후견인을 선임하여야 한다(제932조 제1항). 친권상실의 선고에 따라 미성년후견인을 선임할 필요가 있는 경우에는 직권으로 미성년후견인을 선임한다(제932조 제2항).

4.2.3.5. 신고: 재판을 청구한 자는 재판의 확정일로부터 1월 이내에 재판서의 등본 및 확정증명서를 첨부하여 그 취지를 신고하여야 한다(등록법 제79조에 의하여 제58조의 준용).

[사례 16]

> A는 19세의 미성년자인 자 X의 모로서 X의 부 B가 사망한 후 단독친권자로서 X가 부 B로부터 상속한 재산을 관리하고 있었다. 그런데 A는 그의 오빠인 C의 사업을 위하여 C가 Y로부터 돈을 빌리는데 A와 X의 공유인 부동산에 근저당권을 설정하였고, Y도 그와 같은 사정을 잘 알고 있었다. X는 성년이 된 후 Y를 상대로 근저당권설정등기말소청구를 하였다. 이 경우 X의 청구는 받아들여질 수 있는가?[43]
>
> (대판 1991.11.26, 91다32466)

◀요약▶

1) X의 친권자인 A가 자기 오빠의 제3자에 대한 채무를 담보하기 위하여 A와 X의 공유인 부동산에 근저당권을 설정하는 행위가 친권자와 그 자 사이에 이해상반되는 행위라고 볼 수 있는가에 대하여, 대판 1991.11.26, 91다32466은 이를 부정하고 있다. 따라서 A의 대리행위는 무권대리가 되지 않으므로, X에게 효력이 미친다. 2) A의 이와 같은 행위가 친권남용이 되는가에 대하여, 대판 1991.11.26, 91다32466은 친권을 남용한 경우에 해당하지 않는다고 한다. 그러나 만약 A의 행위가 친권남용에 해당된다고 본다면, 그 효력은 자 X에게 미치지 않는다(대판 1981.10.13, 81다649).[44]

4.3. 대리권과 재산관리권의 상실

4.3.1. 대리권, 관리권 상실의 원인

상실의 원인은 '자의 재산을 위태롭게 한 때'이다(제925조). 따라서 친권자가 자의 재산을 제대로 관리하지 못하여 위태롭게 만든 사실이 있거나 그럴 우려가 있어야 한다.

---

43) 김주수/김상용, 전게서, 393면.
44) 김주수/김상용, 전게서, 399면.

4.3.2. 대리권, 관리권 상실선고의 청구

청구권자는 제777조에 의하여 자의 친족이다. 그 상대방은 부적당한 관리로 인하여 자의 재산을 위태롭게 한 친권자이다.

4.3.3. 대리권, 관리권 상실선고의 효력

이 심판이 확정되면 친권자는 법률행위의 대리권과 재산관리권을 상실한다. 가정법원은 대리권 및 재산관리권 상실의 선고에 따라 미성년후견인을 선임할 필요가 있는 경우에는 직권으로 미성년후견인을 선임한다(제932조 제2항). 그러나 자의 인격에 관한 사항에 대하여 여전히 친권자의 지위를 유지한다.

4.4. 실권회복

자의 복리 또는 자의 재산을 위태롭게 하였던 원인이 소멸한 때에는 친권이나 대리권, 관리권이 법원의 선고에 의하여 다시 회복될 수 있다(제926조). 청구권자는 친권이 상실된 본인 또는 제777조에 의한 본인의 친족이다. 그 청구의 상대방은 친권, 법률행위대리권, 재산관리권을 행사하거나 이를 대행하고 있는 자이다(가사소송법 제101조 제2항). 실권회복선고의 심판이 확정되면, 실권자는 그때부터 친권 또는 대리권, 관리권을 회복하고, 후견은 종료된다. 심판을 청구한 자는 재판의 확정일로부터 1월 이내에 재판서의 등본 및 확정증명서를 첨부하여 그 취지를 신고하여야 한다(등록법 제79조에 의하여 제58조의 준용).

4.5. 대리권, 관리권의 사퇴와 회복

4.5.1. 대리권, 관리권의 사퇴

친권자는 정당한 사유가 있는 경우 가정법원의 허가를 받아 법률행위의 대리권과 재산관리권을 사퇴할 수 있다(제927조 제1항). 친권자의 일방이 대리권, 관리권을 사퇴한 경우에는 다른 일방이 단독으로 재산에 관한 친권을 행사하고, 단독친권자가 대리권, 관리권을 사퇴한 때에는 후견이 개시되어 후견인이 자의 재산을 관리한다. 이 경우에도 재판의 확정일로부터 1월 이내에 신고하여야 한다.

4.5.2. 대리권, 관리권의 회복

대리권과 관리권 사퇴의 사유가 소멸한 경우에는 사퇴한 친권자가 다시 자의 재산에 관하여 친권을 행사할 수 있기 위하여 가정법원의 허가를 받아 사퇴한 권리를 회복하여야 한다(제927조 제2항). 이와 같이 회복이 되면, 친권자가 대리권, 관리권을 행사할 수 있게 되고, 후견이 종료된다.

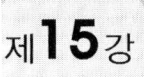

후견법: [Ⅱ. 미성년후견, Ⅲ. 성년후견]

[참조조문]

제4조(성년) 사람은 19세로 성년에 이르게 된다. [전문개정 2011.3.7]

제9조(성년후견개시의 심판) ① 가정법원은 질병, 장애, 노령, 그 밖의 사유로 인한 정신적 제약으로 사무를 처리할 능력이 지속적으로 결여된 사람에 대하여 본인, 배우자, 4촌 이내의 친족, 미성년후견인, 미성년후견감독인, 한정후견인, 한정후견감독인, 특정후견인, 특정후견감독인, 검사 또는 지방자치단체의 장의 청구에 의하여 성년후견개시의 심판을 한다.

② 가정법원은 성년후견개시의 심판을 할 때 본인의 의사를 고려하여야 한다. [전문개정 2011.3.7]

제10조(피성년후견인의 행위와 취소) ① 피성년후견인의 법률행위는 취소할 수 있다.

② 제1항에도 불구하고 가정법원은 취소할 수 없는 피성년후견인의 법률행위의 범위를 정할 수 있다.

③ 가정법원은 본인, 배우자, 4촌 이내의 친족, 성년후견인, 성년후견감독인, 검사 또는 지방자치단체의 장의 청구에 의하여 제2항의 범위를 변경할 수 있다.

④ 제1항에도 불구하고 일용품의 구입 등 일상생활에 필요하고 그 대가가 과도하지 아니한 법률행위는 성년후견인이 취소할 수 없다. [전문개정 2011.3.7]

제11조(성년후견종료의 심판) 성년후견개시의 원인이 소멸된 경우에는 가정법원은 본인, 배우자, 4촌 이내의 친족, 성년후견인, 성년후견감독인, 검사 또는 지방자치단체의 장의 청구에 의하여 성년후견종료의 심판을 한다. [전문개정 2011.3.7]

제12조(한정후견개시의 심판) ① 가정법원은 질병, 장애, 노령, 그 밖의 사유로 인한 정신적 제약으로 사무를 처리할 능력이 부족한 사람에 대하여 본인, 배우자, 4촌 이내의 친족, 미성년후견인, 미성년후견감독인, 성년후견인, 성년후견감독인, 특정후견인, 특정후견감독인, 검사 또는 지방자치단체의 장의 청구에 의하여 한정후견개시의 심판을 한다.

② 한정후견개시의 경우에 제9조 제2항을 준용한다. [전문개정 2011.3.7]

제13조(피한정후견인의 행위와 동의) ① 가정법원은 피한정후견인이 한정후견인의 동의를 받아야 하는 행위의 범위를 정할 수 있다.

② 가정법원은 본인, 배우자, 4촌 이내의 친족, 한정후견인, 한정후견감독인, 검사 또는 지방자치단체의 장의 청구에 의하여 제1항에 따른 한정후견인의 동의를 받아야만 할 수 있는 행위의 범위를 변경할 수 있다.

③ 한정후견인의 동의를 필요로 하는 행위에 대하여 한정후견인이 피한정후견인의 이익이 침해될 염려가 있음에도 그 동의를 하지 아니하는 때에는 가정법원은 피한정후견인의 청구에 의하여 한정후견인의 동의를 갈음하는 허가를 할 수 있다.

④ 한정후견인의 동의가 필요한 법률행위를 피한정후견인이 한정후견인의 동의 없이 하였을 때에는 그 법률행위를 취소할 수 있다. 다만, 일용품의 구입 등 일상생활에 필요하고 그 대가가 과도하지 아니한 법률행위에 대하여는 그러하지 아니하다. [전문개정 2011.3.7]

제14조(한정후견종료의 심판) 한정후견개시의 원인이 소멸된 경우에는 가정법원은 본인, 배우자, 4촌 이내의 친족, 한정후견인, 한정후견감독인, 검사 또는 지방자치단체의 장의

청구에 의하여 한정후견종료의 심판을 한다. [전문개정 2011.3.7]

제14조의2(특정후견의 심판) ① 가정법원은 질병, 장애, 노령, 그 밖의 사유로 인한 정신적 제약으로 일시적 후원 또는 특정한 사무에 관한 후원이 필요한 사람에 대하여 본인, 배우자, 4촌 이내의 친족, 미성년후견인, 미성년후견감독인, 검사 또는 지방자치단체의 장의 청구에 의하여 특정후견의 심판을 한다.

② 특정후견은 본인의 의사에 반하여 할 수 없다.

③ 특정후견의 심판을 하는 경우에는 특정후견의 기간 또는 사무의 범위를 정하여야 한다. [본조신설 2011.3.7]

제14조의3(심판 사이의 관계) ① 가정법원이 피한정후견인 또는 피특정후견인에 대하여 성년후견개시의 심판을 할 때에는 종전의 한정후견 또는 특정후견의 종료 심판을 한다.

② 가정법원이 피성년후견인 또는 피특정후견인에 대하여 한정후견개시의 심판을 할 때에는 종전의 성년후견 또는 특정후견의 종료 심판을 한다. [본조신설 2011.3.7]

제928조(미성년자에 대한 후견의 개시) 미성년자에게 친권자가 없거나 친권자가 법률행위의 대리권과 재산관리권을 행사할 수 없는 경우에는 미성년후견인을 두어야 한다. [전문개정 2011.3.7.]

제929조(성년후견심판에 의한 후견의 개시) 가정법원의 성년후견개시심판이 있는 경우에는 그 심판을 받은 사람의 성년후견인을 두어야 한다. [전문개정 2011.3.7.]

제930조(후견인의 수와 자격) ① 미성년후견인의 수(數)는 한 명으로 한다.

② 성년후견인은 피성년후견인의 신상과 재산에 관한 모든 사정을 고려하여 여러 명을 둘 수 있다.

③ 법인도 성년후견인이 될 수 있다. [전문개정 2011.3.7.]

제931조(유언에 의한 후견인의 지정) 미성년자에 대하여 친권을 행사하는 부모는 유언으로 미성년자의 후견인을 지정할 수 있다. 다만, 법률행위의 대리권과 재산관리권이 없는 친권자는 그러하지 아니하다.

제932조(미성년후견인의 선임) ① 가정법원은 제931조에 따라 지정된 미성년후견인이 없는 경우에는 직권으로 또는 미성년자, 친족, 이해관계인, 검사, 지방자치단체의 장의 청구에 의하여 미성년후견인을 선임한다. 미성년후견인이 없게 된 경우에도 또한 같다.

② 가정법원은 친권상실의 선고나 대리권 및 재산관리권 상실의 선고에 따라 미성년후견인을 선임할 필요가 있는 경우에는 직권으로 미성년후견인을 선임한다.

③ 친권자가 대리권 및 재산관리권을 사퇴한 경우에는 지체 없이 가정법원에 미성년후견인의 선임을 청구하여야 한다. [전문개정 2011.3.7]

제933조(禁治産 등의 後見人의 順位) 삭제 <2011.3.7>

제934조(旣婚者의 後見人의 順位) 삭제 <2011.3.7>

제935조(後見人의 順位) 삭제 <2011.3.7>

제936조(성년후견인의 선임) ① 제929조에 따른 성년후견인은 가정법원이 직권으로 선임한다.

② 가정법원은 성년후견인이 사망, 결격, 그 밖의 사유로 없게 된 경우에도 직권으로 또는 피성년후견인, 친족, 이해관계인, 검사, 지방자치단체의 장의 청구에 의하여 성년후견인을 선임한다.

③ 가정법원은 성년후견인이 선임된 경우에도 필요하다고 인정하면 직권으로 또는 제2항의 청구권자나 성년후견인의 청구에 의하여 추가로 성년후견인을 선임할 수 있다.

④ 가정법원이 성년후견인을 선임할 때에는 피성년후견인의 의사를 존중하여야 하며, 그 밖에 피성년후견인의 건강, 생활관계, 재산상황, 성년후견인이 될 사람의 직업과 경험, 피성년후견인과의 이해관계의 유무(법인이 성년후견인이 될 때에는 사업의 종류와 내

용, 법인이나 그 대표자와 피성년후견인 사이의 이해관계의 유무를 말한다) 등의 사정도 고려하여야 한다. [전문개정 2011.3.7.]

제937조(후견인의 결격사유) 다음 각 호의 어느 하나에 해당하는 자는 후견인이 되지 못한다.

1. 미성년자
2. 피성년후견인, 피한정후견인, 피특정후견인, 피임의후견인
3. 회생절차개시결정 또는 파산선고를 받은 자
4. 자격정지 이상의 형의 선고를 받고 그 형기(刑期) 중에 있는 사람
5. 법원에서 해임된 법정대리인
6. 법원에서 해임된 성년후견인, 한정후견인, 특정후견인, 임의후견인과 그 감독인
7. 행방이 불분명한 사람
8. 피후견인을 상대로 소송을 하였거나 하고 있는 자 또는 그 배우자와 직계혈족 [전문개정 2011.3.7]

제938조(후견인의 대리권 등) ① 후견인은 피후견인의 법정대리인이 된다.
② 가정법원은 성년후견인이 제1항에 따라 가지는 법정대리권의 범위를 정할 수 있다.
③ 가정법원은 성년후견인이 피성년후견인의 신상에 관하여 결정할 수 있는 권한의 범위를 정할 수 있다.
④ 제2항 및 제3항에 따른 법정대리인의 권한의 범위가 적절하지 아니하게 된 경우에 가정법원은 본인, 배우자, 4촌 이내의 친족, 성년후견인, 성년후견감독인, 검사 또는 지방자치단체의 장의 청구에 의하여 그 범위를 변경할 수 있다. [전문개정 2011.3.7]

제939조(후견인의 사임) 후견인은 정당한 사유가 있는 경우에는 가정법원의 허가를 받아 사임할 수 있다. 이 경우 그 후견인은 사임청구와 동시에 가정법원에 새로운 후견인의 선임을 청구하여야 한다. [전문개정 2011.3.7]

제940조(후견인의 변경) 가정법원은 피후견인의 복리를 위하여 후견인을 변경할 필요가 있다고 인정하면 직권으로 또는 피후견인, 친족, 후견감독인, 검사, 지방자치단체의 장의 청구에 의하여 후견인을 변경할 수 있다. [전문개정 2011.3.7]

제940조의2(미성년후견감독인의 지정) 미성년후견인을 지정할 수 있는 사람은 유언으로 미성년후견감독인을 지정할 수 있다. [본조신설 2011.3.7]

제940조의3(미성년후견감독인의 선임) ① 가정법원은 제940조의2에 따라 지정된 미성년후견감독인이 없는 경우에 필요하다고 인정하면 직권으로 또는 미성년자, 친족, 미성년후견인, 검사, 지방자치단체의 장의 청구에 의하여 미성년후견감독인을 선임할 수 있다.
② 가정법원은 미성년후견감독인이 사망, 결격, 그 밖의 사유로 없게 된 경우에는 직권으로 또는 미성년자, 친족, 미성년후견인, 검사, 지방자치단체의 장의 청구에 의하여 미성년후견감독인을 선임한다. [본조신설 2011.3.7]

제940조의4(성년후견감독인의 선임) ① 가정법원은 필요하다고 인정하면 직권으로 또는 피성년후견인, 친족, 성년후견인, 검사, 지방자치단체의 장의 청구에 의하여 성년후견감독인을 선임할 수 있다.
② 가정법원은 성년후견감독인이 사망, 결격, 그 밖의 사유로 없게 된 경우에는 직권으로 또는 피성년후견인, 친족, 성년후견인, 검사, 지방자치단체의 장의 청구에 의하여 성년후견감독인을 선임한다. [본조신설 2011.3.7]

제940조의5(후견감독인의 결격사유) 제779조에 따른 후견인의 가족은 후견감독인이 될 수 없다. [본조신설 2011.3.7]

제940조의6(후견감독인의 직무) ① 후견감독인은 후견인의 사무를 감독하며, 후견인이 없는 경우 지체 없이 가정법원에 후견인의 선임을 청구하여야 한다.

② 후견감독인은 피후견인의 신상이나 재산에 대하여 급박한 사정이 있는 경우 그의 보호를 위하여 필요한 행위 또는 처분을 할 수 있다.

③ 후견인과 피후견인 사이에 이해가 상반되는 행위에 관하여는 후견감독인이 피후견인을 대리한다. [본조신설 2011.3.7]

제940조의7(위임 및 후견인 규정의 준용) 후견감독인에 대하여는 제681조, 제691조, 제692조, 제930조 제2항·제3항, 제936조 제3항·제4항, 제937조, 제939조, 제940조, 제947조의2 제3항부터 제5항까지, 제949조의2, 제955조 및 제955조의2를 준용한다. [본조신설 2011.3.7]

제941조(재산조사와 목록작성) ① 후견인은 지체 없이 피후견인의 재산을 조사하여 2개월 내에 그 목록을 작성하여야 한다. 다만, 정당한 사유가 있는 경우에는 법원의 허가를 받아 그 기간을 연장할 수 있다.

② 후견감독인이 있는 경우 제1항에 따른 재산조사와 목록작성은 후견감독인의 참여가 없으면 효력이 없다. [전문개정 2011.3.7]

제942조(후견인의 채권·채무의 제시) ① 후견인과 피후견인 사이에 채권·채무의 관계가 있고 후견감독인이 있는 경우에는 후견인은 재산목록의 작성을 완료하기 전에 그 내용을 후견감독인에게 제시하여야 한다.

② 후견인이 피후견인에 대한 채권이 있음을 알고도 제1항에 따른 제시를 게을리 한 경우에는 그 채권을 포기한 것으로 본다. [전문개정 2011.3.7]

제943조(목록작성 전의 권한) 후견인은 재산조사와 목록작성을 완료하기까지는 긴급필요한 경우가 아니면 그 재산에 관한 권한을 행사하지 못한다. 그러나 이로써 선의의 제삼자에게 대항하지 못한다.

제944조(피후견인이 취득한 포괄적 재산의 조사 등) 전3조의 규정은 후견인의 취임 후에 피후견인이 포괄적 재산을 취득한 경우에 준용한다.

제945조(미성년자의 신분에 관한 후견인의 권리·의무) 미성년후견인은 제913조부터 제915조까지에 규정한 사항에 관하여는 친권자와 동일한 권리와 의무가 있다. 다만, 다음 각 호의 어느 하나에 해당하는 경우에는 미성년후견감독인이 있으면 그의 동의를 받아야 한다.

1. 친권자가 정한 교육방법, 양육방법 또는 거소를 변경하는 경우
2. 미성년자를 감화기관이나 교정기관에 위탁하는 경우
3. 친권자가 허락한 영업을 취소하거나 제한하는 경우 [전문개정 2011.3.7]

제946조(재산관리에 한정된 후견) 미성년자의 친권자가 법률행위의 대리권과 재산관리권에 한정하여 친권을 행사할 수 없는 경우에 미성년후견인의 임무는 미성년자의 재산에 관한 행위에 한정된다. [전문개정 2011.3.7]

제947조(피성년후견인의 복리와 의사존중) 성년후견인은 피성년후견인의 재산관리와 신상보호를 할 때 여러 사정을 고려하여 그의 복리에 부합하는 방법으로 사무를 처리하여야 한다. 이 경우 성년후견인은 피성년후견인의 복리에 반하지 아니하면 피성년후견인의 의사를 존중하여야 한다. [전문개정 2011.3.7]

제947조의2(피성년후견인의 신상결정 등) ① 피성년후견인은 자신의 신상에 관하여 그의 상태가 허락하는 범위에서 단독으로 결정한다.

② 성년후견인이 피성년후견인을 치료 등의 목적으로 정신병원이나 그 밖의 다른 장소에 격리하려는 경우에는 가정법원의 허가를 받아야 한다.

③ 피성년후견인의 신체를 침해하는 의료행위에 대하여 피성년후견인이 동의할 수 없는 경우에는 성년후견인이 그를 대신하여 동의할 수 있다.

④ 제3항의 경우 피성년후견인이 의료행위의 직접적인 결과로 사망하거나 상당한 장애를

입을 위험이 있을 때에는 가정법원의 허가를 받아야 한다. 다만, 허가절차로 의료행위가 지체되어 피성년후견인의 생명에 위험을 초래하거나 심신상의 중대한 장애를 초래할 때에는 사후에 허가를 청구할 수 있다.

⑤ 성년후견인이 피성년후견인을 대리하여 피성년후견인이 거주하고 있는 건물 또는 그 대지에 대하여 매도, 임대, 전세권 설정, 저당권 설정, 임대차의 해지, 전세권의 소멸, 그 밖에 이에 준하는 행위를 하는 경우에는 가정법원의 허가를 받아야 한다. [본조신설 2011.3.7]

제948조(미성년자의 친권의 대행) ① 미성년후견인은 미성년자를 갈음하여 미성년자의 자녀에 대한 친권을 행사한다.

② 제1항의 친권행사에는 미성년후견인의 임무에 관한 규정을 준용한다. [전문개정 2011.3.7]

제949조(재산관리권과 대리권) ① 후견인은 피후견인의 재산을 관리하고 그 재산에 관한 법률행위에 대하여 피후견인을 대리한다.

② 제920조 단서의 규정은 전항의 법률행위에 준용한다.

제949조의2(성년후견인이 여러 명인 경우 권한의 행사 등) ① 가정법원은 직권으로 여러 명의 성년후견인이 공동으로 또는 사무를 분장하여 그 권한을 행사하도록 정할 수 있다.

② 가정법원은 직권으로 제1항에 따른 결정을 변경하거나 취소할 수 있다.

③ 여러 명의 성년후견인이 공동으로 권한을 행사하여야 하는 경우에 어느 성년후견인이 피성년후견인의 이익이 침해될 우려가 있음에도 법률행위의 대리 등 필요한 권한행사에 협력하지 아니할 때에는 가정법원은 피성년후견인, 성년후견인, 후견감독인 또는 이해관계인의 청구에 의하여 그 성년후견인의 의사표시를 갈음하는 재판을 할 수 있다. [본조신설 2011.3.7]

제949조의3(이해상반행위) 후견인에 대하여는 제921조를 준용한다. 다만, 후견감독인이 있는 경우에는 그러하지 아니하다. [본조신설 2011.3.7]

제950조(후견감독인의 동의를 필요로 하는 행위) ① 후견인이 피후견인을 대리하여 다음 각 호의 어느 하나에 해당하는 행위를 하거나 미성년자의 다음 각 호의 어느 하나에 해당하는 행위에 동의를 할 때는 후견감독인이 있으면 그의 동의를 받아야 한다.

1. 영업에 관한 행위
2. 금전을 빌리는 행위
3. 의무만을 부담하는 행위
4. 부동산 또는 중요한 재산에 관한 권리의 득실변경을 목적으로 하는 행위
5. 소송행위
6. 상속의 승인, 한정승인 또는 포기 및 상속재산의 분할에 관한 협의

② 후견감독인의 동의가 필요한 행위에 대하여 후견감독인이 피후견인의 이익이 침해될 우려가 있음에도 동의를 하지 아니하는 경우에는 가정법원은 후견인의 청구에 의하여 후견감독인의 동의를 갈음하는 허가를 할 수 있다.

③ 후견감독인의 동의가 필요한 법률행위를 후견인이 후견감독인의 동의 없이 하였을 때에는 피후견인 또는 후견감독인이 그 행위를 취소할 수 있다. [전문개정 2011.3.7]

제951조(피후견인의 재산 등의 양수에 대한 취소) ① 후견인이 피후견인에 대한 제3자의 권리를 양수(讓受)하는 경우에는 피후견인은 이를 취소할 수 있다.

② 제1항에 따른 권리의 양수의 경우 후견감독인이 있으면 후견인은 후견감독인의 동의를 받아야 하고, 후견감독인의 동의가 없는 경우에는 피후견인 또는 후견감독인이 이를 취소할 수 있다. [전문개정 2011.3.7]

제952조(상대방의 추인 여부 최고) 제950조 및 제951조의 경우에는 제15조를 준용한다. [전문개정 2011.3.7]

제953조(후견감독인의 후견사무의 감독) 후견감독인은 언제든지 후견인에게 그의 임무 수행에 관한 보고와 재산목록의 제출을 요구할 수 있고 피후견인의 재산상황을 조사할 수 있다. [전문개정 2011.3.7]

제954조(가정법원의 후견사무에 관한 처분) 가정법원은 직권으로 또는 피후견인, 후견감독인, 제777조에 따른 친족, 그 밖의 이해관계인, 검사, 지방자치단체의 장의 청구에 의하여 피후견인의 재산상황을 조사하고, 후견인에게 재산관리 등 후견임무 수행에 관하여 필요한 처분을 명할 수 있다. [전문개정 2011.3.7]

제955조(후견인에 대한 보수) 법원은 후견인의 청구에 의하여 피후견인의 재산상태 기타 사정을 참작하여 피후견인의 재산 중에서 상당한 보수를 후견인에게 수여할 수 있다.

제955조의2(지출금액의 예정과 사무비용) 후견인이 후견사무를 수행하는 데 필요한 비용은 피후견인의 재산 중에서 지출한다. [본조신설 2011.3.7]

제956조(위임과 친권의 규정의 준용) 제681조 및 제918조의 규정은 후견인에게 이를 준용한다.

제957조(후견사무의 종료와 관리의 계산) ① 후견인의 임무가 종료된 때에는 후견인 또는 그 상속인은 1개월 내에 피후견인의 재산에 관한 계산을 하여야 한다. 다만, 정당한 사유가 있는 경우에는 법원의 허가를 받아 그 기간을 연장할 수 있다.

② 제1항의 계산은 후견감독인이 있는 경우에는 그가 참여하지 아니하면 효력이 없다. [전문개정 2011.3.7]

제958조(이자의 부가와 금전소비에 대한 책임) ① 후견인이 피후견인에게 지급할 금액이나 피후견인이 후견인에게 지급할 금액에는 계산종료의 날로부터 이자를 부가하여야 한다.

② 후견인이 자기를 위하여 피후견인의 금전을 소비한 때에는 그 소비한 날로부터 이자를 부가하고 피후견인에게 손해가 있으면 이를 배상하여야 한다.

제959조(위임규정의 준용) 제691조, 제692조의 규정은 후견의 종료에 이를 준용한다.

제959조의2(한정후견의 개시) 가정법원의 한정후견개시의 심판이 있는 경우에는 그 심판을 받은 사람의 한정후견인을 두어야 한다. [본조신설 2011.3.7]

제959조의3(한정후견인의 선임 등) ① 제959조의2에 따른 한정후견인은 가정법원이 직권으로 선임한다.

② 한정후견인에 대하여는 제930조 제2항·제3항, 제936조 제2항부터 제4항까지, 제937조, 제939조, 제940조 및 제949조의3을 준용한다. [본조신설 2011.3.7]

제959조의4(한정후견인의 대리권 등) ① 가정법원은 한정후견인에게 대리권을 수여하는 심판을 할 수 있다.

② 한정후견인의 대리권 등에 관하여는 제938조 제3항 및 제4항을 준용한다. [본조신설 2011.3.7]

제959조의5(한정후견감독인) ① 가정법원은 필요하다고 인정하면 직권으로 또는 피한정후견인, 친족, 한정후견인, 검사, 지방자치단체의 장의 청구에 의하여 한정후견감독인을 선임할 수 있다.

② 한정후견감독인에 대하여는 제681조, 제691조, 제692조, 제930조 제2항·제3항, 제936조 제3항·제4항, 제937조, 제939조, 제940조, 제940조의3 제2항, 제940조의5, 제940조의6, 제947조의2 제3항부터 제5항까지, 제949조의2, 제955조 및 제955조의2를 준용한다. 이 경우 제940조의6 제3항 중 "피후견인을 대리한다"는 "피한정후견인을 대리하거나 피한정후견인이 그 행위를 하는 데 동의한다"로 본다. [본조신설 2011.3.7]

제959조의6(한정후견사무) 한정후견의 사무에 관하여는 제681조, 제920조 단서, 제947조, 제947조의2, 제949조, 제949조의2, 제949조의3, 제950조부터 제955조까지 및 제955조의2를 준용한다. [본조신설 2011.3.7]

제959조의7(한정후견인의 임무의 종료 등) 한정후견인의 임무가 종료한 경우에 관하여는 제691조, 제692조, 제957조 및 제958조를 준용한다. [본조신설 2011.3.7]

제959조의8(특정후견에 따른 보호조치) 가정법원은 피특정후견인의 후원을 위하여 필요한 처분을 명할 수 있다. [본조신설 2011.3.7]

제959조의9(특정후견인의 선임 등) ① 가정법원은 제959조의8에 따른 처분으로 피특정후견인을 후원하거나 대리하기 위한 특정후견인을 선임할 수 있다.

② 특정후견인에 대하여는 제930조 제2항·제3항, 제936조 제2항부터 제4항까지, 제937조, 제939조 및 제940조를 준용한다. [본조신설 2011.3.7]

제959조의10(특정후견감독인) ① 가정법원은 필요하다고 인정하면 직권으로 또는 피특정후견인, 친족, 특정후견인, 검사, 지방자치단체의 장의 청구에 의하여 특정후견감독인을 선임할 수 있다.

② 특정후견감독인에 대하여는 제681조, 제691조, 제692조, 제930조 제2항·제3항, 제936조 제3항·제4항, 제937조, 제939조, 제940조, 제940조의5, 제940조의6, 제949조의2, 제955조 및 제955조의2를 준용한다. [본조신설 2011.3.7]

제959조의11(특정후견인의 대리권) ① 피특정후견인의 후원을 위하여 필요하다고 인정하면 가정법원은 기간이나 범위를 정하여 특정후견인에게 대리권을 수여하는 심판을 할 수 있다.

② 제1항의 경우 가정법원은 특정후견인의 대리권 행사에 가정법원이나 특정후견감독인의 동의를 받도록 명할 수 있다. [본조신설 2011.3.7]

제959조의12(특정후견사무) 특정후견의 사무에 관하여는 제681조, 제920조 단서, 제947조, 제949조의2, 제953조부터 제955조까지 및 제955조의2를 준용한다. [본조신설 2011.3.7]

제959조의13(특정후견인의 임무의 종료 등) 특정후견인의 임무가 종료한 경우에 관하여는 제691조, 제692조, 제957조 및 제958조를 준용한다. [본조신설 2011.3.7]

제959조의14(후견계약의 의의와 체결방법 등) ① 후견계약은 질병, 장애, 노령, 그 밖의 사유로 인한 정신적 제약으로 사무를 처리할 능력이 부족한 상황에 있거나 부족하게 될 상황에 대비하여 자신의 재산관리 및 신상보호에 관한 사무의 전부 또는 일부를 다른 자에게 위탁하고 그 위탁사무에 관하여 대리권을 수여하는 것을 내용으로 한다.

② 후견계약은 공정증서로 체결하여야 한다.

③ 후견계약은 가정법원이 임의후견감독인을 선임한 때부터 효력이 발생한다.

④ 가정법원, 임의후견인, 임의후견감독인 등은 후견계약을 이행·운영할 때 본인의 의사를 최대한 존중하여야 한다. [본조신설 2011.3.7]

제959조의15(임의후견감독인의 선임) ① 가정법원은 후견계약이 등기되어 있고, 본인이 사무를 처리할 능력이 부족한 상황에 있다고 인정할 때에는 본인, 배우자, 4촌 이내의 친족, 임의후견인, 검사 또는 지방자치단체의 장의 청구에 의하여 임의후견감독인을 선임한다.

② 제1항의 경우 본인이 아닌 자의 청구에 의하여 가정법원이 임의후견감독인을 선임할 때에는 미리 본인의 동의를 받아야 한다. 다만, 본인이 의사를 표시할 수 없는 때에는 그러하지 아니하다.

③ 가정법원은 임의후견감독인이 없게 된 경우에는 직권으로 또는 본인, 친족, 임의후견인, 검사 또는 지방자치단체의 장의 청구에 의하여 임의후견감독인을 선임한다.

④ 가정법원은 임의후견임감독인이 선임된 경우에도 필요하다고 인정하면 직권으로 또는 제3항의 청구권자의 청구에 의하여 임의후견감독인을 추가로 선임할 수 있다.

⑤ 임의후견감독인에 대하여는 제940조의5를 준용한다. [본조신설 2011.3.7]

제959조의16(임의후견감독인의 직무 등) ① 임의후견감독인은 임의후견인의 사무를 감독

하며 그 사무에 관하여 가정법원에 정기적으로 보고하여야 한다.

② 가정법원은 필요하다고 인정하면 임의후견감독인에게 감독사무에 관한 보고를 요구할 수 있고 임의후견인의 사무 또는 본인의 재산상황에 대한 조사를 명하거나 그 밖에 임의후견감독인의 직무에 관하여 필요한 처분을 명할 수 있다.

③ 임의후견감독인에 대하여는 제940조의6 제2항·제3항, 제940조의7 및 제953조를 준용한다. [본조신설 2011.3.7]

제959조의17(임의후견개시의 제한 등) ① 임의후견인이 제937조 각 호에 해당하는 자 또는 그 밖에 현저한 비행을 하거나 후견계약에서 정한 임무에 적합하지 아니한 사유가 있는 자인 경우에는 가정법원은 임의후견감독인을 선임하지 아니한다.

② 임의후견감독인을 선임한 이후 임의후견인이 현저한 비행을 하거나 그 밖에 그 임무에 적합하지 아니한 사유가 있게 된 경우에는 가정법원은 임의후견감독인, 본인, 친족, 검사 또는 지방자치단체의 장의 청구에 의하여 임의후견인을 해임할 수 있다. [본조신설 2011.3.7]

제959조의18(후견계약의 종료) ① 임의후견감독인의 선임 전에는 본인 또는 임의후견인은 언제든지 공증인의 인증을 받은 서면으로 후견계약의 의사표시를 철회할 수 있다.

② 임의후견감독인의 선임 이후에는 본인 또는 임의후견인은 정당한 사유가 있는 때에만 가정법원의 허가를 받아 후견계약을 종료할 수 있다. [본조신설 2011.3.7]

제959조의19(임의후견인의 대리권 소멸과 제3자와의 관계) 임의후견인의 대리권 소멸은 등기하지 아니하면 선의의 제3자에게 대항할 수 없다. [본조신설 2011.3.7]

제959조의20(후견계약과 성년후견·한정후견·특정후견의 관계) ① 후견계약이 등기되어 있는 경우에는 가정법원은 본인의 이익을 위하여 특별히 필요할 때에만 임의후견인 또는 임의후견감독인의 청구에 의하여 성년후견, 한정후견 또는 특정후견의 심판을 할 수 있다. 이 경우 후견계약은 본인이 성년후견 또는 한정후견 개시의 심판을 받은 때 종료된다.

② 본인이 피성년후견인, 피한정후견인 또는 피특정후견인인 경우에 가정법원은 임의후견감독인을 선임함에 있어서 종전의 성년후견, 한정후견 또는 특정후견의 종료 심판을 하여야 한다. 다만, 성년후견 또는 한정후견 조치의 계속이 본인의 이익을 위하여 특별히 필요하다고 인정하면 가정법원은 임의후견감독인을 선임하지 아니한다. [본조신설 2011.3.7]

Ⅰ. 서설: 후견제도

1. 미성년자는 친권자인 부모 쌍방이 모두 사망하거나 친권을 상실하는 경우에는 후견이 개시되어 미성년후견인이 친권자의 역할을 대신 하게 된다(제928조). 한편 성년자가 된 후에도 일반적인 사회생활에 필요한 판단능력 등을 갖추지 못한 경우(피성년후견인)에는 역시 타인의 보호가 필요하게 된다. 민법은 이러한 경우에도 후견이 개시될 수 있게 하였다(제929조). 이와 같은 후견제도의 이념은 미성년자뿐만 아니라 고령자를 포함하여 정신능력이 충분하지 못한 사람에게 자기결정을 존중하고, 잔존능력을 활용하며, 장애가 있더라도 가정이나 지역에서 통

상의 생활을 할 수 있는 사회를 만들고자 하는 데 있다. 따라서 자기결정의 존중이 강조되고 본인보호의 이념과 조화를 이루고자 하는 새로운 제도로서 도입된 것이다.[1]

2. 구 후견인제도의 문제점을 해결하기 위하여, 가정법원은 피후견인의 복리를 위하여 후견인을 변경할 필요가 있다고 인정하면 직권으로 또는 피후견인, 친족, 후견감독인, 검사, 지방자치단체의 장의 청구에 의하여 후견인을 변경할 수 있도록 하였다(제940조).

3. 2011년 3월 7일 민법의 일부개정에 따라서 성년연령을 만 19세로 하고, 미성년후견 이외에 성년후견·한정후견·특정후견제도를 도입함으로써 우리나라의 후견법을 대폭적으로 개정하였다.[2]

Ⅱ. 미성년후견

1. 후견개시의 원인(제928조)

1.1. 미성년자에 대하여 친권자가 없을 때

1.1.1. 친권자가 없는 것으로 볼 수 있는 경우는 단독친권자가 사망한 때, 단

---

1) 內田貴, 民法Ⅳ[親族·相續], 東京大學出版會, 2008, 284頁. 유엔총회에서 2006년 8월 25일 the Convention on the Rights of Persons with Disabilities의 초안을 확정하여, 2008년 5월 3일 발효됨에 따라서 우리나라는 2008년 12월 11일 이 협약을 비준하였고, 이에 따라서 요보호성인(장애인)의 인권 존중을 위한 민법개정을 하게 되었다. 제철웅, "요보호성인의 인권존중의 관점에서 본 새로운 성년후견제도: 그 특징, 문제점 그리고 개선방안", 민사법학, 56호, 2011, 277면 이하.
2) 민법개정이유를 보면, "기존의 금치산·한정치산 제도를 현재 정신적 제약이 있는 사람은 물론 미래에 정신적 능력이 약해질 상황에 대비하여 후견제도를 이용하려는 사람이 재산 행위뿐만 아니라 치료, 요양 등 복리에 관한 폭넓은 도움을 받을 수 있는 성년후견제로 확대·개편하고, 금치산·한정치산 선고의 청구권자에 후견감독인과 지방자치단체의 장을 추가하여 후견을 내실화하며, 성년후견 등을 요구하는 노인, 장애인 등에 대한 보호를 강화하고, 피성년후견인 등과 거래하는 상대방을 보호하기 위하여 성년후견 등에 관하여 등기로 공시하도록 하는 한편, 청소년의 조숙화에 따라 성년연령을 낮추는 세계적 추세와「공직선거법」등의 법령 및 사회·경제적 현실을 반영하여 성년에 이르는 연령을 만 20세에서 만 19세로 낮추려는 것"이다.

독친권자가 친권상실선고를 받은 때, 단독친권자가 성년후견개시심판을 받은 때 등이다.

1.1.2. 단독친권자가 심신상실, 행방불명, 장기부재 등으로 인하여 사실상 친권을 행사할 수 없는 경우도 친권자가 없는 때에 해당하는 것으로 보아서 후견개시의 원인이 된다고 해석할 수 있는가. 이러한 사유가 있는지의 여부는 법원의 심판에 의하여 판단되는 것이 바람직하다고 생각되므로, 우선 친권상실선고를 받게 한 후에 후견이 개시된다고 해석하여야 할 것이다.[3] 다만 판례[4]는 미성년자의 친권자가 모두 장기간 행방불명인 경우에는 친권자가 없는 때에 해당하여 후견이 개시되므로, 민법에 정해진 후견순위에 따라 후견인으로 될 자가 친권자의 행방불명을 증명하는 서면을 첨부하여 후견개시신고를 하여야 한다고 한다(가사예규 제170호).

1.1.3. 미성년자의 친권자가 친권을 행사할 수 없는 경우라도 친권대행자(제910조)가 있는 때에는 후견이 개시되지 않는다. 양자의 친권자는 양부모가 되므로, 친생부모의 친권은 소멸한다. 따라서 친권자인 양부모가 모두 사망한 경우와 같이 친권자가 없는 때에는 후견이 개시되고, 친생부모의 친권이 부활하는 것이 아니다.

1.1.4. 법원이 사전처분으로(가사소송법 제62조 제1항) 친권행사를 정지시키는 때에는 후견이 개시되지 않고, 심판의 확정시까지 친권을 행사할 대행자를 지정한다(가사소송규칙 제102조 제1항).

1.2. 친권자가 법률행위의 대리권 및 재산관리권을 행사할 수 없을 때

단독친권자가 대리권 및 재산관리권을 상실하였거나(제925조), 사퇴한 경우(제927조 제1항)에는 미성년자의 재산에 관한 행위에 한정하여 후견이 개시된다(제946조).

2. 후견개시의 시기와 신고

2.1. 후견은 후견개시원인이 발생한 때부터 개시된다(제928조).

---

3) 김주수/김상용, 전게서, 406면.
4) 대판 1956.8.11, 4289민상289.

2.2. 후견이 개시되면 후견인은 취임일로부터 1월 이내에 후견개시신고를 하여야한다(등록법 제80조). 후견인은 그 종류에 관계없이 모두 후견개시신고를 하여야 한다(가사예규 제180호).

3. 후견인의 수

3.1. 후견인은 후견임무를 집행하는 기관으로서 1인이어야 한다(제930조 제1항).

3.2. 미성년자후견의 후견인은, 성년후견인이 피성년후견인의 신상과 재산에관한 모든 사정을 고려하여 여러 명을 둘 수 있고 법인도 후견인이 될 수 있는것과 달리 자연인으로서 1인만을 두어야 한다.

4. 후견인의 순위

미성년자의 후견인은 제1순위가 지정후견인, 제2순위가 선임후견인이다(제931조, 제932조). 2011년 3월 7일 민법 개정 이전에는 제2순위가 법정후견인이었으나 이를 삭제하였다.

4.1. 지정후견인

4.1.1. 미성년자의 친권자(부모)는 유언으로 후견인을 지정할 수 있다(제931조). 이와 같이 지정된 후견인은 제1순위 후견인이 된다. 그러나 친권상실선고를 받은경우, 법률행위의 대리권과 재산관리권을 상실하였거나 사퇴한 경우, 성년후견개시심판을 받은 경우에는 부모라고 하여도 유언으로 후견인을 지정할 수 없다.

4.1.2. 법률행위의 대리권과 재산관리권이 없는 부모의 일방은 후견인을 지정할 수 없다(제931조 단서).

4.1.3. 후견인의 지정은 반드시 유언으로 하여야 한다. 유언의 방식은 민법의규정에 따라야 한다.

4.1.4. 지정후견인은 후견인에 취임한 날로부터 1월 이내에 지정에 관한 유언

서, 그 등본 또는 유언녹음을 기재한 서면을 첨부하여 후견개시의 신고를 하여야 한다(등록법 제80조, 제82조).

4.2. 선임후견인

4.2.1. 미성년자에 대하여 후견개시사유가 발생하였으나, 단독친권자가 사망하기 전에 유언으로 후견인을 지정한 바도 없으면, 가정법원은 직권으로 또는 미성년자, 친족, 이해관계인, 검사, 지방자치단체의 장의 청구에 의하여 미성년후견인을 선임한다. 미성년후견인이 없게 된 경우에도 같다(제932조 제1항, 가사소송법 제2조 제1항 라류사건). 또한 가정법원은 친권상실의 선고나 대리권 및 재산관리권 상실의 선고에 따라 미성년후견인을 선임할 필요가 있는 경우에는 직권으로 미성년후견인을 선임한다(동조 제2항).

그리고 친권자가 대리권 및 재산관리권을 사퇴한 경우에는 지체 없이 가정법원에 미성년후견인의 선임을 청구하여야 한다(동조 제3항).

4.2.2. 시·도지사 또는 시장, 군수, 구청장은 친권자 또는 후견인이 없는 아동을 발견한 경우 그 아동의 복리를 위하여 필요하다고 인정할 때에는 법원에 후견인의 선임을 청구할 수 있다(아동복지법 제13조).

4.2.3. 법원은 심판에 의하여 후견인을 선임한다(가사소송법 제2조 제1항 라류사건). 선임후견인은 선임일에 취임하고, 취임일로부터 1월 이내에 후견인 선임의 재판서등본을 첨부하여 후견개시신고나 후견인갱질신고를 하여야 한다(등록법 제80조 내지 제82조 제2항).

5. 후견인의 결격, 사임, 변경

5.1. 후견인의 결격

5.1.1. 민법은 객관적으로 보아서 후견인에게 요구되는 조건을 갖추지 못한 사람에 대하여 일률적으로 후견인이 될 수 있는 자격을 부정하고 있다. 따라서 결격자를 후견인으로 지정한 유언은 무효이고, 결격자는 선임후견인이 될 수 없다.

5.1.2. 후견인이 될 수 없는 사람으로, 1) 미성년자, 2) 피성년후견인, 피한정후견인, 피특정후견인, 피임의후견인, 3) 회생절차개시결정 또는 파산선고를 받은 자, 4) 자격정지 이상의 형의 선고를 받고 그 형기 중에 있는 사람, 5) 가정법원에서 해임된 법정대리인, 6) 행방이 불분명한 사람, 7) 피후견인에 대하여 소송을 하였거나 하고 있는 자 또는 그 배우자와 직계혈족, 8) 외국인(가사예규 제184호) 등이다(제937조).

5.2. 후견인의 사임

5.2.1. 후견은 사회적으로 보호가 필요한 사람의 복리를 위하여 임무를 수행하는 것으로서 공익적인 성격을 지니므로 임의로 사퇴할 수 없는 것이 원칙이다.

5.2.2. 후견인은 정당한 사유가 있는 때에 가정법원의 허가를 받아 사임할 수 있다(제939조, 가사소송법 제2조 제1항 라류사건). 여기에서 '정당한 사유'라 함은 객관적으로 보아서 후견인의 임무를 수행할 수 없는 사정이 있는 경우를 말한다. 만약 사임이 허가되지 않은 경우에 후견인이 후견임무를 수행하지 않는다면 후견인의 변경사유에 해당되고, 가정법원은 피후견인의 복리를 위하여 후견인을 변경할 필요가 있다고 인정하면 직권으로 또는 피후견인, 친족, 후견감독인, 검사, 지방자치단체의 장의 청구에 의하여 후견인을 변경할 수 있다(제940조).

이와 별도로 피후견인은 후견인에 대하여 의무위반을 이유로 손해배상을 청구할 수 있다(제956조).

5.3. 후견인의 변경(제940조)

5.3.1. 입법취지

후견인변경제도의 목적은 피후견인의 복리 실현에 가장 적합한 사람으로 하여금 후견의 임무를 수행하게 하려는 데 있다.

5.3.2. 후견인의 변경

5.3.2.1. 후견인의 변경 사유는, 후견인으로서 임무를 수행하는 데 적당하지 않은 사유가 있는 경우뿐만 아니라 후견인 이외의 제3자가 후견인으로서 보다 적합한 경우도 된다. 후견인의 변경이 필요한가의 여부는 피후견인의 복리라는 관

점에서 결정되어야 한다.

5.3.2.2. 지정후견인이나 선임후견인이 후견개시신고를 하기 전에 후견인변경청구를 하는 것도 가능하다. 이 경우에 가정법원은 사전처분으로 후견인의 직무집행을 정지시킬 수 있고, 그 대행자를 지정하여야 한다.

5.3.3. 청구권자

5.3.3.1. 후견인변경청구권자는 피후견인, 친족, 후견감독인, 지방자치단체의 장이고 검사를 포함하였으며, 법원은 직권으로 변경할 수 있다. 이렇게 개정한 이유는, 1) 피후견인의 친족은 후견인과의 대립을 피하여 변경청구를 꺼릴 수 있고, 2) 친권상실선고 청구권자에 검사가 포함되어 있으므로(제924조), 이와 균형을 맞춘 것이고, 3) 가정법원은 후견감독기관으로서 후견인이 적임자가 아닌 것을 알 수 있다는 전제에서 직권으로 변경할 수 있도록 한 것이다.

5.3.3.2. 피후견인이 후견인변경청구권자에 포함되었다. 이는 친권상실선고청구권자에 자가 포함되어 있지 않은 것과의 균형을 고려하여 2011년 3월 7일 개정민법 이전에는 후견인변경청구권자에 포함하지 않았다. 그러나 이를 포함한 것은 피후견인의 복리를 우선한 것이라 할 것이다.

6. 후견인의 임무

후견인의 임무는 피후견인의 인격에 관한 사항과 재산에 관한 사항으로 나누어진다.

6.1. 후견인이 취임하였을 때에 하는 것

6.1.1. 재산의 조사와 그 목록작성

후견인은 취임 후 지체 없이 피후견인의 재산을 조사하여 2월 내에 그 목록을 작성하여야 한다(제941조 제1항 본문). 그러나 정당한 사유가 있는 때에는 가정법원의 허가를 받아 그 기간을 연장할 수 있다(제941조 제1항 단서). 재산조사와 목록작성은 후견감독인이 있는 경우에 후견감독인의 참여가 없으면 효력이 없다(제941조 제2항).

6.1.2. 피후견인의 친족회에 대한 채권·채무의 제시

후견인과 피후견인 사이에 채권·채무의 관계가 있는 때에는 후견인은 재산목록의 작성을 완료하기 전에 후견감독인이 있는 경우에는 그 내용을 후견감독인에게 제시하여야 한다(제942조 제1항). 후견인이 피후견인에 대한 채권이 있음을 알고도 이를 제시하는 것을 게을리 한 경우에는 그 채권을 포기한 것으로 본다(제942조 제2항).

6.1.3. 후견인의 취임 후 피후견인이 포괄적 재산을 취득한 경우에도 후견인은 그 재산목록을 작성하는 등 동일한 의무를 진다(제944조).

6.2. 미성년자의 인격에 관한 권리의무

6.2.1. 미성년자의 후견은 '친권의 연장'이므로, 그 당연한 결과로서 피후견인의 인격에 대하여 친권자와 동일한 권리의무가 있다.

6.2.1.1. 후견인은 피후견인인 미성년자의 인격에 대하여 친권자와 동일한 권리의무를 갖지만, 일정한 제한을 받는다(제945조).

6.2.1.1.1. 친권자가 정한 교육방법, 양육방법 또는 거소를 변경하는 경우: 후견인은 피후견인을 보호하고 교양할 권리의무가 있다(제945조에 의하여 제913조의 준용). 그러나 교양방법의 변경에는 미성년후견감독인이 있으면 그의 동의를 받아야 한다(제945조 단서). 후견인은 피후견인의 거소를 지정한다(제945조에 의하여 제913조의 준용). 이 경우에도 미성년후견감독인이 있으면 그의 동의를 받아야 한다(제945조 단서).

6.2.1.1.2. 미성년자를 감화기관이나 교정기관에 위탁하는 경우: 후견인이 피후견인을 감화 또는 교정기관에 위탁하는 경우에 미성년후견감독인이 있으면 그의 동의를 받아야 한다(제945조에 의하여 제913조의 준용, 제945조 단서).

6.2.1.1.3. 친권자가 허락한 영업을 취소하거나 제한하는 경우: 친권자가 허락한 영업을 취소 또는 제한하는 경우에는 미성년후견감독인이 있으면 그의 동의를 받아야 한다(제8조, 제945조 단서).

6.2.1.1.4. 친권자와 마찬가지로, 후견인은 의사능력이 없는 피후견인을 부당하게 억류한 자에 대하여 인도청구권이 있다.

6.2.1.2. 후견인이 피후견인을 보호, 교양하기 위한 비용은 후견인의 부담이 아니다. 양육비용은 부모 또는 그 밖의 부양의무자가 부담한다.

6.2.2. 인격행위의 대리권과 동의권

6.2.2.1. 대리권을 가지는 경우

1) 혼인적령미달자의 혼인에 대한 취소(제817조), 2) 인지청구의 소(제863조), 3) 13세 미만의 피후견인의 입양과 파양에 대한 대낙(제869조, 제899조), 4) 미성년자가 양친이 된 입양의 취소(제885조), 5) 미성년자가 동의권자의 동의를 얻지 않고 양자가 되었을 때의 취소(제886조), 6) 상속의 승인·포기(제1019조, 제1020조), 7) 그 밖에 가사소송법의 규정에 의하여 친권자의 경우와 마찬가지로 법정대리인으로서 인격관계의 소송을 제기할 수 있다(가사소송법 제23조, 제28조, 제31조).

6.2.2.2. 동의권이 있는 경우

1) 미성년자의 약혼(제801조), 2) 미성년자의 혼인(제808조 제2항), 3) 미성년자의 입양(제871조) 등에 대하여 동의를 할 수 있다.

6.2.3. 미성년자의 재산에 관한 권리의무

6.2.3.1. 후견인은 피후견인의 법정대리인으로서(제938조), 피후견인의 재산을 관리하고 그 재산에 관한 법률행위에 대하여 피후견인을 대리한다(제949조).[5]

6.2.3.2. 중요한 행위에 대한 제한

미성년후견감독인의 동의를 얻어야 하는 경우(제950조 제1항)로서, 1) 영업에 관한 행위(제8조), 2) 금전을 빌리는 행위, 3) 의무만을 부담하는 행위, 4) 부동산 또는 중요한 재산에 관한 권리의 득실변경을 목적으로 하는 행위, 5) 소송행위, 6) 상속의 승인, 한정승인 또는 포기 및 상속재산의 분할에 관한 협의 등이다. 이에 위반하여 후견감독인의 동의가 필요한 법률행위를 후견인이 후견감독인의 동의 없이 하였을 때에는 피후견인 또는 후견감독인이 그 행위를 취소할 수 있다(제950조 제3항).[6] 그러나 후견감독인의 동의가 필요한 행위에 대하여 후견감독인이 피후견인의 이익이 침해될 우려가 있음에도 동의를 하지 아니하는 경우에는 가정법원은 후견인의 청구에 의하여 후견감독인의 동의를 갈음하는 허가를 할 수 있다(제950조 제2항).

---

5) 대판 1965.7.6, 65다919, 920.
6) 대판 1993.7.27, 92다52795.

6.2.3.3. 피후견인에 대한 제3자의 권리양수의 제한

후견인이 피후견인에 대한 제3자의 권리를 양수하는 경우에 피후견인은 이를 취소할 수 있다(제951조 제1항). 그러나 후견인이 권리를 양수하는 경우 후견감독인이 있으면 후견인은 후견감독인의 동의를 받아야 한다. 그리고 후견감독인의 동의가 없는 경우에는 피후견인 또는 후견감독인이 이를 취소할 수 있다(제951조 제2항).

6.2.4. 친권의 대행

6.2.4.1. 미성년후견인도 피후견인에 갈음하여 그 자에 대한 친권을 행사한다(제948조 제1항).

6.2.4.2. 이 경우에 미성년후견인의 임무에 관한 규정을 준용한다(제948조 제2항).

6.2.5. 재산관리에 관한 후견인

6.2.5.1. 미성년자의 친권자가 법률행위의 대리권과 재산관리권에 한정하여 친권을 행사할 수 없는 경우에 미성년후견인의 임무는 미성년자의 재산에 관한 행위, 즉 피후견인의 재산관리·재산행위의 대리 및 동의에 한정된다. 자의 인격에 관하여는 친권자가 친권을 행사한다(제946조).

6.2.5.2. 이러한 후견인도 보호·교양권을 행사하는 친권자가 없어지면 당연히 보호·교양권도 취득한다(제913조 참조).

6.2.6. 후견감독인·가정법원의 감독

6.2.6.1. 미성년후견감독인은 언제든지 후견인에게 그의 임무 수행에 관한 보고와 재산목록의 제출을 요구할 수 있고 피후견인의 재산상황을 조사할 수 있다(제953조).

6.2.6.2. 가정법원은 직권으로 또는 피후견인, 후견감독인, 제777조(친족의 범위)에 따른 친족, 그 밖의 이해관계인, 검사, 지방자치단체의 장의 청구에 의하여 피후견인의 재산상황을 조사하고, 후견인에게 재산관리 등 후견임무 수행에 관하여 필요한 처분을 명할 수 있다(제954조, 가사소송법 제2조 제1항 라류사건).

6.2.7. 후견인의 보수

가정법원은 후견인의 청구에 의하여 피후견인의 재산상태 기타 사정을 참작하여 피후견인의 재산 가운데서 상당한 보수를 후견인에게 수여할 수 있다(제955조, 가사소송법 제2조 제1항 라류사건).

6.2.8. 후견사무비용

후견인이 후견사무를 수행하는 데 필요한 비용은 피후견인의 재산 중에서 지

출한다(제955조의2).

7. 후견의 종료

7.1. 미성년자후견이 종료되는 경우

7.1.1. 후견의 종료에는, 후견 그 자체가 종료하는 경우(절대적 종료)와 후견은 종료하지 않지만 현재 후견임무를 수행하는 후견인의 임무가 종료하는 경우(상대적 종료)가 있다.

7.1.2. 절대적으로 종료하는 경우는, 1) 미성년자 보호의 필요성이 없어지는 경우, a) 피후견인의 사망, b) 피후견인이 성년(만 19세)에 달한 경우, c) 혼인하여 성년에 달한 것으로 의제되는 경우이고, 2) 종전의 친권으로 이행하는 경우, a) 친권자에 대한 성년후견, 한정후견 선고의 취소, b) 친권상실선고 또는 대리권, 관리권상실선고의 취소, c) 대리권, 관리권의 사퇴의 회복 등이며, 3) 새로 친권자가 생기는 경우, a) 피후견인이 양자가 되어서 양친의 친권에 따르는 것, b) 부모를 알지 못하여 후견이 개시되었던 피후견인의 모가 판명되거나 부에 의하여 인지된 경우 등이다.

7.1.3. 상대적으로 종료하는 경우는, 후견인의 사망, 사임, 변경, 결격의 사유가 발생하였을 때 등이다.

7.2. 후견종료 후의 후견인의 임무

7.2.1. 관리의 계산

7.2.1.1. 후견종료 후 후견인 또는 그 상속인은 임무가 종료하였을 때로부터 1월 내에 관리의 계산을 하여야 한다. 그러나 정당한 사유가 있는 때에는 가정법원의 허가를 얻어 그 기간을 연장할 수 있다(제957조 제1항, 가사소송법 제2조 제1항 라류사건). 그리고 후견감독인이 있는 경우에는 그가 참여하지 아니하면 효력이 없다(제957조 제2항).

7.2.1.2. 계산의 보고를 누구에게 하여야 할 것인가. 1) 상대적 종료의 경우에

는 후임의 후견인에게, 2) 절대적 종료의 경우 가운데 친권으로 이행하였을 때에는 친권자에게, 피후견인이 성년에 달하였을 때에는 본인에게, 피후견인이 사망한 경우에는 그 상속인에게 각각 보고하여야 한다.

7.2.1.3. 후견인이 피후견인에게 지급할 금액이나 피후견인이 후견인에게 지급할 금액에는 계산종료의 날로부터 이자를 부가하여야 한다(제958조 제1항). 또 후견인이 자기를 위하여 피후견인의 금전을 소비한 때에는, 그 소비한 날로부터 이자를 부가하여 피후견인에게 손해가 있으면 이를 배상하여야 한다(제958조 제2항).

7.2.2. 후견종료와 긴급처리

후견종료의 경우에 급박한 사정이 있는 때에는 후견인, 그 상속인이나 법정대리인은 피후견인, 그 상속인이나 법정대리인이 스스로 그 사무를 처리할 수 있을 때까지 그 사무의 처리를 계속하여야 한다. 이 경우에는 후견이 존속하는 것과 동일한 효력이 있다(제959조에 의하여 제691조의 준용).

7.2.3. 후견종료의 신고

후견종료의 신고는 등록법이 정하는 바에 따라서 후견인이 1월 이내에 이를 하여야 한다(등록법 제83조 본문). 다만 미성년자가 성년에 달하여 후견이 종료되는 경우에는 신고가 필요 없으며, 가족관계등록공무원이 직권으로 후견종료사유를 기록하여야 한다(등록법 제83조 단서).

8. 후견감독기관

8.1. 후견감독기관에는 미성년자후견감독인과 가정법원이 있다.

8.2. 미성년자후견감독인은, 후견인의 사무를 감독하며, 후견인이 없는 경우 지체 없이 가정법원에 후견인의 선임을 청구하여야 한다(제940조의6 제1항). 미성년자후견감독인은 피후견인의 신상이나 재산에 대하여 급박한 사정이 있는 경우 그의 보호를 위하여 필요한 행위 또는 처분을 할 수 있다(동조 제2항). 그리고 미성년자후견인과 피후견인 사이에 이해가 상반되는 행위에 관하여는 미성년자후견감독인이 피후견인을 대리한다(동조 제3항). 후견감독인은 언제든지 후견인에게 그의 임무 수행에 관한 보고와 재산목록의 제출을 요구할 수 있고 피후견인의

재산상황을 조사할 수 있다(제953조).

그 밖에 미성년자후견감독인에 대하여는 제681조(수임인의 선관의무), 제691조(위임종료시의 긴급처리), 제692조(위임종료의 대항요건), 제930조(후견인의 수와 자격) 제2항·제3항, 제936조(성년후견인의 선임) 제3항·제4항, 제937조(후견인의 결격사유), 제939조(후견인의 사임), 제940조(후견인의 변경), 제947조의2(피성년후견인의 신상결정 등) 제3항부터 제5항까지, 제949조의2(성년후견인이 여러 명인 경우 권한의 행사 등), 제955조(후견인에 대한 보수) 및 제955조의2(지출금액의 예정과 사무비용)를 준용한다(제940조의7).

8.3. 가정법원은 직권으로 또는 피후견인, 후견감독인, 제777조에 따른 친족, 그 밖의 이해관계인, 검사, 지방자치단체의 장의 청구에 의하여 피후견인의 재산상황을 조사하고, 후견인에게 재산관리 등 후견임무 수행에 관하여 필요한 처분을 명할 수 있다(제954조).

가정법원의 관여사항은, 1) 선임후견인의 선임(제936조), 2) 후견인의 사임허가(제939조), 3) 후견인의 변경(제940조), 4) 재산목록작성기간의 연장허가(제941조 제1항 단서), 5) 후견임무수행에 관한 필요한 처분명령(제954조), 6) 후견인에 대한 보수 수여(s, 7) 후견사무 종료 시 관리계산기간의 연장허가(제967조 제1항 단서) 등이다.

Ⅲ. 성년후견

개관

성년후견제도에 관한 입법례를 보면, 일원주의와 다원주의로 나누어진다. 일원주의는 후견대상을 구분하여 정하지 아니하고 피후견인이라는 하나의 명칭 아래에 그 보호하여야 할 내용을 피후견인의 필요정도에 따라 보호의 내용과 범위를 법원이 판단하는 것이다. 독일법이 이에 속한다. 다원주의는 후견대상을 여러 유형으로 구분하여 놓고 그 유형에 따른 기준에 의하여 피후견인의 후견의 내용과 범위를 정하는 것이다. 프랑스법, 일본법이 이에 속한다. 우리나라는 다원주의에 따라서 성년으로서 제한능력자인 경우에 피성년후견인, 피한정후견인, 그리고 피특정후견인을 두고, 그 밖에 후견계약에 의한 피임의후견인을 두고 있다. 그러나 요보호성인의 인권 존중이라는 관점에서 자신의 신상에 관한 의사결정은 의사결정능력이 있는 한 스스로 하도록 하여야 함에도(제947조의2) 피성년후견인의 약혼(제802조), 혼인(제808조), 이혼(제835조), 친생부인의 소(제848조), 인지(제856조), 입양(제873조), 협의상 및 재판상 파양(제902조, 제906조)을 할 때에 성년후견인의 동의가 있어야 하는 것으로 하고, 성년후견제도를 이용하지 않는 요보호성인의 인격적 행위는 의사결정능력이 있는 상태에서 하였는가에 따라 유무효가 판단되도록 하였다. 이와 같이 의사결정능력이 있음에도 불구하고 동의를 요하도록 하는 것은 요보호성인의 결정을 열등하게 보는 차별적 관점에서 나온 것이라는 비판이 있다.[7]

우리나라의 성년후견제도는 법정후견과 임의후견으로 나눌 수 있다. 먼저 법정후견에는 질병 등의 사유로 인한 정신적 제약으로 사무를 처리할 능력이 '지속적'으로 결여된 사람에 대한 성년후견, 사무를 처리할 능력이 '부족한' 사람에 대한 한정후견 및 일시적 또는 특정한 사무에 관한 후원이 필요한 사람에 대한 특정후견으로 유형화할 수 있다. 그리고 임의후견에는 후견을 받을 사람 스스로 질병, 노령 기타 사유로 인한 정신적 제약으로 사무를 처리할 능력이 부족한 상황 내지 부족할 상황에 대비하여 자신의 재산관리 및 신상보호에 관한 사무의 전부 또는 일부를 자신이 신뢰할 수 있다고 하는 사람에게 위탁하고 이를 위한 대리권을 수여하는 내용을 정하는 후견계약으로 유형화할 수 있다.

1. 성년후견의 개시

1.1. 성년후견개시의 원인(제9조 제1항)

성년으로서 질병, 장애, 노령, 그 밖의 사유로 인한 '정신적 제약으로 사무를 처리할 능력이 지속적으로 결여된' 것이다. 여기에서 '정신적 제약'의 원인으로

---

7) 제철웅, 전게논문, 308면 이하.

질병, 장애, 노령8)과 같은 신체적인 원인뿐만 아니라 그 밖의 사유에 의한 것도 포함하고 있다. 이는 정신적 제약의 원인을 예시적으로 규정하고 있다 할 것이다.9) 따라서 정신적 능력이 손상된 것뿐만 아니라 신체적 능력이 손상된 것도 그 대상으로 한 것이라 할 것이다. 그러나 요보호자의 잔존능력을 존중하기 위하여 정신적 제약만으로는 성년후견이 개시되지 않고 그로 인하여 사무를 처리할 능력이 지속적으로 결여된 것을 요건으로 하고 있다면서 그 능력을 '기능적'으로 판정하는 태도를 취하고 있다는 견해가 있다.10) 그러므로 '사무를 처리할 능력이 지속적으로 결여된 것'의 판단은 가정법원의 심판에서 전문의의 감정을 거치게 되고, 이를 기초로 판단되어야 한다(가사소송규칙 제33조 참조).

1.2. 성년후견개시의 심판(제9조 제1항, 제2항)

가정법원은 성년후견개시의 원인이 있는 사람에 대하여 본인, 배우자, 4촌 이내의 친족, 미성년후견인, 미성년후견감독인, 한정후견인, 한정후견감독인, 특정후견인, 특정후견감독인, 검사 또는 지방자치단체의 장의 청구가 있으면 성년후견개시의 심판을 한다(제9조 제1항). 가정법원이 성년후견개시심판을 함에 있어서 본인의 의사를 고려하여야 한다(제9조 제2항). 이는 피성년후견인의 재활과 자기결정권을 존중하기 위하여 성년후견개시심판을 함에 있어서 본인의 의사를 고려하도록 한 것이다. 여기에서 성년후견개시심판의 청구권자를 본인, 배우자, 4촌 이내의 친족, 미성년후견인, 미성년후견감독인, 한정후견인, 한정후견감독인, 특정후견인, 특정후견감독인으로 함으로써 미성년후견인과 미성년후견감독인을 포함한 것은 미성년자가 피성년후견인의 요건을 갖추고 있는 상태에서 성년이 된 경우를 대비한 것으로 보아야 할 것이다. 그리고 성년후견개시는 공익적 성질을 갖는 것으로 다른 청구권자가 없거나 청구할 수 없는 때에 검사, 지방자치단체의 장을 청구권자로 한 것이다(제9조 제1항).

---

8) 고령에 의한 정신적 제약에 해당하는 사람은 치매성고령자를 들 수 있다. 田山輝明, 成年後見制度の研究(上), 成文堂, 2001. 72頁.
9) 김형석, "민법개정민법해설", 성년후견제도 도입을 위한 민법개정민법공청회 자료집, 12면.
10) 백승흠, "성년후견제도의 시행과 과제", 민사법이론과실무, 제15권 제1호(2011.12.), 16~17면.

2. 성년후견인의 선임

2.1. 성년후견개시심판이 있는 경우에는 그 심판을 받은 사람의 성년후견인을 두어야 한다(제929조). 성년후견인은 피성년후견인의 신상과 재산에 관한 모든 사정을 고려하여 여러 명을 둘 수 있다(제930조 제2항). 피성년후견인의 신상과 재산에 관한 여러 사정을 고려하여 여러 명의 성년후견인을 둘 수 있도록 하였다. 법인도 성년후견인이 될 수 있다(동조 제3항). 따라서 성년후견인은 자연인뿐만 아니라 사회복지법인 등의 법인도 선임될 수 있다. 그러나 미성년후견의 경우에 미성년자의 원만한 인격형성을 위하여 친권의 행사 등에서 인적인 접촉이 있어야 하므로 법인이 미성년후견인으로 선임되는 것은 허용되어서는 안 된다.[11]

2.2. 성년후견인에는 선임후견인만이 있다.

성년후견인은 가정법원이 직권으로 선임한다. 가정법원은 성년후견인이 사망, 결격, 그 밖의 사유로 없게 된 경우에도 직권으로 또는 피성년후견인, 친족, 이해관계인, 검사, 지방자치단체의 장의 청구에 의하여 성년후견인을 선임한다(제936조 제1항, 제2항, 가사소송법 제2조 제1항 라류사건).

2.3. 후견인의 추가선임

가정법원은 성년후견인이 선임된 경우에도 필요하다고 인정하면 직권으로 선임하거나, 제777조(친족의 범위)에 의한 피후견인의 친족 기타 이해관계인의 청구에 의하거나 성년후견인의 청구에 의하여 추가로 성년후견인을 선임할 수 있다(제936조 제3항).

---

11) 그러나 미성년자가 '질병 기타 사유로 인한 정신적 제약으로 사무를 처리할 능력이 지속적으로 결여'되었다 하더라도, 친권에 따르거나 미성년후견에 따르도록 해야 할 것이고, 추가적인 행위능력제한을 위하여 성년후견을 하는 것은 허용되지 않는다고 할 것이다. 성년후견에 의할 경우 후견인은 미성년자에 대하여 친권을 행사할 수 없는데, 이는 미성년자의 복리에 비추어 받아들일 수 없다(제945조 참조). 따라서 미성년자에 대한 성년후견의 청구는 성년기가 임박한 경우에 한정하여 가능하다고 할 것이다. 김형석, 전게서, 16면 주14)참조.

2.4. 후견인 선임에서 고려사항

가정법원이 성년후견인을 선임할 때에는 피성년후견인의 의사를 존중하여야 한다. 이것은 피성년후견인의 복리를 위하여 성년후견개시의 심판을 함에 있어서 본인의 의사를 존중하도록 한 것이다. 그 밖에 피성년후견인의 건강, 생활관계, 재산상황, 성년후견인이 될 사람의 직업과 경험, 피성년후견인과의 이해관계의 유무(법인이 성년후견인이 될 때에는 사업의 종류와 내용, 법인이나 그 대표자와 피성년후견인 사이의 이해관계의 유무를 말한다) 등의 사정도 고려하여야 한다(제936조 제4항).

2.5. 후견인의 결격, 사퇴, 변경

모두 미성년후견인의 경우와 동일하다(제937조, 제939조, 제940조). 이 경우에 변경사유로서 후견임무에 적당한가의 여부는 주로 요양, 감호 등 피후견인의 복리에 대하여 고려되어야 한다(제940조). 그리고 결격사유로서의 '소송을 하였거나 하고 있는 자'(제937조 제8호)에는 배우자로서 성년후견개시심판을 청구하는 것을 포함하지 않는다(제9조 제1항 참조).

3. 성년후견인의 임무

3.1. 성년후견인은 취임하였을 때와 피후견인이 포괄적 재산을 취득한 경우에 재산의 조사와 그 목록작성 및 채권·채무의 제시의무는 미성년후견의 경우와 동일하다(제941조 내지 제944조).

3.2. 피성년후견인의 복리와 의사존중

후견인은 피후견인의 재산관리와 신상보호를 할 때에 여러 사정을 고려하여 그의 복리에 부합하는 방법으로 사무를 처리하여야 한다. 이 경우 후견인은 피후견인의 복리에 반하지 아니하면 피후견인의 의사를 존중하여야 한다(제947조). 따라서 성년후견제도의 이념인 자기결정의 존중을 위하여 피성년후견인의 희망과 의사를 최대한 파악하여 이를 적극적으로 반영하여야 할 것이다. 성년후견인이 이를 위반하였을 때에 후견인의 변경사유가 될 수 있다(제940조 제1항). 그리고 성년후견인의 임무수행이 피성년후견인의 복리에 부합하지 않는 경우에 가정법원이 재산관리 기타 그 후견임무수행에 관하여 필요한 처분을 함으로써 개입할 수 있게 하였다(제954조).

3.3. 피성년후견인의 신상결정 등

피성년후견인은 자신의 신상에 관하여 그의 상태가 허락하는 범위에서 단독으로 결정한다(제947조의2 제1항). 따라서 신상에 관한 결정(거주이전, 주거, 면접교섭, 의학적 치료 등)에 있어서 자기결정을 우선하였다. 그러므로 성년후견인은 피성년후견인의 의사를 파악함에 노력하여야 하고, 이렇게 파악된 희망이나 의사는 신상에 관한 결정에서 언제나 우선되어야 한다.

후견인이 피후견인을 치료 등의 목적으로 정신병원이나 그 밖의 다른 장소에 격리하려는 경우에는 가정법원의 허가를 받아야 한다(동조 제2항). 이는 피후견인을 격리 수용하는 경우에 가정법원의 사전허가를 받도록 한 것이다. 피후견인의 신체를 침해하는 의료행위에 대하여 피후견인이 동의할 수 없는 경우에는 후견인이 그를 대신하여 동의할 수 있다(동조 제3항). 따라서 피성년후견인이 스스로 신상에 관한 결정을 할 수 없는 상태에 있는 경우에 그에 갈음하여 성년후견인이 보충적으로 결정을 할 수 있도록 권한을 부여하는 절차를 두었다. 이 경우에 피후견인이 의료행위의 직접적인 결과로 사망하거나 상당한 장애를 입을 위험이 있을 때에는 가정법원의 허가를 받아야 한다(동조 제4항 본문). 이와 같은 의료적 침습에 관하여 피성년후견인이 1차적으로 동의권을 갖는다. 피성년후견인이 동의할 수 없는 상태인 경우에는 가정법원으로부터 권한을 부여받은 성년후견인이 보충적으로 동의할 수 있다는 원칙을 규정한 것이다. 그러나 허가절차로 인하여 의료행위가 지체되어 피후견인의 생명에 위험을 초래하거나 심신상의 중대한 장애를 초래할 때에는 사후에 허가를 청구할 수 있다(동조 제4항 단서). 이와 같이 긴급한 경우에는 사후에 허가를 청구할 수 있는 예외를 인정하였다. 주의할 것은 가정법원의 허가사항인 의료행위는 피성년후견인의 생명이나 건강에 발생할 수 있는 더 큰 위험을 피하기 위하여 생명이나 건강에 어느 정도의 위험성이 있는 의료행위가 불가피한 경우를 말하는 것이다. 그렇지 않은 특수하고 극단적인 의료행위(예컨대 연명치료의 중단, 장기이식수술 등)는 이에 포함되지 않는다 할 것이다.

3.4. 인격행위의 대리권과 동의권

3.4.1. 대리권을 가지는 경우

후견인은 피후견인에 대하여, 1) 혼인의 취소(제817조), 2) 인지청구의 소(제863조), 3) 입양의 취소(제887조), 4) 상속의 승인·포기(제1019조, 제1020조), 5) 그 밖에 가사소송법에 의하여 친권자의 경우와 마찬가지로 법정대리인으로서 인격관계의 소를 제기할 수 있다(가사소송법 제23조, 제28조, 제31조).

3.4.2. 동의권이 있는 경우

후견인은 피후견인에 대하여, 1) 약혼(제802조), 2) 혼인(제808조 제3항), 3) 협의이혼(제835조 제2항), 4) 인지(제856조), 5) 입양(제873조), 6) 파양(제902조) 등에 대하여 동의를 할 수 있다.

3.5. 재산관리권과 대리권

성년후견인도 미성년자후견인과 동일하다(제949조 내지 제952조, 제956조). 그러나 후견인이 피후견인을 대리하여 피후견인이 거주하고 있는 건물 또는 그 대지에 대하여 매도, 임대, 전세권 설정, 저당권 설정, 임대차의 해지, 전세권의 소멸, 그 밖에 이에 준하는 행위를 하는 경우에는 가정법원의 허가를 받아야 한다(제947조의2 제5항). 성년후견인은 법정대리인이지만 그 법정대리권의 범위를 가정법원이 탄력적으로 조절할 수 있도록 규정하였다(제938조 제2항 제3항 제4항).

3.6. 피성년후견인의 법률행위의 취소(제10조)

3.6.1. 후견인은 피후견인의 법률행위는 취소할 수 있다. 그러나 일용품의 구입 등 일상생활에 필요하고 그 대가가 과도하지 아니한 법률행위는 성년후견인이 취소할 수 없다.

3.6.2. 가정법원은 취소할 수 없는 피후견인의 법률행위의 범위를 정할 수 있다.

3.6.3. 가정법원은 본인, 배우자, 4촌 이내의 친족, 성년후견인, 성년후견감독인, 검사 또는 지방자치단체의 장의 청구에 의하여 제2항의 범위를 변경할 수 있다.

3.7. 성년후견인이 여러 명인 경우 권한의 행사 등

가정법원은 직권으로 여러 명의 후견인이 공동으로 또는 사무를 분장하여 그 권한을 행사하도록 정할 수 있다(제949조의2 제1항). 그러나 이에 대하여 가정법원은 직권으로 그 결정을 변경하거나 취소할 수 있다(동조 제2항).

또한 여러 명의 후견인이 공동으로 권한을 행사하여야 하는 경우에 어느 후견인이 피후견인의 이익이 침해될 우려가 있음에도 법률행위의 대리 등 필요한 권한행사에 협력하지 아니할 때에는 가정법원은 피후견인, 후견인, 후견감독인 또는 이해관계인의 청구에 의하여 그 후견인의 의사표시를 갈음하는 재판을 할 수 있다(동조 제3항).

3.8. 피후견인에 대한 이해상반행위

후견인에 대하여는 제921조를 준용한다. 그러나 후견감독인이 있는 경우에는 그러하지 아니하다(제949조의3). 즉 이해상반행위의 경우에 후견감독인이 있는 경우를 제외하고 제921조를 준용하여 특별대리인을 선임하여야 한다.

3.9. 성년후견인의 보수청구권도 미성년자후견인과 동일하다(제955조).

4. 성년후견의 종료

4.1. 가정법원은 성년후견개시의 원인이 소멸된 경우에 본인, 배우자, 4촌 이내의 친족, 성년후견인, 성년후견감독인, 검사 또는 지방자치단체의 장의 청구에 의하여 성년후견종료의 심판을 한다(제11조). 이로써 성년후견은 종료된다.

4.2. 절대적 종료로서, 성년후견개시심판의 취소, 피성년후견인의 사망 등이 있

다. 상대적 종료로서 후견인의 사임, 변경, 결격사유의 발생, 사망 등이다.

4.3. 종료 후의 성년후견인의 임무도 미성년후견인과 동일하다(제957조, 제959조).

5. 성년후견인의 감독기관

5.1. 성년후견에 대한 감독기관은, 미성년자후견인의 경우와 동일하게, 성년후견감독인과 가정법원이다.

5.2. 성년후견감독인은, 가정법원은 필요하다고 인정하면 직권으로 또는 피성년후견인, 친족, 성년후견인, 검사, 지방자치단체의 장의 청구에 의하여 선임할 수 있다(제940조의4 제1항). 이 성년후견감독인은 임의기관이다. 임의기관으로 한 이유는, 1) 후견감독인의 보수 지급을 위하여 비용을 부담하여야 하는 문제가 있고(제940조의7, 제955조), 2) 성년후견인 등을 양성하는 법인이 활성화되면 성년후견업무의 수행에 관한 전문적 지식과 윤리성을 갖춘 성년후견인이 많이 배출되고, 3) 가정법원이 직접 감독할 경우가 많이 감소하게 될 것이기 때문이다. 따라서 가정법원은 성년후견인을 선임할 때에 감독이 필요한지를 판단하여 결정하도록 하였다. 그리하여 가정법원은 성년후견감독인이 사망, 결격, 그 밖의 사유로 없게 된 경우에는 직권으로 또는 피성년후견인, 친족, 성년후견인, 검사, 지방자치단체의 장의 청구에 의하여 성년후견감독인을 선임한다(동조 제2항)고 규정하였다.

Ⅳ. 한정후견·특정후견

1. 한정후견

1.1. 한정후견의 개시

1.1.1. 한정후견개시의 원인
한정후견개시의 원인은, 질병, 장애, 노령, 그 밖의 사유로 인한 정신적 제약으로 사무를 처리할 능력이 부족한 것이다(제12조 제1항). 이는 신체적 손상 등을 원인으로 하여 정신적 제약이 있어서 '사무를 처리할 능력이 부족한' 경우로서, 성년후견개시의 원인보다 그 정도가 낮은 것이라 할 것이다.

1.1.2. 한정후견개시의 심판

가정법원은 한정후견개시의 원인이 있는 사람에 대하여 본인, 배우자, 4촌 이내의 친족, 미성년후견인, 미성년후견감독인, 성년후견인, 성년후견감독인, 특정후견인, 특정후견감독인, 검사 또는 지방자치단체의 장의 청구에 의하여 한정후견개시의 심판을 한다(제12조 제1항). 가정법원은 한정후견개시심판을 할 때에 본인의 의사를 고려하여야 한다(제12조 제2항).

1.2. 한정후견인의 선임 등과 한정후견인감독인

1.2.1. 한정후견인의 선임

가정법원의 한정후견개시의 심판이 있는 경우에는 그 심판을 받은 사람의 한정후견인을 두어야 한다(제959조의2). 한정후견인은 가정법원이 직권으로 선임한다(제959조의3 제1항).

한정후견인에 대하여는 제930조(후견인의 수와 자격) 제2항·제3항, 제936조(성년후견인의 선임) 제2항부터 제4항까지, 제937조(후견인의 결격사유), 제939조(후견인의 사임), 제940조(후견인의 변경) 및 제949조의3(이해상반행위)을 준용한다(제959조의3 제2항).

1.2.2. 한정후견인감독인

가정법원은 필요하다고 인정하면 직권으로 또는 피한정후견인, 친족, 한정후견인, 검사, 지방자치단체의 장의 청구에 의하여 한정후견감독인을 선임할 수 있다(제959조의5 제1항).

한정후견감독인에 대하여는 제681조(수임인의 선관의무), 제691조(위임종료시의 긴급처리), 제692조(위임종료의 대항요건), 제930조(후견인의 수와 자격) 제2항·제3항, 제936조(성년후견인의 선임) 제3항·제4항, 제937조(후견인의 결격사유), 제939조(후견인의 사임), 제940조(후견인의 변경), 제940조의3(미성년후견감독인의 선임)제2항, 제940조의5(후견감독인의 결격사유), 제940조의6(후견감독인의 직무), 제947조의

2(피성년후견인의 신상결정 등) 제3항부터 제5항까지, 제949조의2(성년후견인이 여러 명인 경우 권한의 행사 등), 제955조(후견인에 대한 보수) 및 제955조의2(지출금액의 예정과 사무비용)를 준용한다. 이 경우 제940조의6 제3항 중 "피후견인을 대리한다"는 "피한정후견인을 대리하거나 피한정후견인이 그 행위를 하는 데 동의한다"로 본다(제959조의5 제2항).

1.3. 피한정후견인의 행위와 동의, 대리권 등과 후견사무

1.3.1. 피한정후견인의 행위와 동의

1.3.1.1. 가정법원은 피후견인이 후견인의 동의를 받아야 하는 행위의 범위를 정할 수 있다. 그리고 한정후견인의 동의를 받아야만 할 수 있는 행위의 범위를 본인, 배우자, 4촌 이내의 친족, 한정후견인, 한정후견감독인, 검사 또는 지방자치단체의 장의 청구에 의하여 변경할 수 있다(제13조 제1항, 제2항).

1.3.1.2. 가정법원은 한정후견인의 동의를 필요로 하는 행위에 대하여 한정후견인이 피한정후견인의 이익이 침해될 염려가 있음에도 그 동의를 하지 아니하는 때에는 피한정후견인의 청구에 의하여 한정후견인의 동의를 갈음하는 허가를 할 수 있다(동조 제3항).

1.3.1.3. 한정후견인의 동의가 필요한 법률행위를 피한정후견인이 한정후견인의 동의 없이 하였을 때에는 그 법률행위를 취소할 수 있다. 다만, 일용품의 구입 등 일상생활에 필요하고 그 대가가 과도하지 아니한 법률행위에 대하여는 그러하지 아니하다(동조 제4항).

1.3.2. 한정후견인의 대리권 등

가정법원은 한정후견인에게 대리권을 수여하는 심판을 할 수 있다(제959조의4 제1항). 한정후견인의 대리권 등에 관하여는 제938조 제3항 및 제4항을 준용한다(동조 제2항).

1.3.3. 한정후견사무

한정후견의 사무에 관하여는 제681조(수임인의 선관의무), 제920조(자의 재산에 관한 친권자의 대리권) 단서, 제947조(피성년후견인의 복리와 의사존중), 제947조의2(피성년후견인의 신상결정 등), 제949조(재산관리권과 대리권), 제949조의2(성년후견인이 여러 명인 경우 권한의 행사 등), 제949조의3(이해상반행위), 제950조(후견감독인의 동의를 필요로 하는 행위)부터 제955조(후견인에 대한 보수)까지 및 제955조의2(지출금액의 예정과 사무비용)를 준용한다(제959조의6). 따라서 1) 피한정후견인의 복리와 의사존중은 피성년후견인의 경우와 같다. 2) 한정후견인의 재산관리는 한정후견인이 할 수 있는 직무의 범위를 가정법원이 정하도록 하고, 그 직무의 범위 내에서는 포괄적 대리권이 주어지도록 규정하였다. 한정후견인의 법정대리권의 행사 및 제한에 관하여 성년후견인의 법정대리권과 동일하다. 3) 신상의 보호에 대하여 성년후견의 내용이 준용된다.

1.4. 한정후견인의 임무의 종료 등

1.4.1. 가정법원은, 한정후견개시의 원인이 소멸된 경우에 본인, 배우자, 4촌 이내의 친족, 한정후견인, 한정후견감독인, 검사 또는 지방자치단체의 장의 청구에 의하여 한정후견종료의 심판을 한다(제14조).

1.4.2. 한정후견인의 임무가 종료한 경우에 관하여는 제691조(위임종료시의 긴급처리), 제692조(위임종료의 대항요건), 제957조(후견사무의 종료와 관리의 계산) 및 제958조(이자의 부가와 금전소비에 대한 책임)를 준용한다(제959조의7).

2. 특정후견

2.1. 특정후견인의 선임 등

2.1.1. 특정후견에 따른 보호조치

가정법원은 피특정후견인의 후원을 위하여 필요한 처분을 명할 수 있다(제959조의8). 즉 질병, 장애, 노령 기타 사유로 인한 정신적 제약으로 일시적 또는 특정한 사무에 관한 후원이 필요한 사람에 대하여 일정한 자의 청구에 따라 특정후견인을 선임하여 후원을 받는 보호제도이다.

2.1.2. 특정후견인의 선임

가정법원은 질병, 장애, 노령 그 밖의 사유로 인한 정신적 제약으로 일시적 후원[12] 또는 특정한 사무에 관한 후원이 필요한 사람에 대하여 특정후견을 심판을 할 수 있다. 이 경우에 본인, 배우자, 4촌 이내의 친족, 미성년후견인, 미성년후견감독인, 검사 또는 지방자치단체의 장의 청구가 있어야 한다(제14조의2 제1항). 가정법원이 특정후견의 심판을 할 때에 본인의 의사에 반하여 할 수 없다(동조 제2항). 또한 특정후견의 심판을 하는 경우에는 특정후견의 기간 또는 사무의 범위를 정하여야 한다(동조 제3항).

가정법원은 제959조의8(특정후견에 따른 보호조치)에 따른 처분으로 피특정후견인을 후원하거나 대리하기 위한 특정후견인을 선임할 수 있다(제959조의9 제1항).

특정후견개시심판은 본인의 심신상태에 대하여 감정 등이 있어야 하지만(가사소송규칙 제33조 참조), 본인의 의사를 존중하여 이뤄져야 하는 특정적 보호제도이다. 따라서 본인의 의사에 반하여서는 안 된다. 그러나 긴박한 경우에는 가정법원이 가사소송법의 사전처분 등을 활용하여 대처할 수 있을 것이다(가사소송법 제62조 참조).

2.1.3. 특정후견인의 수와 자격 등에 대한 준용

특정후견인에 대하여는 제930조(후견인의 수와 자격) 제2항·제3항, 제936조(성년후견인의 선임) 제2항부터 제4항까지, 제937조(후견인의 결격사유), 제939조(후견인의 사임) 및 제940조(후견인의 변경)를 준용한다(제959조의9 제2항).

2.2. 특정후견감독인

2.2.1. 특정후견감독인의 선임

가정법원은 필요하다고 인정하면 직권으로 또는 피특정후견인, 친족, 특정후견인, 검사, 지방자치단체의 장의 청구에 의하여 특정후견감독인을 선임할 수 있다(제959조의10 제1항).

2.2.2. 특정감독인의 임무 등에 대한 준용

특정후견감독인에 대하여는 제681조(수임인의 선관의무), 제691조(위임종료시의 긴급처리), 제692조(위임종료의 대항요건), 제930조(후견인의 수와 자격) 제2항·제3항,

---

12) 성년후견제도를 도입하면서 성년후견으로서 성년후견, 한정후견 및 후원으로 3가지를 제시하였던 것을 개정법률에서 '후원'을 '특정후견'으로 바꾸고, 피특정후견인을 '후원'한다는 것으로 하였다. 성년후견제도연구회, 성년후견제도연구, 사법연구지원재단, 2007, 449면 이하.

제936조(성년후견인의 선임) 제3항·제4항, 제937조(후견인의 결격사유), 제939조(후견인의 사임), 제940조(후견인의 변경), 제940조의5(후견감독인의 결격사유), 제940조의6(후견감독인의 직무), 제949조의2(성년후견인이 여러 명인 경우 권한의 행사 등), 제955조(후견인에 대한 보수) 및 제955조의2(지출금액의 예정과 사무비용)를 준용한다(제959조의10 제2항).

2.3. 특정후견인의 대리권과 특정후견사무

2.3.1. 특정후견인의 대리권

피특정후견인의 후원을 위하여 필요하다고 인정하면 가정법원은 기간이나 범위를 정하여 특정후견인에게 대리권을 수여하는 심판을 할 수 있다(제959조의11 제1항). 이 경우 가정법원은 특정후견인의 대리권 행사에 가정법원이나 특정후견감독인의 동의를 받도록 명할 수 있다(동조 제2항).

2.3.2. 특정후견사무

특정후견의 사무에 관하여는 제681조(수임인의 선관의무), 제920조(자의 재산에 관한 친권자의 대리권) 단서, 제947조(피성년후견인의 복리와 의사존중), 제949조의2(성년후견인이 여러 명인 경우 권한의 행사 등), 제953조(후견감독인의 후견사무의 감독)부터 제955조(후견인에 대한 보수)까지 및 제955조의2(지출금액의 예정과 사무비용)를 준용한다(제959조의12).

가정법원은 피특정후견인의 후원을 위하여 필요한 처분을 명할 수 있다(제959조의9). 이 처분은 특정후견에 따른 피특정후견인의 재산관리에 관한 것일 수도 있고 신상보호에 관한 것일 수도 있다. 그러나 이 처분이 의사표시에 갈음하는 재판이 될 수 없다는 것이다. 왜냐하면 의사표시에 갈음하는 재판은 의사표시의 의무가 있는 채무자에 대한 이행판결로서 인정된다(제389조 제2항 단서, 민사집행법 제263조). 그러나 비송절차에서 법원의 처분에 그러한 효력을 인정하는 예가 없기 때문이다. 그러므로 특정후견의 사무처리를 위하여 의사표시가 필요한 경우에는 가정법원은 의사표시에 갈음하여 필요한 처분을 명할 수 없고, 의사표시를 할 특정후견인을 선임하여 사무를 처리하도록 하여야 할 것이다.

2.4. 특정후견인의 임무의 종료 등

특정후견인의 임무가 종료한 경우에 관하여는 제691조(위임종료 시의 긴급처리), 제692조(위임종료의 대항요건), 제957조(후견사무종료와 관리의 계산) 및 제958조(이자의 부가와 금전소비에 대한 책임)를 준용한다(제959조의13).

V. 후견계약: 임의후견

1. 후견계약의 체결

1.1. 후견계약의 의의

후견계약은 질병, 장애, 노령, 그 밖의 사유로 인한 정신적 제약으로 사무를 처리할 능력이 부족한 상황에 있거나 부족하게 될 상황에 대비하여 자신의 재산관리 및 신상보호에 관한 사무의 전부 또는 일부를 다른 자에게 위탁하고 그 위탁사무에 관하여 대리권을 수여하는 것을 내용으로 하는 계약이다(제959조의14 제1항). 이 후견계약에 의하여 선임된 임의후견인은 다른 후견인과 달리 당사자의 약정에 의한 후견인이다.[13] 이는 본인이 정신능력이 존재하는 중에 후견계약을 통하여 1인 또는 다수의 임의후견인을 선임하여 두고 자신의 정신능력이 감퇴하거나 상실된 뒤에 자신의 후견사무를 처리하게 할 수 있도록 하는 제도이다.

1.2. 후견계약의 체결과 효력발생 등

후견계약은 공정증서로 체결하여야 한다(제959조의13 제2항). 후견계약은 가정법원이 임의후견감독인을 선임한 때부터 효력이 발생한다(동조 제3항). 가정법원, 임의후견인, 임의후견감독인 등은 후견계약을 이행·운영할 때 본인의 의사를

---

13) 그러므로 임의후견인은 평소에 피임의후견인과의 신뢰관계가 두텁고 양식이 있는 사람으로서 법률지식이 풍부하거나 의료전문가이거나 복지요양전문가 또는 그의 친족 등이 될 것으로 보아야 한다.

최대한 존중하여야 한다(동조 제4항).

2. 임의후견인의 임무

2.1. 임의후견의 내용

임의후견의 내용은 임의후견계약에 따라 당사자들이 정한다. 따라서 재산관리와 신상보호를 각각 또는 동시에 후견계약의 내용으로 할 수 있다. 따라서 본인은 신상보호의 범위를 정하여 스스로 자신의 신상결정에 관하여 중요한 결정을 할 수 없을 때에 임의후견인이 자신을 갈음하여 결정할 수 있다는 취지의 대리권을 수여할 수 있다. 이와 같은 수권행위는 의료행위와 관련하여 매우 중요한 의미를 갖는다.

2.2. 임의후견인의 의무

임의후견인은 위임계약에서의 선량한 관리자의 주의의무를 부담하고(제681조), 임의후견인은 본인의 의사를 최대한 존중하여야 한다(제959조의14 제2항).

3. 임의후견감독인

3.1. 임의후견감독인의 선임

가정법원은 후견계약이 등기되어 있고, 본인이 사무를 처리할 능력이 부족한 상황에 있다고 인정할 때에는 본인, 배우자, 4촌 이내의 친족, 임의후견인, 검사 또는 지방자치단체의 장의 청구에 의하여 임의후견감독인을 선임한다(제959조의15 제1항). 이 경우 본인이 아닌 자의 청구에 의하여 가정법원이 임의후견감독인을 선임할 때에는 미리 본인의 동의를 받아야 한다. 다만, 본인이 의사를 표시할 수 없는 때에는 그러하지 아니하다(동조 제2항). 한편 가정법원은 임의후견감독인이 없게 된 경우에는 직권으로 또는 본인, 친족, 임의후견인, 검사 또는 지방자치단체의 장의 청구에 의하여 임의후견감독인을 선임한다(동조 제3항). 그리고 가정법원은 임의후견임감독인이 선임된 경우에도 필요하다고 인정하면 직권으로 또는 본인, 친족, 임의후견인, 검사, 지방자치단체의 장 등 청구권자의 청구에 의하여 임의후견감독인을 추가로 선임할 수 있다(동조 제4항). 임의후견감독인에 대하여는 제940조의5를 준용한다(동조 제5항).

3.2. 임의후견감독인의 임무 등

임의후견감독인은 임의후견인의 사무를 감독하며 그 사무에 관하여 가정법원에 정기적으로 보고하여야 한다(제959조의16 제1항). 가정법원은 필요하다고 인정하면 임의후견감독인에게 감독사무에 관한 보고를 요구할 수 있고 임의후견인의 사무 또는 본인의 재산상황에 대한 조사를 명하거나 그 밖에 임의후견감독인의 직무에 관하여 필요한 처분을 명할 수 있다(동조 제2항). 임의후견감독인에 대하여는 제940조의6제2항·제3항, 제940조의7 및 제953조를 준용한다(동조 제3항).

4. 임의후견개시의 제한 등

4.1. 임의후견인의 결격사유

임의후견인이 제937조의 각 호, 즉 후견인의 결격사유(① 미성년자, ② 피성년후견인, 피한정후견인, 피특정후견인, 피임의후견인, ③ 회생절차개시결정 또는 파산선고를 받은 자, ④ 자격정지 이상의 형의 선고를 받고 그 형기(刑期) 중에 있는 사람, ⑤ 법원에서 해임된 법정대리인, ⑥ 법원에서 해임된 성년후견인, 한정후견인, 특정후견인, 임의후견인과 그 감독인, ⑦ 행방이 불분명한 사람, ⑧ 피후견인을 상대로 소송을 하였거나 하고 있는 자 또는 그 배우자와 직계혈족)에 해당하는 자 또는 그 밖에 현저한 비행을 하거나 후견계약에서 정한 임무에 적합하지 아니한 사유가 있는 자인 경우에는 가정법원은 임의후견감독인을 선임하지 아니한다(제959조의17 제1항). 따라서 후견계약의 효력이 발생하지 않는다.

4.2. 임의후견인의 해임

임의후견인의 해임임의후견감독인을 선임한 이후 임의후견인이 현저한 비행을 하거나 그 밖에 그 임무에 적합하지 아니한 사유가 있게 된 경우에는 가정법원은 임의후견감독인, 본인, 친족, 검사 또는 지방자치단체의 장의 청구에 의하여 임의후견인을 해임할 수 있다(제959조의17 제2항). 이와 같이 임의후견인이 해임된 경우에도 후견계약은 그 효력을 잃게 되어 임의후견개시가 종료된다.

5. 후견계약의 종료

5.1. 후견계약의 종료 등

임의후견감독인의 선임 전에는 본인 또는 임의후견인은 언제든지 공증인의 인증을 받은 서면으로 후견계약의 의사표시를 철회할 수 있다(제959조의19 제1항). 임의후견감독인의 선임 이후에는 본인 또는 임의후견인은 정당한 사유가 있는 때에만 가정법원의 허가를 받아 후견계약을 종료할 수 있다(동조 제2항).

5.2. 임의후견인의 대리권 소멸과 제3자와의 관계

임의후견인의 대리권 소멸은 등기하지 아니하면 선의의 제3자에게 대항할 수 없다(제959조의19).

6. 후견계약과 법정후견과의 관계

후견계약이 등기되어 있는 경우에는 가정법원은 본인의 이익을 위하여 특별히 필요할 때에만 임의후견인 또는 임의후견감독인의 청구에 의하여 성년후견, 한정후견 또는 특정후견의 심판을 할 수 있다. 이 경우 후견계약은 본인이 성년후견 또는 한정후견 개시의 심판을 받은 때에 종료된다(제959조의20 제1항). 본인이 피성년후견인, 피한정후견인 또는 피특정후견인인 경우에 가정법원은 임의후견감독인을 선임함에 있어서 종전의 성년후견, 한정후견 또는 특정후견의 종료 심판을 하여야 한다. 그러나 성년후견 또는 한정후견 조치의 계속이 본인의 이익을 위하여 특별히 필요하다고 인정하면 가정법원은 임의후견감독인을 선임하지 아니한다(동조 제2항).

임의후견이 법정후견에 우선하는 것으로 하였다. 이는 자기결정을 존중하고, 본인의 이해관계에 보다 적절한 보호수단이 될 것이라는 점에서 그러한 것이다. 그러나 본인의 복리에서 임의후견에 의한 보호 보다 법정후견에 의한 보호가 더 효과적인 경우가 있다. 따라서 민법은 법정후견을 개시하도록 하거나 이미 개시한 법정후견을 유지하도록 하였다. 또한 피성년후견인, 피한정후견인, 피특정후견인이 후견계약의 본인인 경우에 본인의 이익을 위하여 특별히 필요하다고 인정될 때에는 임의후견감독인을 선임하지 않도록 하였다.

제16강

친족관계: 부양

[참조조문]

제767조(친족의 정의) 배우자, 혈족 및 인척을 친족으로 한다.

제768조(혈족의 정의) 자기의 직계존속과 직계비속을 직계혈족이라 하고 자기의 형제자매와 형제자매의 직계비속, 직계존속의 형제자매 및 그 형제자매의 직계비속을 방계혈족이라 한다. <개정 1990.1.13>

제769조(인척의 계원) 혈족의 배우자, 배우자의 혈족, 배우자의 혈족의 배우자를 인척으로 한다. <개정 1990.1.13>

제770조(혈족의 촌수의 계산) ① 직계혈족은 자기로부터 직계존속에 이르고 자기로부터 직계비속에 이르러 그 세수를 정한다.

② 방계혈족은 자기로부터 동원의 직계존속에 이르는 세수와 그 동원의 직계존속으로부터 그 직계비속에 이르는 세수를 통산하여 그 촌수를 정한다.

제771조(인척의 촌수의 계산) 인척은 배우자의 혈족에 대하여는 배우자의 그 혈족에 대한 촌수에 따르고, 혈족의 배우자에 대하여는 그 혈족에 대한 촌수에 따른다.

제772조(양자와의 친계와 촌수) ① 양자와 양부모 및 그 혈족, 인척 사이의 친계와 촌수는 입양한 때로부터 혼인중의 출생자와 동일한 것으로 본다.

② 양자의 배우자, 직계비속과 그 배우자는 전항의 양자의 친계를 기준으로 하여 촌수를 정한다.

제773조 삭제 <1990.1.13>

제774조 삭제 <1990.1.13>

제775조(인척관계 등의 소멸) ① 인척관계는 혼인의 취소 또는 이혼으로 인하여 종료한다. <개정 1990.1.13>

② 부부의 일방이 사망한 경우 생존배우자가 재혼한 때에도 제1항과 같다. <개정 1990.1.13>

제776조(입양으로 인한 친족관계의 소멸) 입양으로 인한 친족관계는 입양의 취소 또는 파양으로 인하여 종료한다.

제777조(친족의 범위) 친족관계로 인한 법률상 효력은 이 법 또는 다른 법률에 특별한 규정이 없는 한 다음 각 호에 해당하는 자에 미친다.

1. 8촌 이내의 혈족
2. 4촌 이내의 인척
3. 배우자

제778조 삭제 <2005.3.31>

제779조(가족의 범위) ① 다음의 자는 가족으로 한다.

1. 배우자, 직계혈족 및 형제자매
2. 직계혈족의 배우자, 배우자의 직계혈족 및 배우자의 형제자매

② 제1항 제2호의 경우에는 생계를 같이 하는 경우에 한한다.

제780조 삭제 <2005.3.31>

제781조(자의 성과 본) ① 자는 부의 성과 본을 따른다. 다만, 부모가 혼인신고 시 모의 성과 본을 따르기로 협의한 경우에는 모의 성과 본을 따른다.

② 부가 외국인인 경우에는 자는 모의 성과 본을 따를 수 있다.

③ 부를 알 수 없는 자는 모의 성과 본을 따른다.

④ 부모를 알 수 없는 자는 법원의 허가를 받아 성과 본을 창설한다. 다만, 성과 본을 창설한 후 부 또는 모를 알게 된 때에는 부 또는 모의 성과 본을 따를 수 있다.

⑤ 혼인외의 출생자가 인지된 경우 자는 부모의 협의에 따라 종전의 성과 본을 계속 사용할 수 있다. 다만, 부모가 협의할 수 없거나 협의가 이루어지지 아니한 경우에는 자

는 법원의 허가를 받아 종전의 성과 본을 계속 사용할 수 있다.

⑥ 자의 복리를 위하여 자의 성과 본을 변경할 필요가 있을 때에는 부, 모 또는 자의 청구에 의하여 법원의 허가를 받아 이를 변경할 수 있다. 다만, 자가 미성년자이고 법정대리인이 청구할 수 없는 경우에는 제777조의 규정에 따른 친족 또는 검사가 청구할 수 있다.

제782조~제799조 삭제 <2005.3.31>

제974조(부양의무) 다음 각 호의 친족은 서로 부양의 의무가 있다.

1. 직계혈족 및 그 배우자 간
2. 삭제 <1990.1.13>
3. 기타 친족 간(생계를 같이하는 경우에 한한다.)

제975조(부양의무와 생활능력) 부양의 의무는 부양을 받을 자가 자기의 자력 또는 근로에 의하여 생활을 유지할 수 없는 경우에 한하여 이를 이행할 책임이 있다.

제976조(부양의 순위) ① 부양의 의무 있는 자가 수인인 경우에 부양을 할 자의 순위에 관하여 당사자 간에 협정이 없는 때에는 법원은 당사자의 청구에 의하여 이를 정한다. 부양을 받을 권리자가 수인인 경우에 부양의무자의 자력이 그 전원을 부양할 수 없는 때에도 같다.

② 전항의 경우에 법원은 수인의 부양의무자 또는 권리자를 선정할 수 있다.

제977조(부양의 정도, 방법) 부양의 정도 또는 방법에 관하여 당사자 간에 협정이 없는 때에는 법원은 당사자의 청구에 의하여 부양을 받을 자의 생활정도와 부양의무자의 자력 기타 제반사정을 참작하여 이를 정한다.

제978조(부양관계의 변경 또는 취소) 부양을 할 자 또는 부양을 받을 자의 순위, 부양의 정도 또는 방법에 관한 당사자의 협정이나 법원의 판결이 있은 후 이에 관한 사정변경이 있는 때에는 법원은 당사자의 청구에 의하여 그 협정이나 판결을 취소 또는 변경할 수 있다.

제979조(부양청구권처분의 금지) 부양을 받을 권리는 이를 처분하지 못한다.

Ⅰ. 친족관계 일반

1. 친족의 종별

1.1. 혈족

1.1.1. 자연혈족과 법정혈족

1.1.1.1. 자연혈족

혈연관계로 연결되어 있는 사람들을 자연혈족이라고 한다. 부모와 자녀, 형제자매, 조손관계 등이 그 대표적인 예이다. 8촌 이내의 혈족은 법률상 친족이 된다(제777조 제1항, 제2항). 자연혈족관계는 원칙적으로 출생에 의하여 발생한다. 다만 혼인외의 출생자는 모와의 관계는 출생에 의하여 당연히 혈족관계가 발생하지만, 부와의 관계에서는 인지에 의하여 출생 시에 소급하여 혈족관계가 발생한다(제855조, 제860조). 자연혈족관계는 당사자 사이에 그 가운데 일방의 사망에 의하여 소멸한다. 다만 생존자와의 혈족관계는 영향을 받지 않는다.

1.1.1.2. 법정혈족

1.1.1.2.1. 의의: 법률에 의하여 자연혈족과 같은 관계가 인정되는 사람을 법정혈족이라고 한다. 법정혈족관계는 입양에 의하여 발생한다.[1]

1.1.1.2.2. 양친족관계: 양친족관계라 함은 양친 및 그 혈족과 양자 및 그 직계비속과의 관계이다. 이러한 양친족관계는 입양의 성립에 의하여 발생한다(제878조). 그리고 양자는 양친 측과 친족관계가 발생하더라도 친생부모 측과의 친족관계는 소멸하지 않는다. 다만 친양자의 경우에는 이와 달리 친양자가 된 자와 친생부모와의 친족관계는 종료하는 것이 원칙이다(제908조의3 제2항). 양친족관계도 자연혈족관계와 마찬가지로 양친자 일방의 사망으로 종료한다.

1.1.2. 직계혈족과 방계혈족

1.1.2.1. 직계혈족

직계혈족이라 함은 혈연이 친자관계, 조손관계 등에 의하여 수직으로 연결되는 혈족으로서 직계존속과 직계비속으로 나누어진다. 직계존속이라 함은 자기의 부모를 비롯하여 부모보다 항렬이 높은 직계혈족을 말한다. 직계비속이라 함은 자기의 자녀를 비롯하여 자녀보다 항렬이 낮은 직계혈족을 말한다.

1.1.2.2. 방계혈족

방계혈족이라 함은 공동시조에서 갈라져 나간 혈족을 말한다. 예컨대 형제자매, 조카, 삼촌, 이모, 고모, 사촌 형제자매 등이다.

1.2. 배우자

1.2.1. 혼인에 의하여 남녀는 서로 배우자가 된다. 배우자는 친족의 범위에 속한다.[2]

---

[1] 1990년 민법의 일부개정법률에 의하여, 계모적자관계와 적모서자관계를 폐지함으로써 이들은 인척관계로 되었다.

[2] 부부는 혼인법 기타 법령에 의하여 특별한 법률상 효과를 인정하고 있으므로 배우자를 친족의 일종으로 규정할 필요가 없다. 입법례로서 우리나라와 일본 민법(제725조)밖에 없다. 박병호, 가족법, 40면.

1.2.2. 배우자관계는 혼인의 성립(제812조)에 의하여 발생하며, 당사자 일방의 사망, 혼인의 무효, 취소 또는 이혼으로 소멸한다.

1.3. 인척

1.3.1. 인척이라 함은 혈족의 배우자, 배우자의 혈족, 배우자의 혈족의 배우자를 말한다(제769조).[3]

1.3.2. 민법은 4촌 이내의 인척을 친족으로 규정하고 있다(제777조).

1.3.3. 인척관계는 혼인에 의하여 발생하고, 혼인의 무효, 취소, 이혼 등에 의하여 소멸한다. 부부 가운데 일방이 사망하더라도 인척관계는 소멸하지 않지만, 생존한 배우자가 재혼하면 인척관계가 종료한다(제775조).

2. 친계와 촌수

2.1. 친계

2.1.1. 직계친과 방계친

2.1.1.1. 직계친이라 함은 혈족이 직상 직하하는 형태로 연결되는 친족을 말한다. 부모, 자, 손 등이다.

2.1.1.2. 방계친이라 함은 혈통이 공동시조에 의하여 갈라져서 연결되는 친족을 말한다. 형제자매, 백숙부, 종형제자매, 조카 등이다.

2.1.2. 존속친과 비속친

친족은 항렬에 의하여 존속과 비속으로 구분된다. 자기와 동일한 항렬에 있는 자는 존속도 비속도 아니다.

2.1.3. 부계친과 모계친

부계친은 부와 그의 혈족을 말하고, 모계친은 모와 그의 혈족을 말한다.

2.1.4. 남계친과 여계친

남계친은 혈통이 남자만에 의하여 연결되어 그 사이에 여자를 포함시키지 않

---

3) 이 인척의 범위는 중화민국 민법(제969조)과 동일하다. 박병호, 가족법, 42면.

는 경우의 친족관계를 말하고, 여계친은 그렇지 않은 경우를 말한다.

2.2. 촌수

2.2.1. 촌수라 함은 친족관계의 멀고 가까운 정도를 나타내는 단위를 말한다. 민법은 촌과 같은 의미로 친등(親等)[4]이라는 용어를 함께 사용하고 있다(제985조 제1항, 제1000조 제2항).

2.2.2. 직계혈족에 있어서는 단순히 그 사이를 연락하는 친자의 세수를 계산하면 된다.[5] 부모와 자는 1촌, 조부모와 손은 2촌, 증조부모와 증손은 3촌, 이하 이에 준한다(제770조 제1항). 방계혈족에 있어서의 촌수는 그 일방으로부터 쌍방의 공동시조에 이르는 세수와 공동시조로부터 다른 일방에 이르는 세수를 통산하여 이를 촌수로 한다(제770조 제2항). 부모를 공동시조로 하는 형제자매는 2촌, 조부모를 공동시조로 하는 백숙부와 조카는 3촌, 종형제자매는 4촌, 이하 이에 준한다. 배우자의 혈족에 대하여는 배우자의 그 혈족에 대한 촌수에 따라 계산한다. 처나 부의 부모는 인척 1촌, 부의 형제자매는 인척 2촌, 부의 백숙부는 인척 3촌이다. 혈족의 배우자에 대하여는 그 혈족에 대한 촌수에 따라 계산한다. 백숙모는 3촌인 백숙부와 같은 촌수의 인척 3촌, 종형제수는 4촌인 종형제와 같은 촌수인 인척 4촌이 된다(제771조). 양자에 대하여, 양자와 양부모 및 그 혈족, 인척 사이의 촌수는 입양한 때부터 혼인중의 출생자와 동일하므로 자연혈족과 마찬가지로 계산하고(제772조 제1항), 양자의 배우자, 직계비속과 그 배우자는 양자의 친계를 기준으로 촌수를 정하게 된다(제772조 제2항).

3. 친족의 범위

3.1. 민법은 친족의 범위[6]를, 1) 8촌 이내의 혈족, 2) 4촌 이내의 인척, 3) 배

---

4) '친등'이라는 용어는 일본 민법상의 용어이며, 친족 간의 계급적 인격의 등급이라는 의미로 사용되고 있다. 이는 '등친'과 구별된다. 박병호, 가족법, 36면.
5) 촌수의 계산방법에는 계급촌수제(열거주의)와 세수촌수제(로마법식과 교회법식)가 있으나, 우리나라는 세수촌수제는 다른 입법례(독일, 프랑스, 스위스, 일본, 중국 등)와 같이 로마법식을 채택하고 있다. 박병호, 가족법, 37면; 박동섭, 전게서, 44면.
6) 친족의 범위에 관한 입법주의에는, 일률적으로 한정하는 총괄적 한정주의와 일정한 법률관계의

우자로 정하고, 친족관계로 인한 법률상 효력은 민법이나 다른 법률에 규정이 없는 한 이에 미치는 것으로 하고 있다(제777조).

3.2. 전통적 관습을 고려하여, 혈족을 부계혈족과 모계혈족으로 나누고, 모계혈족은 모계의 부계혈족만을 의미하며, 인척에 있어서 부족인척은 부, 모계를 포함하지만 처족인척은 처의 부계혈족만을 의미하는 것으로 보아야 한다.

[문항]

친족의 종류와 범위	[부산대09]

4. 친족의 호칭

우리나라에는 옛날부터 유복친[7]이라는 것이 있었다. 이 유복친을 법률상의 친족범위로 일제는 이를 인정하였다. 이에 의하면, 본종유복친(8촌 이내의 부계혈족), 부족유복친(7촌 이내의 부계혈족), 모족유복친(4촌 이내의 모계혈족), 처족유복친(처의 부모)으로 되어 있었다.

5. 친족관계의 변동

5.1. 친족관계의 발생원인

친족관계는 출생, 혼인, 인지, 입양에 의하여 발생한다. 헌법재판소는, 구민법 부칙 제4조 위헌소원에 대하여 1990년 개정 민법의 시행일인 1991. 1. 1.부터 그 이전에 성립된 계모자 사이의 법정혈족관계를 소멸시키도록 한 민법(1990. 1. 13. 법률 제4199호) 부칙 제2조 중 "전처의 출생자와 계모 사이의 친족관계"에 관

성질을 기준으로 하여 목적론적 관점에서 개별적으로 한정하는 개별적 한정주의가 있다. 다른 입법례는 개별적 한정주의를 취하지만, 우리나라와 일본 민법(제725조)은 총괄적 한정주의를 취하고 있다. 박병호, 가족법, 42면.

7) 경국대전 '예전' 오복조(五服條)에 본종, 외친, 처친, 부족 등을 구별하여 복상하는 친족을 나열한 유복친제도를 두었다. 박병호, 가족법, 43면.

한 부분은 헌법에 위반되지 아니한다는 결정을 선고하였다.[8]

5.1.1. 출생에 의하여 발생하는 친족관계로서, 친생자와 부모 및 8촌 이내의 혈족 사이(제777조 제1호), 혼인외의 자와 모 및 8촌 이내의 모계혈족 사이(동조 제1호)가 있다.

5.1.2. 혼인으로 인하여 발생하는 친족관계로서, 배우자 사이(제777조 제3호), 처와 부의 4촌 이내의 부계혈족 및 모계혈족 사이(부족인척)(동조 제2호), 부와 처의 4촌 이내의 부계혈족 및 모계혈족 사이(처족인척)(동조 제2호), 준정으로 인한 혼인외의 자녀(제855조 제2항)와 부모 및 8촌 이내의 혈족 사이(제777조 제1호)가 있다.

5.1.3. 인지로 인하여 발생하는 친족관계로서, 혼인외의 자녀와 부 및 8촌 이내의 부계혈족 사이(제777조 제1호)가 있다.

5.1.4. 입양으로 인하여 발생하는 친족관계로서, 양자녀와 양부모 및 그 혈족, 인척 사이(제772조 제1항), 양자녀의 배우자, 직계비속 또는 그 배우자와 양자녀의 양부모 및 그 혈족, 인척 사이(동조 제2항)가 있다.

5.2. 친족관계의 소멸원인

친족관계는 사망, 혼인의 취소와 이혼, 입양의 취소와 파양, 인지의 취소 등이 있다.

5.2.1. 사망으로 인하여 소멸하는 친족관계로서, 자연혈족관계는 당사자의 사망 이외의 원인으로 소멸하지 않는다. 그러나 배우자관계는 혼인당사자의 일방이 사망함으로써 소멸한다. 법정혈족관계인 양모자관계는 양부의 사망으로 인하여 직접 변동이 발생하지 않는다. 또 부(夫)의 사망으로 인하여 부족인척관계 또는 처의 사망으로 인하여 처족인척관계는 아무런 영향을 받지 않는다.

5.2.2. 혼인의 취소와 이혼으로 인하여 소멸하는 친족관계로서, 배우자관계, 인척관계는 이혼과 혼인의 취소로 모두 소멸한다.

5.2.3. 입양의 취소와 파양으로 인하여 소멸하는 친족관계로서, 양자녀와 양부모 및 그 혈족, 인척 사이의 친족관계가 소멸하게 된다(제776조).

5.2.4. 인지의 취소로 인하여 소멸하는 친족관계로서, 피인지자는 타인의 자로

---

8) 헌재결 2011.02.24, 2009헌바89.

전환하게 됨으로써 부계혈족관계와 인척관계는 소멸한다(제861조).

6. 친족관계의 효과

6.1. 서설

친족관계의 법률상 효과는 사안에 따라서 개별적으로 인정되는 경우가 대부분이다. 따라서 제777조에 의하여 친족에게 획일적으로 권리의무를 인정하는 경우는 그렇게 많지 않다. 친족관계의 효과로서 중요한 것은 부양, 상속 등이다.

6.2. 민법상의 효과[9]

6.3. 형법상의 효과[10]

6.3.1. 친족관계로 인하여 형벌이 감면되는 경우

6.3.2. 친족관계로 인하여 형벌이 가중되는 경우

6.4. 소송법상의 효과[11]

6.4.1. 민사소송법상의 효과

6.4.2. 형사소송법상의 효과

---

9) 김주수/김상용, 전게서, 438면 이하; 박병호, 54~55면 참조; 이에는 a) 직접적, 적극적인 효과 (권리의무)가 인정되는 경우(예: 부양의무, 상속권)와 간접적으로 상대방의 인격법상 문제에 관여하는 권능이 인정되는 경우(예: 친권자의 친권, 대리권, 재산관리권의 상실 및 회복청구, 친족회에 관여할 권리 등), 소극적인 제약이나 금지가 인정되는 경우(예: 근친혼의 금지, 존속양자의 금지 등), 일정한 범위의 친족에게만 개별적으로 인정되는 권리(예: 증여계약의 해제, 혼인, 입양의 동의 등)가 있다. 박동섭, 전게서, 48~50면.

10) 김주수/김상용, 전게서, 439면 이하; 박병호, 56면 참조; 형벌이 감면되는 경우(예: 범인은닉죄, 친족상도례 등)와 형벌이 가중되는 경우(예: 직계존속에 대한 살인, 상해, 중상해, 학대 등)가 있다. 박동섭, 전게서, 50~51면.

11) 김주수/김상용, 전게서, 440면; 박병호, 56면 참조; 제척, 기피, 회피의 원인, 증언거부권 등, 감정인자격 결격 등이 있다. 박동섭, 전게서, 51~52면.

6.5. 특별법상의 효과[12)]

상속세 및 증여세법 등과 그 시행령 가운데 관계조문은 친족관계의 특수한 효과를 규정하고 있다.

Ⅱ. 친족적 부양: 부양법

1. 부양제도

1.1. 자신의 수입이나 재산으로 생활할 수 없는 사람의 부양문제는 1차적으로 가족 또는 친족에게 맡겨져 있지만(사적 부양제도), 가족이나 친족에게도 부양능력이 없는 경우에는 국가가 개입하여 사회보장의 문제(공적 부양제도)로서 해결하여야 한다.

1.2. 민법이 인정한 부양에는 두 가지가 있다.

1.2.1. 부모와 자—특히 어버이와 미성년자—사이 및 부부 사이의 부양이다. 이를 '제1차적 부양의무'라고 한다. 부부관계, 친자관계의 현실적 공동생활 그 자체에 입각하여 당연히 요청되는 것으로서 '자기가 사는 권리는 다른 사람을 부양할 의무에 우선한다'는 원칙이 적용되지 않는다. 따라서 부모와 자 사이의 부양의무는 친권 가운데 특별히 규정하는 것이 바람직하다.[13)]

1.2.2. 친족 사이의 일반적 부양이다. 이를 '제2차적 부양의무'라고 한다. 사회보장의 대체물로서 누구도 자기의 생활을 희생해 가면서까지 부양의무를 지지 않는 것이다. 민법이 부부 사이의 부양에 관하여 이를 일반적 친족부양과 구별하여 부양, 협조의무를 따로 규정한 것(제836조 제1항)은 이러한 사상의 표현이라고 볼 수 있다.

---

12) 김주수/김상용, 전게서, 440~444면; 박병호, 57면 참조.
13) 박병호, 가족법, 244면.

2. 부양의무, 부양을 받을 권리

2.1. 부양의무의 발생과 소멸

부양의무는 일정한 친족관계에 기초하여 생기는 이른바 가족법상의 의무이다. 그 내용은 주로 경제적인 급부이다. 부양의무는 원칙적으로 부양을 받을 자가 자기의 자력 또는 근로에 의하여 생활을 유지할 수 없는 경우에 한하여 생긴다(제975조). 한편으로 부양의무자 측에서도 친족적 부양의 본질상 자기의 사회적 지위, 신분에 적합한 생활정도를 낮추지 않고 부양할 수 있을 만큼의 여유가 있어야 부양의무가 생긴다고 보아야 한다. 이와 같은 두 개 요건 가운데 어느 쪽이 소멸하면 부양의무는 소멸한다. 그러나 부양의무를 두 가지로 나누는 입장에서는 '제2차적 부양의무'에만 해당하는 것이다.

2.2. 부양청구권의 일신전속성

2.2.1. 부양을 받을 권리는 친족권의 하나이다. 타인의 행위를 요청하는 것이므로 채권에 유사하고, 일종의 재산권이라고도 볼 수 있다. 그러나 인격관계의 한도에서 인정되는 것이므로 일종의 인격적 재산권이라고 보아야 한다.

2.2.2. 부양을 받을 권리의 특색은, 1) 행사상으로나 귀속상으로 이른바 '일신전속권'으로서 채권자의 대위행사를 허용하지 않고(제404조 제1항 단서), 상속되지 않는다(제1005조 단서). 2) 타인에게 양도할 수 없고 또 장래에 향하여 포기하지 못한다(제979조). 3) 강제집행에 있어서는 압류되지 않고(민사집행법 제246조 제1호), 파산재단에도 속하지 않는다(채무자의 회생 및 파산에 관한 법률 제383조). 4) 부양을 받을 권리는 상계되지 않는다(제497조 이하). 부양을 받을 권리가 제3자에 의하여 침해되었을 경우에는 그 제3자에 대하여 손해배상청구를 할 수 있다(제750조).

3. 부양당사자

3.1. 부양당사자의 범위

부양의무는 원칙적으로 친족인 직계혈족 및 그 배우자 사이, 기타 생계를 같이 하는 친족 사이에 생긴다(제974조). '직계혈족 및 그 배우자 사이'라 함은 며느리 와 시부모관계, 사위와 장인, 장모관계, 계친자관계(계부와 처의 자녀 사이, 계모와 부의 자녀 사이) 등을 의미한다(동조 제1호). '생계를 같이하는 경우'라 함은 공동의 가계 내에서 생활하는 것을 의미한다. 동거하며 생활공동체관계에 있는 경우는 물론 반드시 동거하지 않더라도 공동의 가계에 속한 때(자녀가 학교 기숙사에 들어 가 사는 경우에도 부모로부터 학비, 용돈 등을 받아서 생활하는 경우에는 '생계를 같이' 한다고 볼 수 있다)에는 이에 포함될 수 있을 것이다(동조 제2호).

3.2. 부양당사자의 순위

부양을 필요로 하는 사람에 대하여 부양의무가 있는 사람이 수인인 경우에 부 양의무자의 순위에 관하여, 1) 당사자 사이에서 협의로 정한다. 협의의 당사자는 부양의무자의 전원일 필요는 없다. 2) 협의가 이뤄지지 않으면 가정법원이 당사 자의 청구에 의하여 그 순위를 정한다(제976조 제1항 전단). 수인의 부양의무자 가 운데 한 사람이 전적으로 부양의무를 부담한 경우에 그 사람이 다른 공동부양의 무자를 상대로 자기가 이미 지급한 부양료에 대하여 부당이득으로서 반환청구를 할 수 있는가. 다른 부양의무자에게 부양능력이 있음에도 고의로 부양의무를 이 행하지 않은 경우에는 부당이득으로서 반환청구를 할 수 있다고 보아야 한다. 부 양을 받을 권리자가 여럿인 데 부양의무자에게 부양권리자 전원을 부양할 자력 이 없는 경우에도 우선 당사자의 협의로 부양을 받을 권리자를 정하고, 협의가 되지 않는 경우에는 당사자의 청구에 의하여 가정법원이 정한다(제976조 제1항 후 단). 이미 부양할 자 또는 부양을 받을 자의 순위에 관하여 당사자의 협정이나 가정법원의 조정, 심판이 있은 뒤 이에 관한 사정에 변경이 생긴 때에는 법원은 당사자의 청구에 의하여 그 협정이나 조정, 심판을 취소 또는 변경할 수 있다(제 978조, 가사소송법 제2조 제1항 마류사건).

4. 부양의 정도와 방법

4.1. 부양의 정도

4.1.1. 민법은 부양의 정도, 방법에 관하여 우선 당사자가 협의로 정하고, 협의가 되지 않는 때에는 가정법원이 당사자의 청구에 의하여 부양을 받을 자의 생활정도와 부양의무자의 자력 기타 제반사정을 참작하여 이를 정한다고 하였다(제977조).[14]

4.1.2. 부양의 정도를 결정함에 있어서 부양권리자의 생활정도와 부양의무자의 자력 이외에 고려되어야 할 '제반사정'에는 부양권리자와 부양의무자 사이의 과거의 유대관계, 부양권리자의 생활이 곤궁하게 된 원인 등이 포함될 수 있다.

4.2. 부양의 방법

4.2.1. 부양의 구체적 방법으로서 동거부양과 금전급부부양으로 나눌 수 있다.

4.2.2. 동거부양은 부양의무자 가운데 한 사람이 동거하고 다른 의무자가 금전급부를 함으로써 생활비의 일부를 부담할 수도 있지만 동거할 자의 의향, 부양의무가 발생하기까지의 경위, 주거생활문제 등을 고려하여 결정하게 된다.

4.2.3. 금전급부부양은 분할지급, 일시지급, 현물급부 등이 있다. 금전급부인 부양료는 매월 정기금의 형식으로 미리 지급되는 것이 원칙이다.

4.3. 부양의무불이행에 대한 조치

법원은 부양료의 지급을 명하는 심판을 할 때 부양권리자가 담보를 제공하지 않고도 가집행을 할 수 있음을 선고하여야 한다(가사소송법 제42조). 부양료의 확보는 부양권리자의 생존과 직결된 문제이다. 그러므로 그 이행이 신속히 이뤄질 필요가 있다. 이를 위하여 가사소송법은 가정법원에 사전처분을 할 권한을 인정하고(가사소송법 제62조), 당사자의 신청에 의하여 일정한 기간 내에 그 의무를 이행할 것을 명할 수 있으며(가사소송법 제64조 제1항), 이행명령에 위반한 때에는 1,000만 원 이하의 과태료에 처할 수 있다는 사실과 30일 범위 내에서 그 의무

---

14) 대판 1996.6.10, 86므46.

이행이 있을 때까지 의무자를 감치할 수 있다는 사실을 고지하여야 한다(가사소송법 제64조 제2항, 제68조 참조).[15]

4.4. 가정법원에 의한 변경

4.4.1. 부양당사자의 순위, 부양의 정도 또는 방법이 협정, 조정 또는 심판에 의하여 정해진 후에 사정변경이 생겼을 때에는 가정법원은 당사자의 청구에 의하여 그 협정이나 심판을 취소 또는 변경할 수 있다(제978조). 이 경우에 우선 조정을 하여야 한다(가사소송법 제2조 제1항 마류사건).

4.4.2. 취소 또는 심판은 장래에 향하여 효력을 가진다. 다만 사정변경이 생긴 때로부터 조정, 심판까지의 사이에 부양의무자가 사정변경을 주장하여 부양의무의 이행을 거부할 수 있는가. 이 경우에 계속 부양의무를 이행하는 것이 원칙이다. 그러나 사정변경이 현저한 경우에는 협정, 조정 또는 심판이 있기 전에도 정해진 내용에 따른 이행을 거부할 수 있다고 할 것이다.

5. 과거의 부양료, 체당부양료 및 부양료의 구상청구

5.1. 과거의 부양료

5.1.1. 과거의 부양료도 원칙적으로 청구할 수 있다. 종전의 판례는 과거의 부양료청구를 인정하지 않았지만,[16] 이를 변경하여 과거의 양육비상환청구를 인정하였다.[17] 한편 양육자가 상대방에 대하여 자녀 양육비의 지급을 구할 권리는 당초에는 기본적으로 친족관계를 바탕으로 하여 인정되는 하나의 추상적인 법적

---

15) 대판 1983.9.13, 81므78.

16) 대판 1967.1.31, 66므40; 대판 1967.2.21, 65므5; 대판 1976.6.22, 75므17,18; 대판 1979.5.8, 79므3.

17) 대결(전) 1994.5.13, 92스21; 乙이 甲을 상대로 이혼 등을 구하는 소를 제기하여 제1심법원이 "甲과 乙은 이혼한다. 자(子)의 친권자 및 양육자로 甲과 乙을 공동으로 지정하되, 공동양육방법으로 乙을 주양육자로, 甲을 보조양육자로 정하고, 甲은 乙에게 자(子)를 인도하라"는 취지의 판결을 선고하자, 甲이 유아인도명령 가집행에 근거하여 자를 양육하게 된 乙을 상대로 별거 시부터 자녀의 인도전까지의 기간 동안의 과거양육비를 청구한 사안에서, 판결선고 시부터 자녀들을 실제 인도한 시점까지의 기간 동안 유아인도명령에 반하여 한 甲의 양육은 위법한 양육이라고 할 것이므로 乙은 甲에게 그에 대한 양육비를 지급할 의무가 없지만, 별거 시부터 유아인도명령의 가집행 효력이 발생하는 시점까지의 기간 동안의 과거양육비는 부담할 의무가 있다고 판단한 사례. 서울가결 2010.4.8, 2010브2.

지위이었던 것이 당사자 사이의 협의 또는 당해 양육비의 내용 등을 재량적·형성적으로 정하는 가정법원의 심판에 의하여 구체적인 청구권으로 전환됨으로써 비로소 보다 뚜렷하게 독립한 재산적 권리로서의 성질을 가지게 된다. 이와 같이 당사자의 협의 또는 가정법원의 심판에 의하여 구체적인 지급청구권으로서 성립하기 전에는 과거의 양육비에 관한 권리는 양육자가 그 권리를 행사할 수 있는 재산권에 해당한다고 할 수 없고, 따라서 이에 대하여는 소멸시효가 진행할 여지가 없다고 보아야 한다는 것이 판례의 태도이다.[18)]

5.1.2. 양육비상환청구가 민사소송사항인가, 가사심판사항인가. 부양의무의 내용을 판단하고 결정하는 데 가장 적당한 전문기관인 가정법원이 사건을 통일적으로 처리하는 것이 타당하다.

5.2. 체당부양료의 구상

5.2.1. 부양의무가 없는 제3자에 의한 구상

부양의무가 없는 사람이 부양을 필요로 하는 상태에 있는 사람을 부양하였을 경우에, 이는 사무관리가 성립하고, 의무자에게 구상할 수 있다(제739조). 또한 법률상 의무 없는 급부로 인하여 의무자가 출연을 면하고 이익을 얻었으므로 부당이득이 성립하고, 그 구상을 할 수 있다(제741조).

5.2.2. 부양의무자 사이의 구상

실제로 부양능력이 없어서 협정이나 조정, 심판에 의하여 제외된 사람은 현실의 부양의무가 없다고 보아야 한다. 그러나 고의적으로 협정에 응하지 않았거나 협정 또는 심판에 의하여 정하여진 부담을 이행하지 않은 부양의무자에 대하여 구상권이 인정된다고 할 것이다.

---

18) 대결 2011.7.29, 2008스67.

[사례 17]

> X와 Y는 부부간이며, 그들 사이에는 미성년자인 A가 있다. X와 Y는 사이가 나빠서 협의
> 이혼을 하기로 하고 이혼신고를 마쳤으며, 그 후 X는 A를 양육하여 왔다. 그런데 이혼 후
> 5년이 지나도록 Y는 한 번도 양육비를 주지 않았다. X는 Y와 협의하여 양육비를 정하려고
> 시도하였지만, 협의가 이루어지지 않았다. 그래서 X는 가정법원에 양육자를 X로 해 줄 것
> 과 과거의 양육비(협의이혼신고가 된 달 이후의 양육비) 및 장래의 양육비를 청구하였다.
> 이 경우 X의 청구는 받아들여질 수 있는가?[19]
>
> [대결(전) 1994.5.13, 92스21]

◀요약▶

대결(전) 1994.5.13, 92스21에 의하면, X의 청구는 인용될 수 있을 것이다.[20]

[사례 17-1]

> 계모 X는 부 Y와 재혼을 하였으나 Y의 전처와의 소생인 미성년자인 자 A가 있었다. 재혼 후
> 부 Y가 사망하자 X는 A를 친양자로 입양을 하였다. X가 지극히 돌보아 양육하여서 A가 훌륭
> 한 사람으로 성장한 뒤 혼인하여 사회적으로나 경제적으로 유복하게 가정생활을 하고 있다.
> (1) 계모 X는 A의 혈족인가? 이 경우에 만약 Y가 사망한 뒤 X가 A를 친양자로 입양을
>   하였다면 어떻게 되는가? 이 경우 친족의 범위, 친양자를 검토하시오.
> (2) 만약 X가 늙어서 생계를 유지할 수 없게 되어 A가 돌봐 주지 않으면 안 될 처지에 있
>   음에도 돌보지 않는다면 X는 A에게 부양청구를 할 수 있는가? 이 경우 부양당사자,
>   부양의 정도 및 방법, 부양료 등의 구상청구를 검토하시오.
>
> [부산대08]

[문항]

> 민법상의 부양   [사법시험32]

---

19) 김주수/김상용, 전게서, 451면.
20) 김주수/김상용, 전게서, 451면.

상속법

제**1**강 상속제도란 무엇인가

Ⅰ. 상속제도의 존재이유

1. 근대법의 확립 이후 상속은 사람이 사망한 경우에 그의 재산이 다른 일정한 사람에게 이전되는 것이라고 설명하였다. 사람이 사망하였을 때 그의 재산이 국가에 귀속되지 않고 다른 개인에게 이전된다는 것은 사유재산제에서 나오는

당연한 귀결이다.

2. 상속제도는 사유재산제와 불가분의 관계에 있다. 그러나 살아 있는 사람들 사이에서의 재산취득은 경제질서의 범위 내에서 일정한 노력을 기울인 대가라고 볼 수 있는 데 반하여, 상속재산은 불로소득으로서 상속인에게 이전된다고 생각할 수 있기 때문에 중요한 경제적, 사회정책적 문제는 우선 사유재산제와 관련되고, 상속제도는 오직 이차적이고 부수적인 기능만을 수행한다는 사실을 알 수 있다.[1] 마르크스(Marx, K)가 상속제도의 폐지를 주장하였지만, 그것은 상속법의 폐지가 생산수단에 대한 사적 소유권을 폐지하는 사회변혁의 자연스런 결과물이지, 상속법의 폐지 그 자체가 그러한 사회변혁의 출발점이 될 수는 없다는 것이다.

3. 상속제도에 대하여 비판적인 시각을 가지고 있던 사회주의권과는 달리 자본주의 사회는 사유재산제에서 경제생활의 동력을 찾고 있으며, 이러한 체제에서는 상속법이 당연히 보장된다. 사유재산의 상속성은 자본의 축적과 장기적인 투자를 촉진하는 측면이 있다. 이는 사유재산제를 보충하는 기능을 갖는 것이다.

4. 현행 민법이 배우자와 직계비속, 직계존속 등 피상속인과 가까운 친족을 법정상속인으로 규정하고 있는 사실에 비추어 상속제도의 존재이유를 유추해 볼 수 있다. 오늘날의 사회에서 개인은 부부와 자녀로 이루어진 가족공동체를 이루고 공동생활을 하는 경우가 많다. 부모는 양육과 교육을 통하여 자녀가 장래에 직업활동을 할 수 있는 기초를 마련해 주고, 배우자는 가계유지를 통하여 피상속인의 재산증가에 기여한다. 가족구성원의 절약과 협력은 재산의 형성에 직, 간접적으로 기여한다고 볼 수 있다. 이렇게 보면, 사람이 사망했을 때 가까운 가족(친족)에게 인정되는 상속의 근거는 공동생활의 종료에 따른 잠재적 공유관계의 청산과 생존 가족원의 생활보장을 위한 유산의 분배에서 찾을 수 있을 것이다(생활보장설).[2] 결국 상속권의 근거[3]는 상속재산에 대한 가족원의 기여분 청산과 피상

---

1) 그러나 사유재산제를 인정하는 한 사소유권의 영속, 즉 오래 계속하는 것을 보장하는 상속제도는 당연한 것이고, 상속은 사유재산제도 내지 사적 소유권에 그 근거를 두는 것으로서 상속법은 물권법 등과 더불어 사법의 한 내용으로서 존재하는 것이다. 곽윤직, 상속법, 15면.
2) 이와 같이 현행법이 배우자와 일정한 범위의 혈족을 상속인으로 하고 순위를 정하여 승계토록

속인 사후 가족원의 생활보장이라는 점에서 구할 수 있다.

5. 최근 2011. 8. 30.에 남북 주민사이의 가족관계와 상속 등에 관한 특례법이 2012년 2월 10일 공포되어 동년 5월 11일부터 시행하게 되었다. 이에 따르면, 상속에 관한 특례를 규정하고 있다. 그 하나는, 북한주민에게 상속권을 인정하고, 상속지분도 남한주민과 동일하게 인정하고, 다만, 남한주민이 피상속인을 부양하거나 재산 유지·증가에 기여한 경우에 기여분을 인정하는 것이다. 다른 하나는, 북한주민의 상속재산 반출 제한 등 관리 방안을 도입함으로써, 상속·유증 등으로 북한주민이 남한 내 재산을 취득한 경우 법원이 재산관리인을 선임토록 하고, 재산관리인은 북한 주민 재산을 관리함에 있어 처분하거나 북한으로 반출하려고 하는 경우 법무부장관의 허가를 받도록 하며, 북한주민의 남한 내 재산 반출을 제한하되, 다만 생계유지, 질병치료 등에 필요한 정도의 재산은 허가를 받아 반출이 가능하도록 하였다.

Ⅱ. 상속의 형태

1. 인격(신분)상속·재산상속

1.1. 인격(신분)상속

인격상속이라 함은 호주(가장) 등의 일정한 인격을 승계하는 것을 목적으로 하는 상속형태를 말한다. 2008년 1월 1일부터 호주승계제도가 폐지됨으로써 1990년에 상속편에서 친족편으로 편입되었던 인격상속이 완전히 폐지되었다.

하는 것을 정당화하는 근거에 대하여, 혈연대가설, 공동생활설, 생활보장설, 의사추정설이 나뉘고 있다. 곽윤직, 상속법, 16면 이하 참조. 그러나 우리나라의 학설은 일치하지 않는다. 생활보장설(박병호, 296~297면, 동지: 김주수)을 중심으로 설명하거나, 의사추정설(곽윤직, 상속법, 18면)을 중심으로 설명하고 있다.

3) 상속제도의 헌법적 근거에 관하여, 윤진수, "상속제도의 헌법적 근거", 헌법논총, 제10집(1999), 173면 이하.

1.2. 재산상속

재산상속이라 함은 재산관계를 승계의 대상으로 하는 상속형태를 말한다.

2. 생전상속·사망상속

2.1. 생전상속

생전상속이라 함은 상속개시를 피상속인의 생존 중에 인정하는 형태를 말한다. 과거에 호주상속에 있어서 생전상속이 인정되었었다.

2.2. 사망상속

사망상속이라 함은 상속개시를 피상속인의 사망 시로 하는 형태를 말한다. 근대적 상속제도는 사망상속을 원칙으로 하고 있다.

3. 법정상속·유언상속

3.1. 법정상속

법정상속이라 함은 상속인이 될 자의 범위와 순위가 법률상 정해져 있는 상속형태를 말한다. 현행 상속법은 법정상속을 기본으로 하면서 유언상속을 인정하고 있다.

3.2. 유언상속

유언상속이라 함은 피상속인의 유언으로 상속인을 지정하는 상속형태를 말한다. 우리 민법은 법정상속과 유언상속을 모두 규정하고 있지만, 유언의 자유를 인정하고 있기 때문에, 유언이 없거나 유언이 무효인 경우에 법정상속에 관한 규정이 적용된다(제1060조 이하).

4. 단독상속·공동상속

4.1. 단독상속

단독상속이라 함은 상속인이 1인으로 한정되어, 피상속인의 가장으로서의 지위나 유산 전부를 단독으로 승계하는 상속형태를 말한다. 우리 민법은 호주승계에 있어서 단독상속제를 채택하고 있었다.

4.2. 공동상속

공동상속이라 함은 상속인이 복수인 경우에 그들이 공동으로 상속하는 형태를 말한다. 우리 민법은 재산상속에 있어서 공동상속제를 채택하고 있다.

5. 강제상속·임의상속

5.1. 강제상속

강제상속이라 함은 상속인의 상속포기를 허용하지 않음으로써 상속을 강제하는 상속형태를 말한다. 우리 민법은 호주상속에 있어서 강제상속제를 채택하였었다.

5.2. 임의상속

임의상속이라 함은 상속인의 상속포기를 인정하는 상속형태를 말한다. 우리 민법은 재산상속에 있어서 임의상속제를 채택하고 있다.

6. 균분상속·불균분상속

6.1. 균분상속

균분상속이라 함은 각 공동상속인에게 귀속하는 상속재산의 비율이 평등한 경우를 말한다. 우리 민법은 1990년 개정 이후 균분상속제를 채택하였다(제1009조 제1항, 제1009조 제2항).

6.2. 불균분상속

불균분상속이라 함은 그 비율이 평등하지 않은 상속형태를 말한다. 우리 민법은 1990년 개정 이전에 불균분상속제를 채택하였었다.

Ⅲ. 현행상속법의 특징

1. 균분공동상속으로의 전환

1960년부터 시행된 우리 민법은 호주상속과 재산상속을 분리하여, 호주의 '일단 단독상속제'를 폐지하고, 공동상속제를 채택하였다. 그러나 호주에게 분가동의권이 인정되어서 호주가 분가에 동의하지 않는 한 분재를 청구할 수 없었다. 이와 같은 상속제도는 1990년 개정에 의하여 호주에 대한 5할 가산제를 폐지할 뿐만 아니라 상속분도 완전히 균분으로 하였다.

2. 상속인범위의 축소

민법은 제정 당시에 그 범위를 직계비속, 배우자, 직계존속, 형제자매, 근친(8촌 이내의 방계혈족)까지 확대하는 동시에 실제적 정의관계를 중심으로 한다고 하여 동일가적내의 유무를 불문하고 인정하였다. 1990년 개정에 의하여 상속인의 범위를 4촌 이내로 축소하였다.

3. 여자상속권의 확립

우리 민법은 구민법에서 혼인한 딸에게 상속권을 인정하지 않았던 것을 이에 상속권을 인정하였다. 한편 1990년 개정에 의하여 동일가적 내에 있을 때에는 남자와 같은 상속분을 인정하였고, 1977년 개정에 의하여 배우자의 상속분은 크게 늘어났다. 그러나 1990년 개정에 의하여 동일가적 내에 없는 여자의 상속분의 차등을 없애고 다른 상속인과 평등하게 하였으며, 부의 상속분도 처의 상속분과 동등하게 하여 상속분에 있어서 불평등을 완전히 해소하였다.

4. 혼인중의 자와 혼인외의 자의 상속분의 동등

우리 민법은 혼인중의 출생자와 혼인외의 출생자의 상속분에 차등을 두지 않았다.

5. 기여분제도의 신설

우리 민법에는 기여분제도가 없었다. 1990년 개정에 의하여 신설되었다(제1008조의2). 기여분제도라 함은 상속인 가운데 피상속인의 재산의 유지나 증가에 대하여 특별히 기여하였거나 피상속인을 부양한 사람이 있는 경우에는 그 사람에게 그 기여한 만큼의 재산을 가산하여 상속분을 인정하여 주는 제도를 말한다.

6. 특별한정승인제도의 신설

상속인이 중대한 과실 없이 상속채무의 초과사실을 알지 못하고 단순승인을 한 경우에 상속인에게 다시 한정승인을 할 수 있는 기회를 주는 것이 타당하다. 이러한 취지에서 2002년 개정에 의하여 특별한정승인제도가 신설되었다. 따라서 상속인이 중대한 과실 없이 상속채무가 적극재산을 초과한다는 사실을 알지 못한 상태에서 단순승인을 한 경우에는 그 사실을 안 날로부터 3월 내에 한정승인을 할 수 있도록 하였다(제1019조 제2항).

7. 특별연고자에 대한 분여제도의 신설

우리 민법은 1990년 개정에 의하여 특별연고자에 대한 분여제도를 신설하였다. 따라서 상속인이 없는 경우 피상속인과 생계를 같이하였거나 피상속인의 요양, 간호를 한 자 또는 기타 피상속인과 특별한 연고가 있었던 자에게 상속재산의 전부나 일부를 나누어 줄 수 있게 되었다(제1067조의2).

8. 유류분제도의 신설

우리나라에는 유류분제도에 관한 관습이 없었다. 우리 민법은 제정 당시에 유류분에 관한 규정을 두지 않았다. 그러나 1977년 개정에 의하여 유류분제도를 신설하였다.

Ⅳ. 상속·상속권의 의의

1. 상속의 의의

1.1. 상속이라 함은 피상속인의 사망에 의하여 상속인이 피상속인에게 속하였던 모든 재산상의 지위(또는 권리의무)를 포괄적으로 승계하는 것을 말한다. 즉, 자연인이 사망한 경우에, 그 자의 살아 있을 때의 재산상의 지위(또는 권리·의무)를, 법률의 규정에 의하여, 특정한 자에게 포괄적으로 승계케 하는 것이라 정의할 수 있다.4)

1.2. 민법은 "피상속인의 재산에 관한 포괄적 권리의무를 승계한다"고 규정하였다(제1005조 본문). 여기에서 '승계'되는 것은 매도인이나 매수인의 지위, 대주나

---

4) 곽윤직, 상속법, 3면.

차주로서의 법률관계 혹은 계약성립 전의 청약자로서의 지위 등을 포함한다. 따라서 상속은 법률의 규정에 의하여 일어나는 재산상의 지위의 포괄적 승계라고 정의되어야 한다. 다만 피상속인의 일신에 전속한 것은 예외이다(제1005조 단서).

2. 상속권의 의의

2.1. 상속권은 두 가지의 뜻으로 사용된다. 그 하나는 상속개시 전에 상속인에게 기대권으로 가지는 상속권이다. 이는 오직 일종의 기대에 불과하지만, 그 지위는 결격사유가 없는 한 상실하지 않고(제1004조), 유류분을 가지는 상속인에게는 일정한 수준의 보호가 인정된다(제1112조).

2.2. 다른 하나는 상속권은 상속개시 후에 상속인이 상속적 효과를 받을 수 있는 권리와 그 지위를 의미한다. 이러한 의미의 상속권은 다시 두 가지로 나누어 볼 수 있다. 그 하나는 아직 승인하지 않은 단계의 상속권으로서 승인함으로써 상속재산을 자기의 것으로 할 수 있는 권리(=형성권적 상속권)이고, 다른 하나는 승인에 의하여 상속재산을 구성하는 권리의무를 승인 취득한 상태(=기득권적 상속권)이다. 이 상속인의 지위는 확정된 것이고, 이를 침해하는 자에 대하여 이른바 '상속회복청구'가 허용된다(제999조).[5]

V. 상속법의 기본개념

1. 피상속인과 상속개시

1.1. 상속개시

사람의 사망으로 상속이 개시된다.

---

[5] 그러나 이와 같이 상속권을 나누는 것은 일본의 학설을 원용한 것이라고 비판하면서, 현행법상 상속권에 대하여 '상속개시로 상속재산을 승인한 상속인의 법적 지위'를 의미하는 것으로 좁게 해석하는 견해가 있다. 곽윤직, 상속법, 7~8면.

1.2. 피상속인

사망한 사람을 피상속인이라고 한다.

2. 상속인과 상속능력

2.1. 상속인

피상속인의 사망 시에 피상속인의 재산을 승계하는 사람을 상속인이라고 한다.

2.2. 상속능력

상속능력이라 함은 상속인이 될 수 있는 자격을 말한다. 자연인에 한정한다. 상속인이 되기 위하여 상속개시할 때에 존재하고 있어야 한다. 다만 태아는 예외이다.

3. 상속재산

상속재산이라 함은 피상속인이 사망한 때에 가지고 있던 재산(=재산적 권리의무)을 말한다. 상속재산에는 적극적 재산과 소극적 재산(=채무, 재산상의 의무)이 포함된다.

4. 법정상속인

우리 민법은 상속인이 될 자에 대하여 규정하고 있다. 이와 같이 민법의 규정에 의하여 당연히 상속인이 되는 사람을 법정상속인이라고 한다. 또한 민법은 법정상속인이 되는 순서에 대하여도 규정하고 있다. 제1순위 상속인은 피상속인의 직계비속, 제2순위 상속인은 직계존속이다. 제3순위 상속인은 피상속인의 형제자매, 제4순위 상속인은 4촌 이내의 방계혈족이다. 피상속인의 배우자는 직계비속과 함께 제1순위 상속인이 되고, 직계비속이 없는 때에는 직계존속과 함께 공동상속인이 된다. 직계비속도 직계존속도 없는 때에는 배우자는 단독상속인이 되어 모든 상속재산을 상속한다.

5. 유증과 유류분

5.1. 피상속인은 유언에 의하여 자기의 재산을 자유롭게 처분할 수 있다(유언자유의 원칙). 유언에 의하여 재산을 무상으로 증여하는 것을 유증이라고 한다. 유증은 법정상속에 우선한다.

5.2. 피상속인의 유증의 자유를 인정하되, 피상속인 사후에 유족의 생활보장을 위하여 일정한 범위에서 제한할 필요가 있다. 이러한 이유에서 인정된 것이 유류분제도이다. 상속이 개시되면 일정한 범위의 상속인에 대하여 상속재산 가운데 일정한 비율을 확보할 수 있는 권리가 인정된다. 이와 같이 유류분은 유언자유의 원칙에 대하여 중대한 제한을 가하는 제도이다.

6. 포괄승계·당연승계의 원칙

피상속인의 재산은 상속이 개시되는 순간 포괄적으로 상속인에게 이전된다. 이와 같은 포괄승계는 상속인의 의사와 관계없이 당연히 이루어진다(당연승계). 포괄승계, 당연승계의 원칙에 의하여 상속재산 가운데 채무가 더 많은 경우에도 상속재산은 그대로 상속인에게 승계된다. 상속인은 상속개시 전에는 저지 못 하지만, 상속개시 후에는 상속을 포기할 수 있다.

7. 공동상속·상속분

7.1. 상속인이 여러 명 있는 경우에는 상속인은 일단 상속재산을 공동으로 승계한다. 공동상속인은 나중에 협의나 심판을 통하여 상속재산을 분할할 수 있지만, 상속재산의 승계와 분할 사이의 시간적 간격을 없애는 것이 절대적으로 불가능하다. 따라서 공동상속인은 상속재산을 분할할 때까지 각자의 상속분에 따라서

공유하게 된다.

7.2. 상속인이 여러 명인 경우에는 상속분은 민법의 규정에 의하여 정하여진다. 따라서 공동상속인은 상속이 개시되면 각자의 상속분에 따라 상속재산을 공유하게 되는 것이다.

제2강 상속법: 상속(1)
[Ⅰ. 상속의 개시, Ⅱ. 상속인]

[참조조문]

제997조(상속개시의 원인) 상속은 사망으로 인하여 개시된다. <개정 1990.1.13>

제998조(상속개시의 장소) 상속은 피상속인의 주소지에서 개시한다.

제998조의2(상속비용) 상속에 관한 비용은 상속재산 중에서 지급한다.

제999조(상속회복청구권) ① 상속권이 참칭상속권자로 인하여 침해된 때에는 상속권자 또는 그 법정대리인은 상속회복의 소를 제기할 수 있다.

② 제1항의 상속회복청구권은 그 침해를 안 날부터 3년, 상속권의 침해행위가 있은 날부터 10년을 경과하면 소멸된다. <개정 2002.1.14>

제1000조(상속의 순위) ① 상속에 있어서는 다음 순위로 상속인이 된다. <개정 1990.1.13>
  1. 피상속인의 직계비속
  2. 피상속인의 직계존속
  3. 피상속인의 형제자매
  4. 피상속인의 4촌 이내의 방계혈족

② 전항의 경우에 동순위의 상속인이 수인인 때에는 최근친을 선순위로 하고 동친 등의 상속인이 수인인 때에는 공동상속인이 된다.

③ 태아는 상속순위에 관하여는 이미 출생한 것으로 본다. <개정 1990.1.13>

제1001조(대습상속) 전조 제1항 제1호와 제3호의 규정에 의하여 상속인이 될 직계비속 또는 형제자매가 상속개시 전에 사망하거나 결격자가 된 경우에 그 직계비속이 있는 때에는 그 직계비속이 사망하거나 결격된 자의 순위에 가름하여 상속인이 된다.

제1002조 삭제 <1990.1.13>

제1003조(배우자의 상속순위) ① 피상속인의 배우자는 제1000조 제1항 제1호와 제2호의 규정에 의한 상속인이 있는 경우에는 그 상속인과 동순위로 공동상속인이 되고 그 상속인이 없는 때에는 단독상속인이 된다. <개정 1990.1.13>

② 제1001조의 경우에 상속개시 전에 사망 또는 결격된 자의 배우자는 동조의 규정에 의한 상속인과 동순위로 공동상속인이 되고 그 상속인이 없는 때에는 단독상속인이 된다. <개정 1990.1.13>

제1004조(상속인의 결격사유) 다음 각 호의 어느 하나에 해당한 자는 상속인이 되지 못한다. <개정 1990.1.13, 2005.3.31>
  1. 고의로 직계존속, 피상속인, 그 배우자 또는 상속의 선순위나 동순위에 있는 자를 살해하거나 살해하려한 자
  2. 고의로 직계존속, 피상속인과 그 배우자에게 상해를 가하여 사망에 이르게 한 자
  3. 사기 또는 강박으로 피상속인의 상속에 관한 유언 또는 유언의 철회를 방해한 자
  4. 사기 또는 강박으로 피상속인의 상속에 관한 유언을 하게 한 자
  5. 피상속인의 상속에 관한 유언서를 위조·변조·파기 또는 은닉한 자

Ⅰ. 상속의 개시

1. 상속의 개시원인

1.1. 자연사망

민법에 의하면 사람의 사망만이 상속의 개시원인이 된다(제907조). 사망의 사실과 시기를 증명하기 어려움을 해결하기 위하여 민법은 사망으로 의제하는 실종선고제도와 동시사망추정의 규정을 두었다(제30조).

1.2. 인정사망

수난, 화재 그 밖의 재난으로 인하여 사망한 것이 확실한데 시신이 발견되지 않을 경우에는 이를 조사한 관공서가 사망지의 시, 읍, 면의 장에게 통보하여 이에 기초하여 등록부상 사망의 기록을 하게 된다(등록법 제87조). 이는 오직 사망에 관한 기록에 일응 추정력을 주는 것에 지나지 않는다.

1.3. 실종선고

1.3.1. 신종선고는 사망을 의제하는 것으로 실종선고를 받은 자는 실종기간이 만료한 때에 사망한 것으로 본다(제28조). 이로써 상속이 개시된다.

1.3.2. 실종선고의 취소는 실종선고 후 취소 전에 선의로 한 행위의 효력에 영향을 미치지 않는다(제29조 제1항).

2. 상속개시의 시기와 장소

2.1. 상속개시의 시기

2.1.1. 상속인의 자격, 능력의 결정

2.1.1.1. 이론상 동시사망자의 상속이 가장 문제가 된다. 우리 민법은 독일민법

에 따라서 이 경우에 동시에 사망한 것으로 추정하는 규정을 두었다(제30조). 동시사망의 추정을 받는 경우에는 사망자 상호 간에는 상속이 개시되지 않는다. 다만 대습상속의 여지가 있다. 그러나 사망시기의 선후가 증거에 의하여 명백히 확정된 경우에는 그 추정은 번복된다.

2.1.1.2. 민법은 "2인이 동일한 위난으로 사망한 경우에는 동시에 사망한 것으로 추정한다"고 함으로써, 수인이 각각 다른 위난으로 사망하여 그들의 사망시기를 확정할 수 없게 되는 경우에는 이의 적용이 배제되는 것같이 보이지만, 이러한 경우에도 동시에 사망한 것으로 추정하도록 제30조를 유추적용하는 것이 타당하다고 할 것이다.[1]

2.1.2. 상속에 관한 소권, 청구권의 소멸시효, 제척기간의 진행

유류분반환청구권(제1117조), 재산분리청구권(제1045조) 등에 있어서, 기간진행의 기산점이 된다.

2.1.3. 상속의 효력 발생

상속의 효력은 상속개시의 시기에 발생한다.

2.1.4. 유류분의 산정

유류분의 산정은 상속개시의 시기를 기준으로 한다.

2.2. 상속개시의 장소

2.2.1. 상속개시의 장소는 피상속인의 주소지이다(제998조). 그러나 상속사건의 전부를 포괄하는 단일의 재판관할은 존재하지 않으므로, 제998조는 실질적인 의미는 없다고 보아야 한다.

2.2.2. 피상속인의 주소가 복수인 경우에는 관할법원이 여러 개 있는 것이 되지만, 이러한 경우 가사비송사건에 대하여는 "최초의 사건의 신청을 받은 법원이 그 사건을 관할한다"(가사소송법 제34조, 비송사건절차법 제3조)는 명문규정이 있다.

2.2.3. 피상속인의 주소를 알 수 없을 때 또는 한국에 주소가 없을 때에는 그 최후의 거소를 주소로 본다(비송사건절차법 제19조, 제20조). 거소를 알 수 없는 때에는 그 사망지를 상속개시의 장소로 할 수밖에 없을 것이다.

---

1) 같은 견해로서 곽윤직, 상속법, 33면.

3. 상속에 관한 비용

상속재산에 관한 비용은 조세 기타의 공과금, 관리비용, 청산비용, 소송비용, 재산목록작성비용, 유언집행비용 등이다. 장례비용은 직접적으로 상속에 관한 비용이라고는 할 수 없지만, 피상속인을 위한 비용이므로 이에 포함된다고 보아야 한다.[2] 이와 같은 비용은 모두 상속재산에서 지급한다(제998조의2). 이 규정은 한정승인, 상속포기, 상속재산의 파산, 재산분리 등의 경우에 실익이 있다.

4. 상속회복청구권

4.1. 상속회복청구권의 의의

상속이 개시되었을 때 상속인이 아닌 자가 고의로 또는 잘못하여 사실상의 상속을 함으로써, 진정한 상속인의 상속권이 침해되었을 때에 진정한 상속인이 참칭상속인을 상대로 하여 상속권의 회복을 청구할 수 있다(제999조 제1항). 이를 상속회복청구권이라고 한다.

4.2. 입법취지

상속인은 피상속인의 사망과 동시에 당연히 피상속인의 재산을 포괄적으로 승계함으로, 부진정상속인이 상속재산을 침해하였다면 상속인은 개개의 물건에 대하여 물권적 청구권을 행사하여 그 방해의 배제, 반환을 청구할 수 있다. 그럼에도 불구하고 상속회복청구권을 규정한 까닭은, a) 수 년 내지 수십 년 후에 사실상 상속한 자의 재산에 대하여 반환청구를 한다는 것은 당사자 간뿐만 아니라 제3자와의 권리의무관계에 혼란을 가져온다. 따라서 상속회복청구권에 제척기간을 두었다(제999조 제2항). 이는 조속히 법률관계를 안정시키는 데 있다. b) 상속인이 상속재산 전체를 정확하게 파악하는 것이 곤란한 경우가 많으므로 상속재산을 일일이 열거하지 않고 침해자에 대하여 일괄하여 회복청구를 할 수 있도록

---

2) 대판 1997.4.25, 97다3996; 대판 2003.11.14, 2003다30968.

한 것이다. c) 개별적인 권리로서 청구할 때에는 그 물건 또는 권리가 피상속인에게 속하고 있었다는 사실을 증명하지 않으면 안 된다. 그러나 상속회복청구권에서는 그렇게 할 필요가 없다.

4.3. 상속회복청구권의 성질

4.3.1. 상속자격확정설

상속회복청구권은 참칭상속인의 지위를 부정하고 진정한 상속인의 상속권을 확정하는 것을 목적으로 하는 것이라고 보는 견해이다.[3] 이 견해에 의하면, 상속회복에 있어서 주된 쟁점은 개개의 상속재산의 귀속문제가 아니라 원고의 상속자격, 즉 상속권이고, 상속회복청구의 소는 확인의 소, 즉 상속권의 확인을 구하는 점에 그 본체가 있다고 보는 것이다. 이렇게 보면 상속권의 확인을 구하는 확인의 소가 제척기간의 경과에 따라 소멸하더라도 개별적 청구권은 제척기간의 적용을 받지 않게 된다. 그러나 이 견해에 대하여 비판이 있다.[4]

4.3.2. 독립권리설

상속회복청구권은 개별적 청구권과는 달리 특별히 독립된 청구권이라고 이해하는 견해이다.[5] 이 견해는 상속회복청구권의 기초가 상속권이고, 상속권의 침해는 상속인이 상속재산의 승계자가 되었다는 법적 지위 그 자체에 대한 침해이고, 이를 포괄적으로 회복하는 것을 목적으로 하는 독립된 권리라고 하는 것이다. 또한 독립권리설 가운데 상속회복청구권을 포괄적 청구권이라고 하는 견해가 있다.[6] 그러나 이 견해에 대하여 비판이 있다.[7]

4.3.3. 집합권리설

상속회복청구권은 단일, 독립된 청구권이 아니라 상속재산을 구성하는 개개의 재산에 관하여 생기는 개별적 청구권의 집합에 지나지 않는다고 이해하는 견해이다.[8] 이 견해는 상속인이 상속재산을 포괄적으로 승계하지만, 이는 상속을 원

---

3) 박영식, "상속회복청구권과 물권적 청구권과의 관계", 민사재판의 제문제, 제2집, 민사실무연구회, 1980, 149면 이하.
4) 김주수/김상용, 전게서, 488면.
5) 박병호, 가족법, 316면 이하; 박병호, "상속회복청구권관견", 곽윤직교수화갑기념 민법학논총, 1985, 832면 이하; 신영호, "상속회복청구권의 법적 성질", 가족법연구, 제10호, 1996, 463면 이하.
6) 포괄적 청구권설, 곽윤직, 상속법, 163면.
7) 집합권리설, 김주수/김상용, 전게서, 488~489면.

인으로 하여 개별적 권리를 일괄하여 승계하는 데 지나지 않는다고 이해하고, 상속권의 침해를 개별적 권리의 침해로 보고 상속회복청구권은 편의상 한 개의 청구권으로 다루는 것에 지나지 않는다고 한다. 이 견해에 대하여 비판이 있다.[9]

4.3.4. 판례의 입장은 집합권리설을 취하고 있다.[10] 판례는 "상속재산에 관하여 진정한 상속인임을 전제로 하고 그 상속으로 인한 소유권 또는 지분권, 재산권 등 상속권의 귀속을 주장하는 참칭상속인 또는 자기들만이 재산상속을 하였다는 일부 공동상속인들을 상대로 상속재산인 부동산에 관한 등기의 말소 등을 구하는 경우에도 그 소유권 또는 지분권이 귀속되었다는 주장이 상속을 원인으로 하는 이상, 그 청구원인 여하에 불구하고 이는 민법 제999조 소정의 상속회복청구의 소라고 해석함이 상당하다 할 것이다"고 판시함으로써, 집합권리설에 따르고 있다.

4.3.5. 이와 같이 상속회복청구권의 성질에 대하여 학설이 나누어 있다. 그러나 진정한 상속인이 그 상속권의 내용의 실현을 방해하고 있는 자에 대하여 상속권을 주장함으로써 그 방해를 배제하고 현실적으로 상속권의 내용을 실현하는 것을 목적으로 하는 청구권이라고 보아야 한다.

4.4. 회복청구권자(원고적격)

4.4.1. 상속인 또는 그 법정대리인이 법원에 상속회복청구를 할 수 있다(제999조). 포괄적 수증자도 민법 제1078조에 의하여 상속인과 동일한 권리의무를 가지므로, 상속회복청구권에 관한 규정도 유추적용되어야 할 것이다. 그러나 진정상속인으로부터 상속분의 양도를 받은 자(제1011조)와 같이 상속인의 특별승계인은 상속회복청구권자로 보기 힘들 것이다.

4.4.2. 상속권을 침해당한 상속인이 상속회복청구권을 행사하지 않고 사망하였을 때에 그 상속회복청구권은 상속되는가. 이에 대하여 학설이 나누어진다. [제1설] 긍정하는 견해이다(긍정설).[11] [제2설] 그 청구권은 당연히 소멸하고, 그 상속

---

8) 신성택, "상속회복청구권에 관하여", 사법론집, 제10집, 1979, 284~285면; 김용진, "상속회복청구권에 관하여", 가정법원사건의 문제점(재판자료집 제18집), 1983, 593면; 오창수, "상속회복청구권과 제척기간", 판례월보, 1992.4.(제259호), 22면.

9) 곽윤직, 상속법, 285~286면.

10) 대판 1981.1.27, 79다854; 대판(전) 1991.12.24, 90다5740; 대판 2006.7.27, 2005다45452.

인의 상속인이 이를 승계하지 않는다고 해석한다(부정설).[12] 이 양설의 차이는 상속회복청구권의 존속기간에 관하여 생긴다. 즉 긍정설은 존속기간 10년의 기산점을 당초의 상속권의 침해행위 시로 해석하지만, 부정설은 존속기간의 기산점을 각각의 상속권의 침해행위 시라고 해석한다. 따라서 실질적으로 당초의 상속권의 침해행위 시보다 10년을 초과하게 되는 수가 있다. 따라서 긍정설에 의하면 참칭상속인 또는 참칭상속인으로부터 상속재산을 취득한 자가 더욱 더 보호되지만, 부정설에 의하면 진정상속인이 더욱 더 보호를 받게 된다.

4.5. 회복청구의 상대방(피고적격)

4.5.1. 참칭상속인

상속인인 것을 신뢰시키는 외견을 지니는 자나 상속인이라고 참칭하여 상속재산의 전부 또는 일부를 점유하는 자는 당연히 상속회복청구의 상대방이 된다.[13] 다만 상속재산을 점유하지 않고 오직 상속권만을 다투는 자는 상대방이 되지 않는다. 상대방의 선의, 악의, 과실의 유무는 묻지 않는다. 판례는 부동산에 관한 상속등기의 명의인에 상속을 포기한 공동상속인이 포함된 경우, 상속을 포기한 공동상속인이 참칭상속인에 해당한다고 단정할 수 있는지 여부에 대하여 부정한다.[14]

4.5.2. 상속권을 주장하지 않고 상속재산을 점유하는 자, 특정의 권원을 주장

---

11) 곽윤직, 상속법, 165면; 김용한, 친족상속법론, 327면.
12) 이 설은 상속회복청구권의 일신전속성을 강조하는 입장이다. 그러나 이를 주장하는 우리나라의 학설은 없다.
13) 대판 1993.11.23, 93다34848.
14) 대판 2012.5.24, 2010다33392는 상속회복청구의 상대방이 되는 참칭상속인이란 정당한 상속권이 없음에도 재산상속인인 것을 신뢰케 하는 외관을 갖추고 있는 자나 상속인이라고 참칭하여 상속재산의 전부 또는 일부를 점유하는 자를 가리키는 것으로서, 공동상속인의 한 사람이 다른 상속인의 상속권을 부정하고 자기만이 상속권이 있다고 참칭하여 상속재산인 부동산에 관하여 단독 명의로 소유권이전등기를 한 경우는 물론이고, 상속을 유효하게 포기한 공동상속인 중 한 사람이 그 사실을 숨기고 여전히 공동상속인의 지위에 남아 있는 것처럼 참칭하여 상속지분에 따른 소유권이전등기를 한 경우에도 참칭상속인에 해당할 수 있으나, 이러한 상속을 원인으로 하는 등기가 명의인의 의사에 기하지 않고 제3자에 의하여 상속 참칭의 의도와 무관하게 이루어진 것일 때에는 위 등기명의인을 상속회복청구의 소에서 말하는 참칭상속인이라고 할 수 없다. 그리고 수인의 상속인이 부동산을 공동으로 상속하는 경우 그와 같이 공동상속을 받은 사람 중 한 사람이 공유물의 보존행위로서 공동상속인 모두를 위하여 상속등기를 신청하는 것도 가능하므로, 부동산에 관한 상속등기의 명의인에 상속을 포기한 공동상속인이 포함되어 있다고 하더라도 상속을 포기한 공동상속인 명의 지분등기가 그의 신청에 기한 것으로서 상속 참칭의 의도를 가지고 한 것이라고 쉽게 단정하여서는 아니 된다고 하였다.

하여 상속재산을 점유하는 자[15]

4.5.3. 다른 상속인의 상속분을 침해하는 공동상속인[16]

4.5.4. 위 3자로부터 상속재산을 전득한 제3자

참칭상속인으로부터 상속재산을 전득한 제3자에 대하여 상속인이 상속재산의 반환을 청구하는 경우에, 이 소의 성질을 상속회복청구로 볼 것인가. 판례의 동향을 보면, 과거의 판례[17]는 부정설에 따랐다. 그러나 이에 대한 비판이 있었다. 대법원판결[18]은 종전의 판결을 폐기하고 긍정설에 따르고 있다.

4.5.5. 상속개시 후에 인지된 혼인외의 출생자 등의 상속회복에 관한 특칙

상속개시 후의 인지 또는 재판의 확정에 의하여 공동상속인이 된 자도 다른 공동상속인에 대하여 상속회복청구를 할 수 있다.[19] 다만 상속재산이 이미 분할 되었거나 그 밖에 상속재산이 처분된 뒤라면 자기의 상속분에 상당한 가액의 지급을 청구할 수 있다(제1014조).

4.6. 상속회복청구권의 행사

4.6.1. 행사의 방법과 입증책임

4.6.1.1. 상속회복청구는 반드시 소송에 의할 필요는 없으며, 재판외의 청구도 가능하다.

4.6.1.2. 상속회복청구를 하는 경우에 참칭상속인과 피상속인과의 인격관계에

---

15) y는 피상속인 x1의 생전에 x1과 부동산에 대한 매매계약을 체결하고 이를 원인으로 하여 소유권 이전등기를 하였으나 매매계약이 무효가 되었다. x1의 상속인 x가 y에 대하여 매매계약의 무효를 주장하며 소유권이전등기의 말소를 청구하는 경우 이 소의 성질은 상속회복청구의 소라고 본다. 그러나 대판 1982.1.26, 81다851, 852은, 공동상속인인 원고가 피상속인의 생전에 당해 부동산을 매수한 일이 없음에도 불구하고 매수하였다고 하여 소유권이전등기를 경료했으므로 공동상속인인 원고가 그 등기무효를 청구원인으로 하여 피고에 대하여 등기말소청구를 하는 것은 상속을 원인으로 하는 것이 아니므로 상속회복청구가 아니라고 하였다. 마찬가지로 특정한 권원을 주장하는 상속재산의 점유자도 피고적격이 없다고 할 것이다. 박병호, 가족법, 319면 참조

16) 헌재결 2006.2.23, 2003헌바38, 61(병합); 배제된 상속인이 상속재산분할청구나 등기말소를 청구하면 이는 결국 상속권의 침해를 배제하고 회복을 청구하는 취지이므로, 상속회복청구권의 행사로 해석된다. 그리고 여기에서 '상속권의 침해'라 함은 상속으로 인하여 취득한 소유권에 대한 침해를 의미하며, 단순한 점유만의 침해는 침해의 개념에 포함되지 않는다. 김주수/김상용, 전게서, 495~496면.

17) 대판 1977.11.22, 77다1744.

18) 대판(전) 1981.1.27, 79다854.

19) 대판 1978.12.13, 78다1811.

관한 소송을 경유할 필요가 없다.[20] 상속회복을 청구하는 상속인은 자기가 상속권을 가지는 사실을 입증하여야 한다. 점유의 입증만으로써 충분하다. 반대로 상대방이 회복청구를 거절함에는 상속재산에 특정의 권원을 가지는 것을 입증하여야 한다.

4.6.2. 행사의 효과

4.6.2.1. 상속회복청구권에 관한 재판에서 원고 승소의 판결이 확정된 경우에는 참칭상속인은 진정상속인에게 그가 점유하는 상속재산을 반환하여야 한다.

4.6.2.2. 참칭상속인의 양도행위와 제3자에 대한 효과에 있어서, 상속회복의 효과가 제3자에 대한 관계에서도 효력이 발생하는가. 참칭상속인으로부터 제3자가 양수한 재산이 동산이나 채권 등이면 선의취득이 인정되므로 보호되지만, 부동산인 경우에는 등기에 공신력이 없으므로 전혀 구제의 길이 없다. 이러한 경우에는 상속재산을 양수한 제3자는 참칭상속인에 대하여 담보책임이나 손해배상을 청구할 수밖에 없을 것이다.

4.6.3. 참칭상속인에 대한 채무의 변제

피상속인의 채무자가 선의, 무과실로 그 채무를 참칭상속인에게 변제하였을 경우에는 그 변제는 채권의 준점유자에 대한 변제로서 유효하고(제470조), 진정상속인은 참칭상속인에 대하여 부당이득의 반환을 청구하여야 한다.

4.7. 회복청구권의 소멸

4.7.1. 회복청구권의 포기

상속인이 그가 승계한 재산으로부터 이익향수를 단념하는 것은 그의 자유이므로 상속회복청구권의 포기는 유효하다. 그러나 상속이 개시되기 전에 상속인이 될 자(추정상속인)가 미리 상속회복청구권을 포기할 수 있는가? 부정되어야 한다. 왜냐하면 피상속인 등의 압박으로 상속인이 부득이 사전포기를 하는 폐단을 막기 위하여 상속회복청구권의 사전포기는 인정되지 않는다고 보아야 하기 때문이다.[21]

4.7.2. 제척기간의 경과에 의한 소멸

상속회복청구권은 그 침해를 안 날로부터 3년, 상속권의 침해행위가 있은 날

---

20) 대판 1955.12.22, 4288민상399.
21) 곽윤직, 상속법, 167면.

로부터 10년을 경과하면 소멸한다(제999조 제2항).[22] 헌법재판소는, 민법 제999조 제2항 위헌소원에 대하여 민법상 상속회복청구권의 제척기간을 정하고 있는 민법 제999조 제2항이 헌법에 위반되지 아니한다는 결정을 선고하였다. 위 조항은 상속회복청구권의 제척기간을 상속권의 침해를 안 날로부터 3년, 상속개시일로부터 10년으로 각각 정하고 있는바, 이는 상속인이 자신의 상속재산을 회복하기 위하여 권리를 행사하기에 충분한 기간으로서 입법재량의 범위를 일탈한 것으로 볼 수 없고, 또한 이 사건 법률조항은 참칭상속인을 보호하는 것이 아니라 어디까지나 거래안전을 보호하기 위한 조항이므로 그 적용의 결과 악의의 참칭상속인이 보호받는 반사적 결과가 도출된다고 하여 재산권이나 평등권을 침해한다고 볼 수 없어 합헌으로 결정한 사안이다.[23]

4.7.3. 회복청구권소멸의 효과

상속회복청구권이 소멸하면, 이후 기존의 법률관계는 절대적으로 확정된다. 진정상속인은 상속권을 상실하고, 참칭상속인은 상속개시한 때로 소급하여 상속재산에 대하여 정당한 권원을 취득한다.[24]

[사례 1]

> A가 부동산을 남기고 사망하였다. A에게는 배우자 B와 자 C, D가 있어서 이들이 그 부동산을 상속하여 제3자인 Y에게 그것을 매각처분하였다. 그 후 X가 A의 혼인외의 출생자로서 가정법원에 인지청구를 하여 인지판결을 받은 지 3년이 경과된 후 Y를 상대로 상속권에 기인하여 등기말소청구를 하였다. 이 경우 X의 청구는 받아들여질 수 있는가? 만약 Y에 대한 청구가 인용되지 않을 경우, X는 B, C, D에 대하여 어떤 청구를 할 수 있는가?[25]
> (대판 1980.2.10, 79다2062; 대판 1977.2.22, 76므55)

◀요약▶

---

22) 대판 2006.9.8, 2006다26694.
23) 헌재결 2010.11.25, 2010헌바253; 다만 헌재결 2009.09.24, 2008헌바2는 상속회복청구권의 행사기간을 "상속권의 침해를 안 날부터 3년, 상속권의 침해행위가 있은 날부터 10년"으로 규정하고 있는 민법 제999조 제2항은 상속인이 자신의 상속재산을 회복하기 위한 권리를 행사하기에 충분한 기간이라고 할 것이어서 상속인의 재산권, 사적 자치권, 재판청구권을 침해하거나 평등원칙에 위반되지 않으며, 상속권 자체를 부인하는 것이 아니라 상속회복청구권의 행사기간만을 제한하는 것으로서 자유시장경제질서에 위반되지 않는다는 이유로 합헌결정을 선고하였다, 헌재결 2009.04.30, 2007헌바122(각하).
24) 대판 1998.3.27, 96다37308.
25) 김주수/김상용, 전게서, 484~485면.

1) 만약 B가 상속부동산을 자신의 명의로 단독등기를 하였다면, X는 B를 상대로 자신의 상속분(9분의 2)에 상응하는 지분에 대하여 등기말소청구를 하거나 지분이전등기청구를 할 수 있다. 2) X가 Y를 상대로 그 부동산에 대하여 등기말소청구를 할 수 있는가에 대하여, 인지의 소급효는 제3자가 이미 취득한 권리를 침해하지 못하므로(제860조 단서), X는 Y에 대하여 등기말소청구를 할 수 없다. 3) X는 B, C, D에 대하여 제1014조에 의하여 상속분에 상당한 가액의 지급을 청구할 수 있는 것에 그친다. 4) 이와 같은 권리는 언제까지 행사할 수 있는가에 대하여, X의 가액지급청구권에 대하여 상속회복청구권을 적용하여 그 제척기간인 그 침해를 안 날로부터 3년이 경과하면 소멸하므로, X가 인지판결의 확정 후 3년이 경과한 시점에 B, C, D를 상대로 가액지급청구를 하게 될 것이므로, 이미 제척기간의 경과로 청구권이 소멸된 후이다. 5) 그렇다면 X의 청구는 인용될 수 없다.[26)]

[사례 1-1]

> '갑'·'을' 부부는 '갑'의 매 '병'이 혼외자 '정'을 낳고 고민하고 있으므로 자기들의 친생자로 입적했다. '갑'·'을'에게는 아들 '무'가 있다. '갑'의 사망 후 '을'·'병'·'정'·'무'가 분할상속했다. '무'는 그 뒤 이 사실을 알고 '갑'·'을'과 '정' 사이의 친자관계부존재확인판결을 받고 '정'에게 상속회복청구를 청구했다. 그런데 '정'은 상속받은 재산의 일부를 이미 제3자 A에게 매각했으므로 '무'는 그 제3자 A에 대해서도 상속회복청구를 했다. 이 청구는 성립하는가.[27)]

[문항]

> **상속회복청구권에 관한 설명 중 옳지 않은 것은? (다툼이 있는 경우에는 판례에 의함)**
> ① 진정상속인 甲이 참칭상속인 乙을 상대로 상속재산에 관한 등기의 말소 등을 구하는 경우에 그 소유권 또는 지분권 등의 귀속원인을 상속으로 주장하고 있는 이상 청구원인 여하에 불구하고 이는 상속회복청구의 소라고 할 것이다.
> ② 진정상속인 甲이 참칭상속인 乙의 최초 침해행위가 있은 날로부터 10년의 제척기간이 경과하기 전에 乙에 대한 상속회복청구 소송에서 승소의 확정판결을 받았다고 하더라도, 위 제척기간이 경과한 후에는 乙로부터 상속재산을 양수한 제3자를 상대로 상속회복청구의 소를 제기하여 상속재산에 관한 등기의 말소를 구할 수 없다.

---

26) 김주수/김상용, 전게서, 493면.
27) 박병호, 가족법, 326면.

③ 진정상속인 甲이 참칭상속인 乙로부터 상속재산에 관한 권리를 취득한 丙을 상대로 제척기간 내에 상속회복청구의 소를 제기하였을지라도, 乙에 대하여 그 기간 내에 상속회복청구권을 행사한 일이 없다면 甲의 丙에 대한 상속회복청구의 소는 부적법하게 된다.

④ 상속개시 후의 인지 또는 재판의 확정에 의하여 공동상속인이 된 甲이 상속재산 분할을 청구한 경우에 다른 공동상속인 乙이 이미 상속재산 분할 기타 처분을 한 때에는 그 상속분에 상당한 가액의 지급을 청구할 권리가 있는바, 이 가액청구권은 상속회복청구권의 일종이다.

⑤ 상속회복청구권이 제척기간의 경과로 소멸하게 되면, 진정상속인 甲은 상속에 따라 승계한 개개의 권리의무를 상실하게 되고, 그 반사적 효과로 인해 참칭상속인 乙의 지위가 확정되어 상속재산은 상속개시일로 소급하여 乙의 소유로 된다.

[사법시험54]

◀해답▶ ③

[문항]

상속회복청구권	[부산대12]

Ⅱ. 상속인

1. 상속의 순위

1.1. 서설

상속이 개시될 때에 상속인의 자격을 가진 자가 한 사람밖에 없을 경우에는 상속순위의 문제가 일어나지 않는다. 그러나 그 자격을 가진 자가 여러 명인 경우에는 상속인의 순위를 정해 둘 필요가 있다. 상속인의 자격을 가진 자 사이에 그 상속에 대하여 여러 가지 분쟁을 일으킬 우려가 있고, 공익에 미치는 영향도 매우 중대하므로 상속의 순위를 모두 법률에 의하여 획일적으로 정하여 이를 변경할 수 없도록 하였다.[28]

---

28) 상속순위에 관한 입법주의에는, 상속유별주의(Erbklassen system)·친계주의(근친혈족우선주의,

1.2. 제1순위 - 직계비속

1.2.1. 제1순위의 상속인은 피상속인의 직계비속이다(제1000조 제1항).

1.2.1.1. 직계비속이 여러 명이 있는 경우에 촌수가 같으면 그 직계비속들은 동순위로 상속인이 되고(제1000조 제2항 후단), 촌수가 다르면 촌수가 가까운 직계비속이 먼저 상속인이 된다(제1000조 제2항 전단). 따라서 피상속인의 자녀가 모두 상속개시 전에 상속권을 잃든가 상속개시 후에 상속을 포기하면, 손자녀가 직계비속으로서 상속인이 된다.[29]

1.2.1.2. 손자녀가 본위상속하는 것에 대하여 손자녀 이하의 직계비속은 언제나 대습해서 상속한다는 견해[30]가 있다. 또한 손자녀가 본위상속을 하게 되면 사망한 자녀의 배우자는 상속에서 제외된다고 한다.[31] 그러나 이렇게 해석하면 제1000조 제2항을 무시한 해석이 된다. 따라서 피상속인의 자녀가 모두 상속을 포기하면 후순위의 손자녀가 직계비속으로 본위상속을 하고, 자녀의 배우자가 있는 경우에는 손자녀가 본위상속을 할 수 없고, 제1003조 제2항에 의하여 자녀의 배우자와 함께 대습상속을 하게 된다.[32]

1.2.1.3. 직계비속에 대하여 자연혈족이거나 법정혈족이거나 차별이 없고, 혼인 중의 출생자이거나 혼인외의 출생자이거나 남자이거나 여자이거나 기혼이거나 미혼이거나 그 상속순위에 아무런 차별이 없다. 헌법재판소는, 민법 제1000조 제1항 제1호 위헌확인에 대하여 제1순위 상속인을 '피상속인의 직계비속'으로만 규정하고 계모가 사망하는 경우 계자(繼子)를 계모(繼母)의 상속인으로 규정하지 않고 있는 민법 제1000조 제1항 제1호(이하 '이 사건 법률조항'이라 한다)에 대하여, 재판관 전원의 일치된 의견으로 이 사건 법률조항은 상속의 순위를 법률로 규정함으로써 상속 순위에 관한 법률적 분쟁을 사전에 예방하고 우리 민법이 취하고 있는 혈족상속의 원칙을 입법한 것으로 입법목적의 타당성을 인정할 수 있으며,

---

Parentelsystem) · 3계주의(Dreiliniensystem)가 있다. 우리 민법은, 스페인 민법 · 일본민법과 함께, 혈족상속인을 직계비속 · 직계존속 · 형제자매의 3종으로 나누어, 선순위의 그룹이 후순위의 그룹을 상속에서 배제하는 3계주의를 바탕으로 하고 있다. 곽윤직, 상속법, 45~47면.

29) 대판 1995.4.7, 94다11835; 대판 1995.9.26, 95다27769.
30) 대습상속설; 곽윤직, 상속법, 49~50면; 대판 2001.3.9., 99다13157.
31) 곽윤직, 상속법, 50면.
32) 비대습상속설; 김주수/김상용, 전게서, 504~505면.

현행 민법상 계모자관계는 혈족관계가 아닌 인척관계에 불과하고, 대다수 외국의 법제도에서도 인척에게 상속권을 인정하는 경우는 찾아보기 어려우며, 계모자 간에 법적인 모자관계를 원한다면 입양신고를 통하여 친생자와 똑같은 효과를 얻을 수 있고, 계모자 간에 재산의 이전을 원한다면 증여나 유증 등을 통하여 상속에 준하는 효과를 얻을 수 있음에 비추어 피해의 최소성 원칙에 반하지 않으며, 구민법의 계모자관계는 조선시대부터 내려오던 가부장적 가족제도의 산물로서 그 타당성을 인정하기 어렵고, 양성평등의 원칙에 반한다는 비판적 여론에 따라 입법자가 폐지하고 계모가 사망하는 경우 계자를 상속권자로 규정하지 않은 것으로 사회적 공익을 추구하고 있어 청구인인 계자의 재산권(상속권)을 침해하거나 평등원칙에 위반되지 않는다는 이유로 청구인의 심판청구를 기각하는 결정을 선고하였다.[33]

1.2.2. 태아는 상속순위에 관하여 이미 출생한 것으로 본다(제1000조 제3항).

1.2.3. 자기의 혼인외의 출생자를 양자로 한 때에는 입양과 동시에 혼인외의 출생자의 인격을 잃었다고 보아야 한다. 따라서 상속자격의 중복이 생기지 않는다. 그러나 손이 조부의 양자로 되어 있는 경우에 친생부가 이미 사망하였을 때에는 조부의 양자로서의 상속권과 친생부의 대습상속권을 중복하여 가지게 된다고 할 것이다.

1.3. 제2순위 - 직계존속

1.3.1. 제2순위의 상속인은 피상속인의 직계존속이다(제1000조 제1항 제2호). 직계존속이 여러 명인 경우에 그 직계존속들이 촌수가 같으면 동순위이고, 촌수를 달리하면 최근친이 먼저 상속인이 된다(제1000조 제2항). 따라서 부모와 조부모가 있는 경우에는 부모가 선순위가 된다.

1.3.2. 직계존속에 대하여 대습상속이 인정되지 않는다.

1.3.3. 미혼이어서 배우자나 자녀가 전혀 없는 손자녀가 사망한 경우, 그의 부모는 생존하지 않고 조부모, 외조부모만이 살아 있다면, 이들 조부모, 외조부모가 손자녀를 상속하게 된다. 이 경우 상속은, 대습상속이 아니라, 고유의 상속권에

---

33) 헌재결 2009.11.26, 2007헌마1424.

의한 상속이다.[34)]

1.4. 제3순위 - 형제자매

1.4.1. 제3순위의 상속인은 피상속인의 형제자매이다(제1000조 제1항 제3호). 직계비속과 직계존속이 모두 있지 않을 때에, 형제자매가 상속인이 된다. 판례의 동향을 보면, 종전의 판례[35)]는 피상속인의 부계의 방계혈족을 의미한다고 하였다. 그러나 최근의 판례[36)]는 "민법 일부개정에 의하여 친족의 범위에서 부계와 모계 간의 차별을 없애고, 상속의 순위나 상속분에 관하여도 남녀 간 또는 부계와 모계의 차별을 없앤 점에 비추어 볼 때, 부계 및 모계의 형제자매를 모두 포함하는 것으로 해석하는 것이 상당하다"고 판시하였다.

1.4.2. 형제자매 사이의 상속에는 남녀의 성별, 기혼, 미혼, 자연혈족, 법정혈족에 따른 차별이 없다. 그리고 형제자매의 직계비속에 대하여 대습상속이 인정된다(제1001조).

1.4.3. 형제자매에 관하여, 그 직계비속과 배우자에 의한 대습상속이 인정된다(제1001조, 제1003조 제2항 참조).

1.5. 제4순위 - 4촌 이내의 방계혈족

1.5.1. 제4순위의 상속인은 4촌 이내의 방계혈족으로 축소하였다(제1000조 제1항 제4호). 이들은 피상속인의 직계비속, 직계존속, 배우자, 형제자매가 없는 경우에만 상속인이 된다. 촌수가 다른 방계혈족 사이에는 촌수가 가까운 자가 선순위이고, 촌수가 같으면 공동상속인이 된다(제1000조 제2항).

1.5.2. 방계혈족이면 족하고 남녀의 성별, 기혼, 미혼, 부계, 모계에 따른 차별이 없고, 모계혈족도 포함하는 것으로 보아야 한다.[37)] 다만 방계혈족에는 대습상속이 인정되지 않는다(제1001조 참조).[38)]

---

34) 곽윤직, 상속법, 52면.
35) 대판 1975.1.14, 74다1503.
36) 대판 1997.11.28, 96다5421.
37) 박병호, 가족법, 330면.
38) 곽윤직, 상속법, 54면.

1.6. 배우자

1.6.1. 배우자는 그 직계비속과 동순위(제1순위)로 공동상속인이 된다. 직계비속이 없는 경우에는 피상속인의 직계존속과 동순위로 공동상속인이 된다. 피상속인의 직계비속도 직계존속도 없는 경우에는 단독상속인이 된다(제1003조). 상속법은 혈족상속을 원칙으로 하면서 배우자상속을 정당화시키는 근거로서, ① 생존배우자의 상속권은 그가 상속재산에 대하여 갖는 잠재적 지분을 청산하여 취득하는 것이고, ② 생존배우자의 부양 내지 생활을 보장하기 위하여 인정하는 것이라고 한다.[39]

1.6.2. 여기에서 부와 처라 함은 혼인신고를 한 법률상의 배우자를 말한다. 부부 일방의 사망 후에 혼인이 취소된 경우에 생존배우자는 상속권을 잃게 되는가. 판례는 혼인의 취소의 효력이 기왕에 소급하지 않는다는 민법 제824조를 근거로 하여 상속권을 잃지 않는다고 해석한다.[40] 그러나 이 경우에 상속권을 잃는다고 보아야 한다.[41]

1.6.3. 부부 일방이 혼인무효의 소를 제기한 후 또는 혼인취소의 소를 제기한 후에 그 소송계속 중에 사망한 경우에는 소송경제를 위하여 다른 제소권자(4촌 이내의 친족; 가사소송법 제23조)가 원고의 지위를 승계할 수 있게 하였다(가사소송법 제16조).

1.6.4. 부부 일방이 이혼소송을 제기한 후 소송계속 중에 사망한 때에는 소송은 당연히 종료된다.[42]

1.6.5. 중혼관계에 있는 경우의 배우자의 상속권은 어떻게 되는가. 이 경우에 민법은 중혼을 혼인의 취소원인으로 하여 취소할 때까지 일단 유효로 보고 있는 이상 배우자로서 상속권을 갖는다고 해석한다.[43] 또한 혼인취소의 효력에는 소급효가 없으므로 상속에는 아무런 영향이 없다는 것이 판례의 태도이다.[44] 배우자 일방이 사망한 후에 혼인이 취소되었을 경우에는 사망한 때에 혼인이 소멸하는

---

39) 곽윤직, 상속법, 54면; 박병호, 가족법, 330~331면.
40) 대판 1996.12.23, 95다48308.
41) 김주수/김상용, 전게서, 508면; 그러나 혼인의 취소에는 소급효가 없으므로, 상속인자격에 영향이 없다는 견해가 있다. 박병호, 332면; 같은 견해로서 곽윤직, 상속법, 57면.
42) 대판 1993.5.27, 92므143.
43) 박병호, 가족법, 332면; 곽윤직, 상속법, 57면.
44) 박병호, 가족법, 332면; 대판 1996.12.23, 95다48308.

것으로 보아야 하기 때문에, 이 견해와 판례는 부당하다는 비판이 있다.[45]

1.6.6. 사실상의 이혼 중의 당사자 일방이 사망한 경우에 다른 일방은 배우자로서의 상속권이 있는가. 이 경우에 긍정하는 것이 판례의 태도이다.[46] 그러나 이에 대하여 사실상 이혼중의 배우자가 상속권을 주장하는 것은 권리남용으로 보아 이를 배척하여야 한다는 견해가 있다.[47]

1.6.7. 사실혼의 배우자에 대하여 부 또는 처로서의 상속권이 인정되지 않는다.[48] 다만 상속인이 없는 경우에 특별연고자로서 상속재산의 전부 또는 일부를 분여받을 수 있는 경우가 있을 뿐이다(제1057조의2).

[사례]

> 갑은 1970년 4월경 A와 혼인신고를 마치고 그와의 사이에서 1972년 12월 15일에 을을 낳았다. 그런데 A는 2000년 1월경 병과도 혼인신고를 하고 동거하던 중 2005년 7월 1일에 사망하였다. 병은 2005년 10월 10일에 A의 소유였던 건물 X를 상속을 원인으로 병의 단독명의로 등기를 한 후 정에게 임대하였다. 갑은 A의 사망 후 중혼을 이유로 A와 병 사이의 혼인취소청구를 하여 승소확정판결을 받았다.
> 1. 상속과 관련한 갑과 병 사이의 법률관계를 논하시오.
> 2. 건물 X와 관련한 갑과 병, 갑과 정 사이의 법률관계를 논하시오.
>
> [사법시험50]

[사례 2]

> 부 '갑'이 '병'녀와 부첩관계에 들어갔으므로 처 '을'과 불화하자 '을'은 자식 A · B를 데리고 친정으로 돌아가 별거했다. '갑'은 '을'을 기망하여 협의이혼을 하는 데 성공하고 '병'과 혼인신고를 했다. 그 후 '갑' · '병' 사이에 C가 출생했다. '을'은 이 사실을 알고 '갑'을 상대로 협의이혼무효확인의 소를 제기해서 승소했다. '갑'은 패소 직후 사망하였다. '갑'의 상속인은 누구인가.[49]

---

45) 김주수/김상용, 전게서, 509면.
46) 대판 1969.7.8, 69다427.
47) 박병호, 가족법, 331면.
48) 사실혼배우자의 상속과 관련하여, 윤진수, "사실혼배우자 일방이 사망한 경우의 재산문제", 저스티스, 제100호, 2007. 10, 5면 이하; 박종용, "사실혼배우자의 보호", 가족법연구, 제21권 제3호, 2007.11, 139면 이하; 김상용, "사실혼 배우자의 상속권에 관한 시론", 중앙법학, 제9집 제2호, 2007.9, 511면 이하.
49) 박병호, 가족법, 334~335면.

1.7. 국가

상속인이 될 수 있는 자가 한 명도 없을 때에는 상속인이 없는 상태가 된다. 이러한 경우에는 특별연고자가 가정법원에 상속재산의 전부 또는 일부에 대하여 분여를 청구할 수 있다(제1057조의2). 그러나 특별연고자의 분여청구가 없거나 분여하고 남은 재산이 있을 때에는 그 재산은 국가에 귀속하게 된다(제1058조, 다만 제267조의 예외가 있음).

2. 대습상속

2.1. 대습상속의 의의

2.1.1. 상속개시 당시 살아 있었다면 상속인이 될 수 있었던 피상속인의 직계비속 또는 형제자매가 상속개시 전에 사망하거나 결격자가 된 경우에 그 직계비속이 있는 때에는 그 직계비속이 사망하거나 결격자가 된 자의 순위에 갈음하여 상속인이 된다(제1001조). 상속개시 전에 사망 또는 결격된 자의 배우자도 그 직계비속과 함께 동순위로 공동상속인이 되며, 그 직계비속이 없을 때에는 단독상속인이 된다(제1003조 제2항). 이를 대습상속[50]이라고 한다.

2.1.2. 대습상속제도를 인정하는 이유는, 본래 선순위의 상속권을 가져야 할 자가 사망, 결격 등을 이유로 상속권을 잃은 경우에 그 사람의 직계비속과 배우자로 하여금 그 사람에 갈음하여 동순위로 상속시키는 것이 공평의 이념에 맞는다고 생각되기 때문이다. 이는 자기 고유의 권리로서 직접 피상속인의 재산적 지위를 승계하는 것이 직계비속의 상속권을 보장하고, 공평의 이념에 일치하며, 혈족인 대습자의 생산기여와 생활보장이라는 상속의 이념에 부합한다는 것에서 근거를 찾을 수 있다.[51]

---

50) 이를 대위상속(代位相續) 또는 승조상속(承祖相續)이라고도 한다.
51) 박병호, 가족법, 332면; 곽윤직, 상속법, 60면.

2.2. 입법취지

우리나라의 관습에 적손승조(嫡孫承祖)의 관습이 있었다. 이 제도의 배후에는 상속권의 확립, 상속에 대한 기대의 확립이 있다. 재산상속의 경우에 상속에 대한 강한 기대에 형평의 원칙이 적용되는 것이다. 따라서 직계뿐만 아니라 방계(형제자매의 직계비속 및 배우자)에 대하여도 대습상속이 인정된다.

2.3. 대습상속의 성질

대습상속의 성질에 관하여, 피대습자의 권리를 승계하는 것인가, 아니면 자기 고유의 권리로서 피상속인을 상속하는 것인가. 상속개시 전의 상속권은 엄격한 의미에서 본래의 의미의 상속권이 아니고, 오직 기대적 지위에 지나지 않는다. 이러한 기대적 지위를 승계하는 것은 있을 수 없으므로, 대습상속의 상속권은 피대습자로부터 승계한 것이 아니라 당연히 자기 고유의 권리로서 나오는 것이다.[52]

2.4. 대습상속의 요건

2.4.1. 상속인(피대습자)이 상속개시 전에 사망하거나 결격자가 되어야 한다(제1001조, 제1003조 제2항). 그러나 상속개시 후의 결격사유를 포함시키기 위하여 '상속개시 전에' 사망에만 관한 것이고, 결격자에는 걸리지 않는다고 해석하는 견해[53]가 있다. 동시사망의 추정에 의하여 피상속인과 상속인이 동시에 사망한 것으로 추정되는 경우에 그 상속인은 피상속인보다 먼저 사망한 것이 아니므로 대습상속이 개시되지 않는 것이 아닌가. 이에 대하여 피상속인이 상속인보다 먼저 사망한 경우에는 상속인에게 일단 상속되었다가 상속인의 직계비속이나 배우자에게 상속될 것이고, 상속인이 될 자가 피상속인보다 먼저 사망한 경우에는 상속인의 직계비속이나 배우자가 대습상속을 하게 되는데(제1001조, 제1003조 제2항), 피상속인과 상속인이 동시에 사망하면 대습상속이 되지 않는다는 것은 형평에 어긋나므로 대습상속을 한다고 해석할 수밖에 없다.[54] 상속포기는 대습상속의 사

---

52) 이것은, 법률의 규정에 의하여 직접 주어지는 것이고, 피상속인에 대한 고유의 상속권을 대습자가 가지고 있다는 뜻이 아니라는 것이다. 곽윤직, 상속법, 61면.
53) 곽윤직, 상속법, 62면.

유가 되지 않는다.[55]

2.4.2. 대습상속은 피대습자의 직계비속이나 배우자이어야 한다. 피대습자가 상속권을 잃을 때에 직계비속이 이미 존재하고 있어야 하는가. 이에 대하여 일본의 통설·판례는 이를 적극적으로 해석하였었다. 그러나 대습상속이 피대습자의 지위승계가 아니고 자기 고유의 권리로서 상속하는 것이라면, 직계비속이 피대습자의 실권 후 출생한 것도 대습상속이 된다 할 것이다. 따라서 태아가 대습상속인의 자격이 있는가. 명문의 규정이 없지만, 상속의 순위에서 이미 출생한 것으로 보고 있으므로(제1000조 제2항), 이를 유추적용하여야 할 것이다. 배우자는 혼인한 배우자이어야 한다. 배우자가 사망한 후 재혼한 자는 인척관계가 소멸하므로(제775조 제2항), 대습상속권이 없다고 해석하여야 할 것이다(등록예규 제694호).

2.4.3. 대습자(대습상속인)는 상속인의 자격을 잃어서는 안 된다. 대습자가 결격자인 경우에는 대습상속권을 갖지 못한다.

2.4.4. 동순위의 공동상속인이 전부 상속개시 전에 사망하거나 결격자가 된 경우[56]에는 그 상속인의 직계비속에게 대습상속이 인정된다. 상속권을 잃은 자가 피상속인의 자녀인 경우에는 자녀의 배우자가 없는 한 그 직계비속은 본래의 상속(본위상속)을 하게 되므로(제1000조 제1호), 대습상속의 필요가 없다.[57] 그러나 피상속인의 형제자매가 전부 상속개시 전에 사망하거나 결격자가 되었는데 그 형제자매에게 배우자나 직계비속이 있는 경우에는 그 실익이 있다.

2.5. 재대습상속

피상속인의 자녀에게 대습원인이 발생하면 손자녀가 대습상속을 하게 된다. 그 손자녀에 대하여도 대습원인이 발생하면 증손자녀가 대습상속하게 되며, 증손 이하의 직계비속에 대하여도 마찬가지로 된다. 이를 재대습상속이라고 한다. 재대

---

54) 서울지판 1998.4.3, 97가합91172.
55) 이설은 없으나, 이에 대하여 상속포기를 대습원인으로 하고 있지 않은 것은 부당하다는 지적을 하는 입장(박병호, 가족법, 334면)이 있고, 제1001조에 포기를 대습원인으로서 포함하는 개정의 필요성을 주장하는 입장(곽윤직, 상속법, 63면)이 있다.
56) 이에 대하여, 대습상속설에 의하면 그 상속인의 직계비속이 피대습자의 상속분을 상속하지만, 비대습상속설(본위상속설)에 의하면 그 상속인의 직계비속의 머리수에 따라서 상속하게 된다. 따라서 어느 설을 취하느냐에 따라 직계비속의 이해에 크게 영향을 주게 된다. 곽윤직, 상속법, 64면.
57) 그러나 이와 반대의 판례는, 대판 2001.3.9, 99다13157; 같은 견해로서 곽윤직, 상속법, 64면.

습상속은 직계비속의 직계비속뿐만 아니라 형제자매의 직계비속의 경우에도 인정된다고 보아야 한다.

2.6. 대습상속의 효과

대습상속에 의하여 대습자는 피대습자에게 예정되어 있는 상속순위에서 상속분을 상속한다.

[사례 3]

> 피상속인 A는 처B, 아들C, 딸D, 손자E, F와 함께 여름휴가를 보내기 위하여 비행기를 타고 괌도에 가던 중 추락사고로 전부 사망하였는데, 유가족으로는 딸D의 남편G(A의 사위)와 A의 동생H와 I가 있다. A가 남긴 재산을 놓고, G와 H, I가 다투다가 협의가 되지 않은 상태에서 G가 등기소에 상속등기신청을 하여 수리되었다. 이에 대하여 H, I는 G를 상대로 소유권이전등기말소를 청구하였다. 이 경우에 H, I의 청구는 받아들여질 수 있는가?[58]
>
> (대판 2001.3.9, 99다13157)

◀요약▶

피상속인 A와 처 B, 아들 C, 딸 D, 손자 E, F는 동시에 사망한 것으로 추정되고, 이러한 경우에는 피상속인 A의 사위인 G가 직계비속(딸 D)의 배우자로서 대습상속을 하게 된다. 이와 같은 사례에 대하여 대판 2001.3.9, 99다13157은 "민법 제1001조의 '상속인이 될 직계비속이 상속개시 전에 사망한 경우'에는 상속인이 될 직계비속이 피상속인과 동시에 사망한 경우도 포함하는 것으로 해석함이 타당하다. 따라서 망인의 직계비속의 배우자인 피고는 특별한 사정이 없는 한 대습상속을 한다"고 판시하고 있다.[59]

3. 상속인의 자격

3.1. 상속능력

3.1.1. 의의

상속능력이라 함은 상속인이 될 수 있는 자격을 말한다. 현행법에서 상속은 순

---

58) 김주수/김상용, 전게서, 510면.
59) 김주수/김상용, 전게서, 513면.

수한 재산상속이므로, 권리능력이 있는 자는 모두 상속능력이 인정된다. 다만 상속능력은 자연인에 대하여만 인정된다. 그러나 법인은 포괄적 수증자가 될 수 있다.

3.1.2. 태아의 상속능력

3.1.2.1. 상속인이 되기 위하여는 '동시존재의 원칙' 또는 '계속의 원칙'에 따라서 상속이 개시될 때에 권리능력자일 필요가 있다. 그러나 민법은 태아에 대하여 이 원칙의 예외를 인정하였다. 따라서 태아는 상속에 관하여 이미 출생한 것으로 본다(제1003조 제3항).

3.1.2.2. 여기에서 '이미 출생한 것으로 본다'의 성질에 관하여 학설이 나누어져 있다.

3.1.2.2.1. 법정정지조건설 또는 인격소급설: 출생을 조건으로 하여 상속개시한 때에 소급하여 상속능력을 취득한다고 하는 견해이다.[60]

3.1.2.2.2. 법정해제조건설 또는 제한적 인격설: 제1000조 제3항을 태아에게 상속능력을 인정한 것으로 이해하여 태아인 상태에서 이미 상속능력을 가지며, 만일 태아가 사산되면, 상속개시한 때에 소급하여 상속능력을 잃는다는 견해이다.[61]

3.2. 상속의 결격

3.2.1. 상속결격의 의의

상속인에게 법률이 정한 일정한 사유가 발생한 경우에 특별히 재판상의 선고를 기다리지 않고 법률상 당연히 그 상속인이 피상속인을 상속하는 자격을 잃는 것을 상속결격이라고 한다. 피상속인과 상속인 사이에 일정한 유대관계가 있는 것이므로, 이러한 유대관계를 깨뜨리는 비행이 있는 자에게 상속권을 인정하여서는 안 된다는 것이 이 제도의 존재이유이다.

3.2.2. 결격사유

3.2.2.1. 피상속인에 대한 패륜행위

3.2.2.1.1. 고의로 직계존속, 피상속인, 그 배우자 또는 상속의 선순위자나 동순

---

60) 소수설: 대판 1949.4.9, 4281민상197; 대판 1976.9.14, 76다1365.
61) 다수설: 정광현, 신친족상속법요론, 330면; 김용한, 친족상속법론, 321면; 이근식/한봉희, 신친족상속법, 230면; 이영섭, 신민법총칙, 91면; 김증한, 민법총칙, 108면; 곽윤직, 상속법, 39면; 박병호, 가족법, 308면 등.

위자를 살해하거나 살해하려 한 것(제1004조 제1호): 고의의 살인인 경우에 한한다. 피해자가 직계존속, 피상속인, 그 배우자 또는 상속의 선순위자라는 사실을 알고 있어야 한다. 선순위 또는 동순위의 상속인으로 될 태아의 낙태도 포함하는가. 이에 대하여 통설・판례[62]는 인정한다. 여기에서 고의에는 살인 그 자체에 관한 고의 외에 그 살인에 의하여 가해자가 상속상 유리하게 된다는 것에 대한 고의도 필요한가. 판례[63]는 필요하지 않다고 하고, 이에 따르는 견해[64]도 있다.

3.2.2.1.2. 고의로 직계존속, 피상속인과 그 배우자에게 상해를 가하여 사망에 이르게 한 것(제1004조 제2호): 고의의 상해로 인한 치사에 한한다. 피해자가 가해자의 '직계존속, 피상속인과 그 배우자'이어야 한다. 상속의 선순위자나 동순위자에 대한 상해는 해당하지 않는다.[65] 그리고 그와 같은 사실을 알고 있어야 한다.

3.2.2.2. 피상속인의 유언에 관한 부정행위

3.2.2.2.1. 사기, 강박으로 피상속인의 상속에 관한 유언 또는 그 철회를 방해한 것(제1004조 제3호): 상속재산분할방법의 지정 또는 위탁(제1012조) 등과 같이 상속 자체에 관한 것뿐만 아니라, 상속재산의 범위에 영향을 미치는 유증(제1074조)을 포함하는 유언은 물론 상속인의 범위에 영향을 미치는 친생부인(제850조) 또는 인지(제859조)를 포함하는 유언과 재단법인의 설립(제47조 제2항)의 유언도 상속에 관한 유언이라고 할 수 있을 것이다. 피상속인의 유언에 관한 행위를 사기 또는 강박으로 방해하여야 한다. 또한 방해행위를 함에 있어서 자기에게 상속에 의하여 상속재산을 귀속시키거나 또는 보다 한층 유리하게 귀속시키려는 고의가 있어야 한다. 이 고의는 2단의 고의가 있어야 한다. 방해행위를 함으로써 피상속인으로 하여금 유언행위를 하지 않게 하여야 한다.

3.2.2.2.2. 사기 또는 강박으로 피상속인의 상속에 관한 유언을 하게 한 것(제1004조 제4호): 상속에 관한 유언은 사기, 강박을 이유로 제110조에 의하여 취소할 수 있다. 이러한 경우에도 본호는 적용된다.

3.2.2.2.3. 피상속인의 상속에 관한 유언서를 위조, 변조, 파기 또는 은닉한 것(제1004조 제5호): 상속에 관한 유언서를 위조, 변조, 파기 또는 은닉한 행위가 있

---

62) 대판 1992.5.22, 92다2127.
63) 대판 1992.5.22, 92다2127; 같은 견해로서 곽윤직, 상속법, 41면.
64) 박병호, 가족법, 309면.
65) 곽윤직, 상속법, 42면.

어야 한다. 이와 같은 행위는 고의에 의하여야 한다.

3.2.3. 상속결격의 효과

3.2.3.1. 결격사유가 발생하면 상속인은 당연히 상속할 자격을 잃는다. 따라서 결격자가 상속재산을 선의, 무과실의 제3자에게 양도한 경우에도 그 양도행위는 처음부터 당연 무효이며, 선의취득의 보호를 받지 않는 한 제3자는 아무런 권리도 취득하지 않는다.[66] 진정한 상속인은 제3자에 대하여 상속재산의 반환을 청구할 수 있으며, 이는 상속회복청구권의 성질을 갖는다.

3.2.3.2. 상속결격자는 피상속인에 대하여 상속인이 될 수 없음과 동시에 수증결격자도 된다(제1064조). 따라서 유증도 받을 수 없다. 이에 대하여 제1004조는 유증의 경우 수증자에게 준용되어야 하므로(제1064조), 피상속인이 상속결격자에게 유효하게 유증할 수 있다는 견해[67]가 있다.

3.2.3.3. 상속결격의 효과는 특정의 피상속인에 대한 관계에만 미치고, 다른 피상속인에 대한 상속자격에는 영향을 미치지 않는다. 다만 절대적 결격자는 예외이다.[68]

3.2.3.4. 결격의 효과는 결격자의 일신에만 그치므로, 결격자의 직계비속이나 배우자가 대습상속하는 데는 지장이 없다.

3.2.3.5. 결격의 효과는 법률상 당연히 생기는 것이다. 따라서 피상속인이 상속결격자에 대하여 결격의 용서를 하거나 결격의 효과의 취소 또는 면제를 하는 것은 허용되지 않는다고 보아야 한다.

[사례 4]

> A에게는 처B와 전처의 자C, D가 있으며, C에게는 자E가 있다. B는 현재 A의 자를 포태하고 있다. 그런데 A는 병을 앓다가 사망하였는데, 사망하기 전에 유언증서를 작성하였다. 이 유언서를 본 C는 그 내용이 자기에게 불리한 것을 알고서 유언서를 파기하였다. 그리고 처B는 A의 사망 후 아이를 낳아 양육할 자신이 없어서 낙태수술을 받았다. 이 경우에 B, C, E의 상속권은 어떻게 되는가?[69]
>
> (대판 1992.5.22, 92다2127)

---

66) 대판 1964.7.14, 64다135.
67) 곽윤직, 상속법, 44면.
68) 피상속인의 직계존속으로 제한하여 해석하는 것이 타당하다는 견해로서, 양창수, "상속결격제도일반 - 우리나라와 프랑스의 경우 - ", 민법연구, 제5권, 1999, 319면 이하; 같은 견해로서, 황경웅, "상속결격에 관한 제반문제", 가족법연구, 제20권 제2호, 2006, 96면.

◀요약▶

1) C는 상속결격자로서 상속권이 없다.[70) 2) B의 직계비속 C가 B에 대한 살해미수가 되었고, 그 후에 B가 그의 부 A보다 먼저 사망한 경우에 C는 A를 대습상속할 수 없다.[71) 3) C의 자 E가 대습상속하는 데 아무런 지장이 없다. 따라서 결국 D와 E가 상속인이 된다.[72)

69) 김주수/김상용, 전게서, 518면.
70) 김주수/김상용, 전게서, 521면.
71) 김주수/김상용, 전게서, 522면.
72) 김주수/김상용, 전게서, 522면.

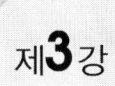

상속법: 상속(2) [Ⅲ. 상속의 효과]

제**3**강

Ⅲ. 상속의 효과

[참조조문]

제1005조(상속과 포괄적 권리의무의 승계) 상속인은 상속개시된 때로부터 피상속인의 재산에 관한 포괄적 권리의무를 승계한다. 그러나 피상속인의 일신에 전속한 것은 그러하지 아니하다. <개정 1990.1.13>

제1006조(공동상속과 재산의 공유) 상속인이 수인인 때에는 상속재산은 그 공유로 한다. <개정 1990.1.13>

제1007조(공동상속인의 권리의무 승계) 공동상속인은 각자의 상속분에 응하여 피상속인의

권리의무를 승계한다.

제1008조(특별수익자의 상속분) 공동상속인 중에 피상속인으로부터 재산의 증여 또는 유증을 받은 자가 있는 경우에 그 수증재산이 자기의 상속분에 달하지 못한 때에는 그 부족한 부분의 한도에서 상속분이 있다. <개정 1977.12.31>

제1008조의2(기여분) ① 공동상속인 중에 상당한 기간 동거·간호 그 밖의 방법으로 피상속인을 특별히 부양하거나 피상속인의 재산의 유지 또는 증가에 특별히 기여한 자가 있을 때에는 상속개시 당시의 피상속인의 재산가액에서 공동상속인의 협의로 정한 그 자의 기여분을 공제한 것을 상속재산으로 보고 제1009조 및 제1010조에 의하여 산정한 상속분에 기여분을 가산한 액으로써 그 자의 상속분으로 한다. <개정 2005.3.31>

② 제1항의 협의가 되지 아니하거나 협의할 수 없는 때에는 가정법원은 제1항에 규정된 기여자의 청구에 의하여 기여의 시기·방법 및 정도와 상속재산의 액 기타의 사정을 참작하여 기여분을 정한다.

③ 기여분은 상속이 개시된 때의 피상속인의 재산가액에서 유증의 가액을 공제한 액을 넘지 못한다.

④ 제2항의 규정에 의한 청구는 제1013조 제2항의 규정에 의한 청구가 있을 경우 또는 제1014조에 규정하는 경우에 할 수 있다.

제1008조의3(분묘 등의 승계) 분묘에 속한 1정보 이내의 금양임야와 600평 이내의 묘토인 농지, 족보와 제구의 소유권은 제사를 주재하는 자가 이를 승계한다.

제1009조(법정상속분) ① 동순위의 상속인이 수인인 때에는 그 상속분은 균분으로 한다. <개정 1977.12.31, 1990.1.13>

② 피상속인의 배우자의 상속분은 직계비속과 공동으로 상속하는 때에는 직계비속의 상속분의 5할을 가산하고, 직계존속과 공동으로 상속하는 때에는 직계존속의 상속분의 5할을 가산한다. <개정 1990.1.13>

③ 삭제 <1990.1.13>

제1010조(대습상속분) ① 제1001조의 규정에 의하여 사망 또는 결격된 자에 가름하여 상속인이 된 자의 상속분은 사망 또는 결격된 자의 상속분에 의한다.

② 전항의 경우에 사망 또는 결격된 자의 직계비속이 수인인 때에는 그 상속분은 사망 또는 결격된 자의 상속분의 한도에서 제1009조의 규정에 의하여 이를 정한다. 제1003조 제2항의 경우에도 또한 같다.

제1011조(공동상속분의 양수) ① 공동상속인 중에 그 상속분을 제삼자에게 양도한 자가 있는 때에는 다른 공동상속인은 그 가액과 양도비용을 상환하고 그 상속분을 양수할 수 있다.

② 전항의 권리는 그 사유를 안 날로부터 3월, 그 사유 있은 날로부터 1년 내에 행사하여야 한다.

제1012조(유언에 의한 분할방법의 지정, 분할금지) 피상속인은 유언으로 상속재산의 분할방법을 정하거나 이를 정할 것을 제삼자에게 위탁할 수 있고 상속개시의 날로부터 5년을 초과하지 아니하는 기간 내의 그 분할을 금지할 수 있다.

제1013조(협의에 의한 분할) ① 전조의 경우 외에는 공동상속인은 언제든지 그 협의에 의하여 상속재산을 분할할 수 있다.

② 제269조의 규정은 전항의 상속재산의 분할에 준용한다.

제1014조(분할 후의 피인지자 등의 청구권) 상속개시 후의 인지 또는 재판의 확정에 의하여 공동상속인이 된 자가 상속재산의 분할을 청구할 경우에 다른 공동상속인이 이미 분할 기타 처분을 한 때에는 그 상속분에 상당한 가액의 지급을 청구할 권리가 있다.

제1015조(분할의 소급효) 상속재산의 분할은 상속개시된 때에 소급하여 그 효력이 있다.

그러나 제삼자의 권리를 해하지 못한다.

제1016조(공동상속인의 담보책임) 공동상속인은 다른 공동상속인이 분할로 인하여 취득한 재산에 대하여 그 상속분에 응하여 매도인과 같은 담보책임이 있다.

제1017조(상속채무자의 자력에 대한 담보책임) ① 공동상속인은 다른 상속인이 분할로 인하여 취득한 채권에 대하여 분할당시의 채무자의 자력을 담보한다.

② 변제기에 달하지 아니한 채권이나 정지조건 있는 채권에 대하여는 변제를 청구할 수 있는 때의 채무자의 자력을 담보한다.

제1018조(무자력공동상속인의 담보책임의 분담) 담보책임 있는 공동상속인 중에 상환의 자력이 없는 자가 있는 때에는 그 부담부분은 구상권자와 자력 있는 다른 공동상속인이 그 상속분에 응하여 분담한다. 그러나 구상권자의 과실로 인하여 상환을 받지 못한 때에는 다른 공동상속인에게 분담을 청구하지 못한다.

Ⅲ. 상속의 효과

1. 일반적 효과

1.1. 상속재산의 포괄승계

상속인은 상속이 된 때로부터 피상속인의 재산에 관한 포괄적 권리·의무를 승계한다(포괄승계의 원칙, 제1005조 본문). 다만 피상속인의 일신에 전속한 것은 승계되지 않는다(제1005조 단서). 여기에서 말하는 일신전속은 이른바 향수상의 전속(귀속상의 전속)이다. 따라서 행사상의 일신전속권은 상속될 수 있다. 상속은 상속인 자신이 알건 모르건 당연히 행하여지고, 그 때문에 아무런 의사표시도 할 필요가 없다(당연승계의 원칙).

1.2. 상속재산의 범위

1.2.1. 재산적 권리

1.2.1.1. 물권

물권은 원칙적으로 모두 상속된다. 그러나 농지에 대하여 일단 상속에 의하여 그 소유가 인정되지만, 농지는 농업경영을 하지 않는 자는 농지 소유에 제한을 받는다. 점유권도 상속된다(제193조). 유골의 소유권은 상속인에 의하여 상속되는 것은 아니지만 당연히 상속인의 소유에 속한다. 그러나 공동상속인의 공유에 속하는 것이 아니라 제사를 주제하는 자의 소유에 속한다고 보아야 할 것이다.[1) 부동산물권의 취득에 등기를 요하지 않고(제187조 본문), 동산물권의 취득에 인도를 요하지 않는다.

1.2.1.2. 무체재산권

특허권, 상표권, 저작권, 광업권, 어업권 등 무체재산권도 원칙적으로 상속된다.[2)

특허권, 실용신안권, 의장권, 상표권 등 공업소유권은 이들을 규제하는 특별법에 그 상속성이 있다는 것을 전제로 하는 규정을 두고 있다(특허법 제124조, 실용신안법 제31조, 의장법 제59조, 상표법 제64조). 따라서 이들 공업소유권은 모두 상속의 대상이 되지만, 각 존속기간이 정하여져 있고, 저작권과 달리 인격적 권리를 인정하지 않는다.

저작권 가운데 저적재산권, 출판권, 저작인접권은 상속의 대상이 되지만, 상속된 경우에도 저작재산권은 저작자의 사망 후 50년(저작권법 제36조), 출판권은 설정행위에서 정하는 기간(약정기간이 없으면 3년, 동법 제57조), 저작인접권은 50년(동법 제70조) 동안만 존속할 뿐이다.

1.2.1.3. 채권

채권도 원칙적으로 상속된다. 그러나 일신전속적인 경우로서, 채권자가 변경됨으로써 이행의 내용이 변경되는 것, 부양청구권은 상속성이 없다. 이혼 시의 재산분할청구권이 상속되는가. 청구의 의사표시와 관계없이 당연히 승계되는 것으로 해석하는 것이 타당할 것이다.[3) 판례에 의하면 이혼소송계속 중에 원고가 사망한 경우에 재산분할청구권이 상속될 여지가 없다고 한다. 왜냐하면 재산분할청구권은 이혼의 성립을 전제로 하는 권리인데, 원고의 사망으로 이혼소송이 종료되었다면 재산분할청구권이 발생하였다고 볼 수 없기 때문이다.[4) 정신적 손해에 관한 배상청구권(위자료청구권)은 침해된 법익은 정신적인 것이지만 그로 말미암

---

1) 서울고판 1974.10.11, 74나609.
2) 다만 공동광업권자의 지위는 조합계약에서 그 지위를 상속인이 승계하기로 약정하지 않은 이상 상속인에게 승계되지 않는다. 대판 1981.7.28, 81다145.
3) 같은 견해로서, 황경웅, "재산분할청구권의 상속성", 중앙법학, 제9집 제2호, 2007, 489면 이하.
4) 대판 1994.10.28, 94므246; 이상훈, "이혼에 따른 재산분할청구 사건의 재판실무상 문제점에 대한 고찰", 재판자료 제62집: 가정법원사건의 제문제, 1993, 450면.

아 생긴 재산적 손해의 배상청구권은 당연히 상속된다.[5]

1.2.1.4. 생명침해로 인한 손해배상청구권

통상의 손해배상청구권은 상속의 대상이 되는 것은 당연하다(제1005조)

1.2.1.4.1. 재산적 손해의 배상청구권: 1) 피해자가 사망하게 되면, 그가 장래 얻을 수 있을 수입을 잃게 되는데 그 손해배상청구권은 어떻게 되는가. 이에 대한 학설은, a) 상속설: 먼저 피해자에게 발생하고 그것이 상속인에게 상속된다는 견해이다. b) 고유피해설: 일정한 범위의 사람에게 원시적으로 취득되는 것이라는 견해이다. 그러나 판례의 동향을 보면, '사망 당시 6세 된 자의 부양의무자(부)가 그 상속인으로서 피해자의 예상수익손해금을 청구',[6] '망인(미성년자)의 손해배상청구권을 상속한 부모',[7] '타인의 불법행위로 사망한 미성년자의 손해배상청구권을 부양의무자가 상속'[8]이라고 함으로써 상속설을 취하고 있다. 2) 피해자가 중상을 입었다가 사망한 경우에는 중상을 입음으로써 얻을 수 있었을 이익의 상실에 대하여 손해배상청구권을 피해자가 취득한 후 사망하였으므로, 상속인이 피해자가 취득한 손해배상청구권을 상속하는 것은 당연하다. 그러나 즉사한 경우에 중상 후 사망한 경우와의 불균형을 극복하기 위하여 판례와 학설은 '시간적 간격설'을 취하고 있다.[9] 아무리 즉사라 하여도 피해자가 치명상을 입을 때와 사망한 때와의 사이에는 이론상 또는 실제상 시간적 간격이 있는 것이며, 피해자는 치명상을 입었을 때에 곧 손해배상청구권을 취득하고, 피해자의 사망으로 그 청구권이 상속인에게 승계된다는 것이다.[10] 3) 상속설과 비상속설의 배경에는 가치판단의 대립이 있다. 그러나 상속적 구성이 불법행위의 예방적 기능과 제재적 기능을 강조하고, '사법정책적인 배려 내지 편의'에 의한 것이다.

---

5) 대판 1966.10.18, 66다1335; 대판 1967.5.23, 66다657; 대판 1967.5.23, 66다1025; 대판 1969.4.15, 69다268; 대판 1969.10.23, 69다1380.
6) 대판 1966.1.31, 65다2317.
7) 대판 1966.2.28, 65다2523.
8) 대판 1977.2.22, 76다2285.
9) 현재 주장되는 학설로서, ① 즉사라 하더라도 피해자가 치명상을 입은 때와 사망한 때와의 사이에는 이론상, 실제상 시간적 간격이 있으며, 치명상을 입었을 때에 피해자는 손해배상청구권을 취득하고, 그의 사망으로 그 청구권이 상속인에게 승계된다는 시간적 간격설, ② 피상속인에 대한 생명침해에 의한 손해배상청구권이 피상속인의 인격 또는 '법률상의 지위'를 승계하는 상속인에게 원시적으로 취득된다는 인격승계설 등이 있다. 곽윤직, 상속법, 74면.
10) 대판 1969.4.15, 69다268.

1.2.1.4.2. 위자료청구권(재산적 손해의 배상청구권): 1) 위자료청구권의 상속에 대하여도 피해자 자신이 취득할 수 없는 사망에 대한 위자료청구권을 피해자의 상속인이 상속할 수 없지 않는가의 문제가 있다. 2) 판례는 위자료청구권에 관하여 피해자가 이를 포기하거나 면제하였다고 볼 수 있는 특별한 사정이 없는 한, 원칙적으로 상속된다고 하고,[11] 이는 피해자가 즉사한 경우에도 마찬가지라고 한다.[12] 판례가 인정한 상속성의 근거는 '시간적 간격설'에 두고 있다. 그리고 판례는 "유족 고유의 위자료청구권과 상속받은 위자료청구권은 함께 행사할 수 있다"고 한다.[13]

[사례 5]

A는 야간에 도로의 건널목을 건너는 순간 과속으로 직진하던 Y의 차량에 치어 그 자리에서 즉사하였다. 이 경우 A의 상속인 X는 가해자 Y에 대하여 A의 손해배상청구권을 승계하는가, 또 A의 위자료청구권도 행사할 수 있는가를 설명하시오.

[부산대10]

1.2.1.5. 부양청구권

부양권리자가 사망하면, 그 뒤 부양의 필요성이 소멸하므로, 부양권리자의 부양청구권은 상속의 대상이 아니다. 그러나 부양의무자가 사망한 경우에는 부양권리자의 부양은 그 부양의무를 누가 부담하느냐는 당사자의 협정으로 정하는 것이 원칙이며, 협정이 이뤄지지 않으면 당사자의 청구에 의하여 가정법원이 심판으로 이를 정하게 된다(제976조 제1항, 가사소송법 제2조 제1항 마류사건 8호 참조).

1.2.1.6. 재산분할청구권

이혼한 자의 상대방에 대한 재산분할청구권은 상속되는가의 여부는, 그 법률적 성질에 의하여 결정하게 된다고 할 것이다. 재산분할은 어떠한 성질의 것인가. 그것은 부부의 재산관계의 청산적 요소와 이혼 후 부양적 요소가 있다고 할 것이다. 이 가운데 부부의 재산관계의 청산을 내용으로 하는 것은 상속의 대상이

---

11) 대판 1966.10.18, 66다1335.
12) 대판 1969.4.15, 69다268.
13) 대판 1969.4.15, 69다268; 대판 1970.2.24, 69다2160; 대판 1970.11.24, 70다2242; 대판 1977.7.12, 76다2608.

된다. 그러나 이혼 후 부양적 요소는 상속성이 부정된다고 할 것이다. 그렇다면 재산분할청구권자가 사망한 경우에는 부양료에 관한 부분은 소멸하고, 부부의 재산관계 청산에 관한 청구권만이 상속된다고 하여야 한다. 만약 분할액이 이미 결정되어 있었던 경우에는 부양료의 상당액을 감액하여 상속을 인정하는 것이 타당할 것이다.[14)

1.2.1.7. 형성권

취소권, 해제권, 해지권, 환매권 등 형성권도 일반적으로 상속된다.

1.2.1.8. 생명보험금

1.2.1.8.1. 보험계약에서 피상속인이 피보험자가 되고, 특정의 상속인을 수령인으로 하였을 때: 이 경우에는 상속인 고유의 권리에 의하여 취득한다. 따라서 상속인이 상속포기를 하더라고 보험금을 수령할 수 있다.[15)

1.2.1.8.2. 피상속인이 수령인을 단지 '상속인'으로만 표시한 때: 이 경우에는 피상속인의 의사해석의 문제이다. 그러나 기본적으로 피보험자의 사망 시의 상속인의 고유재산이며, 상속재산에 속하지 않는다고 보는 것이 타당할 것이다.[16) 따라서 상속인이 상속을 포기한 경우에도 보험금을 수령할 수 있다.

1.2.1.8.3. 제3자를 수령인으로 지정하였을 때: 이 경우에 제3자가 피보험자보다 먼저 사망한 경우에 생명보험수익자의 지위는 당연히 상속되지 않는다. 따라서 상속인의 보험청구권은 보험계약의 효과로 보아야 하며, 수령인의 고유재산이 된다. 이때의 상속인은 보험금수령인의 사망 시에 있어서 상속순위에 따라 상속인이 되는 자로 보는 것이 타당하다.

1.2.1.8.4. 피상속인이 자기를 피보험자와 수령인을 할 때: 이 경우에는 보험금청구권은 상속재산에 속하고, 상속인에 의하여 상속된다.[17)

1.2.1.8.5. 생명보험금과 특별수익과의 관계에서 상속인의 고유재산이 될 경우에는 특별수익금이 될 것인가의 문제가 있다. 그리고 상속세 및 증여세법은 상속인이 취득한 생명보험금은 상속재산으로 보고 있다(상속세 및 증여세법 제8조).

1.2.1.9. 사망퇴직금

---

14) 곽윤직, 상속법, 76면.
15) 대판 2001.12.24, 2001다65755.
16) 대판 2001.12.28, 2000다31502.
17) 대판 2002.2.8, 2000다64502; 대판 2000.10.6, 2000다38848.

사망퇴직금은 일반적으로 미지급 임금인 동시에 유족의 생활보장에 충당하는 것이라는 성격을 가진다. 사망퇴직금은 상속재산이 아니고, 수급권자의 고유재산으로 해석된다. 그러나 상속세 및 증여세법은 피상속인의 사망으로 인하여 지급되는 것에 대하여 상속재산으로 본다(상속세 및 증여세법 제10조).

1.2.2. 재산적 의무

1.2.2.1. 채무 기타 재산적 의무도 일반적으로 상속된다.[18]

1.2.2.2. 보증채무

1.2.2.2.1. 통상의 보증채무: 소비대차상이나 임대차상의 채무와 같은 통상의 채무에 대한 보증채무에는 상속성이 있다.

1.2.2.2.2. 신원보증: 신원보증계약은 신원보증인의 사망으로 종료한다(신원보증법 제7조). 그러나 신원보증인이 사망하기 전에 신원보증계약으로 인하여 이미 발생한 보증채무는 상속인에게 상속된다.[19]

1.2.2.2.3. 계속적 보증채무: 근보증에는, 포괄적 신용보증, 임차인의 보증채무, 신원보증이 있다. 포괄적 신용보증은 그 상속성이 일반적으로 부정된다.[20] 그러나 신용보증이라도 한도액이 정해져 있는 경우에는 상속인이 채무의 내용을 알 수 있으므로 특별한 사정이 없는 한 상속성이 긍정되어도 무방할 것이다.[21] 임대차계약에 의하여 임차인의 채무보증은 단순한 보증채무로 보아서 상속성을 긍정하여도 무방할 것이다

1.2.2.2.4. 연대보증: 특정한 채무에 대하여 한 연대보증은 그 범위와 내용이 확정되어 있으므로 통상의 보증채무와 마찬가지로 상속된다고 보아야 한다.

1.2.2.2.5. 손해배상채무와 벌금납부의무: 이미 발생한 손해배상채무는 그 성질이 재산적 채무이므로 상속이 된다.[22] 벌금납부의무도 상속된다.

1.2.3. 재산적인 계약상 및 법률상의 지위

1.2.3.1. 계약상의 지위

계약상의 지위는 재산적 계약의 경우에도 당사자의 신뢰성이 강하다. 위임계약

---

18) 서울고판 1974.9.25, 74나831.
19) 대판 1967.4.18, 66다2240; 대판 1972.2.29, 71다2747.
20) 대판 2001.6.12, 2000다47187.
21) 대판 1999.6.22, 99다19322.
22) 대판 1959.11.26, 4292민상178.

에 있어서는 그 지위의 상속이 인정되지 않는다. 고용에 있어서도 노무자의 지위가 상속되지 않는다. 그러나 사용자의 지위는 노무의 내용이 사용자의 일신에 전속하는 것이거나 사용자의 노무실현을 지시하는 권능에 중요한 차이가 생기는 경우를 제외하고는 원칙적으로 상속된다고 해석하여왔다. 그러나 기타의 계약에서는 그 계약으로부터 생기는 채권 또는 채무의 양도가 인정되지 않는 경우(제629조, 657조 등)에도 상속은 원칙적으로 인정된다고 보아야 한다.

1.2.3.2. 주택임차권

임차권의 상속을 부정할 법적 근거는 전혀 없다. 따라서 임차인이 사망하면 임차권은 상속된다. 그러나 임차인의 사실혼의 처, 사실상의 양자 등과 같이 임차인과 동거하고 있었으나 상속권이 없는 자는 임차권을 상속하지 못하는데, 그것을 어떻게 구제할 것인가. 이에 대하여, a) 권리남용설: 상속인이 임차권을 상속하여 상속인이 아닌 동거가족을 퇴거시키는 것은 여러 사정으로 보아 부당한 때에는 권리의 남용으로 된다는 견해이다. 이 경우에는 상속인은 동거가족에게 전대 또는 임차권의 양도를 하여야 한다. 이에 대하여 임대인은 동의가 없는 전대 또는 임차권의 양도를 주장하지 못한다. 그리고 상속인의 부존재의 경우에는 동거가족이 그대로 임차인의 지위를 승계한다고 해석하여야 한다.[23] b) 거주권설: 사실혼의 처 등은 고유의 거주권을 가진다는 견해이다. 1983년 주택임대차보호법의 개정에 의하여, 주택임차인이 상속권자 없이 사망한 경우에 그 주택에서 가정공동생활을 하던 사실상의 혼인관계에 있는 자는 임차인의 권리와 의무를 승계하게 되었다(동법 제9조 제1항). 그리고 임차인이 사망한 경우에 사망 당시에 상속권자가 그 주택에서 가정공동생활을 하고 있지 않은 때에는 그 주택에서 가정공동생활을 하던 사실상의 혼인관계에 있는 자와 2촌 이내의 친족은 공동으로 임차인의 권리와 의무를 승계한다(동법 제9조 제2항). 그러나 이 경우에 임차인이 사망한 후 1월 이내에 임대인에 대하여 반대의사를 표시한 때에는 예외이다(동법 제9조 제3항).

1.2.3.3. 대리인의 지위

1.2.3.3.1. 무권대리인이 본인을 상속하였을 경우: 무권대리인이 본인을 상속하였을 때에는 무권대리행위는 완전히 유효로 된다고 본다.[24] 그러나 무권대리인

---

23) 김증한/안이준, 신채권각론(상), 393, 394면; 김증한, 채권각론, 281면.

이외에 공동상속인이 있는 경우에는 피상속인이 본인으로서 가지는 추인권과 추인거절권은 상속인 전원에게 승계되므로, 전원의 추인이 없으면 무권대리행위는 공동상속인에 대하여 유효하지 않다.

1.2.3.3.2. 본인이 무권대리인을 상속하였을 경우: 본인이 무권대리인을 상속한 경우에는 상속인인 본인이 피상속인의 무권대리행위의 추인을 거절하더라도 신의칙에 반하지 않으므로, 무권대리행위는 당연히 유효로 되지 않는다. 이 경우에는 상속인은 본인으로서 추인권과 추인거절권을 보유함과 동시에 추인을 거절하면 지게 될 이행 또는 배상의 의무도 승계한다.

1.2.3.4. 사원권

사원권이 공익권적 성질이 강한 것이면 상속되지 않는다. 영리를 목적으로 하지 않는 사단법인의 사원권도 상속되지 않는다. 민법상 조합에서 조합원의 지위는 상속되지 않는다. 그러나 골프회원권, 헬스클럽회원권 등은 그 회원권의 양도의 자유가 인정되어 있는 때에만 회원의 사망으로 상속된다고 할 것이다. 상법상 영리법인 가운데 주식회사의 주주권(주식)이나 유한회사의 사원의 지분은 상속의 대상이 된다. 그러나 합명회사의 사원의 지분이나 합자회사의 무한책임사원의 지분은 상속성이 없으므로 그 사원의 사망은 퇴사사유가 된다(상법 제218조, 제269조).

1.2.4. 명의신탁관계

부동산소유명의신탁의 수탁자가 사망하면 명의신탁관계는 신탁자의 생전에 신탁계약이 해지되지 않는 한 당연히 소멸하는 것이 아니라 수탁자의 상속인에게 승계된다.[25] 따라서 상속인은 그 부동산을 제3자에게 유효하게 처분할 수 있으며,[26] 그 등기명의가 불법하게 이전되어 있을 때에는 상속인은 그 불법등기의 말소를 청구할 수 있다.[27] 상속개시 전에 신탁자가 신탁계약을 해지하였다 하더라도 신탁해지로 인한 소유권이전등기나 말소등기를 하기 전에 신탁자가 사망한 경우에도 신탁재산은 수탁자의 상속인에게 승계되고 제3자에게 유효하게 처분할 수 있다.[28] 내부관계에 있어서는 신탁자는 신탁계약을 해지할 수 있으며 해지한

---

24) 대판 1994.9.27, 94다20617.
25) 대판 1967.11.21., 67다1844; 대판 1981.6.23., 80다2800.
26) 대판 1982.11.23., 81다272.
27) 대판 1965.2.16., 64다1576.
28) 대판 1974.7.16., 73다1844; 대판 1982.11.23., 81다372.

후에는 수탁자의 상속인은 그 부동산을 처분할 수 없으며 보존등기를 하였더라도 당연무효임은 물론이다.[29]

1.2.5. 소송상의 지위

소송은 당사자의 사망으로 중단된다. 상속인, 상속재산관리인 기타 법률에 의하여 소송을 속행하여야 할 자는 소송절차를 수계하지 않으면 안 된다(민사소송법 제233조 제1항).

1.2.6. 일신전속권

모든 일신전속권은 권리주체의 사망과 동시에 소멸하므로 상속되지 않는다. 그러나 당사자 간에 이미 그 배상에 관한 계약이 성립되거나 소를 제기한 경우에는 예외이다(제806조 제3항 단서).

1.3. 제사의 승계

1.3.1.
분묘에 속한 1정보 이내의 금양임야와 600평 이내의 묘토인 농지, 족보와 제구의 소유권은 상속재산과 구별하여 제사를 주재하는 자가 이를 승계한다(제1008조의3).

1.3.2.
제사용 재산: '금양임야'라 함은 벌목을 금지하고 나무를 기르는 임야를 말한다. 묘토는 위토라고 말하며, 제사 또는 이에 관계되는 사항을 집행, 처리하기 위하여 설정된 토지를 말한다. 이를 제전, 묘전이라고 하며, 이 토지를 기본재산으로 하여 그 수익으로 경비에 충당한다.[30] 이것은 종손일지라도 임의로 처분할 수 없는 것이 구래의 관습이다.[31] 족보라 함은 일가의 역사를 표시하고 가계의 연속을 실증하기 위한 책부를 말한다. 족보는 동족의 여부나 동족간의 소목지서(昭穆之序) 또는 촌수 등을 명확히 하는 것이기 때문에 상속, 혼인 등의 가능 여부를 판별하는 데 이용될 수 있다. 족보는 압류할 수 없다(민사집행법 제195조 제9호). 그리고 제구는 조상의 제사에 사용하는 도구를 말한다. 이와 같은 것은 일반의 상속재산과 구별되고, 별도의 재산으로서 제사주재자가 승계하도록 하였다.

1.3.3.
승계자: 여기에서 '제사를 주재하는 자'라 함은 누구인가. 가족[32] 중에

---

29) 대판 1974.12.24., 74다1694.
30) 대판 2006.7.27, 2005다45452.
31) 대판 2006.7.27, 2005다45452.

서 사실상 제사를 주재하는 자가 분묘 등을 승계하는 것으로 해석하여야 할 것이다. 그 승계를 둘러싸고 다툼이 생길 여지가 있다. 그러나 민법이나 가사소송법에서도 승계자의 결정에 관하여 아무런 규정을 두지 않았다. 그렇다면 가족의 협의로 결정된다고 할 수밖에 없을 것이다.[33] 헌법재판소는, 민법 제1008조의3 위헌소원에 대하여 균분 상속을 원칙으로 하고 있는 일반 상속법리와는 달리 상속재산 중 일정 범위의 제사용 재산에 대하여는 '제사를 주재하는 자'가 승계하도록 규정하고 있는 민법 제1008조의3 중 '분묘에 속한 1정보 이내의 금양임야와 600평 이내의 묘토인 농지……의 소유권은 제사를 주재하는 자가 이를 승계한다'는 부분이 헌법에 위반되지 않는다고 선고하였다.[34]

1.3.4. 일반상속과의 관계: 분묘 등의 소유권은 상속재산이 아니므로, 상속분 또는 유류분 등의 산정에 있어서 상속재산 속에 산입되지 않는다. 상속포기를 한 자도 이를 승계할 수 있다. 또한 한정승인이나 재산분리가 있는 경우에는 책임재산이 되지 않으며, 완전히 따로 승계된다. 그리고 제사용 재산을 취득하였다고 하여, 그 취득자가 상속재산에서 차지할 몫에 영향을 주지 않는다.[35] 또한 제사용 재산은 제사를 주재하던 자, 제사용 재산의 소유자가 사망한 경우에만 승계되는가. 제사용 재산은 그 소유자가 사망한 경우에 그 승계에 관하여 규정한 것이라 할 것이다. 그러나 양자가 제사용 재산을 승계한 뒤에 파양된 때에는 다시 제사를 주재할 자가 승계된다고 하여야 할 것이다. 그렇다면 제사용 재산의 생전승계도 인정된다고 할 것이다.[36]

1.3.5. 판례는 제사용 재산의 승계가 본질적으로 상속에 해당한다고 보고, 제사용 재산을 승계한 자가 그에 관한 권리의 회복을 청구하는 경우에도 상속회복청구(제999조)에 관한 제척기간이 적용된다고 한다.[37]

[사례 6]

---

32) 대판 1994.10.14, 94누4059.
33) 곽윤직, 상속법, 70면.
34) 헌재결 2008.02.28, 2005헌바7.
35) 이와 같은 입법에 대하여 제사용 재산에 대하여 공동상속을 인정한다면, 제사용 재산은 결국 흩어져서 없어지고 말 것이다. 그러므로 제사용 재산의 특별상속이라는 제도를 끌어들인 것이라고 입법의 타당성을 인정하기도 한다. 곽윤직, 상속법, 70면.
36) 곽윤직, 상속법, 71면.
37) 대판 2006.7.27, 2005다45452.

A는 B로부터 집을 빌려서 사실혼의 처C와 거주하고 있다. A에게는 전처의 자D가 있으며, D는 A로부터 분가하여 따로 살고 있다. A는 길을 건너다가 E의 운전과실로 즉사하였다.

(1) B는 C에게 임차주택의 명도를 청구하였다. C는 이 집에 거주할 수 있는가?

(2) D는 그의 아버지A가 살고 있던 집이 넓어서 그 집에서 살 생각으로 상속인으로서 C에게 명도청구를 하였다. 이 경우에 D의 청구는 받아들여질 수 있는가?

(3) D와 C는 각각 E에 대하여 A의 위자료청구권과 재산상의 손해배상청구권을 상속하였다고 하여 손해배상을 청구하였다. 이 경우에 이들의 청구는 받아들여질 수 있는가? 만약 C의 청구가 받아들여지지 않는다면, C는 E에 대하여 고유의 위자료청구와 손해배상청구를 할 수 있는가?[38]

((3) 대판 1969.4.15, 69다268)

◀요약▶

(1) 주택임대차보호법에 의하여, 임차인이 사망한 경우에 사망 당시 상속권자가 그 주택에서 가정공동생활을 하고 있지 않은 때에는 그 주택에서 가정공동생활을 하던 사실상의 혼인관계에 있는 자와 2촌 이내의 친족은 공동으로 임차인의 권리와 의무를 승계하게 된다(동법 제9조 제2항). 따라서 A가 임차한 주택에 대하여 C와 D가 임대차계약상의 권리와 의무를 승계하고 C는 그 주택에 계속하여 거주할 수 있다. 그렇다면 B의 명도청구는 인용될 수 없다.

(2) C와 D가 주택임차권을 공동으로 승계하였으므로, D는 C에 대하여 명도청구를 할 수 없다. 그러나 D가 그 주택에서 거주하기를 원하는 경우는, D는 C와 같이 그 주택에 거주할 권리가 있다. 이에 대하여 임대인인 B는 이의를 제기할 수 없다.[39]

(3) 대판 1969.4.15, 69다268은, A의 위자료청구권과 재산상의 손해배상청구권이 상속인에게 상속되는 것으로 보고 있기 때문에, A의 자 D는 손해배상청구권을 상속하여 그것을 가지고 가해자 E에게 배상청구를 할 수 있고, 또 제752조에 의하여 피해자의 직계비속으로서 위자료청구를 할 수 있다. 그러나 A의 사실혼의 처C는 상속권이 없으므로, 상속에 의한 손해배상청구는 인용될 수 없다. 다만 C에게는 판례에 의하여 생명침해로 인한 위자료청구권이 인정되므로(대판 1969.7.22, 69다684), 자기 고유의 위자료청구와 더불어 부양청구권 상실로 인한 손해배상청구를 할 수 있다.[40]

---

38) 김주수/김상용, 전게서, 523면.
39) 이상에 대하여, 김주수/김상용, 전게서, 540면.
40) 김주수/김상용, 전게서, 534면.

[사례 6-1]

다음에 관하여 논하시오.
1. A남은 Y여와 사실상 혼인관계에 있다. A남과 Y여는 가족공동체를 이루고 A남은 B의
   소유인 아파트를 B로부터 임차하여 Y여와 함께 거주하고 있었다. 그 후 A남이 급성심
   근경색으로 사망하였다. B는 Y여에 대하여 주택임대차계약을 해지할 수 있는가?
2. A남의 자 X는 동거하지 않고 있었으나, X는 살림집을 넓히고자 Y여에게 상속권을 주
   장하여 아파트의 명도를 청구하였다. X의 청구는 받아들여질 수 있는가?

[부산대10]

2. 공동상속[41]

2.1. 공동상속의 의의

공동상속인은 필연적으로 상속재산을 일단 공동으로 승계할 수밖에 없다. 상속
재산이 분할되면 이러한 공동상속상태는 해소되지만, 상속재산분할까지는 적지
않은 시간이 걸리는 것이 보통이다. 그러므로 그 사이의 법률관계를 정할 필요가
있다. 민법은 공동상속인은 각자의 상속분에 따라 피상속인의 권리의무를 승계하
지만(제1007조), 분할할 때까지는 상속재산을 공유로 한다(제1006조). 따라서 공동
상속인 가운데 1인이 부동산의 공유자로서 협의 없이 공유물인 상속재산을 배타
적으로 사용할 수 없다.[42]

2.2. 상속재산공유의 성질

2.2.1. 합유설

상속재산의 공유는 개개의 상속재산을 물권편이 규정하는 의미에서 공유한다
는 것이 아니고, 상속재산 전체 위에 상속분을 가지는 데 지나지 않는다고 한다.
따라서 공동상속인은 상속재산에 대하여 가지는 상속분을 처분할 수 있다.[43]

---

41) 공동상속에 관한 연구로서, 신영호, 공동상속론, 1987 참조.
42) 대판 1982.12.28, 81다454.
43) 정광현, 신친족상속법요론, 357면; 이근식/한봉희, 신친족상속법, 243면.

2.2.2. 공유설

상속재산의 공유는 제262조 이하가 정하는 고유의 의미의 공유와 다를 바 없다고 한다. 각 상속인은 상속개시와 동시에 상속재산을 구성하는 개개의 물건 또는 권리에 대하여 그 상속분에 따른 공유지분을 취득한다. 이 공유지분은 자유로이 처분할 수 있으므로(제263조 전단), 공동상속인은 각자 개개의 상속재산에 대하여 갖는 지분을 자유로이 양도할 수 있고, 지분 위에 저당권 설정 등 담보설정을 할 수 있다. 상속재산이 불가분의 것이면 공유관계가 생기지만, 가분적이면 당연히 공동상속인 사이에 분할된다.[44]

2.2.3. 검토

합유설이 근거로 하고 있는 상속재산분할의 소급효를 정한 제1015조 본문은 각각의 상속인이 개개의 상속재산에 대하여 공유지분을 갖지 않음을 전제로 한 규정이다. 그러나 제1015조 단서에서 상속재산분할의 소급효는 제3자의 권리를 해하지 못한다고 규정하고 있다. 그러므로 제1015조 규정을 단서까지 포함하여 해석하면 공유설이 현행 민법의 체제에서 맞다고 할 것이다. 이에 대하여 어느 설을 일원적으로 적용하면 무리가 따르므로, 택일적으로 이론구성을 시도하는 것은 유익하지 못하고, 해석론으로서 합유설을 기본으로 하고 구체적 문제처리에 있어서 어느 범위에서 공유적 요소를 가미할 것인가 또는 가미함으로써 타당한 결과를 이끌어낼 수 있을 것인가의 관점에서 합리적 타당성을 기하는 것이 바람직하다.[45]

2.3. 채권, 채무의 공동상속

2.3.1. 채권의 공동상속

2.3.1.1. 가분채권: 판례는 상속되는 가분채권은 상속개시와 동시에 당연히 공동상속인 사이에서 그들의 상속분에 따라 분할되어 승계된다는 것이다.[46] 이에

---

44) 김증한, 물권법(상), 1970, 164면; 최식, 물권법·담보물권법, 160면; 장경학, 물권법총론, 612면; 곽윤직, 물권법(전정판), 334면; 김용한, 친족상속법론, 335면 이하.
45) 이와 함께 입법론으로서 합유설을 기본으로 하여 통일적인 일반규정으로 정비하든가 영국법과 같이 상속재산관리인제도를 두어서 먼저 상속재산을 청산하고 잔여재산이 있을 때에 이것을 상속인에게 인도하는 방법을 채택하는 것이 바람직하다는 주장이 있다. 박병호, 가족법, 349~350면.
46) 대판 1962.5.3, 4294민상1105; 대판 1980.11.25, 80다카1847.

찬동하는 학설이 있다.[47] 그러나 상속재산의 분할에 관한 민법의 취지로 보아서(제1009조, 제1017조), 가분채권이 상속재산 가운데 있는 경우에는 상속재산을 분할할 때까지는 그 상속재산 전체는 잠정적으로 독립성을 가지고 상속인 전원에 속하므로, 상속재산 가운데 있는 채권도 피상속인이 생존하고 있었던 당시와 같은 형태로 상속재산 가운데 존속한다고 보아야 할 것이다.[48] 즉, 공동상속인 전원에게 불가분적으로 귀속하게 된다.[49]

2.3.1.2. 불가분채권: 이 경우에는 채권은 공동상속인 전원에게 귀속하고, 채권자인 각 공동상속인은 모든 채권자를 위하여 이행을 청구할 수 있다(제409조).[50]

2.3.2. 채무의 공동상속

2.3.2.1. 가분채무: 판례는 가분채무의 경우에 상속개시와 동시에 당연히 법정상속분에 따라 공동상속인에게 분할되어 귀속하므로, 상속재산분할의 대상이 될 수 없다고 한다.[51] 판례와 같이 당연분할설을 취하는 견해도 있다.[52] 그러나 피상속인이 상속채권자에 대하여 지고 있던 채무는 상속재산을 분할할 때까지는 피상속인의 사망에 의하여 변하지 않고 피상속인이 생존하고 있었던 당시와 같은 형태로 상속재산 가운데 존속한다고 보아서 공동상속인이 불가분채무를 부담한다고 보든가, 아니면 연대채무를 부담한다고 보는 것이 타당할 것이다.[53]

2.3.2.2. 불가분채무: 불가분채무인 경우에는 공동상속인 각자가 그 불가분채무 전부에 대하여 이행의 책임을 진다.

---

47) 곽윤직, 상속법, 232면; 양창수, "공동상속재산의 공유", 법정고시, 1996.9., 34면.
48) 김주수/김상용, 전게서, 549면.
49) 박병호, 가족법, 350면.
50) 동지: 곽윤직, 상속법, 130면; 박병호, 가족법, 350면.
51) 대판 1997.6.24, 97다8809.
52) 양창수, "공동상속재산의 공유", 법정고시, 1996.10,, 37면.
53) 김주수/김상용, 전게서, 550면; 곽윤직, 상속법, 131면; 박병호, 상속법, 351면.

[사례 7]

> A는 금전채권과 금전채무를 남기고 사망하였는데, A에게는 자 B, C, D가 있다.
>
> (1) A는 E에 대하여 9,000만원의 채권을 가지고 있다. 한편 B는 E에 대하여 3,000만 원의 대금채무를 부담하고 있다. B는 E로부터 변제청구를 받자 자기가 A로부터 상속한 9,000만의 3분의 1(3,000만 원)을 가지고 자기채무와 상계한다고 주장한다. 이 주장은 인정될 수 있는가?
>
> (2) A는 F에게 6,000만 원의 대금채무를 부담하고 있다. F는 2,000만 원의 채권(B의 상속분에 따른 채권액)을 가지고 B의 재산에 대하여 강제집행을 할 수 있는가?
>
> (3) A는 G, H와 함께 M에 대하여 900만 원의 연대채무를 부담하고 있다. A의 사망에 의하여 A가 부담하는 연대채무는 어떻게 상속되는가?[54]
>
> (대판 1997.6.24, 97다8809)

◀요약▶

(1) 대판 1962.5.3, 4294민상1105 등에 의하면, <u>금전채권은 상속개시와 동시에 당연히 공동상속인 사이에서 상속분에 따라 분할되어 승계되므로, 각 상속인은 상속분에 따라 귀속한 채권을 제3자에게 양도할 수 있으며, 또 그것을 가지고 자기 채무와 상계할 수 있다.</u> 또한 피상속인이 생존하고 있던 당시와 같은 형태로 상속재산 중에 존속하고 있다고 보는 견해에 의하더라도 제1015조 단서가 있으므로 상속분에 상당하는 금액을 가지고 한 상계는 유효하다고 보아야 한다. (2) 대판 1997.6.24, 97다8809에 의하면, 금전채무는 상속개시와 동시에 공동상속인 사이에 당연히 분할되므로 각 상속인은 그 상속분에 따라 책임을 지게 된다. 따라서 <u>상속채권자는 상속분의 범위 내에서 각 상속인의 고유재산에 대하여 강제집행을 할 수 있다.</u> (3) A의 자 B, C, D는 본래의 채무와 같은 연대채무를 부담하고, 피상속인의 부담부분이 각 상속인의 상속분에 따라 분담된다고 보는 것이 타당하다. (4) 따라서 B, C, D는 각각 300만 원에 대하여 연대채무를 부담하게 된다.[55]

[사례 7-1]

> '갑'은 '을'에게 600만 원의 대여금채권이 있다. '갑'이 사망하고 자 A, B, C가 상속인으로 되었으나, 장남 '병'은 상속을 포기하였다. A가 B, C의 대리인이라고 참칭하여 '을'로부터 600만 원을 지급받고 자기를 위하여 소비한 경우 B, C는 '을'에게 분할상속을 주장하여 자기 몫을 청구할 수 있는가. '을'이 A에게 200만 원의 대여금채권을 갖고 있다면 '을'은 A의 상속분과 이것을 상계하고 B, C에게 각자 200만 원을 지급할 수 있는가. 아니면 상계는 불가능한가?[56]

---

54) 김주수/김상용, 전게서, 548면.
55) 김주수/김상용, 전게서, 550~551면.

3. 상속분

3.1. 상속분의 의의

상속분이라 함은 모든 상속재산의 관념적, 분량적인 일부를 말한다. 따라서 공동상속하는 각 상속인이 상속재산을 구성하는 피상속인의 권리 의무를 승계하게 될 비율인 추상적 상속분과 상속재산의 총가액에 추상적 상속분을 곱하여 산정한 상속인이 승계할 상속재산의 가액인 구체적 상속분으로 나눌 수 있다. 또는 상속재산의 분할 전의 상속인의 지위를 말하기도 한다.[57]

3.2. 상속분의 결정

3.2.1. 지정상속분

피상속인은 유언에 의하여 공동상속인의 상속분을 지정할 수 있다. 그러나 지정상속분에 대한 규정이 없으므로 유언으로 상속분을 지정함으로써 법정상속분을 변경하지 못한다는 견해[58]가 있다. 그러나 포괄적 유증은 실질적으로 상속분의 지정과 다를 바가 없다.[59] 그리고 상속채무에 대하여 그것을 부담하는 비율을 유언으로 지정할 수 없고, 생전처분에 의한 지정은 허용되지 않는다.

3.2.2. 법정상속분

3.2.2.1. 동순위상속인 사이의 상속분

동순위의 상속인이 여러 명이 있는 경우에는 그 상속분은 균분으로 한다(제1009조 제1항 본문).

3.2.2.2. 배우자의 상속분

피상속인의 배우자의 상속분은 직계비속과 공동으로 상속하는 때에는 직계비속의 상속분의 5할을 가산하고, 배우자의 직계존속과 공동으로 상속하는 때에는 직계존속의 상속분의 5할을 가산한다(제1009조 제2항).

---

56) 박병호, 가족법, 354면.
57) 곽윤직, 상속법, 85~86면.
58) 곽윤직, 상속법, 87면.
59) 이에 대하여 비판하는 견해로서, 박병호, 가족법, 355면 이하; 곽윤직, 상속법, 86~87면.

3.2.2.3. 대습상속인의 상속분

대습상속인의 상속분은 피대습자의 상속분에 의한다(제1010조 제1항). 배우자가 대습상속하는 경우에도 마찬가지이다(제1010조 제2항 후단). 즉, 2인 이상이 동순위의 대습상속을 하는 경우에는 그 상속분은 균등하고, 직계비속과 공동으로 대습상속하는 배우자의 상속분은 직계비속의 상속분에 5할을 가산한다.[60]

3.2.2.4. 구체적 상속분의 산정

보통은 피상속인이 상속이 개시되는 때에 가지고 있었던 재산(적극재산에서 채무를 공제한 것)의 가액에 그 상속인의 상속분을 곱하여 산정한다. 그리고 각 상속인의 상속분은 공동상속인 모두의 상속비율을 합한 것을 분모로 하고, 각 상속인의 상속비율을 분자로 하여 산정한다. 즉, (상속인 각자의 취득분)=(상속개시 때에 상속재산의 가액)$\times\dfrac{\text{각 상속인의 상속비율}}{\text{공동상속인 전원의 상속비율의 합계}}$[61]

[사례]

> A의 처 B가 아들 C와 딸 D를 낳고 사망하자, A는 혼자 두 자녀를 양육하다가 E와 재혼하고 혼인신고를 하였다. 아들 C는 군 제대 후 A에게 자신의 사업자금을 지원해 줄 것을 요구하였으나, E의 강력한 반대에 부딪치자 E를 살해하였다. C는 곧 체포되어 10년 형을 선고받아 복역한 후, X와 결혼하고 혼인신고를 마친 다음 Y를 입양하였다. 그 후 A가 2007년 1월 유언 없이 5억 원의 재산을 남기고 사망하였다. 이 경우 A의 위 재산에 대한 상속관계(상속액 포함)를 논하시오.
>
> [사법시험49]

3.3. 증여 또는 유증을 받은 자의 상속분

3.3.1. 특별수익자의 상속분의 산정

3.3.1.1. 공동상속인 가운데 피상속인으로부터 재산의 증여 또는 유증을 받은 자가 있는 경우에 그 수증재산이 자기의 상속분에 달하지 못한 때에는 그 부족한 부분의 한도에서 상속분이 있다(제1008조). 특별수익자의 상속분을 산정함에 있어서, (1) 프랑스민법은 '가감'에 의하는 방법으로서, 공동상속인 가운데 특별

---

60) 곽윤직, 상속법, 89면.
61) 곽윤직, 상속법, 89면.

수익자가 있으면 상속인 모두가 같은 특별수익을 얻고 있는 것으로 가정하여 특별수익이 없는 자는 특별수익자의 수익액만큼을, 그리고 특별수익액이 적은 자는 가장 많은 수익을 하고 있는 자의 특별수익액과의 차액을, 각각 상속재산으로부터 먼저 취하는 것으로 하고, 나머지를 공동상속인의 상속분에 따라서 분할하는 것이다. 이에 대하여 (2) 독일민법은 특별수익자에게 '조정의무'가 있다고 하고(제2050조), 특별수익이 상속이 개시될 때까지 그대로 상속재산으로서 남아 있었던 것으로 생각해서, 특별수익을 상속재산에 가산하고, 이 상정상속재산에 각 상속인의 상속분을 곱해서 구체적 상속분을 산출하는 것이다.[62] 이 두 가지 방법 가운데 민법 제1008조는 특별수익자의 조정의무를 인정하고, 그 조정을 실행하는 방법을 규정한 것이다. 즉, 특별수익자가 수증한 재산 그 자체를 상속재산에 돌려주는 것(현물반환주의)이 아니라 수증물의 가액을 '계산상'으로만 상속재산에 보태는 것(가액계산주의)이다.[63]

3.3.1.2. 대습상속에 의하여 공동상속인이 된 자도 공동상속인 간의 공평의 견지에서 반환의무를 진다고 해석하여야 한다. 이에 대하여 대습상속인이 실제로 공동상속인의 자격을 취득하게 되는 시점을 구별하여 그 이전에 수익이 있는 때에는 반환의무가 없으나, 그 이후에 수익이 있는 때에는 반환하여야 한다는 견해[64]가 있다.

3.3.1.3. 유증을 받을 때나 수증 당시에는 상속인이 될 지위에 있지 않았으나, 그 후 유증자나 증여자의 배우자가 되거나 양자가 된 경우에, 그 유증을 받은 자나 증여를 받은 자는 특별수익의 반환의무가 있는가. 반환의무가 있다고 보는 것이 타당하다.

3.3.1.4. 공동상속인이 아닌 포괄적 수증자도 반환의무를 진다고 볼 것인가. 민법상 포괄적 수증자는 상속인과 동일한 권리의무가 있다(제1078조)고 되어 있으므로 포괄적 수증자도 반환의무를 진다고 해석이 가능하다. 그러나 유증의 반환은 중대한 예외이다. 따라서 수증자가 그 비율의 증감을 예상하고 있지 않다고 보는 것이 유증자의 의사라고 보는 것이 타당하므로 포괄적 수증자에게 반환의무가

---

62) 곽윤직, 상속법, 95～96면.
63) 곽윤직, 상속법, 97면; 대판 1995.3.10., 94다16571.
64) 일본의 통설; 곽윤직, 상속법, 101면.

없다고 보는 것이 타당할 것이다.[65]

3.3.2. 특별수익의 범위

3.3.2.1. 반환의무의 대상이 되는 증여의 범위에 관하여 민법은 규정하지 않았다.

3.3.2.2. 상속인을 수령인으로 한 생명보험금이 특별수익으로서 고려할 것인가. 이 경우에는 피상속인의 사망 시의 해약반환액을 특별수익으로 하는 것이 타당할 것이다(해지가격설).[66]

3.3.2.3. 피상속인의 사망에 의한 사망퇴직금을 상속인 가운데 한 사람이 취득한 때에 특별수익으로 인정할 것인가. 확실한 방식이 확립되기까지는 상속재산을 분할할 때에 고려한다는 정도의 방법을 취하는 것이 무난할 것이다.[67]

3.3.3. 특별수익의 평가시기와 방법

3.3.3.1. 공동상속인 가운데 반환의 대상이 되는 증여 또는 유증을 받은 자가 있는 경우에는 그 증여액을 산정하여야 비로소 상속분의 산정이 가능하다. 그 증여재산의 산정시기에 대하여, a) 상속재산분할시설[68]과 b) 이행시설[69]이 있다. 그러나 상속재산의 평가는 상속개시시를 기준으로 하므로, 역시 증여의 평가도 상속개시시를 기준으로 하는 것이 타당할 것이다(상속개시시설).[70] 판례도 상속개시시설에 따르고 있다.[71]

3.3.3.2. 수증자의 행위에 의하여 증여물의 멸실, 변형이 있을 때에는 원상대로 존재한다고 의제하여 상속개시시의 시세로 평가하여야 할 것이다.

3.3.3.3. 금전이 증여된 경우에는 화폐가치의 변동을 고려하여 상속개시 시의 시가로 환산평가 하여야 할 것이다.

---

65) 곽윤직, 상속법, 102면.
66) 그러나 반환되어야 할 금액에 대하여, ① 보험계약자인 피상속인이 지급한 보험료의 총액으로 한다는 보험료설, ② 보험금수익자가 받는 보험금의 총액이라는 보험금액설, ③ 보험계약자는 보험사고의 발생 전에 언제든지 보험계약을 해지할 수 있으므로(상법 제649조), 보험계약자의 사망한 때에 보험계약을 스스로 해지해서 취득할 해지가액이라는 해지가격설, ④ 피상속인이 그의 사망한 때까지 지급한 보험료의 보험료 전액에 대한 비율을 보험금에 곱하여 얻어지는 금액이라는 보험금액수정설 등이 있다. 곽 교수는, 보험금액수정설이 가장 타당하다고 한다. 곽윤직, 상속법, 106~107면.
67) 그러나 본래 상속재산에 속하지 않지만, 이 경우에는 유증에 해당하는 것으로 보아서 특별수익으로 조정의 대상이 된다고 한다. 곽윤직, 상속법, 107면.
68) 박병호, 가족법, 364면.
69) 곽윤직, 상속법, 108면.
70) 김주수/김상용, 전게서, 559면.
71) 대결 1997.3.21, 96스62.

3.3.3.4. 산정이 끝나서 그 수증재산이 수증자의 상속분에 달하지 못한 것으로 판명되면, 그 부족한 부분의 한도에서 상속분을 더 받는다(제1008조).

3.3.4. 특별수익자가 있는 경우의 공동상속인 간의 상속채무의 분담방법

공동상속인 가운데 특별수익자가 있는 경우 공동상속인 사이에 있어서의 상속채무의 분담방법에 대하여 여러 견해가 나올 수 있다. 그러나 제1008조는 명백히 권리만에 관한 상속분의 산정기준이고, 다른 곳에 채무에 관한 상속분의 규정이 없는 것으로 보아서, 채무는 따로 제1009조의 원칙적인 법정상속분에 따라 승계되어야 한다고 본다.[72]

3.3.5. 특별수익자가 있는 경우의 구체적 상속분의 산정

공동상속인 가운데 특별수익자가 있는 경우, 각 공동상속인의 구체적 상속분의 산정은 상속개시 시에 현존하는 상속재산의 가액에 특별수익인 생전증여의 가액을 가산하고, 그것을 각 공동상속인별로 상속분율로 나누어서 각 공동상속인의 상속분을 산출한 후, 이 각 상속분으로부터 특별수익자의 생전증여와 유증의 가액을 각각 뺀 잔액을 합친 총잔액을 가지고 그 총잔액에 대한 특별수익자와 그 밖의 공동상속인의 상속분을 산정한 것이 이른바 구체적이 상속분인 것이다.[73]

3.3.6. 상속채무의 분담방법

상속재산의 가액을 확정하는 방법으로서 분리설에 따르면, 특별수익자의 조정의무를 실행하기 위한 계산에 있어서, 상속재산 가운데 적극재산을 그 산출의 기초로 한다. 그렇다면 상속채무는 공동상속인 사이에서 어떤 비율로 분담하여야 하는가? 그 방법으로서, ① 각 공동상속인의 본래의 상속분(추상적 상속분)에 따라서 분담케 하는 것, ② 제1008조에 의하여 산출된 각 공동상속인이 상속재산으로부터 실제로 받게 될 취득분에 따라서 분담케 하는 것, ③ 각 공동상속인이 취득한 이익에 따라서 분담케 하는 것, ④ 상속이 개시될 때에 공동상속인이 실제로 취득할 수 있는 상속재산의 비율에 따라서 분담시키는 것 등을 생각할 수 있다.

---

72) 대판 1995.3.10, 94다16571; 대판 1996.2.9, 96다17895.
73) 대판 1995.3.10, 94다16571; 이에 대하여 학설은, ① 초과특별수익자가 있으면, 그 자를 부존재로 의제하여, 다른 공동상속인 사이에서만 구체적 상속분을 산정하면 된다는 제1설, ② 공동상속인 가운데 초과특별수익자가 없는 경우와 같은 계산방법으로 '상속재산으로부터의 실제의 취득액'을 산출하고, 초과특별수익자 이외의 자에 관하여 위의 취득액의 비율로 상속재산을 분배하여야 한다는 제2설, ③ 초과특별수익액을 초과특별수익자 이외의 자가 그들의 상속분에 따라서 안분하여 분담케 하는 것이 타당하다는 제3설 등이 나뉘고 있다. 곽윤직, 상속법, 111~114면.

그러나 어느 방법에 의하더라도 채권자는 그것에 구속되지 않는다고 할 것이다.[74]

3.4. 기여상속인의 상속분

3.4.1. 의의

기여분이라 함은 공동상속인 가운데서 상당한 기간 동거, 간호 그 밖의 방법으로 피상속인을 특별히 부양하거나 피상속인의 재산의 유지 또는 증가에 관하여 특별히 기여한 자가 있을 경우에는 이를 상속분의 산정에 관하여 고려하는 제도이다. 피상속인이 상속개시 당시에 가지고 있던 재산의 가액에서 기여상속인의 기여분을 공제한 것을 상속재산으로 보고 상속분을 산정하여, 이 산정된 상속분에다 기여분을 더한 액을 기여상속인의 상속분으로 하는 것이다(제1008조의2 제1항).

3.4.2. 입법취지

이는 특별수익자의 상속분과 달리 유산증가에 기여한 상속인이 있으면 상속분 산정에 있어서 그 기여분액을 가산하는 것이 당연하다고 할 수 있다. 이와 같은 취지로 기여분제도를 신설하였다(제1008조의2).

3.4.3. 기여분권리자의 범위

3.4.3.1. 기여분권리자는 공동상속인 가운데 상당한 기간 동거, 간호 그 밖의 방법으로 피상속인을 특별히 부양하거나 피상속인의 재산의 유지 또는 증가에 관하여 특별히 기여한 자이다. 기여분권리자는 한 사람에 한하지 않는다. 다만, 상속을 포기한 자, 상속결격자, 포괄적 수증자는 기여분을 주장할 수 없다.[75]

3.4.3.2. 대습상속인도 대습상속원인이 발생하여 상속자격을 취득한 후의 기여이든 그 전의 기여이든 가릴 것 없이 기여분권리자가 될 수 있다. 피대습자의 기여도 주장할 수 있다고 해석된다.

3.4.4. 기여의 내용과 정도

3.4.4.1. 기여의 내용: a) 상당한 기간 동거, 간호 그 밖의 방법으로 피상속인을 특별히 부양한 경우와 b) 상속인이 피상속인의 재산의 유지나 증가에 특별히 기여한 경우이다.

---

74) 그러나 곽 교수는 ③과 ④의 방법이 타당하다고 한다. 곽윤직, 상속법, 114면.
75) 곽윤직, 상속법, 117면.

3.4.4.2. 기여의 정도: 기여의 정도는 통상의 기여가 아니라, 특별한 기여가 아니면 안 된다. 따라서 특별한 기여로 인정되기 위하여 공동상속인이 상속재산을 본래의 상속분에 따라 분할하는 것이 명백히 기여자에게 불공평하다고 인식되는 정도에 이르러야 한다.[76] 헌법재판소는, 민법 제1008조의2 제1항 위헌소원에 대하여 피상속인을 특별히 부양한 자에게만 기여분을 인정하는 민법 제1008조의2 제1항 중 '상당한 기간 동거·간호 그 밖의 방법으로 피상속인을 특별히 부양한 자'에 관한 부분이 헌법에 위반되지 않는다는 결정을 선고하였다.[77]

3.4.4.3. 피상속인과 고용계약이나 조합계약에 의하여 상속인이 피상속인의 재산의 유지 또는 증가에 기여한 사정은 여기에서의 기여에 해당하지 않는다.

3.4.4.4. 피상속인의 재산에 관한 기여로서 인정되기 위하여 그 기여와 피상속인의 재산의 유지 또는 증가와의 사이에 인과관계가 존재할 필요가 있다.

3.4.5. 기여분의 결정

3.4.5.1. 협의

기여분을 결정하기 위하여 우선 모든 공동상속인이 협의하여야 한다(제1008조의2 제1항).

3.4.5.2. 심판

공동상속인 사이에서 기여분에 관한 협의가 되지 않거나 협의할 수 없는 때에는 가정법원은 기여자의 청구에 의하여 기여분을 정한다(제1008조의2 제2항, 가사소송법 제2조 제1항 마류사건). 기여분의 결정은 상속재산분할심판의 전제가 되는 문제이기 때문에 상속재산분할심판의 계속 중에 기여분결정의 심판청구를 별도로 할 수 있지만, 상속재산분할의 심판청구와 기여분결정의 심판청구를 동시에 할 수도 있다.

3.4.6. 기여분이 있는 경우의 상속분의 산정

상속재산의 가액에서 공동상속인의 협의나 조정, 심판에 의하여 정해진 기여분을 공제한 것을 상속재산으로 보고, 제1009조 및 제1010조에 의하여 산정한 상속분에 기여분을 가산한 가액을 기여상속인의 상속분으로 한다(제1008조의2 제1항).

---

76) 대결 1996.7.10, 95스31.
77) 헌재결 2011.11.24, 2010헌바2.

3.4.7. 기여분의 산정방법

3.4.7.1. 기여분의 산정에 있어서 기여의 시기, 방법 및 정도와 상속재산의 액 기타의 사정을 참작하여야 한다(제1008조의2 제2항).

3.4.7.2. 기여분은 상속이 개시된 때의 피상속인의 재산가액에서 유증의 가액을 공제한 액을 넘지 못한다(제1008조의2 제3항). 이 제한은 유증우선주의를 선언한 것이다.

3.4.7.3. 기여상속인과 특별수익자가 병존하는 경우의 상속분은 어떻게 산정할 것인가. 우선 상속재산을 확정하여야 하므로, 먼저 기여분을 산정하여 그것을 공제한 것을 상속재산으로 정한 다음, 이를 기초로 하여 특별수익자의 상속분을 산정하여야 한다. 즉, ① (상속개시당시의 상속가액)+(증여금액)=총상속재산, ② (총상속재산)×(법정 또는 유언상속비율)=각자의 본래상속분, ③ (본래상속분)-(증여 또는 유증가액)=구체적 상속분의 순서로 산정하게 된다.[78]

3.4.8. 기여분과 유류분과의 관계

기여분과 유류분은 서로 관계가 없다. 그러나 실제로 기여분의 가액을 결정함에 있어서 협의에 의하는 경우이든 심판에 의하는 경우이든 다른 공동상속인의 유류분을 참작하여 결정하는 것이 바람직하다.

3.4.9. 기여분의 승계

기여분은 공동상속인의 협의 또는 가정법원의 심판에 의하여 결정된 후에는 이를 양도하는 것이 가능하다. 상속도 된다. 상속의 경우에는 기여분의 결정 전에 인정하여도 무방하다.

3.4.10. 기여분의 포기

기여분의 포기는 가능하다고 보아야 할 것이다. 상속개시 후부터 상속재산분할이 종료할 때까지 언제든지 공동상속인 전원에 대한 의사표시로 할 수 있다.

3.4.11. 기여분과 유언과의 관계

기여분에 관한 사항을 유언으로 정할 수 있는가. 유언에 의한 기여분의 지정은 법률상 효력이 없다고 보아야 한다.

---

78) 박병호, 가족법, 365면.

[사례 8]

A는 1962년 4월 30일 B와 혼인하여 그 사이에 딸X와 아들 Y1, Y2, Y3을 두었는데,
1983년 5월 13일 A는 B와 협의이혼을 하였다. 그러자 C와 혼인하여 따로 살고 있던 X
가 아버지A의 집에 들어가 그때부터 A로부터 생활비를 받아 집안 살림을 전담하면서 헌신
적으로 A를 봉양하고 동생인 Y1, Y2, Y3을 뒷바라지하였다. A가 1990년경부터 발병하자
X는 자기 남편과 함께 A가 사망할 때까지 병수발을 도맡아 하였다. A가 1996년 7월 30
일 사망하자, Y1, Y2, Y3은 X에 대하여 A가 남긴 재산에 대하여 법정상속분에 따라 4등
분할 것을 요구하였다. 그러나 X는 이에 응하지 않음으로써 상속재산분할에 대한 협의가 이
루어지지 않았고, X는 Y1, Y2, Y3을 상대로 가정법원에 상속재산에 대한 기여분을 인정해
서 상속재산을 분할해 줄 것을 청구하였다. 이 경우에 이 청구는 인용될 수 있는가?[79]

(대판 1998.12.8, 97므513)

◀요약▶

서울가정법원은 "X는 비록 이 사건 상속재산을 형성하는데 직접적으로 기여한 바는
없으나, 출가한 후에 위 망인 A와 위 B가 이혼하게 되자 친정에 들어가 살면서 위 B를
대신하여 13년 동안 집안 살림을 돌보고 위 A와 동생들의 뒷바라지를 함으로써 위 상속
재산의 유지 및 감소방지에 기여하였고, 또한 A가 투병생활을 할 때에도 수년간 지속적
으로 간병함으로써 통상 기대되는 수준 이상의 특별한 부양, 간호를 하였다고 할 것이다"
라고 하면서, 기여분의 액수에 관하여 "이 사건 상속재산의 시가, 이용상황, 기여행위의
내용, 특히 X가 13년 동안 A의 배우자의 역할을 대신하여 왔고, 민법상 피상속인의 배우
자의 법정상속분은 직계비속의 5할을 가산하도록 규정되어 있는 점 등 이 사건 심문에
나타난 여러 가지 사정을 참작하면 X의 기여분은 150,000,000(직계비속상속분의 5할)으
로 정함이 상당하다"고 판시하였다(서울가판 1998.9.24, 97느8349,8350). 이 판결은 대판
1998.12.8, 97므513에 의하여 확정되었다.[80]

[사례]

초등학교에 다니는 10세의 갑이 자기 친구들과 고무총 놀이를 하던 중 갑이 쏜 돌이 지나
가던 A의 눈에 명중되었다. A는 정년퇴직한 자로서 부인과 사별하여 B여와 사실상 동거하
고 있는데, B의 극진한 치료에도 불구하고 상처가 악화되어 그 눈이 실명되었다.
갑에게는 부 을이 있고, 한편 A에게는 사실상의 처 B와 남동생 C가 있다. 이러한 경우
갑, 을과 A, B, C 사이의 법률관계는?

[사법시험35]

---

79) 김주수/김상용, 전게서, 564면.
80) 김주수/김상용, 전게서, 570~571면.

[문항]

> 상속에 있어서 특별수익과 기여분에 관한 설명 중 옳은 것은? (다툼이 있는 경우에는
> 판례에 의함)
> ① 공동상속인 중에 특별수익자가 있는 경우, 구체적인 상속분을 산정하는 방법은 피상속인이
>   갖고 있던 상속개시 당시의 적극재산의 가액에서 소극재산을 공제하고 생전 증여의 가액을
>   가산한 후, 이 가액에 각 공동상속인별로 법정상속분을 곱하여 산출된 상속분의 가액으로부
>   터 특별수익자의 수증재산인 증여 또는 유증의 가액을 공제하는 계산방법에 따라야 한다.
> ② 특별수익은 상속이 개시된 때가 아니라 특별수익을 받은 당시를 기준으로 평가하여야 한다.
> ③ 상속인의 배우자가 피상속인으로부터 받은 증여와 유증에 대해서는 상속분 산정에 있
>   어서 특별수익으로 고려할 여지가 없다.
> ④ 피상속인이 유언으로 상속인 일방에게 기여분을 지정한 경우, 그 상속인의 구체적인 상
>   속분은 고유의 상속분에 기여분을 더한 금액으로 된다.
> ⑤ 상속재산분할의 심판청구가 없는 한 유류분반환청구가 있다는 사유만으로 기여분의 결정청구
>   를 할 수 없지만, 상속재산분할 후에라도 피인지자나 재판의 확정에 의하여 공동상속인이 된
>   자의 상속분에 상당한 가액의 지급청구가 있는 경우에는 기여분의 결정청구를 할 수 있다.
>
> [사법시험54]

◀해답▶ ⑤

3.5. 상속분의 양도

3.5.1. 의의

3.5.1.1. 상속이 개시되면 상속분을 양도할 수 있다(제1011조). 여기에서 상속분은 적극재산만이 아니고 소극재산까지도 포함한 포괄적인 상속재산 모두에 대한 상속분을 의미한다.[81]

3.5.1.2. 상속분의 양도는 유상, 무상을 묻지 않는다. 상속분의 일부양도가 인정될 것인가. 이에 대하여 학설은 긍정한다.[82] 그러나 이를 인정하면 공동상속인이 그 상속분을 세분하여 양도하여 상속관계를 복잡하게 만드는 결과를 가져오므로, 일부양도는 인정하지 않는 것이 타당할 것이다.[83]

---

81) 대판 2006.3.24, 2006다2179.
82) 김용한, 친족상속법론, 363면; 이근식/한봉희, 신친족상속법, 247면; 김주수, 친족상속법(제2전정판), 420면; 곽윤직, 상속법, 125면.
83) 동지; 박병호, 가족법, 375면.

3.5.2. 상속분의 양수인의 지위

상속분의 양수인은 상속인과 같은 지위에 서게 된다. 상속재산의 관리는 물론 상속재산의 분할에도 참여할 수 있다. 이 양도에 의하여 상속인이 상속채무를 면할 수 있는가. 채권자의 보호를 위하여 병존적 채무를 인수한다고 보아야 할 것이다.[84]

3.5.3. 대항요건

상속분의 양도에 대항요건이 필요한가. 다른 공동상속인이 알지 못하는 사이에 양수기간(제1011조 제2항)이 경과하여 양수의 기회가 박탈되는 것을 막기 위하여 채권양도의 대항요건에 관한 규정(제450조)에 준하여 공동상속인에게 통지하여야 한다고 본다. 그러나 대항요건이 필요 없다는 견해[85]가 있다.

3.6. 상속분의 양수

3.6.1. 의의

공동상속인 가운데 그 상속분을 제3자에게 양도한 자가 있는 때에는 다른 공동상속인이 그 가액과 양도비용을 상환하고 그 상속분을 양수[86]할 수 있다(제1011조 제1항). 그러나 이 제도는 상속재산을 일종의 가산(家産)으로 파악하는 것으로 폐지되는 것이 바람직하다.

3.6.2. 양수의 요건

3.6.2.1. 공동상속인 가운데 한 사람이 그 상속분을 무단으로 양도하여야 한다.

3.6.2.2. 제3자에 대하여 상속분이 양도되어야 한다.

3.6.2.3. 상속분의 양도가 상속재산분할 전에 있어야 한다.

3.6.3. 양수권의 행사

양수권을 행사함에 있어서 공동상속인은 상속분의 양수인 또는 전득자에 대하여 일방적으로 양수의 의사를 표시하면 된다. 제3자의 승낙이나 동의는 필요 없다. 이 양수권의 성질은 형성권이다. 양수할 때에는 양도된 상속분의 가액, 즉 상속분을 양수할 당시의 시가와 양수한 제3자가 지출한 비용을 상환하지 않으면 안 된다.[87] 상속분을 양도한 것을 안 날로부터 3월, 양도가 있은 날로부터 1년이

---

84) 동지; 곽윤직, 상속법, 126면.

85) 곽윤직, 상속법, 126면.

86) 이에 대하여, '상속분의 환수', '환수권'이라고 표현하는 것이 적절하다는 견해가 있다. 곽윤직, 상속법, 126~127면.

경과하면 양수권을 행사할 수 없다(제1011조 제2항).

3.6.4. 양수의 효과

양수권의 행사에 의하여 제3자에게 양도된 상속분은 양도인 이외의 공동상속인 전원에게 그 상속분에 따라 귀속한다. 이 양수권의 행사에 따른 상속분의 가액과 비용은 상속분에 따라 공동상속인이 부담한다.[88] 그러나 이 양수권의 행사는 양도인과 제3자 사이의 양도행위를 무효로 하는 것은 아니다.

[사례 8-1]

> Y는 그의 처 X, 자 A, B, C가 있다. Y는 자 C의 헌신적인 도움을 받으면서 자영업을 하여 사업이 번창하였다. 그러나 외환위기를 맞아 Y는 거래은행 Z에 부채를 남기고 사업의 부진으로 비관하여 자살을 하였다. Y가 남긴 재산으로는 사업장으로 사용하던 건물의 임대차보증금 5억 원과 예금 1억 5천만 원이 있다. 그러나 Z은행에 Y가 사업자금으로 융자한 부채가 원리금을 합하여 7억 원이 남았다. 자 A는 유학비용과 혼수비용으로 이미 2억 원을 Y로부터 받았다. 자 A와 B는 Y와 X의 혼인중 출생자이지만, 자 C는 Y의 혼인외 출생자이다.
> 1. Y의 사망에 따른 공동상속인 처 X, 자 A, B, C의 상속분은 어떻게 되는가?
> 2. 만약 자 A가 자기의 상속분을 A'에게 양도하고, 처 X가 상속을 포기하였으며, 자 B는 한정승인을 하였다. 그리고 상속인들이 Y의 Z에 대한 채무의 상속비율을 상속분과 달리 정하는 협의를 하였다. 이들의 법률관계는 어떻게 되는가?
>
> [부산대11]

4. 상속재산의 분할

4.1. 상속재산분할의 성질

상속재산분할은 상속개시로 인하여 생긴 공동상속인 사이의 상속재산의 공유관계를 종료시키고, 상속분에 따라 그 배분귀속을 확정시키는 것을 목적으로 하는 일종의 청산행위이다.

---

87) 이에 대하여, 환수권(양수권)을 행사할 때의 상속분의 평가액(시가)이라고 보는 견해가 있다. 곽윤직, 상속법, 128면.

88) 이에 대하여, 환수권(양수권)의 행사가 있는 경우에, 양수인은 당연히 상속분을 잃고, 그 상속분은 환수권을 행사한 자에게 귀속하며, 공동상속인 가운데 한 사람이 단독으로 환수권을 행사한 때에는 그 자에게 독점적으로 귀속하고, 공동으로 행사한 때에는 상환한 가액과 비용을 분담한 비율에 따라서 상속분은 공유적으로 귀속한다는 견해가 있다. 곽윤직, 상속법, 128면.

4.2. 상속재산분할의 요건

4.2.1. 상속재산에 있어서 공유관계가 존재할 것

4.2.2. 공동상속인이 확정되었을 것

4.2.3. 분할의 금지가 없을 것

4.2.3.1. 피상속인은 유언으로 상속개시의 날로부터 5년을 초과하지 않는 기간 내의 상속재산의 분할을 금지할 수 있다(제1012조 후단).

4.2.3.2. 공동상속인이 전원의 협의로써 상속재산의 전부 또는 일부 혹은 특정한 재산에 관하여 불분할계약을 체결하는 것은 무방하다.

4.2.3.3. 유언 또는 협의에 의하여 분할이 금지되었을 때에 목적물에 존재하는 공동소유관계는 상속재산공유상태의 계속인가 아니면 통상의 공유관계로의 이행인가. 분할금지는 분할연기이고, 종래의 상속재산의 공유상태가 그대로 계속된다고 보아야 할 것이다. 즉 '공유로 하는 분할의 협의'의 방법에 의하여야 할 것이다.

4.3. 분할청구권자

분할을 청구할 수 있는 자는 상속을 승인한 공동상속인이다. 포괄적 수증자도 상속재산의 분할을 청구할 수 있다.

4.4. 상속재산분할의 방법

4.4.1. 유언에 의한 분할(지정분할)

피상속인은 유언으로 상속재산의 분할방법을 정하거나, 이를 정할 것을 공동상속인이 아닌 제3자에게 위탁할 수 있다(제1012조 후단). 분할방법의 지정 또는 지정의 위탁은 유언으로 하여야 하므로 생전행위로 한 것은 효력이 없다.[89]

4.4.2. 협의에 의한 분할(협의분할)

4.4.2.1. 협의에 참가하여야 할 자

분할의 협의는 공동상속인 간의 일종의 계약이다. 따라서 공동상속인 전원이 참가하여야 한다. 일부의 상속인만으로 한 협의분할은 무효이다.[90] 따라서 a) 포괄적 수증자,

---

89) 대판 2001.6.29, 2001다28299.

b) 분할 전의 상속분의 양수인, c) 상속인의 지위 또는 그 기초인 친족관계에 대하여 다툼이 있는 자,[91] d) 현재 상속인의 지위를 보유하고 있지 않으나, 상속인이라는 것을 주장하여 다투고 있는 자, e) 피상속인의 태아 등이 포함되는가의 논의가 있다.

4.4.2.2. 협의의 방법

상속재산분할협의는 일종의 계약이므로[92] 상속인 전원이 참여하여야 한다. 상속인 가운데 한 사람이 만든 분할원안을 다른 상속인들이 후에 돌아가며 승인을 하여도 무방하다.[93] 미성년자를 위하여 특별대리인을 선임하여야 한다. 구술에 의한 협의도 유효하지만, 분할 후의 사무적 처리를 위하여 '상속재산분할협의서'가 작성되는 것이 일반적이다.

[소장 1]

```
                    특 별 대 리 인 선 임 청 구

청 구 인          김 이 자 (전화                         )
                 주민등록번호        －
                 주소
                 등록기준지


사건본인(미성년자)  1. 홍 갑 돌
                 주민등록번호        －
                 주소
                 등록기준지

                        청 구 취 지

청구인과 사건본인이 청구외 망 ○○○ 소유의 별지목록 기재 부동산을 협의분할함에 있
어 사건본인의 특별대리인으로 ○○시 ○○구  ○○동 ○○번지 ○○○를 선임한다.
라는 심판을 구합니다.
```

---

90) 대판 1987.3.10, 85므80; 대판 1995.4.7, 93다54736; 대판 2001.6.29, 2001다28299; 대판 2004.10.28, 2003다65438.

91) 이러한 사람들은 분할의 협의에서 제외할 수 있다는 설, 확정판결 시까지 분할을 금지하여야 한다는 설, 이러한 사람들은 제외하지 않고 분할을 진행시킬 수 있다는 설 등이 나누어지고 있다.

92) 대판 2004.7.8, 200다73203.

93) 대판 2004.10.28, 2003다65438.

청 구 원 인

청구외 망 ○○○의 사망으로 인하여 청구인과 사건본인은 공동상속인인바, 별지목록 기재 부동산을 협의분할함에 있어 청구인과 사건본인은 이해가 상반되는 법률행위이므로 사건본인을 위한 특별대리인으로 사건본인의 백부인 ○○○를 선임받고자 본 청구에 이른 것입니다.

첨 부 서 류

1. 가족관계증명서(청구외 망 ○○○)	1통
1. 가족관계증명서	1통(청구인분, 미성년자분)
1. 가족관계증명서	1통(대리인분)
1. 주민등록등본	1통(청구인분, 미성년자분, 대리인분)
1. 부동산등기부등본	1통

20○○. ○. ○.
청구인 김 이 자 (인)

○○가정법원(○○ 지방법원) 귀중

☞ 유의사항

　　청구서에는 사건본인 1인당 수입인지 5,000원을 붙여야 합니다.
　　송달료는 청구인수×3,190원(우편료)×4회분을 송달료취급은행에 납부하고 영수증을 첨부하여야 합니다.
　　관할법원은 사건본인의 주소지 가정법원 입니다.
　　부동산목록은 근저당권설정의 경우 특별대리인선임 양식을 참고하십시오
　　사건본인이 여러명인 경우에는 미성년자인 사건본인의 수만큼 특별대리인을 선임청구해야 합니다.

별　　　　지

부동산의 표시

1. 서울 ○○구 ○○동 ○○번지
　　대지 ○○ 평방미터

```
2. 위 지 상
    벽돌조 슬래브지붕 2층 단독주택
        지층 ○○ 평방미터
        1층 ○○ 평방미터
        2층 ○○ 평방미터
```

4.4.2.3. 상속재산분할의 대상

피상속인이 남겨 놓은 재산의 전부가 분할의 대상이 된다. 그러나 실제로 a) 상속재산에 속하지만 '분할의 대상'이 되는지가 문제되는 것이 있고, b) 피상속인이 사망할 때에 있었던 재산에는 속하지 않지만 '분할의 대상'이 되는 것인지가 문제되는 것이 있다. 판례는 특별한 사정이 없는 한 장례비용은 민법 제1000조 및 제1003조에 규정된 상속의 순위에 의하여 가장 선순위에 놓인 자들이 각 법정상속분의 비율에 따라 부담함이 원칙이라 할 것이고, 이러한 원칙은 특정 상속인이 상속을 포기하였다고 하더라도 동일하게 적용됨이 마땅하다. 예를 들어, 1순위 상속인들이 상속을 포기하였다고 하더라도 그들의 장례비용 부담의무는 면해지지 않는다. 비록 장례비용은 상속비용의 일부로 취급되어 상속재산분할절차에서 고려되나, 장례비용의 부담은 상속에서 근거를 두는 것이 아니라, 망인과의 친족관계에서 비롯된 것으로 파악함이 옳을 것이므로, 위 법리는 장례비용을 부담하는 자와 상속인이 일치하는 경우 상속재산분할절차에서 장례비용을 고려할 수 있다는 의미로 이해함이 상당하다고 하였다.[94] 이와 함께 부의금이란 장례비에 먼저 충당될 것을 조건으로 한 금전의 증여로 이해함이 상당할 것이므로, 접수된 부의금 금액이 상속인 또는 상속인이 아닌 가족별로 다르더라도 동 금원은 모두 장례비로 먼저 충당되어야 하며, 이 점은 부의금 피교부자가 후순위상속인이거나 상속자격이 없는 경우라 하더라도 마찬가지이다. 이러한 점은 생존해 있는 자들과는 별도로 오로지 망인과 관련하여 접수된 부의금도 역시 마찬가지인데, 이러한 부의금은 위에서 본 원칙에 따라 장례비용을 부담할 자들에게 그들이 상속받을 경우 적용될 법정상속분의 비율에 따라 증여된 것으로 봄이 상당하다. 그런데 만일 부의금의 총 합계액이 장례비를 상회한다면 부의금 피교부자별로

---

94) 서울가심 2010.11.2, 2008느합86, 87.

접수된 금액의 비율대로 각 금액에서 충당하고, 나머지 금액은 각 부의금 피교부자별로 귀속되게 함이 옳다. 이 경우 각 부의금 피교부자별 금액이 확정되지 않는다면, 각 부의금 피교부자의 지위에 상관없이 나머지 금액을 평등하게 분배함이 옳다. 한편 부의금의 총 합계액이 장례비에 미치지 못한다면 접수된 부의금은 모두 장례비에 충당되고, 나머지 장례비용은 위에서 본 원칙에 따라 장례비용을 부담하여야 할 자들이, 그들이 상속을 받을 경우 적용되었을 법정상속분에 따라 분담함이 옳다고 하였다.[95]

4.4.2.4. 분할의 기준

4.4.2.4.1. 분할과 상속분과의 관계: 협의에 의한 분할의 경우에는 반드시 각 공동상속인의 상속분에 따라서 분할할 필요가 없다. 상속분에 따르지 않은 협의분할은 일종의 증여계약과의 혼합계약이라고 볼 수 있다. 그러나 협의분할과 별도의 증여계약이 있었다고 볼 수는 없다.[96] 만약 구체적 상속분에 따르지 않은 상속재산분할협의에 증여계약의 요소가 있다고 본다면, 분할협의가 채권자취소권의 대상이 된다는 결론에 이를 수 있다(제406조).[97]

4.4.2.4.2. 분할방법: 분할방법에 대하여 아무런 제한이 없다. 분할방법에는, a) 상속재산을 상속인이 보유하면서 분할하는 것으로서, 현물분할, 공유로 하는 분할, 채무부담에 의한 분할[98]과 b) 상속재산을 상속인이 보유하지 않고 분할하는 것으로서, 환가분할이 있다.

4.4.2.5. 분할협의의 무효, 취소

4.4.2.5.1. 분할협의에 참가한 상속인이 무자격자이든가, 상속인의 일부를 제외하고 분할협의가 된 경우는 제1014조의 경우를 제외하고 무효이다.

4.4.2.5.2. 분할협의의 의사표시에 착오와 사기, 강박이 있는 경우에는 그 의사표시의 취소를 주장할 수 있다.

---

95) 서울가심 2010.11.2, 2008느합86,87.
96) 대판 1984.3.27, 83누710; 대판 1985.10.8, 85누70; 대판 1985.12.10, 85누582; 대판 1986.11.25, 86누505; 서울고판 1986.5.28, 86구52; 대판 2001.11.27, 2000두9731.
97) 대판 2001.2.9, 2000다51797; 그러나 자기의 상속분보다 적게 받기로 한 상속인이 자기의 상속분보다 많이 받게 된 상속인에게 증여를 한 것으로 보아야 하지만, 이와 같이 상속인의 의사가 우선한다고 하더라도 상속인에 의한 상속채무의 자유로운 인수는 이를 가지고 상속채권자에게 대항할 수 없다고 한다. 곽윤직, 상속법, 138면.
98) 상속채무의 면책적 인수는, 상속채권자에게 대항하지 못하고, 적극적 상속재산을 법정상속분의 비율과 다르게 분할하고 있는 때에는 중첩적 채무인수의 이론을 확대하여 상속인에게 그들의 취득비율에 따른 책임을 물을 수 있다고 하여야 한다. 곽윤직, 상속법, 143면.

[서식]99)

상속재산분할협의

2000. 0. 0. 김갑동(주소, 주민등록번호 생략)의 사망으로 인하여 개시한 상속에 있어 공동상속인 박00, 김1, 김2, 김3은 아래와 같이 상속재산을 분할하기로 협의한다.

아 래

1. 상속재산 중 서울(이하 생략) 소재 대 100㎡ 토지는 박00의 소유로, 서울(이하 생략) 소재 000아파트 101동 112호는 김1의 소유로 한다.
2. 상속재산 중 예금(00은행, 계좌번호(생략), 금   원은 김2의 소유로 한다.
3. 상속재산 중 자동차(그랜저 승용차 차량번호   호), 골프회원권(00골프장, 회원번호000)은 김3의 소유로 한다.

위 협의를 증명하기 위하여 이 협의서 4통을 작성하여 각각 1통씩 보관한다.

2000.0.0.

박00 (인)

주소 (생략)

김1   (인)

주소 (생략)

김2   (인)

주소 (생략)

김3   (인)

주소 (생략)

4.4.3. 조정 또는 심판에 의한 분할(심판분할)

4.4.3.1. 분할청구

공동상속인 사이에서 상속재산분할의 협의가 성립되지 않는 때에는 각 공동상속인은 가정법원에 분할을 청구할 수 있다(제1013조 제2항에 의하여 제269조의 준용).

4.4.3.2. 심판분할의 전제문제

상속재산분할의 실행에 있어서, 반드시 갖추어야 할 두 가지의 전제문제가 있다. 하나는 분할당사자, 즉 상속인의 확정이고, 다른 하나는 상속재산의 범위와 그 액의 확정이다.

---

99) 권오봉 외 3인, 법문서 작성, 법문사, 2010, 262면.

4.4.3.3. 분할의 태양

　심판분할의 구체적 방법은 현물분할을 원칙으로 한다(제269조 제2항). 그러나 가정법원은 현물분할로 분할할 수 없거나 분할로 인하여 현저히 그 가액이 감손될 염려가 있는 때에는 물건의 경매를 명할 수 있다(제1013조 제2항에 의하여 제269조의 준용). 가사소송규칙 제115조 제2항은 "가정법원은 분할의 대상이 된 상속재산 중 특정의 재산을 1인 또는 수인의 상속인의 소유로 하고, 그의 상속분 및 기여분과 그 특정의 재산의 가액의 차액을 현금으로 정산할 것을 명할 수 있다"고 함으로써 대상분할(가격배상)을 인정하고 있다.

[소장 2][100]

상속재산분할심판청구

청 구 인	이OO
	등록기준지　서울 OO구 OO동 OO번지
	주소　서울 OO구 OO동 OO번지
	생년월일　1900. O. O.생
상 대 방	1. 박OO
	등록기준지 및 주소
	생년월일　1900. O. O.생
	2. 이갑남
	등록기준지 및 주소
	생년월일　1900. O. O.생

청구취지

1. 별지목록기재 부동산을 상대방들의 소유로 한다.
2. 상대방들은 별지 상속비율표에 따라 청구인 이OO에게 금 OOO원을 지급하라.
3. 심판비용은 상대방들의 부담으로 한다.
는 심판을 바랍니다.

---

100) 박동섭, 전게서, 873면.

[사례 9]

A는 처B, 자 C, D, E를 남기고 사망하였다. D는 외국으로 일자리를 찾아 떠난 후 소식이 끊긴 상태이다.
(1) B, C, E가 D를 제외하고 A가 남긴 재산을 협의하여 분할하였다. D가 뒤늦게 돌아와서 그 상속재산의 분할은 무효라고 주장한다. 이 주장은 타당한가?
(2) E가 미성년자인 경우, B는 E를 대리하여 분할협의를 할 수 있는가?[101]
((1) 대판 1987.3.10, 85므80; 대판 2004.10.28, 2003다65438; (2) 대판 1999.3.9, 92다18481; 대판 1964.8.31, 63다547)

---

101) 김주수/김상용, 전게서, 576면.

◀요약▶

　(1) 상속인이 행방불명이라도 실종선고를 받지 않는 한 상속인으로서의 신분을 가지고 있기 때문에 행방불명자를 제외하고 분할협의를 하게 되면 그것은 무효이다. 이러한 경우에는 부재자재산관리인의 선임절차를 밟아(제22조 이하) 관재인이 가정법원의 허가를 얻어 분할하여야 한다. 따라서 상속인 D는 상속재산분할의 무효를 주장하여 재분할을 청구할 수 있다. (2) 미성년자와 친권자가 모두 상속인인 경우에는, 분할협의는 이해상반행위가 되므로(제921조; 대판 1999.3.9, 92다18481), 미성년자를 위하여 특별대리인을 선임하여 분할협의를 하여야 한다. 특별대리인에 의하지 않은 분할협의는 무권대리행위가 된다(대판 1964.8.31, 63다547).[102]

4.5. 상속재산분할의 효과

4.5.1. 분할의 소급효

4.5.1.1. 소급효

　상속재산의 분할은 상속이 개시된 때에 소급하여 그 효력이 생긴다(제1015조 본문). 보통의 공유물의 분할에 있어서는 분할을 한 때부터 그 효력이 생기므로 이른바 이전주의이지만, 상속의 경우에는 이와 달리 상속이 개시된 때부터 상속재산이 분할되어 승계되는 것이 되므로 이른바 선언주의이다.[103]

4.5.1.2. 소급효와 등기, 과실의 귀속

4.5.1.2.1. 부동산등기와의 관계

　상속재산분할에 의하여 공동상속인 중의 1인이 특정의 부동산을 취득한 경우에 피상속인으로부터 직접 그 상속인에게 이전등기를 하도록 할 것인가. 아니면 공동상속에 의한 공유상태를 반영시켜서 공유명의의 등기를 반드시 거쳐야 하는가. 피상속인의 소유명의로부터 직접 이전등기를 할 수 있다. 그러나 이미 공동상속인의 공유명의로 등기가 되어있을 경우에는 다른 공동상속인으로부터 이전등기를 할 수 있다고 보아야 한다.[104]

4.5.1.2.2. 과실의 귀속

　분할의 소급효를 인정하더라도 분할 전의 공유관계를 부정하는 것은 아니므로,

---

102) 김주수/김상용, 전게서, 587면.
103) 박병호, 가족법, 385면; 곽윤직, 상속법, 151～152면.
104) 곽윤직, 상속법, 151～152면.

상속재산을 공동상속인이 공유하는 동안에 생긴 상속재산의 과실은 상속재산에 포함되는 것이다.

4.5.1.3. 소급효의 제한

상속재산분할의 소급효는 제3자의 권리를 침해할 수 없다(제1015조 단서). 여기에서 '제3자'는 선의, 악의를 묻지 않고, 상속인으로부터 개개의 상속재산의 지분을 양수하거나 담보로 제공받은 제3자, 지분에 대하여 압류를 한 채권자에 한한다.

[사례]

> 상속인들이 상속재산을 분할하면서 피상속인이 남긴 적극재산의 분할비율과 소극재산의 분할
> 비율을 달리한 경우, 그러한 재산분할의 피상속인의 채권자에 대한 효력에 대해 설명하시오.
> [사법시험46]

4.5.2. 분할 후의 피인지자 등의 청구

4.5.2.1. 피상속인의 사망 후 혼인외의 출생자가 인지되는 경우가 있다. 피인지자도 당연히 상속개시 당시부터 상속인의 지위를 갖는 것으로 된다. 민법은 인지 또는 재판의 확정에 의하여 공동상속인이 된 자에게 다른 공동상속인에 대하여 가액에 의한 지급을 청구할 수 있는 권리를 인정하였다(제1014조). 이 가액은 상속재산을 사실심 변론종결시의 시가로 평가하여 이에 대한 자기의 상속분을 산출하여 이를 각 공동상속인에 안분한 것이다.[105] 상속재산으로부터 발생한 과실은 가액산정대상에 포함되지 않는다는 것이 판례의 태도이다.[106]

4.5.2.2. 인지 또는 재판의 확정 후 특히 분할참가자가 악의인 경우에도 제1014조가 적용될 것인가. 거래의 안전을 위하여 긍정하여야 한다.

4.5.2.3. 피인지자 등이 청구할 수 있는 가액은, 채무를 공제하지 않은 상속재산의 가액에 대한 자기의 상속분의 비율액으로 보아야 한다.

4.5.2.4. 가액청구권의 본질은 상속회복청구권의 일종으로 제999조 제2항의 제척기간에 걸린다고 보아야 한다. 헌법재판소는, 민법 제999조 등 위헌소원(제1014조)에 대하여 민법 제1014조에 민법 제999조 제2항 중 '상속권의 침해행위가 있

---

105) 대판 1993.8.24, 93다12; 대판 2002.11.26, 2002므1398.
106) 대판 2007.7.26, 2006므2757, 2764.

은 날부터 10년' 부분을 적용하는 것이 상속개시 후에 인지 또는 재판의 확정에 의하여 공동상속인으로 확정된 자의 재산권이나 재판청구권을 침해하지 아니하고, 평등원칙에 위배되지도 아니하므로 헌법에 위반되지 아니한다는 결정을 선고하였다.[107]

4.5.2.5. 인지 또는 재판의 확정에 의하여 공동상속인이 된 자보다 후순위상속인인 직계존속이 배우자와 공동상속인으로서, 혹은 직계존속이 후순위상속인으로서 상속재산을 상속하여 분할하고 있는 경우에는 어떻게 처리할 것인가. 이러한 경우에 직계존속은 참칭상속인에 불과하므로 상속회복청구가 가능하다고 하겠지만, 거래의 안전을 고려한다면 제1014조를 유추하여 가액의 지급을 청구할 권리가 있는 것에 지나지 않는다고 보아야 한다.[108]

4.5.3. 공동상속인의 담보책임

4.5.3.1. 매도인과 동일한 담보책임

공동상속인은 다른 공동상속인이 분할로 인하여 취득한 재산에 대하여 그 상속분에 따라 매도인과 동일한 담보책임이 있다(제1016조). 여기에서 말하는 '상속분'은 법정상속분이 아니라 상속인이 상속재산분할에 의하여 취득한 재산액을 말한다.

4.5.3.2. 상속채무자의 자력에 대한 담보책임

분할에 의하여 채권을 받은 공동상속인이 채무자의 무자력으로 인하여 그 채권을 회수할 수 없을 경우에는 다른 공동상속인은 그 상속분에 따라 분할 당시의 채무자의 자력을 담보한다(제1017조 제1항).

4.5.3.3. 무자력 공동상속인의 담보책임의 분담

담보책임이 있는 공동상속인 가운데 자력이 없는 자가 있는 때에는 그 부담부분은 구상권자와 자력이 있는 다른 공동상속인이 그 상속분에 따라 분담한다(제1018조 본문). 다만 구상권자의 과실로 인하여 상환을 받지 못한 때, 즉 담보책임이 있는 자가 자력이 있는 동안에 구상권을 행사하지 않은 데 대하여 구상권자에게 과실이 있는 경우에는 그 손해는 구상권자 자신이 부담하여야 하며, 다른 공동상속인에게 그 분담을 청구하지 못한다(제1018조 단서).

---

107) 헌재결 2010.07.29, 2005헌바89.
108) 대판 1974.2.26, 72다1739; 대판 1995.3.17, 93다32996.

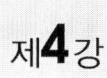
Ⅳ. 상속의 승인과 포기

[참조조문]

제1019조(승인, 포기의 기간) ① 상속인은 상속개시 있음을 안 날로부터 3월 내에 단순 승인이나 한정승인 또는 포기를 할 수 있다. 그러나 그 기간은 이해관계인 또는 검사 의 청구에 의하여 가정법원이 이를 연장할 수 있다. <개정 1990.1.13>
② 상속인은 제1항의 승인 또는 포기를 하기 전에 상속재산을 조사할 수 있다. <개정 2002.1.14>
③ 제1항의 규정에 불구하고 상속인은 상속채무가 상속재산을 초과하는 사실을 중대한 과실 없이 제1항의 기간 내에 알지 못하고 단순승인(제1026조 제1호 및 제2호의 규정 에 의하여 단순승인한 것으로 보는 경우를 포함한다)을 한 경우에는 그 사실을 안 날 부터 3월 내에 한정승인을 할 수 있다. <신설 2002.1.14>
제1020조(제한능력자의 승인·포기의 기간) 상속인이 제한능력자인 경우에는 제1019조 제1항의 기간은 그의 친권자 또는 후견인이 상속이 개시된 것을 안 날부터 기산(起算)

한다. [전문개정 2011.3.7]

제1021조(승인, 포기기간의 계산에 관한 특칙) 상속인이 승인이나 포기를 하지 아니하고 제1019조 제1항의 기간 내에 사망한 때에는 그의 상속인이 그 자기의 상속개시 있음을 안 날로부터 제1019조 제1항의 기간을 기산한다.

제1022조(상속재산의 관리) 상속인은 그 고유재산에 대하는 것과 동일한 주의로 상속재산을 관리하여야 한다. 그러나 단순승인 또는 포기한 때에는 그러하지 아니하다.

제1023조(상속재산보존에 필요한 처분) ① 법원은 이해관계인 또는 검사의 청구에 의하여 상속재산의 보존에 필요한 처분을 명할 수 있다.

② 법원이 재산관리인을 선임한 경우에는 제24조 내지 제26조의 규정을 준용한다.

제1024조(승인, 포기의 취소금지) ① 상속의 승인이나 포기는 제1019조 제1항의 기간 내에도 이를 취소하지 못한다. <개정 1990.1.13>

② 전항의 규정은 총칙편의 규정에 의한 취소에 영향을 미치지 아니한다. 그러나 그 취소권은 추인할 수 있는 날로부터 3월, 승인 또는 포기한 날로부터 1년 내에 행사하지 아니하면 시효로 인하여 소멸된다.

제1025조(단순승인의 효과) 상속인이 단순승인을 한 때에는 제한 없이 피상속인의 권리의무를 승계한다. <개정 1990.1.13>

제1026조(법정단순승인) 다음 각 호의 사유가 있는 경우에는 상속인이 단순승인을 한 것으로 본다. <개정 2002.1.14>

1. 상속인이 상속재산에 대한 처분행위를 한 때
2. 상속인이 제1019조 제1항의 기간 내에 한정승인 또는 포기를 하지 아니한 때
3. 상속인이 한정승인 또는 포기를 한 후에 상속재산을 은닉하거나 부정소비하거나 고의로 재산목록에 기입하지 아니한 때

제1027조(법정단순승인의 예외) 상속인이 상속을 포기함으로 인하여 차순위 상속인이 상속을 승인한 때에는 전조 제3호의 사유는 상속의 승인으로 보지 아니한다.

제1028조(한정승인의 효과) 상속인은 상속으로 인하여 취득할 재산의 한도에서 피상속인의 채무와 유증을 변제할 것을 조건으로 상속을 승인할 수 있다. <개정 1990.1.13>

제1029조(공동상속인의 한정승인) 상속인이 수인인 때에는 각상속인은 그 상속분에 응하여 취득할 재산의 한도에서 그 상속분에 의한 피상속인의 채무와 유증을 변제할 것을 조건으로 상속을 승인할 수 있다.

제1030조(한정승인의 방식) ① 상속인이 한정승인을 함에는 제1019조 제1항 또는 제3항의 기간 내에 상속재산의 목록을 첨부하여 법원에 한정승인의 신고를 하여야 한다. <개정 2005.3.31>

② 제1019조 제3항의 규정에 의하여 한정승인을 한 경우 상속재산 중 이미 처분한 재산이 있는 때에는 그 목록과 가액을 함께 제출하여야 한다. <신설 2005.3.31>

제1031조(한정승인과 재산상권리의무의 불소멸) 상속인이 한정승인을 한 때에는 피상속인에 대한 상속인의 재산상 권리의무는 소멸하지 아니한다.

제1032조(채권자에 대한 공고, 최고) ① 한정승인자는 한정승인을 한 날로부터 5일내에 일반상속채권자와 유증받은 자에 대하여 한정승인의 사실과 일정한 기간 내에 그 채권 또는 수증을 신고할 것을 공고하여야 한다. 그 기간은 2월 이상이어야 한다.

② 제88조 제2항, 제3항과 제89조의 규정은 전항의 경우에 준용한다.

제1033조(최고기간 중의 변제거절) 한정승인자는 전조 제1항의 기간만료 전에는 상속채권의 변제를 거절할 수 있다.

제1034조(배당변제) ① 한정승인자는 제1032조 제1항의 기간만료 후에 상속재산으로서 그 기간 내에 신고한 채권자와 한정승인자가 알고 있는 채권자에 대하여 각 채권액의

비율로 변제하여야 한다. 그러나 우선권 있는 채권자의 권리를 해하지 못한다.

② 제1019조 제3항의 규정에 의하여 한정승인을 한 경우에는 그 상속인은 상속재산 중에서 남아 있는 상속재산과 함께 이미 처분한 재산의 가액을 합하여 제1항의 변제를 하여야 한다. 다만, 한정승인을 하기 전에 상속채권자나 유증받은 자에 대하여 변제한 가액은 이미 처분한 재산의 가액에서 제외한다. <신설 2005.3.31>

제1035조(변제기 전의 채무 등의 변제) ① 한정승인자는 변제기에 이르지 아니한 채권에 대하여도 전조의 규정에 의하여 변제하여야 한다.

② 조건 있는 채권이나 존속기간의 불확정한 채권은 법원의 선임한 감정인의 평가에 의하여 변제하여야 한다.

제1036조(수증자에의 변제) 한정승인자는 전2조의 규정에 의하여 상속채권자에 대한 변제를 완료한 후가 아니면 유증받은 자에게 변제하지 못한다.

제1037조(상속재산의 경매) 전3조의 규정에 의한 변제를 하기 위하여 상속재산의 전부나 일부를 매각할 필요가 있는 때에는 민사집행법에 의하여 경매하여야 한다. <개정 1997.12.13, 2001.12.29>

제1038조(부당변제 등으로 인한 책임) ① 한정승인자가 제1032조의 규정에 의한 공고나 최고를 해태하거나 제1033조 내지 제1036조의 규정에 위반하여 어느 상속채권자나 유증받은 자에게 변제함으로 인하여 다른 상속채권자나 유증받은 자에 대하여 변제할 수 없게 된 때에는 한정승인자는 그 손해를 배상하여야 한다. 제1019조 제3항의 규정에 의하여 한정승인을 한 경우 그 이전에 상속채무가 상속재산을 초과함을 알지 못한 데 과실이 있는 상속인이 상속채권자나 유증받은 자에게 변제한 때에도 또한 같다. <개정 2005.3.31>

② 제1항 전단의 경우에 변제를 받지 못한 상속채권자나 유증받은 자는 그 사정을 알고 변제를 받은 상속채권자나 유증받은 자에 대하여 구상권을 행사할 수 있다. 제1019조 제3항의 규정에 의하여 한정승인을 한 경우 그 이전에 상속채무가 상속재산을 초과함을 알고 변제받은 상속채권자나 유증받은 자가 있는 때에도 또한 같다. <개정 2005.3.31>

③ 제766조의 규정은 제1항 및 제2항의 경우에 준용한다. <개정 2005.3.31>

제1039조(신고하지 않은 채권자) 제1032조 제1항의 기간 내에 신고하지 아니한 상속채권자 및 유증받은 자로서 한정승인자가 알지 못한 자는 상속재산의 잔여가 있는 경우에 한하여 그 변제를 받을 수 있다. 그러나 상속재산에 대하여 특별담보권 있는 때에는 그러하지 아니하다.

제1040조(공동상속재산과 그 관리인의 선임) ① 상속인이 수인인 경우에는 법원은 각 상속인 기타 이해관계인의 청구에 의하여 공동상속인 중에서 상속재산관리인을 선임할 수 있다.

② 법원이 선임한 관리인은 공동상속인을 대표하여 상속재산의 관리와 채무의 변제에 관한 모든 행위를 할 권리의무가 있다.

③ 제1022조, 제1032조 내지 전조의 규정은 전항의 관리인에 준용한다. 그러나 제1032조의 규정에 의하여 공고할 5일의 기간은 관리인이 그 선임을 안 날로부터 기산한다.

제1041조(포기의 방식) 상속인이 상속을 포기할 때에는 제1019조 제1항의 기간 내에 가정법원에 포기의 신고를 하여야 한다. <개정 1990.1.13>

제1042조(포기의 소급효) 상속의 포기는 상속개시된 때에 소급하여 그 효력이 있다.

제1043조(포기한 상속재산의 귀속) 상속인이 수인인 경우에 어느 상속인이 상속을 포기한 때에는 그 상속분은 다른 상속인의 상속분의 비율로 그 상속인에게 귀속된다.

제1044조(포기한 상속재산의 관리계속의무) ① 상속을 포기한 자는 그 포기로 인하여 상속인이 된 자가 상속재산을 관리할 수 있을 때까지 그 재산의 관리를 계속하여야 한다.

② 제1022조와 제1023조의 규정은 전항의 재산관리에 준용한다.

Ⅳ. 상속의 승인과 포기

1. 서설

1.1. 승인·포기의 의의

1.1.1. 당연승계와 개인의사의 자유

상속은 그 개시에 의하여 피상속인의 재산상의 모든 권리의무가 일신전속적인 것을 제외하고 모두 상속인의 의사와 상관없이 법률상 당연히 포괄적으로 상속인에게 승계된다(제1005조). 그러나 개인주의 사회에서 개인의 의사를 무시하고 권리의무의 승계를 강제할 수 없다. 따라서 상속에 의한 당연포괄승계도 개인의사와의 조정이 필요하게 된다. 여기에서 상속의 승인, 포기제도가 이러한 요구에서 나온 것이다. 상속포기제도는 상속인의 보호를 위하여 만들어진 것이다. 그러나 승계는 하지만 채무에 대하여 상속재산의 한도에서만 변제의 책임을 진다는 유보부의 승계를 하기 위하여 만들어진 것이 한정승인이다. 포기도 한정승인도 하지 않고 무한으로 피상속인의 권리의무를 승계하는 것이 단순승인이다.

1.1.2. 상속채권자 등의 이해조정

상속인이 어느 쪽을 선택하지 않는 한, 상속관계는 확정되지 않는다. 따라서 민법은 상속인이 상속개시 있음을 안 날로부터 원칙적으로 3월 이내에 승인, 포기를 하도록 하고, 그 기간 내에 결정을 하지 않으면 단순승인을 한 것으로 보도록 하였다(제1026조 제2호). 그리고 상속인이 상속재산의 전부 또는 일부를 처분하였을 때와 한정승인 또는 포기를 한 후에 배신행위를 한 때에는 단순승인을 한 것으로 본다(제1026조 제1호, 제3호).

1.1.3. 단순승인의 원칙성

상속의 효과는 원칙적으로 단순승인이며, 상속인이 특히 원하는 경우에 포기 또는 한정승인을 할 수 있도록 되어 있다.

1.2. 승인·포기행위의 성질

1.2.1. 의사표시로서의 승인·포기

상속의 포기는 상속의 효력을 부인하는 것으로서, 피상속인의 권리의무가 자기에게 이전되는 상속의 효력을 소멸시키는 의사표시이다. 상속의 승인은 상속의 포기를 하지 않겠다는 의사표시이다.

1.2.2. 승인·포기의 시기

상속인의 승인 또는 포기는 상속개시 후에 하여야 한다.

1.2.3. 요식행위로서의 승인·포기

한정승인과 포기는 가정법원에 대한 신고로써 하여야 한다(제1030조, 제1041조).

1.2.4. 승인·포기의 포괄성

상속은 포괄적이므로 그 승인, 포기도 상속재산에 대하여 포괄적으로 하여야 한다. 특정재산에 대하여 선택적으로 할 수 없다.[1]

1.2.5. 승인·포기의 확정성

승인, 포기는 단독행위로서 이해관계인을 불안정한 상태에 놓이지 않게 하기 위하여 확정적으로 그 효과를 발생시켜야 한다. 따라서 조건이나 기한을 붙일 수 없다.

1.2.6. 승인·포기권의 무제약성

승인, 포기는 상속인의 자유의사에 기초하여 이루어져야 한다. 따라서 이를 강제하거나 제한하거나 또는 금지할 수 없다.

1.2.7. 재산상의 행위로서의 승인·포기

승인 또는 포기를 하려면 행위능력이 있어야 한다. 따라서 미성년자는 법정대리인의 동의를 얻어야 한다(제5조). 피한정후견인도 한정후견인의 동의를 얻어 승인 또는 포기를 할 수 있다(제13조). 그러나 피성년후견인은 단독으로 승인 또는 포기를 할 수 없다(제10조).

---

1) 대판 1995.11.14, 95다27554.

1.3. 승인·포기의 기간

1.3.1. 고려기간

1.3.1.1. 승인과 포기를 할 수 있는 기간은 상속인이 상속개시 있음을 안 날로부터 3월 이내이다(제1019조). 상속인이 이 법정기간 내에 적극적인 선택을 하지 않고 기간이 경과되면 단순승인이 된다(제1026조 제2호). 이 기간 중에 상속인은 승인 또는 포기를 하기 전에 상속재산을 조사할 수 있다(제1019조 제2항).

1.3.1.2. 특별한정승인제도의 도입에 의하여, 상속인이 상속채무가 적극재산을 초과하는 사실을 중대한 과실 없이 제1019조 제1항의 기간 내에 알지 못하고 단순승인한 경우에는 그 사실을 안 날로부터 3월 내에 한정승인을 할 수 있다(제1019조 제2항).[2] 중대한 과실 없이 알지 못하였다는 입증책임은 상속인에게 있다.[3] 이 기간은 제척기간이다.[4] 한편 개정민법 부칙 제3항에 대하여 헌법재판소가 "1998년 5월 27일부터 이 법 시행 전까지 상속개시가 있음을 안 자 중" 부분은 1998년 5월 27일 전에 상속개시 있음을 알았지만, 이 날 이후 상속채무초과사실을 안 자를 포함하지 않는 범위에서 헌법에 합치하지 않는다고 결정하였다.[5] 이에 따라 민법부칙 제4항을 신설하였다. 즉, "1998년 5월 27일 전에 상속개시가 있음을 알았으나 상속채무가 상속재산을 초과하는 사실을 중대한 과실 없이 제1019조 제1항의 기간 이내에 알지 못하다가 1998년 5월 27일 이후 상속채무 초과사실을 안 자는 다음 각 호의 구분에 따라 제1019조 제3항의 규정에 의한 한정승인을 할 수 있다. 다만, 각 호의 기간 이내에 한정승인을 하지 아니한 경우에는 단순승인을 한 것으로 본다. 1. 법률 제7765호 민법 일부개정법률 시행 전에 상속채무 초과사실을 알고도 한정승인을 하지 아니한 자는 개정법률 시행일부터 3월 이내,[6] 2. 개정법률 시행 이후 상속채무 초과사실을 알게 된 자는 그 사실을 안 날로부터 3월 이내"를 신설하였다.

1.3.2. 고려기간의 연장

조사의 필요성 또는 상속인이 거리가 먼 곳에 있는 경우 등을 예상하여, 민법

---

2) 대판 2006.1.26, 2003다29562.
3) 대판 2003.9.26, 2003다30517; 대결 2006.2.13, 2004스74.
4) 대결 2003.8.11, 2003스32.
5) 헌재결 2004.1.29, 2002헌가22 등.
6) 대판 2006.1.12, 2003다28880.

은 이해관계인 또는 검사의 청구에 의하여 가정법원이 3월의 고려기간을 연장할수 있도록 하였다(제1019조 제1항 단서, 가사소송법 제2조 제1항 라류사건). 여기에서 이해관계인에는 상속인과 그 법정대리인을 포함한다. 이 기간 중에 천재지변 기타 불가항력으로 기간연장의 청구를 할 수 없는 경우에는 그 사유가 소멸한 후 2주 내에 한하여 연장청구를 할 수 있다(가사소송법 제12조, 비송사건절차법 제10조, 민사소송법 제173조).

1.3.3. 기간의 기산점

1.3.3.1. 여기에서 '상속개시 있음을 안 날'이라 함은 상속인이 상속개시의 사실과 자기가 상속인 된 사실을 인식한 날이라는 뜻으로 해석된다.[7] 따라서 사실의 오인이나 법률의 부지로 인하여 자기가 상속인이 된 사실을 인식하지 못하였을 경우에는 3월의 기간은 진행하지 않는다.

1.3.3.2. 이 '3월'의 기간의 기산점에 관하여 특칙으로서, a) 상속인이 무능력자인 경우에는 그 법정대리인이 상속개시 있음을 안 날로부터 기산하게 된다(제1020조). b) 상속인이 승인이나 포기를 하지 않고 위의 3월의 기간 내에 사망한 때에는 그의 상속인이 자기의 상속개시가 있음을 안 날로부터 3월을 기산하게 된다(제1021조). 헌법재판소는, 민법 제1021조 위헌제청에 대하여 민법 제1021조에 대한 위헌여부심판제청을 재판의 전제성이 없음을 이유로 각하하는 결정을 선고하였다.[8]

1.4. 상속재산의 관리

상속재산은 상속인의 고유재산과 별개의 특별재단을 구성하고 있다. 상속재산의 관리는 공동상속인에 의한 관리와 재산관리인에 의한 관리로 나눌 수 있다. 먼저 공동상속인에 의한 관리를 보면, 상속재산은 일단 상속인의 관리 아래에 놓이므로, 상속인은 승인 또는 포기할 때까지 그 고유재산에 대하는 것과 동일한 주의로 상속재산을 관리하여야 한다(제1022조). 그 후 단순승인을 하게 되면, 자기의 재산이 되므로 관리의무는 당연히 없어지나, 한정승인의 경우에는 자기의

---

7) 대판 1969.4.22, 69다232; 대판 1974.11.26, 74다163; 대결 1984.8.23, 84스17~25; 대결 1986.4.22, 86스10; 대결 1988.8.25, 86스10, 11, 13; 대결 1991.6.11, 91스1; 대판 2006.7.22, 2003다43681.
8) 헌재결 2011.08.30, 2009헌가10.

재산이 되지만 상속채권자를 위하여 청산이 끝날 때까지 자기의 고유재산에 대하는 것과 같은 주의의무로 그 재산을 관리할 필요가 있다(제1031조). 또 상속인이 상속포기를 하였을 때에는 상속인이 된 자 또는 다른 공동상속인에게 인도할 때까지 자기의 고유재산과 동일한 주의로 그 재산의 관리를 계속하여야 한다(제1044조). 다음으로 재산관리인에 의한 관리를 보면, 상속에 관하여 가정법원은 재산관리인을 선임하는 경우가 있고, 공동상속인이 원하는 경우에는 특정인에게 공동상속재산의 관리를 위탁할 수도 있다. 이 경우에는 관리인만이 공동상속재산에 대하여 관리, 처분할 권리를 갖는다.

1.5. 변제거절권

1.5.1. 상속인은 한정승인을 하였을 때에 상속재산으로써 상속채권자나 유증받은 자에게 변제하지 않으면 안 되므로, 한정승인자에게 제1032조 제1항의 기간이 만료되기 전에는 변제를 거절할 수 있도록 하였다(제1033조).

1.5.2. 그러나 만약 상속인이 상속재산관리 중에 채무나 유증의 변제를 한 경우에는 어떠한 효과가 인정될 것인가. 변제로서 유효하고, 상속인은 단순승인을 한 것으로 보아야 한다.

1.6. 법원에 의한 보존에 필요한 처분

1.6.1. 가정법원은 이해관계인 또는 검사의 청구에 의하여 상속재산의 보존에 필요한 처분을 명할 수 있다(제1023조 제2항).

1.6.2. 여기에서 '이해관계인'은 상속채권자, 공동상속인, 상속의 포기에 의하여 상속인이 될 자 등 널리 법률상 이해관계가 있는 자를 말한다. '보존에 필요한 처분'은 상속인에게 재산을 관리시키는 것이 부적당한 경우에 제3자를 상속재산관리인으로 선임하는 것이나, 상속재산에 대한 봉인, 환가, 기타의 처분금, 점유이전금지, 때로는 재산목록의 작성, 제출 등을 가리킨다.

1.6.3. 가정법원의 권한은 상속인이 한정승인 또는 상속포기를 할 때까지에 한한다고 해석하여야 한다.

1.7. 승인·포기의 취소·무효

1.7.1. 승인, 포기의 취소금지

상속의 승인과 포기를 일단 한 이상은 3월의 기간 내에도 이를 취소할 수 없다(제1024조 제1항). 그러나 한정승인과 포기는 가정법원에 신고하여 이것이 수리되었을 때에 그 효력이 생기는 것이므로, 수리되기 전까지 상속인이 그 신고를 취하하는 것은 상관없다고 본다.

1.7.2. 승인, 포기의 취소

1.7.2.1. 취소원인

승인 또는 포기의 취소는 원칙으로 허용되지 않는다. 그러나 총칙편의 규정에 의하여 승인 또는 포기의 취소는 할 수 있다(제1024조 제2항 본문).

1.7.2.2. 취소의 방식

한정승인 또는 포기의 신고가 수리된 가정법원에 취소신고를 하면, 가정법원이 전에 수리한 신고를 취소하는 심판을 한다(가사소송법 제2조 제1항 라류사건). 그러나 고려기간의 경과에 의하여 법정단순승인이 된 경우에 상속인이 승인 또는 포기를 하여야 할 기간 내에 한정승인 또는 포기를 하지 않은 때에 단순승인을 한 것으로 보게 되는데(제1006조 제2호), 그 후에 상속인이 상속채무의 존재를 알게 된 때에 이를 착오에 의한 것으로 보아 법정단순승인을 취소할 수 있는가. 이를 긍정하는 견해9)가 있다. 그러나 제1019조 제3항이 신설되었으므로 그와 같은 해석은 필요하지 않다.

1.7.2.3. 취소의 효과

취소로써 선의의 제3자에게 대항할 수 없다고 보아야 할 것이다.10) 또 승인 또는 포기를 취소한 후의 승인 또는 포기에 대하여, 취소 후에 지체 없이 승인 또는 포기하여야 한다고 보아야 할 것이다.

1.7.2.4. 취소권의 소멸

민법은 취소기간을 추인할 수 있는 날로부터 3월, 승인 또는 포기한 날로부터 1년 내에 취소권을 행사하지 않으면 시효로 소멸하도록 하였다(제1024조 제2항 단

---

9) 윤진수, "상속채무를 뒤늦게 발견한 상속인의 보호", 서울대학교 법학, 제38권 제3, 4호, 218면.
10) 곽윤직, 상속법, 175면; 그러나 선의의 제3자에게도 대항할 수 있다는 견해가 있다. 박병호, 가족법, 396면.

서). 그러나 이 취소기간은 제척기간으로 보아야 한다.[11]

1.7.3. 승인, 포기의 무효

1.7.3.1. 무효원인

무효원인으로서, a) 승인, 포기가 진의에 의하지 않을 때, b) 승인, 포기가 무권대리에 의한 때, c) 신고방식에 하자가 있을 때, d) 상속권확정후의 승인, 포기 등이 있다.

1.7.3.2. 무효의 주장

무효원인이 있으면 다른 소송의 전제문제로서 승인, 포기의 무효를 주장할 수 있다. 그러나 무효확인의 소를 인정할 실익은 없다 할 것이다.

1.7.3.3. 무효의 효과

무효인 승인, 포기에 효력이 생기지 않음은 당연하다. 그러나 그와 별도로 법정단순승인사유가 있으면 단순승인의 효과가 생긴다.

1.7.4. 하자 있는 승인, 포기의 추인

하자 있는 승인, 포기의 신고도 추인에 의하여 그 하자가 치유된다. 신고서 수리 시에 소급하여 효력이 확정된다고 해석하여야 할 것이다.

2. 단순승인

2.1. 단순승인의 의의

단순승인이라 함은 피상속인의 권리의무를 무제한, 무조건으로 승계하는 상속형태 또는 이를 승인하는 상속방법을 말한다.

2.2. 법정단순승인

2.2.1. 상속인이 상속재산에 대한 처분행위를 한 때(제1026조 제1호)

2.2.1.1. 이 호가 적용되는 것은 한정승인 또는 포기를 하기 이전의 처분에 관한 것이다.

---

11) 곽윤직, 상속법, 175면.

2.2.1.2. 여기에서 '처분'이라 함은 관리에 대립하는 관념으로서 재산의 현상 또는 그 성질을 변하게 하는 사실적 처분행위 및 재산의 변동을 생기게 하는 법률적 처분행위를 포함한다고 본다. 그러나 상속인이 피상속인의 사망사실을 안 후이거나 확실히 사망을 예상하면서 한 처분이어야 한다.

2.2.1.3. 상속인은 3월의 고려기간 중에도 상속재산을 관리, 보존할 의무가 있으므로, 그 이행으로서의 보존행위[12]나 단기임대차계약(제619조)은 여기에서 말하는 처분행위가 아니다.

2.2.1.4. 공동상속인 가운데 한 사람 또는 여러 사람이 처분행위를 한 때에 다른 공동상속인 전원이 단순승인 한 것으로 볼 것인가. 다른 상속인은 한정승인 (또는 상속포기)을 할 수 있고, 한정승인을 한 경우에는 자기의 상속분에 따라 취득한 재산의 한도에서 그 상속분에 따른 피상속인의 채무와 유증을 변제할 의무가 있다(제1029조). 처분행위를 한 상속인은 다른 공동상속인이 한정승인을 하여 상속재산을 정리한 후에 남은 상속채무에 대하여 자기 상속분에 따라 자기의 고유재산으로써 변제할 책임이 있다.

2.2.2. 상속인이 승인 또는 포기를 하여야 할 기간 내에 한정승인 또는 포기를 하지 않은 때(제1026조 제2호)

이 호는 헌법재판소에 의하여 상속인의 재산권과 사적 자치권을 제한한다는 이유로 헌법불합치결정이 선고되었다. 따라서 2000년 1월 1일 이후 효력을 상실하였다.[13] 그러나 2002년 개정에 의하여 제1019조 제1항의 기간 내에 알지 못하고 단순승인을 한 경우에는 그 사실을 안 날로부터 3월 내에 한정승인을 할 수 있게 됨으로써, 동일한 내용의 규정이 신설되어서 그 시행 후에 다시 적용되게 되었다(제1026조 제3호).

2.2.3. 상속인이 한정승인 또는 포기를 한 후에 상속재산을 은닉하거나 부정소비하거나 고의로 재산목록에 기입하지 않은 때(제1026조 제3호)

2.2.3.1. 이 호는 은닉, 부정소비 등 고의로 불성실한 행위에 대하여 제재로서의 의미를 갖는다.

---

12) 등기를 하는 것은 보존행위에 속한다. 대판 1964.4.3, 63마54.
13) 그 사이에 이 규정에 관련된 재판에서 적용법규가 없어서 재판에 지장을 가져온 것에 대하여, 법률신문 2000.3.9. 참조. 또한 서울지판 2000.11.21, 2000가합33206, 법률신문 2000.12.4.(판례연구, 김상용, 법률신문 2001.4.5, 14면) 참조.

2.2.3.2. 상속인이 포기를 한 후에 이로 인하여 상속인이 된 자가 승인을 한 후에 먼저 상속인이 부정행위를 하더라도 단순승인의 효력은 발생하지 않는다(제1027조).

2.3. 단순승인의 효과

2.3.1. 법정단순승인이 됨으로써 상속의 원칙적 효과가 확정된다. 그 결과 상속인은 상속채무에 대하여 무한책임을 지고, 상속채권자는 상속인의 고유재산뿐만 아니라 상속인의 상속재산에 대하여 각각 강제집행을 할 수 있다.

2.3.2. 단순승인의 효과가 확정되면, 그 후에 한정승인, 포기의 신고가 수리되더라도 그것은 무효이다.

3. 한정승인

3.1. 한정승인의 의의

한정승인이라 함은 상속인이 상속으로 인하여 취득한 재산의 한도에서 피상속인의 채무와 유증을 변제하는 상속 또는 그와 같은 조건으로 상속을 승인하는 것을 말한다(제1028조). 민법은 상속인을 보호할 목적으로 한정승인제도를 마련하고 있다.

3.2. 한정승인의 방식

3.2.1. 상속인이 여러 명인 때에는 각 상속인은 그 상속분에 따라 취득한 재산의 한도에서 그 상속분에 따라 피상속인의 채무와 유증을 변제할 것을 조건으로 상속을 승인할 수 있다(제1029조).

3.2.2. 상속인이 한정승인을 하려면, 3월의 고려기간 내에 상속재산의 목록을 첨부하여 가정법원에 한정승인의 신고를 하여야 한다(제1030조). 한정승인의 의사표시는 상속인 또는 그 대리인이 상속개시지의 가정법원에 서면으로 하며, 이 방식에 따르지 않은 한정승인의 의사표시는 효력이 없다. 파산법은 파산선고 전에 파산자를 위하여 상속이 개시된 경우에 파산자가 파산선고 후에 한 단순승인이

나 포기도 파산재단에 대하여 한정승인의 효력이 생긴다고 규정하였다(채무자의 회생 및 파산에 관한 법률 제385조, 제386조).

[소장 3]

상속한정승인 심판청구

청 구 인(상속인)

1. 성 명 :   주민등록등본 :
   주 소 :
   송달장소 :   (전화)
2. 성 명 :   주민등록등본 :
   주 소 :
   송달장소 :
3. 성 명 :   주민등록등본 :
   주 소 :
   송달장소 :

   청구인   은(는) 미성년자이므로 법정대리인 부 모

사건본인(사망자)

성   명: 주민등록등본 :
사 망 일 자:
등록기준지:
최 후 주 소:

청 구 취 지

청구인들이 피상속인 망의 재산상속을 함에 있어 별지 재산목록을 첨부하여 한 한정승인신고는 이를 수리한다. 라는 심판을 구함.

청 구 원 인

◎

첨 부 서 류

1. **청구인들의 가족관계증명서, 주민등록등본**..........................각 1통
1. **청구인들의 인감증명서**..각 1통
   [청구인이 미성년자인 경우 법정대리인(부모)의 인감증명서]
1. **피상속인(망인)**의 폐쇄가족관계등록부에 따른 **기본증명서** 1통
   (2008. 1. 1. 전에 피상속인이 사망한 경우에는 가족관계등록부가 작성되어 있지 않
   으므로 제적등본을 제출하여 주시기 바랍니다.)
1. 상속관계를 확인할 수 있는 **피상속인(망인)**의 **가족관계증명서**(기타 가족관계등록사항
   별 증명서) 또는 제적등본...1통
1. **피상속인(망인)**의 말소된 **주민등록등본** 1통
1. 가계도(직계비속이 아닌 경우)
1. 상속재산목록

                        2012 .   .   .
                        위 청구인 1.   ㊞
                                 2.   ㊞
                                 3.   ㊞

              청구인   은(는) 미성년자이므로
                          법정대리인 부   ㊞
                                   모   ㊞
              (청구인의 날인은 반드시 **인감도장**을 찍을 것)

○○**가정법원 귀중**
○○**지방법원(지원) 귀중**

☞ 유의사항
   1. **관할법원은** <u>사건본인의 최후주소지</u> 가정(지법, 지원)법원입니다.
   2. 청구서에는 청구인별 각 5,000원의 수입인지를 붙여야 합니다.
   3. 송달료는 청구인별 각 12,760원을 송달료취급은행에 납부하고 납부서를 첨부하여
      야 합니다.
   4. 전화(☎)란에는 언제든지 연락 가능한 **전화번호**나 **휴대전화번호**를 기재하시면 재
      판 진행이 원활하오니 꼭 기재하시기 바랍니다.

상속재산목록(청구인수+2)

1. 적극재산(망인의 재산)
    가. 부동산
    나. 유체동산
    다. 금전채권

2. 소극재산(망인의 채무)
    가. 채권자
        채무액
        채무의 종류
        발생일
    나. 채권자
        채무액
        채무의 종류
        발생일
    다. 채권자
        채무액
        채무의 종류
        발생일

※ 위 기재한 사항에 대한 **입증자료**를 첨부하시기 바랍니다.
    적극재산 – 예) 부동산등기사항증명서, 자동차등록원부, 통장잔액증명서 등
    소극재산 – 예) 부채증명서, 소장사본 등

상속의 한정승인(또는 포기)신고

청 구 인   홍길동(주민등록번호:)

                        등록기준지 및 주소   서울 00구 00동 00번지

피상속인   망 홍을남(1920. 3. 9.생 2002. 7. 20.사망)

                        등록기준지 및 주소 위와 같다.

최후주소서   울 00구 00동 00번지

청구취지

청구인은 별지목록기재 부동산(또는 상속재산)의 한도 안에서 피상속인의 채무를 승인한다

(*포기의 경우: 청구인은 피상속인의 상속재산에 대한 일체의 상속을 포기한다)

는 심판을 바랍니다.

청구원인

1. 청구인은 피상속인의 아들로서 상속인입니다. 피상속인은 2002. 7. 20. 최후 주소지에서 사망하여 상속이 개시되었습니다. 이 사실을 당시 알았습니다.

2. 그런데 피상속인은 사업실패와 장기간 입원으로 부채가 7,000여만 원에 이르렀는데 동인이 남긴 상속재산은 별지목록기재 부동산(시가 5,000여만 원)밖에 없습니다. 청구인이 이를 변제할 능력이 없으므로 이 사건 신고를 합니다.

첨부서류

가족관계증명서

제적등본

주민등록등본

상속재산목록

인감증명서

기타

                                    2005. 2. 25.

                           청구인   홍길동 (인)

00가정법원 귀중

---

14) 박동섭, 전게서, 875면.

3.3. 한정승인의 효과

3.3.1. 한정승인을 한 상속인은 상속에 의하여 취득한 재산의 한도에서만 피상속인의 채무와 유증을 변제하면 된다(물적 유한책임). 한정승인자의 책임경감은 상속인이 피상속인으로부터 승계하거나 그 유언에 의하여 부담한 채무에 대하여만 생기는 것이다. 따라서 상속인이 상속의 효과로서 부담하게 된 모든 의무에 대하여는 상속인 고유의 채무로서 무한책임을 진다.

3.3.2. 한정승인을 하게 되면 상속인이 피상속인에 대하여 가졌던 재산상의 권리의무는 혼동에 의하여 소멸하지 않는다(제1031조). 따라서 상속인은 상속재산에 대하여 제3자와 같은 지위에 있게 되고, 그의 피상속인에 대한 채권은 상속채권자, 유증의 수증자와 함께 상속재산으로부터 변제배당을 받게 된다. 피상속인이 상속인에 대하여 가지고 있었던 채권은 상속재산으로서 상속채권자 등의 공취력 (Zugriffsmacht) 내지 강제력에 따라야 한다.[15]

[문항]

> **다음 사례에 관한 설명 중 괄호에 들어갈 말을 모두 옳게 연결한 것은? (비용·이자 등은 고려하지 말고, 다툼이 있는 경우에는 판례에 의함)**
>
> 〈사례〉
> 甲의 단독상속인인 乙은 甲이 2010. 2. 1. 사망하자 적법하게 한정승인 신고를 하여 2010. 4. 30. 수리되었으며, 乙은 2010. 5. 31. 유일한 상속재산인 X부동산에 대해 상속을 원인으로 하는 소유권이전등기를 마쳤다. 乙은 丙에 대해 상속개시 전부터 3억 원의 금전채무를 부담하고 있었는데, 위와 같이 상속등기를 마친 후 丙에 대한 위 채무를 담보하기 위하여 X부동산에 대해 근저당권설정등기(채권최고액 3억 원)를 마쳐 주었다. 한편 丁은 甲의 생전에 甲에게 3억 원을 대여하였으나 전혀 받지 못하였고 乙은 이러한 사실을 알고 있었다. 丁이 2011. 9.경 X부동산에 대한 강제경매를 신청하여 3억 원에 매각되었는데, 丙은 위 근저당권에 기하여 청구채권 3억 원의 배당을 요구하였다.

---

15) 곽윤직, 상속법, 189면.

<설명>
ㄱ. 丁은 특별한 사정이 없는 한, 乙의 (A)에 대하여 강제집행을 할 수 없다.
ㄴ. 위 경매절차에서 丙, 丁 이외에 다른 이해관계인이 없다면, 丙은 (B)원, 丁은
(C)원을 배당받을 수 있다.

	A	B	C
①	상속재산	3억	0
②	상속재산	1억 5천만	1억 5천만
③	상속재산	0	3억
④	고유재산	3억	0
⑤	고유재산	1억 5천만	1억 5천만
⑥	고유재산	0	3억

[사법시험54]

◀해답▶ ④

3.4. 상속재산의 관리

3.4.1. 한정승인을 한 경우에 상속인은 그 고유재산에 대한 것과 동일한 주의
로 상속재산을 관리하여야 한다(제1022조 단서).

3.4.2. 한정승인자가 여러 명인 경우에 가정법원은 각 상속인 기타 이해관계인
의 청구에 의하여 공동상속인 가운데 상속재산관리인을 선임할 수 있다(제1040
조). 이 관리인은 상속채권자와 유증받은 자에 대하여 채무변제가 끝날 때까지
단독상속인이 한정승인을 한 경우와 동일한 입장에서 '그의 고유재산에 대하는
것과 동일한 주의로' 관리하여야 한다.

3.4.3. 관리인은 한 사람에 한하지 않고, 여러 명을 둘 수 있다. 이는 일종의
법정대리인이라 할 것이다. 공동상속인 가운데서 선임된 관리인은, 한편으로는
다른 공동상속인의 대리인이지만, 다른 한편으로는 자기 자신이 공동상속인의 한
사람인 것이다.16)

---

16) 곽윤직, 상속법, 190면.

3.5. 한정승인에 의한 청산절차

3.5.1. 채권자에 대한 공고와 최고

한정승인을 한 자는 한정승인을 한 날로부터 5일 내에 상속채권자와 유증을 받은 자에 대하여 한정승인을 하였다는 사실과 2월 이상이 넘는 일정한 기간을 정하고 그 기간 내에 채권 또는 수증을 신고할 것을 공고하여야 한다(제1032조 제1항). 그러나 상속관리인이 선임된 경우에는 그 선임을 안 날로부터 기산하여 5일 내에 공고하여야 한다(제1040조 제3항 단서). 이 공고에는 채권자 또는 수증자가 기간 내에 신고하지 않으면 청산에서 제외된다는 것을 표시하고(제1032조 제2항에 의하여 제88조 제2항의 준용), 공고의 방법은 법원의 등기사항의 공고와 동일하게 하여야 한다(제1032조 제2항에 의하여 제88조 제3항의 준용).

3.5.2. 변제의 순서와 방법

3.5.2.1. 최고기간 중의 변제거절권

한정승인을 한 자는 신고기간이 만료되기 전에는 상속채권자와 유증을 받은 자에 대하여 상속채권의 변제를 거절할 수 있다(제1033조). 그러나 제1019조 제3항에 의하여 특별한정승인을 하는 경우, 그 이전에 상속채무가 상속재산을 초과함을 알지 못한데 과실이 있는 상속인이 상속채권자나 유증을 받은 자에게 변제한 경우에도 이로 말미암아 다른 상속채권자나 유증을 받은 자에게 발생한 손해를 배상하여야 한다(제1038조 제1항 후단). 또한 변제를 받지 못한 상속채권자나 유증을 받은 자는 이를 알고 변제를 받은 상속채권자나 유증을 받은 자에 대하여 구상권을 행사할 수 있다(제1038조 제2항 후단). 이 손해배상청구권과 구상권은 손해를 안 날로부터 3년, 변제한 날로부터 10년을 경과하면 소멸한다(제1038조의3에 의하여 제766조의 준용). 상속재산의 액수 또는 상속채무의 총액을 확정하기 위하여 필요한 경우에는 적당한 기간 동안 변제를 연기할 수 있다.

3.5.2.2. 채권신고기간만료 후의 변제

신고기간이 만료되었을 때에는 한정승인자는 그 기간 내에 신고한 채권자와 한정승인자가 알고 있는 채권자에 대하여 각 채권액의 비율에 따라 상속재산으로써 배당변제를 하여야 한다(제1034조 본문). 제1019조 제3항에 의하여 특별한정승인을 한 경우에는 그 상속인은 상속재산 가운데 남아 있는 상속재산과 함께 이미 처분한 재산의 가액을 합하여 배당변제를 하여야 한다(제1034조 제2항 본문). 그러나 특별한정승인을 하기 전에 상속채권자나 유증을 받은 자에 대하여 변제한 가액은 이미 처분한 재산의 가액에서 제외된다(제1034조 제2항 단서). 그 변제방법은, a) 우선권이 있는 채권자가 그 권리의 목적물 가격의 한도에서 우선적으로 변제를 받는다(제1034조 단서). b) 일반채권자가 변제를 받는다(제1034조 본문). c) 유증을 받은 자가 변제를 받는다(제1036조)의 3단계 순서에 의한다. 다만 c)의 경우에 특별담보권을 가지고 있는 채권자는 공고기간 내에 신고를 하지 않았고 또한 한정승인자가 알지 못하였더라도 당연히 그 담보권의 범위에서 우선변제를 받게 된다(제1039조).[17]

3.5.2.3. 신고하지 않은 자에 대한 변제

신고기간 내에 신고하지 않은 상속채권자와 유증을 받은 자로서 한정승인자가 알지 못한 자의 청구에 대하여, 앞의 변제를 완료하고 상속재산의 잔여가 있는 경우에 비로소 변제가 된다(제1039조 본문).

3.5.2.4. 상속재산의 경매

상속재산으로 변제를 하는 경우엔 이를 환가할 필요가 있는 경우에는 상속재산의 일부나 전부를 민사집행법에 의하여 경매하여야 한다(제1037조).

4. 상속의 포기

4.1. 포기의 의의

상속의 포기라 함은 상속재산에 속한 모든 권리의무의 승계를 부인하고 처음부터 상속인이 아니었던 것으로 하려는 단독의 의사표시를 말한다. 이는 상속재산이 채무초과인 것이 명백한 경우에 한정승인의 절차를 거치지 않고 바로 채무의 승계를 면함으로써 상속인을 보호하기 위한 제도이다.

---

17) 곽윤직, 상속법, 192~193면.

4.2. 포기의 방식

포기를 하려는 자는 3월의 고려기간 중에 가정법원에 포기의 신고를 하여야
한다(제1041조).[18] 포기는 신고의 수리라는 심판에 의하여 성립한다(가사소송법 제2
조 제1항 라류사건). 그러나 상속개시 전의 포기는 인정되지 않는다.[19]

[소장 4]

상속재산포기심판청구

청구인(상속인)   홍 길 동 (전화   )
                    주민등록번호   —
                    주소
                    등록기준지

청구인(상속인)   심 순 애 (전화번호   )
                    주민등록번호   —
                    주소
                    등록기준지

피상속인(망)   홍 차 돌
                    주민등록번호   —
                    주소
                    등록기준지

청 구 취 지
청구인들의 망 홍차돌에 대한 재산상속포기 신고는 이를 수리한다.
라는 심판을 구함.

청 구 원 인
청구인들은 피상속인 망 홍차돌의 재산상속인으로서 20 ○○. ○. ○. 상속개시가
있음을 알았으나, 민법 제1019조에 의하여 재산상속을 포기하고자 이 심판청구에
이른 것입니다.

---

18) 대판 1976.4.27, 75다2322.
19) 대판 1994.10.14, 94다8334; 대판 1998.7.24, 98다9021.

4.3. 포기의 효과

4.3.1. 포기의 소급효

포기자는 처음부터 상속인이 아니었던 것으로 된다(제1042조).

4.3.2. 포기한 상속재산의 귀속

4.3.2.1. 상속인이 여러 명인 경우에 어느 상속인이 상속을 포기한 때에는 그 상속분은 다른 상속인의 상속분의 비율로 그 상속인에게 귀속한다(제1043조). 그러나 '다른 상속인의 상속분의 비율'에 대하여, a) 포기한 상속인의 상속인이 그 상속재산을 대습상속하게 되는가. 이에 대하여 긍정설[20]이 있지만, 대습상속의 사유는 '피대습자의 사망 또는 결격'에 한정되기 때문에 '상속인의 포기'는 대습상속의 사유가 될 수 없다.[21] b) 상속인 중 1인이 상속을 포기한 경우에는 다른

---

20) 김주수/김용한, 신친족상속법, 1963, 343면.
21) 대판 1995.9.26, 95다27769.; 곽윤직, 상속법, 195면.

상속인의 상속분은 어떻게 되는가. 상속을 포기한 상속인은 상속개시 당시부터 상속인이 아니었던 것으로 된다. 여기에서 '다른 상속인'은 누구인가에 관하여 다툼이 있다. 특히 피상속인의 배우자가 혈족상속인과 공동상속하는 경우에, 혈족상속인만이 다른 상속인이고, 배우자는 다른 상속인에 포함되지 않는다고 하고, 포기상속분은 상속분이 균등한 혈족상속인 사이에서 균분된다는 견해(배우자 불포함설)[22]와 다른 상속인은 포기자를 제외한 공동상속인 전원을 가리킨다는 견해(배우자포함설)[23]로 나뉜다. 또한 다른 상속인의 '상속분'은 무엇인가에 대하여, 다수설인 배우자포함설에서도 구체적 상속분을 뜻한다는 견해[24]와 법정상속분을 가리킨다는 견해[25]가 대립하고 있다. (c) 상속인인 직계비속이 상속개시 전에 그의 직계비속을 남겨 놓고 사망함으로써 그 직계비속들이 대습상속을 하였는데 그중 한 사람이 포기를 하였다면 그의 상속분은 누구에게 귀속하는가. 다른 대습상속인이 그의 상속분을 가진다고 보아야 한다.

4.3.2.2. 피상속인의 배우자와 직계비속인 자녀가 모두 상속을 포기하게 되면 손자녀가 직계비속으로서 상속하게 된다(제1000조 제1항, 제2항, 제1003조).

4.3.2.3. 적극재산의 귀속뿐만 아니라 소극재산의 귀속에도 그대로 적용된다.

4.3.3. 특정인을 위한 포기

자기의 상속분을 특정인에게 주려는 경우에는 상속분의 양도에 의하여 할 수 있다(제1011조). 공동상속인 가운데 한 사람에게 양도하면 사실상 포기한 것과 동일한 효과를 가져올 수 있다. 그러나 상속분의 양도에 의하여 상속분을 양도한 상속인이 상속채무를 면하는 것은 아니다.

4.3.4. 포기한 상속재산의 관리계속의무

상속을 포기한 자는 그 포기로 인하여 상속인이 된 자가 상속재산을 관리할 수 있을 때까지 그 재산의 관리를 계속하여야 한다(제1044조 제1항). 이 경우 주의의무는 자기의 고유재산에 하는 것과 동일한 주의로 관리하여야 한다.

---

22) 소수설. 김용한, 친족상속법, 390면; 이근식/한봉희, 신친족상속법, 267면.
23) 다수설. 곽윤직, 상속법, 195면.
24) 정광현, 신친족상속법요론, 376면, 377면.
25) 곽윤직, 상속법, 196면.

4.4. 사실상의 상속포기

4.4.1. 형식상으로는 공동상속을 하고 있지만, 실제로는 상속인 가운데 한 사람이 상속재산을 독점하고, 나머지 공동상속인은 상속재산분할청구를 하지 않는 방법이다. 이러한 경우 부동산의 상속등기 기타 재산의 명의변경을 할 때에, a) 특별수익증명서26)에 의하는 것, b) 상속재산분할협의서27)에 의하는 것과 같은 방법으로 상속분의 포기 내지 양도가 이루어진다. 이와 같은 상속등기는 공동상속인 간에 의견이 일치가 있었을 경우에는 그 등기는 위법 또는 무효가 되지 않는다.

4.4.2. 사실상의 상속포기의 경우에 사해행위가 성립할 수 있는가. 판례는 이를 긍정하고 있다.28) 그러나 사실상의 포기는 법률상으로는 취득한 상속분의 포기 내지 양도이므로, 상속채무에 대하여 채권자의 승낙 없이는 책임을 면할 수 없다(제454조). 판례는 공동상속인 사이에 법정상속분과 다르게 채무가 분담된 경우, 이를 면책적 채무인수의 실질을 갖는 것으로 보고 있다.29) 따라서 채권자는 이를 승낙하고 채무를 인수한 상속인에게 이행을 청구하거나(제454조), 이를 거절하고 각각의 공동상속인에 대하여 법정상속분에 따른 채무의 분담액을 청구할 수도 있다.

[사례 10]

> A에게는 처 B와 아들 C가 있는데, C는 A를 도와서 A가 경영하는 제과점에서 일을 해 왔다. 그런데 C는 도박벽이 있어서 D에 대하여 많은 빚을 지고 있다. A가 사망한 후 C는 상속포기를 하였다. 이에 대하여 D는 C의 상속포기를 사해행위라고 하여 채권자취소청구를 할 수 있는가?30)
>
> (대판 2001.2.9, 2000다51797; 대판 2007.7.26, 2007다29119)

◀요약▶

상속포기가 채권자취소권의 대상이 되는가에 대하여 학설이 부정설(다수설)과 긍정설로

---

26) 상속인이 '자기는 피상속인으로부터 생전증여를 받았으므로 상속재산으로부터는 받을 것이 없다'는 내용의 진술서를 작성하여 상속등기신청서에 첨부하는 것이다.
27) 형식적으로 상속재산분할의 형식을 취하면서 사실상 상속인 가운데 한 사람에게 상속재산의 전부를 취득시키는 분할협의서를 작성하여 상속등기를 하는 것이다.
28) 대판 2001.2.9, 2000다51797; 대판 2001.5.29, 2001다7797; 대판 2007.7.26, 2007다29119.
29) 대판 1997.6.24, 97다8809.
30) 김주수/김상용, 전게서, 627면.

나누어지고 있지만, 대상이 될 수 없다고 보아야 한다. 따라서 C가 상속을 포기하게 되면 결과적으로 그의 어머니인 B가 전부 상속하게 됨으로써, D에 의한 재산압류를 면하게 되어 C의 포기행위가 권리남용으로 볼 수 있는 여지가 있다고 할 것이다.[31]

---

31) 김주수/김상용, 전게서, 631면.

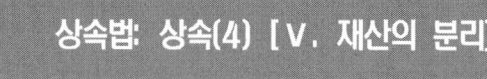
Ⅴ. 재산의 분리

[참조조문]

제1045조(상속재산의 분리청구권) ① 상속채권자나 유증받은 자 또는 상속인의 채권자는 상속개시된 날로부터 3월내에 상속재산과 상속인의 고유재산의 분리를 법원에 청구할 수 있다.

② 상속인이 상속의 승인이나 포기를 하지 아니한 동안은 전항의 기간경과 후에도 재산의 분리를 법원에 청구할 수 있다. <개정 1990.1.13>

제1046조(분리명령과 채권자 등에 대한 공고, 최고) ① 법원이 전조의 청구에 의하여 재산의 분리를 명한 때에는 그 청구자는 5일 내에 일반상속채권자와 유증받은 자에 대하여 재산분리의 명령 있은 사실과 일정한 기간 내에 그 채권 또는 수증을 신고할 것을 공고하여야 한다. 그 기간은 2월 이상이어야 한다.

② 제88조 제2항, 제3항과 제89조의 규정은 전항의 경우에 준용한다.

제1047조(분리 후의 상속재산의 관리) ① 법원이 재산의 분리를 명한 때에는 상속재산의 관리에 관하여 필요한 처분을 명할 수 있다.

② 법원이 재산관리인을 선임한 경우에는 제24조 내지 제26조의 규정을 준용한다.

제1048조(분리 후의 상속인의 관리의무) ① 상속인이 단순승인을 한 후에도 재산분리의

명령이 있는 때에는 상속재산에 대하여 자기의 고유재산과 동일한 주의로 관리하여야 한다.

② 제683조 내지 제685조 및 제688조 제1항, 제2항의 규정은 전항의 재산관리에 준용한다.

제1049조(재산분리의 대항요건) 재산의 분리는 상속재산인 부동산에 관하여는 이를 등기하지 아니하면 제삼자에게 대항하지 못한다.

제1050조(재산분리와 권리의무의 불소멸) 재산분리의 명령이 있는 때에는 피상속인에 대한 상속인의 재산상 권리의무는 소멸하지 아니한다.

제1051조(변제의 거절과 배당변제) ① 상속인은 제1045조 및 제1046조의 기간만료 전에는 상속채권자와 유증받은 자에 대하여 변제를 거절할 수 있다.

② 전항의 기간만료 후에 상속인은 상속재산으로써 재산분리의 청구 또는 그 기간 내에 신고한 상속채권자, 유증받은 자와 상속인이 알고 있는 상속채권자, 유증받은 자에 대하여 각 채권액 또는 수증액의 비율로 변제하여야 한다. 그러나 우선권 있는 채권자의 권리를 해하지 못한다.

③ 제1035조 내지 제1038조의 규정은 전항의 경우에 준용한다.

제1052조(고유재산으로부터의 변제) ① 전조의 규정에 의한 상속채권자와 유증받은 자는 상속재산으로써 전액의 변제를 받을 수 없는 경우에 한하여 상속인의 고유재산으로부터 그 변제를 받을 수 있다.

② 전항의 경우에 상속인의 채권자는 상속인의 고유재산으로부터 우선변제를 받을 권리가 있다.

V. 재산의 분리

1. 서설

1.1. 의의와 존재이유

1.1.1 의의

재산분리라 함은 상속개시 후에 상속채권자나 유증을 받은 자 또는 상속인의 채권자의 청구에 의하여 상속재산과 상속인의 고유재산을 분리시키는 가정법원의 처분을 말한다.

1.1.2. 이 제도는 한정승인 및 상속포기와 대비되는 것으로, 상속재산과 상속인의 고유재산을 혼합시키지 않고 상속채권자나 유증받은 자가 상속인의 채권자보다 우선하여 변제를 받을 수 있도록 하는 재산분리를 '제1형 재산분리'라고 한다. 또한 상속인의 채권자에게도 재산분리의 청구를 허용함으로써, 상속인의 고유재산에 대하여 상속채권자나 유증받은 자보다 상속인의 채권자가 우선하여 변

제를 받을 수 있도록 하는 재산분리를 '제2형 재산분리'라고 한다. 이와 같이 상속재산과 상속인의 고유재산을 일단 분리하여 변제의 우선순위를 정함으로써 상속채권자나 상속인의 채권자를 보호하기 위한 제도이다.

1.2. 다른 제도와의 관계

재산분리는 상속인의 단순승인에 의하여 상속재산과 상속인의 고유재산이 혼합되는 것을 막는 데 그 목적이 있다. 따라서 한정승인의 경우에는 그 필요성이 없다.

2. 재산분리의 청구

2.1. 청구권자

재산분리의 청구권자는 상속채권자나 유증받은 자 또는 상속인의 채권자[1]이다 (제1045조).

2.2. 상대방

청구의 상대방은 상속인 또는 상속재산의 관리인, 파산관재인, 유언집행자라고 보아야 한다. 상속인이 여러 명이 있는 경우에는 공동으로 상대방이 된다.

2.3. 청구기간

청구기간은 상속이 개시된 날로부터 3월 내이다(제1045조 제1항). 그러나 상속인이 상속의 승인이나 포기를 하지 않은 동안은 3월의 기간이 경과한 후에도 재산분리가 허용된다(제1045조 제2항).

---

1) 여기에서의 '채권자'는 상속개시 당시의 채권자에 한하지 않고 상속개시 후에 새로 채권을 취득한 자도 포함된다. 김주수/김상용, 전게서, 635면.

2.4. 심판

재산분리의 청구가 있으면 가정법원은 상속재산과 상속인의 고유재산의 상태 기타의 사정을 종합하여 그 필요성을 판단한 후에 재산분리를 명하는 심판을 하여야 한다(가사소송법 제2조 제1항 라류사건).

3. 재산분리의 효과

3.1. 재산분리의 공고와 최고

가정법원이 재산분리를 명하는 심판을 하면, 청구자는 5일 내에 일반상속채권자와 유증받은 자에 대하여 재산분리의 명령이 있은 사실과 2월 이상의 일정한 기간을 정하고 그 기간 내에 그 채권 또는 수증을 신고할 것을 공고하여야 한다(제1046조 제1항). 재산분리의 공고절차는 비영리법인의 해산에 관한 규정이 준용된다(제1046조 제2항). 배당가입의 신고는 공고를 한 자에 대하여 하는 것이 아니고, 상속인에 대하여 하여야 한다(제1051조 제2항).

3.2. 상속인의 권리의무의 계속

가정법원이 재산의 분리를 명한 때에는 피상속인에 대한 상속인의 재산상 권리의무는 소멸하지 않는다(제1050조).

3.3. 상속재산의 관리

가정법원이 재산의 분리를 명한 때에는 재산분리를 청구한 자는 상속재산보전을 위한 가처분신청을 할 수 있다(민사집행법 제300조 이하). 이와 별도로 가정법원은 상속재산의 관리에 관한 처분을 명할 수 있다(제1047조 제1항).

3.4. 상속인의 권리의무

상속인이 단순승인을 한 후에도 재산분리의 명령이 있는 때에는 상속재산에 대하여 자기의 고유재산과 동일한 주의로 관리하여야 한다(제1048조 제1항).

3.5. 재산분리의 대항요건

재산의 분리는 상속재산인 부동산에 관하여는 이를 등기하지 않으면 제3자에게 대항하지 못한다(제1049조). 여기에서 '제3자'라 함은 상속인의 채권자뿐만 아니라 모든 제3자를 포함한다.

3.6. 변제의 거절과 배당변제

3.6.1. 변제거절권

상속인은 상속재산의 분리청구기간(제1045조)과 상속채권자와 유증받은 자에 대한 공고기간(제1046조)이 만료하기 전에는 상속채권자와 유증받은 자에 대하여 변제를 거절할 수 있다(제1051조 제1항).

3.6.2. 배당변제

재산분리의 청구기간과 상속채권자와 유증받은 자에 대한 공고기간이 만료한 후에는 상속인은 상속재산으로써 재산의 분리를 청구하였거나 또는 그 기간 내에 신고한 상속채권자, 유증받은 자와 상속인이 알고 있는 상속채권자, 유증받은 자에 대하여 각 채권액 또는 수증액의 비율로 변제하여야 한다(제1051조 제2항 본문). 그러나 질권, 저당권 등 우선권 있는 채권자에 대하여는 상속재산으로 우선적으로 변제하여야 한다(제1051조 제2항 단서). 상속재산관리인, 유언집행자, 또는 상속인이 상속재산으로써 상속채권자와 유증받은 자에 대한 채무를 완제할 수 없는 때에는 법원은 신청에 의하여 결정으로 파산을 선고하여야 한다(채무자의 회생 및 파산에 관한 법률 제307조).

3.7. 고유재산으로부터의 변제

3.7.1. 재산의 분리를 청구하였거나 신고기간 내에 신고한 상속채권자, 유증받은 자와 상속인이 알고 있는 상속채권자, 유증받은 자는 상속재산으로 전액의 변제를 받을 수 없는 경우에 한하여, 상속인의 고유재산으로부터 변제를 받을 수

있다(제1052조 제1항). 그러나 상속재산으로부터 상속인의 채권자가 상속채권자와 유증받은 자보다 우선하여 변제를 받을 수 있다(제1052조 제2항).

3.7.2. 상속인의 채권자는 상속인의 고유재산으로부터 우선변제를 받을 권리가 있다(제1052조 제2항).

[문항]

상속재산의 분리	[부산대11]

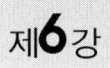

Ⅵ. 상속인의 부존재

[참조조문]

제1053조(상속인 없는 재산의 관리인) ① 상속인의 존부가 분명하지 아니한 때에는 법원은 제777조의 규정에 의한 피상속인의 친족 기타 이해관계인 또는 검사의 청구에 의하여 상속재산관리인을 선임하고 지체 없이 이를 공고하여야 한다. <개정 1990.1.13>
② 제24조 내지 제26조의 규정은 전항의 재산관리인에 준용한다.
제1054조(재산목록제시와 상황보고) 관리인은 상속채권자나 유증받은 자의 청구가 있는 때에는 언제든지 상속재산의 목록을 제시하고 그 상황을 보고하여야 한다.
제1055조(상속인의 존재가 분명하여진 경우) ① 관리인의 임무는 그 상속인이 상속의 승인을 한 때에 종료한다.
② 전항의 경우에는 관리인은 지체 없이 그 상속인에 대하여 관리의 계산을 하여야 한다.
제1056조(상속인 없는 재산의 청산) ① 제1053조 제1항의 공고 있는 날로부터 3월내에 상속인의 존부를 알 수 없는 때에는 관리인은 지체 없이 일반상속채권자와 유증받은 자에 대하여 일정한 기간 내에 그 채권 또는 수증을 신고할 것을 공고하여야 한다. 그 기간은 2월 이상이어야 한다.

② 제88조 제2항, 제3항, 제89조, 제1033조 내지 제1039조의 규정은 전항의 경우에 준용한다.

제1057조(상속인수색의 공고) 제1056조 제1항의 기간이 경과하여도 상속인의 존부를 알 수 없는 때에는 법원은 관리인의 청구에 의하여 상속인이 있으면 일정한 기간 내에 그 권리를 주장할 것을 공고하여야 한다. 그 기간은 1년 이상이어야 한다. <개정 2005.3.31>

제1057조의2(특별연고자에 대한 분여) ① 제1057조의 기간 내에 상속권을 주장하는 자가 없는 때에는 가정법원은 피상속인과 생계를 같이하고 있던 자, 피상속인의 요양간호를 한 자 기타 피상속인과 특별한 연고가 있던 자의 청구에 의하여 상속재산의 전부 또는 일부를 분여할 수 있다. <개정 2005.3.31>

② 제1항의 청구는 제1057조의 기간의 만료 후 2월 이내에 하여야 한다. <개정 2005.3.31>

제1058조(상속재산의 국가귀속) ① 제1057조의2의 규정에 의하여 분여(分與)되지 아니한 때에는 상속재산은 국가에 귀속한다. <개정 2005.3.31>

② 제1055조 제2항의 규정은 제1항의 경우에 준용한다. <개정 2005.3.31>

제1059조(국가귀속재산에 대한 변제청구의 금지) 전조 제1항의 경우에는 상속재산으로 변제를 받지 못한 상속채권자나 유증을 받은 자가 있는 때에도 국가에 대하여 그 변제를 청구하지 못한다.

Ⅵ. 상속인의 부존재

1. 서설

1.1. 의의

상속인의 부존재라 함은 상속인의 존부가 분명하지 않은 것을 말한다. 민법이 상속인부존재의 제도를 둔 것은, 한편으로는 상속인을 수색하거나 또는 그 확정을 구하는 동시에 다른 한편으로는 상속재산을 관리하고 상속채권자와 유증받은 자에게 변제하는 등의 처리를 하기 위해서이다.

1.2. 상속인의 존부가 분명하지 않은 경우

신원불명의 자가 사망한 경우와 같이 상속인의 존부가 분명하지 않은 경우뿐만 아니라 가족관계등록부상 상속인이 없는 것이 명백한 경우도 포함된다. 상속인이 없고 포괄적 수증자만 있는 경우에 상속인부존재의 절차를 밟아야 하는가. 이에 대하여 포괄수증자가 있는 경우에도 상속인부존재의 절차를 밟아야 한다는 견해[1]가 있다. 그러나 번거로운 상속인부존재의 절차를 밟을 필요가 없다고 본다. 다만 가족관계등록부상 유일한 상속인이 참칭상속인인 경우나 무효인 유언에 의한 포괄적 수증자가 있는데 다른 상속인이 없는 경우에는 상속인부존재의 절차를 밟아야 할 것이다. 그리고 현재 상속인이 없거나, 피상속인 사후에 인지청구의 소를 제기하고 있거나 기타 상속권이 인정되는 신분관계확인의 소를 제기하고 있는 자가 있는 경우에는 상속재산관리가 필요하다.

2. 상속재산의 관리와 청산

2.1. 상속재산의 관리

2.1.1. 관리인의 선임

상속인의 존부가 분명하지 않을 때에는 가정법원은 제777조에 의한 피상속인의 친족 기타 이해관계인 또는 검사의 청구에 의하여 상속재산관리인을 선임한다(제1052조 제1항 전단). 관리인을 선임하였을 때에는 가정법원은 지체 없이 이를 공고하여야 한다(제1053조 제1항 후단).

2.1.2. 관리인의 권리의무

관리인은 원칙적으로 부재자의 재산관리인과 동일한 권리의무를 가진다(제1053조 제2항에 의하여 제24조 내지 제26조의 준용).

2.2. 상속재산의 청산절차

2.2.1. 청산을 위한 공고

가정법원은 상속재산관리인의 선임을 공고한 날로부터 3월 내에 상속인의 존부를 알 수 없는 때에는 관리인은 지체 없이 일반상속채권자와 유증받은 자에 대하여 2월 이상의 일정한 기간을 정하고 그 기간 내에 그 채권 또는 수증을 신고할 것을 공고하여야 한다(제1056조 제1항).

---

1) 곽윤직, 상속법, 205면.

2.2.2. 변제의 순서, 방법

변제에 있어서 그 순서와 방법은 한정승인의 경우에 있어서 변제의 순서와 방법에 관한 제1033조 내지 제1039조가 준용된다(제1056조 제2항).

2.2.3. 상속인수색의 공고

청산을 마친 후에도 상속재산이 남아 있는 경우에는 가정법원은 관리인의 청구에 의하여 1년 이상의 일정한 기간을 정하고 상속인이 있으면 그 기간 내에 그 권리를 주장할 것을 공고하여야 한다(제1057조).

2.3. 상속재산의 국가귀속

2.3.1. 청산종료 후의 상속재산의 잔여재산은 국가에 귀속한다(제1058조 제1항). 이 경우에 관리인은 지체 없이 관할국가기관에 대하여 관리의 계산을 하여야 한다(제1058조 제2항에 의하여 제1055조 제2항의 준용). 이것은 법률의 규정에 의하여 당연히 또는 원시적으로 국가가 이를 취득하는 것으로 보아야 한다.[2]

2.3.2. 국가귀속의 시기는 잔여재산이 관리인에 의하여 국가에 인계되었을 때로 보아야 타당하다.

3. 특별연고자에 대한 상속재산의 분여

3.1. 입법취지

1990년 개정 전에 상속인수색공고가 있은 후 공고기간 내에 상속권을 주장하는 자가 없는 때에는 상속재산이 국가에 귀속되도록 하고 있었다. 그러므로 사실혼의 배우자나 사실상의 양자와 같이, 피상속인과 생계를 같이하였거나 피상속인을 요양간호한 자, 기타 피상속인과 특별한 연고가 있었던 자라도 법률상 상속인이 아니기 때문에, 피상속인의 재산을 받을 수 있는 길이 없었다. 그래서 1990년 개정에 의하여 제1057조의2를 신설하여, 특별연고자에 대하여 분여를 인정하였다.

---

2) 김주수/김상용, 전게서, 643면; 박병호, 전게서, 422면. 그러나 이에 대하여 청산 후 남은 상속재산의 포괄승계로 보아야 한다는 견해가 있다. 곽윤직, 상속법, 215면.

3.2. 재산분여의 법적 성격

특별연고자가 재산분여를 받는 지위는, 상속재산이 남아 있는 한도에서 기대권을 갖는 것으로 보아야 한다.

3.3. 특별연고자의 범위

3.3.1. 민법은 특별연고자로서 '피상속인과 생계를 같이하고 있던 자', '피상속인의 요양간호를 한 자', '기타 피상속인과 특별한 연고가 있던 자'를 들고 있다. 그러나 어떤 자가 특별연고자인가를 결정하는 것은 가정법원의 재량에 맡겨져 있다.

3.3.2. 어떤 사람이 형식적으로 예시된 것에 속한다 하더라도 가정법원이 상당하다고 인정하지 않으면 재산분여를 받을 수 없다.

3.3.3. 과거의 어떤 시기에 피상속인과 긴밀한 실질적, 구체적인 생활관계를 가진 자를 특별연고자로 볼 수 있는가. 과거의 연고가 있던 자도 특별연고자로 볼 수 있을 것이다.

3.3.4. 피상속인의 사후에 출생한 청구인도 특별연고자가 될 수 있는가. 피상속인과 청구인 사이에 피상속인의 생존 중에 연고가 있음을 전제로 하고 있기 때문에 찬성하기 어렵다.

3.3.5. 피상속인의 사망 후에 연고관계를 가진 자도 특별연고자에 포함되는가. 피상속인의 사망 후에만 연고가 생겼다면 이 제도의 취지에 비추어 특별한 연고가 있던 자로 볼 수 없을 것이다.

3.4. 재산분여의 상당성

여기에서 상당성에 대하여 민법은 규정하지 않았다. 그 기준은 연고관계의 내용, 정도, 특별연고자의 성별, 직업, 연령, 교양정도, 상속재산의 종류, 액수, 내용, 소재 기타 모든 사정을 참작하여 결정하여야 될 것이다.

3.5. 청구절차

재산분여를 원하는 자는 제1057조의 기간이 만료한 후 2월 이내에 가정법원에 재산분여청구를 하여야 한다(제1057조의2 제2항).

3.6. 특별연고자에 대한 상속재산의 분여규정과 피상속인의 공유지분과의 관계

상속재산이 공유인 경우에 그 공유지분이 분여대상이 되는가. 제267조와 제1057조의2와의 관계이다. [제1설]은 상속인의 부존재가 확정된 때에 피상속인의 공유지분은 당연히 다른 공유자에게 각 지분의 비율로 인정하고, 그 공유지분권은 분여의 대상이 되지 않게 된다(제267조 우선설). [제2설]은 피상속인의 공유지분은 분여의 대상이 된다(제1057조의2 우선설). 제1057조의2를 우선 적용하는 것이 타당하다고 본다.

3.7. 재산분여의 효과

재산분여의 청구가 인용되면 청구인에게 상속재산의 전부 또는 일부가 분여된다. 현물분여뿐만 아니라 환가분여도 가능하다. 그러나 특별연고자는 상속인이 아니므로 상속채무 등의 의무는 승계하지 않는다.

3.8. 특별연고자의 지위의 승계

특별연고자가 될 수 있는 사람이 분여심판을 청구하지 않고 사망한 경우에, 그 지위나 권리는 존재하지 않으므로 그 상속은 없다고 보아야 한다.

[사례 11]

> A는 남편과 사별하였고 자녀나 형제도 없으며, 노후에 병을 앓아 5촌 조카인 B가 병수발을 해 주었다. 사망하기 1년 전에는 양로원에 들어가서 살다가 사망하였다.
> (1) A에게는 상속인이 없는 것이 확실한 바, 이러한 경우에도 상속인 수색절차를 밟아야 하는가?
> (2) 만약 A에게 아들이 하나 있는데, 7년 전에 히말라야 등반을 간다고 떠난 후 소식이 끊겼다면, 이러한 경우에도 상속인의 존부가 분명하지 않은 경우에 해당한다고 하여 상속인부존재의 절차를 밟아야 하는가?
> (3) B는 특별연고자에 해당하는가? 그리고 양로원도 특별연고자로 재산분여를 청구할 수 있는가?[3]

◀요약▶

(1) 상속인 또는 포괄적 수증자의 부존재가 확정되어 있는 경우에는 상속인의 존부가 분명하지 않은 때에 해당하지 않겠지만, 이러한 경우에도 상속재산을 청산하는 절차가 필요하므로 상속인부존재의 경우에 포함시킬 필요가 있다.

(2) 상속인의 부존재라 함은 상속인의 존부가 분명하지 않은 것을 말하기 때문에, 상속인이 있는 것이 명백하면서 그 소재가 분명하지 않은 것과는 다르며, 이러한 경우에는 부재자의 재산관리(제22조 이하) 또는 실종선고(제27조 이하)의 절차를 밟는 것이 필요하다.[4]

(3) B는 '피상속인의 요양, 간호를 한 자'에 해당하고, 과거에 연고가 있던 자도 특별연고자로 보아야 하므로, 재산분여청구권이 있다고 보아야 한다. 그리고 양로원과 같은 법인이나 권리능력 없는 사단도 특별연고자가 될 수 있으므로 분여청구권이 있다[5]

[문항]

특별연고자에 대한 상속재산의 분여	[부산대11]

---

3) 김주수/김상용, 전게서, 640면.
4) 이상에 대하여, 김주수/김상용, 전게서, 643면.
5) 김주수/김상용, 전게서, 649면.

제7강 · 상속법: 유언(1)

[참조조문]

제1060조(유언의 요식성) 유언은 본법의 정한 방식에 의하지 아니하면 효력이 생하지 아니한다.

제1061조(유언적령) 만17세에 달하지 못한 자는 유언을 하지 못한다.

제1062조(제한능력자의 유언) 유언에 관하여는 제5조, 제10조 및 제13조를 적용하지 아니한다. [전문개정 2011.3.7]

제1063조(피성년후견인의 유언능력) ① 피성년후견인은 의사능력이 회복된 때에만 유언을 할 수 있다.

② 제1항의 경우에는 의사가 심신회복의 상태를 유언서에 부기(附記)하고 서명날인하여야 한다. [전문개정 2011.3.7]

제1064조(유언과 태아, 상속결격자) 제1000조 제3항, 제1004조의 규정은 수증자에 준용한다. <개정 1990.1.13>

제1065조(유언의 보통방식) 유언의 방식은 자필증서, 녹음, 공정증서, 비밀증서와 구수증서의 5종으로 한다.

제1066조(자필증서에 의한 유언) ① 자필증서에 의한 유언은 유언자가 그 전문과 연월일, 주소, 성명을 자서하고 날인하여야 한다.

② 전항의 증서에 문자의 삽입, 삭제 또는 변경을 함에는 유언자가 이를 자서하고 날인하여야 한다.

제1067조(녹음에 의한 유언) 녹음에 의한 유언은 유언자가 유언의 취지, 그 성명과 연월일을 구술하고 이에 참여한 증인이 유언의 정확함과 그 성명을 구술하여야 한다.

제1068조(공정증서에 의한 유언) 공정증서에 의한 유언은 유언자가 증인 2인이 참여한 공증인의 면전에서 유언의 취지를 구수하고 공증인이 이를 필기낭독하여 유언자와 증인이 그 정확함을 승인한 후 각자 서명 또는 기명날인 하여야 한다.

제1069조(비밀증서에 의한 유언) ① 비밀증서에 의한 유언은 유언자가 필자의 성명을 기입한 증서를 엄봉날인하고 이를 2인 이상의 증인의 면전에 제출하여 자기의 유언서임을 표시한 후 그 봉서표면에 제출 연월일을 기재하고 유언자와 증인이 각자 서명 또는 기명날인하여야 한다.

② 전항의 방식에 의한 유언봉서는 그 표면에 기재된 날로부터 5일 내에 공증인 또는 법원서기에게 제출하여 그 봉인상에 확정일자인을 받아야 한다.

제1070조(구수증서에 의한 유언) ① 구수증서에 의한 유언은 질병 기타 급박한 사유로 인하여 전4조의 방식에 의할 수 없는 경우에 유언자가 2인 이상의 증인의 참여로 그 1인에게 유언의 취지를 구수하고 그 구수를 받은 자가 이를 필기낭독하여 유언자의 증인이 그 정확함을 승인한 후 각자 서명 또는 기명날인하여야 한다.

② 전항의 방식에 의한 유언은 그 증인 또는 이해관계인이 급박한 사유의 종료한 날로부터 7일 내에 법원에 그 검인을 신청하여야 한다.

③ 제1063조 제2항의 규정은 구수증서에 의한 유언에 적용하지 아니한다.

제1071조(비밀증서에 의한 유언의 전환) 비밀증서에 의한 유언이 그 방식에 흠결이 있는 경우에 그 증서가 자필증서의 방식에 적합한 때에는 자필증서에 의한 유언으로 본다.

제1072조(증인의 결격사유) ① 다음 각 호의 어느 하나에 해당하는 사람은 유언에 참여하는 증인이 되지 못한다.

1. 미성년자
2. 피성년후견인과 피한정후견인
3. 유언으로 이익을 받을 사람, 그의 배우자와 직계혈족

② 공정증서에 의한 유언에는 「공증인법」에 따른 결격자는 증인이 되지 못한다. [전문개정 2011.3.7]

제1108조(유언의 철회) ① 유언자는 언제든지 유언 또는 생전행위로써 유언의 전부나 일부를 철회할 수 있다.

② 유언자는 그 유언을 철회할 권리를 포기하지 못한다.

제1109조(유언의 저촉) 전후의 유언이 저촉되거나 유언후의 생전행위가 유언과 저촉되는 경우에는 그 저촉된 부분의 전유언은 이를 철회한 것으로 본다.

제1110조(파훼로 인한 유언의 철회) 유언자가 고의로 유언증서 또는 유증의 목적물을 파훼한 때에는 그 파훼한 부분에 관한 유언은 이를 철회한 것으로 본다.

제1073조(유언의 효력발생 시기) ① 유언은 유언자가 사망한 때로부터 그 효력이 생긴다. ② 유언에 정지조건이 있는 경우에 그 조건이 유언자의 사망 후에 성취한 때에는 그 조건성취한 때로부터 유언의 효력이 생긴다.

제1111조(부담 있는 유언의 취소) 부담 있는 유증을 받은 자가 그 부담의무를 이행하지 아니한 때에는 상속인 또는 유언집행자는 상당한 기간을 정하여 이행할 것을 최고하고 그 기간 내에 이행하지 아니한 때에는 법원에 유언의 취소를 청구할 수 있다. 그러나 제삼자의 이익을 해하지 못한다.

Ⅰ. 서설

1. 유언제도

1.1. 유언제도는 상속제도와 마찬가지로 재산제도와 밀접한 관계를 가지고 발전하였다. 유언은 사유재산제도가 상당히 발달한 사회에서 생긴 것이라고 볼 수 있다.

1.2. 우리나라에서도 유언제도는 일찍부터 있었다. 經國大典 刑典 私賤條,[1] 그 후 續大典 刑典 文記條[2]에 각각 유언에 관하여 규정하였다. 이와 같이 우리나라에서는 일찍 유언제도가 인정되었으나 엄격한 요식성을 요하였다. 그러나 가산(家産)을 혈족 간에 유지하려는 사상은 유언의 자유에 커다란 제한을 가하였다. 일제지배기를 거치면서 유언의 요식성은 완화되어 '구술에 의한 유언'도 인정되었다.

1.3. 유언제도의 근거로서 중심적인 것은 사람의 최종의사의 존중이라는 것이다. 그것이 가능하기 위하여는 의사자치의 허용과 사유재산제도의 사회적 기초가 존재하여야 한다.

---

1) 用祖父母以下遺書. (註) 祖及父母則須手書, 祖母及母則須族親中顯官證筆, 衆所共知未手書者, 疾病者, 並依婦人例.
2) 外祖父母遺書, 並皆通用. 繼母傳, 繼文記用官署. (註) 嫡母庶母同.

2. 유언의 성질

2.1. 유언의 의의

유언은 유언자의 사망과 동시에 일정한 법률효과를 발생시키는 것을 목적으로 일정한 방식에 따라서 하는 상대방이 없는 단독행위이다.

2.2. 유언의 법적 성질

2.2.1. 유언은 요식행위이다(제1060조). 유언의 요식성은 최종적인 진의여부를 파악하기 어렵고, 유언자로 하여금 신중하게 의사표시를 하도록 하며, 타인의 위조, 변조를 막는 것을 목적으로 하는 것이다.

2.2.2. 유언은 상대방이 없는 단독행위이다. 따라서 유증을 받는 자의 승낙은 물론 유증을 받을 자 등에 대하여 의사표시를 할 것도 필요 없다. 다만 유증을 받을 자는 유언의 효력이 발생한 후 그 효력을 받는 것을 거절할 수 있다(제1074조).

2.2.3. 유언은 반드시 유언자 본인의 독립된 의사에 의하여 이루어져야 하는 행위이다.

2.2.4. 유언은 유언자가 언제든지 철회할 수 있는 행위이다(제1108조 내지 제1111조).

2.2.5. 유언은 이른바 사후행위이다. 유언에 의하여 이익을 받는 자는 유언의 효력이 발생되기 전까지는 아무런 법률상의 권리도 취득하지 않는다.

2.2.6. 유언은 법정사항에 한하여 할 수 있는 행위이다. 민법은 유언사항으로서, a) 재단법인의 설립(제47조 제2항), b) 친생부인(제850조), c) 인지(제859조 제2항), d) 미성년자 후견인의 지정(제931조 전단), e) 상속재산분할방법의 지정 또는 위탁(제1012조 전단), f) 상속재산 분할금지(제1012조 후단), g) 유언집행자의 지정 또는 위탁(제1093조), h) 유증(제1074조 이하), i) 신탁(신탁법 제2조) 등이다.

2.3. 유언능력

2.3.1. 유언은 일종의 의사표시이다. 그러므로 의사능력이 없는 자가 한 유언

은 설사 형식을 갖추고 있더라도 무효이다. 민법은 미성년자에 대하여 만 17세를 능력의 표준으로 하고, 그 미만인 자의 유언은 무효이다(제1061조). 그리고 피성년후견인은 그 의사능력이 회복된 때에 한하여 유언을 할 수 있다. 이 경우 의사가 심신회복의 상태를 유언서에 부기하고 서명날인하여야 한다(제1063조).

2.3.2. 유언능력이 필요한 시기는 유언할 때에 있으면 된다.

2.3.3. 유언은 본인의 의사를 존중하는 것이므로, 대리가 허용되지 않는다.

Ⅱ. 유언의 방식

1. 서설

1.1. 유언의 요식성

유언은 형식을 엄격히 하여, 진정으로 유언을 하려는 자에게 이 형식을 밟도록 요구하는 것이다. 민법도 "유언은 본법의 정한 바에 의하지 아니하면 효력이 생기지 아니한다"(제1060조)고 규정하여 일정한 방식을 요구하고, 이 방식에 따르지 않은 유언은 무효로 한다.[3]

1.2. 유언방식의 종별

민법이 정하는 유언의 방식에는 5가지가 있다(제1065조). 통상의 경우에는 자필증서, 녹음, 공정증서, 비밀증서 중 어느 하나의 형식에 의하여 작성한다. 그러나 질병 기타의 급박한 사유로 인하여 앞의 방식에 의할 수 없는 경우에는 간이한 방식으로 구수증서에 의한 유언을 허용하고 있다.

---

3) 대판 2006.3.9, 2005다57899.

1.3. 유언의 증인의 결격

1.3.1. 증인의 결격사유

1.3.1.1. 법정결격사유

자필증서에 의한 유언 이외에는 모두 증인의 참여가 필요하다. 민법은 제1077조에 증인으로서의 결격자를 규정하고 있다. 그 결격자로서, a) 미성년자, b) 피성년후견인, c) 유언에 의하여 이익을 받을 자, 그 배우자와 직계혈족, d) 공정증서에 의한 유언의 경우에는 공증인법에 의한 결격자 등이다. 이는 한정적 열거이므로, 이 열거에 해당하지 않는 자는 누구라도 유언의 증인이 될 자격이 있다.

1.3.1.2. 사실상의 결격사유

사실상 유언의 방식에서 정하고 있는 증인으로서 역할을 할 수 없는 경우로서, a) 서명을 할 수 없는 자, b) 유언자의 구수를 이해할 수 없는 자, c) 필기가 정확한 것임을 승인할 능력이 없는 자 등이다.

1.3.2. 결격자가 참여한 유언의 효력

유언의 증인으로서 자격을 결여하는 자가 참여한 유언은 그 유언 전체가 무효가 된다.

2. 자필증서에 의한 유언

2.1. 의의

자필증서에 의한 유언은 가장 간단한 방식에 의한 유언이다. 그 요건은 유언자가 그 전문과 연월일, 주소, 성명을 스스로 쓰고 날인하는 것으로 족하다(제1066조 제1항). 헌법재판소는, 민법 제1066조 제1항 위헌소원에 대하여 합헌 결정을 하였다.[4]

---

4) 헌재결 2011.09.29, 2010헌바456.

2.2. 자필증서에 의한 유언의 요건

2.2.1. 유언자가 전문을 자서할 것

자필증서에 의한 유언은 유언자가 자서하는 것이 절대적 요건이다. 일부는 자서하고 나머지를 대필한 경우에는 어떻게 볼 것인가. 다른 사람이 대필한 부분은 무효로 되지만, 그 무효로 전문이 무효가 되는가는 유언자의 의사해석의 문제라고 하여야 할 것이다. 또한 타자기나 워드프로세서 등 문서작성기를 사용하여 작성한 것은 자서가 아니므로 역시 무효로 된다.[5]

2.2.2. 연월일을 자서할 것

연월일은 매우 중요한 요건이다. 유언의 성립 시기는 유언능력의 유무를 판단하는 기준시가 될 뿐만 아니라, 내용이 서로 저촉되는 여러 개의 유언 증서가 있는 경우에 그 효력을 결정하는 기준이 되기 때문이다. 연월일이 없는 유언은 무효이다. 유언서에 둘 이상의 연월일이 기재되어 있는 때에는 반증이 없는 한 뒷날의 일자에 유언이 작성된 것으로 보아야 한다.[6]

2.2.3. 주소를 자서할 것

주소는 유언자의 생활의 근거가 되는 곳이면 된다(제18조 제2항). 주소는 유언증서를 담은 봉투에 기재하여도 무방하다.[7] 헌법재판소는, 민법 제1066조 제1항 위헌소원에 대하여 민법상 자필증서에 의한 유언의 유효요건으로 '주소의 자서'를 규정하고 있는 민법 제1066조 제1항 중 '주소' 부분이 헌법에 위반되지 아니한다는 결정을 선고하였다.[8]

2.2.4. 성명을 자서할 것

성명의 기재는 유언자가 누구인가를 알 수 있는 정도이면 된다. 호(號)나 자(字) 또는 예명 등을 사용해도 무방하다.

---

5) 곽윤직, 상속법, 229면.
6) 곽윤직, 상속법, 229면.
7) 대판 1998.5.19, 97다38503.
8) 헌재결 2011.09.29, 2010헌바250; 이에 앞서 헌재결 2008.12.26, 2007헌바128은 자필증서에 의한 유언에 있어서 '주소의 자서'와 '날인'을 유효요건으로 규정하고 있는 민법 제1066조 제1항 중 '날인' 부분에 대하여는 재판관 8(합헌):1(위헌)의 의견으로, '주소의 자서' 부분에 대하여는 재판관 5(합헌):1(한정위헌):3(단순위헌)의 의견으로 유언자의 재산권과 일반적 행동자유권을 침해하지 않는다는 이유로 헌법에 위반되지 아니한다는 결정을 선고한 바가 있다. 동지 헌재결 2008.03.27, 2006헌바82.

2.2.5. 날인할 것

날인은 타인이 대신하여 해도 무방하다. 날인은 반드시 인장으로 할 필요가 없고, 무인도 무방하다.[9]

2.3. 가제, 변경

자필증서에 문자의 삽입, 삭제 또는 변경을 할 때에는 유언자가 이를 자서하고 날인하여야 한다(제1066조 제2항). 증서의 기재 자체로 보아 명백한 오기를 정정함에 지나지 않는 경우에는 그 정정부분에 날인을 하지 않았다고 하더라도 그 효력에 영향이 없다.[10]

2.4. 단점

자필증서에 의한 유언은 가장 간편하지만, 문자를 모르는 사람은 이 방법을 쓸 수 없는 것, 유언증서의 무효가 유언자의 사후에 쉽게 판명되지 않는 것, 또 위조, 변조의 위험이 많은 것이 단점이다.

3. 녹음에 의한 유언

3.1. 의의

녹음에 의한 유언은 과학의 발달로 인하여 발명된 문명의 이기를 사용하는 유언의 방식으로서, 유언자의 육성을 사후에도 그대로 보존할 수 있다는 점과 녹음기만 있으면 간편하게 할 수 있다는 점 등이 장점이다. 그러나 녹음된 것이 잘못하면 소멸되어 버리는 흠이 있는 것이 단점이라 할 것이다.

---

9) 대판 2006.9.8, 2006다25103, 25110.
10) 대판 1998.5.29, 97다38503.

3.2. 녹음에 의한 유언의 요건

유언자가 유언의 취지, 그 성명과 연월일을 구술하고, 이에 참여한 증인이 유언의 정확함과 그 성명을 구술하는 것이다(제1067조). 피성년후견인이 그 의사능력이 회복되어 녹음에 의한 유언을 할 때에는 의사는 심신회복의 상태를 녹음기에 구술하는 방법으로 하여야 할 것이다. 이 경우 증인은 몇 명이어야 하는가. 이에 대하여 "이에 참여한 증인"이라고 규정할 뿐 그 숫자에 대하여 규정하지 않았다(제1067조). 따라서 증인은 1명이라도 된다고 할 것이다.[11]

4. 공정증서에 의한 유언

4.1. 의의

공정증서에 의한 유언은 자기가 유언증서를 작성하지 않아도 할 수 있는 유언의 방식이다. 유언의 존재를 명확히 하고 내용을 확보할 수 있는 점이 특징이라고 할 수 있다. 유언의 확실성을 확보할 수 있다는 점에서 유용한 방식이다.

4.2. 공정증서에 의한 유언의 요건

4.2.1. 증인 2인의 참여가 있을 것

증인의 참여는 유언자가 틀림없다는 것, 그의 정신상태에 이상이 없다는 것, 작성된 유언이 바르게 성립하였다는 것 등을 증명함과 동시에 공증인의 권리남용을 막기 위한 것이다.[12]

4.2.2. 유언자가 공증인의 면전에서 유언의 취지를 구수할 것

유언자가 미리 작성해 놓은 서면으로써 공증인이 공정증서의 원본을 작성한 후 유언자에게 그것을 읽어 준 다음 서면대로라는 회답을 듣고 나서 공정증서를 작성하는 것은 유효하다고 본다.[13] 그러나 유언자가 질병 때문에 언어의 명료함

---

11) 이에 대하여, 곽윤직, 상속법, 232면은, 공정증서유언, 비밀증서유언 및 구수증서유언에 각 2인 이상의 증인을 요구하고 있는 만큼 녹음유언의 경우에도 증인은 적어도 2인이어야 한다고 하고 있다.

12) 곽윤직, 상속법, 233 ~ 234면.

을 결여하여, 공증인의 질문에 대하여 언어로써 회답할 수 없으며 겨우 거동으로 뜻을 표하는 정도의 경우에는 구수하였다고 볼 수 없다.

4.2.3. 공증인이 유언자의 구술을 필기하여, 이를 유언자와 증인 앞에서 낭독할 것

구술과 필기가 앞뒤로 바뀌어도 상관없다고 본다.[14] 다만 판례는 "유언의 내용을 친족 중의 한 사람이 공증인에게 말하면, 공증인이 유언자에게 그 취지를 말하여 주고 '그렇습니까?'라고 물으면 유언자는 말은 하지 않고 고개만 끄덕끄덕하여, 이 내용을 공증인의 사무원이 필기하고 공증인이 낭독하는 방식으로 작성한 것은 유언자가 공증인에게 구수한 것으로 볼 수 없다"고 판시하고 있다.[15] 필기는 반드시 유언자의 면전에서 할 필요는 없다. 그리고 공정증서는 국어로 작성되어야 한다(공증인법 제26조).

4.2.4. 유언자와 증인이 필기가 정확함을 승인한 후 각자 서명 또는 기명, 날인할 것

서명이나 기명, 날인은 어느 한쪽을 하면 된다. 기명, 날인은 반드시 유언자나 증인 자신이 할 필요는 없다고 본다.

4.3. 효력

4.3.1. 공정증서에 의한 유언의 작성절차 도중에 유언자가 사망하면 유언은 성립하지 않으므로 효력이 생기지 않는다. 그러나 유언자가 공증인의 필기가 정확함을 승인한 후 서명 또는 기명, 날인한 경우에는 그 뒤의 절차가 그 장소에서 완결되었다면 유효하다고 보아야 한다.[16]

4.3.2. 공증인은 그 사무소에서 직무를 행하는 것이 원칙이다(공증인법 제17조). 그러나 유언의 경우에는 그 적용이 없다(공증인법 제56조). 따라서 공정증서에 의한 유언을 작성할 경우에 출장을 요구할 수 있다.

---

13) 대판 2008.2.28, 2005다75019, 75026.
14) 대판 2007.10.25, 2007다51550.
15) 대판 1980.12.23, 80므18; 대판 1993.6.8, 93다8750; 대판 2002.9.24, 2002다35386; 대판 2002.10.25, 2000다21802.
16) 곽윤직, 상속법, 234면.

5. 비밀증서에 의한 유언

5.1. 의의

비밀증서에 의한 유언은 유언의 존재를 명확히 해 두고 싶으나, 그 내용을 자기의 생전에는 비밀로 해 두고 싶은 경우에 이 방식에 의할 수 있다. 비밀증서는 다른 사람이 쓴 것도 무방하므로, 유언자가 문자는 쓸 수 없으나 읽을 수만 있는 때에도 서명을 할 수 있으면 이 방식을 이용할 수 있다. 그러나 비밀증서의 성립에 대하여 다툼이 일어나기 쉽고 분실, 훼손의 염려가 있다.

5.2. 비밀증서에 의한 유언의 요건

5.2.1. 유언자가 필자의 성명을 기입한 증서를 엄봉, 날인할 것

유언자는 증서 그 자체를 자서할 필요가 없으며, 연월일, 주소의 기재도 필요 없다. 그러나 증서의 전문과 연월일, 주소, 성명도 자서하고 날인함으로써 자필증서의 방식에 적합한 때에는 비밀증서로서의 방식에 흠결이 있는 경우라도 자필증서로서 유효하게 된다(제1071조). 이와 같은 비밀증서에 의한 유언이 자필증서유언으로의 전환에 있어서 유언자가 비밀증서의 전문을 스스로 적었더라도 작성연월일을 기재하지 않은 경우에는 유효한 자필증서유언으로 되지 않는다.[17] 증서에는 필자의 성명을 반드시 기입하여야 한다.

5.2.2. 엄봉한 날인증서를 2인 이상의 증인의 면전에 제출하여, 자기의 유언서임을 표시할 것

표시방법은 반드시 언어로써 하여야 한다고 해석되지 않는다. 증인이 1인밖에 참여하지 않을 때에는 그 유언은 무효이다.

5.2.3. 봉서표면에 유언서의 제출연월일을 기재하고, 유언자와 증인이 각자 서명 또는 기명, 날인할 것

여기에서 '서명 또는 기명날인'으로서 단순히 서명만으로 충분한 것으로 되어 있지만(제1069조 제1항), 그 봉인이 유언자의 것임을 확인할 수 있도록 하기 위하

---

17) 곽윤직, 상속법, 236~237면.

여 서명날인 또는 기명날인으로 하여야 한다.

5.2.4. 비밀증서에 의한 유언봉서는 그 표면에 기재된 날로부터 5일 내에 공증인 또는 가정법원서기에게 제출하여 그 봉인상에 확정일자인을 받아야 한다.

[문항]

다음 설명 중 옳지 않은 것은? (다툼이 있는 경우에는 판례에 의함)

① 비밀증서에 의한 유언이 방식을 갖추지 못하였더라도 그 증서가 자필증서의 방식에 적합한 때에는 자필증서에 의한 유언으로 본다.

② 혼인외의 자를 혼인중의 친생자로 출생신고한 경우, 그 출생신고는 무효이지만 인지신고로서의 효력은 인정할 수 있다.

③ 타인의 자를 자기의 자로 출생신고한 경우, 그 출생신고는 무효이나, 입양의 실질적 요건을 갖추었다면 입양신고로서의 효력은 인정할 수 있다.

④ 공동상속인 전원의 협의에 따라 상속재산 전부를 상속인 중 일부에게 상속시킬 방편으로 나머지 상속인들이 한 상속포기가 법정기간을 경과한 후에 신고된 것이어서 상속포기로서의 효력이 없더라도, 상속인들 사이에 상속재산의 협의분할이 이루어진 것이라고 볼 수 있다.

⑤ 혼인중에 부부 일방이 사망하여 상대방이 배우자로서 망인의 재산을 상속받은 후에 그 혼인이 중혼을 이유로 취소되었다면 그 상속재산은 법률상 원인 없이 취득한 것이 된다.

[변호사 1]

◀해답▶ ⑤

6. 구수증서에 의한 유언

6.1. 의의

구수증서에 의한 유언은 질병 기타 급박한 사유로 인하여 다른 유언의 방식에 의하여 유언을 할 수 없는 특별한 경우에만 인정되는 방식이다. 형식이 간단하다는 것이 특징이다.

6.2. 구수증서에 의한 유언의 요건

6.2.1. 질병 기타 급박한 사유로 인하여 다른 방식에 의한 유언을 할 수 없을 것

여기에서 '급박한 사유'라 함은 사망이 시간적으로 가깝다고 할 수 있는 상태를 말한다. 그 판단은 의사의 진단에 의할 것은 아니다. 또한 구수증서유언이 허용되는 질병 이외에 어떤 것이 있을까. 각종 재해나 교통사고 등으로 부상을 입거나, 타인에 의하거나 자신의 과실로 중상을 입은 경우를 들 수 있다. 다만 이들 경우에 구수나 그의 필기 또는 서명이나 기명날인이 거의 불가능한 경우가 많다는 점을 유의하여야 한다.[18]

6.2.2. 2인 이상의 증인의 참여로 그 1인에게 유언의 취지를 구수하여야 할 것

증인이 1인밖에 참여하지 않을 때에는 그 유언은 무효이다. 여기에서 '유언취지의 구수'는 유언의 내용을 상대방에게 전달하는 것을 뜻하는 것이므로, 증인이 제3자에 의하여 미리 작성된 유언의 취지가 적혀 있는 서면에 따라 유언자에게 질문을 하고 유언자가 동작이나 간략한 답변으로 긍정하는 방식은 유언 당시 유언자의 의사능력이나 유언에 이르게 된 경위 등에 비추어 그 서면이 유언자의 진의에 따라 작성되었음이 분명하다고 인정되는 등의 특별한 사정이 없는 한, 유언취지의 구수에 해당한다고 볼 수 없다는 것이 판례의 태도이다.[19]

6.2.3. 구수를 받은 자가 이를 필기, 낭독하여 유언자와 증인이 그 정확함을 승인한 후, 각자가 서명 또는 기명, 날인할 것

6.2.4. 구수증서에 의한 유언은 그 증인 또는 이해관계인이 급박한 사유가 종료한 날로부터 7일 내에 가정법원에 그 검인을 신청할 것

여기에서 '이해관계인'은 상속인, 유증받은 자, 유언집행자로 지정된 자 등 그 유언에 의하여 법률적으로 영향을 받는 자이다.[20] 가정법원은 이 검인을 심판으로써 한다(가사소송법 제2조 제1항 라류사건).

6.2.5. 피성년후견인이 구수증서에 의한 유언을 하는 경우에는 의사능력이 회복되어 있어야 한다(제1063조 제1항).

의사가 심신회복의 상태를 유언증서에 부기하고 서명, 날인할 필요는 없다(제1070조 제3항에 의하여 제1063조 제2항의 준용).

---

18) 곽윤직, 상속법, 237면.
19) 대판 2006.3.9, 2005다57899.
20) 대결 1990.2.9, 89스19.

[사례 12]

> A는 병환으로 사망이 임박하였음을 알고, 이웃에 사는 두 사람을 증인으로 하여 구수증서
> 에 의한 유언을 하였다. 그 구수를 받아 필기한 자는 연필로 쓴 원문을 정서하여, 이를 증
> 인에게 가지고 가서 서명, 날인을 받은 다음, 가정법원에서 그 유언서의 검인을 받았다. 이
> 렇게 가정법원의 검인을 받은 후에 A의 자 B는 그 무효를 주장할 수 있는가?[21]
>
> (대판 1977.11.8, 77므15; 대판 2006.3.9, 2005다57899)

◀요약▶

가정법원의 검인은 유언이 유언자의 진의에 의한 것인가 적법한가 여부를 조사하는 것
이 아닐 뿐만 아니라, 직접 유언의 유효 여부를 판단하는 심판이 아니기 때문에, B는 일단 유
언자의 의사능력의 부존재나 유언서 작성방식 위반을 이유로 유언의 무효를 주장할 수 있다.
구수를 받은 자가 아닌 증인은 유언자가 구수할 때에 그 장소에 참여하지 않았고, 필기한 증
인이 이를 증인에게 가지고 가서 서명, 날인을 받았기 때문에, 이러한 사정은 그 유언의 무효
가 될 것인가에 대하여, 대판 1977.11.8, 77므15는 구수증서의 경우에 유언요건을 완화하
여 해석하는 것이 타당하다고 하므로, 무효를 주장하기 어렵다고 볼 것이다. 그러나 최근
대판 2006.3.9, 2005다57899는 "민법 제1065조 내지 제1070조가 유언의 방식을 엄격하
게 규정한 것은 유언자의 진의를 명확히 하고 그로 인한 법적 분쟁과 혼란을 예방하기 위
한 것이므로, 법정된 요건과 방식에 어긋난 유언은 그것이 유언자의 진정한 의사에 합치하
더라도 무효라고 하지 않을 수 없다"고 함으로써, 구수증서에 의한 유언의 경우에도 엄격한
방식의 준수를 요구하고 있다. 이에 의하면 유언이 무효라고 주장할 수 있다 할 것이다.[22]

[사례 12-1]

> Y는 자기의 신병이 악화되어서 사망이 임박함을 알고, 이웃에 사는 두 사람 A와 B를 증인
> 으로 하여 구수증서에 의한 유언을 하였다. 그 구수를 받아 필기한 C는 연필로 쓴 원문을
> 정서하여, 이를 증인 A와 B에게 가지고 가서 서명 날인을 받은 다음 가정법원에서 그 유
> 언서의 검인을 받았다. 이 경우 Y의 자 B는 그 유언의 무효를 주장할 수 있는가?
>
> [부산대11]

---

21) 김주수/김상용, 전게서, 664면.
22) 김주수/김상용, 전게서, 666~667면.

Ⅲ. 유언의 철회

1. 유언철회의 의의

유언은 유언자가 유효한 유언을 한 후라도 언제든지 특별한 이유가 없더라도 자유로이 그 전부 또는 일부를 철회할 수 있다(제1108조 제1항). 유언의 경우에는 특히 철회의 자유가 강조되어 유언자는 그 철회권을 포기할 수 없도록 하였다(제1108조 제2항).

2. 유언철회의 방식

2.1. 임의철회

유언자는 유언 또는 생전행위로써 유언을 철회할 수 있다(제1108조). 철회는 반드시 유언으로 할 필요가 없으며 생전행위로써도 할 수 있다. 유언으로 하는 경우에도 그 방식은 반드시 전에 한 유언과 동일한 방식으로 하지 않아도 무방하다. 유언의 일부만을 철회할 수도 있고, 일부철회와 동시에 새로운 유언을 동일한 증서에서 할 수도 있다. 다만 철회의 범위가 어디까지 미치느냐는 제2유언의 해석 문제인 것이다.[23) 철회의 의사표시를 하지 않고 유언증서를 파훼해 버리면 유언은 철회된 것으로 본다(제1110조).

2.2. 법정철회

2.2.1. 전후의 유언이 저촉되는 경우

전후의 유언이 저촉되는 경우에는 그 저촉된 부분의 전 유언은 철회한 것으로 본다(제1109조 전단). 철회의 효과는 유언자가 저촉되는 것을 알았든 몰랐든, 또 전 유언의 철회를 바라고 있었든 아니든 관계없이 발생한다.

---

23) 곽윤직, 상속법, 241면.

2.2.2. 유언 후의 생전행위가 유언과 저촉되는 경우

유언 후의 생전행위가 유언과 저촉되는 경우에는 그 저촉된 부분의 전 유언은 이를 철회한 것으로 본다(제1109조 후단). 여기에서 '생전행위'라 함은 유언자가 생존 중에 유언의 목적인 특정의 물건에 대하여 한 처분을 말한다.

2.2.3. 유언자가 유언증서 또는 유증의 목적물을 파훼한 경우

유언자가 고의로 유언증서나 유증의 목적물을 파훼한 때에는 그 파훼한 부분에 관한 유언은 철회한 것으로 본다(제1110조). 유언자가 과실로 인하여 유언증서를 파훼한 경우나 제3자 또는 불가항력에 의하여 유언증서가 파훼된 경우에는 이해관계인은 유언증서의 내용을 입증하여 유언의 유효를 주장할 수 있다. 유언증서의 멸실이나 분실로서 유언이 실효되지 않는다.[24]

3. 유언철회의 효과

유언이 철회되었을 때에는 유언은 처음부터 없었던 것과 마찬가지의 결과가 되어 유언자의 사망에 의하여도 아무런 효력이 생기지 않는다. 유언의 철회가 사기 또는 강박에 의한 경우에는 그 내용이 인격상의 것일 때에는 인지취소(제861조)의 규정을 유추적용하여야 할 것이다. 그러나 재산상의 것일 때에는 민법총칙의 일반원칙에 의하여 취소할 수 있을 것이다.

유언의 철회행위가 다시 철회된 경우에 먼저 철회되어 실효한 유언의 효력은 어떻게 되는가. 이에 대하여 부활주의(독민 제2257조 제2항)와 비부활주의(일민 제1025조)가 있다. 부활주의는 철회행위가 다시 철회되면, 먼저 철회된 유언의 효력이 되살아나는 것은 이론상 당연한 것이라고 한다. 이에 대하여 비부활주의는 유언자가 제1유언을 철회하고 그것을 다시 철회한 때에는 제1유언을 부활시킬 목적으로 제2유언을 철회한 것인지가 분명하지 않아 유언자의 참된 의사가 불분명하므로, 제1유언을 부활시키는 것은 타당하지 않다는 것이다. 그러나 우리나라 학설은 부활주의를 따르고 있다.[25]

---

24) 대판 1996.9.20, 96다21119.
25) 김주수/김상용, 전게서, 671면; 박병호, 가족법, 443면; 곽윤직, 상속법, 244면.

Ⅳ. 유언의 효력

1. 유언의 효력발생시기

유언은 유언자가 사망한 때로부터 그 효력이 발생한다(제1073조 제1항).

1.1. 유언에 의한 인지

유언에 의한 인지의 경우(제859조 제2항 전단)에도 그 효력은 유언자가 사망한 때이다.

1.2. 유언에 의한 재단법인의 설립

유언집행자 또는 상속인이 설립허가의 신청을 하여야만 된다. 따라서 출연재산은 유언의 효력이 발생한 때에 소급하여 법인에게 귀속한 것으로 본다(제48조). 출연재산이 부동산인 경우에는 법인에 그 부동산이 등기 없이 귀속하지만, 제3자에게 대항하기 위하여는 법인의 설립 외에 등기를 하여야 한다(관계적 귀속설). 따라서 재단법인이 등기를 마치지 않았다면 유언자의 상속인 가운데 한 사람으로부터 부동산의 지분을 취득하여 이전등기를 마친 선의의 제3자에 대하여 대항할 수 없다.[26]

1.3. 유언에 의한 친생부인

유언집행자가 부인의 소를 제기하여야 한다(제850조).

1.4. 조건이 있는 유언 또는 기한이 있는 유언

그 성질이 허용치 않는 경우를 제외하고 조건이나 기한이 있어도 무방하다.

---

26) 대판 1993.9.14, 93다8054.

1.4.1. 정지조건이 있는 유언

민법은 유언에 정지조건이 있는 경우에 그 조건이 유언자의 사망 후에 성취한 때에는 그 조건성취한 때로부터 유언의 효력이 생긴다고 규정하고 있다(제1073조 제2항).

1.4.2. 해제조건이 있는 유언

유언에 해제조건을 붙이면 유언은 유언자의 사망 시로부터 그 효력이 생기며, 그 조건이 사망 후에 성취되었을 때에는 조건이 성취된 때로부터 효력을 잃는다고 보아야 한다(제147조 제2항).

1.4.3. 기한이 있는 유언

1.4.3.1. 시기가 있는 유언: 유언에 시기를 붙였을 경우에는 유언은 유언자가 사망한 때로부터 효력이 생기지만, 그 이행은 기한이 도래한 때에 비로소 청구할 수 있게 된다(제152조 제1항).

1.4.3.2. 종기가 있는 유언: 유언에 종기가 있는 경우에는 유언자가 사망한 때로부터 그 효력이 생기지만, 기한의 도래에 의하여 그 효력을 잃는다.

2. 유언의 무효와 취소

유언의 무효와 취소가 문제되는 것은 주로 유언자가 사망한 후의 일이다. 유언에는 가족법적 의사표시를 내용으로 하는 것과 재산법적 의사표시를 내용으로 하는 것으로 나눌 수 있다. 가족법적 의사표시를 내용으로 하는 유언에는 민법총칙의 규정이 적용되지 않지만, 재산법적 의사표시를 내용으로 하는 유언에는 민법총칙의 규정이 적용된다.

제**8**강

Ⅴ. 유증

[참조조문]

제1074조(유증의 승인, 포기) ① 유증을 받을 자는 유언자의 사망 후에 언제든지 유증을 승인 또는 포기할 수 있다.

② 전항의 승인이나 포기는 유언자의 사망한 때에 소급하여 그 효력이 있다.

제1075조(유증의 승인, 포기의 취소금지) ① 유증의 승인이나 포기는 취소하지 못한다.

② 제1024조 제2항의 규정은 유증의 승인과 포기에 준용한다.

제1076조(수증자의 상속인의 승인, 포기) 수증자가 승인이나 포기를 하지 아니하고 사망한 때에는 그 상속인은 상속분의 한도에서 승인 또는 포기할 수 있다. 그러나 유언자가 유언으로 다른 의사를 표시한 때에는 그 의사에 의한다.

제1077조(유증의무자의 최고권) ① 유증의무자나 이해관계인은 상당한 기간을 정하여 그 기간 내에 승인 또는 포기를 확답할 것을 수증자 또는 그 상속인에게 최고할 수 있다.

② 전항의 기간 내에 수증자 또는 상속인이 유증의무자에 대하여 최고에 대한 확답을 하지

아니한 때에는 유증을 승인한 것으로 본다.

제1078조(포괄적 수증자의 권리의무) 포괄적 유증을 받은 자는 상속인과 동일한 권리의 무가 있다. <개정 1990.1.13>

제1079조(수증자의 과실취득권) 수증자는 유증의 이행을 청구할 수 있는 때로부터 그 목적물의 과실을 취득한다. 그러나 유언자가 유언으로 다른 의사를 표시한 때에는 그 의사에 의한다.

제1080조(과실수취비용의 상환청구권) 유증의무자가 유언자의 사망 후에 그 목적물의 과실을 수취하기 위하여 필요비를 지출한 때에는 그 과실의 가액의 한도에서 과실을 취득한 수증자에게 상환을 청구할 수 있다.

제1081조(유증의무자의 비용상환청구권) 유증의무자가 유증자의 사망 후에 그 목적물에 대하여 비용을 지출한 때에는 제325조의 규정을 준용한다.

제1082조(불특정물유증의무자의 담보책임) ① 불특정물을 유증의 목적으로 한 경우에는 유증의무자는 그 목적물에 대하여 매도인과 같은 담보책임이 있다.

② 전항의 경우에 목적물에 하자가 있는 때에는 유증의무자는 하자 없는 물건으로 인도하여야 한다.

제1083조(유증의 물상대위성) 유증자가 유증목적물의 멸실, 훼손 또는 점유의 침해로 인하여 제삼자에게 손해배상을 청구할 권리가 있는 때에는 그 권리를 유증의 목적으로 한 것으로 본다.

제1084조(채권의 유증의 물상대위성) ① 채권을 유증의 목적으로 한 경우에 유언자가 그 변제를 받은 물건이 상속재산 중에 있는 때에는 그 물건을 유증의 목적으로 한 것으로 본다.

② 전항의 채권이 금전을 목적으로 한 경우에는 그 변제받은 채권액에 상당한 금전이 상속재산 중에 없는 때에도 그 금액을 유증의 목적으로 한 것으로 본다.

제1085조(제삼자의 권리의 목적인 물건 또는 권리의 유증) 유증의 목적인 물건이나 권리가 유언자의 사망당시에 제삼자의 권리의 목적인 경우에는 수증자는 유증의무자에 대하여 그 제삼자의 권리를 소멸시킬 것을 청구하지 못한다.

제1086조(유언자가 다른 의사표시를 한 경우) 전3조의 경우에 유언자가 유언으로 다른 의사를 표시한 때에는 그 의사에 의한다.

제1087조(상속재산에 속하지 아니한 권리의 유증) ① 유언의 목적이 된 권리가 유언자의 사망당시에 상속재산에 속하지 아니한 때에는 유언은 그 효력이 없다. 그러나 유언자가 자기의 사망당시에 그 목적물이 상속재산에 속하지 아니한 경우에도 유언의 효력이 있게 할 의사인 때에는 유증의무자는 그 권리를 취득하여 수증자에게 이전할 의무가 있다.

② 전항 단서의 경우에 그 권리를 취득할 수 없거나 그 취득에 과다한 비용을 요할 때에는 그 가액으로 변상할 수 있다.

제1088조(부담 있는 유증과 수증자의 책임) ① 부담 있는 유증을 받은 자는 유증의 목적의 가액을 초과하지 아니한 한도에서 부담한 의무를 이행할 책임이 있다.

② 유증의 목적의 가액이 한정승인 또는 재산분리로 인하여 감소된 때에는 수증자는 그 감소된 한도에서 부담할 의무를 면한다.

제1089조(유증효력발생전의 수증자의 사망) ① 유증은 유언자의 사망 전에 수증자가 사망한 때에는 그 효력이 생기지 아니한다.

② 정지조건 있는 유증은 수증자가 그 조건 성취 전에 사망한 때에는 그 효력이 생기지 아니한다.

제1090조(유증의 무효, 실효의 경우와 목적재산의 귀속) 유증이 그 효력이 생기지 아니하

거나 수증자가 이를 포기한 때에는 유증의 목적인 재산은 상속인에게 귀속한다. 그러나 유언자가 유언으로 다른 의사를 표시한 때에는 그 의사에 의한다.

V. 유증

1. 서설

1.1. 유증의 의의

1.1.1. 유증의 자유

유증이라 함은 유언에 의한 재산의 무상증여를 말한다. 사인행위라는 점에서 성립과 동시에 효력이 발생하는 생전증여와 다르고, 증여자의 사망에 의하여 효력이 발생하지만 단독행위가 아니고 계약인 사인증여와도 다르다. 그러나 그 밖의 점에서 유증과 사인증여는 매우 비슷하므로 유증에 관한 규정이 사인증여에도 준용된다(제562조). 그렇지만 능력(제1061조 내지 제1063조), 방식(제1065조 이하), 승인과 포기(제1074조 내지 제1077조) 등에 관한 규정은 준용되지 않고, 주로 유증의 효력에 관한 규정(제1073조 이하)이 준용된다. 그리고 유증의 철회에 관한 규정(제1108조 이하)은 사인증여가 계약이라는 점에서 준용되지 않는다고 해석된다. 유증의 주요한 내용은 상속재산에 대하여 그 전부나 일부를 비율에 의하여 포괄적으로 증여하거나 또는 구체적인 재산을 특정하여 증여하는 것이지만, 반드시 상속재산에 관하여만 유증을 하는 것은 아니다(제1087조). 적극적인 재산을 주는 것뿐만 아니라 채무를 면제시키는 것도 유증의 하나이다. 유증은 상속재산의 자유로운 처분을 인정하는 것이기 때문에 유언의 자유란 유증의 자유라고 할 수 있다. 따라서 민법은 유증의 효력과 관련하여 유언자의 의사를 존중하는 규정을 두고 있는 경우가 많다. 그 결과 많은 경우에 유언자는 자기의 의사에 의하여 규정과 다른 것을 정할 수 있다(제1076조, 제1079조, 제1087조, 제1090조, 제1083조, 제1084조, 제1085조).

1.1.2. 유증의 자유의 제한

피상속인의 의사에 의하여 상속재산의 처분은 무제한으로 인정되는 것은 아니다. 제한 가운데 가장 중요한 것은 유류분제도이다.

1.2. 유증의 종류

1.2.1. 포괄적 유증

포괄적 유증은 적극, 소극의 재산을 포괄하는 상속재산의 전부 또는 그 분수적 부분 내지 비율에 의한 유증이다.

1.2.2. 특정적 유증

특정적 유증은 하나하나의 재산상의 이익을 구체적으로 특정하여 유증의 내용으로 하는 것이다.

1.2.3. 조건 있는 유증, 기한 있는 유증 및 부담 있는 유증과 조건 기한 및 부담이 없는 단순유증이 있다.

1.3. 수증자와 유증의무자

1.3.1. 유증을 받는 자

유증을 받는 자로서 유언 중에 지정되고 있는 자를 수증자라고 한다. 자연인뿐만 아니라 법인도 수증자가 될 수 있고, 유언자의 상속인도 수증자가 될 수 있다. 수증자는 원칙으로 유언자가 사망할 때에 생존하고 있지 않으면 안 된다(동시존재의 원칙). 다만 태아는 유증에 관하여도 이미 출생한 것으로 본다(제1064조에 의하여 제1000조 제3항의 준용). 유언자의 사망 전에 수증자가 사망한 경우에는 수증자의 지위는 승계되지 않으므로, 결국 유증은 효력을 잃게 된다(제1089조). 그리고 조건이 있는 유증이나 기한이 있는 유증의 경우에는 수증자가 그 조건이 성취되거나 또는 기한이 도래하였을 때에 존재하면 된다. 상속결격의 원인은 수증자에게도 결격의 원인이 된다(제1064조에 의하여 제1004조의 준용).

1.3.2. 유증의무자

유증을 실행할 의무를 지는 자를 유증의무자라고 한다. 보통은 상속인이지만, 유언집행자(제1101조), 포괄적 수증자(제1078조) 또는 상속인 없는 재산의 관리인

(제1053조, 제1056조)이 이를 담당하는 경우도 있다.

1.4. 유증의 효력

1.4.1. 유증의 효력은 포괄적 유증과 특정적 유증이 서로 다르다. 그러나 효력의 발생시기에 관하여는 유증의 일반적 효력과 공통의 원칙을 가진다. 즉 유증이 단순유증인 때에는 그 효력은 유언자가 사망한 때로부터 발생하고, 정지조건이 있는 유증이면 그 효력은 조건이 성취한 때부터 발행한다(제1073조).

1.4.2. 수증자가 유언자의 사망 전에 사망한 경우에는 유증의 효력은 생기지 않는다(제1089조 제1항). 유언자와 수증자가 동시에 사망한 경우에도 마찬가지로 보아야 한다. 유언자의 의사로써 수증자의 상속인을 보충수증자로 지정할 수 있다(제1090조 단서). 정지조건 있는 유증도 수증자가 그 조건성취 전에 사망한 경우에는 유증의 효력이 생기지 않는다(제1089조 제2항). 그러나 유언자는 그것과 다른 의사를 표시하여 둘 수 있다(제1090조 단서).

2. 포괄적 유증

2.1. 포괄적 유증의 의의

포괄적 유증이라 함은 상속재산의 전부 또는 일정한 비율에 의한 유증을 말한다.

2.2. 포괄적 유증의 효과

2.2.1. 재산의 일부 혹은 전부를 포괄적으로 유증받은 포괄적 수증자는 실질적으로 상속인과 거의 다르지 않다(제1078조). 그러므로 a) 포괄적 수증자는 상속인과 마찬가지로 유언자의 일신에 전속한 권리의무를 제외하고, 포괄적 권리의무를 승계한다(제1005조). b) 포괄적 수증자와 상속인이 있을 때, 혹은 포괄적 수증자만이 여러 명이 있을 때에 이러한 자 사이에는 공동상속인 사이에서의 공동상속관계와 마찬가지의 관계가 생긴다. 즉 상속재산의 공유관계가 생기고(제1006조, 제1007조), 분할의 협의를 하게 된다(제1013조).

2.2.2. 포괄적 유증의 승인과 포기에는 상속의 승인 또는 포기에 관한 제1019조 내지 제1044조가 적용되고, 유증의 승인, 포기에 관한 제1074조 내지 제1077조는 특정적 유증에만 적용된다고 해석하여야 한다.

2.2.3. 포괄적 수증자는 그 권리의무의 내용에 있어서 상속인과 거의 차이가 없다. 따라서 포괄적 유증에 기한 청구권에는 상속회복청구권의 제척기간이 적용된다고 하여야 한다.[1]

2.2.4. 유증에는 조건이나 부담을 붙일 수 있다는 점이 상속과 다르다. 그리고 법인도 수증자가 될 수 있는 점과 수증자가 유류분을 가지지 않는 점, 상속분의 양수권(제1041조)을 가지지 못하는 점이 상속과 다르다.

2.2.5. 포괄적 유증이 효력이 생기지 않는 때에는 유증의 목적물인 재산은 상속인에게 귀속한다(제1090조 본문). 그러나 상속인과 포괄적 수증자가 있을 경우와 포괄적 수증자가 여러 명이 있는 경우에는 수증자가 받을 수 있었던 부분은 상속인과 다른 포괄적 수증자의 상속분 또는 수증분의 비율로 이에 귀속한다(제1043조). 이에 대하여 포기된 몫은 상속인에게만 각각의 상속분에 따라서 귀속된다는 견해[2]가 있다.

2.2.6. 유증의 이행을 필요로 하지 않고 유증받은 재산은 바로 수증자에게 귀속한다. 즉 물권적 효력이 생기는 것이다. 그러나 현행법에서 일정한 포괄적 유증이 유언상속과 같은 기능을 하는 수가 있지만, 이 사실로부터 바로 포괄적 유증을 민법에서의 유언상속이라고 하는 것은 부당하다는 견해[3]가 있다.

3. 특정적 유증

3.1. 특정적 유증의 의의

특정적 유증이라 함은 상속재산 가운데 구체적 재산을 증여의 목적으로 하는 것을 말한다. 특정적 수증자는 특정한 재산권에 관하여 증여계약의 수증자와 동일한 지위에 있게 된다.

---

1) 대판 2001.10.12, 2000다22942.
2) 곽윤직, 상속법, 255면.
3) 곽윤직, 상속법, 255면. 따라서 현행법에서 상속에는 법정상속만이 있을 뿐이라고 한다.

3.2. 특정적 유증의 효과

3.2.1. 유증목적물의 귀속시기

특정적 유증에서 특정한 유증물은 상속재산으로서 일단 상속인에게 귀속되고, 수증자는 상속인에 대하여 유증의 이행을 청구할 수 있는 권리가 있다고 본다.[4] 따라서 특정한 부동산이나 동산이 유증의 목적인 경우에는 수증자가 유증의무자에게 그 소유권을 이전할 것을 청구하고, 유증의무자가 이에 따라 이전등기 또는 목적물의 인도를 한 때에 비로소 그 소유권이 수증자에게 귀속한다(제186조, 제188조). 지명채권을 유증의 목적으로 한 경우에는 유증의무자와 수증자 사이에 양도계약으로 그 채권은 수증자에게 이전하지만(제449조 제2항), 양도인의 통지와 채무자의 승낙이 있어야 채무자 기타 제3자에게 대항할 수 있다(제450조 제1항). 증권적 채권을 유증의 목적으로 한 경우에는 양도계약과 증서의 배서, 교부가 있어야 한다. 그러나 채무면제와 같이 의사표시만으로 효력이 생기는 경우에는 물권적 효력이 생기는 예외가 있다.[5]

3.2.2. 유증이행청구권

3.2.2.1. 과실취득권

수증자는 유증의 이행을 청구할 수 있는 때로부터 그 목적물의 과실을 취득한다(제1079조 본문). '유증의 이행을 청구할 수 있는 때'란 단순유증의 경우에는 유언자가 사망하였을 때이고, 조건이 있는 유증의 경우에는 조건이 성취한 때, 시기가 있는 유증의 경우에는 기한이 도래하였을 때이다. 여기에서 과실은 천연과실이거나 법정과실이거나 묻지 않는다.

3.2.2.2. 비용상환청구권

유증의무자가 유언자의 사망 후에 그 목적물의 과실을 수취하기 위하여 필요비를 지출한 때에는 그 과실의 가액의 한도에서 과실을 취득한 수증자에게 상환을 청구할 수 있다(제1080조). 유증의무자가 유언자의 사망 후에 그 목적물에 대하여 비용을 지출한 때에는 유치권자의 비용상환청구권에 관한 제325조가 준용된다(제1081조). 조건부 또는 기한부 유증에 있어서 유언자가 사망한 후 조건이

---

4) 대판 2003.5.27, 2000다73445.
5) 곽윤직, 상속법, 259면.

성취되기 전 또는 기한이 도래하기 전에 지출한 비용의 상환을 청구할 수 있는가. 조건의 성취 전 또는 기한의 도래 전의 비용의 상환청구까지 인정하는 취지는 아니라고 해석된다.

3.2.3. 상속재산에 속하지 않는 권리의 유증

특정적 유증의 내용에 관하여 유증의 목적이 된 권리가 유언자의 사망 당시에 상속재산에 속하지 않은 때에는 그 유증은 효력이 없다(제1087조 본문). 그러나 유증자의 진의가 이 원칙 밖에 있을 수도 있기 때문에, 특별규정을 두었다.

3.2.3.1. 상속재산에 속하지 않은 권리의 유증의 예외

유언자가 자기의 사망 당시에 그 목적물이 상속재산에 속하지 않은 경우에도 유언의 효력이 있게 할 의사인 때에는 그 유증은 유효하다. 이 경우에는 유증의무자가 그 권리를 취득하여 수증자에게 이전할 의무가 있다(제1087조 제1항 단서).

3.2.3.2. 권리소멸청구권의 부인

유증의 목적인 물건이나 권리가 유언자의 사망 당시에 제3자의 권리의 목적인 경우에는 수증자는 유증의무자에 대하여 그 제3자의 권리를 소멸시킬 것을 청구하지 못한다(제1085조). 즉, 이 경우에 유증의무자는 담보책임이 없다.

3.2.3.3. 유증의무자의 담보책임

불특정물을 유증의 목적으로 한 경우에는 유증의무자는 그 목적물에 대하여 매도인과 같은 담보책임이 있다(제1082조 제1항). 불특정물을 유증의 목적으로 한 경우에 목적물에 하자가 있는 때에는 유증의무자는 하자 없는 물건으로 인도하여야 한다(제1082조 제2항). 하자 없는 물건으로 인도할 수 없는 때에는 유증의무자는 손해배상의 책임이 있다. 즉, 민법 제581조에 의한 하자담보책임을 지는 것이다.

3.2.3.4. 유증의 물상대위성

유증목적물의 멸실, 훼손 또는 점유의 침해로 인하여 유증자가 제3자에 대하여 손해배상청구권을 취득한 때에는 그 권리를 유증의 목적으로 한 것으로 본다(제1083조). 그러나 유언자가 유언으로 다른 의사를 표시한 때에는 그 의사에 의한다(제1086조).

3.2.3.5. 채권의 유증의 물상대위권

금전 이외의 채권을 유증의 목적으로 한 경우에, 유언자가 그 변제를 받은 물건이 상속재산 중에 있는 때에는 유언자의 다른 의사표시가 없는 이상 그 물건을 유증의 목적으로 한 것으로 본다(제1084조 제1항). 그러나 유증의 목적으로 되어 있던 채권이 변제되어 그 목적물이 상속재산 중에 있지 않은 경우에는, 유증은 그 목적물을 잃어 '유언 후의 생전행위가 유언과 저촉되는 경우'에 해당하므로, 그 유언은 철회된 것으로서 효력을 잃는다. 금전을 목적으로 하는 채권을 유증의 목적으로 할 경우에는, 그 변제받은 채권액에 상당한 금액이 상속재산 중에 없는 때에도 그 금액을 유증의 목적으로 한 것으로 본다(제1084조 제2항). 그러나 유언의 효력이 발생한 때에 잔액이 없는 경우에는 수증자는 청구할 금액이 없게 된다. 이 경우에도 유언자의 의사해석으로 유언자가 이와 다른 의사를 표시한 때에는 그 의사에 의한다(제1086조).

3.3. 특정적 유증의 승인과 포기

3.3.1. 승인, 포기의 자유

유증을 받을 자는 유언자의 사망 후에 언제든지 유증을 승인 또는 포기할 수 있다(제1074조 제1항). 그 효력은 유언자가 사망한 때에 소급한다(제1074조 제2항). 특정적 유증을 포기하는 시기에는 아무런 제한이 없다. 또한 불가분의 원칙이 적용되므로 일부포기가 인정되지 않는다. 그러나 특정적 유증에 대하여 그 내용이 가분인 경우에는 일부포기를 인정해도 무방할 것이다. 유증의 포기는 법률상의 이익의 포기이므로 그 능력과 권한에 제한이 있다. 다만 단독행위인 채무면제의 유증에 관하여는 포기가 허용되지 않는다(제506조). 한편 채권자대위권, 채권자취소권, 추인권의 객체도 된다. 파산관재인이 수증자에 갈음하여 승인, 포기를 할 수 있다고 한다(채무자의 회생 및 파산에 관한 법률 제388조).

3.3.2. 유증의무자의 최고권

유증의무자나 이해관계인은 상당한 기간을 정하여 그 기간 내에 승인 또는 포기를 확답할 것을 수증자 또는 그 상속인에게 최고할 수 있다(제1077조 제1항). 그 기간 내에 확답을 하지 않을 때에는 유증을 승인한 것으로 본다(제1077조 제1항). 최고에 대한 의사표시는 유증의무자에 대하여 한 경우에만 유효하다.

3.3.3. 유증의 승인, 포기의 취소금지

유증의 승인이나 포기는 취소하지 못한다(제1075조 제1항). 그러나 사기, 강박에 의하여 승인, 포기를 하거나 무능력자가 단독으로 한 승인, 포기는 민법총칙에 의하여 취소할 수 있다(제1075조 제2항에 의하여 제1024조 제2항의 준용). 그 취소권은 추인할 수 있는 날로부터 3월, 승인 또는 포기한 날로부터 1년 내에 행사하지 않으면 소멸한다(제1075조 제2항에 의하여 제1024조 제2항의 준용).

3.3.4. 수증자의 상속인의 승인, 포기

수증자가 승인이나 포기를 하지 않고 사망한 때는 그 상속인은 상속분의 한도에서 승인 또는 포기할 수 있다(제1076조 본문). 따라서 상속인이 여러 명일 경우에는 각자가 그 상속분에 따라 승인이나 포기를 할 수 있는 것이다. 그러나 이 경우에 유언자가 유언으로 다른 의사를 표시한 때에는 그 의사에 의한다(제1076조 단서).

3.4. 유증의 무효, 실효의 효과

유증의 효력이 생기지 않거나, 수증자가 이를 포기한 때에는 유증의 목적인 재산은 상속인에게 귀속한다(제1090조 본문). 그러나 유언자가 유언으로 다른 의사를 표시한 때에는 그 의사에 의한다(제1090조 단서).

4. 부담 있는 유증

4.1. 부담 있는 유증의 의의 및 성질

4.1.1. 부담 있는 유증이라 함은 유언자가 유언증서 가운데 수증자에게 자기, 그 상속인 또는 제3자를 위하여 일정한 의무를 이행하는 부담을 부과한 유증을 말한다. 부담 있는 유증은 수증자에게 한편으로는 이익을 주지만, 다른 한편으로는 부담의 구속을 받게 하는 것이다.

4.1.2. 부담 있는 유증은 포괄, 특정의 구별 없이 인정된다. 부담은 유증의 목적물과 전혀 관계가 없는 사항이라도 무방하다.

4.2. 부담의 내용

부담의 내용은 반드시 금전적 가치가 있는 것이 아니라도 무방하다.

4.3. 부담의 무효

부담이 불가능하든가, 선량한 풍속 기타 사회질서에 반하는 사항을 목적으로 하는 경우에는 그 부담은 무효이다. 무효인 부담이 있는 유증은 그 부담이 없었으면 유증이 없었을 것이라는 유언자의 의사가 추측되는 경우에만 부담 있는 유증도 무효가 된다 할 것이다.

4.4. 부담 있는 유증의 효력

4.4.1. 부담의 이행의무자

부담의 의무를 이행하는 자는 수증자뿐만 아니라 수증자의 상속인도 그 유증을 승인한 경우에는 그 상속분의 범위 내에서 이행의 책임이 있다. 수증자가 유증의 승인 또는 포기를 하지 않고 사망한 때에는 그 상속인은 상속분의 한도에서 승인 또는 포기를 할 수 있다(제1076조).

4.4.2. 부담의 청구권자

4.4.2.1. 상속인, 유언집행자

부담의 이행청구권은 유언자의 이익대표로 인정될 상속인과 유언집행자에게 속한다.

4.4.2.2. 유언에서 이행청구권자로 지정된 자

유언자가 유언으로 이행청구권자를 지정한 경우에는 그 사람이 부담의 이행을 청구할 수 있다(제1111조).

4.4.2.3. 수익자: 부담의 이익을 받을 제3자가 수증자에 대하여 부담의 이행을 청구할 수 있는가. 이에 대하여 부정하는 견해[6]가 있다. 그러나 유언자의 다른 의사표시가 없는 한, 수익자는 수증자에 대하여 직접 부담의 이행을 청구할 수 있는 권리가 있다고 보아야 한다.[7]

---

6) 김용한, 친족상속법론, 446면.

4.4.3. 부담의 한도: 유증의 부담이 유증의 이익보다 무거울 때에는 유증이라고 할 수 없다. 따라서 부담 있는 수증자는 유증의 목적의 가액을 초과하지 않는 한도에서 부담한 의무를 이행할 책임이 있다(제1088조 제1항). 부담이 유증의 목적의 가액을 초과한 때에는 그 초과한 부분만 무효가 된다.[8] 유증의 목적의 가액이 한정승인 또는 재산분리로 인하여 감소된 때에는 수증자는 그 감소된 한도에서 부담할 의무를 면한다(제1088조 제2항).

4.5. 부담 있는 유증의 취소

부담 있는 유증을 받은 자가 그 부담의무를 이행하지 않은 때에는 상속인 또는 유언집행자는 상당한 기간을 정하여 이행할 것을 최고하고, 그 기간 내에 이행하지 않을 때에는 가정법원에 유언의 취소를 청구할 수 있다(제1111조 본문가사소송법 제2조 제1항 라류사건). 청구권자는 수증자에 대하여 유증의 목적의 반환을 청구할 수 있다. 그러나 제3자가 이미 수증자로부터 전득한 이익을 해하지 못한다(제1111조 단서).

[사례 14]

> A는 자기가 소유하는 건물에 첩인 B를 거주하게 하고 B에게 증여계약서를 교부하였으나, 소유권이전등기는 하지 않았다. A는 그 건물을 다시 그의 장남인 C에게 B를 평생 동안 부양한다는 부담부로 유증을 하였다. A가 사망한 경우에, B와 C는 각각 어떠한 권리를 갖는가?[9]
>
> (대판 1980.6.24, 80다458)

◀요약▶

A가 B와의 부첩관계를 유지하는 조건으로 건물을 증여하였기 때문에 제103조에 위반하여 A와 B 사이의 증여계약은 무효로 보아야 한다. 따라서 A의 C에 대한 유증은 유효하다(대판 1980.6.24, 80다458). 그러나 만약 A가 B와의 부첩관계를 그만두는 조건으로서 이별금조로 증여하는 계약이었다면 그 계약은 유효가 된다. 따라서 A의 C에 대한 유언의 효력에 대하여, B는 A의 상속인 C에 대하여 A와의 증여계약에 기인하여 건물에 대

---

7) 김주수/김상용, 전게서, 693면; 곽윤직, 상속법, 262면.
8) 곽윤직, 상속법, 262면.
9) 김주수/김상용, 전게서, 691면.

한 소유권이전등기청구를 할 수 있을 것이다. 그러나 A의 C에 대한 유증이 유효한 경우에 C에 대한 부담 있는 유증의 부담은 A의 첩 B를 평생 부양한다는 것이고, A와 B와의 관계가 불륜관계이므로 그 유효성이 문제된다. 그렇지만 유언에 의한 재산처분의 자유와 관련하여 본다면 그 유언은 유효하다고 할 것이고, 부담의 내용인 부양에 대하여 그 급부 내용이 금액으로 특정되어 있지 않더라도 사안의 성질에 비추어 유효하다고 할 것이다.[10]

[문항]

부담 있는 유증	[부산대11]

[문항]

사인증여와 유증에 관한 설명 중 옳지 않은 것은? (다툼이 있는 경우에는 판례에 의함)
① 사인증여는 원칙적으로 증여자와 수증자의 합의에 의해 성립하지만, 유증은 유언자의 사망 전에 수유자가 유언자에 대하여 승낙의 의사표시를 할 필요가 없다.
② 증여자의 사망 전에 사망한 사인증여 수증자의 지위가 상속되는가의 여부는 사인증여의 내용에 의해 정해지고, 유언자의 사망 전에 사망한 유증 수유자의 지위가 상속되는가의 여부는 유언의 취지에 의해 정해진다.
③ 미성년자가 사인증여를 함에는 원칙적으로 법정대리인의 동의를 얻어야 하지만, 미성년자라도 만 17세에 달한 자가 유증을 함에는 법정대리인의 동의를 얻을 필요가 없다.
④ 포괄적 유증을 받은 자는 상속인과 동일한 권리의무가 있다고 규정한 민법 제1078조는 포괄적 사인증여에 준용되지 않는다.
⑤ 유류분침해액의 반환순서에 있어 사인증여는 유증과 동일시된다.

[변호사 1]

◀해답▶ ①

---

10) 김주수/김상용, 전게서, 695면.

다음 사례에 관한 설명 중 옳은 것을 모두 고른 것은? (다툼이 있는 경우에는 판례에 의함)

〈사례〉

A는 2008. 10. 1. 유효한 유언으로 자신의 부동산 중 X부동산을 甲에게 유증하고 나머지 재산 중 2/3는 처 乙에게, 1/3은 유일한 자녀인 丙에게 분배한다고 하면서 유언집행자로 丁을 지정하였다. 유언 당시의 A의 재산은 X, Y부동산뿐이었으나, A는 2009. 2.경 Z부동산을 새로 취득하여 소유권이전등기를 마쳤다. A가 2009. 11. 1. 사망하자 참칭상속인 B는 Y, Z부동산에 대해 상속을 원인으로 소유권이전등기를 마쳤다. 한편, A의 법정상속인인 乙, 丙은 유효하게 상속을 단순승인하였다.

〈설명〉

ㄱ. Z부동산에 대해서도 유언의 효력이 미친다.

ㄴ. 丁은 B를 상대로 Y부동산에 대해서는 상속등기의 말소청구를 할 수 있으나, Z부동산에 대해서는 상속등기의 말소청구를 할 수 없다.

ㄷ. 乙과 丙은 B를 상대로 Y, Z부동산 모두에 대해 상속회복청구의 소를 제기할 수 있다.

ㄹ. 乙과 丙은 B를 상대로 Y부동산에 대해서는 상속회복청구의 소를 제기할 수 없으나, Z부동산에 대해서는 상속회복청구의 소를 제기할 수 있다.

ㅁ. 甲에 대한 유증으로 丙의 유류분이 침해된 경우, 丙이 상속의 개시와 반환하여야 할 유증을 한 사실을 안 때로부터 1년이 경과되지 않았고, 상속이 개시한 때로부터 10년이 경과되지 않았으면, 丙은 甲을 상대로 유류분반환청구의 소를 제기할 수 있다.

① ㄱ   ② ㄱ, ㅁ

③ ㄴ, ㄷ   ④ ㄴ, ㅁ

⑤ ㄱ, ㄷ, ㅁ   ⑥ ㄱ, ㄹ, ㅁ

[사법시험54]

◀해답▶ ②

증여에 관한 설명 중 옳은 것을 모두 고른 것은? (다툼이 있는 경우에는 판례에 의함)

ㄱ. 서면에 의하지 아니한 부동산 증여의 경우, 이를 인도하였더라도 아직 소유권이 전등기를 마치지 아니하였으면 증여자는 계약을 해제할 수 있다.

ㄴ. 증여계약이 성립한 당시에 서면이 작성되지 않았더라도, 그 후 위 계약이 존속하는 동안 서면을 작성한 경우에는 그때부터 서면에 의한 증여로서의 효력이 있으므로, 당사자가 임의로 그 계약을 해제할 수 없다.

ㄷ. 사인증여에 관하여는 유증에 관한 규정이 준용되므로, 포괄적 사인증여를 받은 자는 포괄적 유증을 받은 자와 마찬가지로 상속인과 동일한 권리의무가 있다.

ㄹ. 당사자 사이의 약정에 따라 부양의무를 부담하는 증여계약에서 수증자의 부양의무불이행을 원인으로 하는 증여자의 해제권은 해제원인이 있음을 안 날로부터 6월을 경과한 때 소멸한다.

ㅁ. 정기의 급여를 목적으로 한 증여계약에서 증여자가 사망한 경우, 특별한 사정이 없는 한, 증여자의 상속인이 증여계약상의 권리·의무를 승계한다.

① ㄱ, ㄴ   ② ㄴ, ㄹ

③ ㄱ, ㄴ, ㅁ   ④ ㄷ, ㅁ

⑤ ㄱ, ㄷ, ㄹ

[사법시험54]

◀해답▶ ①

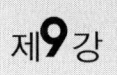
Ⅵ. 유언의 집행

[참조조문]

제1091조(유언증서, 녹음의 검인) ① 유언의 증서나 녹음을 보관한 자 또는 이를 발견한 자는 유언자의 사망 후 지체 없이 법원에 제출하여 그 검인을 청구하여야 한다.

② 전항의 규정은 공정증서나 구수증서에 의한 유언에 적용하지 아니한다.

제1092조(유언증서의 개봉) 법원이 봉인된 유언증서를 개봉할 때에는 유언자의 상속인, 그 대리인 기타 이해관계인의 참여가 있어야 한다.

제1093조(유언집행자의 지정) 유언자는 유언으로 유언집행자를 지정할 수 있고 그 지정을 제삼자에게 위탁할 수 있다.

제1094조(위탁에 의한 유언집행자의 지정) ① 전조의 위탁을 받은 제삼자는 그 위탁 있음을 안 후 지체 없이 유언집행자를 지정하여 상속인에게 통지하여야 하며 그 위탁을 사퇴할 때에는 이를 상속인에게 통지하여야 한다.

② 상속인 기타 이해관계인은 상당한 기간을 정하여 그 기간 내에 유언집행자를 지정할 것을 위탁받은 자에게 최고할 수 있다. 그 기간 내에 지정의 통지를 받지 못한 때에는 그 지정의 위탁을 사퇴한 것으로 본다.

제1095조(지정유언집행자가 없는 경우) 전2조의 규정에 의하여 지정된 유언집행자가 없는 때에는 상속인이 유언집행자가 된다.

제1096조(법원에 의한 유언집행자의 선임) ① 유언집행자가 없거나 사망, 결격 기타 사유로 인하여 없게 된 때에는 법원은 이해관계인의 청구에 의하여 유언집행자를 선임하여야 한다.

② 법원이 유언집행자를 선임한 경우에는 그 임무에 관하여 필요한 처분을 명할 수 있다.

제1097조(유언집행자의 승낙, 사퇴) ① 지정에 의한 유언집행자는 유언자의 사망 후 지체 없이 이를 승낙하거나 사퇴할 것을 상속인에게 통지하여야 한다.

② 선임에 의한 유언집행자는 선임의 통지를 받은 후 지체 없이 이를 승낙하거나 사퇴할 것을 법원에 통지하여야 한다.

③ 상속인 기타 이해관계인은 상당한 기간을 정하여 그 기간 내에 승낙 여부를 확답할 것을 지정 또는 선임에 의한 유언집행자에게 최고할 수 있다. 그 기간 내에 최고에 대한 확답을 받지 못한 때에는 유언집행자가 그 취임을 승낙한 것으로 본다.

제1098조(유언집행자의 결격사유) 제한능력자와 파산선고를 받은 자는 유언집행자가 되지 못한다. [전문개정 2011.3.7]

제1099조(유언집행자의 임무착수) 유언집행자가 그 취임을 승낙한 때에는 지체 없이 그 임무를 이행하여야 한다.

제1100조(재산목록작성) ① 유언이 재산에 관한 것인 때에는 지정 또는 선임에 의한 유언집행자는 지체 없이 그 재산목록을 작성하여 상속인에게 교부하여야 한다.

② 상속인의 청구가 있는 때에는 전항의 재산목록작성에 상속인을 참여하게 하여야 한다.

제1101조(유언집행자의 권리의무) 유언집행자는 유증의 목적인 재산의 관리 기타 유언의 집행에 필요한 행위를 할 권리의무가 있다.

제1102조(공동유언집행) 유언집행자가 수인인 경우에는 임무의 집행은 그 과반수의 찬성으로써 결정한다. 그러나 보존행위는 각자가 이를 할 수 있다.

제1103조(유언집행자의 지위) ① 지정 또는 선임에 의한 유언집행자는 상속인의 대리인으로 본다.

② 제681조 내지 제685조, 제687조, 제691조와 제692조의 규정은 유언집행자에 준용한다.

제1104조(유언집행자의 보수) ① 유언자가 유언으로 그 집행자의 보수를 정하지 아니한 경우에는 법원은 상속재산의 상황 기타 사정을 참작하여 지정 또는 선임에 의한 유언집행자의 보수를 정할 수 있다.

② 유언집행자가 보수를 받는 경우에는 제686조 제2항, 제3항의 규정을 준용한다.

제1105조(유언집행자의 사퇴) 지정 또는 선임에 의한 유언집행자는 정당한 사유 있는 때에는 법원의 허가를 얻어 그 임무를 사퇴할 수 있다.

제1106조(유언집행자의 해임) 지정 또는 선임에 의한 유언집행자에 그 임무를 해태하거나 적당하지 아니한 사유가 있는 때에는 법원은 상속인 기타 이해관계인의 청구에 의하여 유언집행자를 해임할 수 있다.

제1107조(유언집행의 비용) 유언의 집행에 관한 비용은 상속재산 중에서 이를 지급한다.

Ⅵ. 유언의 집행

1. 유언의 검인·개봉

1.1. 유언의 검인과 개봉은 유언을 집행하는 준비절차이다. 유언의 증서나 녹음을 보관한 자 또는 이를 발견한 자는 유언자의 사망 후 지체 없이 가정법원에 제출하여 그 검인을 청구하여야 한다(제1091조 제1항, 가사소송법 제2조 제1항 라류사건). 그러나 공정증서나 구수증서에 의한 유언에는 검인이 필요 없다(제1091조 제1항).

1.2. 가정법원이 봉인된 유언증서를 개봉할 때에는 유언자의 상속인, 그 대리인 기타 이해관계인의 참여가 있어야 한다(제1092조, 가사소송규칙 제86조).

[소장 5][1)]

유언검인심판청구

청 구 인　　　　홍00(주민등록번호:　　　　　　)
　　주소　　　　서울 00구 00동 795-4

청구취지

　유언자 망 엄00(1925. 2. 17.생, 2002. 7. 21. 사망)은 1986. 8. 1. 별지와 같은 내용의 유언을 하였음을 검인한다.
　는 심판을 바랍니다.

청구원인

청구인은 망 엄00(주민등록번호:　　　　　)과 1967. 5. 29. 혼인신고를 마친 법률상 부부로서 1968. 5. 5. 엄0태를 출산하고 1971. 6. 28. 엄0용을 출산하고 동거하여 왔습니다.
그런데 망인은 00시 00구 00동 613-9 00병원에서 치료를 받던 중 2002. 7. 21. 14:20 경 사망하였습니다.
청구인은 망인의 장례를 치르고, 2002. 7. 30.경 주소지에서 망인의 유품을 정리하던 중 별지와 같은 자필유서를 발견하였습니다.
이에 동 유언서의 검인을 청구하오니 심판하여 주시기 바랍니다.

---

1) 박동섭, 전게서, 876면.

```
┌─────────────────────────────────────────────────────┐
│                    첨부서류                          │
│  1. 가족관계증명서                                   │
│  2. 사망진단서                                       │
│  3. 주민등록표등본              2통                  │
│  4. 유언서(사사증서) 사본       1통                  │
│                                                      │
│                   2002.    .    .                   │
│              청구인    홍OO (인)                     │
│                                                      │
│  OO가정법원 귀중                                     │
└─────────────────────────────────────────────────────┘
```

2. 유언집행자

2.1. 유언의 집행

유언의 집행이라 함은 유언의 효력이 발생한 후 그 내용을 실현하는 행위를 말한다. 그러나 그 내용이 상속인의 이익에 반하거나, 상속인이 무능력자인 경우에는 상속인이 유언을 집행할 수 없다. 이러한 이유에서 민법은 유언집행자제도를 두었다.

2.2. 유언집행자의 결정

2.2.1. 유언자의 지정

2.2.1.1. 유언자는 유언으로 유언집행자를 지정할 수 있고, 그 지정을 제3자에게 위탁할 수 있다(제1093조). 지정을 위탁받은 제3자는 당해 유언에서 유언집행자의 수를 1인에 한정하지 않고 2인 이상을 지정할 수도 있다.

2.2.1.2. 유언집행자가 지정되지 않고 그대로 시일이 경과되면, 상속인 기타 이해관계인은 상당한 기간을 정하여 그 기간 내에 유언집행자의 지정을 최고할 수 있고, 그 기간 내에 지정의 통지를 받지 못한 때는 그 지정의 위탁을 사퇴한 것으로 본다(제1094조 제2항).

2.2.1.3. 유언자 또는 위탁받은 제3자에 의하여 지정된 유언집행자는 유언자의

사망 후 지체 없이 이를 승낙하거나 사퇴할 것을 상속인에게 통지하여야 한다(제 1097조 제1항).

2.2.2. 지정유언집행자가 없는 경우

유언자 또는 유언자의 위탁을 받은 제3자의 지정에 의한 유언집행자가 없는 때에는 상속인이 유언집행자가 된다(제1095조). 여기에서 '지정유언집행자가 없는 때'란 유언자가 유언집행자를 지정하지 않았든가 그 지정을 제3자에게 위탁하지 않은 경우(제1093조), 제3자에게 위탁하였더라도 지정을 위탁받은 제3자가 사퇴한 경우(제1094조 제1항), 상속인 기타 이해관계인으로부터 최고를 받고도 최고기간 내에 유언집행자지정의 통지를 하지 않은 경우(제1094조 제2항 후단) 등이다.

2.2.3. 가정법원의 선임

유언집행자가 없거나, 사망, 결격 기타 사유로 인하여 없게 된 때에는 가정법원은 이해관계인의 청구에 의하여 유언집행자를 선임한다(제1096조 제1항).[2) 이 선임은 가정법원의 심판에 의한다(가사소송법 제2조 제1항 라류사건). 가정법원의 선임에 의한 유언집행자는 선임의 통지를 받은 후 지체 없이 이를 승낙하거나 사퇴할 것을 가정법원에 통지하여야 한다(제1097조 제2항).

2.2.4. 유언집행자의 결격

유언집행자로서의 결격사유는, 제한능력자와 파산자이다(제1098조). 이러한 자를 유언집행자로 지정하더라도 무효이고, 가정법원도 이러한 자를 유언집행자로 선임할 수 없다. 따라서 그 밖의 누구라도 유언집행자가 될 수 있다. a) 상속인 (제1095조), b) 유언집행자의 지정을 위탁받은 자, c) 법인(신탁업법 제1조 제1항 제6호) 등은 유언집행결격자가 아니므로 유언집행자가 될 수 있다.

2.3. 유언집행자의 지위

유언집행자의 지위에 관하여, a) 민법이 의제한 대리인이라는 견해,[3) b) 독립적으로 유언내용을 실현할 사적의무를 담당하는 자로 파악하는 견해[4)가 있다. 그러나 상속인의 대리인으로 보는 것이 편리하다고 할 것이다.[5)

---

2) 대결 1987.2.29, 86스11; 대결 1995.12.4, 95스32.
3) 이근식/한봉희, 신친족상속법, 308면.
4) 곽윤직, 상속법, 273면.

2.4. 유언집행자의 임무

2.4.1. 재산목록의 작성

유언이 재산에 관한 것인 때에는 지정 또는 선임에 의한 유언집행자는 지체 없이 그 재산목록을 작성하여 상속인에게 교부하여야 한다(제1100조 제1항). 상속인의 청구가 있을 때에는 재산목록작성에 상속인을 참여하게 하여야 한다(제1100조 제2항).

2.4.2. 유언집행자의 권리의무 일반

2.4.2.1. 유언집행자는 유증의 목적인 재산의 관리 기타 유언의 집행에 필요한 행위를 할 권리의무가 있다(제1101조).

2.4.2.2. 상속인이 유언집행자의 관리 아래에 있는 상속재산을 함부로 처분한 경우에 그 효력이 어떻게 되는가. 유언집행자의 처분권은 상속인을 배제하는 것이므로, 상속인은 처분권이 제한된다고 보아야 한다. 그러나 이 경우에 수증자는 상속인에 대하여 손해배상을 청구할 수밖에 없을 것이다.

2.4.3. 공동유언집행자

유언집행자가 여러 명인 경우에는 임무의 집행은 그 과반수의 찬성으로써 결정한다(제1102조 본문). 가부동수로서 과반수를 얻을 수 없는 경우에는 유언집행자를 해임하여 새로 유언집행자를 선임하거나,[6] 유언집행자를 추가 선임할 수밖에 없을 것이다(제1106조, 제1096조).

2.4.4. 보수

유언자가 유언으로 그 집행자의 보수를 정하지 않은 경우에는 가정법원은 상속재산의 상황 기타 사정을 참작하여 지정 또는 선임에 의한 유언집행자의 보수를 정할 수 있다(제1104조 제1항, 가사소송법 제2조 제1항 라류사건). 그리고 유언집행자가 사무를 처리하는 중에 유언집행자에게 책임이 없는 사유로 인하여 사무가 종료된 때에는 유언집행자는 이미 처리한 사무의 비율로 보수를 청구할 수 있다(제686조 제3항의 준용). 즉, 보수는 후급이 원칙이다(제1104조 제2항, 제686조 제2항의 준용).

2.4.5. 비용

유언의 집행에 관한 비용은 상속재산 중에서 이를 지급한다(제1107조).

---

5) 김주수/김상용, 전게서, 700~701면.
6) 곽윤직, 상속법, 276면. 당해 사항을 집행할 유언집행자를 새로 선임하여야 한다는 견해이다.

2.5. 유언집행자의 임무종료

2.5.1. 사퇴

지정 또는 선임에 의한 유언집행자는 정당한 사유가 있는 때에는 가정법원의 허가를 얻어 그 임무를 사퇴할 수 있다(제1105조).

2.5.2. 해임

지정 또는 선임에 의한 유언집행자가 임무를 게을리 하거나 그 밖에 임무에 적당하지 않은 사유가 있는 때에는 가정법원은 상속인 기타 이해관계인의 청구에 의하여 유언집행자를 해임할 수 있다(제1106조). 판례는 지정 또는 선임에 의한 유언집행자에게 임무해태 또는 적당하지 아니한 사유가 있는 때에는 법원은 상속인 기타 이해관계인의 청구에 의하여 유언집행자를 해임할 수가 있으나(제1106조), 유언집행자는 유증의 목적인 재산의 관리 기타 유언의 집행에 필요한 모든 행위를 할 권리의무가 있을 뿐만 아니라(제1101조) 유언의 집행에 필요한 범위 내에서는 상속인과 이해상반되는 사항에 관하여도 중립적 입장에서 직무를 수행하여야 하므로, 유언집행자가 유언의 해석에 관하여 상속인과 의견을 달리한다거나 혹은 유언집행자가 유언의 집행에 방해되는 상태를 야기하고 있는 상속인을 상대로 유언의 충실한 집행을 위하여 자신의 직무권한 범위에서 가압류신청 또는 본안소송을 제기하고 이로 인해 일부 상속인들과 유언집행자 사이에 갈등이 초래되었다는 사정만으로는 유언집행자의 해임사유인 '적당하지 아니한 사유'가 있다고 할 수 없으며, 일부 상속인에게만 유리하게 편파적인 집행을 하는 등으로 공정한 유언의 실현을 기대하기 어려워 상속인 전원의 신뢰를 얻을 수 없음이 명백하다는 등 유언집행자로서의 임무수행에 적당하지 아니한 구체적 사정이 소명되어야 한다고 하였다.[7] 해임은 가정법원의 심판으로써 한다. 그 효력은 심판의 고지에 의하여 생긴다.

[문항]

유언의 집행	[부산대11]

---

7) 대결 2011.10.27, 2011스108.

제10강 상속법: 유류분

[참조조문]

제1112조(유류분의 권리자와 유류분) 상속인의 유류분은 다음 각 호에 의한다.
 1. 피상속인의 직계비속은 그 법정상속분의 2분의 1
 2. 피상속인의 배우자는 그 법정상속분의 2분의 1
 3. 피상속인의 직계존속은 그 법정상속분의 3분의 1
 4. 피상속인의 형제자매는 그 법정상속분의 3분의 1

제1113조(유류분의 산정) ① 유류분은 피상속인의 상속개시 시에 있어서 가진 재산의 가액에 증여재산의 가액을 가산하고 채무의 전액을 공제하여 이를 산정한다.
② 조건부의 권리 또는 존속기간이 불확정한 권리는 가정법원이 선임한 감정인의 평가에 의하여 그 가격을 정한다.

제1114조(산입될 증여) 증여는 상속개시 전의 1년간에 행한 것에 한하여 제1113조의 규정에 의하여 그 가액을 산정한다. 당사자쌍방이 유류분권리자에 손해를 가할 것을 알고 증여를 한 때에는 1년 전에 한 것도 같다.

제1115조(유류분의 보전) ① 유류분권리자가 피상속인의 제1114조에 규정된 증여 및 유증으로 인하여 그 유류분에 부족이 생긴 때에는 부족한 한도에서 그 재산의 반환을 청구할 수 있다.

② 제1항의 경우에 증여 및 유증을 받은 자가 수인인 때에는 각자가 얻은 유증가액의 비례로 반환하여야 한다.

제1116조(반환의 순서) 증여에 대하여는 유증을 반환받은 후가 아니면 이것을 청구할 수 없다.

제1117조(소멸시효) 반환의 청구권은 유류분권리자가 상속의 개시와 반환하여야 할 증여 또는 유증을 한 사실을 안 때로부터 1년 내에 하지 아니하면 시효에 의하여 소멸한다. 상속이 개시한 때로부터 10년을 경과한 때도 같다.

제1118조(준용규정) 제1001조, 제1008조, 제1010조의 규정은 유류분에 이를 준용한다.

Ⅰ. 유류분제도

1. 유류분제도의 근거

1.1. 민법은 사적 자치의 원칙의 연장선 위에서 유언의 자유를 인정하고 있다. 이에 따라 피상속인은 법정상속과 다르게 자유로이 자신의 재산을 처분할 수 있다. 유언에 의하여 법정상속인이 상속에서 배제될 수 있고, 상속인의 범위에 속하지 않는 사람이 상속재산을 증여받을 수도 있다. 그러나 이는 법정상속제도를 인정하는 취지에 정면으로 반하는 것이다.

1.2. 유언자유의 원칙과 법정상속 사이에 존재하는 모순을 해결하기 위하여 도입된 제도가 바로 유류분제도이다. 이러한 의미에서 유류분제도는 유언자유의 원칙과 법정상속제도의 절충안이라고 정의될 수 있다.[1] 일정한 범위의 상속인에 대하여 피상속인의 재산 중 일정한 비율을 확보할 수 있게 함으로써 피상속인의 사후에도 생계의 기초를 유지할 수 있도록 배려한 것이다.

---

1) Frank, *Erbrecht*, 2005, S.270.

1.3. 유류분제도의 두 유형[2]

1.3.1. 독일 민법의 유류분제도는, 피상속인의 사인처분으로 상속에서 유언상속으로 제외된 상속인 가운데 일정한 근친에게 보장되는 법정상속분의 일정비율의 재산액을 유류분으로 하고 있다. 따라서 상속권이 보장되지 않는 최근친자에게 인정되는 그의 법정상속권의 대상으로서의 일정한 재산액, 즉 상속인에 대한 금전채권인 것이다.

1.3.2. 프랑스 민법의 유류분제도는, 피상속인이 그의 유산에 관하여 증여나 유증을 할 수 있는 것은 처분임의분에 한정되므로, 상속재산 가운데 이 처분임의분을 제외한 나머지를 유류분(réserve héréditaire)이라 한다. 그것은 법정상속만을 인정함에 따라서 법정상속인 가운데 직계비속과 직계존속에 의한 승계가 보장되는 상속재산부분이다. 즉, 유류분은 상속분의 일부이고, 상속인 전체에 귀속하는 상속재산부분이다.

2. 우리나라의 유류분제도

우리 민법은 1977년 개정 이전까지는 유류분제도가 없었다. 우리 민법이 새로 마련한 유류분제도는 개인재산처분의 자유, 거래의 안정과 가족생활의 안정, 가족재산의 공평한 분배라고 하는 서로 대립하는 요구의 타협, 조정 위에 성립하고 있다. 그 결과, a) 상속개시 시를 기준으로 하여 피상속인이 한 유증 또는 증여를 일정한 한도에서 반환시키는 권리를 유류분권리자가 가지는 데 지나지 않는다. b) 유류분 침해의 유무는 상속개시 시를 기준으로 하여 비로소 결정된다(제1113조). c) 상속이 개시되더라도 유류분을 침해하는 피상속인의 처분이 당연히 무효로 되는 것은 아니다. 상속인이 원한다면 반환을 청구할 수 있는 데 그친다(제1115조). 만약 반환을 청구하지 않고 일정한 기간이 경과되면 그 상속인의 권리는 소멸한다(제1117조).

---

2) 곽윤직, 상속법, 279~280면.

Ⅱ. 유류분의 포기

1. 유류분권

1.1. 상속이 개시되면 일정한 범위의 상속인은 상속재산에 대하여 일정한 비율을 확보할 수 있는 지위를 가진다. 이를 유류분권이라고 한다.

1.2. 유류분권 내지 유류분권리자로서의 지위는 상속이 개시됨으로써 비로소 고정화된다. 그 때까지는 일종의 기대권 내지 기대적 지위이다.

2. 상속개시 후의 포기

하나하나의 유류분반환청구권은 개인적 재산권이다. 이를 포기하는 것은 자유이다. 따라서 유류분 전부를 포기하는 것도 가능하고, 반환청구의 각 상대방에 대한 의사표시로 족하다고 할 것이다.

3. 상속개시 전의 포기

유류분권은 사전에 이를 포기하는 것도 가능하다. 그러나 무제한적으로 포기를 허용하면 피상속인이 상속인에게 포기를 강요하는 일이 생길 우려가 있고, 배우자상속권의 확립과 자녀균분상속의 이념을 상실시킬 위험성이 있다. 따라서 민법은 유류분권의 사전포기를 인정하지 않는다.

4. 포기의 효력

유류분의 포기에 의하여 다른 상속인의 유류분에 영향을 미칠 것인가. 유류분권리자가 유류분을 포기하면 처음부터 그 유류분권리자는 없었던 것으로 하여 유류분이 산정되어야 한다.

Ⅲ. 유류분의 범위

1. 유류분권자

1.1. 유류분을 가지는 자는 피상속인의 직계비속, 배우자, 직계존속, 형제자매이다(제1112조). 법정상속인의 최종순위인 4촌 이내의 방계혈족은 유류분이 인정되지 않는다. 유류분권을 행사할 수 있는 자는 재산상속의 순위에 있어서 상속권이 있는 자이어야 한다.

1.2. 태아도 살아서 출생하면 직계비속으로서 유류분을 가진다. 대습상속인도 피대습자의 상속분의 범위 내에서 유류분을 가진다(제1118조에 의하여 제1001조, 제1010조의 준용).

1.3. 유류분은 법정상속권에 기초하고 있는 것이므로, 상속권의 상실원인인 상속인의 결격, 상속포기에 의하여 상속권을 잃은 자는 유류분권도 당연히 잃는다. 만약 상속인이 오직 유류분만을 포기한 경우에는 어떻게 되는가. 그는 여전히 상속인이고, 포기한 유류분을 다음 상속순위의 자가 취득하지 않는다.[3]

2. 유류분

상속인의 유류분은, a) 피상속인의 직계비속은 그 법정상속분의 2분의 1, b) 피상속인의 배우자는 그 법정상속분의 2분의 1, c) 피상속인의 직계존속은 그 법정상속분의 3분의 1, d) 피상속인의 형제자매는 그 법정상속분의 3분의 1이다.

3. 유류분의 산정

3.1. 유류분산정의 기초가 되는 재산

3.1.1. 유류분의 액을 산출하기 위하여 우선 산정의 기초가 되는 피상속인의

---

3) 곽윤직, 상속법, 283~284면.

재산의 액을 확정하여야 한다. 그 산출방법은 "피상속인의 상속개시 시에 있어서 가진 재산의 가액에 증여재산의 가액을 가산하고 채무의 전액을 공제하여 이를 산정한다"는 것이다(제1113조). 즉, (상속개시 때에 가진 재산)+(증여재산)-(채무)=(유류분 산정의 기초가 되는 재산).[4] 헌법재판소는, 민법 제1113조 제1항 등 위헌소원에 대하여 피상속인의 상속개시 시에 있어서 가진 재산의 가액에 증여재산의 가액을 가산하여 유류분을 산정하도록 규정한 민법 제1113조 제1항 중 증여재산의 가액을 가산하는 부분 및 공동상속인의 증여재산은 그 증여가 이루어진 시기를 묻지 않고 모두 유류분산정을 위한 기초재산에 산입하도록 하는 민법 제1118조 중 민법 제1008조를 유류분에 준용하는 부분은 헌법에 위반되지 않는다고 선고하였다.[5] 한편 유류분액을 산정함에 있어서 반환의무자가 증여받은 재산의 시가 산정의 기준 시기에 대하여, 판례는 유류분반환범위는 상속개시 당시 피상속인의 순재산과 문제된 증여재산을 합한 재산을 평가하여 그 재산액에 유류분청구권자의 유류분비율을 곱하여 얻은 유류분액을 기준으로 하는 것인바, 그 유류분액을 산정함에 있어 반환의무자가 증여받은 재산의 시가는 상속개시 당시를 기준으로 하여 산정하여야 한다. 그 증여받은 재산이 금전일 경우에는 그 증여받은 금액을 상속개시 당시의 화폐가치로 환산하여 이를 증여재산의 가액으로 보아야 하고, 그러한 화폐가치의 환산은 증여 당시부터 상속개시 당시까지 사이의 물가변동률을 반영하는 방법으로 산정하는 것이 합리적이라고 판시하였다.[6]

재산평가의 방법은 상속분의 산정과 같이 조건부의 권리 또는 존속기간이 불확정한 권리는 가정법원이 선임한 감정인의 평가에 의하여 그 가격을 정한다(제1113조 제2항).

3.1.2. 산정되는 재산에 대하여, a) 상속개시 때에 가진 재산: 상속재산 가운데 적극재산을 말하고, 증여계약이 이행되지 않아서 상속개시 당시에 소유권이 피상속인에게 남아 있는 재산은 당연히 '피상속인이 상속개시 시에 있어서 가진 재산'에 포함되는 것이므로 수증자가 공동상속인이든 제3자이든 가리지 않고 모두 유류분산정의 기초가 되는 재산을 구성한다.[7] 유증의 목적인 재산은 상속개시 때에 현존하는 재산으로 취급되고, 사인증여도 유증과 마찬가지이다. 그러나 제사용

---

4) 곽윤직, 상속법, 285면.
5) 헌재결 2010.04.29, 2007헌바144.
6) 대판 2012.5.9, 2010다29157; 대판 2009.7.23, 2006다28126.
7) 대판 1996.8.20, 96다13682.

재산인 분묘에 속한 1정보 이내의 금양임야와 600평 이내의 묘토인 농지, 족보와 제구의 소유권은 상속재산을 구성하지 않으므로 여기에서 제외된다(제1008조의3). b) 증여재산: 상속개시전의 1년간에 행하여진 것에 한하여 그 가액을 산정하고 (제1114조 후단),[8] 당사자 쌍방이 유류분권리자에게 손해를 가할 것을 알고 증여를 한 때에는 1년 전에 한 것도 산입하며(제1114조 후단), 상속인의 특별수익분은 1년보다 먼저 것이라도 모두 산입한다(제1118조에 의하여 제1008조의 준용). 상속인에게 한 생전증여는 상속분의 선급으로 보기 때문에 공동상속인 간의 공평을 위하여 전액 산입되는 것이 당연하다.[9] 그리고 증여와 같은 실질을 가지는 제3자를 위한 무상의 사인증여도 산입되어야 한다. 그러나 유상행위라도 상당하지 않은 대가로 한 경우에 실질적 증여액을 산입할 것인가. 실질적 증여액을 산입하여야 할 것이다. c) 공제되어야 할 채무: 채무를 공제하는 것은 상속인의 순취득분을 산정하기 위한 것이므로 여기에서 채무란 상속채무를 말한다. 그러나 상속재산에 관한 비용이나 유언집행에 관한 비용 등이 여기에 포함될 것인가. 포함되지 않는다고 보아야 할 것이다.[10]

3.2. 유류분액의 계산

상속인 각자의 계산상의 유류분의 액은 유류분산정의 기초가 되는 재산액에 그 상속인의 유류분의 비율을 곱한 것이다.

유류분액＝(적극상속재산액＋증여액－상속채무)×(당해 상속인의 유류분율)－{당해 상속인의 수증액(증여, 유증의)}[11]

여기에서 '(적극상속재산액＋증여액－상속채무)'는 유류분 산정의 기초가 되는 재산이고, '{당해 상속인의 수증액(증여, 유증의)}'은 당해 상속인의 특별수익액인 것이다.

---

8) 대판 2005.6.23. 2004다51887.
9) 대판 1996.2.9, 95다17885.
10) 이에 대하여 반대의견은, 곽윤직, 상속법, 286면.
11) 곽윤직, 상속법, 287면.

[사례 15]

A에게는 자녀 B, C, D가 있는데, A는 자기 재산 3억 원 중에서 B에게 1억 5천만 원의 재산을 증여하였다. 그로부터 2년 후에는 사실혼의 처E에게 9천만 원의 재산을 증여하였다. A는 C와 D에게 그 후 재산을 증식시켜 나누어 줄 생각이었는데, 뜻대로 되지 않았고, 그 후 2년이 지나서 6천만 원의 재산을 남기고 사망하였다. 이 경우에 C와 D는 B 또는 E에 대하여 유류분반환청구를 할 수 있는가?[12]

(대판 2002.4.26, 2000다8878; 대판 2005.6.23, 2004다51887)

◀요약▶

A의 B에 대한 증여는 특별수익에 해당하고(제1008조), 따라서 B에 대한 증여는 당연히 산입된다. 그러나 A의 사실혼의 처인 E에 대한 증여는 증여한 지 1년이 지났으므로 일단 산입되지 않는 것으로 보인다. 그리고 피상속인이 E에게 증여할 때에 비교적 나이가 많아서 여생이 얼마 남지 않은 상태였는가를 판단하여야 하고, 당사자 쌍방이 손해를 가할 것을 알지 못하고 증여하였다고 전제하면, B에 대한 증여는 특별수익분이므로 상속개시 1년 전의 것이라도 산입되고, E에 대한 증여는 1년이 지나서 산입되지 않으므로, 상속개시 당시의 재산 6,000만 원에 B에 대한 생전증여의 가액 1억 5,000만 원을 합산하여 계산한다. 따라서 C와 D는 B에 대하여 각각 500만 원씩의 유류분반환청구권을 가진다.[13]

Ⅳ. 유류분의 보전

1. 유류분반환청구권

유류분권은 구체적으로는 반환청구권으로 나타나며, 유류분권리자는 유류분에 부족한 한도에서 유증 또는 증여된 재산의 반환을 청구할 수 있다(제1115조 제1항). 이와 같이 유류분권자인 상속인이 받을 상속재산의 가액이 유류분액에 미달하는 상태를 유류분의 침해라고 한다.[14]

---

12) 김주수/김상용, 전게서, 710면.
13) 김주수/김상용, 전게서, 713∼714면.
14) 곽윤직, 상속법, 288면.

2. 반환청구권의 성질

2.1. 반환청구권은 형성권이라고 보아야 한다.[15] 따라서 반환청구권을 행사하면 유증 또는 증여계약은 유류분을 침해하는 한도에서 실효하고, 그 유증, 증여가 아직 이행되지 않았을 때에는 반환청구권자는 그 이행의 의무를 면하고, 이미 이행되었을 때에는 반환을 청구할 수 있게 된다.

2.2. 이 반환청구권은 귀속상 또는 행사상 일신전속권으로 볼 필요가 없다. 따라서 유류분권리자의 승계인도 반환청구권을 행사할 수 있고, 채권자대위권의 객체도 된다.

3. 반환청구의 방법

3.1. 반환청구는 유류분권리자가 유증받은 자와 증여받은 자에 대한 의사표시로 한다. 상대방 있는 단독행위이다. 이 경우 유류분권리자는 유류분을 침해하는 유증 또는 증여행위를 지정하여 이에 대한 반환청구의 의사를 표시하면 되고, 그 목적물을 구체적으로 특정할 필요는 없다.[16] 판례는 "구체적으로 유류분반환청구 의사가 표시되었는지는 법률행위 해석에 관한 일반원칙에 따라 의사표시의 내용과 아울러 의사표시가 이루어진 동기 및 경위, 당사자가 의사표시에 의하여 달성하려고 하는 목적과 진정한 의사 및 그에 대한 상대방의 주장·태도 등을 종합적으로 고찰하여 사회정의와 형평의 이념에 맞도록 논리와 경험의 법칙, 그리고 사회일반의 상식에 따라 합리적으로 판단하여야 한다"고 하였다.[17]

3.2. 반환청구를 받는 상대방은 유증을 받은 자 또는 증여를 받은 자 및 그 상속인이다. 유언집행자도 포함된다. 유증 또는 증여의 목적물을 양수한 자는 악의의 경우에 이 제3자에 대하여도 반환청구를 할 수 있다고 보아야 할 것이다.[18]

---

15) 동지: 김용한, 친족상속법론, 476면; 박병호, 가족법, 479면. 다만 순수한 채권적인 청구권으로 보는 견해는, 곽윤직, 상속법, 289면, 292면.
16) 대판 2002.4.26, 2000다8878.
17) 대판 2012.5.24, 2010다50809.
18) 대판 2002.4.26, 2000다8878.

3.3. 유류분의 보전은 유류분에 부족한 한도에서 하여야 한다(제1115조 제1항). 판례는 원물반환이 불가능하여 가액반환을 명하는 경우에는 그 가액은 사실심 변론종결시를 기준으로 하여 상환하여야 한다고 한다.[19] 유류분 침해액의 산정은, ① 순상속분액=(적극상속재산×상속분율)−(상속채무액×상속분율), ② 유류분액=(적극상속재산액+증여액−상속채무액)×(당해 상속인의 유류분율)−(당해 상속인의 수증액), ③ 유류분부족액=(적극상속재산액+증여액−상속채무액)×(당해 상속인의 유류분율)−(당해 상속인의 수증액)−(적극상속재산액×당해 상속인의 상속분율)−(상속채무액×당해 상속인의 상속분율)이 된다.[20] 여기에서 유류분부족액이 유류분 침해액이 되는 것이다.

3.4. 유류분권리자가 여러 명이 있을 때에는 각자가 가지는 반환청구권을 각각 독립하여 행사하여야 한다.

3.5. 증여의 목적이 조건부 또는 기한이 불확정한 권리인 경우에는 제1113조 제2항을 유추하여 가정법원이 선임한 감정인이 평가한 가격에 의하여 반환을 청구할 수 있다고 보아야 할 것이다.

4. 반환청구의 순서

반환청구를 받게 되는 증여 또는 유증이 여럿인 경우에는, a) 먼저 유증에 대하여 반환청구를 한 후에 부족한 부분이 있으면 증여에 대하여 반환청구를 하여야 한다(제1116조). 사인증여도 증여보다 먼저 반환을 받게 된다고 해석하여야 할 것이다.[21] b) 유증을 받은 자가 여럿인 경우에는 각자가 받은 유증가액의 비례로 반환하여야 한다(제1115조 제2항). c) 증여를 받은 자가 여럿인 경우에도 유증과 마찬가지로 각자가 받은 증여가액의 비례로 반환하여야 한다(제1115조 제2항).

---

19) 대판 2005.6.23, 2004다51887.
20) 곽윤직, 상속법, 289~290면.
21) 대판 2001.11.30, 2000다6947.

5. 반환청구권행사의 효력

5.1. 유류분에 부족한 한도에서 유증과 증여의 효력이 소멸된다.

5.2. 반환청구를 받은 수증자는 반환하여야 할 재산 이외에 반환청구를 받은 날 이후에 생긴 과실도 반환하여야 할 것이다.[22]

5.3. 상당하지 않은 대가로 하였기 때문에 증여로 보아야 할 유상행위에 대하여 반환청구를 하는 경우에는 유류분권리자는 상대방에게 그 대가를 상환하여야 할 것이다.

5.4. 반환청구를 받은 증여받은 자가 증여의 목적물을 다른 사람에게 이미 양도하였을 때에는 제3자를 보호하기 위하여 유류분권리자는 증여를 받은 자에 대하여 그 가액을 청구할 수 있는 데 그친다고 보아야 한다(제1014조). 그러나 증여를 받은 자로부터 양수한 자가 양도 당시에 유류분권리자에게 손해를 가하는 것을 알고서 양도를 받은 때에는 유류분권리자는 양수인에 대하여 현물반환을 청구할 수 있다고 보아야 할 것이다.[23]

5.5. 증여를 받은 자와 유증을 받은 자는 원칙적으로 현물반환의 의무를 진다.[24] 그러나 현물반환 대신에 가액반환을 인정하여도 무방하다고 본다.[25]

5.6. 반환청구를 받은 증여받은 자가 무자력인 경우에 그로 인하여 생긴 손실은 유류분권리자의 부담이 될 수밖에 없을 것이다.

6. 공동상속인 상호 간의 유류분반환청구권

6.1. 상속분지정에 의한 유류분침해

피상속인이 유언에 의하여 공동상속인 가운데 한 사람의 상속분을 과대하게

---

22) 이에 대하여 과실을 꼭 반환케 할 필요가 없다는 반대견해는, 곽윤직, 상속법, 297면.
23) 대판 2002.4.26, 2000다8878.
24) 대판 2006.5.26, 2005다71949.
25) 대판 2005.6.23, 2004다51887.

혹은 과소하게 지정하면, 이로 말미암아 유류분이 침해를 받게 된다.

6.2. 반환청구의 범위

다른 공동상속인의 유류분을 침해하는 유증, 증여는 그것을 받은 상속인의 유류분액을 넘은 한도에서 반환청구의 대상이 된다고 해석된다.[26] 한편 유류분을 침해하는 유증, 증여를 받은 공동상속인과 공동상속인이 아닌 제3자를 상대로 하여 유류분권리자가 유류분의 반환을 청구하는 경우에는, 그 제3자에게는 유류분이 없으므로 공동상속인에 대하여 자기 고유의 유류분액을 초과한 가액을 기준으로 하여, 제3자에 대하여는 그 증여 또는 유증받은 재산의 가액을 기준으로 하여, 그 각 가액의 비율에 따라 반환청구를 할 수 있다.[27]

6.3. 반환청구권행사의 효과

반환청구에 의하여 상대방인 상속인이 유류분액 이상으로 취득하게 된 원인이 된 유증, 증여가 유류분침해의 한도에서 그 효력을 잃는다.[28]

6.4. 반환청구의 실현

공동상속인 상호 간의 유류분반환청구권의 행사는 상속재산의 분할절차와 별도로 할 수 있다. 그러나 그 결과의 구체적 실현은 상속재산분할절차와 함께 이루어져야 할 것이다. 상속재산분할종료 이전에는 공동상속인 상호 간의 유류분반환청구권은 증여, 유증이 이미 이행된 경우를 제외하고 제1117조의 기간과 관계없이 소멸하지 않는다고 해석하여야 할 것이다.

6.5. 기여분과 유류분과의 관계

6.5.1. 민법의 규정에 따르면, a) 유류분의 산정에 있어서 기여분의 공제가 없

---

26) 대판 1995.6.30, 93다11715.
27) 대판 1995.6.30, 93다11715; 대판 1996.2.29, 95다17885; 대판 2006.11.10, 2006다46346.
28) 대판 1995.6.30, 93다11715.

으므로(제1118조에 의하여 제1008조의2가 준용되지 않음), 기여분의 유무에 의하여 유류분액은 달라지지 않는다. b) 기여분은 상속재산의 가액에서 유증의 가액을 공제한 액의 범위 내가 아니면 안 되므로(제1008조의2 제3항), 유증과 생전증여가 기여분에 우선한다. c) 기여분은 유류분에 의한 반환청구의 대상이 되지 않으므로(제1115조), 공동상속인 가운데 1인에게 다액의 기여분이 인정됨으로써 다른 상속인의 취득액이 그 유류분액에 달하지 않더라도 기여분은 반환청구의 대상이 되지 않는다.

6.5.2. 유류분과 기여분의 관계는 불통일과 불공평을 피할 수 없다. 이를 해소하기 위하여 기여분의 가액을 결정함에 있어서 협의에 의하는 경우이든 심판에 의하는 경우이든 다른 공동상속인의 유류분을 참작하여 결정하는 것이 바람직할 것이다.

7. 반환청구권의 소멸

7.1. 단기소멸시효

유류분의 반환청구는 유류분권리자가 상속의 개시와 반환하여야 할 증여 또는 유증의 사실을 안 때로부터 1년 이내에 행사하지 않으면 시효에 의하여 소멸한다(제1117조 전단). 그 기산점에 대하여 논의가 있지만, 유류분권리자가 상속개시와 유증, 증여의 사실을 안 때로 하여야 한다.[29] 그러나 판례는 '반환하여야 할 증여 등을 한 사실을 안 때'라 함은 증여 등의 사실 및 이것이 반환하여야 할 것임을 안 때라고 해석하여야 한다는 태도를 취하였다.[30] 또한 헌법재판소는, 민법 제1117조 중 일부위헌소원에 대하여 유류분반환청구권의 행사기간을 '반환하여야 할 증여를 한 사실을 안 때로부터 1년'으로 정한 민법 제1117조 부분이 유류분 권리자의 재산권, 평등권, 재판청구권을 침해하지 아니하여 헌법에 위반되지 아니한다는 결정을 선고하였다.[31]

---

29) 대판 2006.11.10, 2006다46346.
30) 대판 2001.9.14, 2000다66430, 66447.
31) 헌재결 2010.12.28, 2009헌바20.

7.2. 10년의 제척기간

상속이 개시된 때로부터 10년을 경과하면 반환청구권은 소멸한다(제1117조 후단). 이는 제척기간으로 해석하여야 할 것이다.[32] 판례는 소멸시효라고 보고 있다.[33] 또한 소멸시효의 진행도 그 의사표시에 의하여 중단된다고 한다.[34]

[사례 16][35]

A는 시가 1억 2,000만 원인 아파트, 현금 3,000만 원과 3,000만 원의 채무를 남기고 사망하였다. A에게는 유족으로 큰 딸 X1(기혼), 작은 딸 X2(기혼), 아들 X3(미혼)이 있다. A는 8년 전에 X1을 혼인시키면서 자신이 소유하고 있던 토지(당시 시가 3,000만 원, 현재 시가 9,000만 원)를 증여하여 곧바로 소유권이전등기까지 해 주었는데, A는 그 사실을 가족 모두에게 알려 주었다. 그리고 A는 사망 전에 자필증서에 의한 유언으로 그의 남은 재산 중 현금 3,000만 원을 노인복지시설인 Y1(법인)에게 주겠다고 하였다. 한편 A는 3년 전 그가 췌장암으로 판정을 받고 의사로부터 오래 살기가 어렵다는 말을 듣자, 그 1년 후에 내연관계에 있던 Y2에게, 나중에는 자식들이 재산을 모두 차지하고 주지 않을 것이라고 하면서 예금하고 있던 2억 1,000만 원을 자식들 몰래 증여하였다. 한편 그 이전부터 A를 모셔왔던 X2는 A가 병석에 누워 움직일 수 없게 된 뒤부터 자신의 일을 모두 팽개치고 A에 대하여 정성스럽게 병 수발을 하였다. 그리하여 A가 사망한 뒤 X1, X2, X3이 모여 그동안 X2가 고생하였으니 6,000만 원을 X2의 기여분으로 하자고 결정하였다. 그리고 X1, X2, X3은 상속을 포기하지 않았다.

(1) 이 경우에 A가 남겨 놓은 재산(채무를 포함)은 어떻게 분할되는가?

(대판 1995.6.30. 93다11715)

(2) 이 경우에 X1, X2 또는 X3은 유류분의 반환청구를 할 수 있는가? 만약 그렇다면 누가 누구에게 얼마의 청구를 할 수 있는가?

(대판 1996.2.9. 95다17885; 대판 2009.7.23. 2006다28126)

◀요약▶

(1) X1은 공동상속인으로서 8년 전에 피상속인 A로부터 토지의 증여를 받았으므로, 특별수익자의 특별수익에 해당하고 상속개시 당시를 기준으로 하여 9,000만 원의 특별수익을 받았다. 한편 제3자로서 증여를 받은 Y1, 유증을 받은 Y2는 특별수익자가 아니다. 공동상속인 X2는 기여분권리자에 해당한다. 상속채무에 대하여 공동상

---

32) 그러나 소멸시효로 해석하는 견해는, 곽윤직, 상속법, 473면.
33) 대판 1993.4.13. 92다3595.
34) 대판 2002.4.26. 2000다8878.
35) 송덕수, 신민법사례연습, 박영사, 2010, 838면.

속인 X1, X2, X3의 법정상속분은 모두 3분의 1이다. 특별수익 및 기여분과 관계 없이 법정상속분에 따라 상속되므로, X1, X2, X3는 각각 1,000만 원의 채무를 부담하게 된다. 따라서 A의 상속재산 1억 5,000만 원으로부터 Y2가 3,000만 원의 유증을 받고, X1은 상속을 받지 못하며, X2는 9,000만 원, X3은 3,000만 원을 상속하게 된다.

(2) X1, X2, X3은 피상속인 A의 직계비속으로 최우선순위의 상속인이고, 그들의 유류분은 그 법정상속분의 2분의 1이다. 따라서 그들의 유류분율은 2분의 1 × 3분의 1 = 6분의 1이 된다. 따라서 X1은 1,000만 원, X2는 1,000만 원, X3은 5,000만 원의 유류분의 침해를 받게 된다. 우선 유증에 대하여 반환청구를 하여야 하므로, X3은 Y2에게 3,000만 원, 나머지 2,000만 원은 X1과 Y1로부터 수익액의 비례하여 반환받아야 한다. X3은 X1에 대하여 909,091원, Y1에 대하여 19,090,909원을 반환청구할 수 있다.[36]

[사례 17]

Y는 시가 1억 2,000만 원인 아파트와 현금 3,000만 원과 채무 3,000만 원을 남기고 사망하였다. Y에게는 유족으로 혼인한 큰딸 X1과 작은 딸 X2, 그리고 아직 혼인하지 않은 아들 X3가 있다. 그리고 내연관계에 있는 Z여가 있다. Y는 8년 전에 X1을 혼인시키면서 자신이 소유하고 있던 토지(당시 시가 3,000만 원, 현재 시가 9,000만 원)를 증여하고 곧바로 소유권이전등기를 해 주었고 그 사실을 가족 모두에게 알려 주었다. Y는 사망 전에 자필증서에 의한 유언으로 그의 남은 재산 가운데 현금 3,000만 원을 노인복지시설인 법인 S에게 주겠다고 하였다. 한편 Y는 3년 전에 그가 췌장암으로 판정을 받고 의사로부터 오래 살기가 어렵다는 말을 듣고, 그 1년 후에 내연관계에 있는 Z여에게 예금하고 있던 2억 1,000만 원을 자식들 몰래 증여하였다. X2는 Y가 혼자된 이후 정성스럽게 모셔왔고, Y가 병석에 누워서 거동할 수 없게 된 뒤부터 자신의 일을 모두 팽개치고 Y를 지극 정성으로 병수발을 하였다. Y가 사망한 뒤 X1, X2, X3이 모여서 그 동안 X2가 고생을 하였으니 6,000만 원을 그의 기여분으로 하자고 결정하였다. 한편 X1과 X3은 상속을 포기하지 않았다.

(1) 이 사안에서 Y가 남겨 놓은 재산(채무를 포함)은 어떻게 분할되는가?

(2) 이 사안에서 X1, X2 또는 X3은 유류분을 반환청구할 수 있는가? 만약 할 수 있다면 누가 누구에게 얼마의 반환청구를 할 수 있는가?

[부산대11]

---

36) 송덕수, 전게서, 841, 842～844, 845, 848～849면.

다음 기초사실을 읽고, 각 설문을 논거를 들어서 해결하시오(각 설문은 독립된 문제임)

Y남은 X녀와 40여 년 동안 혼인생활을 하면서 제조 및 수출을 주종으로 하는 개인 사업을 운영하여 많은 재산을 모았다. 그러나 최근 유로 존 사태가 발생하면서 수출이 부진하여 부도위기에 있었고 주거래은행 F은행에 대한 채무를 해결할 길이 없게 되자 자살을 하고 말았다. Y와 X 사이에는 녀 A, B, C가 있고, 내연의 Z녀와 사이에 자 D가 있다. Y는 A녀를 외국에 기여입학으로 유학을 보내 주었고 유학을 마친 뒤 혼인하여 현지에서 살고, C녀는 결혼자금을 받았으며, B녀는 Y의 사업을 적극적으로 도우면서 함께 살아왔다. 한편 Y는 Z녀에게 사인증여를 하였고, G은행으로부터 학비대출로 빚이 있는 자 D에게 유증을 하였다. X녀는 친정오빠 E의 사업자금을 돕기 위하여 H은행으로부터 담보대출을 받고 아직 변제하지 않았다.

1. 먼저 ① 공동상속인 X, A, B, C의 특별수익, 기여분 등을 고려하여 상속분을 산정하고, 다음으로 ② 공동상속인 X, A, B, C가 협의로 상속재산을 분할 한 뒤에 D가 제기한 인지청구의 소가 확정되었다면 D의 상속분은 어떻게 되는가를 해결하시오.

2. ① Y가 사업을 하면서 진 채무가 얼마인지 알 수 없다면 상속인들은 어떻게 할 수 있는가? 그리고 ② 공동상속인들이 협의하여 B녀에게 단독상속을 하고자 할 경우에는 어떻게 하여야 하는가? ③ 만약 공동상속인 X, A, B, C, D가 모두 상속을 포기하거나 상속결격이 되었다면 Z는 특별연고자로서 상속재산의 분여를 청구할 수 있는가?

3. 피상속인 Y의 채권자 F은행과 상속인 자 D의 채권자 G은행과 배우자 X녀의 채권자 H은행은 각각 물적 담보, 사인증여, 유증, 유류분 등을 고려하여 어떻게 채권을 행사할 수 있는가를 해결하시오.

[부산대12]

참고문헌

이 책은 김주수/김상용,「친족·상속법」(법문사, 2008)을 기본서로 하였다. 따라서 기본서에서 인용한 문헌을 그대로 인용하였음을 밝혀 둔다.

그 밖에 인용된 참고문헌은 다음과 같다.

곽윤직, 상속법[개정판], 박영사, 2004.

김용한, 친족상속법[보정판], 박영사, 2004.

박동섭, 친족상속법[3정판], 박영사, 2009.

박병호, 가족법, 한국방송통신대학, 1994.

박정기/ 김 연, 가족법[친족상속법], 삼영사, 2005.

배경숙/ 최금숙, 친족상속법강의[가족재산법], 제일법규, 2004.

송덕수, 신민법강의, 박영사, 2012.

_____, 신민법사례연습[제2판], 박영사, 2010.

오시영, 친족상속법, 학연사, 2006.

이경희, 가족법[친족법·상속법][제5판], 법원사, 2006.

지원림, 민법강의[제5판], 홍문사, 2007.

한봉희, 가족법, 푸른세상, 2005.

곽배희, 가족법 개정운동 60년사, 한국가정법률상담소 출판부, 2009.

_____, 번민하는 이웃과 함께: 한국가정법률상담소 50년사, 한국가정법률상담소
        출판부, 2009.

서울가정법원 가사재판연구회, 가사재판연구 Ⅰ, 서울가정법원, 2007.

星野英一, 家族法, 放送通信大學敎育振興會, 1995.

利谷信義, 家族の法[第3版], 有斐閣, 2010.

內田 貴, 民法Ⅳ[親族·相續], 東京大學出版會, 2008.

大村敦志, 家族法[第2版補訂版], 有斐閣, 2004.

[부록 1]

후견등기에 관한 법률안

의 안 번 호	

제출연월일 :　　. 　. 　.
제 출 자 : 정　　　　부

1. 제안이유

2013. 7. 1.부터 시행되는 개정 민법(2011. 5. 19. 법률 제10645호로 개정된 것)에서는 성인 무능력자에 대한 후견제도를 획기적으로 개정하여, 종래 금치산·한정치산 제도보다 훨씬 자세하게 본인과 후견인의 관계를 규율하고 있고, 피성년후견인과 거래하는 상대방을 보호하기 위하여 성년후견 등에 관하여 등기로 공시하도록 하고 있기 때문에 새로운 공시제도의 창설이 불가피하므로, 개정 민법상 성년후견, 한정후견, 특정후견 및 후견계약에 관하여 새로운 공시방법으로 '후견등기'를 도입하고, 그 등기사항과 등기절차를 규정할 단행법을 제정하고자 함.

2. 주요 내용

가. 성년후견, 한정후견, 특정후견 및 후견계약에 대하여 새로운 공시제도인 '후견등기' 제도를 도입(안 제1조, 제2조)
- 미성년후견의 경우는 그 제도의 기본이념 등이 성년후견 등의 기본 이념과는 차이가 있으므로, 현행대로 '가족관계 등록 등에 관한 법률'에 따르기로 함
나. 후견등기사무는 대법원 규칙에서 정하는 가정법원에서 처리하도록 함(안 제4조).
- 후견심판에서부터 후견인 선임·해임, 등기 업무에 이르기까지 가정법원에서 관할하도록 하여 후견등기 업무의 효율성과 전문성을 도모함.
다. 후견등기사무는 가정법원에 근무하는 후견등기관이 처리하고, 후견등기관은 그 직무로 인하여 알게 된 후견등기에 관한 비밀을 엄수하여야 함(안 제8조).
라. 후견등기부는 전산화하고, 인적편성주의를 따름(안 제11조).
마. 등기사항증명서의 교부와 등기신청서 등에 대한 열람을 인정하되, 대상자를 엄격히 제한함(안 제15조 내지 제17조).
바. 등기는 촉탁 또는 신청에 의해서 하도록 하고, 등기신청은 서면 또는 전산정보 처리조직을 이용한 전자문서로 할 수 있도록 함(안 제20조, 제21조).
사. 후견등기부에 등재할 사항(등기사항)을 성년후견 등의 경우와 후견계약의 경우로 나누어 법률에 자세히 열거함(안 제25조, 제26조).
아. 후견등기부에 기록된 전산정보자료를 이용할 수 있는 절차 요건을 엄격히 규정(안 제41조)
자. 후견등기관 등이 후견등기에 관한 비밀을 누설하는 행위, 거짓 등 부정한 방법으로 증명서를 발급받는 행위 등에 대한 형사처벌 조항 마련(안 제42조)

후견등기에 관한 법률안

후견등기에 관한 법률을 다음과 같이 제정한다.

제1장 총칙

제1조(목적) 이 법은 민법에서 규정한 성년후견, 한정후견, 특정후견 및 후견계약의 등기에 관한 사항을 정함을 목적으로 한다.

제2조(정의) 이 법에서 사용하는 용어의 뜻은 다음과 같다.

1. "후견등기부"란 전산정보처리조직에 의하여 입력·처리된 성년후견, 한정후견, 특정후견 및 후견계약에 관한 등기(이하 "후견등기"라고 총칭한다)정보자료를 대법원규칙으로 정하는 바에 따라 편성한 것을 말한다.

2. "등기부부본자료"란 후견등기부와 동일한 내용으로 보조기억장치에 기록된 자료를 말한다.

3. "후견등기기록"이란 한 사람의 피성년후견인, 피한정후견인, 피특정후견인(이하 "피성년후견인 등"이라 총칭한다) 또는 후견계약의 위임인(이하 "후견계약의 본인"이라 한다)에 관한 등기정보자료를 말한다.

4. "후견등기관"이란 후견등기사무를 처리하는 가정법원에 근무하는 법원서기관, 법원사무관, 법원주사 또는 법원주사보 중에서 가정법원장이 지정하는 사람을 말한다.

제3조(등기신청의 접수 시기 및 효력발생 시기) ① 등기신청은 대법원규칙으로 정하는 등기신청정보가 전산정보처리조직에 저장된 때 접수된 것으로 본다.

② 후견등기관이 등기를 마친 경우 그 등기는 접수한 때로부터 효력을 발생한다.

제2장 관할법원과 후견등기관

제4조(후견등기의 관할) 후견등기사무는 대법원규칙에서 정하는 가정법원에서 처리한다.

제5조(관할의 위임) 대법원장은 어느 가정법원의 관할에 속하는 사무를 다른 가정법원에 위임하게 할 수 있다.

제6조(관할의 변경) 법원의 관할이 다른 법원의 관할로 바뀌었을 때에는 종전의 관할 법원은 전산정보처리조직을 이용하여 그 피성년후견인 또는 후견계약의 본인에 관한 등기기록의 처리권한을 다른 법원으로 넘겨주는 조치를 하여야 한다.

제7조(등기사무의 정지) 대법원장은 가정법원에서 등기사무를 정지하여야 하는 사유가 발생하면 기간을 정하여 등기사무의 정지를 명령할 수 있다.

제8조(후견등기사무의 처리) ① 후견등기사무는 관할 가정법원에 근무하는 후견등기관이 처리한다.

② 후견등기관은 후견등기사무를 전산정보 처리조직을 이용하여 후견등기부에 등기사항을 기록하는 방식으로 처리하여야 한다.

③ 후견등기관이 전산정보 처리조직에 의하여 등기사무를 처리한 때에는 대법원규칙으로 정하는 바에 따라 후견등기관의 식별부호를 기록하는 등 등기사무를 처리한 후견등기관을 확인할 수 있는 조치를 취하여야 한다.

④ 후견등기관, 후견등기부 등을 관리하는 사람 또는 그 직에 있었던 사람은 정

당한 이유 없이 그 직무로 인하여 알게 된 후견등기에 관한 비밀을 누설하여서는 아니 된다.

⑤ 후견등기관은 접수번호의 순서에 따라 등기를 하여야 한다.

제9조(후견등기관의 업무처리의 제한) ① 후견등기관은 자기, 배우자 또는 4촌 이내의 친족(이하 "배우자등"이라 한다)이 피후견인인 때에는 배우자등이나 피후견인이 아닌 성년 2인 이상의 참여가 없으면 등기를 할 수 없다. 배우자 등의 관계가 끝난 후에도 같다.

② 제1항의 경우에 후견등기관은 조서를 작성하여 그 등기에 참여한 사람과 함께 기명날인 또는 서명을 하여야 한다.

제10조(재정보증) 법원행정처장은 후견등기관의 재정보증에 관한 사항을 정하여 운용할 수 있다.

제3장 후견등기부등

제11조(후견등기부) ① 후견등기부는 전산정보처리조직에 의하여 입력·처리된 전산정보자료를 피성년후견인등 또는 후견계약의 본인 개인별로 구분하여 작성한다.

② 후견등기부는 영구히 보존하여야 한다.

③ 후견등기부는 대법원규칙으로 정하는 장소에 보관·관리하여야 하며, 전쟁·천재지변이나 그 밖에 이에 준하는 사태를 피하기 위한 경우 외에는 그 장소 밖으로 옮기지 못한다.

④ 후견등기부의 부속서류는 전쟁·천재지변이나 그 밖에 이에 준하는 사태를 피하기 위한 경우 외에는 가정법원 밖으로 옮기지 못한다. 다만, 법원의 명령 또는 촉탁이 있거나 법관이 발부한 영장에 의하여 압수하는 경우에는 그러하지 아니하다.

제12조(등기부부본자료의 작성) 후견등기관이 등기를 마쳤을 때에는 등기부부본자료를 작성하여야 한다.

제13조(후견등기부의 손상과 복구) ① 후견등기부의 전부 또는 일부가 손상되거나 손상될 염려가 있을 때에는 대법원장은

대법원규칙으로 정하는 바에 따라 후견등기부의 복구·손상방지 등 필요한 처분을 명령할 수 있다.

② 대법원장은 대법원규칙으로 정하는 바에 따라 제1항의 처분명령에 관한 권한을 법원행정처장 또는 가정법원장에게 위임할 수 있다.

제14조(부속서류의 손상등 방지처분) ① 후견등기부의 부속서류가 손상·멸실의 염려가 있을 때에는 대법원장은 그 방지를 위하여 필요한 처분을 명령할 수 있다.

② 제1항에 따른 처분명령에는 제13조제2항을 준용한다.

제15조(등기사항증명서의 교부 등) ① 다음 각 호에 규정된 자는 후견등기관에게 사용목적을 지정하여 후견등기기록에 기록되어 있는 사항의 전부 또는 일부(기록이 없는 경우에는 그러한 취지)를 증명한 서면(이하 "등기사항증명서"라 한다)의 교부를 청구할 수 있다.

1. 피성년후견인 등 또는 후견계약의 본인
2. 제1호에 기재된 사람의 배우자등
3. 성년후견인, 한정후견인 또는 특정후견인(이하 "성년후견인등"이라 총칭한다), 성년후견 감독인, 한정후견감독인 또는 특정후견감독인(이하 "성년후견감독인등"이라 총칭한다), 임의후견인, 임의후견감독인, 미성년후견인, 미성년후견감독인
4. 제3호의 각 직에서 퇴임한 자(자기와 관련된 기록사항에 한한다)
5. 유언집행자, 상속재산관리인 등 제1호에 기재된 사람의 민법상 법정대리인
6. 국가, 지방자치단체(그 직무수행을 위하여 필요한 경우에 한한다)
7. 소송·비송·민사집행의 각 절차에서 등기사항증명서를 제출할 필요가 있는 자(법원의 보정명령서, 사실조회서 등이 있는 경우에 한한다)
8. 다른 법령의 규정에 의하여 등기사항증명서를 제출할 필요가 있는 자
9. 그 밖에 대법원규칙이 정하는 정당한 이해관계가 있는 자

② 제27조에 규정하는 사전처분에 관한 등기사항증명서에 대한 교부청구권자는 대

법원규칙으로 정한다.

③ 후견등기관은 제1항 및 제2항의 청구가 후견등기부에 기록된 자에 대한 사생활의 비밀을 침해하는 등 부당한 목적에 의한 것이 분명하다고 인정되는 때에는 등기사항증명서의 교부를 거부할 수 있다.

④ 등기사항증명서를 교부 또는 제출받은 자는 이를 그 사용목적 외의 용도로 사용하여서는 아니 된다.

⑤ 등기사항증명서의 교부청구는 관할 가정법원이 아닌 가정법원에 대하여도 할 수 있다.

제16조(등기사항증명서의 기재사항) ① 등기사항증명서에는 제25조 내지 제27조에서 정하는 사항을 기재한다.

② 등기사항증명서의 종류와 구체적인 기재사항은 대법원규칙으로 정한다.

제17조(부속서류의 열람) 등기사항증명서의 교부를 청구할 수 있는 자는 특별한 사유가 있는 경우에는 대법원규칙이 정하는 바에 따라 당해 후견등기부의 부속서류의 열람을 청구할 수 있다.

제18조(수수료) 등기사항증명서의 교부 또는 등기신청서 등의 열람을 청구하는 자는 대법원규칙이 정하는 수수료를 납부하여야 한다.

제19조(후견등기기록의 폐쇄) ① 후견등기관은 종료등기를 마친 때 또는 그 밖에 대법원규칙으로 정한 사유가 발생한 때에는 그 부분의 후견등기기록을 폐쇄하고, 법령에 다른 규정이 있는 경우를 제외하고는 이를 보조기억장치에 따로 기록하여 보관한다.

② 폐쇄한 후견등기기록은 영구히 보존하여야 한다.

③ 폐쇄한 후견등기기록에 관하여는 제15조, 제16조, 제17조를 준용한다.

제4장 등기절차

제20조(촉탁 또는 신청에 의한 등기) ① 후견등기는 법률에 다른 규정이 있는 경우를 제외하고는 촉탁 또는 신청이 없으면 하지 못한다.

② 법률에 다른 규정이 있는 경우를 제외하고는 성년후견, 한정후견 또는 특정후견(이하 "성년후견등"이라 총칭한다)에 관한 등기는 성년후견인등이, 후견계약에 관한 등기는 임의후견인이 신청한다.

③ 촉탁에 따른 등기절차에 관하여는 법률에 다른 규정이 있는 경우를 제외하고는 신청에 따른 등기에 관한 규정을 준용한다.

제21조(등기신청 방법) ① 등기의 신청은 대법원규칙이 정하는 바에 따라 서면 또는 전산정보 처리조직을 이용한 전자문서로 할 수 있다.

② 신청인이 제공하여야 하는 신청정보 및 첨부정보는 대법원규칙으로 정한다.

제22조(신청의 각하) 후견등기관은 다음 각 호의 어느 하나에 해당하는 경우에는 이유를 기재한 결정으로써 신청을 각하하여야 한다. 다만, 후견등기관이 기간을 정하여 보정을 명한 경우 신청인이 그 기간 내에 잘못된 부분을 보정하였을 때에는 그러하지 아니하다.

1. 사건이 그 가정법원의 관할이 아닌 경우
2. 사건이 등기할 것이 아닌 경우
3. 사건이 이미 등기되어 있는 경우
4. 신청할 권한이 없는 자가 신청한 경우
5. 신청정보의 제공이 대법원규칙 기타 법령으로 정한 방식에 맞지 아니한 경우
6. 신청정보와 등기원인을 증명하는 정보가 일치하지 아니한 경우
7. 등기에 필요한 첨부 정보를 제공하지 아니한 경우
8. 신청정보와 후견등기부에 기록된 사항이 일치하지 아니한 경우

제23조(행정구역의 변경) 행정구역 또는 그 명칭이 변경되었을 때에는 후견등기기록에 기록된 행정구역 또는 그 명칭에 대하여 변경등기가 있는 것으로 본다.

제24조(새 후견등기기록에의 이기) 후견등기기록에 기록된 사항이 많아 취급하기에 불편하게 되는 등 합리적 사유로 후견등기기록을 옮겨 기록할 필요가 있는 경우에 후견등기관은 현재 효력이 있는 등기

만을 새로운 후견등기기록에 옮겨 기록할 수 있다.

제25조(성년후견등에 관한 기록사항) 성년후견등에 관하여는 다음 사항을 기록한다.

1. 성년후견등의 종류, 개시심판을 한 가정법원, 사건의 표시 및 재판확정일

2. 피성년후견인등의 성명, 성별, 출생연월일, 주민등록번호 및 등록기준지(외국인의 경우에는 국적 및 외국인등록번호)

3. 성년후견인등의 성명, 주민등록번호 및 주소 또는 사무소(법인의 경우에는 명칭, 법인등록번호 및 주된 사무소, 외국인의 경우에는 국적 및 외국인등록번호)

4. 성년후견감독인등이 선임되었을 경우에는 그 성명, 주민등록번호 및 주소 또는 사무소(법인의 경우에는 명칭, 법인등록번호 및 주된 사무소, 외국인의 경우에는 국적 및 외국인등록번호)

5. 가정법원이 성년후견과 관련하여 정한 아래의 사항

가. 취소할 수 없는 피성년후견인의 법률행위의 범위를 정한 경우에는 그 범위, 위 범위를 변경한 경우에는 그 변경된 범위

나. 법정대리권의 범위를 정한 경우에는 그 범위, 그 범위를 변경한 경우에는 그 변경된 범위

다. 성년후견인이 피성년후견인의 신상에 관하여 결정할 수 있는 권한의 범위를 정한 경우에는 그 범위, 그 범위를 변경한 경우에는 그 변경된 범위

6. 가정법원이 한정후견과 관련하여 정한 아래의 사항

가. 한정후견인의 동의를 얻는 것을 필요로 하는 행위의 범위를 정한 경우에는 그 행위의 범위, 그 범위를 변경한 경우 그 변경된 범위

나. 한정후견인에게 대리권을 부여하였을 경우에는 그 대리권의 범위, 그 범위를 변경한 경우에는 그 변경된 범위

다. 한정후견인이 피한정후견인의 신상에 관하여 결정할 수 있는 권한의 범위를 정한 경우에는 그 범위, 그 범위를 변경한 경우에는 그 변경된 범위

7. 가정법원이 특정후견과 관련하여 정한 아래의 사항

가. 특정후견의 기간 또는 사무의 범위

나. 피특정후견인의 후원을 위하여 필요한 처분을 명한 경우에는 그 내용

다. 특정후견인에게 대리권을 수여하는 심판을 한 경우에는 그 내용 및 특정된 기간이나 범위

라. 특정후견인의 대리권 행사에 가정법원이나 특정후견감독인의 동의를 얻도록 명한 경우에는 그 내용

8. 가정법원이 수인의 성년후견인등 또는 성년후견감독인등이 공동으로 또는 사무를 분장하여 그 권한을 행사하여야 할 것을 정한 경우에는 그 취지

9. 성년후견 등이 종료한 경우에는 그 사유 및 연월일

10. 그 밖에 대법원규칙으로 정하는 사항

제26조(후견계약에 관한 기록사항) 후견계약에 관하여는 다음 사항을 기록한다.

1. 후견계약과 관련된 공정증서를 작성한 공증인의 성명, 소속, 그 증서의 번호 및 작성의 연월일

2. 후견계약의 본인의 성명, 성별, 생년월일, 주민등록번호 및 등록기준지(외국인의 경우에는 국적 및 외국인등록번호)

3. 임의후견인의 성명, 주민등록번호 및 주소 또는 사무소(법인의 경우에는 명칭, 법인등록번호 및 주된 사무소, 외국인의 경우에는 국적 및 외국인등록번호)

4. 후견계약의 본인의 재산관리 및 신상보호에 관하여 임의후견인의 권한의 범위를 정한 경우에는 그 범위

5. 임의후견감독인이 선임되었을 경우에는 그 성명, 주민등록번호 및 주소 또는 사무소(법인의 경우에는 명칭, 법인등록번호 및 주된 사무소, 외국인의 경우에는 국적 및 외국인등록번호) 및 그 선임심판의 확정 연월일

6. 수인의 임의후견인 또는 임의후견감독인이 공동으로 또는 사무를 분장하여 권한을 행사하여야 할 것을 정한 경우에는 그 취지

7. 후견계약이 종료한 경우에는 그 사유

및 연월일

8. 그 밖에 대법원규칙으로 정하는 사항

제27조(사전처분에 관한 기록 사항) 성년후견등 또는 후견계약에 관하여 가사소송법 제62조에 의한 사전처분이 있는 경우에는 대법원규칙에 따라 그에 관한 사항을 기록한다.

제28조(변경등기의 신청) ① 성년후견인등 또는 임의후견인은 제25조 각호 또는 제26조 각호에서 정한 사항에 변경이 생긴 것을 안 때로부터 3개월 이내에 변경등기를 신청하여야 한다. 다만, 촉탁에 의하여 등기가 이루어지는 경우에는 그러하지 아니하다.

② 피성년후견인등 또는 후견계약의 본인, 그의 배우자등, 성년후견감독인등 또는 임의후견감독인은 제1항의 변경등기를 신청할 수 있다.

③ 사전처분에 관한 기록사항의 변경등기절차는 대법원규칙으로 정한다.

제29조(종료등기) ① 성년후견인등 또는 임의후견인은 피성년후견인등 또는 후견계약의 본인의 사망, 그 밖의 사유에 의하여 성년후견 등 또는 후견계약이 종료되었음을 안 때로부터 3개월 이내에 종료 등기를 신청하여야 한다. 다만, 촉탁에 의하여 등기가 이루어지는 경우에는 그러하지 아니하다.

② 피성년후견인등 또는 후견계약의 본인, 그의 배우자등, 성년후견감독인등 또는 임의후견감독인은 종료등기를 신청할 수 있다.

③ 제27조의 규정에 의하여 사전처분에 관하여 기록이 되어 있는 경우 종료등기의 절차는 대법원규칙으로 정한다.

제30조(등기의 경정) ① 제28조 제1항, 제2항에 기재된 자 또는 등기를 촉탁한 자는 등기에 착오가 있거나 빠진 것이 있는 때에는 그 등기의 경정을 신청 또는 촉탁할 수 있다.

② 후견등기관은 등기를 한 후 그 등기에 착오가 있거나 빠진 것이 있음을 발견한 때에는 지체 없이 등기를 신청 또는 촉탁한 자에게 알려야 한다. 다만, 제4항의

경우에는 그러하지 아니하다.

③ 제2항에 따른 통지에도 불구하고 경정등기를 신청하는 자가 없고, 등기에 착오나 빠진 부분이 있음이 등기신청서 등에 비추어 명백한 때에는 후견등기관이 직권으로 이를 경정하고, 등기를 신청 또는 촉탁한 자에게 그 뜻을 알려야 한다.

④ 후견등기관이 등기의 착오나 빠진 부분이 후견등기관의 잘못으로 인한 것임을 발견한 경우에는 지체 없이 그 등기를 직권으로 경정하고, 등기를 신청 또는 촉탁한 자에게 그 뜻을 알려야 한다.

제31조(등기의 말소) ① 제28조 제1항, 제2항에 기재된 자는 다음 각 호의 어느 하나에 해당하는 사유가 있는 때에는 그 등기의 말소를 신청할 수 있다.

1. 제22조 제2호, 제3호에 해당하는 사유가 있는 때

2. 법원의 판결 등에 의하여 등기된 사항에 관하여 무효의 원인이 있음이 증명된 때

② 후견등기관이 등기를 마친 후 그 등기가 제22조 제2호, 제3호에 해당하는 것임을 발견한 경우에는 제28조 제1항에 기재된 자에게 1개월 이내의 기간을 정하여 그 기간 이내에 서면으로 이의를 진술하지 아니한 때에는 등기를 말소한다는 뜻을 통지하여야 한다.

③ 후견등기관은 제2항에 기재된 자의 주소 또는 거소를 알 수 없는 경우에는 제2항의 통지에 갈음하여 제2항에 따른 기간 동안 관할 가정법원 게시장에 이를 게시하거나 대법원규칙이 정하는 바에 따라 공고하여야 한다.

④ 후견등기관은 제2항의 말소에 관하여 이의를 진술한 자가 있는 경우에는 그 이의에 대한 결정을 하여야 한다.

⑤ 후견등기관은 제2항의 기간 내에 이의를 진술한 자가 없거나 이의를 각하한 경우에는 그 등기를 직권으로 말소하여야 한다.

제5장 이의

제32조(이의신청과 그 관할) 후견등기

관의 결정 또는 처분에 이의가 있는 자는 관할 가정법원에 이의신청을 할 수 있다.

제33조(이의절차) 이의신청은 대법원규칙이 정하는 바에 따라 후견등기관에게 이의신청서를 제출하는 방법으로 한다.

제34조(새로운 사실에 의한 이의 금지) 새로운 사실이나 새로운 증거방법을 근거로 이의신청을 할 수는 없다.

제35조(후견등기관의 조치) ① 후견등기관은 이의가 이유 있다고 인정하면 그에 해당하는 처분을 하여야 한다.

② 후견등기관은 이의가 이유 없다고 인정하면 이의신청일부터 3일 이내에 의견을 붙여 이의신청서를 관할 가정법원에 보내야 한다.

③ 등기를 마친 후에 이의신청이 있는 경우에는 3일 이내에 의견을 붙여 이의신청서를 관할 가정법원에 보내고 등기상 이해관계 있는 자에게 이의신청 사실을 알려야 한다.

제36조(집행 부정지) 이의에는 집행정지의 효력이 없다.

제37조(이의에 대한 결정과 항고) ① 관할 가정법원은 이의에 대하여 이유를 붙여 결정을 하여야 한다. 이 경우 이의가 이유 있다고 인정하면 후견등기관에게 그에 해당하는 처분을 명령하고 그 뜻을 이의신청인과 제28조 제1항에 기재된 자에게 알려야 한다.

② 제1항의 결정에 대하여는 "비송사건절차법"에 따라 항고할 수 있다.

제38조(처분 전 부기등기의 명령) 관할 가정법원은 이의신청에 대하여 결정하기 전에 후견등기관에게 이의신청이 있다는 뜻의 부기등기를 명령할 수 있다.

제39조(관할 가정법원의 명령에 따른 등기) 후견등기관이 관할 가정법원의 명령에 따라 등기를 할 때에는 명령을 한 가정법원, 명령의 연월일, 명령에 따라 등기를 한다는 뜻과 등기의 연월일을 기록하여야 한다.

제40조(송달) 송달에 대해서는 "민사소송법"을 준용하고 이의의 비용에 대해서는 "비송사건절차법"을 준용한다.

제6장 보칙

제41조(등기전산정보자료의 이용 등)

① 후견등기부에 기록된 사항에 관한 전산정보자료(이하 "등기전산정보자료"라 한다)를 이용 또는 활용하고자 하는 자는 관계 중앙행정기관의 장의 심사를 거쳐 법원행정처장의 승인을 받아야 한다. 다만, 중앙행정기관의 장이 등기전산정보자료를 이용하거나 활용하고자 하는 경우에는 법원행정처장과 협의하여야 한다.

② 제1항에 따라 등기전산정보자료를 이용 또는 활용하고자 하는 자는 본래의 목적 외의 용도로 이용하거나 활용하여서는 아니 된다.

③ 제1항에 따른 등기전산정보자료의 이용 또는 활용과 그 사용료 등에 관하여 필요한 사항은 대법원규칙으로 정한다.

제42조(벌칙) ① 다음 각 호의 어느 하나에 해당하는 사람은 3년 이하의 징역 또는 2천만 원 이하의 벌금에 처한다.

1. 제8조 제4항을 위반하여 비밀을 누설한 사람

2. 제41조 제2항을 위반한 사람

3. 제15조 제1항, 제17조를 위반하여 거짓 또는 그 밖의 부정한 방법으로 다른 사람의 등기사항증명서를 교부받거나 등기신청서 등을 열람한 사람

4. 이 법에 따른 등기사무처리의 권한에 관한 승인절차 없이 전산정보처리조직에 후견등기정보를 입력·변경하여 정보처리를 하거나 기술적 수단을 이용하여 후견등기정보를 알아낸 사람

② 법인의 대표자나 법인 또는 개인의 대리인, 사용인, 그 밖의 종업원이 그 법인 또는 개인의 업무에 관하여 전항의 위반행위를 하면 그 행위자를 벌하는 외에 그 법인 또는 개인에게도 해당 조문의 벌금형을 과(科)한다. 다만, 법인 또는 개인이 그 위반행위를 방지하기 위하여 해당 업무에 관하여 상당한 주의와 감독을 게을리하지 아니한 경우에는 그러하지 아니하다.

제43조(과태료) 이 법에 따른 등기 신청의 의무가 있는 자가 정당한 사유 없이 기

간 내에 하여야 할 신청을 하지 아니한 때에는 50만 원 이하의 과태료를 부과한다.

제44조(대법원규칙에의 위임) 이 법 시행에 관하여 필요한 사항은 대법원규칙으로 정한다.

남북 주민 사이의 가족관계와 상속 등에 관한 특례법

[시행 2012.5.11] [법률 제11299호, 2012.2.10. 제정]

제1장 총칙

제1조(목적) 이 법은 남한주민과 북한주민 사이의 가족관계와 상속·유증 및 이와 관련된 사항을 규정함으로써 남한주민과 북한주민 사이의 가족관계와 상속·유증 등에 관한 법률관계의 안정을 도모하고, 북한주민이 상속이나 유증 등으로 소유하게 된 남한 내 재산의 효율적인 관리에 이바지함을 목적으로 한다.

제2조(법 적용의 기본원칙) 이 법을 해석·적용할 때에는 남한과 북한의 관계가 국가 사이의 관계가 아닌 평화적 통일을 지향하는 과정에서 잠정적으로 형성되는 특수관계임을 고려하여야 한다.

제3조(정의) 이 법에서 사용하는 용어의 뜻은 다음과 같다.

1. "남한"이란 군사분계선 이남지역을 말하고, "북한"이란 군사분계선 이북지역을 말한다.

2. "남한주민"이란 남한지역에 거주하는 주민을 말하고, "북한주민"이란 북한지역에 거주하는 주민을 말한다.

3. "분단의 종료"란 남북한이 법률적 또는 사실적으로 하나의 국가체제를 형성한 상태를 말한다.

4. "자유로운 왕래"란 남북한 사이에 서신과 통신의 왕래가 완전히 자유롭게 허용되고, 상호 방문에 있어 외국에 비하여 특별한 제한이 없어진 경우를 말한다.

5. "남북이산"이란 그 사유와 경위를 불문하고 가족이 남한과 북한으로 흩어져 있

는 것을 말한다.

제2장 관할

제4조(재판관할) ① 이 법이 적용되거나 그와 관련된 사건에서 법원은 당사자 또는 분쟁이 된 사안이 남한과 실질적 관련이 있는 경우에 재판관할을 가진다. 이 경우 법원은 재판관할 배분의 이념에 부합하는 합리적인 원칙에 따라 실질적 관련의 유무를 판단하여야 한다.

② 법원은 국내법의 관할 규정을 참작하여 재판관할의 유무를 판단하되, 제1항의 취지 및 제2조의 기본원칙을 고려하여야 한다.

③ 제1항 및 제2항에 따라 재판관할을 가지는 법원에 사실상의 장애로 인하여 제소(提訴)할 수 없는 경우에는 대법원이 있는 곳의 관할법원에 소를 제기할 수 있다.

제5조(가정법원의 관할) ① 이 법이 적용되는 사건으로서 「가사소송법」 제2조에 따른 가정법원의 전속관할에 속하는 사건은 가정법원의 전속관할로 하며, 각 사건의 관할에 관하여는 「가사소송법」의 각 해당 규정을 적용한다.

② 제11조제1항에 따른 상속회복청구 사건은 가정법원 합의부의 전속관할로 하며, 「가사소송법」에 따른 다류(類) 가사소송사건의 절차에 따라 심리·재판한다.

③ 제13조에 따른 북한주민의 재산관리인의 선임·변경에 관한 사건은 북한주민의 재산소재지에 있는 가정법원의 전속관

할로 한다.

제3장 남북 주민 사이의 가족관계에 관한 특례

제6조(중혼에 관한 특례) ① 1953년 7월 27일 한국 군사정전에 관한 협정(이하 "정전협정"이라 한다)이 체결되기 전에 혼인하여 북한에 배우자를 둔 사람이 그 혼인이 해소되지 아니한 상태에서 남한에서 다시 혼인을 한 경우에는 중혼이 성립한다.

② 제1항의 사유로 중혼이 성립한 경우에는 「민법」 제816조제1호와 제818조에도 불구하고 중혼을 사유로 혼인의 취소를 청구할 수 없다. 다만, 후혼(後婚) 배우자 쌍방 사이에 중혼취소에 대한 합의가 이루어진 경우에는 그러하지 아니하다.

③ 제1항의 사유로 중혼이 성립한 경우로서 북한에 거주하는 전혼(前婚)의 배우자도 다시 혼인을 한 경우에는 부부 쌍방에 대하여 중혼이 성립한 때에 전혼은 소멸한 것으로 본다.

④ 정전협정이 체결되기 전에 혼인하여 남한에 배우자를 둔 사람이 그 혼인이 해소되지 아니한 상태에서 북한에서 다시 혼인을 한 경우에도 제1항부터 제3항까지의 규정을 준용한다.

제7조(실종선고의 취소에 따른 혼인의 효력에 관한 특례) ① 정전협정이 체결되기 전에 혼인하여 북한에 배우자를 둔 사람이 그 배우자에 대하여 실종선고를 받고 남한에서 다시 혼인을 한 경우에는 실종선고가 취소되더라도 전혼은 부활하지 아니한다. 다만, 혼인당사자의 일방 또는 쌍방이 실종선고 당시 북한에 있는 배우자의 생존 사실을 알고 있었던 경우에는 전혼이 부활하여 중혼이 성립한다.

② 제1항 단서의 사유로 중혼이 성립한 경우 그 취소 청구에 관하여는 제6조제2항을 준용한다.

③ 제1항 단서의 사유로 중혼이 성립한 경우로서 북한에 거주하는 전혼의 배우자도 다시 혼인을 한 경우에는 실종선고가 취소되더라도 전혼은 부활하지 아니한다.

제8조(친생자관계존재확인의 소에 관한 특례) ① 혼인중의 자(子)로 출생한 북한주민(북한주민이었던 사람을 포함한다)이 남한주민인 아버지 또는 어머니의 가족관계등록부에 기록되어 있지 아니한 경우에는 「민법」 제865조제1항에 따라 소를 제기할 수 있는 사람이 친생자관계존재확인의 소를 제기할 수 있다.

② 제1항의 소(訴)는 「민법」 제865조제2항에도 불구하고 분단의 종료, 자유로운 왕래, 그 밖의 사유로 인하여 소의 제기에 장애사유가 없어진 날부터 2년 내에 제기할 수 있다.

③ 혼인중의 자로 출생한 남한주민이 자신의 가족관계등록부에 북한주민(북한주민이었던 사람을 포함한다)인 아버지 또는 어머니가 기록되어 있지 아니한 경우 그 친생자관계존재확인의 소의 제기에 관하여는 제1항 및 제2항을 준용한다.

제9조(인지청구의 소에 관한 특례) ① 혼인외의 자(子)로 출생한 북한주민(북한주민이었던 사람을 포함한다)과 그 직계비속 또는 그 법정대리인은 남한주민인 아버지 또는 어머니를 상대로 하여 인지청구의 소를 제기할 수 있다.

② 제1항의 소(訴)는 「민법」 제864조에도 불구하고 분단의 종료, 자유로운 왕래, 그 밖의 사유로 인하여 소의 제기에 장애사유가 없어진 날부터 2년 내에 제기할 수 있다.

③ 혼인외의 자로 출생한 남한주민과 그 직계비속 또는 법정대리인이 북한주민(북한주민이었던 사람을 포함한다)인 아버지 또는 어머니를 상대로 하여 인지청구의 소를 제기하는 경우에도 제1항 및 제2항을 준용한다.

제4장 남북 주민 사이의 상속 등에 관한 특례

제10조(상속재산반환청구에 관한 특례) ① 남북이산 후 이 법 공포일 전에 실종선

고(「부재선고에 관한 특별조치법」에 따른 부재선고를 포함한다)를 받은 북한주민에 대하여 실종선고의 취소심판이 확정된 경우 실종선고의 취소심판을 받은 사람은 실종선고를 직접원인으로 하여 재산을 취득한 자(그의 상속인을 포함한다)를 상대로 그 재산의 반환을 청구할 수 있다.

② 제1항의 경우 반환청구의 상대방이 선의(善意)인 경우에는 그 받은 이익이 현존하는 한도에서 반환할 의무가 있고, 악의(惡意)인 경우에는 그 받은 이익 중에서 이 법 공포일 당시에 현존하는 이익에 이자를 붙여서 반환하고 손해가 있으면 이를 배상하여야 한다.

③ 제1항의 사유로 실종선고가 취소된 경우에는 「민법」 제29조제1항 단서에도 불구하고 그 실종선고의 취소는 이 법 공포일 전까지 한 행위와 이 법 공포일부터 실종선고 취소심판의 확정 전까지 선의로 한 행위의 효력에 영향을 미치지 아니한다.

④ 남북이산 후 이 법 공포일 전에 실종선고(「부재선고에 관한 특별조치법」에 따른 부재선고를 포함한다) 외의 사유로 사망으로 처리된 북한주민이 생존하고 있는 경우 그 생존자는 사망처리를 직접원인으로 하여 재산을 취득한 자(그의 상속인을 포함한다)를 상대로 그 재산의 반환을 청구할 수 있다.

⑤ 제4항에 따른 재산의 반환 청구에 관하여는 제2항 및 제3항을 준용한다. 이 경우 제3항 중 "실종선고 취소심판의 확정"은 "상속재산의 반환청구"로 본다.

제11조(상속회복청구에 관한 특례) ① 남북이산으로 인하여 피상속인인 남한주민으로부터 상속을 받지 못한 북한주민(북한주민이었던 사람을 포함한다) 또는 그 법정대리인은 「민법」 제999조제1항에 따라 상속회복청구를 할 수 있다. 이 경우 다른 공동상속인이 이미 분할, 그 밖의 처분을 한 경우에는 그 상속분에 상당한 가액으로 지급할 것을 청구할 수 있다.

② 제1항의 경우에 공동상속인 중에 상당한 기간 동거·간호, 그 밖의 방법으로 피상속인을 특별히 부양하거나 피상속인의 재산의 유지 또는 증가에 특별히 기여한 사람이 있을 때에는 상속개시 당시의 피상속인의 재산의 가액에서 공동상속인의 협의로 정한 그 사람의 기여분을 공제한 것을 상속재산으로 보고 상속회복청구권자의 상속분을 산정한다.

③ 제2항에 따른 협의가 되지 아니하거나 협의할 수 없는 경우에는 가정법원은 제2항에 규정된 기여자의 청구에 따라 기여의 시기·방법 및 정도와 상속재산의 액, 그 밖의 사정을 참작하여 기여분을 정한다.

④ 제2항 및 제3항에 따른 기여분은 상속이 개시된 때의 피상속인의 재산가액에서 유증의 가액을 공제한 액을 넘지 못한다.

제12조(상속의 단순승인 간주에 대한 특례) 상속개시 당시 북한주민(북한주민이었던 사람을 포함한다)인 상속인이 분단으로 인하여 「민법」 제1019조제1항의 기간 내에 한정승인 또는 포기를 하지 못한 경우에는 「민법」 제1026조제2호에도 불구하고 상속으로 인하여 취득할 재산의 한도에서 피상속인의 채무와 유증을 변제할 책임이 있다.

제5장 북한주민의 상속·수증재산 등의 관리

제13조(재산관리인의 선임 등) ① 북한주민이 상속·유증 또는 제10조제1항 및 제4항에 규정된 사유로 남한 내 재산에 관한 권리를 취득한 경우에는 그 권리의 취득이 확정된 날부터 1개월 이내에 법원에 그 북한주민의 남한 내 재산(상속·유증받은 재산 등의 과실 또는 대가로 얻은 재산을 포함하며, 이하 "상속·유증재산등"이라 한다)을 관리할 재산관리인의 선임을 청구하여야 한다.

② 북한주민이 제1항에 따라 재산관리인의 선임을 청구하지 아니하거나 청구할 수 없는 경우에는 「민법」 제777조에 따른 친족, 그 밖의 이해관계인 또는 검사가 법원에 재산관리인의 선임을 청구할 수 있다.

③ 북한주민에 대하여 유증을 한 유언

자는 법원에 재산관리인의 선임을 청구할 수 있다. 이 경우 제1항 및 제2항은 적용하지 아니한다.

④ 재산관리인이 사임하거나 사망한 경우에 재산관리인의 선임에 관하여는 제1항 및 제2항을 준용한다. 이 경우 제1항 중 "그 권리의 취득이 확정된 날"은 "재산관리인이 사임하거나 사망한 날"로 본다.

⑤ 재산관리인이 다음 각 호의 어느 하나에 해당하는 경우에는 북한주민, 「민법」 제777조에 따른 친족, 그 밖의 이해관계인이나 검사는 법원에 재산관리인의 변경을 청구할 수 있다.

1. 재산관리인이 제16조에 따른 결격사유에 해당하게 된 경우

2. 재산관리인이 상속·유증재산등을 부적당한 방법으로 관리하여 이를 위태롭게 하였거나 위태롭게 할 우려가 명백한 경우

3. 재산관리인이 이 법에 규정된 의무를 해태(懈怠)한 경우

4. 그 밖에 제1호부터 제3호까지에 준하는 사유가 있는 경우

⑥ 법원은 제1항부터 제4항까지의 규정에 따른 청구가 있는 경우에는 상속·유증재산등의 관리에 적절한 재산관리인을 선임하여야 하며, 제5항에 따른 청구가 있는 경우에는 상속·유증재산등의 관리에 적절한 재산관리인으로 변경할 수 있다.

제14조(재산관리인의 주의의무 등) 제13조에 따라 선임 또는 변경된 재산관리인(이하 "재산관리인"이라 한다)의 주의의무에 관하여는 「민법」 제681조를 준용하고, 재산관리인의 담보제공과 보수에 관하여는 「민법」 제26조제1항 및 제2항을 준용한다.

제15조(재산관리인을 통하지 아니한 법률행위의 효력) 재산관리인을 통하지 아니하고 상속·유증재산등에 관하여 한 법률행위는 무효로 한다. 다만, 제19조에 따라 법무부장관의 허가를 받은 경우에는 그러하지 아니하다.

제16조(재산관리인의 결격사유) 재산관리인으로 선임될 수 있는 사람은 남한주민으로서 다음 각 호의 어느 하나에 해당하지 아니하는 사람이어야 한다.

1. 미성년자·금치산자·한정치산자

2. 회생절차개시결정, 개인회생절차개시결정 또는 파산선고를 받은 사람

3. 자격정지 이상의 형의 선고를 받고 그 형기(刑期) 중에 있는 사람

4. 상속·유증재산등을 취득한 북한주민에 대하여 소송을 하였거나 하고 있는 사람 또는 그 배우자와 직계혈족

제17조(재산관리인의 신고의무 등) ① 재산관리인은 선임된 날부터 1개월 이내에 북한주민의 성명, 주소, 상속·유증재산등의 목록, 그 밖에 대통령령으로 정하는 사항을 법무부장관에게 신고하여야 한다.

② 사임한 재산관리인 또는 제13조제5항 및 제6항에 따라 변경된 재산관리인은 사임 또는 변경된 날부터 1개월 이내에 그 사임사실 등 대통령령으로 정하는 사항을 법무부장관에게 신고하여야 한다.

③ 재산관리인은 대통령령으로 정하는 바에 따라 상속·유증재산등의 변동 사항을 알 수 있도록 재산목록을 작성·보존하여야 하며, 그 변동 사항을 법무부장관에게 신고하여야 한다.

④ 법무부장관은 재산관리인의 재산관리 상황을 확인할 필요가 있거나 상속·유증재산등의 관리·보존에 필요한 경우에는 재산관리인에게 관련 자료의 제출 요구 등 필요한 조치를 명할 수 있다.

⑤ 제1항부터 제4항까지의 경우에 그 비용은 상속·유증재산등으로 지급한다.

제18조(재산관리인의 권한) ① 재산관리인이 「민법」 제118조에 규정한 권한을 넘는 행위를 하려는 때에는 대통령령으로 정하는 바에 따라 사전에 법무부장관의 허가를 받아야 한다.

② 제1항에 따른 허가를 받지 아니한 처분이나 계약은 무효로 한다.

제19조(북한주민의 직접 사용·관리 등) ① 상속·유증재산등을 재산소유자인 북한주민으로 하여금 직접 사용·관리하게 하려는 자는 대통령령으로 정하는 바에 따라 사전에 법무부장관의 허가를 받아야 한다. 허가를 받은 사항 중 대통령령으로 정하는 중요 내용을 변경할 때에도 또한 같다.

② 법무부장관은 다음 각 호의 어느 하나에 해당하는 경우에는 그 목적에 필요한 한도에서 제1항에 따른 허가를 할 수 있다. 다만, 대한민국의 국가안전보장, 질서유지 및 공공복리를 저해할 우려가 있는 경우로서 대통령령으로 정하는 경우에는 그러하지 아니하다.

1. 소유자 또는 「민법」 제777조에 따른 친족의 생계에 필요한 개인적 소비를 위한 경우

2. 소유자 또는 「민법」 제777조에 따른 친족의 질병치료를 위한 경우

3. 그 밖에 제1호 및 제2호에 준하는 경우로서 대통령령으로 정하는 경우

③ 법무부장관은 제1항에 따른 허가를 하는 경우에 국가안전보장, 질서유지 및 공공복리를 고려하여 대통령령으로 정하는 바에 따라 조건을 붙일 수 있다.

④ 법무부장관은 제1항에 따른 허가를 하는 경우에 대통령령으로 정하는 바에 따라 허가대상이 되는 재산권의 종류, 사용·관리의 방법, 재산의 가액 등에 관하여 일정한 범위를 정하여 포괄적으로 허가할 수 있다.

⑤ 법무부장관은 다음 각 호의 어느 하나에 해당하는 경우에는 제1항에 따른 허가를 취소할 수 있다. 다만, 제1호에 해당하는 경우에는 그 허가를 취소하여야 한다.

1. 거짓이나 그 밖의 부정한 방법으로 허가받은 경우

2. 제3항에 따른 조건을 위반한 경우

3. 그 밖에 국가안전보장, 질서유지 및 공공복리를 위하여 필요한 경우로서 대통령령으로 정하는 경우

제20조(협조 요청 등) ① 법무부장관은 북한주민의 상속·유증재산등의 취득 및 변경 여부, 상속·유증재산등을 취득한 북한주민의 인적사항 등을 확인하기 위하여 필요한 경우에는 관계 행정기관이나 단체 또는 개인에게 사실 확인 및 관련 자료의 제공 등의 협조를 요청할 수 있다. 이 경우 협조 요청을 받은 관계 행정기관이나 단체 또는 개인은 특별한 사정이 없는 한 협조하여야 한다.

② 법무부장관은 재산관리인이 신고하거나 법무부장관이 허가한 사항 및 제1항에 따라 알게 된 사항을 대통령령으로 정하는 바에 따라 통일부장관에게 통보하여야 한다.

제21조(상속·유증재산등을 취득한 북한주민의 등록대장) ① 법무부장관은 다음 각 호의 사항을 등록·관리하기 위하여 대통령령으로 정하는 바에 따라 북한주민의 등록대장(이하 "북한주민등록대장"이라 한다)을 작성·보존하여야 한다.

1. 상속·유증재산등을 취득한 북한주민에 관한 인적사항

2. 북한주민의 상속·유증재산등의 취득에 관한 사항

3. 그 밖에 상속·유증재산등의 효율적 관리를 위하여 필요한 사항으로서 대통령령으로 정하는 사항

② 법무부장관은 제17조부터 제19조까지의 규정에 따라 신고받은 사항, 신고 후의 변동 사항 및 허가한 사항을 북한주민 등록대장에 등록·관리하여야 한다.

③ 법무부장관은 북한주민등록대장에 등록된 북한주민에 대하여는 대통령령으로 정하는 바에 따라 개인별로 고유한 등록번호(이하 "북한주민등록번호"라 한다)를 부여하여야 한다.

④ 북한주민이 남한 내 부동산을 등기하는 경우에 북한주민등록번호는 「부동산등기법」 제49조에 따라 부여된 부동산등기용등록번호로 본다.

제6장 벌칙 및 과태료

제22조(벌칙) ① 다음 각 호의 어느 하나에 해당하는 자는 5년 이하의 징역 또는 5천만원 이하의 벌금에 처한다.

1. 제19조제1항에 따른 허가(변경허가를 포함한다)를 받지 아니하고 재산을 북한주민으로 하여금 직접 사용·관리하게 한 자

2. 거짓이나 그 밖의 부정한 방법으로 제19조제1항에 따른 북한주민의 직접 사용·관리를 허가(변경허가를 포함한다)받

은 자

② 다음 각 호의 어느 하나에 해당하는 자는 3년 이하의 징역 또는 3천만원 이하의 벌금에 처한다.

1. 제18조제1항을 위반하여 법무부장관의 허가를 받지 아니하고 권한을 넘는 행위를 한 자

2. 제19조제3항에 따른 허가 조건을 위반한 자

③ 제1항의 미수범은 처벌한다.

제23조(과태료) ① 다음 각 호의 어느 하나에 해당하는 자에게는 1천만원 이하의 과태료를 부과한다.

1. 제17조제1항 및 제2항의 기간 내에 신고를 하지 아니하거나 거짓으로 신고한 자

2. 제17조제3항에 따라 재산목록을 작성·보존하지 아니하거나 거짓으로 재산목록을 작성한 자

3. 제17조제3항에 따라 상속·유증재산 등의 변동 사항을 신고하지 아니하거나 거짓으로 신고한 자

4. 제17조제4항에 따른 법무부장관의 조치명령에 따르지 아니한 자

② 제1항에 따른 과태료는 대통령령으로 정하는 바에 따라 법무부장관이 부과·징수한다.

부칙 <법률 제11299호, 2012.2.10> 부칙 더보기(요약보기)

제1조(시행일) 이 법은 공포 후 3개월이 경과한 날부터 시행한다.

제2조(효력의 불소급 및 경과조치) 이 법은 이 법 시행 전에 이 법에서 규율하는 내용과 관련된 법률에 따라 생긴 효력에 영향을 미치지 아니한다. 다만, 이 법 시행 당시 남한주민과 북한주민 사이에 가족관계 또는 상속·유증 등에 관한 소송이 법원에 계속 중인 사건에 관하여는 이 법을 적용한다.

제3조(재산관리인 선임 등에 관한 적용례) 이 법 시행 전에 북한주민이 상속·유증 또는 상속재산반환청구권의 행사로 남한 내 재산을 취득한 경우에도 이 법 시행일부터는 제5장(제13조부터 제21조까지)의 규정을 적용한다. 이 경우 제13조제1항 중 "그 권리의 취득이 확정된 날"은 "이 법 시행일"로 본다.

가족관계의 등록 등에 관한 법률

[일부개정 2009.12.29 법률 제9832호]

제1장 총칙

제1조(목적) 이 법은 국민의 출생·혼인·사망 등 가족관계의 발생 및 변동사항에 관한 등록과 그 증명에 관한 사항을 규정함을 목적으로 한다.

제2조(관장) 가족관계의 발생 및 변동사항에 관한 등록과 그 증명에 관한 사무(이하 "등록사무"라 한다)는 대법원이 관장한다.

제3조(권한의 위임) ① 대법원장은 등록사무의 처리에 관한 권한을 시·읍·면의 장(도농복합형태의 시에 있어서 동지역에 대하여는 시장, 읍·면지역에 대하여는 읍·면장으로 한다. 이하 같다)에게 위임한다.

② 특별시 및 광역시와 구를 둔 시에 있어서는 이 법 중 시, 시장 또는 시의 사무소라 함은 각각 구, 구청장 또는 구의 사무소를 말한다. 다만, 광역시에 있어서 군지역에 대하여는 읍·면, 읍·면의 장 또는 읍·면의 사무소를 말한다.

③ 대법원장은 등록사무의 감독에 관한 권한을 시·읍·면의 사무소 소재지를 관할하는 가정법원장에게 위임한다. 다만, 가정법원지원장은 가정법원장의 명을 받아 그 관할 구역 내의 등록사무를 감독한다.

제4조(등록사무처리) 제3조에 따른 등록사무는 가족관계의 발생 및 변동사항의 등록(이하 "등록"이라 한다)에 관한 신고 등을 접수하거나 수리한 신고지의 시·읍·면의 장이 처리한다.

제5조(직무의 제한) ① 시·읍·면의 장은 등록에 관한 증명서 발급사무를 제외하고 자기 또는 자기와 4촌 이내의 친족에 관한 등록사건에 관하여는 그 직무를 행할 수 없다.

② 등록사건 처리에 관하여 시·읍·면의 장을 대리하는 사람도 제1항과 같다.

제6조(수수료 등의 귀속) ① 이 법의 규정에 따라 납부하는 수수료 및 과태료는 등록사무를 처리하는 해당 지방자치단체의 수입으로 한다. 다만, 다음 각 호의 어느 하나에 해당하는 경우에는 그러하지 아니하다.

1. 제12조제2항에 따라 전산정보중앙관리소 소속 공무원이 증명서를 발급하는 경우

2. 제120조 및 제123조에 따라 가정법원이 과태료를 부과하는 경우

3. 제124조제3항에 따라 가정법원이 「비송사건절차법」에 따른 과태료 재판을 하는 경우

② 제1항의 수수료의 금액은 대법원규칙으로 정한다.

제7조(비용의 부담) 제3조에 따라 시·읍·면의 장에게 위임한 등록사무에 드는 비용은 국가가 부담한다.

제8조(대법원규칙) 이 법 시행에 관하여 필요한 사항은 대법원규칙으로 정한다.

제2장 가족관계등록부의 작성과 등록사무의 처리

제9조(가족관계등록부의 작성 및 기록사항) ① 가족관계등록부(이하 "등록부"라 한다)는 전산정보처리조직에 의하여 입력·

처리된 가족관계 등록사항(이하 "등록사항"이라 한다)에 관한 전산정보자료를 제10조의 등록기준지에 따라 개인별로 구분하여 작성한다.

② 등록부에는 다음 사항을 기록하여야 한다.

1. 등록기준지
2. 성명·본·성별·출생연월일 및 주민등록번호
3. 출생·혼인·사망 등 가족관계의 발생 및 변동에 관한 사항
4. 그 밖에 가족관계에 관한 사항으로서 대법원규칙으로 정하는 사항

제10조(등록기준지의 결정) ① 출생 또는 그 밖의 사유로 처음으로 등록을 하는 경우에는 등록기준지를 정하여 신고하여야 한다.

② 등록기준지는 대법원규칙으로 정하는 절차에 따라 변경할 수 있다.

제11조(전산정보처리조직에 의한 등록사무의 처리 등) ① 시·읍·면의 장은 등록사무를 전산정보처리조직에 의하여 처리하여야 한다.

② 본인이 사망하거나 실종선고·부재선고를 받은 때, 국적을 이탈하거나 상실한 때 또는 그 밖에 대법원규칙으로 정한 사유가 발생한 때에는 등록부를 폐쇄한다.

③ 등록부와 제2항에 따라 폐쇄한 등록부(이하 "폐쇄등록부"라 한다)는 법원행정처장이 보관·관리한다.

④ 법원행정처장은 등록부 또는 폐쇄등록부(이하 "등록부등"이라 한다)에 기록되어 있는 등록사항과 동일한 전산정보자료를 따로 작성하여 관리하여야 한다.

⑤ 등록부등의 전부 또는 일부가 손상되거나 손상될 염려가 있는 때에는 법원행정처장은 대법원규칙으로 정하는 바에 따라 등록부등의 복구 등 필요한 처분을 명할 수 있다.

⑥ 등록부등을 관리하는 사람 또는 등록사무를 처리하는 사람은 이 법이나 그 밖의 법에서 규정하는 사유가 아닌 다른 사유로 등록부등에 기록된 등록사항에 관한 전산정보자료(이하 "등록전산정보자료"라 한다)를 이용하거나 다른 사람(법인을 포함한다)에게 자료를 제공하여서는 아니 된다.

제12조(전산정보중앙관리소의 설치 등) ① 등록부등의 보관과 관리, 전산정보처리조직에 의한 등록사무처리의 지원 및 등록전산정보자료의 효율적인 활용을 위하여 법원행정처에 전산정보중앙관리소(이하 "중앙관리소"라 한다)를 둔다. 이 경우 국적 관련 통보에 따른 등록사무처리에 관하여는 대법원규칙으로 정하는 바에 따라 법무부와 전산정보처리조직을 연계하여 운영한다.

② 법원행정처장은 필요한 경우 중앙관리소 소속 공무원으로 하여금 제15조에 규정된 증명서의 발급사무를 하게 할 수 있다.

제13조(등록전산정보자료의 이용 등) ① 등록전산정보자료를 이용 또는 활용하고자 하는 사람은 관계 중앙행정기관의 장의 심사를 거쳐 법원행정처장의 승인을 받아야 한다. 다만, 중앙행정기관의 장이 등록전산정보자료를 이용하거나 활용하고자 하는 경우에는 법원행정처장과 협의하여야 한다.

② 제1항에 따라 등록전산정보자료를 이용 또는 활용하고자 하는 사람은 본래의 목적 외의 용도로 이용하거나 활용하여서는 아니 된다.

③ 제1항에 따른 등록전산정보자료의 이용 또는 활용과 그 사용료 등에 관하여 필요한 사항은 대법원규칙으로 정한다.

제14조(증명서의 교부 등) ① 본인 또는 배우자, 직계혈족, 형제자매(이하 이 조에서는 "본인등"이라 한다)는 제15조에 규정된 등록부등의 기록사항에 관하여 발급할 수 있는 증명서의 교부를 청구할 수 있고, 본인등의 대리인이 청구하는 경우에는 본인등의 위임을 받아야 한다. 다만, 다음 각 호의 어느 하나에 해당하는 경우에는 본인등이 아닌 경우에도 교부를 신청할 수 있다.

1. 국가 또는 지방자치단체가 직무상 필요에 따라 문서로 신청하는 경우
2. 소송·비송·민사집행의 각 절차에서 필요한 경우

3. 다른 법령에서 본인등에 관한 증명서를 제출하도록 요구하는 경우
4. 그 밖에 대법원규칙으로 정하는 정당한 이해관계가 있는 사람이 신청하는 경우
② 제15조제1항제5호의 친양자입양관계증명서는 다음 각 호의 어느 하나에 해당하는 경우에 한하여 교부를 청구할 수 있다.
1. 친양자가 성년이 되어 신청하는 경우
2. 혼인당사자가 「민법」 제809조의 친족관계를 파악하고자 하는 경우
3. 법원의 사실조회촉탁이 있거나 수사기관이 수사상 필요에 따라 문서로 신청하는 경우
4. 그 밖에 대법원규칙으로 정하는 경우
③ 제1항 및 제2항에 따라 증명서의 교부를 청구하는 사람은 수수료를 납부하여야 하며, 증명서의 송부를 신청하는 경우에는 우송료를 따로 납부하여야 한다.
④ 시·읍·면의 장은 제1항 및 제2항의 청구가 등록부에 기록된 사람에 대한 사생활의 비밀을 침해하는 등 부당한 목적에 의한 것이 분명하다고 인정되는 때에는 증명서의 교부를 거부할 수 있다.
⑤ 제15조에 규정된 등록부등의 기록사항에 관하여 발급하는 증명서를 제출할 것을 요구하는 자는 사용목적에 필요한 최소한의 등록사항이 기록된 증명서를 요구하여야 한다. 제출받은 증명서를 사용목적 외의 용도로 사용하여서는 아니 된다.<신설 2009.12.29><종전 제5항은 제6항으로 이동 2009.12.29>
⑥ 제1항부터 제5항까지의 규정은 폐쇄등록부에 관한 증명서 교부의 경우에도 준용한다.<개정 2009.12.29><제5항에서 이동 2009.12.29>
제15조(증명서의 종류 및 기록사항) ① 등록부등의 기록사항에 관하여 발급할 수 있는 증명서의 종류와 그 기록사항은 다음 각 호와 같다.<개정 2009.12.29>
1. 가족관계증명서
가. 본인의 등록기준지·성명·성별·본·출생연월일 및 주민등록번호
나. 부모의 성명·성별·본·출생연월일 및 주민등록번호(입양의 경우 양부모를

부모로 기록한다. 다만, 단독입양한 양부가 친생모와 혼인관계에 있는 때에는 양부와 친생모를, 단독입양한 양모가 친생부와 혼인관계에 있는 때에는 양모와 친생부를 각각 부모로 기록한다)
다. 배우자, 자녀의 성명·성별·본·출생연월일 및 주민등록번호
2. 기본증명서
가. 본인의 등록기준지·성명·성별·본·출생연월일 및 주민등록번호
나. 본인의 출생, 사망, 국적상실·취득 및 회복 등에 관한 사항
3. 혼인관계증명서
가. 본인의 등록기준지·성명·성별·본·출생연월일 및 주민등록번호
나. 배우자의 성명·성별·본·출생연월일 및 주민등록번호
다. 혼인 및 이혼에 관한 사항
4. 입양관계증명서
가. 본인의 등록기준지·성명·성별·본·출생연월일 및 주민등록번호
나. 친생부모·양부모 또는 양자의 성명·성별·본·출생연월일 및 주민등록번호
다. 입양 및 파양에 관한 사항
5. 친양자입양관계증명서
가. 본인의 등록기준지·성명·성별·본·출생연월일 및 주민등록번호
나. 친생부모·양부모 또는 친양자의 성명·성별·본·출생연월일 및 주민등록번호
다. 입양 및 파양에 관한 사항
② 제1항 각 호의 증명서의 기록사항 중 일부사항을 증명하는 증명서를 발급할 수 있다. 이 경우 그 증명서의 기록사항에 관하여 필요한 사항은 대법원규칙으로 정한다.<신설 2009.12.29><종전 제2항은 제3항으로 이동 2009.12.29> <시행일 2011.12.30>
③ 가족관계에 관한 그 밖의 증명서 및 가족관계 기록사항에 관하여 필요한 사항은 대법원규칙으로 정한다.<제2항에서 이동 2009.12.29>

제3장 등록부의 기록

제16조(등록부의 기록절차) 등록부는 신고, 통보, 신청, 증서의 등본, 항해일지의 등본 또는 재판서에 의하여 기록한다.

제17조(등록부가 없는 사람) 가족관계 등록이 되어 있지 아니한 사람에 대하여 등록사항을 기록하여야 할 때에는 새로 등록부를 작성한다.

제18조(등록부의 정정) ① 등록부의 기록이 법률상 무효인 것이거나 그 기록에 착오 또는 누락이 있음을 안 때에는 시·읍·면의 장은 지체 없이 신고인 또는 신고사건의 본인에게 그 사실을 통지하여야 한다. 다만, 그 착오 또는 누락이 시·읍·면의 장의 잘못으로 인한 것인 때에는 그러하지 아니하다.

② 제1항 본문의 통지를 할 수 없을 때 또는 통지를 하였으나 정정신청을 하는 사람이 없는 때 또는 그 기록의 착오 또는 누락이 시·읍·면의 장의 잘못으로 인한 것인 때 또는 시·읍·면의 장은 감독법원의 허가를 받아 직권으로 정정할 수 있다. 다만, 대법원규칙으로 정하는 경미한 사항인 경우에는 시·읍·면의 장이 직권으로 정정하고, 감독법원에 보고하여야 한다.

③ 국가 또는 지방자치단체의 공무원이 그 직무상 등록부의 기록에 착오 또는 누락이 있음을 안 때에는 지체 없이 신고사건의 본인의 등록기준지의 시·읍·면의 장에게 통지하여야 한다. 이 경우 통지를 받은 시·읍·면의 장은 제1항 및 제2항에 따라 처리한다.

제19조(등록부의 행정구역, 명칭 등의 변경) ① 행정구역 또는 토지의 명칭이 변경된 때에는 등록부의 기록은 정정된 것으로 본다. 이 경우 시·읍·면의 장은 그 기록사항을 경정하여야 한다.

② 시·읍·면의 장은 지번의 변경이 있을 때에는 등록부의 기록을 경정하여야 한다.

제4장 신고

제1절 통칙

제20조(신고의 장소) ① 이 법에 따른 신고는 신고사건 본인의 등록기준지 또는 신고인의 주소지나 현재지에서 할 수 있다.

② 대한민국의 국민이 아닌 사람(이하 "외국인"이라 한다)에 관한 신고는 그 거주지 또는 신고인의 주소지나 현재지에서 할 수 있다.

제21조(출생·사망의 동 경유 신고 등) ① 시에 있어서 출생·사망의 신고는 그 신고의 장소가 신고사건 본인의 주민등록지 또는 주민등록을 할 지역과 같은 경우에는 신고사건 본인의 주민등록지 또는 주민등록을 할 지역을 관할하는 동을 거쳐 할 수 있다.

② 제1항의 경우 동장은 소속 시장을 대행하여 신고서를 수리하고, 동이 속하는 시의 장에게 신고서를 송부하며, 그 밖에 대법원규칙으로 정하는 등록사무를 처리한다.

제22조(신고 후 등록되어 있음이 판명된 때 등) 등록되어 있는지가 분명하지 아니한 사람 또는 등록되어 있지 아니하거나 등록할 수 없는 사람에 관한 신고가 수리된 후 그 사람에 관하여 등록되어 있음이 판명된 때 또는 등록할 수 있게 된 때에는 신고인 또는 신고사건의 본인은 그 사실을 안 날부터 1개월 이내에 수리된 신고사건을 표시하여 처음 그 신고를 수리한 시·읍·면의 장에게 그 사실을 신고하여야 한다.

제23조(신고방법) ① 신고는 서면이나 말로 할 수 있다.

② 신고로 인하여 효력이 발생하는 등록사건에 관하여 신고사건 본인이 시·읍·면에 출석하지 아니하는 경우에는 신고사건 본인의 주민등록증·운전면허증·여권, 그 밖에 대법원규칙으로 정하는 신분증명서(이하 이 항에서 "신분증명서"라 한다)를 제시하거나 신고서에 신고사건 본인의 인감증명서를 첨부하여야 한다. 이 경우 본인의 신분증명서를 제시하지 아니하거나 본인의 인감증명서를 첨부하지 아니한 때

에는 신고서를 수리하여서는 아니 된다.

제24조(신고서 양식) 신고서 양식은 대법원예규로 정한다. 이 경우 가족관계에 관한 등록신고가 다른 법령으로 규정한 신고를 갈음하는 경우에 당해 신고서 양식을 정함에 있어서는 미리 관계 부처의 장과 협의하여야 한다.

제25조(신고서 기재사항) ① 신고서에는 다음 사항을 기재하고 신고인이 서명하거나 기명날인하여야 한다.
1. 신고사건
2. 신고연월일
3. 신고인의 출생연월일·주민등록번호·등록기준지 및 주소
4. 신고인과 신고사건의 본인이 다른 때에는 신고사건의 본인의 등록기준지·주소·성명·출생연월일 및 주민등록번호와 신고인의 자격
② 이 법에 따라 신고서류를 작성한 경우 그 신고서류에 주민등록번호를 기재한 때에는 출생연월일의 기재를 생략할 수 있다.

제26조(신고인이 무능력자인 경우) ① 신고하여야 할 사람이 미성년자 또는 금치산자인 때에는 친권자 또는 후견인을 신고의무자로 한다. 다만, 미성년자 또는 금치산자가 신고를 하여도 된다.
② 친권자 또는 후견인이 신고하는 경우에는 신고서에 다음 사항을 기재하여야 한다.
1. 신고하여야 할 사람의 성명·출생연월일·주민등록번호 및 등록기준지
2. 무능력자가 된 원인
3. 신고인이 친권자 또는 후견인이라는 사실

제27조(동의가 불필요한 무능력자의 신고) ① 무능력자가 그 법정대리인의 동의 없이 할 수 있는 행위에 관하여는 무능력자가 신고하여야 한다.
② 금치산자가 신고하는 경우에는 신고서에 신고사건의 성질 및 효과를 이해할 능력이 있음을 증명할 수 있는 진단서를 첨부하여야 한다.

제28조(증인을 필요로 하는 신고) 증인을 필요로 하는 사건의 신고에 있어서는 증인은 신고서에 주민등록번호 및 주소를 기재하고 서명하거나 기명날인하여야 한다.

제29조(부존재 또는 부지의 사항) 신고서에 기재하여야 할 사항으로서 존재하지 아니하거나 알지 못하는 것이 있을 때에는 그 취지를 기재하여야 한다. 다만, 시·읍·면의 장은 법률상 기재하여야 할 사항으로서 특히 중요하다고 인정되는 사항을 기재하지 아니한 신고서는 수리하여서는 아니 된다.

제30조(법령 규정사항 이외의 기재사항) 신고서에는 이 법 또는 다른 법령으로 정하는 사항 외에 등록부에 기록하여야 할 사항을 더욱 분명하게 하기 위하여 필요한 사항이 있으면 이러한 사항도 기재하여야 한다.

제31조(말로 하는 신고 등) ① 말로 신고하려 할 때에는 신고인은 시·읍·면의 사무소에 출석하여 신고서에 기재하여야 할 사항을 진술하여야 한다.
② 시·읍·면의 장은 신고인의 진술 및 신고연월일을 기록하여 신고인에게 읽어 들려주고 신고인으로 하여금 그 서면에 서명하거나 기명날인하게 하여야 한다.
③ 제1항 및 제2항의 경우에 신고인이 질병 또는 그 밖의 사고로 출석할 수 없는 때에는 대리인으로 하여금 신고하게 할 수 있다. 다만, 제55조, 제56조, 제61조, 제63조, 제71조 및 제74조의 신고는 그러하지 아니하다.

제32조(동의, 승낙 또는 허가를 요하는 사건의 신고) ① 신고사건에 있어서 부·모 또는 다른 사람의 동의 또는 승낙이 필요한 경우에는 신고서에 그 동의 또는 승낙을 증명하는 서면을 첨부하여야 한다. 다만, 친족회가 동의를 하는 경우에는 친족회의 결의록을 첨부하여야 하며, 그 밖의 동의 또는 승낙에 있어서는 동의 또는 승낙을 한 사람으로 하여금 신고서에 그 사유를 부기하고 서명 또는 기명날인하게 할 수 있다.
② 신고사건, 신고인 또는 신고사항 등에 있어서 재판 또는 관공서의 허가를 요하는 사항이 있는 경우에는 신고서에 그 재판서 또는 허가서의 등본을 첨부하여야 한다.

제33조(신고서에 관한 준용규정) 신고

서에 관한 규정은 제31조제2항 및 제32조 제1항의 서면에 준용한다.

제34조(외국에서 하는 신고) 외국에 있는 대한민국 국민은 이 법에서 정하는 바에 따라 그 지역을 관할하는 대한민국재외공관(이하 "재외공관"이라 한다)의 장에게 신고하거나 신청을 할 수 있다.

제35조(외국의 방식에 따른 증서의 등본) ① 외국에 있는 대한민국 국민이 그 나라의 방식에 따라 신고사건에 관한 증서를 작성한 경우에는 3개월 이내에 그 지역을 관할하는 재외공관의 장에게 그 증서의 등본을 제출하여야 한다.

② 대한민국의 국민이 있는 지역이 재외공관의 관할에 속하지 아니하는 경우에는 3개월 이내에 등록기준지의 시·읍·면의 장에게 증서의 등본을 발송하여야 한다.

제36조(외국에서 수리한 서류의 송부) 재외공관의 장은 제34조 및 제35조에 따라 서류를 수리한 때에는 1개월 이내에 외교통상부장관을 경유하여 본인의 등록기준지 시·읍·면의 장에게 송부하여야 한다.

제37조(신고기간의 기산점) ① 신고기간은 신고사건 발생일부터 기산한다.

② 재판의 확정일부터 기간을 기산하여야 할 경우에 재판이 송달 또는 교부 전에 확정된 때에는 그 송달 또는 교부된 날부터 기산한다.

제38조(신고의 최고) ① 시·읍·면의 장은 신고를 게을리 한 사람을 안 때에는 상당한 기간을 정하여 신고의무자에 대하여 그 기간 내에 신고할 것을 최고하여야 한다.

② 신고의무자가 제1항의 기간 내에 신고를 하지 아니한 때에는 시·읍·면의 장은 다시 상당한 기간을 정하여 최고할 수 있다.

③ 제18조제2항은 제2항의 최고를 할 수 없는 때 및 최고를 하여도 신고를 하지 아니한 때에, 같은 조 제3항은 국가 또는 지방자치단체의 공무원이 신고를 게을리 한 사람이 있음을 안 때에 준용한다.

제39조(신고의 추후 보완) 시·읍·면의 장은 신고를 수리한 경우에 흠이 있어 등록부에 기록을 할 수 없을 때에는 신고

인 또는 신고의무자로 하여금 보완하게 하여야 한다. 이 경우 제38조를 준용한다.

제40조(기간경과 후의 신고) 시·읍·면의 장은 신고기간이 경과한 후의 신고라도 수리하여야 한다.

제41조(사망 후에 도달한 신고) ① 신고인의 생존 중에 우송한 신고서는 그 사망 후라도 시·읍·면의 장은 수리하여야 한다.

② 제1항에 따라 신고서가 수리된 때에는 신고인의 사망시에 신고한 것으로 본다.

제42조(수리, 불수리증명서와 서류의 열람) ① 신고인은 신고의 수리 또는 불수리의 증명서를 청구할 수 있다.

② 이해관계인은 시·읍·면의 장에게 신고서나 그 밖에 수리한 서류의 열람 또는 그 서류에 기재한 사항에 관하여 증명서를 청구할 수 있다.

③ 증명서를 청구할 때에는 수수료를 납부하여야 한다.

④ 이해관계인은 법원에 보관되어 있는 신고서류에 대한 열람을 청구할 수 있다.

⑤ 제2항 및 제4항의 이해관계인의 자격과 범위 등에 관하여는 제14조제1항부터 제4항까지의 규정을 준용한다.

제43조(신고불수리의 통지) 시·읍·면의 장이 신고를 수리하지 아니한 때에는 그 사유를 지체 없이 신고인에게 서면으로 통지하여야 한다.

제2절 출생

제44조(출생신고의 기재사항) ① 출생의 신고는 출생 후 1개월 이내에 하여야 한다.

② 신고서에는 다음 사항을 기재하여야 한다.

1. 자녀의 성명·본·성별 및 등록기준지
2. 자녀의 혼인중 또는 혼인외의 출생자의 구별
3. 출생의 연월일시 및 장소
4. 부모의 성명·본·등록기준지 및 주민등록번호(부 또는 모가 외국인인 때에는 그 성명·출생연월일 및 국적)
5. 「민법」 제781조제1항 단서에 따른 협의가 있는 경우 그 사실

6. 자녀가 이중국적자인 경우 그 사실 및 취득한 외국 국적

③ 자녀의 이름에는 한글 또는 통상 사용되는 한자를 사용하여야 한다. 통상 사용되는 한자의 범위는 대법원규칙으로 정한다.

④ 출생신고서에는 의사·조산사나 그 밖에 분만에 관여한 사람이 작성한 출생증명서를 첨부하여야 한다. 다만, 부득이한 사유가 있는 경우에는 그러하지 아니하다.

제45조(출생신고의 장소) ① 출생의 신고는 출생지에서 할 수 있다.

② 기차나 그 밖의 교통기관 안에서 출생한 때에는 모가 교통기관에서 내린 곳, 항해일지가 비치되지 아니한 선박 안에서 출생한 때에는 그 선박이 최초로 입항한 곳에서 신고할 수 있다.

제46조(신고의무자) ① 혼인중 출생자의 출생의 신고는 부 또는 모가 하여야 한다.

② 혼인외 출생자의 신고는 모가 하여야 한다.

③ 제1항 및 제2항에 따라 신고를 하여야 할 사람이 신고를 할 수 없는 경우에는 다음 각 호의 어느 하나에 해당하는 사람이 각 호의 순위에 따라 신고를 하여야 한다.

1. 동거하는 친족
2. 분만에 관여한 의사·조산사 또는 그 밖의 사람

제47조(친생부인의 소를 제기한 때) 친생부인의 소를 제기한 때에도 출생신고를 하여야 한다.

제48조(법원이 부를 정하는 때) ① 「민법」 제845조에 따라 법원이 부(父)를 정하여야 할 때에는 출생의 신고는 모가 하여야 한다.

② 제46조제3항은 제1항의 경우에 준용한다.

제49조(항해 중의 출생) ① 항해 중에 출생이 있는 때에는 선장은 24시간 이내에 제44조제2항에서 정한 사항을 항해일지에 기재하고 서명 또는 기명날인하여야 한다.

② 제1항의 절차를 밟은 후 선박이 대한민국의 항구에 도착하였을 때에는 선장은 지체 없이 출생에 관한 항해일지의 등본을 그 곳의 시·읍·면의 장에게 발송

하여야 한다.

③ 선박이 외국의 항구에 도착하였을 때에는 선장은 지체 없이 제2항의 등본을 그 지역을 관할하는 재외공관의 장에게 발송하고 재외공관의 장은 지체 없이 외교통상부장관을 경유하여 등록기준지의 시·읍·면의 장에게 발송하여야 한다.

제50조(공공시설에서의 출생) 병원, 교도소, 그 밖의 시설에서 출생이 있었을 경우에 부모가 신고할 수 없는 때에는 당해 시설의 장 또는 관리인이 신고를 하여야 한다.

제51조(출생신고 전에 사망한 때) 출생의 신고 전에 자녀가 사망한 때에는 출생의 신고와 동시에 사망의 신고를 하여야 한다.

제52조(기아) ① 기아(棄兒)를 발견한 사람 또는 기아발견의 통지를 받은 국가경찰공무원은 24시간 이내에 그 사실을 시·읍·면의 장에게 통보하여야 한다.

② 제1항의 통보를 받은 시·읍·면의 장은 소지품, 발견장소, 발견연월일시, 그 밖의 상황, 성별, 출생의 추정연월일을 조서에 기재하여야 한다. 이 경우 그 조서를 신고서로 본다.

③ 시·읍·면의 장은 「민법」 제781조 제4항에 따라 기아의 성과 본을 창설한 후 이름과 등록기준지를 정하여 등록부에 기록하여야 한다.

제53조(부모가 기아를 찾은 때) ① 부 또는 모가 기아를 찾은 때에는 1개월 이내에 출생의 신고를 하고 등록부의 정정을 신청하여야 한다.

② 제1항의 경우에는 시·읍·면의 장이 확인하여야 한다.

제54조(기아가 사망한 때) 제52조제1항 또는 제53조의 절차를 밟기 전에 기아가 사망하였을 때에는 사망의 신고와 동시에 그 절차를 밟아야 한다.

제3절 인지

제55조(인지신고의 기재사항) ① 인지의 신고서에는 다음 사항을 기재하여야 한다.

1. 자녀의 성명·성별·출생연월일·주

민등록번호 및 등록기준지(자가 외국인인 때에는 그 성명·성별·출생연월일 및 국적)

2. 사망한 자녀를 인지할 때에는 사망연월일, 그 직계비속의 성명·출생연월일·주민등록번호 및 등록기준지

3. 부가 인지할 때에는 모의 성명·등록기준지 및 주민등록번호

4. 인지 전의 자녀의 성과 본을 유지할 경우 그 취지와 내용

5. 「민법」 제909조제4항 또는 제5항에 따라 친권자가 정하여진 때에는 그 취지와 내용

② 제1항제4호 및 제5호의 경우에는 신고서에 그 내용을 증명하는 서면을 첨부하여야 한다. 다만, 가정법원의 성·본 계속사용허가심판 또는 친권자를 정하는 재판이 확정된 때에는 제58조를 준용한다.

제56조(태아의 인지) 태내에 있는 자녀를 인지할 때에는 신고서에 그 취지, 모의 성명 및 등록기준지를 기재하여야 한다.

제57조(친생자출생의 신고에 의한 인지) 부가 혼인외의 자녀에 대하여 친생자출생의 신고를 한 때에는 그 신고는 인지의 효력이 있다.

제58조(재판에 의한 인지) ① 인지의 재판이 확정된 경우에 소를 제기한 사람은 재판의 확정일부터 1개월 이내에 재판서의 등본 및 확정증명서를 첨부하여 그 취지를 신고하여야 한다.

② 제1항의 신고서에는 재판확정일을 기재하여야 한다.

③ 제1항의 경우에는 그 소의 상대방도 재판서의 등본 및 확정증명서를 첨부하여 인지의 재판이 확정된 취지를 신고할 수 있다. 이 경우 제2항을 준용한다.

제59조(유언에 의한 인지) 유언에 의한 인지의 경우에는 유언집행자는 그 취임일부터 1개월 이내에 인지에 관한 유언서등본 또는 유언녹음을 기재한 서면을 첨부하여 제55조 또는 제56조에 따라 신고를 하여야 한다.

제60조(인지된 태아의 사산) 인지된 태아가 사체로 분만된 경우에 출생의 신고의무자는 그 사실을 안 날부터 1개월 이내에 그 사실을 신고하여야 한다. 다만, 유언집행자가 제59조의 신고를 하였을 경우에는 유언집행자가 그 신고를 하여야 한다.

제4절 입양

제61조(입양신고의 기재사항) 입양의 신고서에는 다음 사항을 기재하여야 한다.

1. 당사자의 성명·본·출생연월일·주민등록번호·등록기준지(당사자가 외국인인 때에는 그 성명·출생연월일·국적) 및 양자의 성별

2. 양자의 친생부모의 성명·주민등록번호 및 등록기준지

제62조(입양의 신고) ① 양자가 15세 미만인 때에는 「민법」 제869조에 따라 입양을 승낙한 법정대리인이 신고하여야 한다. 다만, 후견인이 입양을 승낙한 때에는 가정법원의 허가서를 첨부하여야 한다.

② 「민법」 제871조에 따라 후견인이 입양의 동의를 한 때에는 후견인의 동의서 및 가정법원의 허가서를 첨부하여야 한다.

③ 후견인이 피후견인을 양자로 하는 경우에는 가정법원의 허가서를 첨부하여야 한다.

제5절 파양

제63조(파양신고의 기재사항) 파양의 신고서에는 다음 사항을 기재하여야 한다.

1. 당사자의 성명·본·출생연월일·주민등록번호 및 등록기준지(당사자가 외국인인 때에는 그 성명·출생연월일·국적)

2. 양자의 친생부모의 성명·등록기준지 및 주민등록번호

제64조(협의상 파양의 신고) ① 「민법」 제899조에 따라 협의상 파양을 하는 경우에는 그 협의를 한 사람이 신고를 하여야 한다. 다만, 그 신고를 후견인 또는 생가(生家)의 다른 직계존속이 하는 때에는 가정법원의 허가서를 첨부하여야 한다.

② 「민법」 제900조에 따른 협의상 파양에 관하여 후견인이 파양의 동의를 한 때에는 후견인의 동의서 및 가정법원의 허가서를 첨부하여야 한다.

제65조(준용규정) ① 제63조는 입양취소의 신고에 준용한다.

② 제58조는 입양취소의 재판이 확정된

경우에 준용한다.

제66조(준용규정) 제58조는 파양의 재판이 확정된 경우에 준용한다.

제6절 친양자의 입양 및 파양

제67조(친양자의 입양신고) ① 「민법」 제908조의2에 따라 친양자를 입양하고자 하는 사람은 친양자 입양재판의 확정일부터 1개월 이내에 재판의 등본 및 확정증명서를 첨부하여 제61조의 신고를 하여야 한다.

② 제1항의 신고서에는 재판확정일을 기재하여야 한다.

제68조(준용규정) 제58조는 친양자의 입양신고에 준용한다.

제69조(친양자의 파양신고) ① 「민법」 제908조의5에 따라 친양자 파양의 재판이 확정된 경우 소를 제기한 사람은 재판의 확정일부터 1개월 이내에 재판서의 등본 및 확정증명서를 첨부하여 제63조의 신고를 하여야 한다.

② 제1항의 신고서에는 재판확정일을 기재하여야 한다.

③ 제1항의 경우에는 그 소의 상대방도 재판서의 등본 및 확정증명서를 첨부하여 친양자 파양의 재판이 확정된 취지를 신고할 수 있다. 이 경우 제2항을 준용한다.

제70조(준용규정) 제69조는 친양자의 입양취소의 재판이 확정된 경우에 준용한다.

제7절 혼인

제71조(혼인신고의 기재사항 등) 혼인의 신고서에는 다음 사항을 기재하여야 한다. 다만, 제3호의 경우에는 혼인당사자의 협의서를 첨부하여야 한다.

1. 당사자의 성명·본·출생연월일·주민등록번호 및 등록기준지(당사자가 외국인인 때에는 그 성명·출생연월일 및 국적)

2. 당사자의 부모와 양부모의 성명·등록기준지 및 주민등록번호

3. 「민법」 제781조제1항 단서에 따른 협의가 있는 경우 그 사실

4. 「민법」 제809조제1항에 따른 근친혼에 해당되지 아니한다는 사실

제72조(재판에 의한 혼인) 사실상 혼인

관계 존재확인의 재판이 확정된 경우에는 소를 제기한 사람은 재판의 확정일부터 1개월 이내에 재판서의 등본 및 확정증명서를 첨부하여 제71조의 신고를 하여야 한다.

제73조(준용규정) 제58조는 혼인취소의 재판이 확정된 경우에 준용한다.

제8절 이혼

제74조(이혼신고의 기재사항) 이혼의 신고서에는 다음 사항을 기재하여야 한다.

1. 당사자의 성명·본·출생연월일·주민등록번호 및 등록기준지(당사자가 외국인인 때에는 그 성명 및 국적)

2. 당사자의 부모와 양부모의 성명·등록기준지 및 주민등록번호

3. 「민법」 제909조제4항 또는 제5항에 따라 친권자가 정하여진 때에는 그 내용

제75조(협의상 이혼의 확인) ① 협의상 이혼을 하고자 하는 사람은 등록기준지 또는 주소지를 관할하는 가정법원의 확인을 받아 신고하여야 한다. 다만, 국내에 거주하지 아니하는 경우에 그 확인은 서울가정법원의 관할로 한다.

② 제1항의 신고는 협의상 이혼을 하고자 하는 사람이 가정법원으로부터 확인서 등본을 교부 또는 송달받은 날부터 3개월 이내에 그 등본을 첨부하여 행하여야 한다.

③ 제2항의 기간이 경과한 때에는 그 가정법원의 확인은 효력을 상실한다.

④ 가정법원의 확인 절차와 신고에 관하여 필요한 사항은 대법원규칙으로 정한다.

제76조(간주규정) 협의이혼신고서에 가정법원의 이혼의사확인서등본을 첨부한 경우에는 「민법」 제836조제2항에서 정한 증인 2인의 연서가 있는 것으로 본다.

제77조(준용규정) 제74조는 혼인취소의 신고에 준용한다.

제78조(준용규정) 제58조는 이혼의 재판이 확정된 경우에 준용한다.

제9절 친권 및 후견

제79조(친권자 지정 및 변경 신고) ① 부모가 「민법」 제909조제4항에 따라 친권자를 정한 때에는 1개월 이내에 그 사실을

신고하여야 한다. 부모 중 일방이 신고하는 경우에는 그 사실을 증명하는 서면을 첨부하여야 한다.

② 친권이나 관리권의 상실·사퇴·회복에 관한 재판 또는 「민법」 제909조제4항부터 제6항까지의 규정에 따라 친권자를 정하거나 변경하는 재판이 확정된 때에는 그 재판을 청구한 사람 또는 그 재판으로 친권자로 정하여진 사람이 그 내용을 신고하여야 한다. 이 경우 제58조를 준용한다.

제80조(후견개시신고의 기재사항) ① 후견개시의 신고는 후견인이 그 취임일부터 1개월 이내에 하여야 한다.

② 신고서에는 다음 사항을 기재하여야 한다.

1. 후견인과 피후견인의 성명·출생연월일·주민등록번호 및 등록기준지

2. 후견개시의 원인 및 연월일

3. 후견인이 취임한 연월일

제81조(후견인 경질신고 등) ① 후견인이 경질된 경우에는 후임자는 취임일부터 1개월 이내에 그 취지를 신고하여야 한다.

② 제1항의 신고에는 제80조제2항을 준용한다.

③ 제79조제2항은 「민법」 제940조에 따라 후견인이 변경된 경우에 준용한다.

제82조(유언 또는 재판에 따른 후견인의 선정) ① 유언에 의하여 후견인을 지정한 경우에는 지정에 관한 유언서 그 등본 또는 유언녹음을 기재한 서면을 신고서에 첨부하여야 한다.

② 후견인선임의 재판이 있는 경우에는 재판서의 등본을 신고서에 첨부하여야 한다.

제83조(후견종료신고) ① 후견종료의 신고는 후견인이 1개월 이내에 하여야 한다. 다만, 미성년자의 성년 도달로 인하여 후견이 종료된 경우에는 그러하지 아니하다.

② 신고서에는 다음 사항을 기재하여야 한다.

1. 피후견인의 성명·등록기준지 및 주민등록번호

2. 후견종료의 원인 및 연월일

③ 후견종료의 원인이 「민법」 제939조 또는 같은 법 제940조에 따른 것인 때에는 재판서의 등본을 첨부하여야 한다.

제10절 사망과 실종

제84조(사망신고와 그 기재사항) ① 사망의 신고는 제85조에 규정한 사람이 사망의 사실을 안 날부터 1개월 이내에 진단서 또는 검안서를 첨부하여 하여야 한다.

② 신고서에는 다음 사항을 기재하여야 한다.

1. 사망자의 성명, 성별, 등록기준지 및 주민등록번호

2. 사망의 연월일시 및 장소

③ 부득이한 사정으로 인하여 진단서나 검안서를 얻을 수 없는 때에는 사망의 사실을 증명할 만한 서면으로써 이에 갈음할 수 있다. 이 경우 신고서에 그 진단서 또는 검안서를 얻지 못한 사유를 기재하여야 한다.

제85조(사망신고의무자) ① 사망의 신고는 동거하는 친족이 하여야 한다.

② 친족·동거자 또는 사망장소를 관리하는 사람, 사망장소의 동장 또는 통·이장도 사망의 신고를 할 수 있다.

제86조(사망신고의 장소) 사망의 신고는 사망지·매장지 또는 화장지에서 할 수 있다. 다만, 사망지가 분명하지 아니한 때에는 사체가 처음 발견된 곳에서, 기차나 그 밖의 교통기관 안에서 사망이 있었을 때에는 그 사체를 교통기관에서 내린 곳에서, 항해일지를 비치하지 아니한 선박 안에서 사망한 때에는 그 선박이 최초로 입항한 곳에서 할 수 있다.

제87조 (재난 등으로 인한 사망) 수해, 화재나 그 밖의 재난으로 인하여 사망한 사람이 있는 경우에는 이를 조사한 관공서는 지체 없이 사망지의 시·읍·면의 장에게 통보하여야 한다. 다만, 외국에서 사망한 때에는 사망자의 등록기준지의 시·읍·면의 장에게 통보하여야 한다.

제88조(사형, 재소 중 사망) ① 사형의 집행이 있는 때에는 교도소장은 지체 없이 교도소 소재지의 시·읍·면의 장에게 사망의 통보를 하여야 한다.

② 제1항은 재소 중 사망한 사람의 사체를 찾아갈 사람이 없는 경우에 준용한다. 이 경우 통보서에 진단서 또는 검안서를 첨부하여야 한다.

제89조(통보서의 기재사항) 제87조 및 제

88조에서 규정한 통보서에는 제84조제2항에서 정한 사항을 기재하여야 한다.

제90조(등록불명자 등의 사망) ① 사망자에 대하여 등록이 되어 있는지 여부가 분명하지 아니하거나 사망자를 인식할 수 없는 때에는 국가경찰공무원은 검시조서를 작성·첨부하여 지체 없이 사망지의 시·읍·면의 장에게 사망의 통보를 하여야 한다.

② 사망자가 등록이 되어 있음이 판명되었거나 사망자의 신원을 알 수 있게 된 때에는 국가경찰공무원은 지체 없이 사망지의 시·읍·면의 장에게 그 취지를 통보하여야 한다.

③ 제1항의 통보가 있은 후에 제85조에서 정한 사람이 사망자의 신원을 안 때에는 그 날부터 10일 이내에 사망의 신고를 하여야 한다.

제91조(준용규정) 제49조 및 제50조는 사망의 신고에 준용한다.

제92조(실종선고의 신고) ① 실종선고의 신고는 그 선고를 청구한 사람이 재판확정일부터 1개월 이내에 재판서의 등본 및 확정증명서를 첨부하여 하여야 한다.

② 실종선고의 신고서에는 다음 사항을 기재하여야 한다.

1. 실종자의 성명·성별·등록기준지 및 주민등록번호

2. 「민법」제27조에서 정한 기간의 만료일

③ 제58조는 실종선고취소의 재판이 확정된 경우에 그 재판을 청구한 사람에게 준용한다.

제11절 국적의 취득과 상실

제93조(인지 등에 따른 국적취득의 통보 등) ① 법무부장관은 「국적법」제3조제1항 또는 같은 법 제11조제1항에 따라 대한민국의 국적을 취득한 사람이 있는 경우 지체 없이 국적을 취득한 사람이 정한 등록기준지의 시·읍·면의 장에게 대법원규칙으로 정하는 사항을 통보하여야 한다.

② 제1항의 통보를 받은 시·읍·면의 장은 국적을 취득한 사람의 등록부를 작성한다.

제94조(귀화허가의 통보 등) ① 법무부장관은 「국적법」제4조에 따라 외국인을 대한민국 국민으로 귀화허가가 경우 지체 없이 귀화허가를 받은 사람이 정한 등록기준지의 시·읍·면의 장에게 대법원규칙으로 정하는 사항을 통보하여야 한다.

② 제1항의 통보를 받은 시·읍·면의 장은 귀화허가를 받은 사람의 등록부를 작성한다.

제95조(국적회복허가의 통보 등) ① 법무부장관은 「국적법」제9조에 따라 대한민국의 국적회복을 허가한 경우 지체 없이 국적회복을 한 사람이 정한 등록기준지의 시·읍·면의 장에게 대법원규칙으로 정하는 사항을 통보하여야 한다.

② 제1항의 통보를 받은 시·읍·면의 장은 국적회복을 한 사람의 등록부를 작성한다. 다만, 국적회복을 한 사람의 등록부등이 있는 경우에는 등록부등에 기재된 등록기준지의 시·읍·면의 장에게 그 사항을 통보하여야 한다.

제96조(국적취득자의 성과 본의 창설 신고) ① 외국의 성을 쓰는 국적취득자가 그 성을 쓰지 아니하고 새로이 성(姓)·본(本)을 정하고자 하는 경우에는 그 등록기준지·주소지 또는 등록기준지로 하고자 하는 곳을 관할하는 가정법원의 허가를 받고 그 등본을 받은 날부터 1개월 이내에 그 성과 본을 신고하여야 한다.

② 대한민국의 국적을 회복하거나 재취득하는 경우에는 종전에 사용하던 대한민국식 성명으로 국적회복신고 또는 국적재취득신고를 할 수 있다.

③ 제2항의 경우 신고서에는 종전에 사용하던 대한민국식 성명을 소명하여야 한다.

④ 신고서에는 다음 사항을 기재하여야 한다.

1. 종전의 성

2. 창설한 성·본

3. 허가의 연월일

⑤ 제4항의 신고서에는 제1항에 따른 허가의 등본을 첨부하여야 한다.

제97조(국적상실신고의 기재사항) ① 국적상실의 신고는 배우자 또는 4촌 이내의 친족이 그 사실을 안 날부터 1개월 이

내에 하여야 한다.

② 신고서에는 다음 각 호의 사항을 기재하여야 한다.

1. 국적상실자의 성명·주민등록번호 및 등록기준지

2. 국적상실의 원인 및 연월일

3. 새로 외국국적을 취득한 때에는 그 국적

③ 제2항의 신고서에는 국적상실을 증명하는 서면을 첨부하여야 한다.

④ 국적상실자 본인도 국적상실의 신고를 할 수 있다.

제98조(국적선택 등의 통보) ① 법무부장관은 다음 각 호의 어느 하나에 해당하는 사유가 발생한 경우 그 사람의 등록기준지(등록기준지가 없는 경우에는 그 사람이 정한 등록기준지)의 시·읍·면의 장에게 대법원규칙으로 정하는 사항을 통보하여야 한다.

1. 「국적법」 제13조제1항에 따라 이중국적자로부터 대한민국의 국적을 선택한다는 신고를 수리한 때

2. 「국적법」 제14조제1항에 따라 국적이탈신고를 수리한 때

3. 「국적법」 제20조에 따라 대한민국 국민으로 판정한 때

② 대한민국 국민으로 판정받은 사람이 등록되어 있지 아니한 때에는 그 통보를 받은 시·읍·면의 장은 등록부를 작성한다.

제12절 개명 및 성(姓)·본(本) 변경

제99조(개명신고) ① 개명하고자 하는 사람은 주소지(재외국민의 경우 등록기준지)를 관할하는 가정법원의 허가를 받고 그 허가서의 등본을 받은 날부터 1개월 이내에 신고를 하여야 한다.

② 신고서에는 다음 사항을 기재하여야 한다.

1. 변경 전의 이름

2. 변경한 이름

3. 허가연월일

③ 제2항의 신고서에는 허가서의 등본을 첨부하여야 한다.

제100조(성·본 변경신고) ① 「민법」 제781조제6항에 따라 자녀의 성(姓)·본(本)을 변경하고자 하는 사람은 재판확정일부터 1개월 이내에 재판서의 등본 및 확정증명서를 첨부하여 신고하여야 한다.

② 신고서에는 다음 사항을 기재하여야 한다.

1. 변경 전의 성·본

2. 변경한 성·본

3. 재판확정일

제13절 가족관계 등록 창설

제101조(가족관계 등록 창설신고) ① 등록이 되어 있지 아니한 사람은 등록을 하려는 곳을 관할하는 가정법원의 허가를 받고 그 등본을 받은 날부터 1개월 이내에 가족관계 등록 창설(이하 "등록창설"이라 한다)의 신고를 하여야 한다.

② 신고서에는 제9조제2항에 규정된 사항 외에 등록창설허가의 연월일을 기재하여야 한다.

③ 제2항의 신고서에는 등록창설허가의 등본을 첨부하여야 한다.

제102조(직계혈족에 의한 등록창설신고) 등록창설허가의 재판을 얻은 사람이 등록창설의 신고를 하지 아니한 때에는 배우자 또는 직계혈족이 할 수 있다.

제103조(판결에 의한 등록창설의 신고) ① 확정판결에 의하여 등록창설의 신고를 하여야 할 경우에는 판결확정일부터 1개월 이내에 하여야 한다.

② 신고서에는 제9조제2항에 규정된 사항 외에 판결확정일을 기재하여야 한다.

③ 제2항의 신고서에는 판결의 등본 및 확정증명서를 첨부하여야 한다.

제5장 등록부의 정정

제104조(위법한 가족관계 등록기록의 정정) 등록부의 기록이 법률상 허가될 수 없는 것 또는 그 기재에 착오나 누락이 있다고 인정한 때에는 이해관계인은 사건 본인의 등록기준지를 관할하는 가정법원의 허가를 받아 등록부의 정정을 신청할 수 있다.

제105조(무효인 행위의 가족관계등록기록의 정정) 신고로 인하여 효력이 발생하는 행위에 관하여 등록부에 기록하였으나

그 행위가 무효임이 명백한 때에는 신고인 또는 신고사건의 본인은 사건 본인의 등록기준지를 관할하는 가정법원의 허가를 받아 등록부의 정정을 신청할 수 있다.

제106조(정정신청의 의무) 제104조 및 제105조에 따라 허가의 재판이 있었을 때에는 재판서의 등본을 받은 날부터 1개월 이내에 그 등본을 첨부하여 등록부의 정정을 신청하여야 한다.

제107조(판결에 의한 등록부의 정정) 확정판결로 인하여 등록부를 정정하여야 할 때에는 소를 제기한 사람은 판결확정일부터 1개월 이내에 판결의 등본 및 그 확정증명서를 첨부하여 등록부의 정정을 신청하여야 한다.

제108조(준용규정) 제20조제1항, 제22조, 제25조부터 제27조까지, 제29조부터 제33조까지 및 제37조부터 제42조까지의 규정은 등록부의 정정신청에 준용한다.

제6장 불복절차

제109조(불복의 신청) ① 등록사건에 관하여 이해관계인은 시·읍·면의 장의 위법 또는 부당한 처분에 대하여 관할 가정법원에 불복의 신청을 할 수 있다.

② 제1항의 신청을 받은 가정법원은 신청에 관한 서류를 시·읍·면의 장에게 송부하며 그 의견을 구할 수 있다.

제110조(불복신청에 대한 시·읍·면의 조치) ① 시·읍·면의 장은 그 신청이 이유 있다고 인정하는 때에는 지체 없이 처분을 변경하고 그 취지를 법원과 신청인에게 통지하여야 한다.

② 신청이 이유 없다고 인정하는 때에는 의견을 붙여 지체 없이 그 서류를 법원에 반환하여야 한다.

제111조(불복신청에 대한 법원의 결정) ① 가정법원은 신청이 이유 없는 때에는 각하하고 이유 있는 때에는 시·읍·면의 장에게 상당한 처분을 명하여야 한다.

② 신청의 각하 또는 처분을 명하는 재판은 결정으로써 하고, 시·읍·면의 장 및 신청인에게 송달하여야 한다.

제112조(항고) 가정법원의 결정에 대하여는 법령을 위반한 재판이라는 이유로만 「비송사건절차법」에 따라 항고할 수 있다.

제113조(불복신청의 비용) 불복신청의 비용에 관하여는 「비송사건절차법」의 규정을 준용한다.

제7장 신고서류의 송부와 법원의 감독

제114조(신고서류 등의 송부) 시·읍·면의 장은 등록부에 기록할 수 없는 등록사건을 제외하고는 대법원규칙으로 정하는 바에 따라 등록부에 기록을 마친 신고서류 등을 관할 법원에 송부하여야 한다.

제115조(신고서류 등의 조사 및 시정지시) ① 법원은 시·읍·면의 장으로부터 신고서류 등을 송부받은 때에는 지체 없이 등록부의 기록사항과 대조하고 조사하여야 한다.

② 법원은 제1항의 조사결과 그 신고서류 등에 위법·부당한 사실이 발견된 경우에는 시·읍·면의 장에 대하여 시정지시 등 필요한 처분을 명할 수 있다.

③ 신고서류조사 또는 시정지시 및 신고서류 보관절차에 관하여 필요한 사항은 대법원규칙으로 정한다.

제116조(각종 보고의 명령 등) 법원은 시·읍·면의 장에 대하여 등록사무에 관한 각종 보고를 명하는 등 감독상 필요한 조치를 취할 수 있다.

제8장 벌칙

제117조(벌칙) 다음 각 호의 어느 하나에 해당하는 사람은 3년 이하의 징역 또는 1천만원 이하의 벌금에 처한다.

1. 제11조제6항을 위반한 사람
2. 제13조제2항을 위반한 사람
3. 제14조제1항·제2항 및 제42조를 위반하여 거짓이나 그 밖의 부정한 방법으로 다른 사람의 신고서류를 열람하거나 신

고서류에 기재되어 있는 사항 또는 등록부 등의 기록사항에 관한 증명서를 교부받은 사람

4. 이 법에 따른 등록사무처리의 권한에 관한 승인절차 없이 전산정보처리조직에 가족관계 등록정보를 입력·변경하여 정보처리를 하거나 기술적 수단을 이용하여 가족관계 등록정보를 알아낸 사람

제118조(벌칙) ① 등록부의 기록을 요하지 아니하는 사항에 관하여 거짓의 신고를 한 사람 및 등록의 신고와 관련된 사항에 관하여 거짓으로 보증을 한 사람은 1년 이하의 징역 또는 300만원 이하의 벌금에 처한다.

② 외국인에 대한 사항에 관하여 거짓의 신고를 한 사람도 제1항과 같다.

제119조(양벌규정) 법인의 대표자 또는 법인이나 개인의 대리인·사용인 및 그 밖의 종업원이 그 법인이나 개인의 업무에 관하여 제117조, 제118조의 위반행위를 한 때에는 행위자를 벌하는 외에 그 법인이나 개인에 대하여도 해당 조의 벌금형을 과(科)한다.

제120조(과태료) 다음 각 호의 어느 하나에 해당하는 시·읍·면의 장에게는 50만원 이하의 과태료를 부과한다.
1. 제115조제2항에 따른 명령을 위반한 때
2. 제116조에 따른 명령을 위반한 때

제121조(과태료) 시·읍·면의 장이 제38조 또는 제108조에 따라 기간을 정하여 신고 또는 신청의 최고를 한 경우에 정당한 사유 없이 그 기간 내에 신고 또는 신청을 하지 아니한 사람에게는 10만원 이하의 과태료를 부과한다.

제122조(과태료) 이 법에 따른 신고의 의무가 있는 사람이 정당한 사유 없이 기간 내에 하여야 할 신고 또는 신청을 하지 아니한 때에는 5만원 이하의 과태료를 부과한다.

제123조(과태료 재판) 제120조의 과태료 재판은 과태료를 부과할 시·읍·면의 장의 사무소 소재지를 관할하는 가정법원이 「비송사건절차법」에 따라 행한다.

제124조(과태료 부과·징수) ① 제121조 및 제122조에 따른 과태료는 대법원규칙으로 정하는 바에 따라 시·읍·면의 장(제21조제2항에 해당하는 때에는 출생·사망의 신고를 받는 동의 관할 시장·구청장을 말한다. 이하 이 조에서 같다)이 부과·징수한다.

② 제1항에 따른 과태료 처분에 불복하는 사람은 30일 이내에 해당 시·읍·면의 장에게 이의를 제기할 수 있다.

③ 제1항에 따라 시·읍·면의 장으로부터 과태료 처분을 받은 사람이 제2항에 따라 이의를 제기한 때에는 당해 시·읍·면의 장은 지체 없이 과태료 처분을 받은 사람의 주소 또는 거소를 관할하는 가정법원에 그 사실을 통보하여야 하며, 그 통보를 받은 가정법원은 「비송사건절차법」에 따른 과태료 재판을 한다.

④ 제2항에 따른 기간 이내에 이의를 제기하지 아니하고 과태료를 납부하지 아니한 때에는 지방세 체납처분의 예에 따라 징수한다.

부칙 <제8435호, 2007.5.17>

제1조(시행일) 이 법은 2008년 1월 1일부터 시행한다. 다만, 제93조부터 제95조까지 및 제98조의 개정규정은 2008년 9월 1일부터 시행한다.

제2조(폐지법률) 戶籍法은 폐지한다. 다만, 2008년 8월 31일까지 대한민국의 국적을 취득·회복하거나 대한민국 국민으로 귀화한 사람의 신고 및 「국적법」 제14조제1항에 따른 국적이탈자에 대한 법무부장관의 통보는 종전의 「호적법」 제109조, 제109조의2, 제110조 및 제112조의2를 적용하되, 위 「호적법」 조항들을 적용할 때 「호적법」 제15조는 이 법 제9조로, 본적은 등록기준지로 본다.

제3조(등록부의 작성 등) ① 이 법 제9조에 따른 등록부는 종전의 「호적법」 제124조의3에 따라 편제된 전산호적부를 대상으로, 이 법 시행 당시 기록된 사항을 기준으로 하여 그 호적전산자료를 개인별로 구분·작성하는 방법에 따른다.

② 종전의 「호적법」 제124조의3에 따라 편제된 전산호적부는 이 법 시행과 동시에

제적된다.

③ 대법원규칙 제1911호 호적법시행규칙중개정규칙 부칙 제2조 및 제3조에 따라 전산 이기된 호적부(이하 "이미지 전산호적부"라 한다)는 제1항의 규정에도 불구하고 이 법 시행과 동시에 제적된다. 다만, 신고사건 등이 발생한 때에는 그 제적자에 대하여 새로 등록부를 작성하여야 한다.

④ 제1항 및 제3항 단서에 따라 등록부를 작성한 경우에 종전 호적에 기재된 본적은 이 법 제10조에 따른 최초의 등록기준지로 본다.

⑤ 종전의 「호적법」 규정에 따른 신고 등이 있었으나 제2항에 따라 제적된 후 이 법 시행 당시 등록부에 그 기록이 누락되었음이 발견된 때에는 제1항에 따라 새로 작성된 등록부를 폐쇄함과 동시에 제2항 및 제3항에 따른 제적을 부활한다.

⑥ 제5항에 따라 부활한 호적에 그 기록을 완료한 때에는 다시 제1항부터 제3항까지의 규정에 따른다.

제4조(제적부등에 관한 경과조치) 종전의 「호적법」 규정에 따른 제적부 또는 부칙 제3조에 따라 제적된 전산호적부 및 이미지 전산호적부(이하 "제적부등"이라 한다)에 관한 등록사무의 처리는 종전의 「호적법」 규정에 따르고, 이에 따른 등록부정정에 관한 구체적인 절차는 대법원규칙으로 정한다. 다만, 제적부등에 관한 열람 또는 등본·초본의 교부청구권자에 관하여는 제14조제1항을 준용한다.

제5조(사실상 혼인관계 존재확인판결에 관한 경과조치) 이 법 시행 전에 사실상 혼인관계 존재확인의 재판이 확정된 경우에 대하여도 제72조를 적용한다. 다만, 종전의 「호적법」의 규정에 따라 발생한 효력에 대하여는 영향을 미치지 아니한다.

제6조(과태료에 관한 경과조치) 이 법 시행 전에 부과된 과태료의 징수와 재판절차는 종전의 「호적법」의 규정에 따른다.

제7조(일반적 경과조치) 이 법 시행 당시 종전의 「호적법」에 따라 행한 처분, 재판, 그 밖의 행위 및 절차는 이 법 중 그에 해당하는 규정이 있는 때에는 이 법의 적용에 관하여는 이 법의 해당 규정에 따라한 것으로 본다.

제8조(다른 법률의 개정) ① 家事訴訟法 일부를 다음과 같이 개정한다.

제9조를 다음과 같이 한다.

제9조(가족관계등록부기록의 촉탁) 가정법원은 대법원규칙으로 정하는 판결 또는 심판이 확정되거나 효력을 발생한 때에는 대법원규칙으로 정하는 바에 따라 지체없이 가족관계등록사무를 처리하는 자에게 가족관계등록부의 기록을 촉탁하여야 한다.

제36조제3항제1호 중 "當事者의 本籍"을 "당사자의 등록기준지"로 한다.

② 居昌事件等關聯者의名譽回復에관한特別措置法 일부를 다음과 같이 개정한다.

제6조를 다음과 같이 한다.

제6조(가족관계등록부의 작성) 거창사건등 당시 호적부 소실로 가족관계등록부가 작성되지 아니한 자는 다른 법률의 규정에도 불구하고 위원회의 규정에 따라 가족관계등록부를 작성할 수 있다.

③ 경범죄처벌법 일부를 다음과 같이 개정한다.

제1조제37호 중 "본적"을 "등록기준지"로 한다.

④ 공직자윤리법 일부를 다음과 같이 개정한다.

제4조제1항제3호 단서 중 "登錄義務者가 婚姻으로 夫 또는 妻의 家에 入籍한 때에는"을 "등록의무자가 혼인한 때에는"으로 한다.

⑤ 국적법 일부를 다음과 같이 개정한다.

제16조제3항 중 "戶籍官署"를 "가족관계등록관서"라 한다.

⑥ 軍事法院法 일부를 다음과 같이 개정한다.

제233조 중 "本籍"을 "등록기준지"로 한다.

제368조제1호 중 "戶籍의 謄本 또는 抄本"을 "가족관계기록사항에 관한 증명서"로 한다.

제519조 중 "本籍地"를 "등록기준지"로 한다.

⑦ 근로기준법 일부를 다음과 같이 개정

한다.

제66조 중 "호적증명서"를 "가족관계기록사항에 관한 증명서"로 한다.

⑧ 노근리사건희생자심사및명예회복에관한특별법 일부를 다음과 같이 개정한다.

제3조제2항제5호를 다음과 같이 한다.

5. 가족관계등록부의 작성에 관한 사항

제12조를 다음과 같이 한다.

제12조(가족관계등록부의 작성) 6·25전쟁으로 인하여 당시 호적부가 소실되어 노근리사건의 희생자 및 그 유족의 가족관계등록부가 작성되어 있지 아니하거나 가족관계등록부에 사실과 다르게 기록된 경우 다른 법령의 규정에도 불구하고 위원회의 결정에 따라 대법원규칙으로 정하는 절차에 의하여 가족관계등록부의 작성이나 기록의 정정을 할 수 있다.

⑨ 독립유공자예우에 관한 법률 일부를 다음과 같이 개정한다.

제5조제1항제4호를 다음과 같이 한다.

4. 자부로서 1945년 8월 14일 이전에 구호적에 입적된 자

⑩ 민법 일부를 다음과 같이 개정한다.

제812조제1항 중 "戶籍法"을 "「가족관계의 등록 등에 관한 법률」"로 한다.

제814조제2항 중 "본적지를 관할하는 호적관서"를 "등록기준지를 관할하는 가족관계등록관서"로 한다.

제836조제1항·제859조제1항 및 제878조제1항 중 "戶籍法"을 각각 "「가족관계의 등록 등에 관한 법률」"로 한다.

⑪ 법원조직법 일부를 다음과 같이 개정한다.

제2조제3항·제9조제3항·제19조제2항 및 제37조제3항 단서 중 "戶籍"을 각각 "가족관계등록"으로 한다.

제34조제1항제4호 중 "戶籍法 第79條의2"를 "「가족관계의 등록 등에 관한 법률」 제75조"로 한다.

⑫ 병역법 일부를 다음과 같이 개정한다.

제9조제2항 중 "호적 전산자료"를 "가족관계등록 전산자료"로 한다.

제83조의2제1항제5호 중 "호적"을 "가족관계등록"으로 한다.

⑬ 保安觀察法 일부를 다음과 같이 개정한다.

제18조제1항제1호중 "原籍, 本籍"을 "등록기준지"로 한다.

⑭ 부동산등기법 일부를 다음과 같이 개정한다.

제13조제1항을 다음과 같이 한다.

① 등기관은 자기 또는 4촌 이내의 친족이 등기신청인인 때에는 그 등기소에서 소유권등기를 한 성년자로서 4촌 이내의 친족이 아닌 자 2인 이상의 참여가 없으면 등기를 할 수 없다. 친족에 대하여는 친족관계가 끝난 후에도 또한 같다.

⑮ 북한이탈주민의 보호 및 정착지원에 관한 법률 일부를 다음과 같이 개정한다.

제12조제1항 중 "本籍"을 "등록기준지"로 한다.

제19조를 다음과 같이 한다.

제19조(가족관계등록창설의 특례) ① 통일부장관은 보호대상자로서 군사분계선 이남지역(이하 "남한"이라 한다)에 가족관계등록이 되어 있지 아니한 자에 대하여는 본인의 의사에 따라 등록기준지를 정하여 서울가정법원에 가족관계등록창설허가신청서를 제출한다.

② 제1항의 가족관계등록창설허가신청서에는 제12조제1항에 따라 작성된 보호대상자의 등록대장등본과 가족관계등록부의 기록방법에 준하여 작성한 신분표를 붙여야 한다.

③ 서울가정법원은 제1항에 따라 가족관계등록창설허가신청서를 받은 때에는 지체 없이 허가 여부를 결정하고, 가족관계등록창설허가를 한 때에는 당해 등록기준지의 시(구를 두지 아니한 시를 말한다. 이하 이 조에서 같다)·구·읍·면의 장에게 가족관계등록창설허가등본을 송부하여야 한다.

④ 시·구·읍·면의 장은 제3항에 따른 가족관계등록창설허가등본을 받은 때에는 지체 없이 가족관계등록부를 작성하여야 하고, 주소지 시장·군수 또는 구청장에게 가족관계기록사항에 관한 증명서를 첨부하여 가족관계등록 신고사항을 통보하여야 한다.

제19조의2제1항 및 제2항 중 "취적"을 각각 "가족관계등록창설"로 한다.

<16>非訟事件節次法 일부를 다음과 같이 개정한다.

제132조제2항 전단 중 "자신, 자신과 戶籍을 같이 하는 者"를 "자신"으로 한다.

<17>산업재해보상보험법 일부를 다음과 같이 한다.

제99조제4항 중 "「호적법」 제88조"를 「가족관계의 등록 등에 관한 법률」 제85조"로 한다.

<18>船員保險法 일부를 다음과 같이 개정한다.

제9조를 다음과 같이 한다.

제9조(가족관계등록부 기록사항증명서의 무료 발급 청구) 해양수산부장관 또는 보험급여를 받을 자는 피보험자 또는 피보험자이었던 자 및 그의 피부양자의 가족관계등록부의 기록사항에 관하여 가족관계등록사무를 처리하는 자나 그 대리자에 대하여 무료로 그 증명서의 발급을 청구할 수 있다.

<19>소득세법 일부를 다음과 같이 개정한다.

제167조제1항 본문 중 "戶籍謄本"을 "가족관계기록사항에 관한 증명서"로 한다.

<20>일제강점하 강제동원피해 진상규명 등에 관한 특별법 일부를 다음과 같이 개정한다.

제3조제2항제6호 중 "호적등재"를 "가족관계등록부의 작성"으로 한다.

제22조를 다음과 같이 한다.

제22조(가족관계등록부의 작성) 일제강점하 강제동원 피해로 인하여 가족관계등록부가 작성되어 있지 아니하거나 가족관계등록부에 사실과 다르게 기록된 경우 다른 법령의 규정에도 불구하고 위원회의 결정에 따라 대법원규칙으로 정하는 절차에 의하여 가족관계등록부의 작성이나 기록의 정정을 할 수 있다.

<21>입양촉진 및 절차에 관한 특례법 일부를 다음과 같이 개정한다.

제7조제1항 및 제8조제2항 후단 중 "戶籍法"을 각각 "「가족관계의 등록 등에 관한 법률」"로 한다.

제14조를 다음과 같이 한다.

제14조(가족관계등록창설) 입양기관의 장은 입양될 아동을 가족관계등록이 되어 있지 아니한 상태에서 인수한 때에는 그 아동에 대한 가족관계등록창설절차를 거친다.

제16조 각 호 외의 부분 중 "本籍地"를 "등록기준지"라 한다.

제17조제2항 중 "本籍地 관할 戶籍官署"를 "등록기준지 관할 가족관계등록관서"로 한다.

<22>在外國民登錄法 일부를 다음과 같이 개정한다.

제3조제4호를 다음과 같이 한다.

4. 등록기준지(가족관계등록이 되어 있는 자의 경우에 한한다)

<23>제주4·3사건 진상규명 및 희생자 명예회복에 관한 특별법 일부를 다음과 같이 개정한다.

제3조제2항제7호 중 "戶籍登載"를 "가족관계등록부의 작성"으로 한다.

제11조를 다음과 같이 한다.

제11조(가족관계등록부의 작성) 제주4·3사건 당시 호적부의 소실로 가족관계등록부가 작성되어 있지 아니하거나 가족관계등록부에 사실과 다르게 기록된 경우 다른 법령의 규정에도 불구하고 위원회의 결정에 따라 대법원규칙으로 정하는 절차에 의하여 가족관계등록부의 작성이나 기록의 정정을 할 수 있다.

<24>주민등록법 일부를 다음과 같이 개정한다.

제10조제1항제6호 및 제8호를 각각 다음과 같이 한다.

6. 등록기준지

8. 가족관계등록이 되어 있지 아니한 자 또는 가족관계등록의 여부가 분명하지 아니한 자는 그 사유

제14조의 제목 중 "호적신고"를 "가족관계등록신고"로 하고, 같은 조 제1항부터 제4항까지의 규정 중 "「호적법」"을 각각 "「가족관계의 등록 등에 관한 법률」"로 하고, 같은 조 제3항 중 "본적지"를 각각 "등록기준지"로, "호적부의 기재사항"을 "가족관계

등록부의 기록사항"으로 한다.

제15조 제목 중 "호적"을 "가족관계등록"으로 하고, 같은 조 제1항 중 "본적지"를 각각 "등록기준지"로, "「호적법」 제15조"를 「가족관계의 등록 등에 관한 법률」 제9조제2항"으로 하며, 같은 조 제2항 중 "본적지"를 "등록기준지"로, "호적기재사항"을 "가족관계등록부의 기록사항"으로 한다.

제29조제2항제5호 중 "동일호적"을 "동일제적"으로 한다.

<25>지방자치법 일부를 다음과 같이 개정한다.

제9조제2항제1호차목 중 "戶籍"을 "가족관계등록"이라 한다.

<26>지적법 일부를 다음과 같이 개정한다.

제24조제4항 단서 중 "호적·제적"을 "가족관계기록사항에 관한 증명서"로 한다.

<27>刑事補償法 일부를 다음과 같이 개정한다.

제8조제2항제1호 중 "本籍"을 "등록기준지"로 한다.

<28>형사소송법 일부를 다음과 같이 개정한다.

제241조 및 제284조 중 "本籍"을 각각 "등록기준지"로 한다.

제315조제1호 중 "戶籍의 謄本 또는 抄本"을 "가족관계기록사항에 관한 증명서"로 하고, 제476조 중 "本籍地"를 "등록기준지"로 한다.

<29>국가인권위원회법 일부를 다음과 같이 개정한다.

제2조제4호 본문 중 "원적지, 본적지"를 "등록기준지"로 한다.

<30>삭제<2007.7.23>

<31>노인복지법 일부를 다음과 같이 개정한다.

제21조 중 "戶籍法 第88條"를 "「가족관계의 등록 등에 관한 법률」 제85조"로 한다.

<32>도로명주소 등 표기에 관한 법률 일부를 다음과 같이 개정한다.

제21조제1호 중 "호적"을 "가족관계등록부"로 한다.

<33>상속세 및 증여세법 일부를 다음

과 같이 개정한다.

제80조제1항 중 "戶籍法"을 "「가족관계의 등록 등에 관한 법률」"로 한다.

<34>印鑑證明法 일부를 다음과 같이 개정한다.

제3조제2항 중 "本籍地"를 "등록기준지"로 한다.

<35>종합부동산세법 일부를 다음과 같이 개정한다.

제21조제6항 중 "호적전산자료"를 "가족관계등록전산자료"로 한다.

<36>형의 실효 등에 관한 법률 일부를 다음과 같이 개정한다.

제2조제3호 및 제4조제1항 중 "本籍地"를 각각 "등록기준지"로 한다.

<37>후천성면역결핍증 예방법 일부를 다음과 같이 개정한다.

제5조제3항 중 "戶籍法 第87條 第3項"을 "「가족관계의 등록 등에 관한 법률」 제84조제3항"으로 한다.

<38>在外國民就籍·戶籍訂正및戶籍整理에관한特例法 일부를 다음과 같이 개정한다.

제명 "在外國民就籍·戶籍訂正및戶籍整理에관한特例法"을 "재외국민의 가족관계등록창설, 가족관계등록부정정 및 가족관계등록부정리에 관한 특례법"으로 한다.

제1조 중 "就籍, 戶籍訂正 및 戶籍整理節次"를 "가족관계등록창설, 가족관계등록부정정 및 가족관계등록부정리절차"로 한다.

제3조의 제목 "(就籍·戶籍訂正許可申請 및 戶籍整理申請等)"을 "(가족관계등록창설, 가족관계등록부정정허가 및 가족관계등록부정리신청등)"으로 하고, 같은 조 제1항 각 호 외의 부분 중 "本籍"을 각각 "등록기준지"로, "就籍"을 "가족관계등록창설"로, "就籍許可申請書"를 "가족관계등록창설허가신청서"로 하고, 같은 항 제1호 중 "本籍"을 각각 "등록기준지"로 하며, 같은 항 제2호 중 "本籍"을 각각 "등록기준지"로 하고, 같은 조 제2항 본문 중 "本籍"을 "등록기준지"로, "戶籍記載"를 "가족관계등록부기록"으로, "戶籍訂正許可申

請書를 또한 戶籍法上"을 "가족관계등록부정정허가신청서를 또한 「가족관계의 등록 등에 관한 법률」상"으로, "入籍 또는 除籍되어야 할 者가 戶籍簿"를 "등록 또는 말소되어야 할 자가 가족관계등록부"로, "戶籍整理申請書"를 "가족관계등록부정리신청서"로 하며, 같은 항 단서 중 "就籍·戶籍訂正許可申請書 또는 戶籍整理申請書"를 "가족관계등록창설, 가족관계등록부정정허가신청서 또는 가족관계등록부정리신청서"로 하고, 같은 조 제3항 중 "戶籍整理申請"을 "가족관계등록부정리신청"으로, "入籍 또는 除籍"을 "등록 또는 말소"로 한다.

제4조제1항 중 "就籍許可申請書"를 "가족관계등록창설신청서"로 하고, 같은 조 제3항 본문 중 "戶籍訂正許可 및 戶籍整理申請書"를 "가족관계등록부정정허가 및 가족관계등록부정리신청서"로, 같은 항 단서 중 "戶籍整理申請書"를 "가족관계등록부정리신청서"로 한다.

제5조제1항 본문 중 "就籍 또는 戶籍訂正許可申請書"를 "가족관계등록창설 또는 가족관계등록부정정허가신청서"로, "就籍"을 "가족관계등록창설"로, "戶籍"을 "가족관계등록부"로, "本籍地"를 "등록기준지"로 하고, 같은 항 단서 중 "戶籍"을 "가족관계등록부"로 하며, 같은 조 제2항 중 "就籍 또는 戶籍訂正許可申請書"를 "가족관계등록창설 또는 가족관계등록부정정허가신청서"로, "戶籍"을 "가족관계등록부"로 하고, 같은 조 제4항 중 "就籍 또는 戶籍訂正"을 "가족관계등록창설 또는 가족관계등록부정정"으로, "就籍地 또는 本籍地"를 "가족관계등록창설지 또는 등록기준지"로 하며, 같은 조 제5항 중 "戶籍整理申請書"를 "가족관계등록부정리신청서"로, "本籍地"를 "등록기준지"로 한다.

제6조의 제목 "(戶籍의 ?製등)"을 "(가족관계등록부의 작성 등)"으로 하고, 같은 조 제1항 중 "就籍 또는 戶籍訂正許可"를 "가족관계등록창설 또는 가족관계등록부정정허가"로, "戶籍訂正許可申請書"를 "가족관계등록부정정정허가신청서"로, "戶籍

을 ?製"를 "가족관계등록부를 작성"으로, "戶籍의 謄本"을 "가족관계등록부의 증명서"로 하고, 같은 조 제2항 본문 중 "戶籍整理申請書"를 "가족관계등록부정리신청서"로, "戶籍法"을 "「가족관계의 등록 등에 관한 법률」"로, "戶籍"을 "가족관계등록부"로, "戶籍의 謄本"을 "가족관계등록부의 증명서"로 하며, 같은 항 단서 중 "戶籍整理"를 "가족관계등록부정리"으로 한다.

제7조 중 "就籍 및 戶籍訂正許可 또는 戶籍整理에 따른 戶籍의 ?製, 訂正 및 整理"를 "가족관계등록창설, 가족관계등록부정정허가 또는 가족관계등록부정리에 따른 가족관계등록부의 작성, 정정 및 정리"로 한다.

<39>不在宣告등에관한特別措置法 일부를 다음과 같이 개정한다.
제1조 중 "就籍"을 "가족관계등록창설"로, "二重戶籍"을 "이중가족관계등록부"로 한다.
제2조제2항 중 "戶籍"을 "가족관계등록부"로 한다.
제4조 전단 중 "戶籍에서 除籍"을 "가족관계등록부에서 말소"로 한다.
제6조 중 "本籍地"를 "등록기준지"로 한다.
제7조 중 "戶籍謄本"을 "가족관계등록부의 증명서"로 한다.
제8조제2항제2호 중 "本籍"을 "등록기준지"로 한다.
제10조 중 "戶籍法"을 "「가족관계의 등록 등에 관한 법률」"로 한다.
제14조 중 "二重戶籍抹消"를 "이중가족관계등록부폐쇄"로 한다.
제9조(다른 법령과의 관계) 이 법 시행 당시 다른 법령에서 종전의 「호적법」 또는 그 규정을 인용한 경우 이 법 중 그에 해당하는 규정이 있는 때에는 종전의 규정에 갈음하여 이 법 또는 이 법의 해당조항을 인용한 것으로 본다.

부칙(국민연금법) <제8541호, 2007.7.23>
제1조(시행일) 이 법은 공포한 날부터 시행한다. <단서 생략>
제2조 내지 제41조 생략
제42조(다른 법률의 개정) ① 법률 제

8435호 가족관계의 등록 등에 관한 법률 일부를 다음과 같이 개정한다.

부칙 제8조제30항을 삭제한다.

② 내지 ⑪ 생략

제43조 생략

부칙 <제9832호, 2009.12.29>

① (시행일) 이 법은 공포 후 6개월이 경과한 날부터 시행한다. 다만, 제15조제2항의 개정규정은 공포 후 2년이 경과한 날부터 시행한다.

② (적용례) 제14조 및 제15조의 개정규정은 이 법 시행 전에 기록된 가족관계등록부의 증명서의 종류와 기록사항에 대하여도 적용한다.

가족관계의 등록 등에 관한 법률 일부개정법률안

제 출 자 : 국무위원 권재진 법무부장관)
제출연월일: 2012.   .

1. 의결주문

가족관계의 등록 등에 관한 법률 일부
개정법률안을 별지와 같이 의결한다.

2. 제안이유

가. 가족관계등록부 등의 기록사항의 열
람제도를 신설함

나. 2013년 7월 1일부터 시행되는 개정
민법에 따른 가족관계등록 신고의무를 규
정하거나 용어를 수정하는 등 개정민법의
내용을 반영함

다. 가족관계등록비송사건의 심리와 관
련하여 가정법원의 범죄경력조회 규정을
신설함

라. 가족관계등록 관련 신고 및 신청을
전자문서로 할 수 있도록 함

3. 주요내용

가. 기록사항의 열람제도 도입(안 제14
조제7항 신설)

가족관계등록부는 원부가 존재하지 않
는 점을 고려하여 기록사항의 열람을 허용
하되, 본인 또는 배우자, 부모, 자녀로 열
람 청구의 주체를 제한하고, 전자적 방법
에 의하여 열람하도록 함

나. 문구 일부 삭제(안 제18조제2항)

규정 중 불필요한 '또는' 용어를 삭제함

다. 신고에 있어 무능력자를 명확히 한

정하고, 성년후견인 등 개정된 민법의 용
어 반영(안 제26조 및 제27조)

신고에 있어 '무능력자'를 '미성년자 또
는 피성년후견인'으로 명확히 한정함. 또
한 '친권자 또는 후견인'을 '친권자나 미성
년후견인 또는 성년후견인'으로, '무능력
자가 된 원인'을 '신고하여야 할 사람이 미
성년자 또는 피성년후견인이라는 사실'로
하는 등 개정된 민법 용어를 반영하여 일
부 내용을 수정함

라. 민법상 친족회 폐지에 따른 관련 규
정의 삭제(안 제32조제1항)

친족회 폐지에 따라 친족회의 결의록
첨부에 관한 규정을 삭제함

마. 미성년자 및 피성년후견인 입양에
대한 가정법원의 허가제도 도입, 입양대략
연령 변경 등에 따른 입양신고 관련 규정
의 변화(안 제62조, 제64조)

후견인이 가정법원의 허가를 받아야 하
는 관련 규정이 삭제되고, 입양대략 연령
이 15세에서 13세로 변경되었으며, 미성년
자 및 피성년후견인의 입양에 가정법원의
허가를 받아야 하는 등 개정된 민법 규정
에 맞추어 미성년자 또는 피성년후견인 입
양신고시 가정법원의 허가서 첨부 규정을
신설하고, 입양 및 파양에 있어 후견인 관
련 가정법원의 허가서 규정을 삭제함

바. 친권자, 미성년후견인 또는 그 임무
를 대행할 사람을 지정하거나 선임하는 재
판의 확정에 따른 신고의무 도입(안 제79
조제2항)

친권자 사망, 입양 취소, 파양 또는 양
부모 사망에 있어서 가정법원이 미성년자

의 친권자, 미성년후견인 또는 그 임무를 대행할 사람을 지정하거나 선임하는 재판이 확정되었을 때 가족관계등록부에의 기록을 위하여 신고의무를 부과함

사. 성년후견, 한정후견이 후견등기부를 통하여 공시됨에 따른 신고의무자의 축소(안 제80조부터 제83조까지)

성년후견, 한정후견이 후견등기부를 통하여 공시됨에 따라 미성년후견인에게만 신고의무를 부과함

아. 후견감독인 제도 신설에 따른 신고의무 도입(안 제83조의2부터 제83조의5까지 신설)후견감독인제도가 신설되고, 미성년후견인만 가족관계등록부를 통하여 공시가 될 것이므로, 미성년후견감독인도 미성년후견인처럼 개시·경질·종료신고의무를 부과하여 가족관계등록부의 진정한 공시 기능에 이바지함

자. 국적취득자의 성과 본의 창설, 개명, 가족관계등록창설 및 등록부의 정정재판을 위한 심리시 가정법원의 범죄경력조회 규정의 도입(안 제96조제6항, 제99조제4항, 제101조제4항 및 제105조의2 신설)

국적취득자의 성과 본의 창설, 개명, 가족관계등록창설 및 등록부의 정정과 관련하여 범죄경력조회 규정을 신설하여 가정법원의 원활한 심리를 도모함

차. 전산정보처리조직을 통한 신고 등(안 제108조의2부터 제108조의6까지 신설)

가족관계등록 관련 각종 신고 및 신청을 전자문서로 할 수 있도록 하고, 시·읍·면의 장이 등록사무를 처리하는 전산정보처리조직을 통하여 첨부서류에 대한 정보를 확인할 수 있는 경우에는 그 확인으로써 해당 서류의 첨부를 갈음함

4. 주요토의과제

없음

5. 참고사항

가. 관계법령 : 생략
나. 예산조치 : 별도조치 필요 없음
다. 합의 : 부처협 의전
라. 기타 : 1) 신·구조문대비표, 별첨
　　　　 2) 입법예고전
　　　　 3) 행정규제 : 규제개혁위원
　　　　　　 회와 협의
　　　　　　 - 규제 신설·폐지 등,
　　　　　　 　없음

법률 제   호

가족관계의 등록 등에 관한 법률 일부개정법률안

가족관계의 등록 등에 관한 법률 일부를 다음과 같이 개정한다.

제14조에 제7항을 다음과 같이 신설한다.

⑦ 본인 또는 배우자, 부모, 자녀는 대법원규칙이 정하는 바에 따라 등록부등의 기록사항의 전부 또는 일부에 관하여 전자적 방법에 의한 열람을 청구할 수 있다. 다만, 친양자입양관계증명서의 기록사항에 관하여는 친양자가 성년이 되어 청구하는 경우에 한한다.

제18조제2항 중 "때 또는 시·읍·면의 장은"을 "때에는 시·읍·면의 장은"으로 한다.

제26조의 제목 "신고인이 무능력자인 경우"를 "신고인이 미성년자 또는 피성년후견인인 경우"로 하고, 제1항을 다음과 같이 한다.

① 신고하여야 할 사람이 미성년자 또는 피성년후견인인 때에는 친권자나 미성년후견인 또는 성년후견인을 신고의무자로 한다. 다만, 미성년자 또는 피성년후견인이 신고를 하여도 된다.

제26조제2항 중 "친권자 또는 후견인"을 "친권자나 미성년후견인 또는 성년후견인"으로 하고, 제2호 및 제3호를 다음과 같이 한다.

2. 신고하여야 할 사람이 미성년자 또는 피성년후견인이라는 사실

3. 신고인이 친권자나 미성년후견인 또는 성년후견인이라는 사실

제27조를 다음과 같이 한다.

제27조(동의가 불필요한 미성년자 또는 피성년후견인의 신고) ① 미성년자 또는 피성년후견인이 그 법정대리인의 동의 없이 할 수 있는 행위에 관하여는 미성년자 또는 피성년후견인이 신고하여야 한다.

② 피성년후견인이 신고하는 경우에는 신고서에 신고사건의 성질 및 효과를 이해할 능력이 있음을 증명할 수 있는 진단서를 첨부하여야 한다.

제62조제1항 중 "15세"를 "13세"로, "제869조"를 "제869조제2항"으로 하고, 동항의 단서를 삭제한다.

제62조제2항 및 제3항을 다음과 같이 한다.

② 「민법」 제867조 또는 제873조에 따라 미성년자를 입양하는 경우 또는 피성년후견인이 입양을 하거나 양자가 되는 경우에는 가정법원의 허가서를 첨부하여야 한다.

③ 「민법」 제871조제2항에 따라 부모의 동의를 갈음하는 심판이 있는 때에는 가정법원의 심판서를 첨부하여야 한다.

제64조를 삭제한다.

제79조의 제목 "친권자 지정 및 변경 신고"를 "친권자 지정 및 변경 신고 등"으로 하고, 제79조제2항을 다음과 같이 한다.

② 다음 각 호의 재판이 확정된 때에는 그 재판을 청구한 사람 또는 그 재판으로 친권자, 미성년후견인 또는 그 임무를 대행할 사람으로 정하여진 사람이 그 내용을 신고하여야 한다. 이 경우 제58조를 준용한다.

1. 친권이나 관리권의 상실·사퇴·회복에 관한 재판

2. 「민법」 제909조제4항부터 제6항까지의 규정에 따라 친권자를 정하거나 변경

하는 재판

3. 「민법」 제909조의2의 규정에 따라 친권자, 미성년후견인 또는 그 임무를 대행할 사람을 지정하거나 선임하는 재판

제80조제1항의 "후견인"을 "미성년후견인"으로 하고, 제2항제1호의 "후견인과 피후견인"을 "미성년후견인과 미성년자"로, "등록기준지"를 "등록기준지(외국인의 경우에는 성명·출생연월일·외국인등록번호 및 국적)"로 하며, 동항제3호의 "후견인"을 "미성년후견인"으로 한다.

제81조제1항의 "후견인"을 "미성년후견인"으로 한다.

제82조제1항 및 제2항의 "후견인"을 "미성년후견인"으로 한다.

제83조제1항의 "후견인"을 "미성년후견인"으로, 제2항제1호의 "피후견인"을 "미성년자"로 한다.

제83조의2부터 제83조의5까지를 다음과 같이 신설한다.

제83조의2(미성년후견감독인의 개시신고) ① 미성년후견감독개시의 신고는 미성년후견감독인이 그 취임일부터 1개월 이내에 하여야 한다.

② 신고서에는 다음 사항을 기재하여야 한다.

1. 미성년후견감독인의 성명·출생연월일·주민등록번호 및 등록기준지(외국인의 경우에는 성명·출생연월일·외국인등록번호 및 국적)

2. 미성년후견감독개시의 원인 및 연월일

3. 미성년후견감독인이 취임한 연월일

제83조의3(미성년후견감독인의 경질신고) ① 미성년후견감독인이 경질된 경우에는 후임자는 취임일부터 1개월 이내에 그 취지를 신고하여야 한다.

② 제1항의 신고에는 제83조의2제2항을 준용한다.

③ 「민법」 제940조의7에 따라 미성년후견감독인이 변경되거나 새로운 미성년후견감독인이 선임된 때에는 재판서의 등본을 첨부하여야 한다.

제83조의4(준용규정) 제82조는 유언으로 미성년후견감독인을 지정하거나 미성년

후견감독인선임의 재판이 있는 경우에 준용한다.

제83조의5(미성년후견감독인의 종료신고) ① 미성년후견감독종료의 신고는 미성년후견감독인이 1개월 이내에 하여야 한다.

② 신고서에는 다음 사항을 기재하여야 한다.

1. 미성년후견감독인의 성명·출생연월일·주민등록번호 및 등록기준지(외국인의 경우에는 성명·출생연월일·외국인등록번호 및 국적)

2. 미성년후견감독종료의 원인 및 연월일

③ 미성년후견감독종료의 원인이 「민법」 제940조의7에 따라 미성년후견감독인이 변경되거나 사임한 경우에는 재판서의 등본을 첨부하여야 한다.

제96조에 제6항을 다음과 같이 신설한다.

④ 제1항의 경우에 가정법원은 심리를 위하여 국가경찰관서의 장에게 범죄경력을 조회할 수 있고, 그 요청을 받은 국가경찰관서의 장은 지체 없이 그 결과를 회보하여야 한다.

제99조에 제4항을 다음과 같이 신설한다.

④ 제96조제6항은 제99조제1항에 따른 가정법원의 심리에 준용한다.

제101조에 제4항을 다음과 같이 신설한다.

④ 제96조제6항은 제101조제1항에 따른 가정법원의 심리에 준용한다.

제105조의2를 다음과 같이 신설한다.

제105조의2(준용규정) 제99조제4항은 제104조 및 제105조에 따른 가정법원의 심리에 준용한다.

제5장의2(제108조의2부터 제108조의6까지)를 다음과 같이 신설한다.

제5장의2 등록사무의 전자적 처리에 관한 특례

제108조의2(신고에 관한 특례) ① 대법원 규칙이 정하는 등록에 관한 신고(이하

이 장에서는 '등록부의 정정신청'을 포함한다)는 전산정보처리조직을 이용하여 전자문서로 할 수 있다.

② 제1항에 따른 신고의 경우 신고인, 증인, 동의자 등의 서명 또는 기명날인은 전자서명법 제2조제3호의 공인전자서명으로 대신할 수 있다.

제108조의3(등록사무처리의 특례) 제108조의2에 따른 신고는 신고사건 본인의 등록기준지 시·읍·면의 장이 처리한다. 다만, 신고사건 본인의 등록기준지가 없는 때에는 신고인의 주소지, 외국인에 관한 신고인 때에는 그 거주지 시·읍·면의 장이 처리한다.

제108조의4(신고의 접수 시기) 제108조의2에 따른 신고는 이 법 및 대법원규칙으로 정하는 정보가 전산정보처리조직에 저장된 때 접수된 것으로 본다.

제108조의5(신고불수리의 통지에 관한 특례) 제43조에 따른 신고불수리의 통지는 전산정보처리조직을 이용하여 전자문서로 할 수 있다.

제108조의6(첨부서류의 전자적 확인) 시·읍·면의 장이 등록사무를 처리하는 전산정보처리조직을 통하여 첨부서류에 대한 정보를 확인할 수 있는 경우에는 그 확인으로써 해당 서류의 첨부를 갈음한다.

부칙

제1조(시행일) 이 법은 2013년 7월 1일부터 시행한다. 다만, 제14조제7항, 제18조제2항, 제96조제6항, 제99조제4항, 제101조제4항, 제105조의2, 제108조의2부터 제108조의6까지의 개정규정은 공포한 날부터 시행한다.

제2조(금치산자 등에 관한 경과조치) 이 법 시행 당시 이미 금치산 또는 한정치산의 선고를 받은 사람에 대하여 민법에 따라 성년후견, 한정후견, 특정후견이 개시되거나 임의후견감독인이 선임된 경우 또는 부칙 제1조 본문에 따른 시행일부터 5년이 경과한 때를 제외하고는 종전의 규정을 적용한다.

신·구조문대비표

현 행	개 정 안
제14조(증명서의 교부 등) ①~⑥(생 략) 〈신 설〉	제14조(증명서의 교부 등) ①~⑥(현행과 같음) ⑦ 본인 또는 배우자, 부모, 자녀는 대법원규칙이 정하는 바에 따라 등록부등의 기록사항의 전부 또는 일부에 관하여 전자적 방법에 의한 열람을 청구할 수 있다. 다만, 친양자입양관계증명서의 기록사항에 관하여는 친양자가 성년이 되어 청구하는 경우에 한한다.
제18조(등록부의 정정) ① (생 략) ② 제1항 본문의 통지를 할 수 없을 때 또는 통지를 하였으나 정정신청을 하는 사람이 없는 때 또는 그 기록의 착오 또는 누락이 시·읍·면의 장의 잘못으로 인한 것인 때 또는 시·읍·면의 장은 감독법원의 허가를 받아 직권으로 정정할 수 있다. 다만, 대법원규칙으로 정하는 경미한 사항인 경우에는 시·읍·면의 장이 직권으로 정정하고, 감독법원에 보고하여야 한다.	제18조(등록부의 정정) ① (현행과 같음) ② 제1항 본문의 통지를 할 수 없을 때 또는 통지를 하였으나 정정신청을 하는 사람이 없는 때 또는 그 기록의 착오 또는 누락이 시·읍·면의 장의 잘못으로 인한 것인 때에는 시·읍·면의 장은 감독법원의 허가를 받아 직권으로 정정할 수 있다. 다만, 대법원규칙으로 정하는 경미한 사항인 경우에는 시·읍·면의 장이 직권으로 정정하고, 감독법원에 보고하여야 한다.
제26조(신고인이 무능력자인 경우) ① 신고하여야 할 사람이 미성년자 또는 금치산자인 때에는 친권자 또는 후견인을 신고의무자로 한다. 다만, 미성년자 또는 금치산자가 신고를 하여도 된다. ② 친권자 또는 후견인이 신고하는 경우에는 신고서에 다음 사항을 기재하여야 한다. 1. 신고하여야 할 사람의 성명·출생연월일·주민등록번호 및 등록기준지 2. 무능력자가 된 원인 3. 신고인이 친권자 또는 후견인이라는 사실	제26조(신고인이 미성년자 또는 피성년후견인인 경우) ① 신고하여야 할 사람이 미성년자 또는 피성년후견인인 때에는 친권자나 미성년후견인 또는 성년후견인을 신고의무자로 한다. 다만, 미성년자 또는 피성년후견인이 신고를 하여도 된다. ② 친권자나 미성년후견인 또는 성년후견인이 신고하는 경우에는 신고서에 다음 사항을 기재하여야 한다. 1. (현행과 같음) 2. 신고하여야 할 사람이 미성년자 또는 피성년후견인이라는 사실 3. 신고인이 친권자나 미성년후견인 또는 성년후견인이라는 사실

현 행	개 정 안
제27조(동의가 불필요한 무능력자의 신고) ① 무능력자가 그 법정대리인의 동의 없이 할 수 있는 행위에 관하여는 무능력자가 신고하여야 한다. ② 금치산자가 신고하는 경우에는 신고서에 신고사건의 성질 및 효과를 이해할 능력이 있음을 증명할 수 있는 진단서를 첨부하여야 한다.	제27조(동의가 불필요한 미성년자 또는 피성년후견인의 신고) ① 미성년자 또는 피성년후견인이 그 법정대리인의 동의 없이 할 수 있는 행위에 관하여는 미성년자 또는 피성년후견인이 신고하여야 한다. ② 피성년후견인이 신고하는 경우에는 신고서에 신고사건의 성질 및 효과를 이해할 능력이 있음을 증명할 수 있는 진단서를 첨부하여야 한다.
제32조(동의, 승낙 또는 허가를 요하는 사건의 신고) ① 신고사건에 있어서 부·모 또는 다른 사람의 동의 또는 승낙이 필요한 경우에는 신고서에 그 동의 또는 승낙을 증명하는 서면을 첨부하여야 한다. 다만, 친족회가 동의를 하는 경우에는 친족회의 결의록을 첨부하여야 하며, 그 밖의 동의 또는 승낙에 있어서는 동의 또는 승낙을 한 사람으로 하여금 신고서에 그 사유를 부기하고 서명 또는 기명날인하게 할 수 있다.	제32조(동의, 승낙 또는 허가를 요하는 사건의 신고) ① 신고사건에 있어서 부·모 또는 다른 사람의 동의 또는 승낙이 필요한 경우에는 신고서에 그 동의 또는 승낙을 증명하는 서면을 첨부하여야 한다. 다만, 동의 또는 승낙에 있어서는 동의 또는 승낙을 한 사람으로 하여금 신고서에 그 사유를 부기하고 서명 또는 기명날인하게 할 수 있다.
제62조(입양의 신고) ① 양자가 15세 미만인 때에는 「민법」 제869조에 따라 입양을 승낙한 법정대리인이 신고하여야 한다. 다만, 후견인이 입양을 승낙한 때에는 가정법원의 허가서를 첨부하여야 한다. ② 「민법」 제871조에 따라 후견인이 입양의 동의를 한 때에는 후견인의 동의서 및 가정법원의 허가서를 첨부하여야 한다. ③ 후견인이 피후견인을 양자로 하는 경우에는 가정법원의 허가서를 첨부하여야 한다.	제62조(입양의 신고) ① 양자가 13세 미만인 때에는 「민법」 제869조제2항에 따라 입양을 승낙한 법정대리인이 신고하여야 한다.〈단서 삭제〉 ② 「민법」 제867조에 따라 미성년자를 입양하는 경우 또는 「민법」 제873조에 따라 피성년후견인이 입양을 하거나 양자가 되는 경우에는 가정법원의 허가서를 첨부하여야 한다. ③ 「민법」 제871조제2항에 따라 부모의 동의를 갈음하는 심판이 있는 때에는 가정법원의 심판서를 첨부하여야 한다.
제64조(협의상 파양의 신고) ① 「민법」 제899조에 따라 협의상 파양을 하는 경우에는 그 협의를 한 사람이 신고를 하여야 한다. 다만, 그 신고를 후견인 또는 생가(生家)의 다른 직계존속이 하는 때에는 가정법	〈삭제〉

현　　　행	개　정　안
<u>원의 허가서를 첨부하여야 한다.</u> ② <u>「민법」 제900조에 따른 협의상 파양에 관하여 후견인이 파양의 동의를 한 때에는 후견인의 동의서 및 가정법원의 허가서를 첨부하여야 한다.</u>	
제79조(친권자 지정 및 변경 신고) ① 부모가 「민법」 제909조제4항에 따라 친권자를 정한 때에는 1개월 이내에 그 사실을 신고하여야 한다. 부모 중 일방이 신고하는 경우에는 그 사실을 증명하는 서면을 첨부하여야 한다. ② 친권이나 관리권의 상실·사퇴·회복에 관한 재판 또는 「민법」 제909조제4항부터 제6항까지의 규정에 따라 친권자를 정하거나 변경하는 재판이 확정된 때에는 그 재판을 청구한 사람 또는 그 재판으로 친권자로 정하여진 사람이 그 내용을 신고하여야 한다. 이 경우 제58조를 준용한다.	제79조(친권자 지정 및 변경 <u>신고 등</u>) ① (현행과 같음) ② <u>다음 각 호의 재판이</u> 확정된 때에는 그 재판을 청구한 사람 또는 그 재판으로 <u>친권자, 미성년후견인 또는 그 임무를 대행할 사람으로</u> 정하여진 사람이 그 내용을 신고하여야 한다. 이 경우 제58조를 준용한다. 1. <u>친권이나 관리권의 상실·사퇴·회복에 관한 재판</u> 2. <u>「민법」 제909조제4항부터 제6항까지의 규정에 따라 친권자를 정하거나 변경하는 재판</u> 3. <u>「민법」 제909조의2의 규정에 따라 친권자, 미성년후견인 또는 그 임무를 대행할 사람을 지정하거나 선임하는 재판</u>
제80조(후견개시신고의 기재사항) ① 후견개시의 신고는 후견인이 그 취임일부터 1개월 이내에 하여야 한다. ② 신고서에는 다음 사항을 기재하여야 한다. 1. <u>후견인과 피후견인의</u> 성명·출생연월일·주민등록번호 및 <u>등록기준지</u> 2. 후견개시의 원인 및 연월일 3. <u>후견인이</u> 취임한 연월일	제80조(후견개시신고의 기재사항) ① 후견개시의 신고는 <u>미성년후견인이</u> 그 취임일부터 1개월 이내에 하여야 한다. ② (현행과 같음) 1. <u>미성년후견인과 미성년자의</u> 성명·출생연월일·주민등록번호 및 <u>등록기준지(외국인의 경우에는 성명·출생연월일·외국인등록번호 및 국적)</u> 2. (현행과 같음) 3. <u>미성년후견인이</u> 취임한 연월일

현　　　행	개　정　안
제81조(후견인 경질신고 등) ① <u>후견인이</u> 경질된 경우에는 후임자는 취임일부터 1개월 이내에 그 취지를 신고하여야 한다. ② 제1항의 신고에는 제80조제2항을 준용한다. ③ 제79조제2항은 「민법」 제940조에 따라 후견인이 변경된 경우에 준용한다.	제81조(후견인 경질신고 등) ① <u>미성년후견인이</u> 경질된 경우에는 후임자는 취임일부터 1개월 이내에 그 취지를 신고하여야 한다. ② (현행과 같음) ③ (현행과 같음)
제82조(유언 또는 재판에 따른 후견인의 선정) ① 유언에 의하여 <u>후견인을</u> 지정한 경우에는 지정에 관한 유언서 그 등본 또는 유언녹음을 기재한 서면을 신고서에 첨부하여야 한다. ② <u>후견인선임의</u> 재판이 있는 경우에는 재판서의 등본을 신고서에 첨부하여야 한다.	제82조(유언 또는 재판에 따른 후견인의 선정) ① 유언에 의하여 <u>미성년후견인을</u> 지정한 경우에는 지정에 관한 유언서 그 등본 또는 유언녹음을 기재한 서면을 신고서에 첨부하여야 한다. ② <u>미성년후견인선임의</u> 재판이 있는 경우에는 재판서의 등본을 신고서에 첨부하여야 한다.
제83조(후견종료신고) ① 후견종료의 신고는 후견인이 1개월 이내에 하여야 한다. 다만, 미성년자의 성년 도달로 인하여 후견이 종료된 경우에는 그러하지 아니하다. ② 신고서에는 다음 사항을 기재하여야 한다. 1. <u>피후견인의</u> 성명·등록기준지 및 주민등록번호 2. 후견종료의 원인 및 연월일 ③ 후견종료의 원인이 「민법」 제939조 또는 같은 법 제940조에 따른 것인 때에는 재판서의 등본을 첨부하여야 한다.	제83조(후견종료신고) ① 후견종료의 신고는 <u>미성년후견인이</u> 1개월 이내에 하여야 한다. 다만, 미성년자의 성년 도달로 인하여 후견이 종료된 경우에는 그러하지 아니하다. ② (현행과 같음) 1. <u>미성년자의</u> 성명·등록기준지 및 주민등록번호 2. (현행과 같음) ③ (현행과 같음)
<u>〈신 설〉</u>	<u>제83조의2(미성년후견감독인의 개시신고)</u> <u>① 미성년후견감독개시의 신고는 미성년후견감독인이 그 취임일부터 1개월 이내에 하여야 한다.</u> <u>② 신고서에는 다음 사항을 기재하여야 한다.</u> <u>1. 미성년자, 미성년후견인 및 미성년후견감독인의 성명·출생연월일·주민등록번호 및 등록기준지(외국인의 경우에는 성명·출생연월일·외국인등록번호 및 국적)</u>

현　　　행	개　정　안
	2. 미성년후견감독개시의 원인 및 연월일
	3. 미성년후견감독인이 취임한 연월일
〈신 설〉	제83조의3(미성년후견감독인의 경질신고)
	① 미성년후견감독인이 경질된 경우에는 후임자는 취임일부터 1개월 이내에 그 취지를 신고하여야 한다.
	② 제1항의 신고에는 제83조의2제2항을 준용한다.
	③ 「민법」 제940조의7에 따라 미성년후견감독인이 변경되거나 새로운 미성년후견감독인이 선임된 때에는 재판서의 등본을 첨부하여야 한다.
〈신 설〉	제83조의4(준용규정) 제82조는 유언으로 미성년후견감독인을 지정하거나 미성년후견감독인선임의 재판이 있는 경우에 준용한다.
	제83조의5(미성년후견감독인의 종료신고 등)
	① 미성년후견감독종료의 신고는 미성년후견감독인이 1개월 이내에 하여야 한다.
	② 신고서에는 다음 사항을 기재하여야 한다.
	1. 미성년자, 미성년후견인 및 미성년후견감독인의 성명·출생연월일·주민등록번호 및 등록기준지(외국인의 경우에는 성명·출생연월일·외국인등록번호 및 국적)
	2. 미성년후견감독종료의 원인 및 연월일
	③ 미성년후견감독종료의 원인이 「민법」 제940조의7에 따라 미성년후견감독인이 변경되거나 사임한 경우에는 재판서의 등본을 첨부하여야 한다.
제96조(국적취득자의 성과 본의 창설 신고)	제96조(국적취득자의 성과 본의 창설 신고)
① 외국의 성을 쓰는 국적취득자가 그 성을 쓰지 아니하고 새로이 성(성)·본(본)을 정하고자 하는 경우에는 그 등록기준지·주소지 또는 등록기준지로 하고자 하는 곳을 관할하는 가정법원의 허가를 받고 그 등본을 받은 날부터 1개월 이내에 그 성과 본을 신고하여야 한다.	① (현행과 같음)

현　　　행	개　　정　　안
②~⑤ (생 략) 〈신 설〉	②~⑤ (현행과 같음) ⑥ 제1항의 경우에 가정법원은 심리를 위하여 국가경찰관서의 장에게 범죄경력을 조회할 수 있고, 그 요청을 받은 국가경찰관서의 장은 지체 없이 그 결과를 회보하여야 한다.
제99조(개명신고) ① 개명하고자 하는 사람은 주소지(재외국민의 경우 등록기준지)를 관할하는 가정법원의 허가를 받고 그 허가서의 등본을 받은 날부터 1개월 이내에 신고를 하여야 한다. ② 신고서에는 다음 사항을 기재하여야 한다. 1. 변경 전의 이름 2. 변경한 이름 3. 허가연월일 ③ 제2항의 신고서에는 허가서의 등본을 첨부하여야 한다. 〈신 설〉	제99조(개명신고) ① (현행과 같음) ② (현행과 같음) ③ (현행과 같음) ④ 제96조제6항은 제99조제1항에 따른 가정법원의 심리에 준용한다.
제101조(가족관계 등록 창설신고) ① 등록이 되어 있지 아니한 사람은 등록을 하려는 곳을 관할하는 가정법원의 허가를 받고 그 등본을 받은 날부터 1개월 이내에 가족관계 등록 창설(이하 "등록창설"이라 한다)의 신고를 하여야 한다. ②~③ (생 략) 〈신 설〉	제101조(가족관계 등록 창설신고) ① (현행과 같음) ②~③ (현행과 같음) ④ 제96조제6항은 제101조제1항에 따른 가정법원의 심리에 준용한다.
제104조(위법한 가족관계 등록기록의 정정) 등록부의 기록이 법률상 허가될 수 없는 것 또는 그 기재에 착오나 누락이 있다고 인정한 때에는 이해관계인은 사건 본인의 등록기준지를 관할하는 가정법원의 허가를 받아 등록부의 정정을 신청할 수 있다.	제104조(위법한 가족관계 등록기록의 정정) (현행과 같음)

현 행	개 정 안
제105조(무효인 행위의 가족관계등록기록의 정정) 신고로 인하여 효력이 발생하는 행위에 관하여 등록부에 기록하였으나 그 행위가 무효임이 명백한 때에는 신고인 또는 신고사건의 본인은 사건 본인의 등록기준지를 관할하는 가정법원의 허가를 받아 등록부의 정정을 신청할 수 있다.	제105조(무효인 행위의 가족관계등록기록의 정정) (현행과 같음)
〈신 설〉	제105조의2(준용규정) 제96조제6항은 제104조 및 제105조에 따른 가정법원의 심리에 준용한다.
〈삽 입〉	제5장의2 등록사무의 전자적 처리에 관한 특례
〈신 설〉	제108조의2(신고에 관한 특례) ① 대법원규칙이 정하는 등록에 관한 신고(이하 이 장에서는 '등록부의 정정신청'을 포함한다)는 전산정보처리조직을 이용하여 전자문서로 할 수 있다. ② 제1항에 따른 신고의 경우 신고인, 증인, 동의자 등의 서명 또는 기명날인은 전자서명법 제2조제3호의 공인전자서명으로 대신할 수 있다.
〈신 설〉	제108조의3(등록사무처리의 특례) 제108조의2에 따른 신고는 신고사건 본인의 등록기준지 시·읍·면의 장이 처리한다. 다만, 신고사건 본인의 등록기준지가 없는 때에는 신고인의 주소지, 외국인에 관한 신고인 때에는 그 거주지 시·읍·면의 장이 처리한다.
〈신 설〉	제108조의4(신고의 접수 시기) 제108조의2에 따른 신고는 이 법 및 대법원규칙으로 정하는 정보가 전산정보처리조직에 저장된 때 접수된 것으로 본다.

현 행	개 정 안
〈신 설〉	제108조의5(신고불수리의 통지에 관한 특례) 제43조에 따른 신고불수리의 통지는 전산정보처리조직을 이용하여 전자문서로 할 수 있다.
〈신 설〉	제108조의6(첨부서류의 전자적 확인) 시·읍·면의 장이 등록사무를 처리하는 전산정보처리조직을 통하여 첨부서류에 대한 정보를 확인할 수 있는 경우에는 그 확인으로써 해당 서류의 첨부를 갈음한다.

가사소송법

[법률 제10212호, 2010.3.31, 일부개정]

제1편 총칙 〈개정 2010.3.31〉

제1조(목적) 이 법은 인격의 존엄과 남녀 평등을 기본으로 하고 가정의 평화 및 친족 간에 서로 돕는 미풍양속을 보존하고 발전시키기 위하여 가사(家事)에 관한 소송(訴訟)과 비송(非訟) 및 조정(調停)에 대한 절차의 특례를 규정함을 목적으로 한다.[전문개정 2010.3.31]

제2조(가정법원의 관장 사항) ① 다음 각 호의 사항(이하 "가사사건"이라 한다)에 대한 심리(審理)와 재판은 가정법원의 전속관할(專屬管轄)로 한다.

1. 가사소송사건
가. 가류(類) 사건
1) 혼인의 무효
2) 이혼의 무효
3) 인지(認知)의 무효
4) 친생자관계 존부 확인(親生子關係存否確認)
5) 입양의 무효
6) 파양(罷養)의 무효
나. 나류(類) 사건
1) 사실상 혼인관계 존부 확인
2) 혼인의 취소
3) 이혼의 취소
4) 재판상 이혼
5) 아버지의 결정
6) 친생부인(親生否認)
7) 인지의 취소
8) 인지에 대한 이의(異議)
9) 인지청구

10) 입양의 취소
11) 파양의 취소
12) 재판상 파양
13) 친양자(親養子) 입양의 취소
14) 친양자의 파양
다. 다류(類) 사건
1) 약혼 해제(解除) 또는 사실혼관계 부당 파기(破棄)로 인한 손해배상청구(제3자에 대한 청구를 포함한다) 및 원상회복의 청구
2) 혼인의 무효・취소, 이혼의 무효・취소 또는 이혼을 원인으로 하는 손해배상청구(제3자에 대한 청구를 포함한다) 및 원상회복의 청구
3) 입양의 무효・취소, 파양의 무효・취소 또는 파양을 원인으로 하는 손해배상청구(제3자에 대한 청구를 포함한다) 및 원상회복의 청구
4) 「민법」 제839조의3에 따른 재산분할청구권 보전을 위한 사해행위(詐害行爲) 취소 및 원상회복의 청구

2. 가사비송사건
가. 라류(類) 사건
1) 「민법」 제9조부터 제14조까지의 규정에 따른 한정치산・금치산의 선고와 그 취소
2) 「민법」 제22조부터 제26조까지의 규정에 따른 부재자 재산의 관리에 관한 처분
3) 「민법」 제27조부터 제29조까지의 규정에 따른 실종의 선고와 그 취소
4) 「민법」 제781조제4항에 따른 성(姓)과 본(本)의 창설 허가
5) 「민법」 제781조제5항에 따른 자녀의 종전 성과 본의 계속사용허가

6) 「민법」 제781조제6항에 따른 자녀의 성과 본의 변경허가

7) 「민법」 제829조제2항 단서에 따른 부부재산약정의 변경에 대한 허가

8) 「민법」 제869조 단서에 따른 후견인의 입양승낙에 대한 허가

9) 「민법」 제871조 및 제900조(같은 법 제906조에 따라 준용되는 경우를 포함한다)에 따른 후견인의 입양 동의 또는 파양 동의에 대한 허가

10) 「민법」 제872조에 따른 후견인이 피후견인(被後見人)을 양자로 입양하는 것에 대한 허가

11) 「민법」 제899조제2항에 따른 후견인 또는 생가(生家)의 다른 직계존속의 파양 협의에 대한 허가

12) 「민법」 제908조의2에 따른 친양자 입양의 허가

13) 「민법」 제909조제2항 단서에 따른 친권 행사 방법의 결정

14) 「민법」 제915조 및 제945조(같은 법 제948조에 따라 위 각 조항이 준용되는 경우를 포함한다)에 따른 감화(感化) 또는 교정기관에 위탁하는 것에 대한 허가

15) 「민법」 제918조(같은 법 제956조에 따라 준용되는 경우를 포함한다)에 따른 재산관리인의 선임(選任) 또는 개임(改任)과 재산관리에 관한 처분

16) 「민법」 제921조(후견인과 피후견인, 여러 피후견인들 사이에 이해가 상반되는 경우를 포함한다)에 따른 특별대리인의 선임

17) 「민법」 제927조에 따른 친권자의 법률행위 대리권 및 재산관리권의 사퇴(辭退) 또는 회복에 대한 허가

18) 「민법」 제936조 및 제940조에 따른 후견인의 선임 또는 변경

19) 「민법」 제939조에 따른 후견인의 사퇴에 대한 허가

20) 「민법」 제941조제1항 단서(같은 법 제948조에 따라 준용되는 경우를 포함한다)에 따른 후견인의 재산 목록 작성을 위한 기간의 연장허가

21) 「민법」 제947조제2항에 따른 금치산자의 감금 등에 대한 허가

22) 「민법」 제954조(같은 법 제948조에 따라 준용되는 경우를 포함한다)에 따른 후견사무(後見事務)에 관한 처분

23) 「민법」 제955조(같은 법 제948조에 따라 준용되는 경우를 포함한다)에 따른 후견인에 대한 보수(報酬)의 수여

24) 「민법」 제957조제1항 단서에 따른 후견 종료 시 관리계산기간의 연장허가

25) 「민법」 제963조제1항 본문, 제965조제2항 및 제971조에 따른 친족회원의 선임, 보충, 개임 또는 해임

26) 「민법」 제966조에 따른 친족회(親族會)의 소집

27) 「민법」 제967조제3항에 따른 친족회의 서면결의의 취소

28) 「민법」 제969조에 따른 친족회의 결의를 갈음할 재판

29) 「민법」 제970조에 따른 친족회원의 사퇴에 대한 허가

30) 「민법」 제1019조제1항 단서에 따른 상속의 승인 또는 포기를 위한 기간의 연장허가

31) 「민법」 제1023조(같은 법 제1044조에 따라 준용되는 경우를 포함한다)에 따른 상속재산 보존을 위한 처분

32) 「민법」 제1024조제2항, 제1030조 및 제1041조에 따른 상속의 한정승인신고 또는 포기신고의 수리(受理)와 한정승인 취소신고 또는 포기 취소신고의 수리

33) 「민법」 제1035조제2항(같은 법 제1040조제3항, 제1051조제3항 및 제1056조제2항에 따라 준용되는 경우를 포함한다) 및 제1113조제2항에 따른 감정인(鑑定人)의 선임

34) 「민법」 제1040조제1항에 따른 공동상속재산을 위한 관리인의 선임

35) 「민법」 제1045조에 따른 상속재산의 분리

36) 「민법」 제1047조에 따른 상속재산 분리 후의 상속재산 관리에 관한 처분

37) 「민법」 제1053조에 따른 관리인의 선임 및 그 공고와 재산관리에 관한 처분

38) 「민법」 제1057조에 따른 상속인 수색(搜索)의 공고

39) 「민법」 제1057조의2에 따른 상속재산의 분여(分與)

40) 「민법」 제1070조제2항에 따른 유언의 검인(檢認)

41) 「민법」 제1091조에 따른 유언의 증서 또는 녹음(錄音)의 검인

42) 「민법」 제1092조에 따른 유언증서의 개봉

43) 「민법」 제1096조에 따른 유언집행자의 선임 및 그 임무에 관한 처분

44) 「민법」 제1097조제2항에 따른 유언집행자의 승낙 또는 사퇴를 위한 통지의 수리

45) 「민법」 제1104조제1항에 따른 유언집행자에 대한 보수의 결정

46) 「민법」 제1105조에 따른 유언집행자의 사퇴에 대한 허가

47) 「민법」 제1106조에 따른 유언집행자의 해임

48) 「민법」 제1111조에 따른 부담(負擔) 있는 유언의 취소

나. 마류(類) 사건

1) 「민법」 제826조 및 제833조에 따른 부부의 동거·부양·협조 또는 생활비용의 부담에 관한 처분

2) 「민법」 제829조제3항에 따른 재산관리자의 변경 또는 공유재산(共有財産)의 분할을 위한 처분

3) 「민법」 제837조 및 제837조의2(같은 법 제843조에 따라 위 각 조항이 준용되는 경우 및 혼인의 취소 또는 인지를 원인으로 하는 경우를 포함한다)에 따른 자녀의 양육에 관한 처분과 그 변경, 면접교섭권(面接交涉權)의 제한 또는 배제

4) 「민법」 제839조의2제2항(같은 법 제843조에 따라 준용되는 경우 및 혼인의 취소를 원인으로 하는 경우를 포함한다)에 따른 재산 분할에 관한 처분

5) 「민법」 제909조제4항 및 제6항(혼인의 취소를 원인으로 하는 경우를 포함한다)에 따른 친권자의 지정과 변경

6) 「민법」 제924조부터 제926조까지의 규정에 따른 친권, 법률행위 대리권, 재산관리권의 상실선고 및 실권회복의 선고

7) 「민법」 제972조에 따른 친족회의 결의에 대한 이의(異議)

8) 「민법」 제976조부터 제978조까지의 규정에 따른 부양(扶養)에 관한 처분

9) 「민법」 제1008조의2제2항 및 제4항에 따른 기여분(寄與分)의 결정

10) 「민법」 제1013조제2항에 따른 상속재산의 분할에 관한 처분

② 가정법원은 다른 법률이나 대법원규칙에서 가정법원의 권한으로 정한 사항에 대하여도 심리·재판한다.

③ 제2항의 사건에 관한 절차는 법률이나 대법원규칙으로 따로 정하는 경우를 제외하고는 라류 가사비송사건의 절차에 따른다.[전문개정 2010.3.31]

제3조(지방법원과 가정법원 사이의 관할의 지정) ① 사건이 가정법원과 지방법원 중 어느 법원의 관할에 속하는지 명백하지 아니한 경우에는 관계 법원의 공통되는 고등법원이 관할법원을 지정한다.

② 제1항의 관할법원 지정에 관하여는 「민사소송법」 제28조를 준용한다.

③ 제1항에 따라 가정법원의 관할로 정하여진 사건은 이 법에서 정하는 절차에 따라 처리하고, 지방법원의 관할로 정하여진 사건은 민사소송 절차에 따라 처리한다.[전문개정 2010.3.31]

제4조(제척·기피 및 회피) 법원 직원의 제척·기피 및 회피에 관한 「민사소송법」의 규정 중 법관에 관한 사항은 조정장(調停長)과 조정위원에 준용하고, 법원사무관등에 관한 사항은 가사조사관(家事調査官)에 준용한다.[전문개정 2010.3.31]

제5조(수수료) 이 법에 따른 소(訴)의 제기, 심판의 청구, 조정의 신청이나 그 밖의 재판과 처분의 신청에는 대법원규칙으로 정하는 바에 따라 수수료를 내야 한다.[전문개정 2010.3.31]

제6조(가사조사관) ① 가사조사관은 재판장, 조정장 또는 조정담당판사의 명을 받아 사실을 조사한다.

② 가사조사관의 사실조사 방법과 절차에 관한 사항은 대법원규칙으로 정한다.[전문개정 2010.3.31]

제7조(본인 출석주의) ① 가정법원, 조정위원회 또는 조정담당판사의 변론기일, 심리기일 또는 조정기일에 소환을 받은 당사자 및 이해관계인은 본인 또는 법정대리인이 출석하여야 한다. 다만, 특별한 사정이 있을 때에는 재판장, 조정장 또는 조정담당판사의 허가를 받아 대리인을 출석하게 할 수 있고 보조인을 동반할 수 있다.

② 변호사 아닌 자가 대리인 또는 보조인이 되려면 미리 재판장, 조정장 또는 조정담당판사의 허가를 받아야 한다.

③ 재판장, 조정장 또는 조정담당판사는 언제든지 제1항 및 제2항의 허가를 취소할 수 있고, 본인이 법정대리인 또는 대리인과 함께 출석할 것을 명할 수 있다.[전문개정 2010.3.31]

제8조(사실조사의 촉탁) 재판장, 조정장, 조정담당판사 또는 가사조사관은 사실조사를 위하여 필요한 경우에는 경찰 등 행정기관이나 그 밖에 상당하다고 인정되는 단체 또는 개인에게 사실의 조사를 촉탁하고 필요한 사항을 보고하도록 요구할 수 있다.[전문개정 2010.3.31]

제9조(가족관계등록부 기록의 촉탁) 가정법원은 대법원규칙으로 정하는 판결 또는 심판이 확정되거나 효력을 발생한 경우에는 대법원규칙으로 정하는 바에 따라 지체 없이 가족관계등록 사무를 처리하는 사람에게 가족관계등록부에 기록할 것을 촉탁하여야 한다.[전문개정2010.3.31]

제10조(보도 금지) 가정법원에서 처리 중이거나 처리한 사건에 관하여는 성명·연령·직업 및 용모 등을 볼 때 본인이 누구인지 미루어 짐작할 수 있는 정도의 사실이나 사진을 신문, 잡지, 그 밖의 출판물에 게재하거나 방송할 수 없다.[전문개정 2010.3.31]

제10조의2(기록의 열람 등) ① 당사자나 이해관계를 소명한 제3자는 재판장의 허가를 받아 다음 각 호의 사항을 법원서기관, 법원사무관, 법원주사 또는 법원주사보(이하 "법원사무관등"이라 한다)에게 신청할 수 있다.

1. 기록의 열람·복사

2. 재판서·조서(調書)의 정본(正本)·등본·초본의 발급

3. 소송에 관한 사항의 증명서 발급

② 제1항의 신청에 대하여는 대법원규칙으로 정하는 수수료를 내야 한다.

③ 재판서·조서의 정본·등본·초본에는 그 취지를 적고 법원사무관등이 기명날인하여야 한다.[전문개정2010.3.31]

제11조(위임 규정) 가사사건의 재판과 조정의 절차에 관하여 필요한 사항은 대법원규칙으로 정한다.[전문개정 2010.3.31]

제2편 가사소송 〈개정 2010.3.31〉

제1장 통칙 〈개정 2010.3.31〉

제12조(적용 법률) 가사소송 절차에 관하여는 이 법에 특별한 규정이 있는 경우를 제외하고는 「민사소송법」에 따른다. 다만, 가류 및 나류 가사소송사건에 관하여는 「민사소송법」 제147조제2항, 제149조, 제150조제1항, 제284조제1항, 제285조, 제349조, 제350조, 제410조의 규정 및 같은 법 제220조 중 청구의 인낙(認諾)에 관한 규정과 같은 법 제288조 중 자백에 관한 규정은 적용하지 아니한다.[전문개정 2010.3.31]

제13조(관할) ① 가사소송은 이 법에 특별한 규정이 있는 경우를 제외하고는 피고의 보통재판적(普通裁判籍)이 있는 곳의 가정법원이 관할한다.

② 당사자 또는 관계인의 주소, 거소(居所) 또는 마지막 주소에 따라 관할이 정하여지는 경우에 그 주소, 거소 또는 마지막 주소가 국내에 없거나 이를 알 수 없을 때에는 대법원이 있는 곳의 가정법원이 관할한다.

③ 가정법원은 소송의 전부 또는 일부에 대하여 관할권이 없음을 인정한 경우에는 결정(決定)으로 관할법원에 이송하여야 한다.

④ 가정법원은 그 관할에 속하는 가사소송사건에 관하여 현저한 손해 또는 지연을 피하기 위하여 필요한 경우에는 직권으로 또는 당사자의 신청에 의하여 다른 관

할 가정법원에 이송할 수 있다.

⑤ 이송결정과 이송신청의 기각결정에 대하여는 즉시항고를 할 수 있다.[전문개정 2010.3.31]

제14조(관련 사건의 병합) ① 여러 개의 가사소송사건 또는 가사소송사건과 가사비송사건의 청구의 원인이 동일한 사실관계에 기초하거나 1개의 청구의 당부(當否)가 다른 청구의 당부의 전제가 되는 경우에는 이를 1개의 소로 제기할 수 있다.

② 제1항의 사건의 관할법원이 다를 때에는 가사소송사건 중 1개의 청구에 대한 관할권이 있는 가정법원에 소를 제기할 수 있다.

③ 가류 또는 나류 가사소송사건의 소의 제기가 있고, 그 사건과 제1항의 관계에 있는 다류 가사소송사건 또는 가사비송사건이 각각 다른 가정법원에 계속(係屬)된 경우에는 가류 또는 나류 가사소송사건의 수소법원(受訴法院)은 직권으로 또는 당사자의 신청에 의하여 결정으로 다류 가사소송사건 또는 가사비송사건을 병합할 수 있다.

④ 제1항이나 제3항에 따라 병합된 여러 개의 청구에 관하여는 1개의 판결로 재판한다.[전문개정2010.3.31]

제15조(당사자의 추가·경정) ①「민사소송법」제68조 또는 제260조에 따라 필수적 공동소송인을 추가하거나 피고를 경정(更正)하는 것은 사실심(事實審)의 변론종결 시까지 할 수 있다.

② 제1항에 따라 피고를 경정한 경우에는 신분에 관한 사항에 한정하여 처음의 소가 제기된 때에 경정된 피고와의 사이에 소가 제기된 것으로 본다.[전문개정 2010.3.31]

제16조(소송 절차의 승계) ① 가류 또는 나류 가사소송사건의 원고가 사망이나 그 밖의 사유(소송 능력을 상실한 경우는 제외한다)로 소송 절차를 계속하여 진행할 수 없게 된 때에는 다른 제소권자(提訴權者)가 소송 절차를 승계할 수 있다.

② 제1항의 승계신청은 승계 사유가 생긴 때부터 6개월 이내에 하여야 한다.

③ 제2항의 기간 내에 승계신청이 없을 때에는 소가 취하된 것으로 본다.[전문개정 2010.3.31]

제17조(직권조사) 가정법원이 가류 또는 나류 가사소송사건을 심리할 때에는 직권으로 사실조사 및 필요한 증거조사를 하여야 하며, 언제든지 당사자 또는 법정대리인을 신문할 수 있다.[전문개정 2010.3.31]

제18조(소송비용 부담의 특칙) 검사가 소송 당사자로서 패소한 경우 그 소송비용은 국고에서 부담한다.[전문개정 2010.3.31]

제19조(항소) ① 가정법원의 판결에 대하여 불복하는 경우에는 판결정본이 송달된 날부터 14일 이내에 항소할 수 있다. 다만, 판결정본 송달 전에도 항소할 수 있다.

② 항소법원의 소송 절차에는 제1심의 소송 절차에 관한 규정을 준용한다.

③ 항소법원은 항소가 이유 있는 경우에도 제1심 판결을 취소하거나 변경하는 것이 사회정의와 형평의 이념에 맞지 아니하거나 가정의 평화와 미풍양속을 유지하기에 적합하지 아니하다고 인정하는 경우에는 항소를 기각할 수 있다.[전문개정 2010.3.31]

제20조(상고) 항소법원의 판결에 대하여 불복하는 경우에는 판결정본이 송달된 날부터 14일 이내에 대법원에 상고할 수 있다. 다만, 판결정본 송달 전에도 상고할 수 있다.[전문개정 2010.3.31]

제21조(기판력의 주관적 범위에 관한 특칙) ① 가류 또는 나류 가사소송사건의 청구를 인용(認容)한 확정판결은 제3자에게도 효력이 있다.

② 제1항의 청구를 배척한 판결이 확정된 경우에는 다른 제소권자는 사실심의 변론종결 전에 참가하지 못한 데 대하여 정당한 사유가 있지 아니하면 다시 소를 제기할 수 없다.[전문개정 2010.3.31]

제2장 혼인관계소송 〈개정 2010.3.31〉

제22조(관할) 혼인의 무효나 취소, 이혼의 무효나 취소 및 재판상 이혼의 소는 다음 각 호의 구분에 따른 가정법원의 전속관할로 한다.

1. 부부가 같은 가정법원의 관할 구역 내에 보통재판적이 있을 때에는 그 가정법원

2. 부부가 마지막으로 같은 주소지를 가졌던 가정법원의 관할 구역 내에 부부 중 어느 한쪽의 보통재판적이 있을 때에는 그 가정법원

3. 제1호와 제2호에 해당되지 아니하는 경우로서 부부 중 어느 한쪽이 다른 한쪽을 상대로 하는 경우에는 상대방의 보통재판적이 있는 곳의 가정법원, 부부 모두를 상대로 하는 경우에는 부부 중 어느 한쪽의 보통재판적이 있는 곳의 가정법원

4. 부부 중 어느 한쪽이 사망한 경우에는 생존한 다른 한쪽의 보통재판적이 있는 곳의 가정법원

5. 부부가 모두 사망한 경우에는 부부 중 어느 한쪽의 마지막 주소지의 가정법원 [전문개정 2010.3.31]

제23조(혼인무효 및 이혼무효의 소의 제기권자) 당사자, 법정대리인 또는 4촌 이내의 친족은 언제든지 혼인무효나 이혼무효의 소를 제기할 수 있다.[전문개정 2010.3.31]

제24조(혼인무효·취소 및 이혼무효·취소의 소의 상대방) ① 부부 중 어느 한쪽이 혼인의 무효나 취소 또는 이혼무효의 소를 제기할 때에는 배우자를 상대방으로 한다.

② 제3자가 제1항에 규정된 소를 제기할 때에는 부부를 상대방으로 하고, 부부 중 어느 한쪽이 사망한 경우에는 그 생존자를 상대방으로 한다.

③ 제1항과 제2항에 따라 상대방이 될 사람이 사망한 경우에는 검사를 상대방으로 한다.

④ 이혼취소의 소에 관하여는 제1항과 제3항을 준용한다.[전문개정 2010.3.31]

제25조(친권자 지정 등에 관한 협의권고) ① 가정법원은 미성년자인 자녀가 있는 부부의 혼인의 취소나 재판상 이혼의 청구를 심리할 때에는 그 청구가 인용될 경우를 대비하여 부모에게 다음 각 호의 사항에 관하여 미리 협의하도록 권고하여야 한다.

1. 미성년자인 자녀의 친권자로 지정될 사람

2. 미성년자인 자녀에 대한 양육과 면접교섭권

② 가정법원이 혼인무효의 청구를 심리하여 그 청구가 인용되는 경우에 남편과 부자관계가 존속되는 미성년자인 자녀가 있는 경우에도 제1항과 같다.[전문개정 2010.3.31]

제3장 부모와 자녀 관계소송

〈개정 2010.3.31〉

제1절 친생자관계 〈개정 2010.3.31〉

제26조(관할) ① 친생부인, 인지의 무효나 취소 또는 「민법」 제845조에 따른 아버지를 정하는 소는 자녀의 보통재판적이 있는 곳의 가정법원의 전속관할로 하고, 자녀가 사망한 경우에는 자녀의 마지막 주소지의 가정법원의 전속관할로 한다.

② 인지에 대한 이의(異議)의 소, 인지청구의 소 또는 「민법」 제865조에 따른 친생자관계 존부 확인의 소는 상대방(상대방이 여러 명일 때에는 그중 1명)의 보통재판적이 있는 곳의 가정법원의 전속관할로 하고, 상대방이 모두 사망한 경우에는 그중 1명의 마지막 주소지의 가정법원의 전속관할로 한다.[전문개정 2010.3.31]

제27조(아버지를 정하는 소의 당사자) ① 「민법」 제845조에 따른 아버지를 정하는 소는 자녀, 어머니, 어머니의 배우자 또는 어머니의 전(前) 배우자가 제기할 수 있다.

② 자녀가 제기하는 경우에는 어머니, 어머니의 배우자 및 어머니의 전 배우자를 상대방으로 하고, 어머니가 제기하는 경우에는 그 배우자 및 전 배우자를 상대방으로 한다.

③ 어머니의 배우자가 제기하는 경우에는 어머니 및 어머니의 전 배우자를 상대방으로 하고, 어머니의 전 배우자가 제기하는 경우에는 어머니 및 어머니의 배우자를 상대방으로 한다.

④ 제2항과 제3항의 경우에 상대방이 될 사람 중에 사망한 사람이 있을 때에는 생존자를 상대방으로 하고, 생존자가 없을 때에는 검사를 상대방으로 하여 소를 제기할 수 있다.[전문개정 2010.3.31]

제28조(준용규정) 인지무효의 소에는

제23조 및 제24조를 준용하고, 인지취소의 소, 인지에 대한 이의의 소 또는 친생자관계 존부 확인의 소에는 제24조를 준용하며, 인지청구의 소에는 제25조제1항을 준용한다.[전문개정 2010.3.31]

제29조(혈액형 등의 수검 명령) ① 가정법원은 당사자 또는 관계인 사이의 혈족관계의 유무를 확정할 필요가 있는 경우에 다른 증거조사에 의하여 심증(心證)을 얻지 못한 때에는 검사를 받을 사람의 건강과 인격의 존엄을 해치지 아니하는 범위에서, 당사자 또는 관계인에게 혈액채취에 의한 혈액형의 검사 등 유전인자의 검사나 그 밖에 적당하다고 인정되는 방법에 의한 검사를 받을 것을 명할 수 있다.

② 제1항의 명령을 할 때에는 제67조에 규정된 제재(制裁)를 고지하여야 한다.[전문개정 2010.3.31]

제2절 입양·친양자 입양관계
〈개정 2010.3.31〉

제30조(관할) 다음 각 호의 소는 양부모 중 1명의 보통재판적이 있는 곳의 가정법원의 전속관할로 하고, 양부모가 모두 사망한 경우에는 그중 1명의 마지막 주소지의 가정법원의 전속관할로 한다.
1. 입양의 무효
2. 입양 또는 친양자 입양의 취소
3. 파양
4. 친양자의 파양
5. 파양의 무효나 취소[전문개정 2010.3.31]

제31조(준용규정) 입양무효 및 파양무효의 소에 관하여는 제23조 및 제24조를 준용하고, 입양·친양자 입양의 취소, 친양자의 파양 및 파양취소의 소에 관하여는 제24조를 준용한다.[전문개정 2010.3.31]

제4장 삭제 〈2005.3.31〉

제32조 삭제 <2005.3.31>
제33조 삭제 <2005.3.31>

제3편 가사비송 〈개정 2010.3.31〉

제1장 통칙 〈개정 2010.3.31〉

제34조(준용 법률) 가사비송 절차에 관하여는 이 법에 특별한 규정이 없으면 「비송사건절차법」 제1편을 준용한다. 다만, 「비송사건절차법」 제15조는 준용하지 아니한다.[전문개정 2010.3.31]

제35조(관할) ① 이 법과 대법원규칙으로 관할법원을 정하지 아니한 가사비송사건은 대법원이 있는 곳의 가정법원이 관할한다.

② 가사비송사건에 관하여는 제13조제2항부터 제5항까지의 규정을 준용한다.[전문개정 2010.3.31]

제36조(청구의 방식) ① 가사비송사건의 청구는 가정법원에 심판청구를 함으로써 한다.

② 심판의 청구는 서면 또는 구술로 할 수 있다.

③ 심판청구서에는 다음 각 호의 사항을 적고 청구인이나 대리인이 기명날인하여야 한다.
1. 당사자의 등록기준지, 주소, 성명, 생년월일, 대리인이 청구할 때에는 대리인의 주소와 성명
2. 청구 취지와 청구 원인
3. 청구 연월일
4. 가정법원의 표시

④ 구술로 심판청구를 할 때에는 가정법원의 법원사무관등의 앞에서 진술하여야 한다.

⑤ 제4항의 경우에 법원사무관등은 제3항 각 호의 사항을 적은 조서를 작성하고 기명날인하여야 한다.[전문개정 2010.3.31]

제37조(이해관계인의 참가) ① 심판청구에 관하여 이해관계가 있는 자는 재판장의 허가를 받아 절차에 참가할 수 있다.

② 재판장은 상당하다고 인정하는 경우에는 심판청구에 관하여 이해관계가 있는 자를 절차에 참가하게 할 수 있다.[전문개정 2010.3.31]

제38조(증거 조사) 가정법원은 필요하다고 인정할 경우에는 당사자 또는 법정대

리인을 당사자 신문(訊問) 방식으로 심문(審問)할 수 있고, 그 밖의 관계인을 증인 신문 방식으로 심문할 수 있다.[전문개정 2010.3.31]

제39조(재판의 방식) ① 가사비송사건에 대한 제1심 종국재판(終局裁判)은 심판으로써 한다. 다만, 절차상의 이유로 종국재판을 하여야 하는 경우에는 그러하지 아니하다.

② 심판서에는 다음 각 호의 사항을 적고 심판한 법관이 기명날인하여야 한다. 심판한 법관이 기명날인하는 데 지장이 있는 경우에는 다른 법관이 그 사유를 적고 기명날인하여야 한다.

1. 당사자와 법정대리인
2. 주문(主文)
3. 이유
4. 법원

③ 라류 가사비송사건의 심판서에는 이유를 적지 아니할 수 있다.

④ 심판에 관하여는 「민사소송법」 중 결정에 관한 규정을 준용한다.[전문개정 2010.3.31]

제40조(심판의 효력발생 시기) 심판의 효력은 심판을 받을 사람이 심판을 고지받음으로써 발생한다. 다만, 제43조에 따라 즉시항고를 할 수 있는 심판은 확정되어야 효력이 있다.[전문개정 2010.3.31]

제41조(심판의 집행력) 금전의 지급, 물건의 인도(引渡), 등기, 그 밖에 의무의 이행을 명하는 심판은 집행권원(執行權原)이 된다.[전문개정 2010.3.31]

제42조(가집행) ① 재산상의 청구 또는 유아(幼兒)의 인도에 관한 심판으로서 즉시항고의 대상이 되는 심판에는 담보를 제공하게 하지 아니하고 가집행할 수 있음을 명하여야 한다.

② 가정법원은 직권으로 또는 당사자의 신청에 의하여 이행의 목적인 재산에 상당한 금액을 담보로 제공하고 가집행을 면제받을 수 있음을 명할 수 있다.

③ 판결로 유아의 인도를 명하는 경우에도 제1항을 준용한다.[전문개정 2010.3.31]

제43조(불복) ① 심판에 대하여는 대법원규칙으로 따로 정하는 경우에 한정하여 즉시항고만을 할 수 있다.

② 항고법원의 재판 절차에는 제1심의 재판 절차에 관한 규정을 준용한다.

③ 항고법원은 항고가 이유 있다고 인정하는 경우에는 원심판을 취소하고 스스로 적당한 결정을 하여야 한다. 다만, 항고법원이 스스로 결정하기에 적당하지 아니하다고 인정하는 경우에는 사건을 원심법원에 환송하여야 한다.

④ 항고법원의 결정에 대하여는 재판에 영향을 미친 헌법, 법률, 명령 또는 규칙 위반이 있음을 이유로 하는 경우에 한정하여 대법원에 재항고할 수 있다.

⑤ 즉시항고는 대법원규칙으로 정하는 날부터 14일 이내에 하여야 한다.[전문개정 2010.3.31]

제2장 라류 가사비송사건 〈개정 2010. 3.31〉

제44조(관할) 라류 가사비송사건은 다음 각 호의 가정법원이 관할한다.

1. 다음 각 목의 어느 하나에 해당하는 사건은 사건 본인의 주소지의 가정법원
   가. 금치산·한정치산에 관한 사건
   나. 실종에 관한 사건
   다. 성(姓)과 본(本)의 창설에 관한 사건
   라. 자녀의 종전 성과 본의 계속 사용에 관한 사건
   마. 자녀의 성과 본의 변경에 관한 사건
2. 부재자의 재산관리에 관한 사건은 부재자의 마지막 주소지 또는 부재자의 재산이 있는 곳의 가정법원
3. 부부 사이의 재산약정의 변경에 관한 사건, 공동의 자녀에 대한 친권 행사방법의 결정사건은 제22조제1호부터 제3호까지의 가정법원
4. 입양, 친양자 입양 또는 파양에 관한 사건은 양자·친양자의 주소지 또는 양자·친양자가 될 사람의 주소지의 가정법원
5. 친권과 후견에 관한 사건(부부 사이의 공동의 자녀에 대한 친권 행사방법의 결정사건은 제외한다)은 미성년인 자녀 또는 피후견인의 주소지의 가정법원

6. 상속에 관한 사건은 상속 개시지(開始地)의 가정법원

7. 유언에 관한 사건은 상속 개시지의 가정법원. 다만, 「민법」 제1070조제2항에 따른 유언의 검인(檢認) 사건은 상속 개시지 또는 유언자 주소지의 가정법원

8. 제1호부터 제7호까지에 해당되지 아니하는 사건은 대법원규칙으로 정하는 가정법원[전문개정 2010.3.31]

제45조(심리 방법) 라류 가사비송사건의 심판은 사건관계인을 심문하지 아니하고 할 수 있다.[전문개정 2010.3.31]

제3장 마류 가사비송사건

〈개정 2010.3.31〉

제46조(관할) 마류 가사비송사건은 상대방의 보통재판적이 있는 곳의 가정법원이 관할한다. 다만, 친족회의 결의에 대한 이의(異議) 사건은 피후견인의 주소지의 가정법원이 관할한다.[전문개정 2010.3.31]

제47조(공동소송에 관한 규정의 준용) 마류 가사비송사건의 청구인 또는 상대방이 여러 명일 때에는 「민사소송법」 중 공동소송에 관한 규정을 준용한다.[전문개정 2010.3.31]

제48조(심리 방법) 마류 가사비송사건의 심판은 특별한 사정이 없으면 사건관계인을 심문하여 하여야 한다.[전문개정 2010.3.31]

제48조의2(재산 명시) ① 가정법원은 재산분할, 부양료 및 미성년자인 자녀의 양육비 청구사건을 위하여 특히 필요하다고 인정하는 경우에는 직권으로 또는 당사자의 신청에 의하여 당사자에게 재산상태를 구체적으로 밝힌 재산목록을 제출하도록 명할 수 있다.

② 제1항의 재산 명시 절차, 방법 등에 대하여 필요한 사항은 대법원규칙으로 정한다.[전문개정 2010.3.31]

제48조의3(재산조회) ① 가정법원은 제48조의2의 재산 명시 절차에 따라 제출된 재산목록만으로는 재산분할, 부양료 및 미성년자인 자녀의 양육비 청구사건의 해결이 곤란하다고 인정할 경우에 직권으로 또는 는 당사자의 신청에 의하여 당사자 명의의 재산에 관하여 조회할 수 있다.

② 제1항의 재산조회에 관하여는 그 성질에 반하지 아니하는 범위에서 「민사집행법」 제74조를 준용한다.

③ 재산조회를 할 공공기관, 금융기관, 단체 등의 범위 및 조회절차, 당사자가 내야 할 비용, 조회결과의 관리에 관한 사항, 과태료의 부과절차 등은 대법원규칙으로 정한다.

④ 누구든지 재산조회의 결과를 심판 외의 목적으로 사용하여서는 아니 된다.[전문개정 2010.3.31]

제4편 가사조정 〈개정 2010.3.31〉

제49조(준용법률) 가사조정에 관하여는 이 법에 특별한 규정이 있는 경우를 제외하고는 「민사조정법」을 준용한다. 다만, 「민사조정법」 제18조 및 제23조는 준용하지 아니한다.[전문개정 2010.3.31]

제50조(조정 전치주의) ① 나류 및 다류 가사소송사건과 마류 가사비송사건에 대하여 가정법원에 소를 제기하거나 심판을 청구하려는 사람은 먼저 조정을 신청하여야 한다.

② 제1항의 사건에 관하여 조정을 신청하지 아니하고 소를 제기하거나 심판을 청구한 경우에는 가정법원은 그 사건을 조정에 회부하여야 한다. 다만, 공시송달의 방법이 아니면 당사자의 어느 한쪽 또는 양쪽을 소환할 수 없거나 그 사건을 조정에 회부하더라도 조정이 성립될 수 없다고 인정하는 경우에는 그러하지 아니하다.[전문개정 2010.3.31]

제51조(관할) ① 가사조정사건은 그에 상응하는 가사소송사건이나 가사비송사건을 관할하는 가정법원 또는 당사자가 합의로 정한 가정법원이 관할한다.

② 가사조정사건에 관하여는 제13조제3항부터 제5항까지의 규정을 준용한다.[전문개정 2010.3.31]

제52조(조정기관) ① 가사조정사건은 조

정장 1명과 2명 이상의 조정위원으로 구성된 조정위원회가 처리한다.

② 조정담당판사는 상당한 이유가 있는 경우에는 당사자가 반대의 의사를 명백하게 표시하지 아니하면 단독으로 조정할 수 있다.[전문개정 2010.3.31]

제53조(조정장 등 및 조정위원의 지정) ① 조정장이나 조정담당판사는 가정법원장 또는 가정법원지원장이 그 관할법원의 판사 중에서 지정한다.

② 조정위원회를 구성하는 조정위원은 학식과 덕망이 있는 사람으로서 매년 미리 가정법원장이나 가정법원지원장이 위촉한 사람 또는 당사자가 합의하여 선정한 사람 중에서 각 사건마다 조정장이 지정한다.[전문개정 2010.3.31]

제54조(조정위원) 조정위원은 조정위원회에서 하는 조정에 관여할 뿐 아니라 가정법원, 조정위원회 또는 조정담당판사의 촉탁에 따라 다른 조정사건에 관하여 전문적 지식에 따른 의견을 진술하거나 분쟁의 해결을 위하여 사건 관계인의 의견을 듣는다.[전문개정 2010.3.31]

제55조(조정의 신청) 조정의 신청에 관하여는 제36조제2항부터 제5항까지의 규정을 준용한다.[전문개정 2010.3.31]

제56조(사실의 사전 조사) 조정장이나 조정담당판사는 특별한 사정이 없으면 조정을 하기 전에 기한을 정하여 가사조사관에게 사건에 관한 사실을 조사하게 하여야 한다.[전문개정 2010.3.31]

제57조(관련 사건의 병합신청) ① 조정의 목적인 청구와 제14조에 규정된 관련 관계에 있는 나류, 다류 및 마류 가사사건의 청구는 병합하여 조정신청할 수 있다.

② 당사자 간의 분쟁을 일시에 해결하기 위하여 필요하면 당사자는 조정위원회 또는 조정담당판사의 허가를 받아 조정의 목적인 청구와 관련 있는 민사사건의 청구를 병합하여 조정신청할 수 있다.[전문개정 2010.3.31]

제58조(조정의 원칙) ① 조정위원회는 조정을 할 때 당사자의 이익뿐 아니라 조정으로 인하여 영향받게 되는 모든 이해관계인의 이익을 고려하고 분쟁을 평화적·종국적(終局的)으로 해결할 수 있는 방안을 마련하여 당사자를 설득하여야 한다.

② 자녀의 친권을 행사할 사람의 지정과 변경, 양육 방법의 결정 등 미성년인 자녀의 이해(利害)에 직접적인 관련이 있는 사항을 조정할 때에는 미성년인 자녀의 복지를 우선적으로 고려하여야 한다.[전문개정 2010.3.31]

제59조(조정의 성립) ① 조정은 당사자 사이에 합의된 사항을 조서에 적음으로써 성립한다.

② 조정이나 확정된 조정을 갈음하는 결정은 재판상 화해와 동일한 효력이 있다. 다만, 당사자가 임의로 처분할 수 없는 사항에 대하여는 그러하지 아니하다.[전문개정 2010.3.31]

제60조(이의신청 등에 의한 소송으로의 이행) 제57조제2항에 따라 조정신청된 민사사건의 청구에 관하여는 「민사조정법」 제36조를 준용한다. 이 경우 가정법원은 결정으로 그 민사사건을 관할법원에 이송하여야 한다.[전문개정 2010.3.31]

제61조(조정장 등의 의견 첨부) 조정의 목적인 가사사건의 청구에 관하여 「민사조정법」 제36조에 따라 소가 제기된 것으로 의제(擬制)되거나, 제50조제2항에 따라 조정에 회부된 사건을 다시 가정법원에 회부할 때에는 조정장이나 조정담당판사는 의견을 첨부하여 기록을 관할가정법원에 보내야 한다.[전문개정 2010.3.31]

제5편 이행의 확보
〈개정 2010.3.31〉

제62조(사전처분) ① 가사사건의 소의 제기, 심판청구 또는 조정의 신청이 있는 경우에 가정법원, 조정위원회 또는 조정담당판사는 사건을 해결하기 위하여 특히 필요하다고 인정하면 직권으로 또는 당사자의 신청에 의하여 상대방이나 그 밖의 관계인에게 현상(現狀)을 변경하거나 물건을 처분하는 행위의 금지를 명할 수 있고, 사

건에 관련된 재산의 보존을 위한 처분, 관계인의 감호(監護)와 양육을 위한 처분 등 적당하다고 인정되는 처분을 할 수 있다.

② 제1항의 처분을 할 때에는 제67조제1항에 따른 제재를 고지하여야 한다.

③ 급박한 경우에는 재판장이나 조정장은 단독으로 제1항의 처분을 할 수 있다.

④ 제1항과 제3항의 처분에 대하여는 즉시항고를 할 수 있다.

⑤ 제1항의 처분은 집행력을 갖지 아니한다.[전문개정 2010.3.31]

제63조(가압류, 가처분) ① 가정법원은 제62조에도 불구하고 가사소송사건 또는 마류 가사비송사건을 본안(本案) 사건으로 하여 가압류 또는 가처분을 할 수 있다. 이 경우 「민사집행법」 제276조부터 제312조까지의 규정을 준용한다.

② 제1항의 재판은 담보를 제공하게 하지 아니하고 할 수 있다.

③ 「민사집행법」 제287조를 준용하는 경우 이 법에 따른 조정신청이 있으면 본안의 제소가 있는 것으로 본다.[전문개정 2010.3.31]

제63조의2(양육비 직접지급명령) ① 가정법원은 양육비를 정기적으로 지급할 의무가 있는 사람(이하 "양육비채무자"라 한다)이 정당한 사유 없이 2회 이상 양육비를 지급하지 아니한 경우에 정기금 양육비채권에 관한 집행권원을 가진 채권자(이하 "양육비채권자"라 한다)의 신청에 따라 양육비채무자에 대하여 정기적 급여채무를 부담하는 소득세원천징수의무자(이하 "소득세원천징수의무자"라 한다)에게 양육비채무자의 급여에서 정기적으로 양육비를 공제하여 양육비채권자에게 직접 지급하도록 명할 수 있다.

② 제1항에 따른 지급명령(이하 "양육비 직접지급명령"이라 한다)은 「민사집행법」에 따라 압류명령과 전부명령을 동시에 명한 것과 같은 효력이 있고, 위 지급명령에 관하여는 압류명령과 전부명령에 관한 「민사집행법」을 준용한다. 다만, 「민사집행법」 제40조제1항과 관계없이 해당 양육비 채권 중 기한이 되지 아니한 것에 대하여도 양육비 직접지급명령을 할 수 있다.

③ 가정법원은 양육비 직접지급명령의 목적을 달성하지 못할 우려가 있다고 인정할 만한 사정이 있는 경우에는 양육비채권자의 신청에 의하여 양육비 직접지급명령을 취소할 수 있다. 이 경우 양육비 직접지급명령은 장래에 향하여 그 효력을 잃는다.

④ 가정법원은 제1항과 제3항의 명령을 양육비채무자와 소득세원천징수의무자에게 송달하여야 한다.

⑤ 제1항과 제3항의 신청에 관한 재판에 대하여는 즉시항고를 할 수 있다.

⑥ 소득세원천징수의무자는 양육비채무자의 직장 변경 등 주된 소득원의 변경사유가 발생한 경우에는 그 사유가 발생한 날부터 1주일 이내에 가정법원에 변경사실을 통지하여야 한다.[전문개정 2010.3.31]

제63조의3(담보제공명령 등) ① 가정법원은 양육비를 정기금으로 지급하게 하는 경우에 그 이행을 확보하기 위하여 양육비채무자에게 상당한 담보의 제공을 명할 수 있다.

② 가정법원은 양육비채무자가 정당한 사유 없이 그 이행을 하지 아니하는 경우에는 양육비채권자의 신청에 의하여 양육비채무자에게 상당한 담보의 제공을 명할 수 있다.

③ 제2항의 결정에 대하여는 즉시항고를 할 수 있다.

④ 제1항이나 제2항에 따라 양육비채무자가 담보를 제공하여야 할 기간 이내에 담보를 제공하지 아니하는 경우에는 가정법원은 양육비채권자의 신청에 의하여 양육비의 전부 또는 일부를 일시금으로 지급하도록 명할 수 있다.

⑤ 제2항과 제4항의 명령에 관하여는 제64조제2항을 준용한다.

⑥ 제1항과 제2항의 담보에 관하여는 그 성질에 반하지 아니하는 범위에서 「민사소송법」 제120조제1항, 제122조, 제123조, 제125조 및 제126조를 준용한다.[전문개정 2010.3.31]

제64조(이행 명령) ① 가정법원은 판결, 심판, 조정조서, 조정을 갈음하는 결정 또는 양육비부담조서에 의하여 다음 각 호의 어느 하나에 해당하는 의무를 이행하여야

할 사람이 정당한 이유 없이 그 의무를 이행하지 아니하는 경우에는 당사자의 신청에 의하여 일정한 기간 내에 그 의무를 이행할 것을 명할 수 있다.

1. 금전의 지급 등 재산상의 의무
2. 유아의 인도 의무
3. 자녀와의 면접교섭 허용 의무

② 제1항의 명령을 할 때에는 특별한 사정이 없으면 미리 당사자를 심문하고 그 의무를 이행하도록 권고하여야 하며, 제67조제1항 및 제68조에 규정된 제재를 고지하여야 한다.[전문개정 2010.3.31]

제65조(금전의 임치) ① 판결, 심판, 조정조서 또는 조정을 갈음하는 결정에 의하여 금전을 지급할 의무가 있는 자는 권리자를 위하여 가정법원에 그 금전을 임치(任置)할 것을 신청할 수 있다.

② 가정법원은 제1항의 임치신청이 의무를 이행하기에 적합하다고 인정하는 경우에는 허가하여야 한다. 이 경우 그 허가에 대하여는 불복하지 못한다.

③ 제2항의 허가가 있는 경우 그 금전을 임치하면 임치된 금액의 범위에서 의무자(義務者)의 의무가 이행된 것으로 본다.[전문개정 2010.3.31]

제6편 벌칙 〈개정 2010.3.31〉

제66조(불출석에 대한 제재) 가정법원, 조정위원회 또는 조정담당판사의 소환을 받은 사람이 정당한 이유 없이 출석하지 아니하면 가정법원, 조정위원회 또는 조정담당판사는 결정으로 50만원 이하의 과태료를 부과할 수 있고 구인(拘引)할 수 있다.[전문개정 2010.3.31]

제67조(의무 불이행에 대한 제재) ① 당사자 또는 관계인이 정당한 이유 없이 제29조, 제63조의2제1항, 제63조의3제1항·제2항 또는 제64조의 명령이나 제62조의 처분을 위반한 경우에는 가정법원, 조정위원회 또는 조정담당판사는 직권으로 또는 권리자의 신청에 의하여 결정으로 1천만원 이하의 과태료를 부과할 수 있다.

② 제29조에 따른 수검 명령을 받은 사람이 제1항에 따른 제재를 받고도 정당한 이유 없이 다시 수검 명령을 위반한 경우에는 가정법원은 결정으로 30일의 범위에서 그 의무를 이행할 때까지 위반자에 대한 감치(監置)를 명할 수 있다.

③ 제2항의 결정에 대하여는 즉시항고를 할 수 있다.[전문개정 2010.3.31]

제67조의2(재산목록 제출 거부 등에 대한 제재) 제48조의2제1항에 따른 명령을 받은 사람이 정당한 사유 없이 재산목록의 제출을 거부하거나 거짓 재산목록을 제출하면 1천만원 이하의 과태료를 부과한다.[전문개정 2010.3.31]

제67조의3(거짓 자료 제출 등에 대한 제재) 제48조의3제2항에 따라 준용되는 「민사집행법」 제74조제1항 및 제3항의 조회를 받은 기관·단체의 장이 정당한 사유 없이 거짓 자료를 제출하거나 자료를 제출할 것을 거부하면 1천만원 이하의 과태료를 부과한다.[전문개정 2010.3.31]

제68조(특별한 의무 불이행에 대한 제재) ① 제63조의3제4항 또는 제64조의 명령을 받은 사람이 다음 각 호의 어느 하나에 해당하면 가정법원은 권리자의 신청에 의하여 결정으로 30일의 범위에서 그 의무를 이행할 때까지 의무자에 대한 감치를 명할 수 있다.

1. 금전의 정기적 지급을 명령받은 사람이 정당한 이유 없이 3기(期) 이상 그 의무를 이행하지 아니한 경우
2. 유아의 인도를 명령받은 사람이 제67조제1항에 따른 제재를 받고도 30일 이내에 정당한 이유 없이 그 의무를 이행하지 아니한 경우
3. 양육비의 일시금 지급명령을 받은 사람이 30일 이내에 정당한 사유 없이 그 의무를 이행하지 아니한 경우

② 제1항의 결정에 대하여는 즉시항고를 할 수 있다.[전문개정 2010.3.31]

제69조(과태료 사건의 절차) 「비송사건절차법」 제248조 및 제250조 중 검사에 관한 규정은 제66조, 제67조제1항, 제67조의2 및 제67조의3에 따른 과태료 재판에

적용하지 아니한다.[전문개정 2010.3.31]

제70조(감치를 명하는 재판 절차) 제67조제2항 및 제68조에 규정된 감치를 명하는 재판 절차와 그 밖에 필요한 사항은 대법원규칙으로 정한다.[전문개정 2010.3.31]

제71조(비밀누설죄) ① 조정위원이거나 조정위원이었던 사람이 정당한 이유 없이 합의의 과정이나 조정장·조정위원의 의견 및 그 의견별 조정위원의 숫자를 누설하면 30만원 이하의 벌금에 처한다.

② 조정위원이거나 조정위원이었던 사람이 정당한 이유 없이 그 직무수행 중에 알게 된 다른 자의 비밀을 누설하면 2년 이하의 징역 또는 100만원 이하의 벌금에 처한다.

③ 제2항의 죄에 대하여 공소를 제기하려면 고소가 있어야 한다.[전문개정 2010.3.31]

제72조(보도 금지 위반죄) 제10조에 따른 보도 금지 규정을 위반한 사람은 2년 이하의 금고 또는 100만원 이하의 벌금에 처한다.[전문개정 2010.3.31]

제73조(재산조회 결과 등의 목적 외 사용죄) 제48조의2에 따른 재산목록, 제48조의3에 따른 재산조회 결과를 심판 외의 목적으로 사용한 사람은 2년 이하의 징역 또는 500만원 이하의 벌금에 처한다.[전문개정 2010.3.31]

부칙 <법률 제4300호, 1990.12.31>
부칙 더보기(요약보기)

제1조(시행일) 이 법은 1991년 1월 1일부터 시행한다.

제2조(폐지법률) 인사소송법 및 가사심판법은 이를 폐지한다.

제3조(계속사건에 대한 경과조치) 이 법은 이 법 또는 대법원규칙에 특별한 규정이 있는 경우를 제외하고는 이 법 시행당시 법원에 계속중인 사건에도 이를 적용한다. 다만, 이 법 시행전의 소송행위의 효력에는 영향을 미치지 아니한다.

제4조(소급적용) 이 법은 특별한 규정이 있는 경우를 제외하고는 이 법 시행전에 생긴 사항에도 이를 적용한다. 다만, 종전의 규정에 의하여 생긴 효력에는 영향을 미치지 아니한다.

제5조(관할에 관한 경과조치) ① 이 법 시행당시 가정법원 및 가정법원지원이 설치되지 아니한 지역에 있어서의 가정법원의 권한에 속하는 사항은 가정법원 및 가정법원지원이 설치될 때까지 해당 지방법원 및 지방법원지원이 이를 관할한다.

② 이 법 시행당시 법원에 계속중인 사건으로서 이 법에 의한 관할권이 없는 사건인 경우에는 종전의 규정에 의하여 관할권이 있으면 그에 따른다.

제6조(법정기간에 관한 경과조치) 이 법 시행전부터 진행된 법정기간과 그 계산은 종전의 규정에 의한다.

제7조(벌칙에 관한 경과조치) ① 이 법 시행전의 행위에 대한 벌칙·과태료의 적용과 그 집행은 종전의 규정에 의한다.

② 이 법 시행전에 종전의 규정에 의한 이행명령을 받은 자에 대하여는 제68조의 규정을 적용하지 아니한다.

제8조(호주상속사건에 대한 경과조치) 법률 제4199호 민법중개정법률의 시행일 전에 개시된 호주상속에 관한 무효의 소 또는 회복의 소는 이 법에 의한 호주승계의 무효 또는 회복의 소의 예에 의한다.

제9조(다른 법률의 개정) ① 법원조직법중 다음과 같이 개정한다.

제28조제1호중 "심판"을 "판결"로 하고, 동조제2호중 "결정·명령"을 "심판·결정·명령"으로 한다.

제40조제1항제1호를 다음과 같이 하고, 동조제2항중 "심판·결정·명령"을 "판결·심판·결정·명령"으로, "항고사건"을 "항소 또는 항고사건"으로 한다.

1. 가사소송법에서 정한 가사소송과 마류 가사비송사건중 대법원규칙으로 정하는 사건

② 입양특례법중 다음과 같이 개정한다.

제8조제2항을 삭제한다.

제10조(다른 법령과의 관계) 이 법 시행당시 다른 법령에서 인사소송법 또는 가사심판법이나 그 조문을 인용한 경우에는 이 법 또는 이 법중 해당 조문을 인용한 것으로 본다.

부칙 <법률 제4423호, 1991.12.14> (비송사건절차법) 부칙 더보기(요약보기)

제1조(시행일) 이 법은 1992년 2월 1일부터 시행한다.

제2조 내지 제5조 생략

제6조(다른 법률의 개정등) ① 내지 ⑧ 생략

⑨ 가사소송법중 다음과 같이 개정한다.

제69조중 "제277조 및 동법 제279조"를 "제248조 및 제250조"로 한다.

⑩ 내지 ⑭ 생략

부칙 <법률 제4505호, 1992.11.30> (민사조정법) 부칙 더보기(요약보기)

① (시행일) 이 법은 1993년 1월 1일부터 시행한다.

② 생략

③ (다른 법률의 개정) 가사소송법중 다음과 같이 개정한다.

제60조의 제목을 "(이의신청등에 의한 소송으로의 이행)"으로 하고, 동조전단중 "민사사건의 청구에 관하여 조정신청인이 제소신청을 함에 있어서는"을 "민사사건의 청구에 관하여는"으로 한다.

제61조중 "제소신청 또는 심판에의 이행청구가 있거나,"를 "소가 제기된 것으로 의제되거나,"로 한다.

부칙 <법률 제6626호, 2002.1.26> (민사소송법) 부칙 더보기(요약보기)

제1조(시행일) 이 법은 2002년 7월 1일부터 시행한다.

제2조 내지 제5조 생략

제6조(다른 법률의 개정) ① 가사소송법중 다음과 같이 개정한다.

제3조제2항중 "민사소송법 제25조"를 "민사소송법 제28조"로 한다.

제12조 단서중 "민사소송법 제138조, 동법 제139조제1항, 동법 제257조, 동법 제259조, 동법 제320조, 동법 제321조의 규정 및 동법 제206조중 청구의 인낙에 관한 규정, 동법 제261조중 자백에 관한 규정"을 "민사소송법 제147조제2항·동법 제149조·동법 제150조제1항·동법 제284조제1항·동법 제285조·동법 제349조·동법 제350조·동법 제410조의 규정 및 동법 제220조중 청구의 인낙에 관한 규정, 동법 제288조중 자백에 관한 규정"으로 한다.

제15조제1항중 "민사소송법 제63조의2 또는 제234조의2"를 "민사소송법 제68조 또는 제260조"로 한다.

② 내지 <29>생략

제7조 생략

부칙 <법률 제6627호, 2002.1.26> (민사집행법) 부칙 더보기(요약보기)

제1조(시행일) 이 법은 2002년 7월 1일부터 시행한다.

제2조 내지 제5조 생략

제6조 (다른 법률의 개정) ① 생략

② 가사소송법중 다음과 같이 개정한다.

제63조제1항 후단중 "민사소송법 제696조 내지 제723조"를 "민사집행법 제276조 내지 제312조"로 하고, 같은 조제3항중 "민사소송법 제705조"를 "민사집행법 제287조"로 한다.

③ 내지 <55>생략

제7조 생략

부칙 <법률 제7405호, 2005.3.24>

이 법은 공포한 날부터 시행한다.

부칙 <법률 제7427호, 2005.3.31> (민법) 부칙 더보기(요약보기)

제1조(시행일) 이 법은 공포한 날부터 시행한다. 다만, ……생략…… 부칙 제7조(제2항 및 제29항을 제외한다)의 규정은 2008년 1월 1일부터 시행한다.

제2조 내지 제6조 생략

제7조 (다른 법률의 개정) ① 가사소송법 일부를 다음과 같이 개정한다.

제2조제1항 가목(1)제7호를 삭제하고, 동항 나목(1)제4호중 "제781조제3항"을 "제781조제4항"으로 하며, 동목(1)에 제4호의2 및 제4호의3을 각각 다음과 같이 신설하고, 동목(1)제25호를 삭제한다.

4의2. 민법 제781조제5항의 규정에 의한 자의 종전의 성과 본의 계속사용허가가

4의3. 민법 제781조제6항의 규정에 의한 자의 성과 본의 변경허가

제2편제4장(제32조 및 제33조)을 삭제한다.

② 가사소송법 일부를 다음과 같이 개정한다.

제2조제1항 나목(1)에 제5호의2 및 제7호의2를 각각 다음과 같이 신설한다.

5의2. 민법 제869조 단서의 규정에 의한 후견인의 입양승낙에 대한 허가

7의2. 민법 제899조제2항의 규정에 의한 후견인 또는 생가의 다른 직계존속의 파양협의에 대한 허가

제2조제1항 나목(2)제5호를 다음과 같이 한다.

5. 민법 제909조제4항 및 제6항(혼인의 취소를 원인으로 하는 경우를 포함한다)의 규정에 의한 친권자의 지정과 변경

③ 내지 <29>생략

부칙 <법률 제8433호, 2007.5.17>
이 법은 2008년 1월 1일부터 시행한다.

부칙 <법률 제8435호, 2007.5.17> (가족관계의 등록 등에 관한 법률) 부칙 더보기(요약보기)
제1조(시행일) 이 법은 2008년 1월 1일부터 시행한다. <단서 생략>
제2조부터 제7조까지 생략
제8조(다른 법률의 개정) ① 가사소송법 일부를 다음과 같이 개정한다.
제9조를 다음과 같이 한다.
제9조(가족관계등록부기록의 촉탁) 가정법원은 대법원규칙으로 정하는 판결 또는 심판이 확정되거나 효력을 발생한 때에는 대법원규칙으로 정하는 바에 따라 지체없이 가족관계등록사무를 처리하는 자에게 가족관계등록부의 기록을 촉탁하여야 한다.
제36조제3항제1호 중 "당사자의 본적"을 "당사자의 등록기준지"로 한다.
②부터 <39>까지 생략
제9조 생략

부칙 <법률 제8715호, 2007.12.21> 부칙 더보기(요약보기)
① (시행일) 이 법은 공포한 날부터 시행한다. 다만, 제2조제1항가목(2)제13호 및 제14호, 제2조제1항나목(1)제7호의3, 제30조, 제31조 및 제44조제1호·제4호의 개정규정은 2008년 1월 1일부터 시행한다.
② (적용례) 이 법은 이 법 시행 당시 법원에 계속 중인 사건에 대하여도 적용한다. 다만, 종전의 규정에 따라 발생한 효력에는 영향을 미치지 아니한다.
③ (경과조치) 2005년 3월 31일 이전에 법원에 계속된 사건에 대하여는 종전의 규정에 따른다.

부칙 <법률 제9652호, 2009.5.8> 부칙 더보기(요약보기)
① (시행일) 이 법은 공포 후 6개월이 경과한 날부터 시행한다.
② (효력의 불소급) 이 법은 종전의 규정에 따라 생긴 효력에 영향을 미치지 아니한다.
③ (과태료에 관한 경과조치) 이 법 시행 전의 행위에 대한 과태료의 적용에 있어서는 종전의 규정에 따른다.

부칙 <법률 제10212호, 2010.3.31>
이 법은 공포한 날부터 시행한다.

민사조정법

[시행 2012.4.18] [법률 제11157호, 2012.1.17, 일부개정]

제1조(목적) 이 법은 민사(民事)에 관한 분쟁을 간이한 절차에 따라 당사자 사이의 상호 양해를 통하여 조리(條理)를 바탕으로 실정(實情)에 맞게 해결함을 목적으로 한다.[전문개정 2010.3.31]

제2조(조정사건) 민사에 관한 분쟁의 당사자는 법원에 조정(調停)을 신청할 수 있다.[전문개정 2010.3.31]

제3조(관할법원) ① 조정사건은 다음 각 호의 어느 하나에 해당하는 곳을 관할하는 지방법원, 지방법원지원(地方法院支院), 시법원(市法院) 또는 군법원(郡法院)(이하 "시·군법원"이라 한다)이 관할한다.

1. 피신청인에 대한 「민사소송법」 제3조부터 제6조까지의 규정에 따른 보통재판적(普通裁判籍) 소재지
2. 피신청인의 사무소 또는 영업소 소재지
3. 피신청인의 근무지
4. 분쟁의 목적물 소재지
5. 손해 발생지

② 제1항에도 불구하고 조정사건은 그에 상응하는 소송사건의 전속관할법원(專屬管轄法院)이나 당사자 사이에 합의로 정한 법원에서 관할할 수 있다.[전문개정 2010.3.31]

제4조(이송) ① 고등법원장, 지방법원장 또는 지방법원지원장의 지정을 받아 조정사건을 담당하는 판사 또는 조정사건을 담당하는 시·군법원의 판사(이하 "조정담당판사"라 한다)는 사건이 그 관할에 속하지 아니한다고 인정할 때에는 결정(決定)으로 사건을 관할법원에 이송하여야 한다. 다만, 피신청인이 관할위반에 대하여 항변(抗辯)을 하지 아니하고 조정절차에서 진술하거

나, 사건의 해결을 위하여 특히 필요하다고 인정할 때에는 그러하지 아니하다.

② 조정담당판사는 사건이 그 관할에 속하는 경우라도 이송하는 것이 적절하다고 인정하면 직권 또는 당사자의 신청에 의한 결정으로 그 사건을 다른 관할법원에 이송할 수 있다.

③ 제1항 및 제2항에 따른 결정에 대하여는 불복의 신청을 하지 못한다.[전문개정 2010.3.31]

제5조(신청 방식) ① 조정의 신청은 서면(書面)이나 구술(口述)로 할 수 있다.

② 구술로 신청할 때에는 법원서기관, 법원사무관, 법원주사 또는 법원주사보(이하 "법원사무관등"이라 한다)의 앞에서 진술하여야 한다.

③ 제2항의 경우에 법원사무관등은 조정신청조서(調停申請調書)를 작성하고 이에 기명날인하여야 한다.

④ 조정신청을 할 때에는 대법원규칙으로 정하는 바에 따라 수수료를 내야 한다.[전문개정 2010.3.31]

제5조의2(독촉절차의 조정으로의 이행) ① 「민사소송법」 제469조제2항에 따라 채무자가 적법한 이의신청을 하여 같은 법 제473조제1항에 따라 지급명령을 발령한 법원이 인지의 보정을 명한 경우 채권자는 인지를 보정하는 대신 해당 기간 이내에 조정으로의 이행을 신청할 수 있다.

② 제1항의 이행신청이 부적법하다고 인정하는 때에는 위 법원은 결정으로 이를 각하하여야 한다. 이 결정에 대하여는 즉시항고(卽時抗告)를 할 수 있다.

③ 채권자가 제1항에 따라 적법한 이행신청을 한 경우에는 「민사소송법」 제472조제2항에도 불구하고 지급명령을 신청한 때에 이 의신청된 청구목적의 값에 관하여 조정이 신청된 것으로 본다.[본조신설 2012.1.17]

제5조의3(독촉절차의 조정으로의 이행에 따른 처리) ① 제5조의2제3항에 따라 조정이 신청된 것으로 보는 경우, 지급명령을 발령한 법원은 채권자에게 상당한 기간을 정하여, 조정을 신청하는 경우 제5조제4항에 따라 내야 할 수수료에서 지급명령신청 시에 붙인 인지액을 뺀 액수에 해당하는 수수료를 보정하도록 명하여야 한다.

② 채권자가 제1항의 기간 이내에 수수료를 보정하지 아니한 때에는 위 법원은 결정으로 지급명령신청서를 각하하여야 한다. 이 결정에 대하여는 즉시항고를 할 수 있다.

③ 제1항에 따른 수수료가 보정되면 법원사무관등은 바로 조정사건에 관한 기록을 제3조에 따른 관할법원에 보내야 한다.

④ 제5조의2의 경우 독촉절차의 비용은 조정절차의 비용의 일부로 한다.[본조신설 2012.1.17]

제6조(조정 회부) 수소법원(受訴法院)은 필요하다고 인정하면 항소심(抗訴審) 판결 선고 전까지 소송이 계속(係屬) 중인 사건을 결정으로 조정에 회부(回附)할 수 있다. [전문개정 2010.3.31]

제7조(조정기관) ① 조정사건은 조정담당판사가 처리한다.

② 조정담당판사는 스스로 조정을 하거나, 상임(常任)으로 이 법에 따른 조정에 관한 사무를 처리하는 조정위원(이하 "상임 조정위원"이라 한다) 또는 조정위원회로 하여금 조정을 하게 할 수 있다. 다만, 당사자의 신청이 있을 때에는 조정위원회로 하여금 조정을 하게 하여야 한다.

③ 제6조에 따라 수소법원이 조정에 회부한 사건으로서 수소법원이 스스로 조정하는 것이 적절하다고 인정한 사건은 제1항 및 제2항에도 불구하고 스스로 처리할 수 있다.

④ 제2항 본문 및 제3항에 따라 조정을 하는 상임 조정위원과 수소법원은 조정담당판사와 동일한 권한을 가진다.

⑤ 제3항의 경우에 수소법원은 수명법관(受命法官)이나 수탁판사(受託判事)로 하여금 조정을 담당하게 할 수 있다. 이 경우 수명법관이나 수탁판사는 조정담당판사와 동일한 권한을 가진다.[전문개정 2010.3.31]

제8조(조정위원회) 조정위원회는 조정장(調停長) 1명과 조정위원 2명 이상으로 구성한다.[전문개정 2010.3.31]

제9조(조정장) 조정장은 다음 각 호의 구분에 따른 사람이 된다.

1. 제7조제2항의 경우: 조정담당판사 또는 상임 조정위원
2. 제7조제3항의 경우: 수소법원의 재판장
3. 제7조제5항의 경우: 수명법관 또는 수탁판사
4. 시·군법원의 경우: 시·군법원의 판사[전문개정 2010.3.31]

제10조(조정위원) ① 조정위원은 고등법원장, 지방법원장 또는 지방법원지원장이 학식과 덕망이 있는 사람 중에서 미리 위촉한다. 다만, 상임 조정위원은 변호사 자격이 있는 사람으로서 대법원규칙으로 정하는 일정한 경력을 가진 사람 중에서 법원행정처장이 위촉한다.

② 조정위원의 임기는 2년으로 한다. 다만, 특별한 사정이 있을 때에는 임기를 2년 이내로 정하여 조정위원을 위촉할 수 있다.

③ 제1항에 따른 조정위원은 다음 각 호의 사무를 수행한다.

1. 조정에 관여하는 일
2. 조정담당판사 또는 조정장의 촉탁(囑託)을 받아 분쟁 해결을 위하여 사건관계인의 의견을 듣거나 그 밖에 조정사건의 처리를 위하여 필요한 사무를 수행하는 일[전문개정 2010.3.31]

제10조의2(조정위원회를 구성하는 조정위원) 조정위원회를 구성하는 조정위원은 당사자가 합의하여 선정한 사람 또는 제10조제1항의 조정위원 중에서 사건마다 조정장이 지정한다.[전문개정 2010.3.31]

제11조(조정절차) 조정위원회의 조정절차는 조정장이 지휘한다.[전문개정 2010.3.31]

제12조(조정위원에 대한 수당 등) 조정위원에게는 대법원규칙으로 정하는 바에 따라 수당을 지급하고, 필요한 경우에는 그 밖의 여비·일당 및 숙박료를 지급할 수 있다.[전문개정 2010.3.31]

제13조(수수료 납부의 심사) ① 조정담당판사는 신청인이 제5조제4항에 따른 수수료를 내지 아니한 경우에는 적절한 기간을 정하여 그 기간 내에 낼 것을 명하여야 한다.

② 신청인이 제1항의 명령을 이행하지 아니하면 조정담당판사는 명령으로 신청서를 각하(却下)하여야 한다.

③ 제2항의 명령에 대하여는 즉시항고를 할 수 있다. <개정 2012.1.17>[전문개정 2010.3.31]

제14조(조정신청서 등의 송달) 조정신청서나 조정신청조서는 지체 없이 피신청인에게 송달하여야 한다.[전문개정 2010.3.31]

제14조의2(사건의 분리·병합) 제7조에 따른 조정기관은 조정사건의 분리 또는 병합을 명하거나 이를 취소할 수 있다.[전문개정 2010.3.31]

제15조(조정기일) ① 조정기일은 당사자에게 통지하여야 한다.

② 조정기일의 통지는 소환장을 송달하는 방법이나 그 밖의 적절한 방법으로 할 수 있다.

③ 양쪽 당사자가 법원에 출석하여 조정신청을 하는 경우에는 특별한 사정이 없으면 그 신청일을 조정기일로 한다.[전문개정 2010.3.31]

제16조(이해관계인의 참가) ① 조정의 결과에 관하여 이해관계가 있는 자는 조정담당판사의 허가를 받아 조정에 참가할 수 있다.

② 조정담당판사는 필요하다고 인정하면 조정의 결과에 관하여 이해관계가 있는 자를 조정에 참가하게 할 수 있다.[전문개정 2010.3.31]

제17조(피신청인의 경정) ① 신청인이 피신청인을 잘못 지정한 것이 명백한 경우에는 조정담당판사는 신청인의 신청을 받아 결정으로 피신청인의 경정(更正)을 허가할 수 있다.

② 제1항에 따른 허가결정이 있는 경우 새로운 피신청인에 대한 조정신청은 제1항의 경정신청이 있은 때에 한 것으로 본다.

③ 제1항에 따른 허가결정이 있는 경우 종전의 피신청인에 대한 조정신청은 제1항의 경정신청이 있은 때에 취하(取下)된 것으로 본다.

④ 제6조에 따라 제1심 수소법원이 조정에 회부한 사건에 대하여 「민사소송법」 제260조에 따른 피고의 경정을 한 경우에는 소송절차에서도 그 효력이 있다.[전문개정 2010.3.31]

제18조(대표당사자) ① 공동의 이해관계가 있는 다수(多數)의 당사자는 그중 한 사람 또는 여러 사람을 대표당사자로 선임할 수 있다.

② 제1항의 선임은 서면으로 증명하여야 한다.

③ 조정담당판사는 필요하다고 인정하면 당사자에게 대표당사자를 선임할 것을 명할 수 있다.

④ 대표당사자는 자신을 선임한 다른 당사자를 위하여 다음 각 호의 행위를 제외하고는 각자 조정절차에 관한 모든 행위를 할 수 있다.

1. 조정조항안(調停條項案)의 수락
2. 조정신청의 취하
3. 제30조 및 제32조에 따른 결정에 관계되는 행위
4. 대리인의 선임

⑤ 대표당사자가 선임된 경우에는 대표당사자 외의 나머지 당사자에게는 조정기일을 통지하지 아니할 수 있다.[전문개정 2010.3.31]

제19조(조정 장소) 조정담당판사는 사건의 실정에 따라 법원 외의 적당한 장소에서 조정을 할 수 있다.[전문개정 2010.3.31]

제20조(비공개) 조정절차는 공개하지 아니할 수 있다. 다만, 조정절차를 공개하지 아니하는 경우에도 조정담당판사는 적당하다고 인정하는 자에게 방청을 허가할 수 있다.[전문개정 2010.3.31]

제21조(조정 전의 처분) ① 조정담당판사는 조정을 위하여 특히 필요하다고 인정

하면 당사자의 신청을 받아 상대방과 그 밖의 사건관계인에게 조정 전의 처분으로서 다음 각 호의 사항을 명할 수 있다.

1. 현상(現狀)을 변경하거나 물건을 처분하는 행위의 금지

2. 그 밖에 조정의 내용이 되는 사항의 실현(實現)을 불가능하게 하거나 현저히 곤란하게 하는 행위의 배제(排除)

② 제1항의 처분을 할 때에는 제42조에 규정된 처분 위반에 대한 제재(制裁)를 고지하여야 한다.

③ 제1항의 처분에 대하여는 즉시항고를 할 수 있다.

④ 제1항의 처분은 집행력을 갖지 아니한다.[전문개정 2010.3.31]

제22조(진술청취와 증거조사) 조정담당판사는 조정에 관하여 당사자나 이해관계인의 진술을 듣고 필요하다고 인정하면 적당한 방법으로 사실 또는 증거를 조사할 수 있다.[전문개정 2010.3.31]

제23조(진술의 원용 제한) 조정절차에서의 당사자 또는 이해관계인의 진술은 민사소송에서 원용(援用)하지 못한다.[전문개정 2010.3.31]

제24조(조서의 작성) 조정절차에 참여한 법원사무관등은 조정에 관하여 조서를 작성하여야 한다. 다만, 조정담당판사의 허가가 있는 경우에는 그 기재의 일부를 생략할 수 있다.[전문개정 2010.3.31]

제25조(조정신청의 각하) ① 당사자에게 조정기일을 통지할 수 없을 때에는 조정담당판사는 결정으로 조정신청을 각하할 수 있다.

② 제1항에 따른 결정에 대하여는 불복의 신청을 하지 못한다.[전문개정 2010.3.31]

제26조(조정을 하지 아니하는 결정) ① 조정담당판사는 사건이 그 성질상 조정을 하기에 적당하지 아니하다고 인정하거나 당사자가 부당한 목적으로 조정신청을 한 것임을 인정하는 경우에는 조정을 하지 아니하는 결정으로 사건을 종결시킬 수 있다.

② 제1항에 따른 결정에 대하여는 불복의 신청을 하지 못한다.[전문개정 2010.3.31]

제27조(조정의 불성립) 조정담당판사는 다음 각 호의 어느 하나에 해당하는 경우 제30조에 따른 결정을 하지 아니할 때에는 조정이 성립되지 아니한 것으로 사건을 종결시켜야 한다.

1. 당사자 사이에 합의가 성립되지 아니하는 경우

2. 성립된 합의의 내용이 적당하지 아니하다고 인정하는 경우[전문개정 2010.3.31]

제28조(조정의 성립) 조정은 당사자 사이에 합의된 사항을 조서에 기재함으로써 성립한다.[전문개정 2010.3.31]

제29조(조정의 효력) 조정은 재판상의 화해와 동일한 효력이 있다.[전문개정 2010.3.31]

제30조(조정을 갈음하는 결정) 조정담당판사는 합의가 성립되지 아니한 사건 또는 당사자 사이에 성립된 합의의 내용이 적당하지 아니하다고 인정한 사건에 관하여 상당한 이유가 없으면 직권으로 당사자의 이익이나 그 밖의 모든 사정을 고려하여 신청인의 신청 취지에 반하지 아니하는 한도에서 사건의 공평한 해결을 위한 결정을 하여야 한다.[전문개정 2010.3.31]

제31조(신청인의 불출석) ① 신청인이 조정기일에 출석하지 아니한 때에는 다시 기일을 정하여 통지하여야 한다.

② 제1항의 새로운 기일 또는 그 후의 기일에 신청인이 출석하지 아니한 때에는 조정신청이 취하된 것으로 본다.[전문개정 2010.3.31]

제32조(피신청인의 불출석) 피신청인이 조정기일에 출석하지 아니한 경우 조정담당판사는 상당한 이유가 없으면 직권으로 제30조에 따른 결정을 하여야 한다.[전문개정 2010.3.31]

제33조(조정에 관한 조서의 송달 등) ① 법원사무관등은 다음 각 호의 어느 하나에 해당하는 때에는 그 사유를 조서에 기재하여야 한다.

1. 사건에 관하여 조정을 하지 아니하기로 하는 결정이 있을 때

2. 조정이 성립되지 아니한 때

3. 조정을 갈음하는 결정이 있을 때

② 법원사무관등은 제1항에 따른 조서 중 조정을 하지 아니하기로 하는 결정이

있거나 조정이 성립되지 아니한 사유를 기재한 조서는 그 등본을, 조정을 갈음하는 결정을 기재한 조서 또는 제28조에 따른 조서는 그 정본(正本)을 당사자에게 각각 송달하여야 한다.[전문개정 2010.3.31]

제34조(이의신청) ① 제30조 또는 제32조의 결정에 대하여 당사자는 그 조서의 정본이 송달된 날부터 2주일 이내에 이의를 신청할 수 있다. 다만, 조서의 정본이 송달되기 전에도 이의를 신청할 수 있다.

② 제1항의 기간 내에 이의신청이 있을 때에는 조정담당판사는 이의신청의 상대방에게 지체 없이 이를 통지하여야 한다.

③ 이의신청을 한 당사자는 해당 심급(審級)의 판결이 선고될 때까지 상대방의 동의를 받아 이의신청을 취하할 수 있다. 이 경우 「민사소송법」 제266조제3항부터 제6항까지의 규정을 준용하며, "소"(訴)는 "이의신청"으로 본다.

④ 다음 각 호의 어느 하나에 해당하는 경우에는 제30조 및 제32조에 따른 결정은 재판상의 화해와 동일한 효력이 있다.

1. 제1항에 따른 기간 내에 이의신청이 없는 경우

2. 이의신청이 취하된 경우

3. 이의신청이 적법하지 아니하여 대법원규칙으로 정하는 바에 따라 각하결정이 확정된 경우

⑤ 제1항의 기간은 불변기간으로 한다.[전문개정 2010.3.31]

제35조(소멸시효의 중단) ① 조정신청은 시효중단의 효력이 있다.

② 당사자의 신청에 의한 조정사건에 관하여 다음 각 호의 어느 하나에 해당하는 사유가 있는 때에는 1개월 이내에 소를 제기하지 아니하면 시효중단의 효력이 없다.

1. 조정신청이 취하된 때

2. 제31조제2항에 따라 조정신청이 취하된 것으로 보는 때[전문개정 2010.3.31]

제36조(이의신청에 의한 소송으로의 이행) ① 다음 각 호의 어느 하나에 해당하는 경우에는 조정신청을 한 때에 소가 제기된 것으로 본다.

1. 제26조에 따라 조정을 하지 아니하기로 하는 결정이 있는 경우

2. 제27조에 따라 조정이 성립되지 아니한 것으로 사건이 종결된 경우

3. 제30조 또는 제32조에 따른 조정을 갈음하는 결정에 대하여 제34조제1항에 따른 기간 내에 이의신청이 있는 경우

② 제1항에 따라 조정신청을 한 때에 소가 제기된 것으로 보는 경우 해당 신청인은 소를 제기할 때 소장(訴狀)에 붙여야 할 인지액(印紙額)에서 그 조정신청서에 붙인 인지액을 뺀 금액에 상당하는 인지를 보정(補正)하여야 한다.[전문개정 2010.3.31]

제37조(절차비용) ① 조정절차의 비용은 조정이 성립된 경우에는 특별한 합의가 없으면 당사자들이 각자 부담하고, 조정이 성립되지 아니한 경우에는 신청인이 부담한다.

② 조정신청이 제36조제1항에 따라 소송으로 이행(移行)되었을 때에는 제1항의 비용은 소송비용의 일부로 본다.[전문개정 2010.3.31]

제38조(「민사소송법」의 준용) ① 조정에 관하여는 「민사소송법」 제51조, 제52조, 제55조부터 제60조까지(제58조제1항 후단은 제외한다), 제62조, 제63조제1항, 제64조, 제87조, 제88조, 제145조 및 제152조제2항·제3항을 준용한다.

② 이 법에 따른 기일, 기간 및 서류의 송달에 관하여는 「민사소송법」을 준용한다. 다만, 「민사소송법」 제185조제2항, 제187조, 제194조부터 제196조까지의 규정은 제28조에 따라 작성된 조서를 송달하는 경우를 제외하고는 준용하지 아니한다.[전문개정 2010.3.31]

제39조(「비송사건절차법」의 준용) 조정에 관하여는 이 법에 특별한 규정이 있는 경우를 제외하고는 그 성질에 반하지 아니하는 범위에서 「비송사건절차법」 제1편(제15조는 제외한다)을 준용한다.[전문개정 2010.3.31]

제40조(조정위원회 및 조정장의 권한) 조정위원회가 조정을 하는 경우 조정위원회와 조정장은 다음 각 호의 구분에 따른 조정담당판사의 권한을 가진다.

1. 조정위원회: 제16조, 제17조제1항, 제18조제3항, 제19조, 제21조제1항, 제22조,

제25조제1항, 제26조제1항, 제27조, 제30조 및 제32조에 규정된 조정담당판사의 권한

2. 조정장: 제13조제1항·제2항, 제20조, 제24조, 제34조제2항 및 제42조에 규정된 조정담당판사의 권한[전문개정 2010.3.31]

제40조의2(상임 조정위원의 공무원 의제) 상임 조정위원은 「형법」 제129조부터 제132조까지의 규정에 따른 벌칙을 적용할 때에는 공무원으로 본다.[본조신설 2009.2.6]

제41조(벌칙) ① 조정위원 또는 조정위원이었던 사람이 정당한 이유 없이 합의의 과정이나 조정장 또는 조정위원의 의견 및 그 의견별 조정위원의 수(數)를 누설한 경우에는 30만원 이하의 벌금에 처한다.

② 조정위원 또는 조정위원이었던 사람이 정당한 이유 없이 그 직무수행 중에 알게 된 타인의 비밀을 누설한 경우에는 2년 이하의 징역 또는 100만원 이하의 벌금에 처한다.

③ 제2항의 죄는 고소가 있어야 공소(公訴)를 제기할 수 있다.[전문개정 2010.3.31]

제42조(조정 전의 처분 위반자에 대한 제재) ① 조정담당판사는 당사자 또는 참가인이 제21조에 따른 조정 전의 처분에 따르지 아니하면 직권으로 30만원 이하의 과태료를 부과한다.

② 「비송사건절차법」 제248조 및 제250조 중 검사(檢事)에 관한 규정은 제1항의 과태료 재판에는 적용하지 아니한다.[전문개정 2010.3.31]

제43조(위임규정) 이 법에서 규정한 사항 외에 조정절차에서의 의견청취, 사실조사, 증거조사, 절차비용의 예납(豫納), 독촉절차와의 관계, 소송절차와의 관계, 집행절차와의 관계, 그 밖에 조정에 필요한 사항은 대법원규칙으로 정한다. <개정 2012.1.17>[전문개정 2010.3.31]

부칙 <법률 제4202호, 1990.1.13> 부칙 더보기(요약보기)

① (시행일) 이 법은 1990년 9월 1일부터 시행한다.

② (폐지법률) 법률 제969호 차지차가조정법은 이를 폐지한다.

③ (경과조치) 이 법은 이 법 시행당시 종전의 규정에 의하여 법원에 계속중인 사건에 대하여도 적용한다.

부칙 <법률 제4299호, 1990.12.31> (민사소송등인지법) 부칙 더보기(요약보기)

① (시행일) 이 법은 1991년 1월 1일부터 시행한다.

② 생략

③ (다른 법률의 개정) 민사조정법중 다음과 같이 개정한다.

제36조 제5항중 "민사소송인지법 제2조, 제3조 및 제18조"를 "민사소송등인지법 제2조 및 제14조"로 한다.

④ 생략

부칙 <법률 제4505호, 1992.11.30> 부칙 더보기(요약보기)

① (시행일) 이 법은 1993년 1월 1일부터 시행한다.

② (경과조치) 이 법은 이 법 시행당시 법원에 계속중인 사건에 대하여도 적용한다.

③ (다른 법률의 개정) 가사소송법중 다음과 같이 개정한다.

제60조의 제목을 "(이의신청등에 의한 소송으로의 이행)"으로 하고, 동조 전단중 "민사사건의 청구에 관하여 조정신청인이 제소신청을 함에 있어서는"을 "민사사건의 청구에 관하여는"으로 한다.

제61조중 "제소신청 또는 심판에의 이행청구가 있거나,"를 "소가 제기된 것으로 의제되거나,"로 한다.

부칙 <법률 제5007호, 1995.12.6> 부칙 더보기(요약보기)

① (시행일) 이 법은 공포한 날부터 시행한다.

② (경과조치) 이 법 시행당시 위촉된 조정위원의 임기에 관하여는 제10조제1항의 개정규정에 불구하고 종전의 규정에 의한다.

부칙 <법률 제5589호, 1998.12.28> 부칙 더보기(요약보기)

① (시행일) 이 법은 공포한 날부터 시행한다.

② (경과조치) 이 법은 이 법 시행당시 법원에 계속중인 사건에 대하여도 이를 적용한다. 다만, 종전의 규정에 의하여 생긴 효력에는 영향을 미치지 아니한다.

부칙 <법률 제6407호, 2001.1.29>
이 법은 공포한 날부터 시행한다.

부칙 <법률 제6626호, 2002.1.26> (민사소송법) 부칙 더보기(요약보기)

제1조(시행일) 이 법은 2002년 7월 1일부터 시행한다.

제2조 내지 제5조 생략

제6조 (다른 법률의 개정) ① 내지 ⑧ 생략

⑨ 민사조정법중 다음과 같이 개정한다.

제3조제1항제1호중 "민사소송법 제2조 내지 제5조"를 "민사소송법 제3조 내지 제6조"로 한다.

제17조제4항중 "민사소송법 제234조의2"를 "민사소송법 제260조"로 한다.

제34조제3항 후단중 "민사소송법 제239조제3항 내지 제6항"을 "민사소송법 제266조제3항 내지 제6항"으로 한다.

제38조제1항중 "민사소송법 제47조, 제48조, 제51조 내지 제56조(다만, 제54조제1항 후단은 제외한다), 제58조, 제59조제1항, 제60조, 제80조 및 제135조"를 "민사소송법 제51조, 제52조, 제55조 내지 제60조(다만, 제58조제1항 후단을 제외한다), 제62조, 제63조제1항, 제64조, 제87조, 제88조, 제145조 및 제152조제2항·제3항"으로 하고, 동조제2항 단서중 "민사소송법 제171조제2항, 제171조의2제2항, 제173조, 제179조 내지 제181조"를 "민사소송법 제185조제2항, 제187조, 제194조 내지 제196조"로 한다.

⑩ 내지 <29>생략

제7조 생략

부칙 <법률 제9417호, 2009.2.6> 부칙 더보기(요약보기)

① (시행일) 이 법은 공포한 날부터 시행한다.

② (경과조치) 이 법은 이 법 시행 당시 법원에 계속 중인 사건에 대하여도 적용한다.

부칙 <법률 제10200호, 2010.3.31>
이 법은 공포한 날부터 시행한다.

부칙 <법률 제11157호, 2012.1.17> 부칙 더보기(요약보기)

제1조(시행일) 이 법은 공포 후 3개월이 경과한 날부터 시행한다.

제2조(독촉절차의 조정으로의 이행 및 그 처리에 관한 적용례) 제5조의2 및 제5조의3의 개정규정은 이 법 시행 후 최초로 채무자가 「민사소송법」 제469조제2항에 따라 이의신청을 한 해당 독촉절차부터 적용한다.

판례색인

사항색인

윤대성 ───

충남 논산 출생
성균관대학교 법률학과 졸업
한양대학교 대학원 졸업
성균관대학교 대학원 수료
법학박사
창원대학교 법학과 교수
현) 창원대학교 법학과 명예교수
　　부산대학교 법학전문대학원 강사

저서

『韓國傳貫權法研究』(1988)
『韓國民事法制史研究』(1997)
『註釋民法物權(3)』(공저, 2001)
『21世紀の日韓民事法學』(공편, 2005)
『旺巖文集 韓國民法의 歷史와 解釋』(2008)
『韓國民法學史序說』(2009)
『韓國傳貫權法研究』(수정증보판, 2009)
『韓國民事法制史研究』(수정판, 2009)
『美軍政時代(1945～1948)의 韓國民法典編纂事業』(2009)
『가족법강의』(2010)
『한국민법의 새로운 전개』(공저, 2012)

논문

근대법의 수용과정에 있어서 전세관습의 변용(1984), 일제의 한국관습법조사사업에 관한 연구(1992), 북한의 대외경제에 관한 법제도(1993), 미군정시대(1945～1948)의 한국민법전편찬사업과 로빈기어의 〈한국민법전초안〉에 관한 연구(1997), 한국민법전 이전의 민법학(1999), 대한제국의 광무양안에 의한 근대적 소유권의 확립(2001), 傳貫權の歷史と解釋(2005), 전세권과 미등기전세와의 관계: 입법론적 검토(2007), 전세권과 전권의 비교연구(2007), 조망이익침해의 위법성(2008), 기업도산과 임금채권의 보장(2008), 한국민법전의 체계: 민법개정작업에 대한 제언(2010), 한국민법전의 현대어화(2010), 韓國民法의 體系와 現代語化(2012), 事實上 同性婚(2012) 외 다수

[전정판]
가족법강의

초 판 인 쇄 | 2013년 2월 15일
초 판 발 행 | 2013년 2월 15일

지 은 이 | 윤대성
펴 낸 이 | 채종준
펴 낸 곳 | 한국학술정보㈜
주   소 | 경기도 파주시 문발동 파주출판문화정보산업단지 513-5
전   화 | 031) 908-3181(대표)
팩   스 | 031) 908-3189
홈 페 이 지 | http://ebook.kstudy.com
E - m a i l | 출판사업부 publish@kstudy.com
등   록 | 제일산-115호(2000. 6. 19)

ISBN   978-89-268-4102-0 93360 (Paper Book)
          978-89-268-4103-7 95360 (e-Book)